政府投资学

刘立峰　著

科学出版社
北　京

内容简介

当今社会，政府在人们的生活中扮演着越来越重要的角色，政府投资的重要性也在不断提高。本书结合政府为什么要投资，政府投资应投向何处，中央和地方政府的投资职责如何划分，政府的投资决策机制是怎样形成的，政府应该怎样投资、如何融资，政府应该怎样管理与调控投资，以及如何提高政府投融资的可持续性等核心问题展开论述，全面、深入分析政府投资的地位、作用、特点、体制、机制和模式。

本书反映了政府投资学最新的研究成果，体现了创新性和前沿性的特点，可以成为财政、金融、投资等专业教师和学生的教学和学习用书，也是政府投资研究者的重要参考书籍，同时，还能为政府投资的管理者和决策者提供有益的参考。

图书在版编目（CIP）数据

政府投资学 / 刘立峰著. —北京：科学出版社，2018.1
ISBN 978-7-03-055757-5
Ⅰ. ①政… Ⅱ. ①刘… Ⅲ. ①政府投资… Ⅳ. ①F830.59
中国版本图书馆 CIP 数据核字（2017）第 298636 号

责任编辑：方小丽 / 责任校对：孙婷婷
责任印制：赵 博 / 封面设计：蓝正设计

科学出版社出版
北京东黄城根北街 16 号
邮政编码：100717
http://www.sciencep.com
北京凌奇印刷有限责任公司印刷
科学出版社发行 各地新华书店经销
*
2018 年 1 月第 一 版 开本：787×1092 1/16
2025 年 2 月第五次印刷 印张：22 1/2
字数：533 000
定价：138.00 元
（如有印装质量问题，我社负责调换）

作 者 简 介

刘立峰 1965年5月17日出生于北京。1999年毕业于中国社会科学院研究生院，经济学博士学位。2003年被聘为研究员。2002～2008年，为中国社会科学院研究生院硕士生导师，2008年至今为中国社会科学院研究生院博士生导师。2009年被评为新世纪百千万人才工程国家级人选，2012年获得国务院特殊津贴。现为国家发展和改革委员会投资研究所研究员，国家发展和改革委员会宏观经济研究院学术委员会委员，中国投资协会理事，国家开发银行专家。主要研究领域为政府投资与融资、投资与经济发展战略、投资与经济中长期规划。曾主持和参加数十项部委、地方政府和企业重大课题及规划研究，公开发表文章200余篇，出版过专著两部，参与20多部书籍写作。

目 录

第一章

导　论

第一节　政府及其起源

一、政府

按照美国政治学家迦纳（J. W. Garner）的提法，国家是一个由人民所组成的政治社会，不受或者差不多不受外来的统治，对内则属自主，或者自治权甚大。政府则是国家表示意志，发布命令和处理事务的机关。①政府作为统治阶级行使国家权力、实施阶级统治的工具，是随着阶级和国家的出现而产生的；随着国家的发展和社会政治、经济生活的日益复杂，政府的职能将不断扩大，政府机构也逐步完善；随着国家的消灭，政府也将消亡。广义政府包括立法机关、行政机关、司法机关、军事机关。狭义的政府仅指行政机关。在现代国家，一般由宪法和法律规定政府的结构、组成和职权。

政府具有鲜明的阶级性，它的职能是代表统治阶级实行政治统治和管理社会公共事务。政府直接指挥军队、警察、监狱、法庭等国家机器，维护有利于统治阶级的社会秩序，进行政治统治。同时，政府还必须管理社会公共事务，这是政府进行政治统治的前提和基础。政府的职权包括对内和对外两个方面：对内，指挥国家机器，维持统治秩序和社会秩序，调整各种社会关系，管理公共服务事业，发展社会福利等；对外，则发展与其他国家的政治、经济、文化交流，保卫本国领土完整和主权不受侵犯，维护国家的独立等。政府的职能随着社会的发展在不断扩大。

许多学者，特别是古代的，采取国家分类的同样标准（即按掌握至高的权威者的人数多寡为标准），把政府分为三类：个人统治的君主政府、少数人统治的贵族政府和多数人统治的民主政府。就君主政府的性质而言，君主政府通常又分为绝对的、武断的或专制的君主政府，以及立宪的、议会的或有限制的君主政府两种。专制的君主政府，其君主不仅为名义上的国家元首，而且实际上为全国主宰者。立宪的君主政府，是指君主的权力受到宪法的限制。贵族政府是由国中最优秀分子统治的政府。古代希腊人认为民主政府是由“多数人”统治的政体，是“人人皆有参政权的政府”。也有

---

① 迦纳：《政治科学与政府 政府论》，林昌恒译，东方出版社，2014年，第2页

学者认为，民主政府是指国家的统治权大部分属于全体人民，而不属于任何一种或数种特殊阶级的政府。

根据立法、行政、司法机关的相互关系，政府又可分为内阁制政府、总统制政府、半总统制政府、委员会制政府等。其中，总统制政府与内阁制政府是资本主义国家最主要的两种政府类型。内阁制政府是指总揽国家行政权力的内阁，在法律上对国会负政策上及政治行为上的责任，间接最后对全体选民负责，而名义上的国家元首却居于不负责任地位的制度。与内阁制相对照的总统制政府，国家元首不仅为名义上的行政元首，也是真正的行政元首，而且实际行使着宪法与法律所赋予他的权力。

就权力的集散，以及中央政府与地方政府的关系而言，政府可分为单一制政府与联邦制政府两种。单一制国家的中央政府代表国家，行使国家最高行政权力，统一领导国家事务。地方政府则在中央政府统一领导和监督下，负责本区域内的公共事务。有的国家，由中央政府任免地方政府首长。联邦制国家的联邦政府代表国家，它依据联邦宪法行使国家外交、国防、财政等主要权力。邦（州）政府则根据联邦宪法和本邦（州）宪法及法律规定行使职权，在宪法规定的范围内对联邦政府负责。

二、政府的起源

政府起源的解释主要有中外宗教派别提出的神权论、霍布斯和洛克等的契约论、莫尔等的掠夺论。

从奴隶社会以来，代表不同阶级利益的哲学家和政治思想家们纷纷对政府的起源问题进行探讨，得出了许多不同的结论。其中，神权论用天意或神的安排来解释国家和政府起源，并对国家和政府的权力作用进行了相应的神化。持这种观点的政治思想家，少数是古代奴隶社会奴隶主阶级的代表人物，大多数是封建地主阶级的代言人。他们中的许多人都从教会信条出发，用基督教教义来解释国家和政府的起源，论证一切国家和政府的权力均来自上帝，把国家制度和国家机构说成是上帝创造的严格等级系统的一部分。中国封建专制时期的思想家们大多数也持此观点。在这个时期盛行把皇帝称为天子，就突出地显示了这一点。可见，神权论的政府起源观，是为封建专制国家中少数统治者服务的一种观点。

神权论可以分为以下几类：第一，君权神授说。主张君主具有神性或受权于神，神圣不可侵犯。古代埃及视法老为创造大地并统治世人的日神之子，继承神权统治的神王。在西欧，神圣罗马帝国皇帝以君权神授对抗教皇的教权至上。第二，教权至上说。主张由僧侣、教士或先知代表神直接统治人民，又称“纯粹的”神权政治。早期基督教主张教会和国家二元化，教会最初争取独立于世俗权力之外，免受国家的干预和控制。世俗国家只有在宗教上服从教会，为神权效力，才能成为上帝之城的一部分。第三，天启律法说。主张天启律法是神意的体现、政治权力的基础，又称“普遍的”神权政治。许多宗教都主张神意主宰人类生活一切领域，其中又以伊斯兰教最为典型。第四，末世神权说。主张神的代表或救世主将在末世前降临人世，建立完美的神权统治。

16 世纪的英国哲学家霍布斯（Thomas Hobbes）提出了最早的国家起源于契约的理论，他在《利维坦——论国家》一书中指出，人类从自然状态到摆脱自然状态再到相互订立社会契约，国家就产生了。他认为，如果要建立一种能抵御外来侵略并制止相互分割的共同权力，从而保障大家能通过自己的辛劳和土地的丰产为生，并且生活得很满意，那就只有一条道路：把大家的意志化为共同意志的多人组成的集体。这就是说，指定一个人代表他们的人格，或由一个多人组成的集体代表他们的人格，意味着每一个人都承认授权于如此承当本身人格的人在有关公共和平或安全方面所采取的任何行动，或命令他人作出的行为。国家是人们相互转让权力，彼此达成契约的产物。“给它作出一个定义就是：代表集体的人格是由一大群人相互订立信约形成，每人都对它的行为授权，以便使它能按其认为有利于大家的和平与共同防卫的方式，运用全体的力量和手段。”①

作为契约论的代表人物，英国哲学家洛克（John Locke）对政府的起源进行了论述。在其最重要的政治论文《政府论》中，洛克驳斥了君权神授的主张，主张政府的权威只能建立在被统治者拥有的基础之上。洛克指出：政府是一种社会契约的产物，是人民把本来属于每个人自己的权力拿出一部分，委托给政府来行使，以协调不同个体与群体之间的利益冲突。当代理人背叛了人民时，政府就应该被解散。当订立的法律被违反或是代理人滥用权力时，一个政府便是背叛了其人民。当政府被宣告解散后，人民便有权再建立一个新的政府。政府权力的基石是个人的自由。在政府建立之前，人们自我统治、自我管理；政府权力的源泉是每一个成员所拥有的天赋政治权力，个人权力是政府权力的基石。契约论作为一种普遍的学说被不同国家认可，在近代以来西方国家意识形态中占有主流地位。

关于政府起源的剥削论认为国家是统治阶级的代表，它的作用是代表该集团或阶级的利益向其他集团或阶级的成员榨取收入。这一思想集中体现在16世纪的空想社会主义与马恩列主义的国家学说中，发端于英国政治家和思想家托马斯·莫尔（St. Thomas More）。莫尔在1516年出版的《乌托邦》一书中，揭示了私有制下社会分裂为经济利益根本对立的富人与穷人、剥削与被剥削、统治与被统治的事实，认为私有制下的国家只是维护少数富有者的利益而对劳动者实施奴役的工具。②19世纪初法国伟大的空想社会主义者圣西门认为阶级是社会发展到一定阶段才出现的，国家是随着阶级的出现而产生的，人类的历史从来都是一部分人统治另一部分人的历史，国家则是阶级统治的工具，是暴力统治的机关。

马克思主义政府起源论认为，国家不是从来就有的，而是人类社会分裂为阶级社会时的产物。这时，国家就成为从社会中产生但又凌驾于社会之上的力量，成为维护统治阶级利益、实施阶级压迫、控制阶级对抗的机器。政府作为国家机器的主要组成部分，是随着国家的产生而产生，随着国家性质的变化而变化，随着国家的发展而发展，随着国家的消亡而消亡。马克思主义认为，国家是在经济上占统治地位的阶级的国家，是统治阶级实行阶级统治和阶级专政的工具。这就是国家的本质。这样，作为主要的国家机构的政府，它在政治上的主要职能也就是维护统治阶级，实行阶级统治和阶级压迫。当然，就对外关系来说，政府还有一项基本政治职能，就是维护国家的独立和主权，防止和抵御外来的侵略。这是对国家和政府起源问题的科学解答。

---

① 霍布斯：《利维坦——论国家》，张妍、赵闻道译，湖南文艺出版社，2011年，第100-101页

② 何文君：《政府的基本职能：代理与服务——国家起源的政治学与经济学再解读》，《思想战线》，2005年第6期，第124-128页

第二节 政府的地位与作用

当今社会，政府在经济社会生活中扮演的角色越来越重要，它的触角已经渗透到经济、社会的各个领域，以至于人们很难想象，没有政府，自己将如何生存。更重要的是，从世界历史看，政府作用的规模、范围、内容、方式在很大程度上决定了一个国家地位的变化，特别是后起国家要想在较短时间里实现崛起，没有一个强势的政府是不可能的。

一、大国崛起与威权体制

一个国家的兴盛和衰亡跟领导权及其使用有很大的关系。特别是转型时期国家的兴衰跟政治的形态密切相关。政治的形态只有实现从传统政治向现代政治的转变，才能对国家的兴盛起正向推动作用。

美国政治学家亨廷顿（Samuel P. Huntington）在《变动社会中的政治秩序》中指出，各国之间最重要的政治分野，不在于它们政府的形式，而在于它们政府的有效程度。首要的问题不是自由，而是建立一个合法的公共秩序。人当然可以有秩序而无自由，但不能有自由而无秩序。必须先存在权威，而后才谈得上限制权威。①他认为，新兴国家的现代化没有政治的稳定将很难取得经济和社会的长足发展，而政治的稳定需要合理的权威的维持。只有拥有强大执政合法性和权威的政府，才能够充分调动各种执政资源，缓解社会危机，避免政治动荡。可见，亨廷顿主张建立有效率的政府，提高政府的执政效能。

德国工业化时期的俾斯麦政府，遵循的是国家资本主义思想，特别强调国家对经济的干预，主张实行保护发展政策。在俾斯麦领导时期，德国统一了货币、度量衡、邮政，建立了中央银行，大幅度提高进口关税，李斯特的国家资本主义主张得以彻底实现。由此开端，30 年时间德国的工业化超过英国 100 年发展的成就，德国成为欧洲大陆最强大国家。列宁极为推崇德国的国家资本主义，他指出，“如果社会主义在经济上尚未成熟，那么任何起义也不会创造出社会主义，而是因为国家垄断资本主义是社会主义最完备的门阶，是历史梯子上的这一级，即从这一级到社会主义那一级是没有任何中间级段的”②。

日本明治维新是由上而下、具有资本主义性质的全盘西化与现代化改革运动。日本政府进行近代化政治改革，建立了君主立宪政体，实行了废藩置县，全国划分为 3 府 72 县，日本因而成为一个中央集权政府。在经济上推行“殖产兴业”，学习欧美技术，大力发展通信和交通设施，促进工业高速发展。对农民征收新的地税和进行币制改革，使政府收入更为稳定，有更多资金发展日本并进行工业化。提倡“文明开化”、社会生活欧洲化，大力发展教育等。这次改革使日本成为亚洲第一个走上工业化道路的国家，逐渐跻身于世界强国之列，并打赢了与中国和俄国的两次战争（日清战争、日俄战争）。

苏联建立了超强的国家经济权力，用国家计划指令直接实现经济领域资源整合，建立规模经济并快速推进本国工业化进程。通过国家力量分配社会资源，压低消费基金，最大限度地保证了经济发展，特别是重工业发展对资金、资源、劳动力等生产要素的需

---

① 亨廷顿：《变动社会中的政治秩序》，王冠华、刘为译，上海世纪出版集团，2008 年，第 1 页、第 6 页

② 杨长鑫：《列宁国家资本主义思想与中国的改革开放》，《常川大学学报》，2014 年第 3 期，第 28-32 页

要，成功实现经济跨越式发展。到“二五”计划完成后，苏联已建成了6000多个大企业，建立起钢铁、飞机、汽车、重型机械等部门，工业布局有了很大变化，工业总产值跃居欧洲第一位，世界第二位。根据联合国统计局发表的世界工业指数，以1950年的工业生产为100，到1980年，苏联和西方国家的工业生产分别发展为：苏联1264，日本2600，联邦德国516，法国391，美国310，英国190，苏联工业增长远远高于除日本之外的所有西方发达国家。

韩国的经济起飞是在政府高度集权，甚至可以说是独裁专制的高压政治之下取得的。今天韩国已经不再需要那种政治体制，但在当时，如果没有这种高度集中的政治模式，恐怕很难想象韩国能有后来的成就。韩国经济的特点是政府主导型市场经济，政府主导的市场协调机制具有较强的宏观性和指导性，促进了重点产业的发展和经济增长。从1962年起，政府连续制订了经济发展的五年计划，每个计划的内容都与当时的国家经济发展战略目标和指导原则相一致，在不同阶段有不同的产业重点，且保持相互之间的连续性。韩国产业发展的一个突出特征就是大企业集团在经济发展中占据主导地位，政府通常采用间接诱导政策，或直接进行干预，扶植、引导有前途的产业，鼓励大企业集团积极开拓市场，在市场中进一步增强竞争力。权力与资本有效结合创造了韩国的“东亚奇迹”。

二、从“华盛顿共识”到“北京共识”

“华盛顿共识”是1989年出现的、一整套针对拉美国家和东欧转轨国家的、新自由主义的政治经济政策主张。共识的主要内容包括加强财政纪律，压缩财政赤字；实施利率市场化；实施贸易自由化；对国有企业实施私有化；放松政府的管制等措施。“华盛顿共识”的基本理念是最大限度限制政府的作用、快速私有化和自由化。“华盛顿共识”的支持者认为，“一旦转型引进市场改革，就可以立刻有收获，效率就可以提高。因此，转型应该是大爆炸式的、激进的、休克式的”。有很多案例证明了“华盛顿共识”并没能取得预想效果。这种所谓的“共识”很快就因为它在拉美、原苏联东欧地区、非洲及东南亚地区造成了经济停滞、失业增加、两极分化、福利削减、过度剥削、民主法制遭到破坏、国家公共权力衰退等问题而广受质疑。①在2008年的全球金融危机面前，“华盛顿共识”更是被砸得支离破碎。

美国《时代》周刊高级编辑、高盛公司资深顾问乔舒亚·库珀（Joshua Cooper Ramo）在英国伦敦外交政策中心发表了一篇调查论文，指出中国通过艰苦努力、主动创新和大胆实践，摸索出一个适合本国国情的发展模式。他把这一模式称为“北京共识”。库珀指出，“北京共识”具有艰苦努力、主动创新和大胆实验（如设立经济特区），坚决捍卫国家主权和利益（如处理中国台湾问题），以及循序渐进（如“摸着石头过河”）等特点。它不仅关注经济发展，同样注重社会变化，也涉及政治、生活质量和全球力量平衡等诸多方面，体现了一种寻求公正与高质量增长的发展思路。在库珀看来，建立在“北京共识”基础上的中国经验具有普世价值，不少可供其他发展中国家参考，可算是一些欠发达国家寻求经济增长和改善人民生活的模式。

---

① 刘志明：《“后华盛顿共识”的超越与局限》，《人民论坛》，2012年第22期，第66-67页

2003 年，麻省理工学院的黄亚生和哈佛大学商学院的塔伦·康纳在《外交政策》上撰文，称印度将最终超越中国。他们认为，民主印度理应比威权中国表现得更好。2010 年 6 月，在美国和印度举行首次战略对话期间，美国国家经济委员会主任萨默斯（Lawrence H. Summers）宣称，“孟买共识”既非建立在“自由放任的资本主义思想”上，也不以“威权式的资本主义理念”为基础。“孟买共识”是“第三条道路”，“建立在一个民主发展国家的思想基础上，不受注重于出口的重商主义所驱动，并且以民为本，重视提升消费水平和扩大中产阶级”。但是，实际情况却是：1979 年之前经济发展领先于中国的印度，现在无论是经济总量还是人均水平，已经远远被中国甩在后面。就像美国《外交政策》所述：“印度的民主制度不但未能完成结构性经济改革，反而还成为研究政策瘫痪的案例。”“若要打败中国，印度必须变得更像中国。”[①]这恰恰是莫迪政府正竭力想做却很难做到的事情。

三、历史的终结还是历史的延续

日裔美籍学者弗朗西斯·福山（Francis Fukuyama）在《历史的终结与最后的人》一书中指出：“如果要我猜测一下，五十年后，是美国和欧洲在政治上更像中国，还是中国在政治上更像美国和欧洲，我会毫不犹豫地选择后者。有很多理由表明，中国模式是难以持续的。它依赖于经济的持续高速增长，然而，随着中国设法从中等收入国家向高收入国家转型，这样一种高速增长不会再出现。中国因土地污染和空气污染而积累了大量的隐性负担，虽然政府仍比绝大多数威权体制更具有回应性，但是，一旦日子变得艰难，中国日益增多的中产阶级不可能会接受现行的家长主义体制。”

同时，福山也指出：“那些渴望民主化的社会，唯一的大问题就是，它们未能提供人民想从政府得到的实质性内容：个人安全、共享的经济增长及获得个人机遇所必需的基本公共服务。由于可理解的原因，民主的支持者关注的是如何限制专制国家或掠夺型国家的权力。但是，他们并没有花多少时间去思考如何有效地进行统治。与其他国家相比，美国人常常更加不能理解有效政府的必要性，而只是集中于限制当权者。不幸的是，有效统治能力的缺乏扩展到了美国自身。政府实际上既不能有效前进，也不能有效地后退。”[②]

在 2014 年，接受记者专访时，福山修正他对中国的观点，即中国构成了对“历史的终结”这个观念的最重要的挑战。迄今为止，中国作为一个威权制的政体，成功地掌握了经济的现代化，并且可能会成为世界上最富有且最强大的国家。如果中国成功化解压力，并且在下一阶段继续保持强大和稳定的状态，那么中国确实成了自由民主制以外一个真正的替代性选择。他认为，很多人想要复制中国的威权主义，但是他们无法复制中国模式中其他决定性的因素，如精英制，一个高度纪律化的政党层级，统治者中普遍具备一种意识，就是为公共利益而行动的责任感，而这些特质在世界的其他地方的统治者身上是缺失的。

---

① 鲁普·萨布拉马尼亚：《美媒：印度民主反致政策瘫痪 要打败中国得像中国》，王会聪译，http://news.ifeng.com/a/20150124/43009866.0.shtml，2015 年 1 月 24 日

② 福山：《历史的终结与最后的人》，陈高华译，广西师范大学出版社，2014 年，第 4-6 页

上述中国模式的核心实际是有效政府问题，即中国政府具备有效治理能力。如果把中国改革开放以来的体制也归于威权体制的话，那么，中国的威权体制完全不同于上述威权体制，具有完全属于自己的独有的东西。第一，有一个稳定的政治核心——中国共产党的坚强领导，而且这个核心能够迅速作决策，并能保证上情下达的权威性和下情上传的有效性；第二，始终坚持一个基本的道路、理论和制度，同时，与时俱进，有继承、有发展；第三，有一个解决问题的灵活的思维方式，中央政府出政策，鼓励地方政府、企业和社会大胆地实践，大胆地尝试；第四，改革的模式、路径、体制、机制不设统一的模板，具有多样性、多元化的特点，不会像“华盛顿共识”那样对不同国家都强求一致；第五，有比较强的回应性，能够积极回答社会诉求。自由民主国家并不一定能够反映民意，具有威权色彩的中国反而可能更好反映民意。①

第三节 政府投资的内涵与特征

一、政府投资的内涵

总体来讲，政府投资就是政府为了履行其职能，满足公共需要，实现经济和社会发展战略，利用政府预算资金及举债等方式筹措资金，用以转化为公共实物资产的行为和过程。

政府投资可以从以下三个方面去理解。

（1）投资主体。政府投资是指以政府（包括下属国有企业）为主体进行的投资活动，在这一过程中，政府是投资的核心和主体。从投资主体的角度，政府投资可以与民间投资、外商投资等非政府投资相区别。

（2）资金来源。政府投资通常是政府利用财政预算内、预算外资金和上级政府补助资金、债券资金等政府财力所进行的固定资产投资活动，也包括一级政府利用其下属部门或直属公司最终依托财政担保而进行融资后开展的投资活动。2010 年，国务院法制办公室公布的《政府投资条例（征求意见稿）》提出，政府投资是指使用财政预算内资金、各类专项建设基金、国家主权外债资金和其他政府性资金进行的固定资产投资活动。

（3）产业门类。政府投资范围往往局限于特定的公共产品和服务领域，一般也可以称为公共投资。按最终用途可以将公共投资分为以下几类：第一类是军队、警察等国家安全投资；第二类是交通、通信、水利等基础设施投资；第三类是教育、卫生、文化等社会事业投资；第四类是供水、排水、垃圾处理等公用事业投资。

二、政府投资的特征

与私人部门的投资相比，政府投资具有下列特征。

（1）公共性。政府投资必须履行政府职能要求，包括为公众提供公共产品与服务，为企业创造良好的基础设施条件，促进高科技、高风险项目的研究开发，促进区域和城

① 对于 2016 年美国大选，福山无奈地说：“美国的制度确实存在问题，它并未充分代表民意，两个政党都没有很好地为弱势群体提供帮助。”

乡的协同发展，等等。这些投资活动具有耗资大、耗时长、风险高等特征，私人部门往往望而却步，市场机制常常无能为力。而这正是政府的优势所在，是政府职能的内在要求，反映了经济和社会发展对政府参与资源配置的客观需要。

（2）非营利性。与企业投资在利己动因下追求经济效益最大化的目标不同，政府投资受非经济动因的支配，追求的是社会效益、生态效益、长期效益和宏观效益的最大化，必要的时候甚至需要牺牲短期经济效益。由于政府投资具有较强的外部效应，收益存在明显的外溢，政府投资效益往往很难作出准确的估算，政府投资也很难从单个项目中回收，政府投资效益只能从总体经济社会发展情况进行综合评价。因此，政府投资具有整体报偿性与个体无偿性的特征。

（3）复杂性。政府投资关系国计民生，涉及公众的切身利益，需要照顾不同群体的利益诉求，可能形成多种不同方案进行选择。由于不同利益集团所处的角度不同，政府很难进行平衡，需要更多的评估、论证，决策程序相对复杂，决策时间常常会拖得很长。政府投资使用的是纳税人的钱，受多方的监督与制约，为保证政府投资能够发挥更大的效益，把资金用在最紧迫的地方，往往需要经过更多的行政甚至法律程序，并通过层层审批才能完成。

（4）行政性。政府投资的行政性是指政府投资行为是政府履行行政职能的一种重要组成部分。政府投资项目的规划、审定、决策、建设、运营、管理、监督，以及事后的评价，都由政府部门直接控制。各级政府对其投资活动拥有更多的经济性权力，需要成立相关的部门和机构、委派政府公务人员全程负责甚至直接参与。因此，无论是政府投资的项目本身还是其最终产品或服务都带有很强的行政色彩。

（5）变动性。政府投资不是一成不变的，在不同的经济发展阶段，政府投资具有不同的侧重点。发展初期，政府在基础设施方面的投资具有较强的拉动作用，随着经济走向成熟，私人部门力量日益扩大，企业投资逐渐替代政府投资，政府投资的规模逐渐减小，更多地转向能够提高社会整体福利水平的教育、科学和文化体育等事业方面。在不同年份，政府投资也会进行调整，以适应发展战略变化和经济周期变动，权力的更替和官员的轮换也会导致政府投资方向和力度的变化。

第四节 研究政府投资的意义

政府不只是经济社会活动的管理者和行政权力的行使者，也是经济活动的参与者、公共服务的提供者、民间投资的引导者。政府投资对一国的改革与发展具有重要作用，研究政府投资同样具有重要意义。

第一，有利于管好、用好政府投资。随着经济的发展和收入的增加，人们对公共服务的需求越来越多，要求越来越高，公共领域私人不愿进或没有条件进，政府必须承担更多的责任，政府支出和政府投资规模不断扩大。1959 年，美国政府总投资为 359 亿美元，到 2014 年提高到 5958 亿美元，年均增长 5.2%。1981 年，我国国家预算内投资只有 269.8 亿元，到 2015 年增加到 30 924 亿元，年均增长 15%。规模越来越大的政府投资资金最终都来自纳税人，研究管好、用好政府投资的方式、办法，可以为决策者制定政策提供依据，更好发挥政府投资效益，减少政府投资风险，这关系到经济与社会的可持续发展，也关系到人民福祉的增加。

第二，有利于提高政府投资的效率。长期以来，政府投资活动存在低效的问题。以日本为例，公共工程的成本平均比民间投资的工程要高 30%以上。1998 年，日本道路投资额约为 15 万亿日元，其中仅有 40%形成固定资本，浪费掉的资金达到 4 万亿～5 万亿日元。更为严重的是，盲目建设造成大量无用工程。[①]在我国，一些政府投资并未用在急迫的领域，政绩工程、形象工程屡禁不绝；政府投资主体缺乏预算约束的动力，投资成本相对较高，权利缺乏监督或监督不到位，政府投资活动容易成为滋生腐败的领域。因此，研究和探索政府投资管理的有效途径，完善政府投资决策、监督、管理体系，可以减少宝贵公共资源的浪费，提高政府投资效率。

第三，有利于拓宽公共投资渠道。储蓄转化为投资主要通过两种途径，即金融转化机制和财政转化机制。财政转化机制是通过税收、政府债发行、资本性投资等收支形式影响国民收入分配，是储蓄向投资转化的主渠道。政府投资研究就是要以畅通公共投资融资渠道为目标，促进公共和社会资源的整合，激发民间投资活力，引导市场资金进入公共投资领域；减轻政府财政支出负担，弥补公共投资资金需求与政府资金供给能力之间的缺口；增加建设的投融资渠道、方式和工具，形成市场化程度更高、创新性更强、可持续的资金投入机制。

第四，有利于推动投资体制创新。政府是投资体制创新的主体，通过政府投资及其体制创新，可以有效增强决策程序的公开透明，提高项目的科学化、民主化水平；可以改变政府管理方式，优化行政审批程度，更好地为市场主体服务；可以从法律的层面规范和约束政府的行为，建立政府契约精神和诚信体系。加强政府投资体制问题研究，并将其作为政府投资研究的重点领域，有利于从政府层面，进而从全社会层面解决投资体制的突出问题，形成体制创新的氛围，形成协同推进的合力，进一步推动投资体制改革与创新进程。

世界银行《1997 年世界发展报告》指出："一个有效的政府是事关发展成败的决定性因素。"[②]尽管存在这样和那样的挑战，政府投资都不是有没有必要的问题，而是如何提高有效性的问题。政府投资，特别是其有效性问题仍然需要深入研究，中国这样一个转轨时期的大国，政府投资面临的新问题也更多、更棘手，开展政府投资理论与实践的研究，创新政府投资学科体系具有十分重要的现实意义。

第五节 政府投资学的研究对象与框架

一、研究对象

政府投资学是一门全新的学科。目前社会上有不少教材从公共经济学或财政学的角度对政府经济活动进行分析。但是，政府投资学始终没有形成一门独立的学科，没有人真正从政府投资的独特视角，即从投资主体和资金渠道两个主要方面对政府投资进行研究。

① 张承惠：《日本公共投资的现状、问题及启示》，《调查研究报告》，2002 年第 114 期，第 1-13 页

② 世界银行：《1997 年世界发展报告》，中国财政经济出版社，1997 年，第 39 页

就像政治经济学是研究生产关系（经济关系）及其发展规律的科学；宏观经济学是以整个国民经济为考察对象，研究经济中各有关总量的决定及其变动的科学；政府投资学是一门以政府投资、融资、建设、运营为研究对象的学科，是解释政府投资活动的现象与内在规律的一门学科。

影响政府投资的因素很多，除了各种经济因素以外，还包括政治、文化、社会等多种因素。影响政府投资的因素的多样化必然带来政府投资学研究对象的复杂多样。简单地说，政府投资学的研究对象涉及政府投资的规模、结构、分工、决策、行为、方式、调控、效益等一系列问题。

适应基础设施、公共服务发展的需要，政府投资必须在一定程度和相关领域发挥职能作用，这实际上就是要讨论政府和市场在投资领域的分工与界线问题。由于政府的职能要求、公共物品特性、外部效应的存在、收入再分配等因素的影响，政府投资的规模和方向在不同时期和阶段有所不同。

有效政府应该是一个分权的政府，对于一个大国政府来说尤其如此。建设适当的制度来配置权力，避免过分集权十分重要。适当分权的政府，可以使政府资金分配更加贴近公众的需要，有效履行为公民服务的责任，政府则具有更加准确的成本和收益感觉，从而更好地提高配置效率，实现社会公平。

政府的不同投资行为及其决策方式背后有着复杂的体制和机制原因，也是社会利益集团相互博弈的结果。既有各种外在因素的影响，也受政府及其官员自身动机的支配。只有通过改革，规范政府投资行为，减少政府投资的冲动性和随意性，避免政府投资决策失误，才能实现政府投资行为的合理化和决策的科学化。

政府通过财政、金融等渠道为其资本性支出融资，其中债务性融资是主要的渠道。如果筹措来的资金用于满足公共需求，改善民生，那么，政府的债务融资活动就具有必要性。但是，政府融资又不能是无节制的，债务融资规模需要考虑政府的财政承受能力，需要实现滚动发展和良性循环，实现融资的可持续。

除少数公共产品由政府独立提供外，绝大多数公共产品与服务是由政府和其他投资主体合作完成的，这就有一个政府投资与其他主体投资配合和协作的问题，有时需要政府主要出资，有时政府资金只是发挥引导作用；有时政府通过采购形式提供公共产品，有时，则是给予特许经营权，吸引社会资本进入相关领域。

二、研究框架

政府投资学主要涉及以下问题：第一，政府为什么要投资，涉及公共需求、市场失灵、政府部门的职能要求；第二，政府投资应投向何处，涉及政府支出的方向；第三，中央政府和地方政府间的投资职责如何划分；第四，政府的投资行为方式具有什么样的特征；第五，政府的投资决策机制是怎样形成的；第六，政府应该怎样投资，涉及政府投资的方式、方法；第七，为满足投资支出需要，政府应该如何进行融资；第八，政府应该怎样管理与调控投资，涉及政府管理、调控社会投资及自身投资；第九，政府投资的效益如何评价与衡量；第十，政府投资与融资是否可持续，涉及债务风险与危机处置；等等。

本书将围绕上述内容展开论述。第一章是导论，第二章研究政府投资规模，第三章研究政府投资结构，第四章研究政府间投资职责分工，第五章研究政府投资行为，第六章研究政府投资决策，第七章研究政府与社会资本合作，第八章研究政府间的区域合作，第九章研究地方政府融资，第十章研究政府融资工具及其创新，第十一章研究政府投资调控，第十二章研究政府投资的效益，第十三章研究政府债务风险和危机。

本章小结

政府投资就是政府为了履行其职能，满足公共需要，实现经济和社会发展战略，利用政府预算资金及举债等方式筹措资金，用以转化为公共实物资产的行为和过程。当今社会，政府在人们的生活中扮演着越来越重要的角色，它的触角已经渗透到经济、社会的各个领域，政府投资的重要性也在不断提高。政府投资学是一门全新的学科，主要是从投资主体、资金渠道等方面对政府投资进行研究。开展政府投资理论与实践的研究，丰富政府投资学科体系具有十分重要的现实意义。

☆关键术语☆

政府的起源　政府投资　政府投资学

➢复习思考题

1. 简述主要的政府起源理论。
2. 什么是政府投资？
3. 谈谈政府投资的意义。
4. 政府投资学的研究对象是什么？

第二章

政府投资规模

第一节　政府支出规模的决定

一、政府支出规模增长规律

早在 19 世纪 80 年代，德国经济学家阿道夫·瓦格纳（Adolph Wagner）通过对进入工业化以后的欧洲国家、美国、日本等政府支出的研究，提出随着经济及社会的发展，公共支出具有一种内在的不断扩大的趋势。20 世纪 70 年代初，财政学家伯德（Bird）在评价瓦格纳对财政理论的贡献时，将上述由统计分析得到的结论称为瓦格纳法则（Wagner's Law）。瓦格纳并没有明确说明“公共支出不断增长”是指绝对额上升，还是指公共支出占经济总量的比例上升，后来的学者大多把瓦格纳法则理解为随着人均收入的提高，政府公共支出占国内生产总值（gross domestic product，GDP）的比例也逐步提高。

围绕这一理论观点，国内外学者进行了大量实证研究。1985 年 Abizadeh 和 Gray 分析了 1963～1979 年 55 个国家的数据，发现富裕国家支持瓦格纳法则，而最贫穷的国家则不支持。1986 年 Ram 对 63 个国家进行了分析，结果发现瓦格纳法则的支持有限。[①] 2005 年 Tobin 利用中国政府规模和经济增长的宏观数据，考察经济自由化背景下中国政府的经济活动是否符合瓦格纳法则，结果发现，随着国民收入的增加，政府活动和财政支出随之增加，证明了瓦格纳法则在中国的适用性。2006 年 Akitoby 对 51 个发展中国家的政府支出与产出数据进行分析，结果表明，从长期来看，政府支出与产出存在稳定的协整关系，瓦格纳法则是适用的。[②]

从较长时期看政府支出增长规律，1870～1913 年，发达国家公共支出平均只占国民收入的 11%～12%，公共支出在这 40 多年中几乎没有增长[③]。而最近的 100 多年中，从全球范围来看，无论是财政支出的绝对额，还是支出占 GDP 的比例都呈现不断增长的趋势。随着工业化进程的加速，尤其是进入 20 世纪以后，随着市场机制自身缺陷的暴露，

① 吴凯：《浅论瓦格纳法则在中国的适用性》，《财经论丛》，2006 年第 5 期，第 36-42 页

② 刘雅丽：《“瓦格纳法则”实现方式的国际比较与启示》，《西部论坛》，2011 年第 7 期，第 59-64 页

③ 马栓友：《财政政策与经济增长》，经济科学出版社，2003 年，第 49 页

政府被赋予了更多新的职能，从而促成了政府活动和支出的增长。在主要的发达国家中，政府支出占 GDP 的比例平均由 1913 年的 12.1%，上升到 1920 年的 18%，1937 年的 23%，1960 年的 28.1%，1990 年的 43.9%。英国、美国、日本、德国等国家政府支出相对规模的趋势都是不断增长的（表 2-1）。

表 2-1　发达国家政府支出占 GDP 的比例　　单位：%

国别	1913 年	1920 年	1937 年	1960 年	1990 年
西班牙	11.0	8.3	13.2	18.8	42.0
意大利	11.1	22.5	24.5	30.1	53.2
美国	7.5	12.1	19.7	27.0	33.3
英国	12.7	26.2	30.0	32.2	39.9
瑞典	10.4	10.9	16.5	31.0	59.1
日本	8.3	14.8	25.4	17.5	31.7
德国	14.8	25.0	34.1	32.4	45.1
法国	17.0	27.6	29.0	34.6	49.8
加拿大	—	16.7	25.0	28.6	46.0
澳大利亚	16.5	19.3	14.8	21.2	34.7

资料来源：俞永萍，《我国政府支出规模变动规律研究》，陕西师范大学硕士学位论文，2004 年

二、政府支出增长的决定因素

（一）经济发展因素

经济发展会引致一系列新型的公共服务需求，从而从需求方推动政府支出增长。瓦格纳认为，第一，随着工业化的推进，市场及市场主体之间的关系会变得越来越复杂，对商业契约和法律要求增多，需要把更多的公共资源用于提供保障法律设施和服务，例如，大公司的出现使反垄断的管制机制的服务成为必需[①]；第二，工业化推进了城市化，人口居住密度增大，产生了交通拥挤等外部性问题，需要政府进行管理和协调，例如，要增加警察巡逻、协助城市居民向郊外迁移等公共需求增加；第三，人们对教育、娱乐、文化、保健与福利的需求将会提高，政府对这些公共物品的供给也将随之增加，从而引起政府支出的增加。

在瓦格纳法则的基础上，马斯格雷夫（Richard A. Musgrave）和罗斯托（Walt Whitman Rostow）从经济发展的角度，分别对公共支出增长进行了分析。他们认为，在经济发展的早期阶段，交通、通信、水利等基础设施落后，这类基础设施投资大、周期长、收益小，私人部门不愿投资或没有能力投资，需要政府提供或资助，因此，政府投资在总投资中占有较高的比例；在发展的中期，那些需要政府提供的具有较大外部效应的基础设施已经建成，政府投资开始转向对私人投资的补充，公共支出的比例可能下降。但是，由于存在市场缺陷，为了弥补市场失灵，就需要加强政府干预，而对经济的干预显然要

① 郭小聪：《政府经济学》，中国人民大学出版社，2011 年，第 219 页

以公共支出的增加为前提；一旦进入经济发展的成熟期，随着人们人均收入水平提高，人们对生活的质量提出了更高的要求，公共支出将从基础设施转向不断扩大的教育投资、保健与福利服务，并且这方面的支出增长将大大超过其他方面支出的增长，也会快于国民收入的增长速度。

（二）政治因素

公共选择学派引入对制度、政治决策过程的效应分析，解释政府公共支出不断增长的原因。塔洛克（Tullock）开创性地分析了在多数票规则下的利益集团的存在是政府增长的原因。由于民主化进程的不断加强，公民的选举权日益扩大，在多数票原则下，政治候选人为了在选举中获胜，往往向广大选民许下各种承诺，如改善人们的生活水平、提高人们的社会福利。要实现这些目标，往往就要扩大政府职能，增加政府公共支出。唐森（Tonsen）认为，只要增加政府开支所获得的边际选票收益大于增加政府税收所带来的边际选票损失，政府的预算规模就会扩大。①

诺思（North）等认为，专业化的日益发展造就了大批的新的利益集团，这些利益集团为了减轻自己所承受的交易费用，不断向政府施压，既要求政府进行再分配，又要求政府降低交易费用来提高效率，由此造成政府开支的不断增长。利益集团是政治生活中的重要因素，在实行多数投票原则下，利益集团的大量存在直接促进了政府预算规模的扩张，这是因为在各自谋求自身利益最大化的前提下，利益集团、官僚、政治家会结成利益联盟，力争增进某一方面的预算支出，如军工企业支持政府扩大军费开支，这必然会扩大政府的公共支出规模。

政治体制弊端的存在导致公共支出增长。尼斯卡南（Niskanen）等认为，官僚与其他所有人一样，都是效用最大化者。官僚的效用函数变量包括薪金、为其工作的职员人数和他们的薪金、公共声誉、额外收入、权力或地位、装修考究的办公室、现代化的办公设施、公费活动等。为了效用最大化，官僚竭力追求机构最大化。机构规模越大，官僚的权力越大。由于官僚效用函数中的许多变量与预算规模直接相关，作为效用最大化者的官僚也会是预算最大化者。正因为官僚机构以机构规模最大化作为目标，财政支出规模不断扩大。如果政治体制存在弊端，公务人员预算最大化的目标能够获得成功，那么，政府支出规模就会扩大。

（三）效率因素

公共支出还要受到公共部门生产率的影响。1967 年，鲍莫尔（W. J. Baumol）在《不平衡增长宏观经济学》一文中提出，经济可被划分为两个部门——进步部门和非进步部门，一般而言，政府服务被划归为非进步部门。进步部门的特点是，由于规模经济和技术革新，劳动生产率能够积累性提高。在进步部门的生产中，资本可以用来替代劳动力而不影响产品的性质，技术进步能促进生产率很快提高。而在非进步部门中，劳动力要素起着关键的作用，劳动力服务本身就是供消费的产品的一部分，减少劳动力含量就会改变所生产的产品的性质，通过技术革新促进生产率提高的速度是缓慢的。例如，政府机关提供的服务，通常是个案处理，不可能采用电脑程序批阅文件。

---

① 孔祥利：《政府公共支出最优规模的理论与实证研究评述》，《社会科学评论》，2004 年第 1 期，第 118-123 页

劳动生产率提高会导致部门的工资率提高。假设在进步部门，小时工资率提高和劳动生产率提高是同步的，也就是说，进步部门的单位成本是长期保持不变的。为了防止劳动力从非进步部门流向进步部门以寻求更高的小时工资率，非进步部门必须把工资水平提高到和进步部门相当的水平。非进步部门的生产率提高程度不如进步部门，那么，工资水平的提高就意味着非进步部门的成本提高。由鲍莫尔模型可以得出这样的结论：如果公共部门的生产率提高的程度不如经济中的其他部门，而公共部门雇员的工资却跟随经济中其他部门的工资变动，那么，在其他条件不变的情况下，公共支出将增长。

（四）突发因素

政治动荡的特殊时期，很可能出现公共支出急剧大规模扩张。1961 年，英国经济学家皮考克（A. T. Peacock）和魏茨曼（J. Wiseman）出版了《联合王国公共支出的增长》，对英国 1890～1955 年的财政支出进行了考察，他们认为，在一个较长的时期内，财政支出的增长并不是直线型的，而是呈现出阶梯性增长的特点，这被称为“梯度渐进增长论”。该理论的前提假设是，政府喜欢多开支，公民不愿意多纳税。以这个假设为基础，他们作出了如下推论：随着收入水平上升，以不变的税率征收的税收会上升，于是政府支出的上升会与国民生产总值的上升呈线性关系，这是公共支出增长的内在原因；但在非常时期，如战争、饥荒等，公共支出上升的压力骤然增大，政府被迫提高税率，而公众在危急时期也会接受提高了的税率，这是公共支出增长的外在原因。

皮考克和魏茨曼解释说，在这里，起作用的是两个效应：审视效应（inspection effect）和替代效应（displacement effect）。和平时期，财政支出的增长之所以呈直线型，是因为公众心里有一个“可容忍的纳税水平”，财政支出规模的增长受这一水平的制约；但在战争时，公众“可容忍的纳税水平”提高，财政支出就出现阶梯性跳跃增长；战后，公众“可容忍的纳税水平”并没有降低，从而财政支出规模可以继续保持在一个高水平上。这就是审视效应。替代效应有两层含义：一是战时战争支出对私人支出和民用财政支出的替代，战争支出规模扩大，而私人支出和民用财政支出规模相应缩小；二是战后民用财政支出对战争支出的替代，战争支出减少，而民用财政支出增加。

第二节　政府投资规模变动趋势

一、国外政府投资规模

从各国情况看，政府投资绝对规模是不断增加的，但是，政府投资占 GDP 的比例则呈现波动下降趋势，这与政府支出相对规模变动情况不同。根据世界银行的《1998/99 年世界发展报告》，除低收入国家以外，1996 年，其他类别国家的经常性支出占 GDP 的比例均比 1980 年有所上升；而各类别国家的资本性支出占 GDP 的比例则全部下降，例如，低收入国家由 6.6%下降到 5.2%，中下收入国家由 6.1%下降到 4.2%，中上收入国家由 4.1%下降到 2.7%，高收入国家由 2%下降到 1.7%（表 2-2）。经常性支出比例上升和资本性支出比例下降的原因在于：各国养老金、老年人医疗保健等支出增长较快，而且这些支出是刚性增加，与此同时，政府只能相应削减投资性支出。

表 2-2　不同收入水平国家中央财政支出占 GDP 的比例　　单位：%

项目	经常性支出		资本性支出	
	1980 年	1996 年	1980 年	1996 年
低收入国家	19.0	17.8	6.6	5.2
中下收入国家	17.9	18.4	6.1	4.2
中上收入国家	20.4	22.9	4.1	2.7
高收入国家	28.7	34.6	2.0	1.7

资料来源：世界银行《1998/99 年世界发展报告》

1959～2014 年，美国政府投资由 359 亿美元增加到 5958 亿美元，年均增长 5.2%。20 世纪 70 年代中期到 80 年代中期，美国政府投资增长较快，年均增速超过了 10%，高于同期 GDP 现价增长水平。而 70 年代初石油危机时期，80 年代末和 90 年代初，以及 2009 年以来，美国政府投资增长缓慢，甚至出现负增长。美国政府投资占 GDP 的比例总体趋于下降。1959 年为 7%，到 1978 年下降到 4.6%，之后又回升到 1987 年的 5.4%，然后下降到 1998 年的 3.7%，略有回升到 2009 年的 4.5%，2009 年以来，美国政府投资占比继续下降。1959～2014 年年均为 4.9%（图 2-1）。

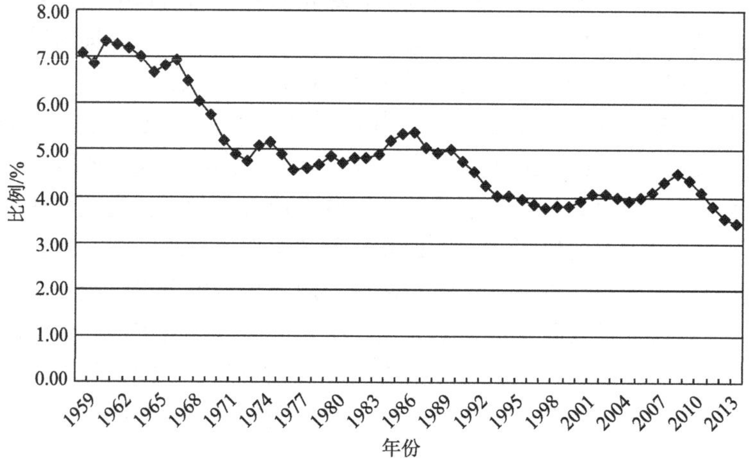

图 2-1　1959～2014 年美国政府投资占 GDP 的比例

资料来源：Wind 数据库

美国历来崇尚自由主义，以市场配置资源为主导，强调并鼓励自由竞争，认为经济发展的动因是市场机制对经济的充分调节，主张实行私有化，要求放松管制、削减赋税，鼓励个人积聚财富，要求政府决策被限定在最小的范围之内。相对来说，在当代资本主义国家中，美国国家干预的程度最低，范围最小，经济自由化程度最高。美国政府从不制定任何产业政策，其资源配置主要通过市场分散进行。自由主义始终是美国发展模式明显的主线，也是美国发展模式的本质，这应该是其政府投资比例下降和相对较低的主要原因。

1980～2011 年，日本政府投资呈现波动状态。1980 年，日本政府投资为 22 万亿日元，1995 年达到峰值的 41 万亿日元，之后持续下降到 2011 年的 21 万亿日元。政府投资占 GDP 的比例总体趋于下降。由 1980 年的 9.5%，提升下降到 1989 年的 6.5%，之后有所回升，到 1996 年为 8.7%，2007 年下降到 4.3%，年均为 7.2%，这一比例明显比美国高。具体见图 2-2。

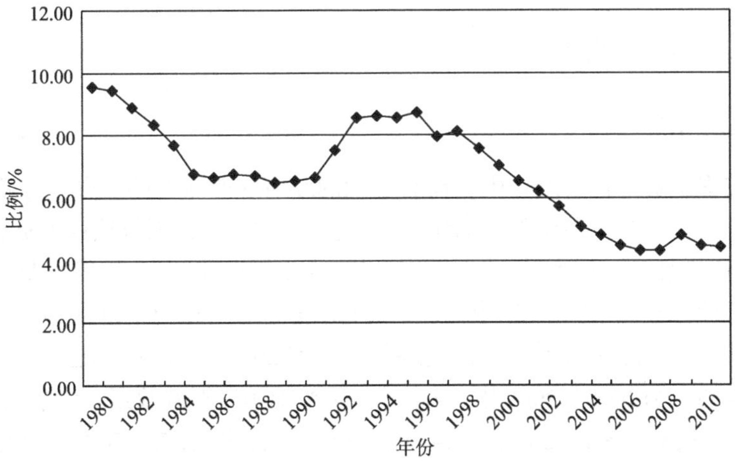

图 2-2 1980～2011 年日本政府投资占 GDP 的比例

资料来源：Statistics Bureau，Management and Coordination Agency，Government of Japan. Japan Statistical Yearbook 2012. 2013：62-63

在日本市场经济的运行过程中，政府干预的力度和作用的范围都很大，实行国家管理和干预经济，扶持特定产业，创造有利于工商业发展的环境。政府的政策干预通过经济计划、产业政策、财政与金融投资加以实施，使市场运行符合政府的经济意图。政府是宏观经济的重要主体，政企之间是长期合作的关系。因此，日本的经济可以归结为政府主导型的市场经济模式。在这一发展模式下，政府投资的作用更强、更大。

1995～2015 年，欧盟国家政府固定资本投资占 GDP 的比例变动不大，最高为 3.7%（2009 年），最低为 2.3%（1997～2000 年、2005 年），平均为 2.8%。德国 1991～2015 年政府投资占 GDP 的比例最低占 1.8%（1998 年），最高为 2.9%（1992 年），平均为 2.1%，总体变化平稳。法国 1978～2015 年政府投资占 GDP 的比例最低为 2.8%（1998 年），最高为 4.3%（2009 年），平均为 3.6%，总体略有上升。英国 1970～2015 年政府投资占 GDP 的比例最低为 1.2%（2000 年），最高为 5.2%（1974 年），平均为 2.2%，总体趋于下降。法国政府投资比例高于欧盟平均水平，英国和德国低于欧盟，法国坚持市场自由竞争与适当的国家干预相结合，政府和政府投资的作用更大一些（图 2-3）。

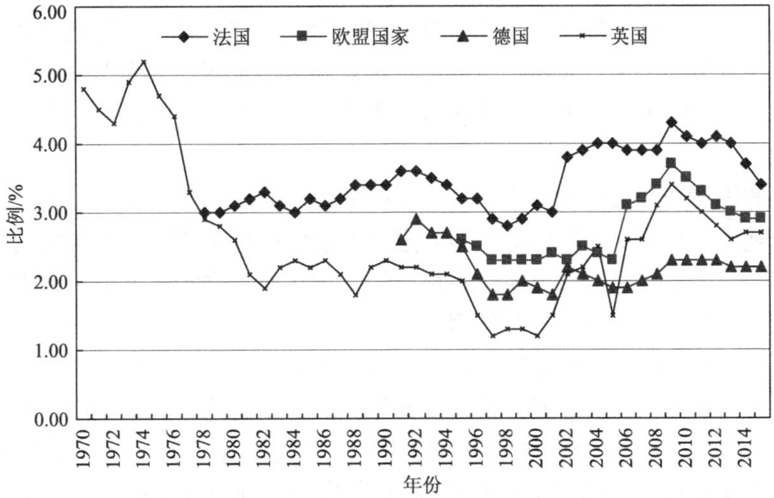

图 2-3 欧盟国家投资占 GDP 的比例

资料来源：Wind 数据库

二、我国政府投资规模

（一）基本情况

在我国的固定资产投资统计中，没有明确的政府和非政府的划分。与政府投资范畴相近的是在全社会资金来源中的国家预算内资金。1981 年，国家预算内资金为 269.8 亿元，到 2015 年增加到 30 924 亿元，年均增长 15%。20 世纪 80 年代中期以前，国家预算内资金占全社会资金来源的比例保持在 20%以上，之后迅速下滑到 1996 年的 2.8%；1998 年，国家实施积极财政政策，比例逐年上升到 2002 年的 7%；随后，比例又逐步下降到 2007 年的 3.9%；2008～2009 年，国家又一次实施积极财政政策，比例又上升为 5.1%。近年来，基本维持在 4.5%～5%（图 2-4）。可见，虽然国家预算内资金也有比较明显的增长，但是，它在全社会投资中的比例逐步下降，目前所占的比例已经很小。

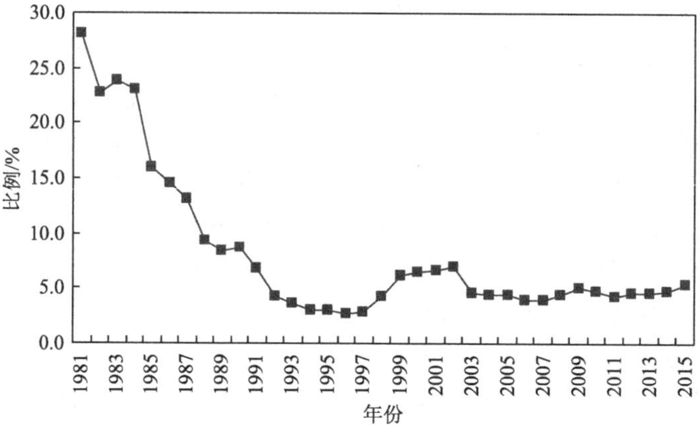

图 2-4 国家预算内资金占全社会投资资金来源的比例

资料来源：《中国统计年鉴 2016》

应该说，用国家预算内资金这一指标衡量政府投资规模存在比较大的缺陷。第一，在目前的政府投资中，预算外资金投入，特别是政府性基金（包括土地收益）规模越来越大，不将这部分资金计算在内，政府投资将被明显少算；第二，国家预算内资金只包括中央预算内资金和由地方政府统筹的部分预算内资金，而没有将中央政府各部门及地方省（自治区、直辖市）、市、县政府自筹资金计算在内，因此，在一定程度上缩小了政府投资规模。

在我国的固定资产投资统计中，没有明确的政府和非政府的划分。为了更真实地反映政府投资规模变动情况，我们对我国固定资产投资资金来源结构中有关政府投资的内容进行了分类与汇总，以近似反映政府投资的基本状况。这实际上是从出资人的角度反映了政府在全社会投资中的地位和作用。

口径一致的城镇固定资产投资资金来源数据始于 1996 年，根据国家统计局投资司的资料，以及历年《中国固定资产投资统计年鉴》，我们计算出了 1996 年、1998 年、2000～2015 年各年的政府资金规模。政府投资 = 中央政府资金+地方政府资金。其中，中央政府资金 = 国家预算内资金+中央部门自筹资金，地方政府资金 = 省（自治区、直辖市）自筹资金+地市自筹资金+县自筹资金。

统计表明，1996～2015年，政府投资由3045.1亿元快速增加到111 508.3亿元，年均增长20.9%。从增量看，2008年国际金融危机以来，政府投资增加迅速。2008～2015年，政府投资增量都在5000亿元以上（图2-5）。政府投资率则由1996年的4.3%提高到2015年的15.3%。2008年以后，政府投资率上升明显，2009年比2008年就提高了3.3个百分点（图2-6）。

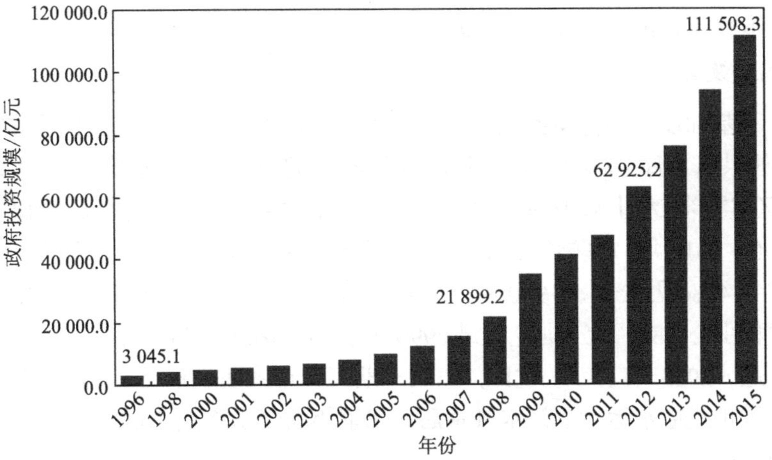

图2-5 1996～2015年政府投资规模

资料来源：根据国家统计局投资司提供的资料，以及历年《中国固定资产投资统计年鉴》估算

数据为城镇固定资产投资

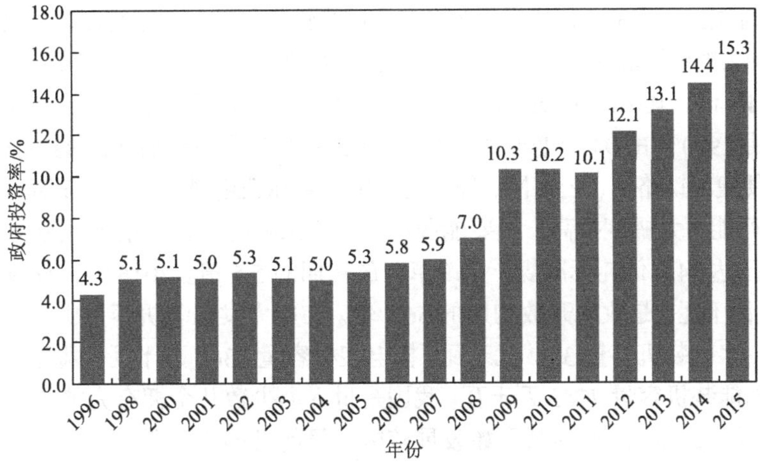

图2-6 1996～2015年政府投资率

资料来源：根据国家统计局投资司提供的资料，以及历年《中国固定资产投资统计年鉴》估算

由于中国的数据是固定资产投资完成额，而美国、日本和欧盟的数据是资本形成额，又由于涉及发展阶段有明显不同，中国的政府投资相对规模与美国、日本、欧盟并不完全可比。仅从现有资料看，中国1996～2015年政府投资占GDP的比例平均为8%，比美国和欧盟国家高，略高于日本。从经济发展模式选择和运行轨迹看，中国经济发展模式与日本更为接近，政府主导经济的力量更为强大，所以，中国政府投资比例高一些是

正常的。但是，2008 年以后，中国政府投资比例迅速上升到 10%以上，2015 年又提高到 15.4%，上升速度较快，占比已经较高。

（二）主要成就

政府投资在我国经济和社会发展中发挥了巨大的、积极的作用，这是有目共睹的。可以说，没有中央和地方各级政府的不懈努力及投资的强力推动，我国工业化、城市化进程就不会取得现在的举世瞩目的成就。

1. 大幅度改善了基础设施条件

农林水利基础设施条件得到极大改善，增强了防洪、防涝、抵御自然灾害的能力。2015 年，我国共有水库 97 988 座，水库总库容 8581 亿立方米，分别比 1990 年增加 14 601 座和 3921 亿立方米；水土流失治理面积由 1990 年的 5300 万公顷增加到 2014 年的 11 555 万公顷；1990～2014 年，堤防长度由 22 万千米增加到 29.1 万千米，堤防保护面积由 3200 万公顷增加到 4084 万公顷；1990～2014 年，建设灌区由 5363 处增加到 7728 处，灌区有效灌溉面积由 2123.1 万公顷增加到 2990 万公顷。南水北调工程东线、中线调水线路建设稳步推进，2013 年 11 月 15 日，东线一期工程正式通水运行，2014 年 12 月 12 日，中线一期工程正式通水运行。江水进京后，北京年均受水将达 10.5 亿立方米，人均水资源量将增加 50 多立方米。

交通建设突飞猛进，综合交通体系逐渐形成。铁路营业里程由 1978 年的 5.2 万千米增至 2016 年的 12.4 万千米，增加了 7.2 万千米。这些新增里程大部分是采用先进技术和设备的电气化铁路营业里程。高速铁路迎来了史无前例的大发展，到 2016 年底，我国高速铁路运营里程达到 2.2 万千米，位居世界第一。我国高铁驶出国门，参与多国建设，成为独具特色、彰显国力的中国名片。公路通车里程由 1978 年的 89 万千米增至 2016 年的 470 万千米，增长了 4.3 倍，其中高速公路由 1988 年的 0.01 万千米增至 2016 年的 13.1 万千米。定期通航机场由 1990 年的 94 个增加到 2016 年的 216 个，定期航班航线由 437 条增加到 3794 条。高效、便捷的铁路网、公路网、航空运输网、城际铁路网、航道网逐渐形成。

能源生产能力大幅度提高，主要能源产品供应保障能力显著增强。2016 年，我国能源生产总量已达 34.6 亿吨标准煤，是改革开放初期的 5.5 倍。2016 年，我国电力发电装机容量 16.4 亿千瓦，是改革开放初期的 56.7 倍。在电力发电装机容量中，火电装机容量 10.5 亿千瓦，水电装机容量 3.32 亿千瓦，核电装机容量 3364 万千瓦，风电装机容量 1.48 亿千瓦，太阳能装机容量 7742 万千瓦。我国是世界上少数几个拥有完整核工业体系的国家之一。我国自 20 世纪 80 年代开始发展核电，目前已形成了浙江秦山、广东大亚湾和江苏田湾等核电基地。截至 2016 年底，我国已投入商业运行的核电机组共 35 台，运行装机容量为 33 632.16MWe（额定装机容量），占全国电力装机约 2.04%。我国电网建设进入大规模跨省跨区送电和全国互联的新阶段。总投资达 5265 亿元的西电东送工程，是我国电力建设史上投资规模最大的电源、电网建设工程。

2. 不断提升基本公共服务水平

教育方面：随着“农村寄宿制学校建设工程”等一系列重大工程项目和政策的推进，我国教育面貌发生了深刻变化。到 2016 年，我国共有普通高等学校 2596 个，比 1978 年增加 1998 个；特殊教育学校 2080 所，比 1978 年增加 1788 所。普通中学、职业中学、普通小学数量虽然明显减少，但是，这与适龄人口减少、人口居住更加集中、优化办学资源有关。2003 年以来，国家实施农村中小学危房改造、农村寄宿制学校建设和农村中小学现代远程教育工程。支持 2.2 万多所农村中小学改造危房 4800 万平方米，建设 7000 多所寄宿制学校，远程教育已覆盖 36 万所农村中小学。实施职业教育基础能力建设工程，累计投入 35 亿元，支持 1482 所县级职教中心和中等职业学校建设。

卫生方面：到 2016 年，我国拥有卫生机构 98.3 万个，比 1978 年增加 81.4 万个；卫生机构床位 741 万张，比 1978 年增加 537 万张；疾病预防控制中心 3478 个，比 1978 年增加 489 个；专科疾病防治院所 1310 个，比 1978 年增加 347 个；妇幼保健院 3011 个，比 1978 年增加 507 个。2002 年以来，国家共安排国债资金 86.8 亿元，基本建成全国疾病预防控制体系和突发公共卫生事件医疗救治体系。投入资金 94 亿元，改造和新建 1.88 万家乡镇卫生院、786 所县医院，为 1.17 万个乡镇卫生院配置医疗设备。20 世纪 80 年代以前，我国不仅医院的数量少，医疗服务的质量也急需提升。目前，医疗卫生机构的软、硬件水平都实现了质的飞跃，各种先进检查仪器在稍大的医院已经普及，医疗技术发生天翻地覆的变化。全国已拥有一批环境优美、设施先进、科室齐全、技术精湛的大型现代化医院和专科医院。覆盖城乡的基层医疗卫生服务体系基本建成。医疗卫生服务设施条件明显改善，服务可及性进一步增强。

文化方面：2016 年，我国共有省级和地市级文化馆 389 个，比 1978 年增加 297 个；县市级文化馆 2933 座，比 1978 年增加 185 座；公共图书馆 3153 个，比 1978 年增加 1935 个；博物馆 4109 个，比 1978 年增加 3760 个。到“十五”期末，县县有图书馆、文化馆的目标基本实现。“十一五”期间，国家又实施乡镇综合文化站建设规划，投资 39.5 亿元，新建和扩建 2.6 万个农村乡镇综合文化站，到 2010 年基本实现“乡乡有综合文化站”的建设目标。近年来，文化部和财政部联合实施了全国文化信息资源共享工程、送书下乡、流动舞台车工程等一些重大、有影响的文化工程，为城乡基层提供了丰富的公共文化资源。到“十二五”末，初步建成了包括国家、省（自治区、直辖市）、地市、县、乡、村和城市社区在内的六级公共文化服务网络，通过农村广播电视村村通、户户通等五大工程，迅速提升了农村公共文化服务能力。

3. 促进产业园区功能不断完善

1988 年我国批准兴办了国家高新技术产业开发区——中关村科技园区。至今国家已批准了 54 个国家高新技术产业开发区。1990 年，为了发展国际贸易，中央政府批准在沿海港口城市划出特定区域兴办 15 个保税区。1992 年为了推动中国边境地区经济发展和双边合作，在我国部分边境地区兴办了 14 个边境经济合作区。为了促进出口加工业的上规模、上层次，国家从 2000 年开始陆续批建了 58 个出口加工区。上述开发区是中央政府批准兴建的，称为国家级开发区。截至 2016 年底，我国共有 219 家国家级经济技术开发区、156 家国家级高新技术产业开发区，省级产业园区上千家，市级产业园区更多，再有，各市县镇政府都设立了各种形式的工业集中区。

产业园区已经成为吸收外商投资、扩大出口、增加就业的重要载体，推动地区经济增长的发动机和增长极，促进产业升级、转变发展方式的中坚力量，探索新型工业化和新型城市化的试验田。近年来，我国园区发展方式正在出现一些新的趋势和特点：随着产业园区的演化和发展，园区承载的功能日益多元化，大量城市要素和生产活动在区内并存聚集，园区经济与城区经济逐渐走向融合，一些产业园区主动谋求战略转型，从单一生产型的园区，逐渐规划发展成为集生产与生活于一体的新型城市。政府主导的园区开发公司不再是园区开发的绝对主角，标准化厂房、创业大厦、孵化器、产业综合体等产业地产逐步兴起，使得产业地产开发和运营本身就成了一种房地产业务，造就了众多的产业房地产商。

4. 推动城乡面貌发生根本改观

经过 30 多年的改革开放，我国的城市化水平显著提高，政府投资发挥了主导作用。1978 年，我国的城镇化率只有 17.9%，到 2016 年已提升至 57.4%。目前，中国有 7.9 亿人常年居住在城镇中，是世界上城镇人口数量最多的国家。就全国整体而言，我国的城镇化进程正处于加速发展的中期阶段，部分城镇化先行地区已经进入了城镇化发展的后期，城市化率超过了 60%。全国城市建成区面积由改革开放之初的 6700 平方千米增加到 2015 年的 52 102 平方千米。2015 年，我国城市道路长度 36.5 万千米，面积 71.8 亿平方米，较 1990 年分别增长了 3.8 倍和 7 倍。城市用水普及率由 1990 年的 48%提高到 2015 年的 98.1%；燃气普及率由 1990 年的 19.1%提高到 2015 年的 95.3%；集中供热面积由 1990 年的 2.1 亿平方米增加到 2015 年的 67.2 亿平方米。自 1969 年北京地铁 1 号线开通以来，经过 40 多年的发展，截至 2015 年底，我国共有 28 座城市开通运营轨道交通线路，运营里程达 3730 千米。

党的十六届五中全会提出建设社会主义新农村以来，我国农村基础设施建设和社会事业发展方面的变化巨大，政府投资也发挥了关键作用。农村水、电、气、路、教育、文化、医疗等条件得到明显改善。到 2015 年底，全国农村公路总里程达到 390 万千米，所有具备条件的乡镇通沥青（水泥）路，除西藏外，西部地区 80%的建制村通沥青（水泥）路，11 个集中连片特困地区具备条件的建制村通硬化路率达到 85%。除西藏地区，其他地区都已经在我国的两大电网的覆盖地域之内，大电网的电可以直接进村入户，这使电力在传输过程中的损耗大大降低，农村电网改造后，农村的电价基本上做到同网同价。到 2014 年底，中国农村供水工程建设累计投资 2453 亿元，解决了 4.6 亿农村居民和 4056 万在校师生的饮水安全问题。国家大力扶持农村发展清洁能源，到 2015 年底，全国沼气用户达到 4300 万户，受益人口超过 1.5 亿人，规模化沼气工程已发展到 10 多万处。近几年来，我国致力于广播电视村村通工作，目前，大部分自然村已经实现目标。

三、城镇基础设施投资

城镇基础设施是政府主要投资领域，对城镇基础设施投资规模的分析可以更全面地了解政府投资规模变化趋势。

（一）投资规模

根据《中国城市建设统计年鉴》，1978～2015 年，我国城市市政公用设施建设投资由 12 亿元增加到 16 204 亿元，年均增长 21.5%，分别高于同期全社会投资和 GDP 现价增长率 3 个和 7.5 个百分点，城市基础设施投资明显超前于投资和经济增长，成为我国工业化和城镇化的重要推动力量。

改革开放以来，我国城市建设投资出现了五次较为明显的周期变化。第一周期是

1980～1983年，增速由1980年的1.4%提高到1982年的39.5%，又下降到1983年的3.7%；第二周期是1983～1989年，增速由1983年的3.7%提高到1985年的53.5%，又下降到1989年的-5.5%；第三周期是1989～1999年，增速由1989年的-5.5%提高到1993年的84.3%，又下降到1999年的7.7%；第四周期是1999～2006年，增速由1999年的7.7%提高到2003年的42.9%，又下降到2006年的2.9%；第五周期是2006～2015年，增速由2006年的2.9%提高到2009年的44.4%，又下降到2015年的-0.3%（图2-7）。

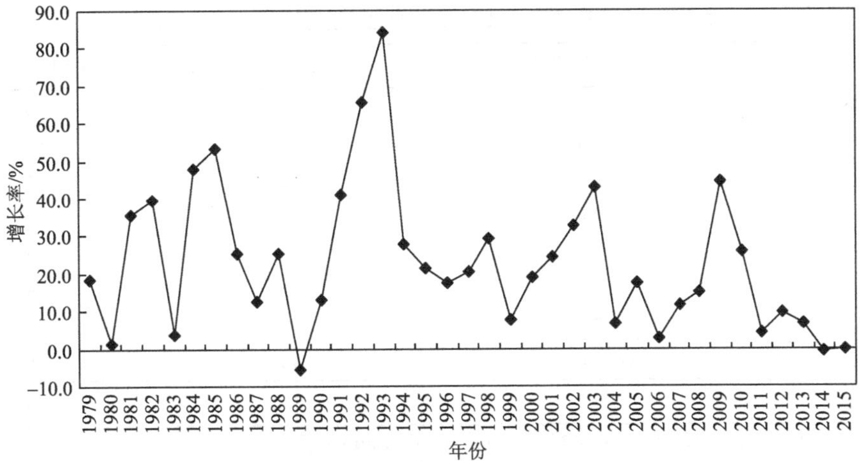

图2-7　城市市政公用设施建设投资增长率

资料来源：《中国城市建设统计年鉴2015》，中国计划出版社，2016年

城市市政公用设施建设投资占全社会固定资产投资的比例由1978年的1.44%提高到2015年的2.88%，在2003年曾经达到8%的高点，之后趋于下降，1978～2015年年均下降4%；城市市政公用设施建设投资占GDP的比例由0.33%提高到2.87%，在2003年曾经达到3.29%的高点，之后趋于下降，1978～2015年年均下降1.7%（图2-8）。

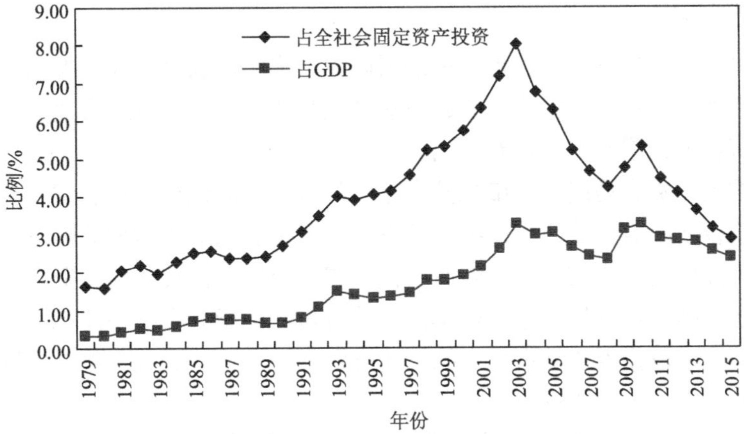

图2-8　城市市政公用设施建设投资占全社会固定资产投资的比例及占GDP的比例

资料来源：《中国城市建设统计年鉴2015》，中国计划出版社，2016年

上文统计口径为657个设市城市，我们将1627个县城和19 683个建制镇的相关数据进行汇总，得到全部城镇基础设施投资规模，如表2-3所示。2006～2013年，我国全

部城镇基础设施投资由 7076.1 亿元增加到 21 786.2 亿元，占全社会投资的比例平均为5.9%，占 GDP 的比例平均为 3.6%（表 2-3）。世界银行《1994 年世界发展报告》中指出，发展中国家对新建基础设施的投资相当于其国民产出的 4%和投资总额的 1/5[①]。长期以来，一些学者将这一指标作为评价我国城镇基础设施规模合理性的标准。如果以这一标准衡量，我国近年来城镇基础设施投资占 GDP 的比例略低于世界银行标准，而占全社会投资的比例则明显偏低。

表 2-3 城镇基础设施投资及占全社会投资和 GDP 的比例

年份	城镇基础设施投资/亿元	占全社会投资的比例/%	占 GDP 的比例/%
2006	7 076.1	6.4	3.3
2007	7 844.8	5.7	2.9
2008	9 239.6	5.3	2.9
2009	13 120.8	5.8	3.9
2010	16 961.5	6.7	4.2
2011	17 962.1	5.8	3.8
2012	20 627.5	5.5	4.0
2013	21 786.2	4.9	3.8
年均	—	5.9	3.6

资料来源：《中国城乡建设统计年鉴 2013》，中国计划出版社 2014 年版

但是，由于世界银行报告中所指的基础设施包括了电力、电信、铁路、港口、机场等我国市政基础设施统计中不包括的内容，所以，世界银行的统计口径明显大于我国城镇基础设施的统计口径[②]。如果将上述行业投资加入城镇基础设施投资中去，2013 年，我国基础设施占全社会投资和 GDP 的比例达到 17%和 12%。可见，同口径比例，我国基础设施占 GDP 的比例远高于所谓世界银行标准，只是占全社会投资比例略低于世界银行标准，而这也是由于我国投资率过高，投资相对规模过大形成的。

（二）融资规模

随着我国经济的快速增长，近年来的财政收入大幅增长，政府掌握的土地等公共资源价值不断上涨，资本市场稳步发展，市场功能日趋深化，融资工具逐步完善，为城镇基础设施融资渠道拓展发挥了重要作用。

城市维护建设资金是用于城市维护和建设的资金，既包括中央、省（自治区、直辖市）、市及市以下政府拨款，城市维护建设税，城市公用事业附加等财政收入，也包括市政公用设施配套费、市政公用设施有偿使用费、土地出让转让金、资产置换收入等政府性收入，还包括银行贷款和企事业单位自筹资金。由于城市维护建设资金收入来源比较全面，且城市建设投资通常占城市维护建设资金的 60%～70%，可以用城市维护建设资金近似说明城市建设的融资情况。

1986～2012 年，全国城市维护建设资金由 144 亿元增加到 19 467 亿元，年均增长

① 世界银行：《1994 年世界发展报告》，中国财政经济出版社，1994 年，第 1 页

② 2011 年，我国电力、电信、铁路、港口、机场投资就达 3.9 万亿元，占全社会投资和 GDP 的比例分别达到 12.5%和 8.2%

20.8%。中央政府拨款由1986年的13.9亿元上升到2012年的253.3亿元，占全部资金来源的比例由9.6%下降到1.3%，中央政府在城建领域的作用明显降低。地方政府资金[①]由127.6亿元增加到了11 678亿元，地方政府资金占全部城市维护建设资金的比例由1986年的88.2%逐步下降到2012年的60%。贷款融资规模由1986年的3.2亿元迅速增加到2012年的5002亿元，比例由2.2%上升到25.7%，其中，2000年以后的一些年份，贷款比例还曾达到30%左右；利用外资规模由0.07亿元增加到58.7亿元，比例由1986年的0.1%上升到1997年的12.7%，之后逐步下降到2012年的0.3%。1996～2012年，企事业单位自筹资金由119.4亿元增加到2483亿元，融资比例由14.1%上升到2002年的19%，之后又下降到2012年的12.8%。可见，地方政府资金在城市基础设施的建设与运营中一直发挥着重要的主导作用，1998年亚洲金融危机以后，银行贷款地位显著上升，银行和社会资金更多地进入到城市建设和维护领域（表2-4）。

表2-4 城市维护建设资金来源比例 单位：%

年份	地方政府资金	中央政府资金	国内贷款	利用外资	自筹资金
1986	88.2	9.6	2.2	0.1	
1987	86.9	9.3	3.8	0.0	
1988	89.9	5.7	4.1	0.3	
1989	92.0	5.0	2.4	0.5	
1990	89.4	5.2	4.2	1.2	
1991	83.6	3.8	8.6	4.0	
1992	86.5	3.4	8.2	1.9	
1993	85.3	4.6	7.7	2.4	
1994	88.0	3.2	6.1	2.7	
1995	87.8	2.8	6.2	3.3	
1996	66.8	1.2	11.3	6.6	14.1
1997	61.4	1.3	14.9	12.7	9.7
1998	56.6	4.5	21.4	5.2	12.3
1999	52.9	6.5	23.0	3.0	14.6
2000	52.4	5.8	20.9	4.3	16.8
2001	48.7	3.5	29.4	2.2	16.2
2002	48.9	2.4	27.7	1.9	19.0
2003	47.5	1.8	31.1	1.6	18.0
2004	53.0	1.0	27.5	1.4	17.1
2005	48.9	1.1	30.8	1.7	17.4
2006	55.9	0.9	27.9	0.8	14.4
2007	64.5	0.5	22.3	0.5	12.2
2008	64.2	0.9	21.8	0.6	12.6
2009	55.8	0.9	31.5	0.3	11.5
2010	57.6	1.2	29.3	0.4	11.5
2011	66.8	0.8	21.2	0.3	10.9
2012	60.0	1.3	25.7	0.3	12.8

资料来源：住房和城乡建设部综合财务司，《中国城市建设统计年鉴2013》，中国计划出版社，2014年

① 地方政府资金包括：省（自治区、直辖市）、市及市以下政府拨款，城市维护建设税，城市公用事业附加，市政公用设施配套费，市政公用设施有偿使用费，土地出让转让金，资产置换收入等地方用于城市建设的财政性收入

城市建设维护建设税是地方政府资金的重要来源，1986 年，全国城市建设维护税只有 40 亿元，到 2012 年，增加到 1479.7 亿元。但是，城市建设维护税占地方政府融资总额的比例却逐年下降，平均占 22.2%。同样，城镇公用事业附加占比也是逐步下降，到 2012 年只占全部地方政府财政性资金的 1.4%。地方财政拨款在城建财政性资金中占有重要位置，1986 年比例曾达到 27.6%，之后趋于下降，1998 年亚洲金融危机以后，地方财政拨款比例逐步上升，到 2006 年达到最高点 30.9%，年均近 20%。其他收入始终都是地方政府资金最主要的来源，占地方政府资金的比例也由 1986 年的 26.9%上升到 2012 年的 62.2%，平均占地方政府资金的一半（表 2-5）。

表 2-5 各类地方政府财政性资金比例（以财政性资金为 100） 单位：%

年份	城市维护建设税	城镇公用事业附加	地方财政拨款	水资源费	其他收入
1986	31.9	12.4	27.6	1.3	26.9
1987	31.1	12.4	15.8	1.6	39.1
1988	31.7	11.6	10.9	1.5	44.3
1989	35.7	11.7	10.1	1.5	41.0
1990	34.6	12.0	10.5	1.5	41.4
1991	31.3	12.1	12.5	1.6	42.5
1992	22.9	9.1	16.9	1.2	49.8
1993	19.8	6.6	12.0	1.0	60.6
1994	19.6	7.0	10.1	0.8	62.6
1995	20.7	6.6	10.7	0.8	61.3
1996	27.9	9.8	15.2	1.1	46.0
1997	28.0	8.2	16.9	0.9	46.0
1998	26.6	7.5	19.5	0.8	45.7
1999	25.5	7.3	19.9	0.9	46.4
2000	22.8	5.2	20.0	1.0	51.1
2001	22.0	4.0	26.3	0.9	46.7
2002	20.5	3.2	25.4	0.8	50.1
2003	18.3	2.7	26.3	0.8	51.9
2004	16.0	2.1	23.9	0.7	57.2
2005	20.8	2.1	30.0	0.9	46.2
2006	16.3	2.2	30.9	0.7	50.0
2007	13.1	1.7	25.7	0.6	58.9
2008	13.4	1.6	25.7	0.5	58.8
2009	11.7	1.5	33.7	0.4	52.8
2010	11.9	1.3	20.1	0.4	66.4
2011	11.5	1.4	17.0	0.6	69.5
2012	12.7	1.4	23.3	0.4	62.2
平均	22.2	6.1	19.9	0.9	50.9

资料来源：住房和城乡建设部综合财务司，《中国城市建设统计年鉴 2013》，中国计划出版社，2014 年

真正支撑城市建设投资扩张的还是包括市政公用设施配套费、市政公用设施有偿使

用费、土地出让转让金在内的地方政府预算外收入的增长。2002～2015 年，市政公用设施配套费由 86.6 亿元上升到 974.8 亿元，年均增长 20.5%，市政公用设施有偿使用费由 89.4 亿元上升到 442.7 亿元，年均增长 13.1%，土地出让转让金由 283 亿元迅速上升到 8705.7 亿元，年均增长 30.2%（表 2-6）。地方政府城市建设融资对土地收益的依赖可见一斑。

表 2-6 市政建设其他资金情况

年份	市政公用设施配套费/亿元	市政公用设施有偿使用费/亿元	土地出让转让金/亿元
2002	86.6	89.4	283.0
2003	94.4	106.1	506.8
2004	106.8	122.7	1099.6
2005	142.9	145.5	594.5
2006	210.0	197.1	881.9
2007	268.1	291.6	1668.7
2008	331.8	263.3	2105.4
2009	325.6	258.9	2636
2010	491.2	304.9	4071
2011	580.5	377.5	6586.5
2012	598.8	351	5508
2013	896.3	363.9	8795.4
2014	1041.8	447.7	7451.5
2015	974.8	442.7	8705.7
年均增长	20.5%	13.1%	30.2%

资料来源：《中国城市建设统计年鉴 2015》，中国计划出版社，2016 年

第三节 政府投资的经济效应

一、政府投资的增长效应

（一）政府投资的积极作用

萨缪尔森（Paul A. Samuelson）在其《经济学》中指出，“当一国储蓄较多时，其资本存量就会迅速增长，从而使潜在产出能力迅速提高。而当一国的储蓄率较低时，它的设备和工厂就会变得陈旧，基础设施就会开始变得破旧不堪”①。曼昆（N. Gregory Mankiw）对 15 个国家经济增长率和投资率的研究表明：“增长与投资之间是相关的，把 GDP 中相当大的部分用于投资的国家往往有高的增长率，把 GDP 中一小部分用于投资的国家往往增长率也低。”②无论是哈罗德-多马的经济增长模型，还是索洛的新古典增长理论，无论是早期的经济增长思想，还是内生经济增长理论，我们都能看到资本作

① 萨缪尔森：《经济学》，第 16 版，萧琛等译，华夏出版社，2000 年，第 341 页

② 曼昆：《经济学原理》（下册），梁小民译，北京大学出版社，1999 年，第 152-153 页

为增长的源泉的研究[①]。由此可见投资对经济增长的积极意义。

从短期需求来看，投资具有乘数作用，投资是稳增长的关键因素。从长期供给来看，投资是资本的形成过程，决定了未来潜在增长水平的高低。即使是全要素生产率的提高，从根本上讲也离不开投资的增加。纵观世界发展史，对处于经济起飞和追赶阶段的国家而言，拉动增长的最有效手段是投资，没有哪个工业化国家在这一阶段不是靠大规模投资来推动增长的。改革开放以来，我国经济持续 30 多年的快速增长，高投资和高资本积累功不可没。目前，我国仍是一个发展中国家，还处于社会主义初级阶段，保持合理的经济增长速度、保持稳定的就业规模，离不开投资的合理增长。政府投资是全社会投资的重要组成部分，与其他投资一样，也能从供需两端促进经济增长。除此之外，政府投资还具有更强的外部效应。

政府投资主要投向交通、市政等基础设施，以及教育、卫生、文化等公共服务。基础设施和公共服务是国民经济的关键组成部分，这些领域的投资在经济增长中发挥更为重要的作用。第一，基础设施和公共服务是经济与社会发展的基本条件，直接影响着资源配置的效率水平，从而影响着经济增长的潜力；第二，基础设施和公共服务存在显著的外部性，并且一般具有正的外部效益，如水利设施可以减少洪涝灾害、扩大灌溉面积、提高农业产量等，这些利益为区域甚至全国所有成员共同享受。政府投资投入这些领域，弥补了这些领域的投资不足，缓解了瓶颈的制约，同时，为社会其他部门的发展创造了有利的条件，有利于促进经济增长。

（二）政府投资的消极影响

政府投资对经济增长的积极作用并不意味着赤字与债务规模可以随意扩大。大量赤字和公共债务可能对投资和经济增长产生破坏后果。例如，公共债务规模膨胀引起的高实际利率会造成投资支出下降，并减少资本存量，降低资本-劳动力比率，使劳动生产率增长放慢，实际收入增长放慢，这些损失随着时间积累导致生活水平的下降。高水平的政府投资也可能给出错误的微观经济信号和刺激，从而降低经济可持续增长率。例如，政府的投资补贴保护了国有企业，扭曲了价格信号并鼓励了“寻租”活动。由于政府试图得到更多收入，高课税会减少企业活动并鼓励逃避税收，导致地下经济活动增长。这时，恶性循环局面将出现，即投资支出增加造成高赤字，高赤字导致高税收，高税收反过来挫伤企业的积极性，并减少产出增长。

政府投资是否能够促进经济增长还取决于投入能否被用于增加生产性的实物及人力资本的存量，取决于政府部门是否补充了私人部门的活动，取决于财政赤字对宏观经济稳定的影响。根据国际货币基金组织（International Monetary Fund，IMF）的分析结果，在发展中国家中，如果按 20 世纪 80 年代中期财政赤字的多少进行排列比较，财政赤字较少（或有财政盈余）的国家经济增长比赤字较多的国家快得多。那些在 80 年代曾有巨额财政赤字的国家在 90 年代前期的实际 GDP 增长率只有 3%左右，而赤字较少的国家的经济增长率接近 7%[②]。一些国家进行的财政整顿——大幅度削减赤字规模——反而对经济产生了较好的福利效应和预期效应。这是因为减少赤字可以明显降低利率水平，从

① 在乘数理论中，消费只是投资的收入扩张作用的一个中间环节

② IMF：《世界经济展望》，中国金融出版社，1996 年，第 69 页

而大幅度提高私人部门持有的财富价值和刺激经济增长。消费者和企业则把赤字削减看成持续降低其未来税收的一个信号，感觉他们的收入将会增加，这样也会刺激高支出和经济增长。曼昆的《经济学原理》中有一个案例研究，题目是“白宫的凯恩斯主义者”①，他在对肯尼迪和克林顿政府的财政扩张政策进行分析后指出：“通过减少赤字以鼓励和促进长期增长要比以同样方式刺激短期需求扩张更重要。”

政府发债如果不能达到预期的刺激经济增长的目标，则债务必然成为未来经济与财政的负担，导致对债务更大的依赖性。凯恩斯主义的基本观点是：要想扭转失业上升的局面，必须减少税收、增加政府开支，以刺激总需求。但是，凯恩斯主义的政策结果却是 20 世纪 70～80 年代的西方国家预算赤字和债务规模的持续上涨，通货膨胀以及公共部门占国民收入份额的日益增加。公共选择学派认为，如果没有凯恩斯，各国政府预算的规模就不会达到如此膨胀的地步，并蕴涵着未来更大的威胁，通过政府发债维系的政府开支增加并未达到预想的结果。

纳理斯（Joseph G. Nellis）和帕克（David Parker）是这样论述凯恩斯主义的局限性的：第一，政府开支的重大投资项目对总需求的最终影响要很长时间才能见到实效，这就降低了政府成功校正总需求的能力。第二，政府开支一旦增加，就很难逆转。桥梁、道路和医院不能半途而废，养老金和其他福利一旦增加，就不容易削减，那样做会冒政治上的风险。第三，大规模政府项目一旦开工，其成本往往要超出预算。②扩张性的财政政策希望通过赤字预算和扩大政府债务拉动需求，增加收入以最终削减赤字和减少政府债务。但是政策效应的有限性打破了这一良性循环的希望，反而造就了赤字和债务滚动增加的恶性循环局面。政府发债用于公共支出，也容易产生道德危害问题。如果政府在资源配置方面拥有足够大的权力而权力又缺乏制约，各类寻租腐败现象不断出现。如果建筑工程粗制滥造，寿命降低，就不得不花费额外的资金用于维修、运营甚至重建，从而给财政造成更多负担。如果在扩大基础设施公共支出时，政府决策者只考虑眼前利益和个人政绩，就会出现用于基础设施的财政支出并未得到有效利用，而其他部门更具有发展潜力的投资可能被挤占的现象。因此，基础设施盲目求新、求大也会带来有效性不足的问题，难以在短期内形成对经济增长的支持。

总体来看，在适宜的宏观经济环境下（经济发展有要求，而资源无大的约束），发债→增加政府投资对经济增长具有积极的促进作用，是经济持续、稳定增长的客观需要。不过，经济增长对政府发债有一种内在的依赖性，这种依赖性要建立在适度的基础之上，过度的、大规模的、持续的赤字–债务扩张则可能走向问题的反面，此时，财政的调整和债务的削减反而有利于经济的长期增长。

二、政府投资的挤出效应

（一）内涵

宏观经济学中所提到的“挤出效应”（crowding out effect）是指，政府通过向公众

---

① 曼昆：《经济学原理》（下册），梁小民译，北京大学出版社，1999 年，第 356-357 页

② 纳理斯、帕克：《宏观经济》，刘文军译，中信出版社，1998 年，第 91 页

和商业银行进行借款以实行扩张性的财政政策（包括扩大政府投资），引起实际利率上升，导致私人投资由于融资成本的上升而减少，最终使财政支出的扩张部分或全部被民间投资的减少所抵消的现象。挤出效应将削弱政府投资的效力。

图 2-9 是关于挤出效应的一个简单的宏观经济模型。在政府未进行政府投资扩张前，E 为均衡点。假设增加的政府支出，则 IS 线将从 IS 移动到 IS′，如果仅考虑产品市场，在既定的利率水平 i_1 下，ΔG 使国民收入由 Y_0 以乘数 a 倍扩大到 Y_2，即 $a\Delta G$。但若同时考虑货币市场的变化，则在 E'货币市场未实现均衡，货币的需求大于货币的供给，均衡利率水平将上升，直到产品市场和货币市场重新实现均衡为止，E''为新的均衡点。容易发现ΔG 使均衡的利率水平上升，导致私人的投资需求下降，最终使国民收入不能以乘数倍放大，只能扩大到 Y_1，Y_1Y_2 就是财政政策的挤出效应（图 2-9）。

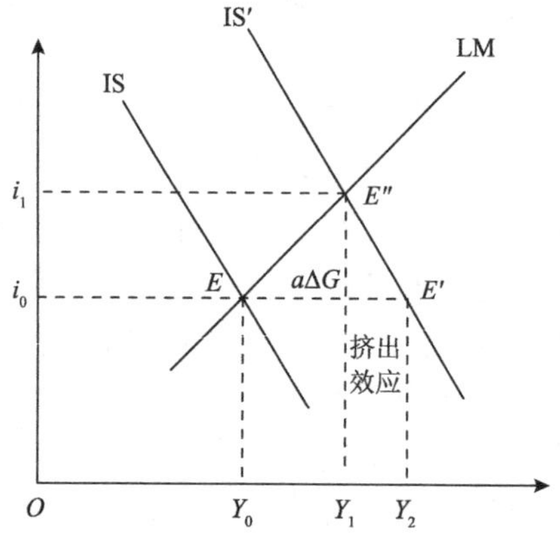

图 2-9　挤出效应的宏观经济模型

政府投资挤出效应的大小取决于支出乘数的大小、货币需求对收入的弹性大小、货币需求对利率的弹性大小和投资对利率的弹性大小。主要取决于货币需求对利率的弹性和投资对利率的弹性，在 IS-LM 图形中，就是决定于 IS 和 LM 曲线的斜率。LM 曲线的斜率越小，挤出效应就越小，特别是当 LM 曲线是一条水平线时，这时利率不变，即在凯恩斯陷阱区域，挤出效应为零，政府具有完全的扩张性财政政策效应；LM 曲线的斜率越大，挤出效应就越大，特别是当 LM 曲线是一条垂直线时，这时利率上升非常高，即在古典区域，挤出效应将无限大，政府的扩张性财政政策效应等于零。

（二）形成条件

挤出效应假说认为如果政府投资增加，将会导致货币需求增加和市场利率上升，此时私人投资下降。挤出效应等于政府投资活动在一定程度上剥夺了民间主体的权利，表明政府参与市场过多，因而损害了市场效率。从这个意义上讲，如果因为政策投资规模的扩大而压抑、排挤了民间投资的增长，那么，再实施政府投资扩张就是不合适的。因此，挤出效应存在与否的关键环节是政府投资对利率的影响，但过去的经验及多国实践的研究都令人惊异地显示：这两者之间并没有什么联系[①]。这表明挤出效应存在的现实

① 约翰·伊特韦尔、默里·米尔盖特、彼得·纽曼：《新帕尔格雷夫经济学大辞典》，经济科学出版社，1992 年，第 788 页

性较难把握，原因就是挤出效应的产生存在严格的限制条件。

首先，如果经济中资源没有得到充分利用，劳动力、资金、土地资源供给充足，则价格不会随产量变动而变动，因而政府支出对利率和私人投资影响较小，挤出效应也较小。其次，如果预算赤字及政府支出增加的同时，货币供给相应增加，以及增加额能够满足货币需求增加的需要，则政府债券扩张不会产生挤出效应。因此，货币政策与财政政策配合使用可以抵消挤出效应。自从我国1998年实行积极财政政策以来，一个普遍的认识就是扩大政府投资并未产生挤出效应。基本原因在于商业银行的超额准备金大量增加，银行存在较大的存贷差额和资金过剩，政府投资使银行一部分剩余资金转化为投资，并未由此引起利率和融资成本上升。从政府投资的领域和项目看，也不存在取代、排挤社会投资的问题。适应财政扩张的要求，中央银行也采取了一系列增加货币供应量的货币政策措施。

如果简单地运用传统的储蓄-投资恒等式分析赤字的挤出效应，很有可能形成对挤出效应的高估。对政府投资合理性的判断的核心指标不是挤出了多少私人投资，而是政府投资效率本身。在正常情况下，公共部门的投资与私人部门的投资总是此消彼长的。当我们将政府投资的效率纳入分析范围时，财政赤字对私人部门投资的挤出性质也必然有所改变，即不再是无条件的单纯的消极挤出，而必然形成一种相对性挤出，既有可能是用基础设施投资挤出非基础设施投资，也可能是用教育投资挤出娱乐业投资。这种挤出是否会对经济增长产生负面影响则要视财政支出的实际效率而定，因此挤出并不必然对经济增长产生负面影响。

从另一个角度看，公、私部门之间总是存在一个特定的最优比例，该比例是该经济体实现最优发展的必要条件。在这样的判断的基础上，只要公共部门的发展低于它所应达到的水平，它就应该“排挤”私人部门，从私人部门争夺资源，这时的挤出效应是必要的、有益无害的，甚至可以说“不挤出”倒可能影响经济增长的进程。还要进一步指出，如果将私人部门投资按不同投资效益水平分组，则被财政赤字挤出的那一部分私人投资并不是整个私人部门投资中具有高收益率或具有中等收益率的部分。相反，由资本市场的特殊运行机制所决定，被财政赤字挤出的那一部分私人投资必然处于整个私人部门效益最差、风险较大的那部分投资之中。这种挤出效应对经济发展是好还是坏应具体分析。

三、政府投资的稳定效应

政府投资的扩张与收缩是财政支出政策的重要组成部分，政府投资对平复经济波动是否有效呢？在传统凯恩斯主义中，有关“自动稳定器”的观点强调税收和转移支付在熨平可支配收入和消费的周期性波动方面的作用，但却没有明确分析政府支出对总产出变化的效应。1994年Galí对经济合作与发展组织（Organization for Economic Co-operation and Development，OECD）国家1960～1990年数据的实证研究表明，以政府购买支出占GDP的比例衡量的政府规模与产出波动之间存在明确的负相关关系，即政府购买支出会平稳产出波动；2001年Fatás和Mihov进一步验证了公共支出在OECD国家均有效地降低了经济的产出波动，但2003年Fatás和Mihov对91个国家的研究发现相机抉择财政政策不利于降低宏观经济波动，他们将其归因于政府行为具有较大的随意性；2004年Guo和Sharon则认为微观效用函数的不同假设将通过就业传导渠道使政府支出对产出的变化产生不同的作用。因此，政府支出是否可以平稳产出波动需要看具体的劳动供给弹性的大小；2002 年 Jones 以 RBC 模型为基础，利用广义矩估计分析财政政策对第二次世界大战后美国宏观经济稳定的影响，结论是财政政策的内生反应有助于宏观经济稳定，而外生冲击则加剧宏观经济波动。[①]总的来看，国外已有的对于这一问题的研究还没有确切定论。

我们评价赤字-政府债务的经济必要性时，关注的是政府预算能否及时对经济条件变化作出反应，以及这种反应有多大才是合适的。人们通常把实际预算赤字或盈余作为衡量财政政策对经济全部影响的方便而简单的标准，但是，事实上预算赤字或盈余有时并不是由财政政策的主动变动引起的，而是由某些自发的私人支出变动而被动引起的。因此，现代财政学将结构性赤字与周期性赤字加以区分，即年度实际预算赤字由结构性赤字（或称充分就业赤字）和周期性赤字组成。结构性预算衡量的是经济处于充分就业状态时，政府赤字或盈余应该为多少，它反映了相机抉择的财政政策是扩张还是收缩的。正如萨缪尔森所说，预算的结构性部分是主动的——取决于政府的税率调整、公共工程支出、教育支出或国防支出规模。与此相反，预算的周期性部分则被动地取决于商业周期状况，即国民收入和产出的高低程度。[②]

结构性预算概念对于经济决策有着重要的意义。其一，结构性预算（或称充分就业预算）盈余或赤字提供了一个特定财政计划对经济活动是收缩性还是刺激性的自动指示器。结构性盈余或赤字从一个时期向另一个时期的数值变动又是两个时期之间政府预算计划变动程度的指示器[③]。其二，结构性赤字的增加是必要的，而结构性赤字的增加可能会促使未来周期性赤字的减少，这意味着近期的预算不平衡却常常会有利于未来的预算平衡。这也正是大多数经济学家反对平衡预算的主要原因。其三，也是最重要的，可以通过周期性赤字或盈余的变化，对比看出财政政策的效果及未来的调整方向。例如，在经济衰退时期，实行扩张性财政政策将导致结构性赤字增加，如果财政政策作用结果是周期性赤字的减少，那么说明政策是有效的，可以在适当时机进行调整和转向。反之，则政策是无效的或低效的，仍需加大财政扩张的力度，继续扩大结构性赤字规模。

四、政府投资的通胀效应

先从政府举债对货币供给的影响来看。财政赤字融资的两种基本方式是基础货币融资和债务融资。前一种方式直接表现为基础货币的创造，因而对通货膨胀的影响是显著的。因此，出于稳定经济与货币的考虑，一些国家在法律上规定不允许通过中央银行透支或借款。而债务融资对通货膨胀的影响则具有不确定性。一般观点认为，政府举债有可能会在一定程度上影响货币供给，因此，政府债务发行很可能是一个货币扩张过程。但是，这要视不同的政府债券认购主体而定，也就是说，不同的政府债券认购主体会对货币供给产生不同的影响。如果认购主体是居民部门，则政府债务资金一定来源于居民储蓄或消费结余，此时，只会形成居民资金向政府的转移，而不会影响货币供应量的增减。如果商业银行作为政府债券认购主体，情况就复杂一些，当商业银行以收回贷款或

① 邓子基、唐文倩：《政府公共支出的经济稳定效应研究》，《经济学动态》，2012 年第 7 期，第 19-24 页

② 萨缪尔森：《经济学》，萧琛译，华夏出版社，2000 年，第 522-523 页

③ 爱德华・夏皮罗：《宏观经济分析》，杨德明等译，中国社会科学出版社，1985 年，第 709 页

投资所得货币来认购政府债券时，与居民购买时对货币供给的影响一样；而当商业银行以超额准备金购买政府债券，或通过其他资金渠道购买政府债券后向中央银行贴现，则会形成货币供给的总量扩张。如果是中央银行直接购买政府债券，或者是通过公开市场业务在二级市场上买卖政府债券，都将挤出货币发行，增加社会通货量，因而可能会助长通货膨胀的形成。从货币政策的角度分析，保持稳定、适当的利率水平是中央银行的政策目标。当政府发行债券筹资应付赤字时，可能会对利率产生一种上推的压力，因而中央银行可能会买进债券来支撑债券价格以阻止利率上升。中央银行的公开市场购买导致了高能货币的增加，因而政府发行债券来应付赤字的净效应是货币供应的增加。如果赤字持续增加，那么债券供应量将会不断增加，迫使利率上升的压力存在，中央银行将会一次一次地买进债券，货币供应也将不断增长，最后引起通货膨胀。

再从政府举债对社会总需求的影响看。政府举债的两个直接目的是：其一，偿还已有债务本息；其二，用于新的支出项目。债务还本实际上是一种债务置换，对即期需求不产生影响；而债务付息部分则取决于社会与公众的投资及消费倾向，如果社会公众收到政府债券利息后全部用于投资或消费，则会相应扩大社会总需求。对于由政府债券支持的新的政府支出来讲，由于支出结构不同，对社会总需求的影响也有所不同。依据财政支出的经济性质，可以将其分为转移性支出和消耗性支出。[①]转移性支出是政府资金的无偿的、单方面的转移，包括养老金、补贴、捐赠等。这部分资金最终形成社会公众的可支配收入，对总需求的影响取决于社会公众的投资预期及消费倾向，因而不是政府所能控制的。消耗性支出是政府购买物品或劳务的活动，包括行政管理费及各类投资拨款。这类支出主体就是政府本身，因此，消耗性支出构成社会总需求的一部分。况且，政府消耗性支出还会产生乘数作用。政府支出乘数（expenditure multipliers）与投资乘数是完全相同的，表明政府在商品服务上的一项采购，都会引致一系列的再支出，从而形成 GDP 增长额会数倍于政府购买量的增加额。当然，政府支出乘数发挥作用是需要一定条件的，即经济中存在没有得到充分利用的资源。这时，总需求的增加才会使国民收入增加，否则，国民收入的增加将受到资源条件的限制，总需求增加起不到刺激经济的作用，却会引起通货膨胀的发生。理论分析表明：政府支出一次性增长只会导致通货膨胀率的暂时上升，只有当政府支出持续增加时，才会有物价水平的持续上升。[②]所以说，政府支出的持续增长不是一个可行的政策，因而通过持续的政府债券扩张维持政府支出增长也不是可行的政策。

本章小结

随着经济与社会的发展，政府公共支出具有一种内在的不断扩大的趋势。从各国情况看，政府投资绝对规模也是不断增加的，但是，政府投资占 GDP 的比例则呈现波动下降趋势，这与政府支出相对规模变动情况不同。我国政府投资增长较快，特别是 2008 年以来，政府投资率迅速上升。政府投资对经济的影响是多方面的。政府投资能否促进

① 陈共：《财政学》，四川人民出版社，1991 年，第 245 页

② 米什金：《货币金融学》，李扬等译，中国人民大学出版社，1998 年，第 294 页

经济增长取决于投入能否被用于增加生产性的实物及人力资本的存量，取决于政府部门是否补充了私人部门的活动，取决于财政赤字对宏观经济稳定的影响。

☆关键术语☆

政府投资规模　瓦格纳法则　增长效应　挤出效应　稳定效应　通胀效应

➢复习思考题

1. 试论瓦格纳法则的主要内容。
2. 公共部门生产率如何影响公共支出规模?
3. 政府投资规模变动与政府支出规模变动的不同点在哪里?
4. 政府投资的挤出效应的形成有哪些条件?

第三章

政府投资结构

第一节　政府投资结构的决定

政府需要投入的领域很多，影响政府投资方向选择的因素也很多，但是，政府资金毕竟有限，因此，必须明确一定的标准，保证政府投资能够进入最需要的公共服务领域。

一、主要影响因素

（一）政府职能

政府职能的大小及其侧重点，决定了政府投资结构。关于政府的职能，特别是政府在经济发展中的作用，一直存在着两种观点，即市场主导型观点和政府主导型观点。

市场主导型观点强调自由运作的市场力量在经济发展中的作用，认为经济发展完全可以通过市场这只“无形之手”，实现均衡发展。由于市场机制本身能够运作得很好，只是在一个十分有限的范围和程度上才会出现失灵，所以，只有着眼于促进市场机制运作效率的政府活动才是适当的。与此相适应，政府干预应局限于一个狭窄的范围内，即除了提供诸如国防、法律这类基本的公共服务之外，政府的经济事务应仅限于环境保护、基础教育等具有明显外部性的领域。

政府主导型观点强调政府要干预经济，特别是要通过财政政策实现充分就业和经济增长目标，认为如果没有政府的强有力干预，就很难实现资源的配置优化、产业的顺利成长和经济的稳定增长。特别是在经济发展的初期，如果没有政府的强有力干预，就不可能实现快速的资本积累、有效的资源配置、及时的技术追赶，而这正是现代经济增长的必要条件。与此相适应，政府职能不仅体现在为民间部门的迅速扩张提供良好的经济环境、提供充足有效的经济基础设施，还要直接参与战略性产业的投资活动。

如果按照市场主导型观点，政府投资规模不可能很大，政府投资结构应偏重于行政管理、公共安全等维持国家机器正常运转方面的支出。而如果按照政府主导型观点，政府投资规模可能比较大，而且政府投资结构会更多偏向于经济方面的支出。

（二）公共产品特性

公共产品是指那些在消费上具有非竞争性和非排他性的产品和服务。消费的非竞争性是指某一个人对公共产品或服务的享用，不排斥、妨碍其他人对其的同时享用，也不会因此而减少其他人享用该种公共产品或服务的数量或质量。也就是说，增加一个消费者不会减少任何一个人对公共产品或服务的消费量。以国防为例，尽管人口不断增加，但没有任何人会因此而减少其所享受的国防提供的国家安全保障。受益的非排他性是指在技术上没有办法将拒绝为之付款的个人或厂商排除在公共产品或服务的受益范围之外。也就是说，一个或一些社会成员享用这种产品，并不排斥其他社会成员享用。还以国防为例，如果在一国的范围内提供了国防服务，要想排除任何一个生活在该国的人享受国防保护是极其困难的。

公共产品具有消费的非竞争性和受益的非排他性。一旦公共产品摆在那里，供给者将无法阻止那些未出钱的人享受其好处。在这样的社会条件下，人们完全有可能在不付任何代价的情况下，而享受通过其他人的出资而提供的公共产品或服务的效益。这里，在经济学上被称作免费搭车者的人就出现了。免费搭车对任何人来说都是理性的选择。只要有公共产品或服务存在，免费搭车者的出现就不可避免。在免费搭便车存在的条件下，公共产品的供给量就会不足，供给就会出现低效率。既然公共产品不可或缺，免费搭车者的问题又不可避免，就只有依靠强制性的融资方式来解决公共品的供给问题。于是，政府一方面以征税手段取得资金；另一方面又将征税取得的资金用于公共品的供给。

（三）外部性的存在

马歇尔（Alfred Marshall）在 1890 年的《经济学原理》中提出外部性的概念，经过庇古、科斯等人的批判补充，其内涵不断丰富和发展。所谓外部性，就是指某些个人的经济行为影响了其他个人,却没有为之承担应有成本费用或没有获得应有的报酬的现象。当外部性存在的时候，人们在进行经济活动决策中所依据的价格，既不能精确地反映其全部的社会边际效益，也不能精确地反映其全部的社会边际成本。其结果是依据失真的价格信号所作出的经济活动决策，肯定会使社会资源配置发生错误。与政府投资直接相关的是正的外部性，在正的外部性的情况下，无论是产品的买者，还是产品的卖者，都未在其决策中意识到他们之间的交易会给其他人带来益处。

对于某些经济与社会活动来说，它对外界产生的各种效用并没有合适的途径可以得到补偿，产品或服务的生产和销售就会呈现不足状态。如果这种外部性不能得到合理内化的话，那么必然会对这种产品的供给产生不利的影响。以卫生防疫为例，一个传染病患者得到好的治疗，不仅本人和家庭可以获得经济的、非经济的效益，也防止了疾病的传染给整个社会带来的恐慌和风险，使整个社会也可以获得巨大的效益，其收益显著外溢了。然而，在传染病医院设立时，这些正的外部性并未被考虑在内，这使得新设立传染病医院的数量满足不了社会的需要。当存在收益外溢情况时，这种产品或服务的供给出现不足，就需要政府出面干预。政府一般采用矫正性的财政补贴或投资来实现正的外部效应的内在化。对带有正的外部效应的产品或服务发放财政补贴或政府直接投入部分资金，以此将补贴产品或服务的私人边际效益提高到同社会边际效益相一致的水平。

（四）收入再分配

即使市场决定的收入分配处于帕累托最优均衡，但是，这种均衡并不必然保证社会公平的实现。或者说，即使市场机制能够发挥作用并且效率极高，它也会带来收入分配的不平等问题。政府配置和市场配置的内容有着本质的不同，市场配置理论恪守等价交换原则，强调的是要素配置的权利公平，人们收入的结果有赖于要素禀赋，但是，其结果通常有失公平。政府配置所关切的公平分配是在要素禀赋基础上个人与家庭之间的分配结果，以强制性的方式提供“有益需要”的社会公共品，是减少个人间和地区间收入差距，改善低收入人口生活状况的一个重要方面。以公共卫生、低收入住宅为代表的是具有再分配性质的公共服务，政府通过投资这些公共服务，特别是加强落后地区的公共服务投入可以有效增加低收入者的实际所得。在总结中国香港的公用事业支出时，香港大学的何镇源博士曾计算出社会公共服务支出可以使最低收入家庭的收入增加 5 倍。林聪标教授则认为：“公共房屋和教育的政府投资有最强的收入再分配效果，因为它们的累进程度十分高。医疗和卫生的开支也使低收入市民大为获益。”①

（五）稳定经济

中央政府的财政政策是保证经济稳定增长和实现充分就业的有效手段。研究表明，在经济过热或经济衰退时期采取的相机抉择的财政政策使经济增长趋于稳定和持续。成熟市场经济国家的经验表明，政府投资政策是影响经济周期波动的重要政策因素。政府投资方向调节与规模控制同样重要，政府资金（尤其是国债资金）使用方向决定了财政赤字的合理性。布坎南曾指出：“如果事实上联邦政府的经费中通过举债筹集的部分同可适当地列入公共投资的部分大体相等的话，那么在国家资产项下将有一项抵消项目，与表示公债现值的负债项目相平衡。在这种情况下，把举债和购置资产两方面都作了记录，国家资本储备的净现值就不会出现变化；当然，如果证明投资支出基本上是纯生产性的，按正规计算的现值还应有某些增加。”②总的来看，政府资金是否具有生产性和投资性，是否与国民生活质量提高密切相关，以及这种生产性和投资性资金规模的大小，都会在相当程度上决定经济增长的速度与质量，决定经济与财政的可持续性。

二、政府投资范围界定

根据政府投资职能要求及其变化，根据不同物品与服务的特点及供给方式的不同，对政府的投资范围进行明确的区分和界定具有重要意义，只有这样，有限的政府资金才能最大限度地发挥效用，保证最为急需的公共产品及服务领域获得政府的投资支持。

政府投资主要用于关系国家安全和市场不能有效配置资源的经济和社会领域，包

---

① 杨灿明、李景友：《公共部门经济学》，经济科学出版社，2003 年，第 61 页

② 布坎南：《自由、市场和国家》，关建良等译，北京经济学院出版社，1988 年，第 201 页

括加强公益性和公共基础设施建设，保护和改善生态环境，促进欠发达地区的经济和社会发展，推进科技进步和高新技术产业化。具体来说，政府投资应该集中在以下三个类别中。

第一类，具有非竞争性和非排他性的纯公共品，如国防、司法、行政、邮政、防灾救灾、卫生防疫、大江大河治理、重大科研计划、消防、公共博物馆和图书馆等，政府部门的直接投资是这类产品的基本供给方式。政府直接投资上述领域并不意味着此类公共品的全部投资与运营责任都需要政府部门自己承担。上述产品与服务内部仍然可以作更为细致的分类，将竞争性业务与普遍服务业务分业经营，政府投资与补贴只负责保障提供普遍服务。政府也可以借助市场组织和社会组织的优势与能力，来生产这些公共物品。

第二类，带有显著外部收益、能够创造社会公平的准公共物品和服务，如高速公路、城市道路、基础教育、医疗卫生、公有住房、社会福利、环境保护等，这些领域可以是政府投资的范围，也可通过政府补贴和特许权经营引入非营利组织①和企业投资经营。政府介入程度的高低取决于政府的财力及经营的效率，在政府财力有限和经营效率低下的情况下，完全可以借助社会及市场的力量，但是，社会化及市场化的范围和程度要有明确的限制，同时，要对社会化和市场化提供的公共品及服务（准公共品及服务）进行科学的规划和组织，以及严格的监管和控制。而当政府财力充裕的时候，政府部门应当在具有明显外部效应（如城市道路、基础教育）的领域发挥更大的作用。

第三类，以电力、铁路、电信、地铁、供水、污水处理、垃圾处理、广播电视等为代表的自然垄断产品。这些产品和服务或具有排他性，或具有竞争性，存在着超额需求，消费者愿意直接付费，这就为私人通过市场供给提供了现实可能性。上述产品和服务市场供给的形式可以有两种：其一是私人的完全供给，即公共物品的投资、生产及运营由私人单独完成，私人通过收费的方式向消费者收取费用；其二是私人与政府的联合供给，政府对私人提供一定的补贴和优惠政策，或政府根据合同进行采购。此类产品和服务应实施政府管制，包括价格管制和市场准入管制，以避免企业拥有市场垄断地位或厂商盲目竞争而导致的资源配置的效率损失。

三、政府投资范围动态演变

政府投资范围不是一成不变的。随着经济的发展，政府职能的范围和重点会发生变化，政府投资的方向和领域也将随之变化。

在经济发展的初期，提高国民收入水平、改善国民生活水平是政府亟须解决的问题，其职能的侧重点就是充分利用社会稀缺经济资源，促进经济增长。收入分配和社会保障问题则被置于次要的地位，于是为了提高经济增长速度，加快经济发展，政府在财政支出中往往会加大经济建设投资支出的比例。其投资支出主要用于两个方面：一是对经济

① 非营利组织或非营利机构是不以营利为目的、不分红为标志、自主治理和自愿参与为特征的社会组织。这类组织以志愿精神作为追求公益的动力，灵活多样地满足社会群体尤其是贫困人群对公共物品的需求，弥补了一部分公共物品提供中的“市场失灵”和“政府失灵”。在发达国家，2/3 的非营利组织集中在三个传统福利领域：教育、卫生保健和社会服务。会费与经营性收入，以及政府以各种方式提供的资金构成非营利组织的主要收入来源

发展有重要影响的各种基础设施，如交通、通信、水利等；二是能够带动整个经济增长的支柱产业。从总体上看，在经济发展的早期阶段政府投资范围较广，且重点在于经济领域的投资。

当经济发展逐渐从早期的起飞阶段进入中期阶段以后，政府的职能依然侧重于经济的发展，但也开始注重社会的安定、收入的公平分配、国民素质的提高等。在这一时期，民间产业部门已经发展起来，那些需由政府提供的基础设施大多已经建成，对它们的需求的增加也逐渐变缓，政府尽管还要对基础设施、支柱产业等经济领域进行投资，但这些投资在政府投资中的比例会逐步下降，而且会逐渐退出民间投资能够解决的产业投资领域。同时，由于人们的生活水平不断提高，在满足基本生活需要的同时，人们开始关注其他方面的需要，如教育、卫生、安全等，因此社会公共领域的投资比例开始上升。总体而言，在经济发展的中期阶段，政府投资在经济领域和公共领域并重。

当经济发展进入成熟时期后，政府职能开始侧重于社会的稳定、收入分配的公平等方面，经济增长成为政府的次要目标。政府投资要体现政府职能的这一转变，投资的主要目的从促进经济增长转变为促进社会安定和实现社会公平。在经济成熟时期，适应经济发展需要的基础设施及支柱产业的发展已经达到相当的高度，由于生活水平的大幅提高，人们对提高生活层次的各项需求迅速增加，要求资源更多地用于满足高层次的需要，如安全、素质、健康等，而且这些公共领域的投资有助于社会的安定及公平目标的实现。于是，在这一时期，政府投资主要侧重于社会公共领域。①

社会与公众需求的阶段性及变化性推动了政府投资职能的动态调整。随着上述社会与公众需求的变化，要求政府逐步将公共服务职能与社会管理职能放到更加优先的位置，从“建设型”政府向“服务型”与“建设型”功能兼备的政府转变。政府投资也必须作出适应性的调整。

第二节 政府投资结构的国际比较②

一、美国政府投资方向及其变动

（一）政府投资结构状况

根据美国预算管理办公室的统计资料，美国联邦政府的投资方向③包括实物资产（physical capital）、教育培训、研发、水利电力、城市交通等共计23类。

1962～2014年，联邦政府高速公路，中小学和职业教育，一般科技、空间和技术研发的平均投资比例超过了10%，分别达到15.42%、11.54%和11.13%，三类投资比例合计超过了38%。前三位的投资方向与其他投资方向比例差距较大，排名第四位和第五位的高等教育和健康研发投资比例分别为7.7%和7.6%。而培训和就业，重要装备购买，

① 孙茂颖、胡蓉：《政府投资范围再界定》，《合作经济与科技》，2007年2月号（上），第30-31页

② 本节选自国家发展和改革委员会宏观经济研究院重点课题报告：《新常态下政府投资方向和方式研究》，分报告作者：甄小燕。

③ 仅针对非国防投资

对州、市的社会服务教育，自然资源和环境实物投资等行业的联邦政府投资比例高于3%。老兵教育、培训和康复，教育中的健康和研发投资，以及交通研发等行业的联邦政府投资比例低于3%（表3-1）。

表3-1 1962～2014年联邦政府投资年均比例及排名

排名	投资方向	投资比例/%	排名	投资方向	投资比例/%	排名	投资方向	投资比例/%
1	高速公路	15.42	9	培训和就业	3.78	17	其他教育	2.21
2	中小学和职业教育	11.54	10	重要装备购买	3.56	18	教育中的健康和研发投资	1.23
3	一般科技、空间和技术研发	11.13	11	对州、市的社会服务教育	3.19	19	其他研发	1.14
4	高等教育	7.70	12	自然资源和环境实物投资	3	20	自然资源和环境研发	1.09
5	健康研发	7.60	13	老兵教育、培训和康复	2.82	21	交通研发	1.08
6	水利电力外直接投资	5.49	14	城市大运量交通	2.61	22	机场投资	0.96
7	水利电力直接投资	5.30	15	其他非国防实物投资补助	2.27	23	农业研发	0.90
8	社区和地区发展	4.73	16	能源研发	2.25			

资料来源：Office of Management and Budget. 2013. Budget of the U.S.Government Fiscal Year 2014: Historical Tables. www.whitehouse.gov/omb/budget/Historicals

（二）政府投资方向变动

1962～2014年，在美国联邦政府投资中，高速公路，水利电力直接投资，一般科技、空间和技术研发比例下降显著，分别下降了13.3个、10.15个和7.6个百分点，在23类投资领域中降幅也最大。水利电力外直接投资比例也下降了4.44个百分点，能源研发联邦投资比例下降3.28个百分点，教育中的健康和研发投资、农业研发等行业比例略有降低。

1962～2014年，在美国联邦政府投资中，能源研发投资比例下降了13位，下降最为明显；水利电力直接投资比例排名跌出了前三位置，2014年水利水电直接投资比例排名下降到第11位；农业研发、其他研发、教育中的健康和研发投资、交通研发联邦投资比例排名分别下降了6～7位。

1962～2014年，在美国联邦政府投资中，中小学和职业教育、健康研发、城市大运量交通的投资比例显著上升，上述三者联邦投资比例分别增加了9.47个、6.61个和5.29个百分点，在23类投资领域中比例增幅最大。高等教育联邦投资比例也增加了3.96个百分点，重要装备购买投资比例提高了3.91个百分点，老兵教育、培训和康复投资比例提高了3.3个百分点，对州、市的社会服务教育投资比例提高了3.13个百分点。

1962～2014年，城市大运量交通的联邦政府投资比例从第23名升至第7名，提升了16个位次，对州、市的社会服务教育投资比例提升了10位，培训和就业投资比例提高了8位，中小学和职业教育，健康研发，重要装备购买，老兵教育、培训和康复，自然资源和环境实物投资等行业投资比例分别提高了3～4位（表3-2）。

表 3-2　1962～2014 年联邦政府投资比例、排名及变化

投资方向	1962年 排名	1962年 投资比例/%	2014年 排名	2014年 投资比例/%	比例变化/百分点	投资方向	1962年 排名	1962年 投资比例/%	2014年 排名	2014年 投资比例/%	比例变化/百分点
高速公路	1	28.83	1	15.53	−13.30	教育中的健康和研发投资	13	1.46	19	0.87	−0.59
一般科技、空间和技术研发	2	14.86	5	7.26	−7.60	其他非国防实物投资补助	14	1.37	15	1.88	0.51
水利电力直接投资	3	13.75	11	3.60	−10.15	农业研发	15	1.34	22	0.66	−0.68
水利电力外直接投资	4	8.69	9	4.25	−4.44	其他教育	16	1.26	13	2.55	1.29
中小学和职业教育	5	5.02	2	14.49	9.47	交通研发	17	1.19	23	0.47	−0.72
健康研发	6	4.52	3	11.13	6.61	自然资源和环境研发	18	1.04	21	0.70	−0.34
能源研发	7	4.13	20	0.85	−3.28	自然资源和环境实物投资	19	0.98	16	1.74	0.76
高等教育	8	3.41	4	7.37	3.96	对州、市的社会服务教育	20	0.68	10	3.81	3.13
重要装备购买	9	1.79	6	5.70	3.91	机场投资	21	0.60	17	1.12	0.52
社区和地区发展	10	1.77	12	2.98	1.21	培训和就业	22	0.12	14	1.92	1.80
老兵教育、培训和康复	11	1.66	8	4.96	3.30	城市大运量交通	23	0.00	7	5.29	5.29
其他研发	12	1.52	18	0.88	−0.64						

资料来源：Office of Management and Budget. 2013. Budget of the U.S.Government Fiscal Year 2014: Historical Tables. www.whitehouse.gov/omb/budget/Historicals

（三）政府投资结构及变动特征

（1）基础设施始终是政府投资的重要领域。虽然高速公路、水利电力直接投资及水利电力外直接投资的比例下降明显，但三者的投资比例排名未发生根本性的变化，尤其是高速公路投资比例稳居第 1，水利电力直接投资及水利电力外直接投资的排名只是从第 3、第 4 位下降到第 11、第 9 位，显示出政府基础设施投资需求大、生命周期长的特点。

（2）教育、培训类投资备受重视。1962～2014 年，在联邦政府投资增速最快的 10 个领域中，教育类有 6 个。中小学和职业教育、高等教育的投资比例排名大幅上升，培训和就业的投资比例排名从第 22 位提升至第 14 位。这其中既包括交通等基础设施，也包括教育、研发、健康等公共服务。

（3）重要投资领域范围较为稳定。虽然前 10 位联邦政府投资领域不同方向的变化较大，在 20 世纪 70 年代末 80 年代初也出现过较为剧烈的波动，但前 10 位的联邦政府

投资方向较为固定。1962年排名前10位的投资领域，2014年有7个仍然排名前10位。

（4）与生活质量改善有关的投资地位提升。联邦政府在城市大运量交通，对州、市的社会服务教育，培训和就业，健康研发，自然资源和环境实物投资等领域的投资比例趋于上升，反映了政府对城市发展、人才培养、生命健康等方面的倾斜投入。

二、日本政府投资方向及其变动

（一）政府投资结构状况

日本财政投资贷款项目（Fiscal Investment and Loan Program，FILP）在一定程度上反映了中央政府投资情况。日本统计局将FILP的投资方向归纳为13类。

1956～2014年，住宅、中小企业、生活环境整治年均投资比例位居日本政府投资的前三位，投资比例分别达到18.58%、16.28%和14.36%，合计占全部政府投资的近一半。前三位投资方向与其他投资方向比例差距较大。道路和运输通信的投资比例也较高，分别达到9.35%和8.09%。贸易和经济合作、产业和技术、资金运用、农林渔业政府投资比例也保持在4%～7%。地区发展、文化教育、社会福利及国土安全和灾害恢复政府投资比例也达到2%以上（表3-3）。

表3-3　FILP的投资方向

排名	投资方向	投资比例/%	排名	投资方向	投资比例/%
1	住宅	18.58	8	资金运用	4.63
2	中小企业	16.28	9	农林渔业	4.08
3	生活环境整治	14.36	10	地区发展	3.88
4	道路	9.35	11	文化教育	3.35
5	运输通信	8.09	12	社会福利	3.16
6	贸易和经济合作	6.47	13	国土安全和灾害恢复	2.30
7	产业和技术	5.46			

资料来源：日本统计局（Historical Statistics of Japan），http://www.stat.go.jp/english/data/chouki/05.htm

（二）政府投资方向变动

中小企业、道路、生活环境整治政府投资比例显著上升。1956～2014年，三者政府投资比例分别提高了14.53个、9.81个和6.54个百分点。另外，贸易和经济合作、文化教育和社会福利政府投资比例也有所上升。与1956年相比，2014年，道路政府投资比例提高了7位，中小企业、生活环境整治、贸易和经济合作、社会福利政府投资比例均提高了4～5位。

地区发展、产业和技术、运输通信的政府投资比例显著下降。1956～2014年，三者政府投资比例分别下降12.57个、9.91个和7.99个百分点；住宅、农林渔业、国土安全和灾害恢复等行业政府投资比例也有所下降。与1956年相比，2014年，地区发展政府投资比例下降了10位，产业和技术政府投资比例下降了6位，住宅政府投资比例下降了5位，运输通信、农林渔业投资下降了4位（表3-4）。

表 3-4　FILP 投资年均比例及变化

投资领域	1956 年		2014 年		比例变化/百分点
	排名	投资比例/%	排名	投资比例/%	
住宅	1	14.96	6	7.90	−7.06
地区发展	2	14.17	12	1.60	−12.57
产业和技术	3	13.80	9	3.89	−9.91
运输通信	4	12.21	8	4.22	−7.99
中小企业	5	9.33	1	23.86	14.53
生活环境整治	6	7.71	2	14.25	6.54
农林渔业	7	7.34	11	2.95	−4.39
国土安全和灾害恢复	8	5.72	10	2.95	−2.77
贸易和经济合作	9	4.99	4	8.12	3.13
道路	10	4.22	3	14.03	9.81
文化教育	11	3.55	5	7.90	4.35
社会福利	12	1.99	7	5.69	3.70
资金运用	13	0.00	13	0	0.00

资料来源：日本统计局，http://www.stat.go.jp/english/data/chouki/05.htm

（三）政府投资结构及变动特征

（1）政府投资领域较为广泛。政府投资方向既包括运输通信、道路等基础设施投资，也包括农林渔业、住宅、中小企业、地区发展、产业和技术等产业和区域发展投资，还包括生活环境整治、国土安全和灾害恢复等可持续发展投资，又包括文化教育、社会福利等民生投资。

（2）不同政府投资领域呈现交替增加的特性。1956 年、2014 年两个时期政府投资方向变化较大，例如，地区发展、产业和技术、运输通信等经济领域政府投资地位明显下降，政府的住宅投资在 2000 年左右出现大幅下跌；与此同时，政府对中小企业、生活环境整治等领域投资后来居上，强势增长。

第三节　我国政府投资结构现状

我们按照国家预算内投资、政府投资资金来源两个口径，分析政府投资方向变化、特征和规律，判断政府投资方向的适应性与合理性。

一、国家预算内资金

国家预算内资金是指中央和地方政府一般预算资金用于固定资产投资的部分。总体来看，国家预算内资金的投向比较集中，2003～2015 年，交通、公用事业和公共管理[①]三个大行业的国家预算内资金就占全部国家预算内资金的 60%以上，其中，交通占 26.1%，

① 公用事业指水利、环境和城市建设；公共管理指公共管理、社会保障和社会组织

公用事业占25.7%，公共管理占10.1%。其余占比较高的行业包括电力（8%）、教育（5.7%）、农业（4.9%）和房地产业（5.3%）。工业中的采矿业和制造业的国家投资较少，分别只占 0.7%和 3.1%。服务业中的批发和零售、住宿和餐饮、金融、信息服务等经营性领域国家投资很少，比例均低于 0.6%。社会事业领域的科技、文化、卫生领域的国家投资比例也不高，分别平均只有 1.4%、2.4%和 2.2%（图 3-1）。

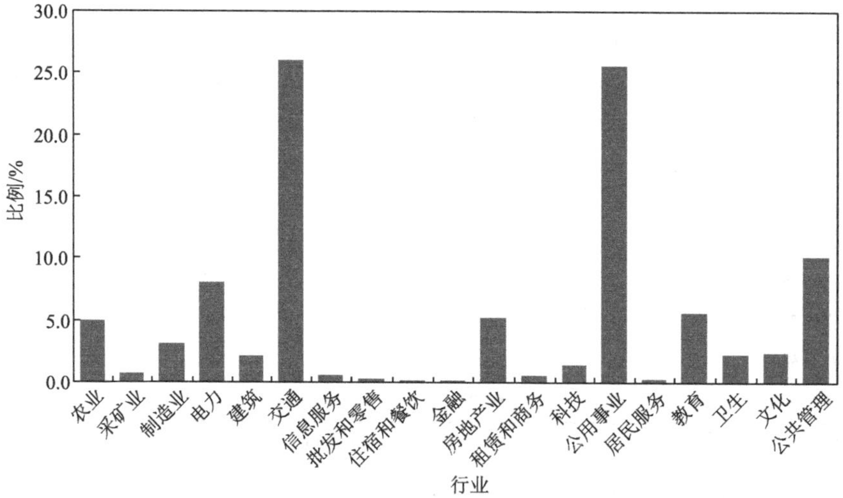

图 3-1　2003～2015 年国家预算内资金行业分布

资料来源：各年中国统计年鉴

在大行业内部，国家投入重点也有所不同。在交通运输业，铁路运输和道路运输资金分别占全部国家预算内资金的 8.1%和 15.3%，公交、水上、航空、仓储、邮政资金比例则均低于 1%；在公用事业中，城市建设资金占比最高，达 16.2%，水利为 7.6%，环境保护投资只占 1.8%；在教育中，中等教育占 2.7%，高等教育占 1.6%，初等教育占 1.1%，学前教育只占 0.12%；在卫生社保中，卫生占 1.9%，社会保障和社会福利资金分别只占 0.1%和 0.2%。环境保护资金占国家预算内资金比例太低，个人收益率较高的高等教育资金比例过高，而学前教育投入比例较低，社会保障和社会福利资金投入较少。

从各行业预算内资金比例变化情况看，2003～2015 年，交通比例由超过 30%大幅下降到 23%左右，公共管理由最高 16%下降到 6%，电力由 10%下降到 6%，科技由 2.4%下降到 0.8%。比例上升的行业包括：公用事业由 24%提高到 32%左右，房地产业由 1%大幅上升到 9%以上，卫生由 1.5%上升到 2.2%，教育比例略有上升。其他行业的比例变化不大。上述比例变动显示出政府投资的一些积极的变化，例如，随着经济的发展，交通、电力等经济基础设施国家投入比例下降，而水利、城市建设和环境方面政府投入趋于增加，政府在保障房方面投入的增加，使房地产预算内资金比例由 2003 年不足 1%，提高到 2010 年的 6%，再提高到 2013 年的 11%。

再看看各行业预算内资金比例的位次变化。我们对 2003 年、2009 年和 2015 年政府投资的主要行业进行了排序。三个时间段，交通政府投资比例均保持在第 1 位；2003 年，市政政府投资比例排名第 4，2009 年和 2015 年保持在第 2 位；水利政府投资位次有所下降并保持稳定，由 2003 年的第 2 位，下降到 2009 年和 2015 年的第 4 位；教育政府投资位次稳步上升，由2003年的第7位提高到2015年的第5位；卫生政府投资位次有所上升，由2003年的第12位提高到2015年的第9位；房地产业政府投资位次变化最大，由2003年的第14位上升到2009年的第8位和2015年的第3位；居民服务和商务服务业政府投资位次也有较为明显的上升。与2003年相比，2015年环境政府投资位次下降了2位；科技政府投资由2003年的第9位下降到2009年和2015年的第14位；体育投资下降了3位；信息服务政府投资下降了4位；制造业投资下降了3位；文化艺术投资排位靠后，总体变化不大。具体见表3-5。

表3-5 各行业政府投资比例排位

行业	2003年	2009年	2015年
农业	6	7	8
采矿业	16	15	16
制造业	8	9	11
电力	5	5	7
建筑	11	12	10
交通	1	1	1
信息服务	15	18	19
批发和零售	21	19	18
住宿和餐饮	20	22	21
金融	19	21	22
房地产业	14	8	3
商务服务	18	17	15
科技	9	14	14
水利	2	4	4
环境	10	11	12
市政	4	2	2
居民服务	22	20	17
教育	7	6	5
卫生	12	10	9
文化艺术	13	13	13
体育	17	16	20
公共管理	3	3	6

可见，近十多年，政府投资在交通、水利、市政等经济基础设施保持强势；在教育和卫生等社会事业领域位次有所提升；在科技、体育等领域位次下降；在采矿业、制造业、商务服务等传统竞争性行业政府投资位次没有太大变化；在环境、信息服务等新兴公共服务业，政府投资地位反而下降。

二、政府投资资金来源

在我国的固定资产投资统计中，没有明确的政府和非政府的划分。为了更真实地反映政府投资规模变动情况，我们对我国固定资产投资资金来源结构中有关政府投资的内容进行了分类与汇总，以近似反映政府投资的基本状况。这实际上是从出资人的角度反映了政府在全社会投资中的地位和作用。

由于 2002 年以前的行业数据与之后的口径不太一致①，再由于 2006 年以后，国家统计局不再进行政府自筹资金的分类统计，此处我们只能用 2003～2005 年的平均数分析地方政府的投资结构状况。从表 3-6 可以看到，在全部政府资金投入中，重点是交通邮电、公用事业、公共管理、电力、教育和信息服务等行业，上述行业政府资金投入占全部政府投资比例分别达到 29.27%、26.26%、11.05%、7.25%、5.1%和 3.46%。其中，交通邮电和公用事业两个行业的政府投资就集中了全部政府投资的一半以上。

表 3-6 政府投资的行业分布（以全部政府投资为 100） 单位：%

行业	2003 年	2004 年	2005 年	合计
全国	100	100	100	100
农业	2.86	2.40	2.83	2.70
采矿业	0.72	0.92	0.69	0.78
制造业	4.52	3.69	4.94	4.38
电力	7.16	7.27	7.32	7.25
建筑业	2.25	1.55	1.19	1.66
交通邮电	27.76	30.21	29.84	29.27
铁路运输	5.97	6.41	7.12	6.50
道路运输	18.65	20.50	19.73	19.62
城市公共交通	1.38	1.27	1.17	1.28
信息服务	4.23	3.44	2.70	3.46
批发零售	0.53	0.56	0.69	0.59
住宿餐饮	0.32	0.29	0.28	0.30
金融	0.23	0.11	0.10	0.15
房地产	0.95	1.55	1.57	1.36
租赁和商务	0.84	0.48	0.52	0.61
科技服务	1.64	1.33	1.44	1.47
公用事业	26.73	25.74	26.31	26.26
居民服务	0.08	0.07	0.27	0.14
教育	5.43	5.31	4.56	5.10
卫生福利	1.09	1.29	1.37	1.25
文化体育	2.22	2.03	2.41	2.22
公共管理	10.44	11.74	10.98	11.05

资料来源：国家统计局投资司提供的资料，以及历年《中国固定资产投资统计年鉴》

注：数据为城镇固定资产投资

① 2002 年以前，批发、零售和餐饮业归于同一行业，2002 年以前，餐饮业与前两类分开进行统计；2002 年以前，教育与文化归于同一行业，2002 年以后，教育单独统计；2002 年以前，体育与卫生属于同一行业，2002 年以后，体育与文化和娱乐业归于同一行业

值得关注的是，政府在教育、科技服务、卫生福利和文化体育等民生领域的投入较少，2003～2005 年，上述几大行业政府投资分别平均占全部政府投资的 5.1%、1.47%、1.25%和 2.22%，合计 10.04%。尽管上述产品大多数在受益上可以排他，即谁花钱谁受益；但是，就学、就医能够产生较为明显的外部收益，且具有一定的公平分配效应；因此，政府投入的比例理应较大。

政府在某些纯粹的竞争性行业仍然保留了一定的投资份额。2003～2005 年，采矿业、制造业、建筑业的政府投资分别占全部政府投资的 0.78%、4.38%和 1.66%。在 39 个工业行业中，只有其他采矿业和文教体育用品制造业两个行业没有政府投资，绝大多数工业行业多多少少有政府投入。政府投资领域又明显过宽、范围明显过大。具体见表 3-6。

再看各行业投资对政府资金的依赖程度。2003～2005 年，政府投资在相关行业投资比例较大的分别有公用事业（43.51%）、公共管理（42.68%）、科技（35.19%）、交通（35.1%）、农业（33.13%）和文化（31.88%）；与此同时，政府在采矿业、制造业和批发零售投资比例分别只有 2.83%、2.35%和 4.18%，所占比例较低，这符合公共物品特征越显著、外部收益越大及再分配功能越明显的产业，政府投资越多，反之则越少的原则。但是，与此相对照，教育、卫生等社会事业领域的政府资金占行业投资的比例仍然较低，分别只有 23.68%和 22.24%，这使人怀疑这些行业市场化和商业化的步伐是否迈得过大，政府正在从本应由其发挥作用的领域不恰当地、过度退出（表 3-7）。

表 3-7 政府投资占各行业投资的比例（以各行业资金来源合计为 100） 单位：%

行业	2003 年	2004 年	2005 年	合计
全国	14.06	12.61	11.96	13
农业	37.16	29.62	32.62	33.13
采矿业	3.15	3.38	1.95	2.83
制造业	2.80	1.95	2.28	2.35
电力	12.52	10.25	9.81	10.86
建筑业	29.31	23.28	17.14	23.24
交通邮电	35.45	35.57	34.27	35.10
铁路运输	58.52	61.47	53.51	57.83
道路运输	38.42	37.73	37.44	37.86
城市公共交通	21.61	24.71	22.23	22.85
信息服务	18.19	16.65	16.77	17.20
批发零售	4.44	3.88	4.23	4.18
住宿餐饮	6.56	5.09	3.93	5.20
金融	16.49	9.10	9.15	11.58
房地产	0.46	0.66	0.67	0.60
租赁和商务	18.10	10.61	9.83	12.85
科技服务	39.41	33.28	32.88	35.19

续表

行业	2003年	2004年	2005年	合计
公用事业	45.40	42.99	42.13	43.51
居民服务	8.14	4.84	18.30	10.43
教育	25.08	24.05	21.92	23.68
卫生福利	21.48	22.87	22.36	22.24
文化体育	32.29	30.50	32.84	31.88
公共管理	39.89	44.00	44.16	42.68

资料来源：国家统计局投资司提供的资料，以及历年《中国固定资产投资统计年鉴》

三、政府投资结构问题

长期高强度的政府投入已大大改善了我国的基础设施条件，提高了公共服务能力。但是，政府投资仍然存在一定的结构性缺陷与不足，主要表现在以下几个方面。

（一）政府投资涉及领域过多

政府投资行业分布面过宽、过散、过杂的特征十分明显。除了具有非竞争性和非排他性的公共产品，带有显著外部收益、能够创造社会公平的产品以外，政府投资还广泛分布在一些市场化程度比较高、竞争比较激烈的加工工业和一般竞争性服务业，政府投资的公共性仍显得不足。例如，2003～2015年，在国家预算资金中，采矿业和制造业投资分别平均占0.7%和3.1%，服务业中的批发零售、住宿餐饮、金融等经营性行业，国家预算资金规模虽然不大，但仍然占有一定的比例，政府投资并未完全从竞争性领域退出。

（二）社会事业投入力度不够

在政府投资中，社会事业投入长期落后于基础设施。2003～2015年，教育、科技、文化、卫生四个行业的国家预算资金合计只占11.7%，还不足交通（26.1%）和公用事业（25.7%）的一半。与基础设施相比，社会事业投资比例位次也长期排在后面。一些社会事业领域仍非常薄弱。以幼儿教育为例，在教育部门中最不被重视。在国家预算资金中，学前教育仅占0.12%。幼儿教育普遍存在公办园“稀缺化”、优质资源“特权化”、收费“贵族化”等问题。

（三）新兴服务领域发展滞后

养老和健康服务业具有较为明确的外部性和再分配效应，尤其是针对中低收入人群的服务提供更需要政府的投入。2010～2013年，我国财政支出用于65岁以上老年人口养老服务人均投入分别为14元、21元、29.9元和40.4元；而老龄化程度与我国差距不大的美国，2008年65岁以上老年人口人均财政投入就达54.3美元。长期以来，在竞技体育与群众体育之间，政府往往更倾向前者，群众体育投入严重不足。2013年底，我国人均体育场地面积 1.46 平方米，不到美国的 1/10、日本的 1/12，普通居民体育健身的场地少得可怜。

（四）生态环境保护欠账较多

环境问题已经成为影响我国经济社会可持续发展的硬约束。污染物排放总量居高不下，明显超出环境容量；环境质量整体下降，情景令人忧虑。2015 年，在全国 338 个地级及以上城市中，只有 73 个城市空气质量达标，只占 21.6%；265 个城市环境空气质量超标，占 78.4%。全国地表水监测结果显示，Ⅳ类占 21.1%，Ⅴ类占 5.6%，劣Ⅴ类占 8.8%。对全国 5118 个地下水监测井（点）评价结果显示，水质呈较差和极差级的监测井（点）比例分别高达 42.5%和 18.8%。另外，危险废物、微量有机污染物、持久性有机污染物、土壤污染等新的环境问题显现。

（五）基础设施内部发展不平衡

2015 年底，我国高速公路的通车里程已达到 12.5 万千米，但是，总体通过能力不如发达国家。我国高速公路一般以双向四车道和六车道为主，而美国双向十二车道是通用标准。我国农村公路建设质量和标准普遍不高，断头路、瓶颈路比较多，农村公路管养问题突出。中国拥有不断扩大的高速铁路和高速公路网，但在清洁能源、水和卫生等领域仍然落后于不少发达国家。亚洲开发银行的报告显示，中国的人均用电量只有 OECD 国家平均水平的 46%左右。中国的蓄水容量按人均计算仅为美国的 1/3。[①]要达到 OECD 国家的那种对社会大众的设施服务水准，缺口还是较大。

（六）市政公用设施存在短板

我国城市道路交通压力越来越大，大城市交通拥堵现象尤为突出，影响了城市生活的效率和质量，亟须发展地铁、轻轨等大容量轨道交通。我国城市垃圾无害化处理、污水处理设施不足、处理率低等问题依然存在。在过去几年，中国超过 360 个城市遭遇内涝，其中 1/6 的城市单次内涝淹水时间超过 12 小时，淹水深度超过半米，亟须推进海绵型建筑和相关基础设施建设。我国城市城下管线系统发展严重滞后，市政设施建设过程中，反复开挖路面，架空线网密集，管线事故频发，需要大力推进地下综合管廊建设。

（七）公共服务的区域和城乡差距大

长期以来，国家在教育、医疗、文化、体育等方面的投入实行城镇和农村两套不同的制度，城乡居民享有的基本公共服务在内容、范围和标准上的明显差异，使农村成为基本公共服务的薄弱环节。我国不同地区基本公共服务水平也存在差异，东部地区的财政收入要远高于中西部和东北地区，其公共服务的供给水平最高，而且在区域经济差距不断拉大的情况下，基本公共服务均等化的差距也在扩大。在财政收入水平低和转移支付制度不健全的影响下，中西部和东北地区的公共服务水平相对比较低。

---

① 詹妮弗·罗、陈俊安：《亚开行：中国扩展基础设施建设投资“做得对”》，http://oversea.huanqiu.com/article/2017-03/10239991.html，2017 年 3 月 3 日

第四节　新常态下政府投资方向选择

一、政府投资面临的新形势

“十三五”时期，我国经济发展的显著特征就是进入新常态。新常态下，经济发展的主要特点是：增长速度要从高速转向中高速，发展方式要从规模速度型转向质量效率型，经济结构调整要从增量扩能为主转向调整存量、做优增量并举，发展动力要从主要依靠资源和低成本劳动力等要素投入转向创新驱动。在这个过程中，不仅要发挥市场的决定作用，也要更好地发挥政府的作用。在新常态下，政府投资面临着新任务、新要求，政府投资的方向选择也必然发生新的变化。

新常态下，经济增长放缓，在高速增长阶段不明显的经济社会矛盾和问题更多暴露出来。产能过剩严重，发展后劲不足，就业压力增加，债务风险加大。这时候不单要求政府扩大支出规模，同时，要求政府增加对增长和就业拉动作用大的行业的投入，引导传统产业的升级和新兴产业的发展，通过政府资金扶持促进经济尽快回暖。

新常态下，我国经济社会发展面临许多新的机遇，基础设施互联互通、区域协同发展、新城新区建设、扶贫开发等投资机会大量涌现。目前，我国人均公共设施资本存量仅为西欧国家的 38%、北美国家的 23%[①]，基础设施和公共服务领域拥有巨大的发展空间。政府投资需要适应这种变化，着力解决发展中的瓶颈制约。

新常态下，人口老龄化日趋严重，要素规模驱动力减弱，经济增长将更多依靠人力资本质量和技术进步，劳动力的素质和健康水平决定了未来生产效率的提高和增长动力的形成。教育、文化、体育、健康是公共服务的重要领域，是产业发展的新的增长点，也是经济发展的新动力源，政府投资要加大这些行业的投入。

新常态下，经济的提质增效升级是显著特征。不仅社会投资要提质增效，政府投资同样需要提质增效，交通、通信、水利、市政设施的配置水平要提高，义务教育、公共卫生、基层文体等公共服务水平也要提高，生产、生活、生态三者要统筹兼顾、协调发展，从而满足人们不断增长的物质和精神生活的需要。

新常态下，必须让一切想创新、能创新的人有机会、有舞台，让各类主体的创造潜能充分激发、释放出来，形成大众创业、万众创新的新常态。创新创业总有风险、有失败，有一个从小到大、从弱到强的过程。因此，要加强财政资金的引导和扶持作用，形成政府投资与社会资本融合，支持创新创业的多元化投入格局。

新常态下，我国许多地区面临环境承载能力已经达到或接近上限的现实，高耗能、高排放、高污染的发展路径已经走到了尽头，绿色发展成为新常态的核心内容和有效途径。政府投资要在外部性较强的资源、环境领域增加投入，从而创造良好的外部环境，为推进经济和社会可持续发展创造更好的条件和更大的空间。

---

① 车玉明、韩洁：《新机遇开拓经济发展新空间——中国经济发展新常态述评之二》，http://news.xinhua.net.com/fortune/2015-03/01/C_111478309.htm，2015 年 3 月 1 日

二、政府投资重点

在经济发展进入新常态的条件下，政府投资扩张更要协调好短期和长期、总量和结构、需求和供给、国内和国外的关系，着力推动国民经济的提质增效，着力加快新型城镇化步伐，着力带动消费结构升级，着力应对人口老龄化挑战，着力促进“一带一路”等的实施。

（一）弥补社会事业短板

学前教育经费长期以来也只占全国教育经费总投入的 1.2%～1.3%，与 4000 多万学前儿童规模极不相称。我国公办幼儿园数量原本不足，多数城市住宅小区未配套建设幼儿园，企业单位部门所属幼儿园纷纷停办，学前教育资源不仅没有增加反而减少。特别是地级以上中心城市供求缺口更大，如果以 12 年或 15 年义务教育为发展目标，中心城镇幼儿园的建设具有现实的紧迫性。可以采取公建民营方式，即国债资金投资建设、私人运营的方式，拓展公私合作空间，提高投资效率。

根据全国老龄工作委员会办公室的预测，到 2020 年，我国失能老人将增加到 4200 万，空巢和独居老年人增加到 1.18 亿。这一发展态势既是倒逼养老服务事业发展的基础动力，也是推动养老服务产业发展的最大机遇。政府投资可以关注以下两个方面：第一，按照人均标准，建设社区养老日间照护中心、老年人餐食提供场所和设施，以及社区老年服务中心，与此同时，采取购买服务或服务外包的方式，为居家养老的老年人提供生活照料、家政服务、餐饮配送、医疗保健。第二，重点建设服务失能、半失能老人为主，提供生活照料、健康护理等服务的公立老年养护设施。针对上述问题，深圳市设计出了具有较强操作性的养老设施建设模式（图 3-2）。

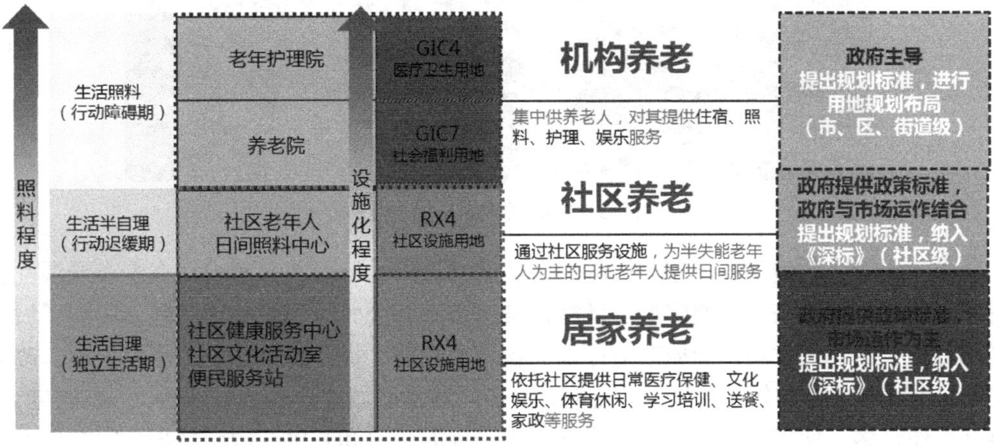

图 3-2 深圳市养老设施建设模式

资料来源：《深圳市养老设施专项规划（2011—2020）》

长期以来，在竞技体育与群众体育之间，政府往往更倾向前者。无论是国家层面，还是地方层面，在竞技体育上的投入远大于全民健身投入。体育的公益性和社会性特征明显，特别是面向大众的群众体育设施更需政府增加投入。政府资金应重点投入能够开展田径、游泳、滑冰、球类等体育运动和培训服务的场地和设施，向公众提供健身服务、能够开展多项体育运动的公众健身活动中心，健身步道、登山步道、健身器械场地、球类场地及社区小型体育设施等户外健身场地，向社会开放的各类学校体育设施。另外，还可以向特定人群发放“体育券”，大力鼓励健康消费。

（二）完善城镇市政基础设施

我国城市、县城和建制镇基础设施投入水平存在显著差距，加大县城所在地及重点镇、建制镇的基础设施投入力度十分重要。实施中小城镇市政改造工程，重点推进中小城镇的扩容和功能提升，特别是供水、排水、污水处理、燃气、供热等领域中的地下管网设施建设与改造，以及道路桥梁、市容环境、园林绿化等设施建设。2015 年，“海绵城市”试点项目在 16 个城市展开，珠海横琴就是试点之一（图 3-3）。海绵城市的建设需要渗、滞、蓄、净、用、排等工程技术设施，总的建设成本在 1.6 亿～1.8 亿元/千米 ^{2}。按照每个城市平均 25 亿元左右的投资测算，海绵城市的建设将拉动超过 1.5 万亿元的投资。2015 年以来，已有 69 个城市启动地下综合管廊建设项目约 1000 千米，总投资约 880 亿元。地下管廊分为廊体和管线两部分，每千米廊体投资大约 8000 万元，管线大约 4000 万元，总造价每千米 1.2 亿元。

图 3-3 珠海横琴城市综合管廊

由于历史、政治和经济等方面的原因，我国城市的旧区或多或少存在着布局混乱、房屋破旧、居住拥挤、交通阻塞、环境污染、市政和公共设施短缺等问题，影响了城市经济和社会的和谐发展。旧城改造可以完善城市功能，提升城市品质，疏解人口，改善交通，也有利于推动新区的繁荣。目前，资金问题是旧城改造的主要问题，人口密度大，拆迁工作量多，使得“旧改”成本居高不下，地方政府和开发商望而却步。同普通商品住宅相比，旧城改造大约为新区开发投资的一倍或数倍，特别是对欠发达地区来讲，旧城改造难度很大。实施旧城改造工程，以中央政府资金作为引导，支持地方政府完成拆迁和市政配套，有效吸引民间资本进入，加快旧城改造的步伐。

（三）促进基础设施互连互通

建设现代综合交通运输体系，以高速铁路、高速公路、民用航空等为主体，构建服务品质高、运行速度快的综合交通骨干网络。完善京津冀协同发展的一体化网络，建设以首都为核心的世界级城市群交通体系。坚持生态优先、绿色发展，建设长江经济带高质量综合立体交通走廊，提升长江黄金水道功能。稳步有序推进跨省区电力输送通道建设，完善区域和省级骨干电网，加强配电网建设改造，着力提高电网利用效率。统筹推进油气管网建设，增强区域间协调互济供给能力和终端覆盖能力。构建新一代信息通信基础设施，夯实互联网和物联网应用基础设施，提升农村及偏远地区信息通信水平，推动绿色低碳发展，加大信息通信技术开发应用力度。

基础设施互联互通是“一带一路”建设的优先领域。要重点推进交通、能源、通信等基础设施领域国际合作，构建全方位、多层次、复合型的互联互通网络。加快中巴、中缅、中老泰、中越、中蒙俄、中印尼等国际道路运输通道建设和陆水联运通道建设。在陆上，依托国际大通道，以沿线中心城市为支撑，共同打造新亚欧大陆桥，以及中蒙俄、中国—中亚—西亚、中国—中南半岛等国际经济合作走廊。在海上，以重点港口为节点，共同建设通畅、安全、高效的运输大通道。加快推进能源合作项目建设，促进“一带一路”沿线国家和地区能源基础设施互联互通。研究推进跨境输电通道建设，积极开展电网升级改造合作。推进跨境光缆等通信干线网络的建设，打造信息丝绸之路。具体见表3-8。

表3-8 “一带一路”沿线省区交通等设施建设设想

地区	设施建设内容
新疆	重点提升中通道功能，加快南、北两条通道和南北疆大通道建设，完善以乌鲁木齐为中心的综合交通体系，推进中俄、中塔、中吉跨境光缆建设，推动与周边国家、周边省区互联互通
甘肃	推进兰州、武威、天水三大国际陆港和兰州、敦煌、嘉峪关三大国际空港建设，努力打造丝绸之路经济带交通大通道和物流大枢纽。加快兰州国际货运班列主要货源地和铁路枢纽节点建设，提升国际货运班列运营能力
宁夏	深化与天津港、青岛港等港口和霍尔果斯等口岸合作，常态化运行“中阿号”国际班列，开通银川至德黑兰国际货运班列，打造便捷陆路通道。加快推进网上丝绸之路宁夏枢纽工程，完善跨境电商配套设施，畅通快速网上通道
浙江	围绕打造“一带一路”战略桥头堡目标，加快建设义甬舟开放大通道。深入推进中国（杭州、宁波）跨境电子商务综合试验区建设，打造“网上丝绸之路”
广西	推进陆路互联互通，加快“三高两铁三桥”项目建设和前期工作。加快打通面向东盟、连接西南中南陆海铁联运大通道，推进区域性国际集装箱干线港建设。加快建设中国-东盟港口城市合作网络，推动马来西亚关丹港、文莱摩拉港项目建成使用

资料来源：各省份2017年政府工作报告

（四）加强水利设施和水资源保护

由于我国人多水少、水资源时空分布不均、水土资源不相匹配、洪涝灾害多发等复杂因素，仍需建设一批重大水利工程，提高国家水安全保障能力。在《国家新型城镇化规划（2014—2020年）》确定的21个城市群中，华北、西北、中原等区域有11个城市群处于资源性缺水地区。防洪安全是另一个棘手的难题。2013年，黑龙江、松花江、嫩江发生的流域性大洪水，进一步暴露出我国大江大河防洪存在的薄弱环节。迫切需要建设一批江河防洪骨干工程，增强防御流域性大洪水的能力。目前，我国有效灌溉面积生产了全国约75%的粮食，需要在东北平原、长江流域等水土资源较好地区，新建一批设施完善、用水高效、稳产高产的大型灌区。

2014年3月，国家环保部发布的研究结果显示，我国有2.8亿居民使用不安全饮用水。无论从何种角度看，水资源保护都是一个无法回避的问题。要通过政府投资，促进河湖水系综合整治和生态修复，减少内源污染；实施河湖配水、调水引流工程，提高河湖水环境容量；加强饮用水水源保护与治理，采取水土保持等综合措施，提升水源涵养能力；加强地下水资源管理和保护，建立健全地下水应急战略储备机制。推进江河生态治理等工程，通过实施河道疏浚、滩地保护、生态防洪堤建设等措施，改善河道水生态环境；加强农业节水，加快灌渠改造，推广高效节水灌溉方式。

（五）加大生态环境投入力度

当前，环境问题已经成为我国经济社会发展可持续发展的硬约束。我国污染物排放总量远超环境容量，大气、水、土壤污染问题比较突出。生态系统退化，森林总量不足，草原退化、水土流失、荒漠化等问题严峻，全国生态整体恶化趋势尚未得到根本遏制。国际经验表明：环保占 GDP 的比例 1.5%才可以停止环境继续恶化，2%～3%才能改善生态环境。“六五”到“九五”的 20 年间，我国环保投资占 GDP 的比例均未超过 1%。2010～2015 年，我国环保投资总额分别只占 GDP 的 1.6%、1.3%、1.5%、1.5%、1.5%和 1.3%，比例先增后降。同时，我国环保投资统计口径与发达国家相比较大，去除水分后，纯环保投资只占 GDP 的 0.8%左右。

考虑到良好生态环境是公共产品，有很强的外部性，对经济、社会可持续发展具有全局性、战略性影响，政府仍应加大投资力度。对于尚未形成较为清晰盈利模式的环保领域（如污水管网、土壤修复等），政府投资支持显得较为重要。实施流域水污染防治及水生态修复、地下水污染防治、重点区域大气污染联防联控、受污染场地和土壤污染治理与修复等工程。实施农村环境综合整治、农业面源污染防治等工程。实施重点生态功能区和自然保护区建设、生物多样性保护等工程。为拓宽生态环境基本服务供给渠道，扩大生态环保资金投入，可综合运用增加政府投入等政策，鼓励和引导社会资本参与余热发电、危废处理等项目建设和运营。

（六）推进“互联网+”和工业 4.0

加快推进“互联网+”发展，对打造大众创业、万众创新和增加公共产品、公共服务“双引擎”，形成经济发展新动能具有重要意义。要加大财政资金投入力度，重点促进以移动互联网、云计算、大数据、物联网为代表的新一代信息技术与制造、能源、服务、农业等领域的融合创新，发展壮大新兴业态。实施“宽带中国”战略，组织实施国家新一代信息基础设施建设工程，推进宽带网络光纤化改造，加快提升移动通信网络服务能力，促进网间互联互通，大幅提高网络访问速率，支持农村及偏远地区宽带建设和运行维护，引导工业互联网、智能电网、智慧城市等领域基础共性标准、关键技术标准的研制及推广，建设工业互联网网络架构体系，构建开放式国家创新试验验证平台。

新一代信息技术与制造业深度融合，正在引发影响深远的产业变革，形成新的生产方式、产业形态、商业模式和经济增长点。基于信息物理系统的智能装备、智能工厂等智能制造正在引领制造方式变革，这正是工业 4.0 的发展路径（图 3-4）。要充分利用现有渠道，加强财政资金对制造业的支持，重点投向智能制造、“四基”发展、高端装备等制造业转型升级的关键领域，为制造业发展创造良好政策环境。深化科技计划（专项、基金等）管理改革，支持制造业重点领域科技研发和示范应用，促进制造业技术创新、转型升级和结构布局调整。完善和落实支持创新的政府采购政策，推动制造业创新产品的研发和规模化应用。落实和完善使用首台（套）重大技术装备等鼓励政策，健全研制、使用单位在产品创新、增值服务和示范应用等环节的激励约束机制。

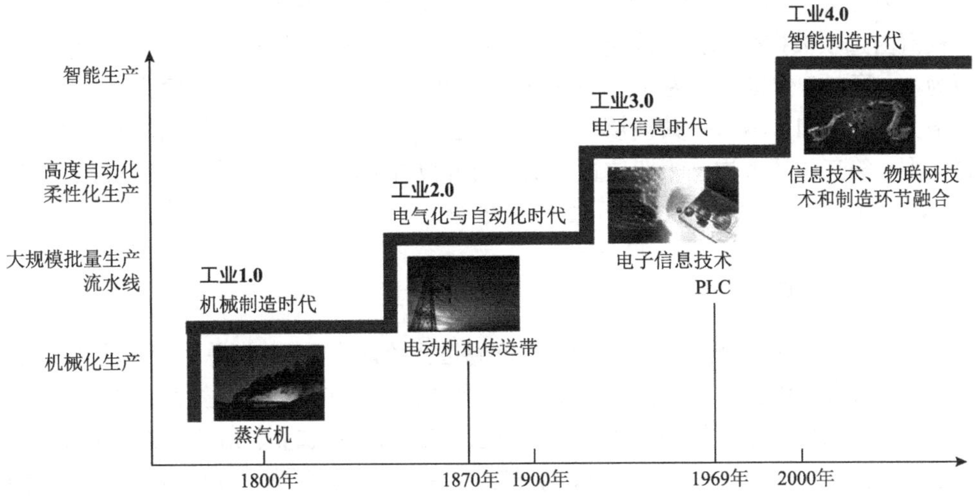

图 3-4　工业 4.0 的发展路径

PLC：programmable logic controller，可编程逻辑控制器，专为工业生产设计的一种数字运算操作的电子装置

第五节　政府投资的优先顺序

我们明确了新常态下政府投资的重点领域，但是，在政府财力有限的情况下，还必须按照公共产品和服务的紧缺性，确定各种政府投资的优先顺序，以保证政府供给的公平与效率。如何有效、合理地安排政府投资资金，提高政府资金的效率，一个重要的方法就是根据公众的需求意愿，确定各种公共服务的政府投资优先次序。

一、研究方法

为明确未来政府投资的优先顺序，需要对相关地区公众的公共服务需求进行调查。如果从国家层面讲，这种调查就需要范围更广、样本更多，通过对不同地区需求偏好的综合，形成未来政府投资方向的优先顺序。

2015 年 5～9 月，我们对东、中、西部多个省份未来一段时期政府投资方向和优先次序选择问题进行了问卷调查，调查区域包括北京、上海、湖北、河北、黑龙江、吉林、青海等。在多次座谈会和访谈过程中，我们向相关地区的政府部门领导、普通干部、企事业单位领导及社区居民发放了问卷。问卷调查采取受访者当场填写的形式进行，共发放问卷 340 多份，得到有效问卷 304 份。

我们设计了 9 个方面的问题。第一个问题是政府投资大的方向选择，包括农业、交通、能源、水利、市政设施、教育、医疗卫生、文化体育、科技创新、生态保护、养老服务、保障性安居工程等方面的选项，由受访者进行选择排序，受访者认为最紧迫、重要的排在前面，反之则排在后面。之后的 8 个问题分别对上述政府投资涉及的重要基础设施和公共服务领域设计不同选项。

在问卷调查基础上，我们对相关问题的各个选项进行综合打分。选项平均综合得分是由所有填写者对选项的排序情况统计计算得出，反映了受访者对相关选项的整体偏好，得分越高，表明政府在该领域投资排序越应该靠前。

计算方法为：选项平均综合得分 =（Σ频数 × 权值）/本题填写人次。

权值由选项被排列的位置决定。例如，有 5 个选项参与排序，那排在第一个位置的权值为 5，第二个位置权值为 4，第三个位置权值为 3，第四个位置权值为 2，第五个位置权值为 1。例如，本题一共被填写 20 次，选项 A 被选中并排在第一位置 2 次，第二位置 4 次，第三位置 6 次，第四位置 3 次，第五位置 5 次，那选项 A 的平均综合得分 =（2 × 5 + 4 × 4 + 6 × 3 + 3 × 2 + 5 × 1）/20 = 2.75 分。

二、调查结果

我们按照东、中、西部三大地区分别对问卷进行统计分析，并汇总为全国的调查结果。从全国政府投资总体优先次序看，可以分为三个档次。排在前三位的教育、医疗卫生和生态保护是第一档次，得分在 7.9～9.5 分，交通、养老服务、农业、市政设施和保障性安居工程是第二档次，得分在 5.9～7.2 分，水利、能源、科技创新和文化体育属于第三档次，得分在 4.1～5.5 分。

未来公众更希望政府在涉及基本公共服务、人的全面发展和生存权利的领域加大投入，而对于政府在基础设施方面的投入需要则排在相对靠后的位置。这与近年来各级政府在经济基础设施投入力度大，水利、市政、能源等设施改善幅度大有关，也与公众收入水平和需求层次提高，对人才素质、健康需求增大有关。养老服务受到受访者的一定程度的关注，综合得分排在政府投资优先次序的第 5 位，说明这方面的公共需求不容忽视。科技创新和文化体育在政府总体优先次序中排名最后两位，得分也较低，说明公众现阶段还是希望政府把钱更多用在保基本、促民生的部门。具体见图 3-5。

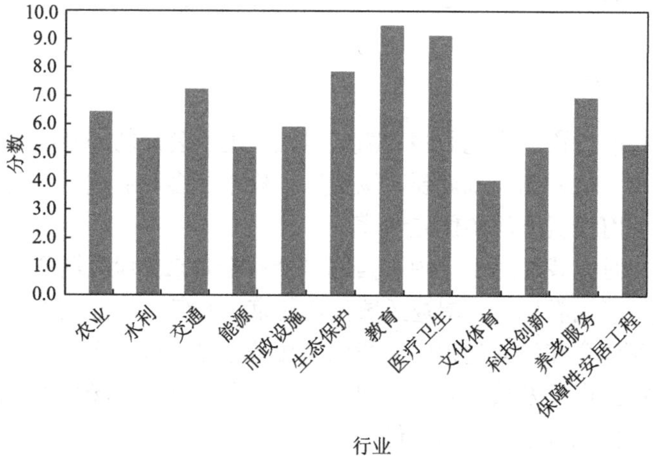

图 3-5 全部政府投资总体优先次序

从不同地区的统计结果看，与全国的情况大致相同。东、中、西部地区的教育、医疗卫生和生态保护的位次都较高，中部地区更看重交通的作用，东部和中部地区农业的位次则相对靠前，与中西部地区相比，东部地区的科技创新的位次更高，而文化体育均排在各地区政府投资次序的最后（图 3-6～图 3-8）。

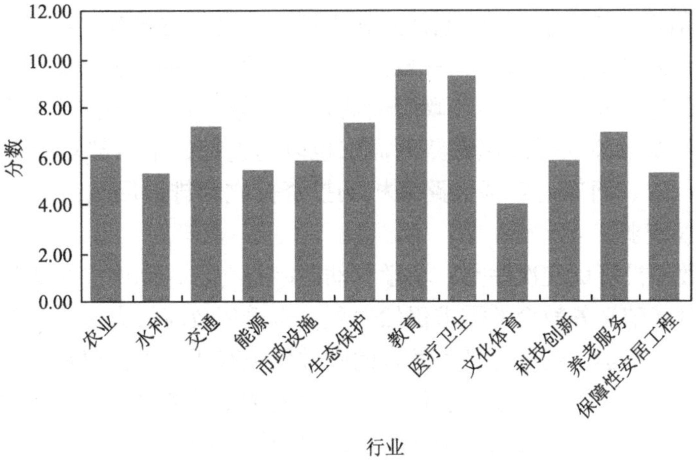

图 3-6　东部政府投资总体优先次序

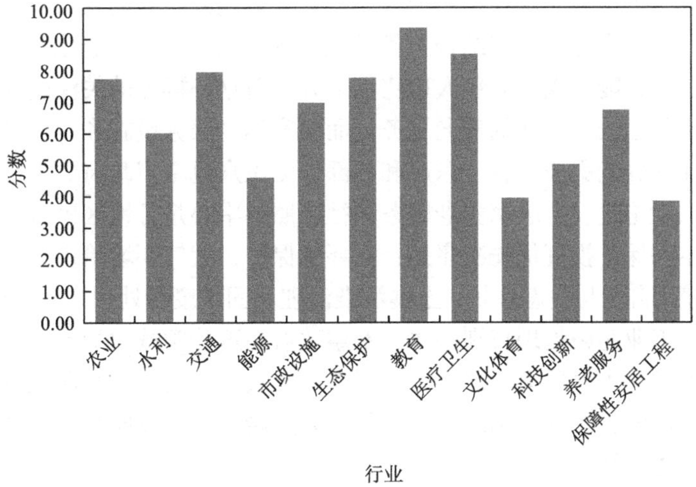

图 3-7　中部政府投资总体优先次序

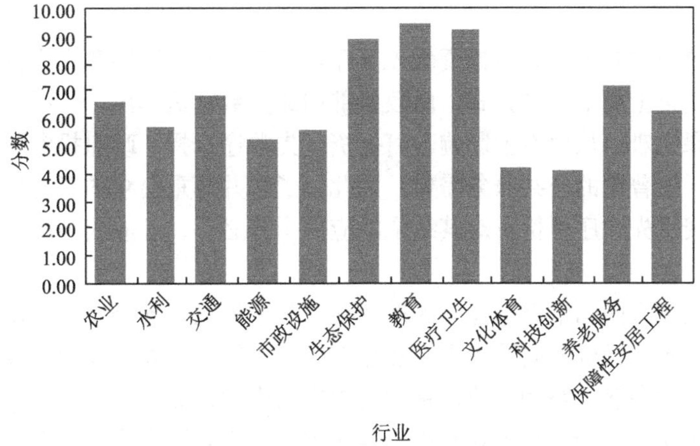

图 3-8　西部政府投资总体优先次序

对几个重要领域进行统计分析，全国政府交通投资优先次序是：高速公路，一般国道省道，高速铁路，农村公路，普通铁路和机场。从全国情况看，除对机场需求程度的分值较低以外，公众对高速公路、一般国道省道、高速铁路的需求程度较为接近。东部和西部地区高速公路位次均排在政府交通投资的第一位，而中部地区对农村公路的需求更为强烈。东部地区对高速铁路的需求也较为迫切，中西部对国道省道的需求则较为迫切。东、中、西部的普通铁路和机场投资位次均排最后两位，各地区对这两种交通方式的需求较弱。

全国政府教育投资优先次序是：小学，幼儿园，初中，高中，职业学校和大学。可以看出，民众对基础义务教育的需求仍然强烈，也希望政府加大对非义务教育阶段的幼儿园的投入力度。小学、初中等义务教育的硬件设施有所改善，但是优质学校大班现象仍比较严重，促进义务教育均衡发展仍然是政府的主要任务之一。东部和中部地区民众期待政府对小学和初中加大投入，而西部地区民众期待政府投资更多向幼儿园和小学倾斜。而大学和职业学校均排在各地区政府教育投资位次的最后两位。

全国政府养老投资优先次序是：为失能、半失能老人服务的老年养护院，居家养老服务，社区日间照料中心，医养结合服务设施，城市老旧小区适老化和农村养老服务设施。由于失能、半失能老人占老年人口比例上升，对这一群体的关注度提高，政府需要为这一人群提供基本的、体面的养老服务。而居家养老服务设施和社区日间照料中心建设也是公众关注的养老服务内容。东部和西部地区民众也希望政府更多投入为失能、半失能老人服务的设施建设，居家养老服务和社区照料中心是各地区民众关注的焦点。

全国政府生态保护投资优先次序是：水环境保护，大气环境治理，工业污染治理，农业与农村环境，自然与生态保护，土壤污染治理和固体废物处置。公众对水环境保护、大气环境治理、工业污染治理特别关注，希望政府在这些领域增加投入。东、中、西部地区的水资源保护、大气环境治理、工业污染治理投资位次都排在前三位。近年来，全国多个区域污染加剧，大气、水的质量下降，公众希望未来政府在相关领域增加投入，从根本上改善环境质量。

三、几点结论

（1）根据公众意愿确定政府投资优先次序。长期以来，我国政府投资方向和重点的选择大多采取“自上而下”的方式，由政府部门或少数官员作出，公民参与渠道缺失，公民参与的结果也难以从根本上影响政府投资优先顺序选择。政府投资的最终目的是满足公众最迫切、最普遍的公共服务需要，因此，了解并尊重公众的意愿具有十分重要的意义，政府投资优先顺序评价及对其结果的应用十分必要，理应成为政府投资决策的重要环节。

（2）政府投资方向和重点选择应因地而异。各个地区、各个城市的发展条件、发展水平差异很大，政府投资方向选择也必然存在较大不同。例如，在交通政府投资优先次序上，东部地区对高速公路和高速铁路的需求更为强烈，而中部地区对农村公路和国道省道的需求更迫切。在全国市政政府投资排序中，城市轨道交通只排在第六位，但是，东部地区轨道交通却排在第三位；全国集中供热排在第七位，中部地区集中供热却排在第三位。

（3）确定政府的投资优先顺序不能够想当然。通常认为，在经济发展的初期，政府投资支出主要用于对经济发展有重要影响的基础设施，如交通、水利等；随着收入水平提高，教育、卫生、文化等社会事业领域的政府投资比例开始上升。但是，在全部政府投资优先次序中，文化体育不论在全国，还是在不同地区，均排在最后；保障性住房在全国排在倒数第三，在东部和西部地区均排倒数第二位，这与当前中央不遗余力地加强保障房的政策倾向存在明显偏差。

（4）政府投资应该向基本公共服务领域倾斜。基本公共服务关系到民众最基本的生存权和发展权，以及为实现人的全面发展所需要的基本社会条件。从问卷调查结果看，公众对基本公共服务有着更为迫切的需求，也希望政府在这些领域增加投入。幼儿园、小学的重要性要明显高于职业学校和大学；政府养老投资优先次序首先是为失能、半失能老人服务的老年养护院及社区日间照料中心；公众对水和大气污染的关注程度要明显高于对其他环境问题的关注。

本章小结

根据政府投资职能要求及其变化，根据不同产品与服务的特点及供给方式的不同，对政府的投资范围进行明确的区分和界定具有重要意义。政府投资结构不是一成不变的。随着经济的发展，政府职能的范围和重点会发生变化，政府投资的方向和领域也将随之变化。我国政府投资方向选择仍然存在一些问题，对国民经济全局发展产生不利影响，包括社会事业的投资力度不够，政府投资范围过宽、过散，政府在新兴产业的投资薄弱等。在新常态下，政府投资面临着新任务、新要求，政府投资的方向选择也必然发生新的变化。

☆关键术语☆

政府投资结构　政府职能　公共产品　外部性　收入再分配　政府投资优先顺序　基础设施　公共服务

➢复习思考题

1. 从理论角度分析政府投资方向的主要影响因素。
2. 试论我国政府投资结构存在的主要问题。
3. 什么是政府投资的优先顺序？
4. 试论经济新常态下我国政府投资重点。

第四章

政府间投资职责分工

第一节　理论分析

一、分工的理论依据

政府间投资职责分工实际上是判断由中央政府还是由地方政府提供公共产品与服务，谁更有优势、谁更为有效的问题。与之相关的理论有：蒂博特（Tiebout）的“以足投票”理论、施蒂格勒（Stigber）的最优分权模式、奥茨（Oates）的分权定理、特里希（Tresch）的偏好误识理论。[①]

（一）“以足投票”理论

蒂博特在 1956 年发表的《地方支出的纯理论》一文中，提出了关于地方性公共产品有效率供给的假说。他认为，人们之所以愿意聚集在某一个地方政府周围，是由于他们想在全国寻找地方政府所提供的服务与所征收的税收之间的一种精巧的组合，以便使自己的效用达到最大化。当他们在某地发现这种组合符合自己的效用最大化目标时，就会在这一区域居住下来。这个过程就是所谓的“用脚投票”。政府间分工提供公共产品可以形成类似于竞争机制起作用的市场，地方政府会在公共产品的数量、类型、规模上展开竞争，这样公共产品偏好显示、供给不足的问题就可以迎刃而解。

（二）最优分权模式

美国经济学家施蒂格勒在 1957 年发表的《地方政府功能的有理范围》一文中指出，与中央政府相比，地方政府更接近于自己的民众，地方政府比中央政府更加了解它所管辖的公民的效用与需求。为了实现资源配置的有效性和分配的公平性，决策应该在最低行政层次的政府部门进行。施蒂格勒并没有完全否定中央政府的作用。他指出，行政级别较高的政府对于实现资源配置的有效性和分配的公平性目标来说，也许是必要的。尤其是对于解决分配上的不平等和地方政府之间的竞争与摩擦这类问题，中央一级政府是

① 李齐云：《西方财政分权理论及启示》，《山东科技大学学报（社会科学版）》，2003 年第 9 期，第 74-79 页

一种适当的政府。但是，地方政府比中央政府更加了解其所管辖的选民的效用和需求，而且不同的地区应该具有自己选择公共品种类数量的权利。

（三）分权定理

奥茨在 1972 年出版的《财政联邦主义》一书中，针对地方财政的必要性提出了一个分权理论。奥茨通过一系列假定，将社会福利最大化表达为一个线性规划，并求解得出资源配置处于社会福利最大化时的一般均衡模型。如果该产品的每一个产出量的提供成本无论对中央政府还是对地方政府来说都是相同的，那么，让地方政府将一个帕累托有效的产出量提供给他们各自的选民，总是要比中央政府向全体选民提供任何特定的并且一致的产出量有效得多。也就是说，如果下级政府能够和上级政府提供同样的公共品，那么由下级政府提供效率会更高。据此可以引申出的结论是：中央政府只应提供具有广泛的偏好相同的公共产品。

（四）偏好误识理论

美国经济学家特里希在 1981 年出版的《公共财政学》中针对以往分权理论中的疏漏，提出了“偏好误识”的分权理论。特里希证明，如果一个社会能够获得完全的信息，并且经济活动是完全确定的，那么，由中央政府还是由地方政府来对社会公众提供公共产品是无差异的。但是，社会在经济活动中并不是完全具有确定性的。假定地方政府相当了解本地区居民的偏好，它能以完全的确定性知晓公众的个人偏好中的边际消费替代率，而中央政府则对全体公众的偏好了解得不甚清楚，那么，中央政府在提供公共产品的过程中就会发生偏差，公共产品不是提供过多，就是提供不足。在此情况下，回避风险的社会就会偏向于让地方政府来提供公共产品。偏好误识理论所揭示的不确定性，是地方分权主义的一种更为有力的证据。

理论分析表明，在政府间投资职责关系处理上，地方政府分权有其必然性，中央政府集权也具有必要性，但是，中央政府集权过多或地方政府分权过度各有利弊，所以，无论是中央政府集权还是地方政府分权都应该是有限的。

二、内涵及相关关系

（一）内涵界定

事权、支出责任、财力和财权是财政体制的基本要素，也是政府间投资职责分工需要考虑的主要内容。

事权是一级政府在公共产品和服务提供中应承担的任务和职责，事权又可以分解为决策、执行、监督等几个环节。

支出责任是一级政府承担的运用财政资金履行其事权、满足公共服务需要的财政支出义务。

财力是指一级政府所拥有的可支配的财政资源，来源于本级政府税收、上级政府转移支付、非税收入及各种政府债务等。

财权是指各级政府为了满足一定的支出需求而筹集财政收入的权力，即财力的取得权、占有权、支配权和使用权等。主要包括税权、收费权和发债权。

（二）相关关系

1. 事权和支出责任相适应

事权和支出责任相适应是财政体制有效运转的基础环节，是处理政府间财政关系的逻辑起点。建立事权和支出责任相适应的制度，就是将公共产品、公共服务的不同责任要素在各级政府间进行明确划分，努力实现“谁请客、谁买单”。

从理论上讲，政府事权与支出责任划分的对应结构主要有以下几种情况。

（1）中央本级政府足额负担支出以承担事权，即中央事权，中央支出责任。

（2）地方本级政府足额负担支出以承担事权，即地方事权，地方支出责任。

（3）中央政府和地方政府共同承担的事权由各级政府共同出资保证，即中央和地方共同事权，中央和地方共同支出责任。

（4）中央政府的事权，交由地方政府办理，中央政府负担支出，即中央事权，委托地方办理，中央支出责任。这实际上是（1）的延伸，事权在这里分解为了中央政府的决策权和地方政府的执行权。

省级政府与市（县）政府的事权与支出责任划分的对应结构与上述情况类同。

政府投资是政府的资本性（建设性）支出，在多级政府体系下，政府投资也有一个事权与支出责任划分的问题。投资事权划分就是这些公共产品分别由哪一级政府来投资。投资支出责任划分是指公共产品供给的资金来源。明确投资事权与支出责任划分就是让中央和地方政府在公共投资领域“干什么事”“钱从何来”，有一个明确的规则。

中央和地方按照投资事权划分相应承担和分担支出责任。中央本级的投资事权由中央承担支出责任，达到基本公共服务均等化最低标准方面的事权属于中央政府，由其承担支出责任；地方的投资事权由地方承担支出责任；中央与地方共同的投资事权应明确各自分担的支出责任；中央委托地方的投资事权由中央承担支出责任。

2. 财权、财力与事权相匹配

合理而明确的事权划分是财权和财力划分的基础。对于财权划分来说，要充分考虑地方政府的事权范围，以保证地方政府有效提供地方性公共产品的可能性和可行性。对于财力划分来说，应当在政府间事权与财权划分的基础上，对财力进行分配，实现财力与事权相匹配、相统一。

适用“财权与事权相匹配”原则的前提：一是必须赋予各级政府税权、预算权和公债权；二是筹措的财政资金应以满足本级事权需要为限，除了必须分担的公共事务外，不发生向下转移支付。因此，财权与事权相匹配的财政体制导向主要适合联邦制国家。

作为单一制的中央集权国家，不可能采取联邦制体制下的财政分权模式，中央在财权上的适度集权是合理的。而且，对于发展中大国来讲，区域发展不平衡、城乡差距过大、收入分配不公等矛盾突出，需要中央政府适当集中财权来整体统筹。①此时，更适合确立财力与事权相匹配的目标。

实现财力与事权相匹配目标，首先要解决分税制中的财权配置问题。财权配置是保证各级政府有效履行职能的重要制度安排。复合税制中的税种，哪些应归中央，哪些应

① 马海涛：《政府间事权与财力、财权划分的研究》，《理论视野》，2009年第10期，第31-35页

给省，哪些应放在市、县，哪些应在一定历史时期内视为共享税，以及如何处理，都属于财权配置问题。

其次，即使较好地做到了财权与事权的呼应和匹配，也不等于就完全实现了财力与事权相匹配。因为同样的税基，在发达地区和欠发达地区的丰裕程度可能大不相同。因而，必须同时建立科学、有力、自上而下的转移支付制度，以使欠发达地区政府的财力能与其事权大体匹配。

最后，从分税分级体制的长远发展考虑，还应探索在控制、消化地方政府已有债务的前提下，在设定规范、透明的程序和必要的制约条件的情况下，适当发展规范的地方政府债券。这是使我国地方政府财力与事权相匹配的一个重要制度内容。

三、投资职责划分标准

除少数单一制小国实行一级财政外，世界上绝大多数国家实行多级财政体制，即有一级政府就有一级财政，从而为顺利履行其各自的政府职能创造条件。因此，不同层级政府间存在一个职责分工问题，包括事权划分、支出责任划分。其基本原则是：保证各地区提供有效的公共产品和服务，保证全国基本公共服务均等。

（一）事权划分

1. 政府职能标准

根据财政分权理论，政府的职责包括资源配置、经济稳定、收入分配三方面。政府职责划分是分组财政体制的逻辑起点，是财政收支划分的重要前提，也是政府间投资职责划分的重要前提。

稳定的职能主要由中央政府履行。稳定的标志是充分就业、物价稳定、国际收支平衡。要实现稳定目标，政府运用财政货币政策进行调控是必不可少的。由于地方政府缺少可以用于稳定经济的工具，其稳定本地经济的政策措施往往导致其他地区乃至全国的不稳定，因此稳定的职能只能由中央政府来执行。涉及稳定的公共投资责任也应划归中央政府及其财政。

分配的职能主要由中央政府履行。显而易见，地区间的收入再分配不可能通过地方财政来实现，地方政府也很难有能力实现再分配政策。促进区域和城乡间的协调发展，特别是推进基本公共服务的均等化，缩小经济和社会发展差距，具有再分配效应，只能是中央政府（或高层政府）的职能。有关分配的投资事权也应主要由中央政府及其财政掌握。

配置的职能主要包括提供基础设施，资助基础性科学研究等，由于中央政府与地方政府都要在不同的受益范围内提供公共产品，政府的配置功能一般由中央、地方共同承担。由于资源配置具有较强的地域性，地方政府对于本地需要、偏好等最为了解，能够更好地体现因地、因事制宜，因此，地方政府在资源配置职能方面应有更大作为。但是，对于具有外部效应的项目，中央政府应多发挥作用，特别是在跨地区、行业的建设项目上。

2. 受益范围标准

按照公共产品理论，不同类型公共产品的非竞争性和非排他性特征受地域和空间因素影响程度不同，因此，公共产品的受益具有空间层次性。按照受益范围可以将公共产品划分为全国性公共产品和地方性公共产品。受益范围遍及全国的是全国性公共产品，典型的例子是国防、外交等。受益范围仅限于特定地域空间消费者的是地方性公共产品，典型的例子是市政、消防、公园等。跨区域公共产品具有利益外溢性，也就是说这些公共产品提供受益外溢到辖区以外，使地方政府单独决定其最适数量时，无法达到帕累托最优，此类公共产品需要中央政府和地方政府共同提供。

尽管根据公共产品本身的特征和受益广度的差异及各级政府职责的内在要求，可以判断出区域性公共产品须由地方政府负责提供，全国性公共产品则由中央政府出面提供；然而，这并不意味着逆命题成立，即不能够反过来说由地方政府提供的就是区域性公共产品，由中央政府提供的就是全国性公共产品。实际上，由地方政府提供的许多公共产品，同时也具有某种外溢性，其受益范围以本地区为主，但也可以在一定程度上超出本区域的界限，成为对其他地区产生一定影响的公共产品。同理，由中央政府提供的许多公共产品，也可能仅仅在某一特定区域内发挥其效应。

总之，对于大多数公共产品而言，一定要明确其受益范围是不可能的，因为既没有绝对的地方性公共商品，也没有绝对的全国性公共商品，多数都是处于中间状态，属于中央和地方政府的共同事权。

（二）支出责任划分

在中央与地方政府投资支出责任的划分问题上，英国学者巴斯特布尔（C. F. Bastable）曾提出以下三条原则：第一，受益原则。政府所提供的公共服务，其受益对象如果遍及全国，那么，其支出责任应属于中央政府；其受益对象如果是地方居民，那么，其支出责任应归地方政府。第二，行动原则。政府提供公共服务，需要在行动上做到全国统一规划的领域或活动，其支出责任属于中央政府；凡政府活动必须因地制宜，以本级政府财力为基础的，其支出责任属于地方政府。第三，技术原则。政府活动或公共工程，凡支出规模庞大，需要高技术才能完成的项目，其支出责任应归中央政府，否则应属于地方政府。

美国经济学家阿图·埃克斯坦（O. Eckstein）更重视决策程序问题，他认为，与中央政府的决策相比，地方政府通过一项决策所需要的时间更短些。过长的决策程序往往会使政策发挥失去最好的时机，所以，中央政府过多地承担公共服务职能的体制安排面临着决策合理化的障碍。而地方政府的决策不仅具有所需时间短的优势，而且更符合本地居民的利益，体现当地居民的偏好和习惯。所以，他主张除国防、外交、国家管理等项支出需要由中央财政承担之外，其他支出应主要由地方负责。

美国经济学家塞力格曼（Seligman）强调以效率为标准划分支出。效率原则是指根据不同层级政府提供公共服务的效率高低来确定公共服务由哪一级政府来提供。由于政府公共投资更多体现在社会效益方面，经济效率往往很难考核，所以，这里的效率主要是指政府提供的服务能够最快捷、最有效满足社会公众的需要和偏好。

美国财政学家费舍尔（Ronald D. Fisher）从公共产品有无外溢性效果的角度分析了中央与地方政府的支出范围划分问题。他提出，包括基础设施、警察、消防等在内的外溢性较小并且地方性较强的公共产品，更适合由地方政府提供。相反，外溢性较大的公共产品，更适合由中央政府投资。

除了上述划分原则的观点之外，还有学者提出了均衡原则，认为均衡地区差别、产业差别等投资支出应属于中央政府。

第二节　投资事权和支出责任划分的国际比较

合理划分中央与地方事权和支出责任，涉及本土实践与国际经验，需要相互比较和验证，探索不同国家中央与地方事权和支出责任划分的结构定位、一般规律与特殊属性。

一、典型联邦制国家的事权划分

（一）美国

美国是由 50 个州及华盛顿特区构成的联邦国家，其政府由联邦政府、州政府及地方政府构成。地方政府约有 9 万个，类型因州而异，主要有县、市镇、学区和特别区等。各级政府只是事权范围、管辖地域的不同，而没有上下级关系，其各自的权力都是通过宪法等法律规定的，各级政府只需向本辖区的选民负责，而无需向上级政府负责。

美国各级政府的地位和权力以法律所确定的条文为依据。根据美国宪法，联邦和州政府纵向分权，二者在各自权限范围内享有独立的权力。但是，联邦政府地位高于州政府，具有优先权。在联邦与州的权限划分上，联邦的权力采取列举制，即联邦宪法明确规定联邦所应具有的权力，主要包括：联邦级行政、国防、外交、征税、借款和货币发行，对州、地方政府的补助，社会保障，对能源、环境、农业、住宅、交通等项目的资助等。州政府主要负责联邦政府职责以外的州管辖的事务，主要包括：州级行政、社会福利、教育、债务、基础设施、州内工商业管理和交通等。

在分权体制下，联邦和州除了依据宪法各自拥有的专有权力外，还同时拥有一部分共同行使的权力，主要包括：征税、借款、设立银行和公司、设立法院、制定和实施法律、举办社会福利、为公共目的而征用财产等。

地方政府的职责权限由州宪法和相关法律规定，主要负责地方行政管理、治安、消防、交通管理、公用事业、地方教育和地方基础设施投资、建设与管理等。

从政府间支出责任划分来看，一般来说，联邦政府主要负责全国性公共产品和使全体公民受益的服务性开支，主要项目包括外交、国防、空间科学技术、大型公共工程、农业补贴、社会保障、联邦行政管理费用等，重点是军事、退伍军人福利、社会保险等方面的开支。

州政府的支出责任主要是教育、公共福利、公路建设及医疗卫生事业等。地方政府的支出责任主要是教育、治安、消防、家庭和社区服务等。州和地方政府负担的财政支出重点包括两个方面：一是区域性较强的项目，即支出的受益范围一般只限于州或地方政府所辖的区域；二是与居民日常生活联系密切和直接的项目。其中，教育支出是两级政府最大的支出项目，通常占州和地方政府总支出的 1/3 以上（表 4-1）。

表 4-1 美国各级政府的事权与支出责任划分

政府级次	事权范围	支出责任
联邦政府	国防、外交与国际事务，保持经济的增长，维持和促进社会发展和保证社会稳定	国防支出；人力资源支出，包括教育、培训、就业和社会服务、卫生、医疗、收入保险、社会保障、退伍军人福利和服务；物力资源支出，包括能源、自然资源和环境、交通社会和地区发展；债务的净利息支出；其他支出，包括空间和技术、农业、司法管理、一般政府行政、财政补贴
州政府	收入的再分配，提供基础设施和社会服务，运用一定的手段促进本州的经济、社会发展	公路建设、基础教育、公共福利项目、医疗和保健开支、收入保险、警察、消防、煤气及水电供应、州政府债务的还本付息
地方政府	与地方政府关系较为密切的事务	一般行政性经费、家庭和社区服务、健康服务、治安、消防、道路和交通、公用设施支出等

资料来源：财政部国际司，《美国财政管理体系介绍》，http://gjs.mof.gov.cn/pindaoliebiao/cjgj/201310/f20131024_1003146.html [2013-10-28]

（二）德国

德国实行联邦、州和地方三级政府管理体制，采取分权自治、适度集中的财政体制。德国政府间职责由德国《基本法》规定。其中，“第 8 章联邦法律执行与联邦行政”对各级政府国内行政事务与社会公共事业的管辖范围及管理权限作了明确界定，“第 10 章财政”中对各级政府的支出责任和财权匹配也作了清晰的规定。

联邦政府的职责主要包括：联邦行政事务、财政管理和国家海关事务；国际援助、国际组织交往等外交事务和国际关系；国家安全和武装力量；联邦铁路、公路、水道航运、空中交通和邮政电讯；社会保障，包括失业救济、医疗、退休保险及家庭社会补助等；重大科学研究计划，主要是核能源、外层空间、航天技术、海洋及数据处理等领域的高科技研究；煤田和矿山开采等跨区域的经济开发等。根据高效率、低成本的管理原则，经过立法机关批准，联邦公路、水道航运、空中交通和控制能源的研究利用等任务可以委托有关的州来完成。

州政府的职责主要包括：州行政事务和财政管理；社会文化和教育事业，包括文娱场所及学校建设等；卫生和健康事业，包括医院及康复保健设施建设等；体育事业，包括公共体育运动场所建设；法律事务和司法管理，包括维护社会治安和公民安全；环境保护。

联邦和州之间除明确划分的职责外，有些职责由联邦和州共同承担。主要包括：扩建和新建高等院校，包括医学院的附属医院；地区性经济结构的改善，包括促进行业经济结构的建立和调整，开辟新的生产领域，改造交通网络，改善农业结构和增进海岸防护等。

地方政府的职责主要是各种地方性事务，包括：地方行政事务和财政管理；地方公路建设和公共交通事务；水电和能源供应；科学文化和教育事业，包括成人教育、学校管理、博物馆和剧院等的管理和维护；社会住宅建设和城市发展规划；地方性公共秩序管理；健康和体育事业，以及医院管理和医疗保障；社会救济。此外，还可接受联邦和州的委托，承担诸如公民选举、人口普查、户籍和身份证管理等职责。

总的来看，德国三级政府在职责划分上虽然也有一定的交叉和重叠，但各自的基本职责和事权范围是明确的，并通过法律形式确定下来，从而有助于各司其职，避免相互推诿扯皮。

各级政府之间事权的明确划分，为确定各级财政的支出范围提供了基本依据。德国《基本法》明确规定，联邦和各州分别承担实现各自任务所需的支出，即联邦承担的职责由联邦负责安排支出，各州或地方承担的职责由各州或地方负责安排支出，从而体现了事权划分与支出责任之间的一致性。当然，如前所述，有些职责是各级政府共同承担的，有些职责是联邦委托州完成的，还有些职责虽然法律规定由各州承担，而现实又明显超出了州财政的负担能力，对于这些情况，《基本法》做了额外的规定：各州承担联邦委托的职责，所需开支全部由联邦负担，但必须专款专用；属于联邦和州共同职责的支出，由双方协商确定各自负担的比例；对超过各州财政负担能力的职责，联邦有义务通过特殊支付款项协助完成。

第二次世界大战后，联邦制确立后，德国联邦政府的权力就开始不断扩大，中央政府事权也不断扩大。1969 年，德国进行了财政改革，其中，横向财政平衡要求联邦给予税收较少的州补充拨款，从而加强了地方对联邦的依赖性。为了落实共同任务条款，联邦对原属各州任务的交通道路、城市建设、卫生医疗和住房建设等项目的出资平均达到了州预算的 10%以上，开始了联邦统一规划项目、统一分配资金的时代。这实际上扩大了联邦在相应事务领域的决策权和执行权，联邦的事权日益深入到原由各州掌握的领域。1990 年两德合并之后，为了巩固统一，加强各州团结，联邦事权强化的趋势有增无减。1994 年，《基本法》第 42 修正案对联邦制进行了改革。由于改革只是在两德统一初期，联邦为维护统一而采用的财政手段并没有遭到太多挑战。这表明，当时联邦事权的扩大客观上具有一定的必要性。2006 年的联邦制改革试图取消联邦和州的权力交叉，增强各州自主决策的空间。[①]但财政改革的力度较小，没有从根本上消除联邦运用财政手段影响各州事务的可能。

（三）加拿大

加拿大的政府管理体制分为三级，即联邦、省和地方。中央政府即联邦政府；省级包括 10 个省政府和三个地区政府；地方政府包括学区、市政、董事会、委员会等，其中，城、县、乡（镇）、街及特别服务区是市政级政府。加拿大有两个独立的行政主体，即宪法规定的联邦和省级政府，省级政府的派出机构形成了地方政府，地方政府只有省政府所赋予的部分权力，省级政府直接管辖地方政府。[②]

加拿大的财政体系是与行政体制相对应的，由联邦政府、省级政府和地方政府组成，实行部门预算及分税制财政体制。法律上，地方政府是省级的组成部分，从而地方财政收入与财政支出权力都是省级政府的赋予结果，总体上规模偏小。加拿大宪法原则性的对联邦、州和省政府的职能划分做了规定。一般说来，加拿大各联邦、州、省、地区政府的事权划分大体上遵循行政职能下放的原则及公共物品受益原则。

中央政府主要承担全国性公共事务，联邦政府的职责主要包括国家安全防卫、国际对外贸易、外交政策、调控财政及货币政策和法律的订立与制定、铁路和航空运输、知识产权规范、邮政服务、人口统计、长期囚犯的监狱、人口老龄化的社会保障、移民安排、失业和破产保障、农业扶持、土地保护政策等。州级行政单位则主要负责本州级政

① 王浦劬、张志超：《德国央地事权划分及其启示》，《国家行政学院学报》，2015 年第 11 期，第 41-49 页
② 熊波等：《事权划分的国际经验与借鉴》，《经济研究导刊》，2016 年第 4 期，第 187-190 页

府的司法机构运转、教育服务、医疗卫生保健服务、社会总体福利、公民财产权利、不可再生资源开发管理、森林的保护、生产开发电能、人民警察系统、司法体系的建立、短期囚犯的监狱、环境、消防等地方性很强的公共物品供给。

事实上，上述事权职责和责任中大多都是通过州管辖下的省级以下的政府来直接实施的。除以上所述，联邦和州的管理职责与权限范围在很多领域存在相互交叉而并非完全独立，比如，教育服务、环境资源利用、农林保护及产业的扶持，中央政府也参与一定的管理。

省级政府以下的地方政府作为省政府的派出机构，其权限和职能范围的确定是根据省级政府规定作出的，职能权限相对省级政府来说要小得多，一般来说，省级以下政府主要负责受益范围闭合性较强的社会治安和市级政府的管理等地方性公共物品。详细地说，省级以下政府的基本职责和权限包括担任警察、消防安全、地方法律的实施、税款的征收、居民的保健和福利、环境的治理等；最低级政府主要承担的是基础及中级教育服务，称之为学区政府，独立于市政府，主要承担义务教育的标准的制定和规范及筹资事务。

二、典型单一制国家的事权划分

（一）法国

法国《关于市镇、省、大区和国家权限划分法》及《关于共和国地方分权组织法》对中央与地方的关系进行了明确，事权配置具体细化。①

法国中央的主要职能是安全、司法、大学教育、就业、公共卫生、领土单位之间的平衡及发生危机时介入等。大区的主要职能是经济方面起发展协调作用；省的主要职能是社会连带责任方面的职能，提供初中教育，提供市镇一级不能提供的贴近性设施（如国家级公路、水政策等）；而市镇的主要职能就是城市规划与交通、颁发建筑许可证、公立小学教育、制定地方住房规划，以及市镇图书馆与博物馆的资助、维护等。

各级政府的支出情况是：法国中央财政负担有国际支出、外交支出、重大的建设投资（如铁路、公路、航运、国有企业投资）、国家对社会经济的干预支出、中央级行政事业经费、社会安全费、国债还本付息及对地方的补助等。

地方财政的支出主要包括文教卫生费、市政住宅、地方治安、社会福利支出、行政管理经费和地方债务还本付息等。在法国地方财政支出结构中，用于社会公共服务的支出位居第一，其次是地方经济活动的支出，一般公务活动的支出位居第三。最近几年，仅教育、社会保障、住房与通信、文化娱乐与宗教方面的财政支出就占地方财政总支出的60%。

法国政府间职责划分突出了以下两个特点：一是事权明确、财权清楚。在资金管理上实行事权与财权相统一的原则，在明确事权的基础上确定与之相适应的财权。如教育，小学一般归市镇管理，中学归省级管理，大学归国家管理，学校设施由各级预算拨款建设，但教师工资均由中央财政支付；公路建设也是如此，一般分为国家级、省级、市镇级，实行分级投资、分级管理。

---

① 熊波等：《事权划分的国际经验与借鉴》，《经济研究导刊》，2016年第4期，第187-190页

二是在支出安排顺序上，均把国内外债务的还本付息支出放在首位，其次安排必不可少的经常性支出，如包括工资在内的行政事业经费等，然后根据财力的可能，安排新的开支和新的投资。新的开支和发展投资主要是本着“有多少钱办多少事”的原则予以安排，如果有些开支非安排不可，而财政资金又不足，可以通过借债筹资，但要经过同级议会的批准。从中央与地方财政支出的规模及其各自占财政总支出的比例来看，中央财政占主导地位。

（二）日本

日本地方政府通常也被称为“地方自治体”，包括一级行政区的都、道、府、县，以及二级行政区的市、町、村。地方政府得到国家宪法所赋予的自治立法权和广泛的行政事务权，其事权范围非常广，主要包括法律或政令规定的本属中央职能的法定受托事务，以及除此之外的地方自治事务。不过中央政府对其的管制也并不是完全放开的。日本各级政府的事务，在地方自治法中采取“限制性列举”的方式进行了明确的划分。地方自治法经过修改后，采取了“概括授权”方式加以确定，具体的公共支出职能的划分则由关联领域的个别法进行明确。

日本各级政府的事权划分基本上依据美国赴日考察团长卡尔·肖普于 1949 年提出的三个原则——行政职责明确化原则、市町村优先原则和效率原则。根据肖普三原则，日本中央政府和地方各级政府的事权与支出责任大体划分为以下几类。

中央政府的事权及支出责任主要包括：国防、外交、货币发行、公共安全、邮政、物价指数控制、司法等。

地方政府的事权及支出责任主要包括：消防、港湾、社会福利、城市规划、教育、治安、基础设施建设等。其中，都道府县政府负责港湾等，市町村政府负责消防、城市规划、公共卫生、住宅等与居民日常生活密切相关的事务。

中央政府与地方政府共有事权及支出责任。日本《地方财政法》列举了一些由地方政府履行、只涉及中央与各级地方政府相互利害关系或影响中央政府利益的事务，其相应的支出责任及所需经费，应由中央政府全部或者部分负担，这就形成了政府共有事权及支出责任。国家和地方公共团体相互利害关系事务所需经费，应依据国民经济综合计划。凡适合该计划所实施的建设事业经费、救灾所需经费，由国家全部或部分负担。公路、河流、教育、社会福利、劳动、卫生、工商、农林行政等大多数行政事务则由中央与地方共同负责。共同负责有两种方式：一是将某项事务分成许多细项，然后明确规定中央与地方的责任范围；二是对于某项事务，确定中央与地方的经费负担比例，日本以前者为主。例如，日本的公路分为国道、都道府县道和市町村道，各级别道路由各级政府负责修建和管理。

由此可见，地方政府在公共事务方面，包括义务教育、生活救济、各种福利等方面的支出比例非常高。通常情况，地方在社会扶助方面支付的资金约占全部资金的 80%；在教育方面的支出占了全国教育支出的 86%。地方大量的支出都缘于承担了很多的法定受委托事务。①

---

① 何利辉：《日本、法国财税体制比较及其经验》，《中国财经信息资料》，2014 年 18 期，第 43-47 页

三、经验总结

通过对联邦制和单一制国家政府间事权和支出责任的比较分析，可以总结出以下几点经验。

（一）中央与地方事权支出责任的法制化

各国对各级政府的事权项目和财政支出责任均有比较明确的分工，一般情形是涉及宏观经济稳定、收入再分配、全国性公共产品和服务的提供（如国防、外交、全国性基础设施）等方面的职能，主要由中央政府承担，而地方性公共产品和服务的提供主要由地方政府承担。对于中央与地方事权和支出责任通过宪法或法律加以明确，并在较长期限内保持相对稳定。这可以避免出现效率低下、各级政府之间扯皮与不负责任状况，更好地在各政府层面实现公共职能。

（二）政府间事权支出责任分工比较明确

国外关于中央与地方事权划分的规定通常详细、具体，避免事务领域和权限范围重叠不清。一般采用列举法，详细开列了中央政府和地方政府的立法权与行政权及其相关事务范围，各单项法律也大多列举了各级机关的事权，可操作性强。这体现了激励相容的原则，能够较好地避免权责不明，互相推诿情形的发生。同时，也硬化了政府间的预算关系，能够调动中央与地方各自的积极性。

（三）高层政府在公共服务领域承担更多责任

不管是联邦制还是单一制国家，事权划分的普遍规律是事权结构呈现倒三角形。中央事权较多的原因主要是随着经济、社会的发展，各项财政事务的外部性越来越大，同时，信息处理的难度有所降低。基于同样的逻辑，省和州一级政府的财政事权也非常重要。地方政府承担的责任基本是局域性事务。在地方事权的行使上，高度强调公共服务的成本与收益关系，保证使用自有的收入自由支撑当地的区域性公共服务，同时，可以加强地方公共支出的可问责性。

（四）事权与财权统一并赋予适当的地方税权

地方政府拥有一定的事权，就应当拥有相应的财权来支持其顺利进行公共服务的提供。地方自有收入要在地方总收入中占据决定性地位，以保证地方独立行使事务决策权。地方政府自有财力的大小，制约着地方政府自主决定的程度，以及地方政府与中央政府的关系。如果国家援助在地方财力中占有决定性部分，则地方自主决定的程度必然受到影响。因此，地方拥有与其事权相应的财权，以及地方自有财力在地方全部收入中占决定性部分，是支持地方自由行政不可或缺的两个基本方面，也是中央与地方事权划分的物质保障。

（五）建立完善的政府间财政转移支付制度

各国分级财政体制的共同特点是：财权财力相对集中于中央，事权则相对分散于地方，协调这一矛盾的主要手段就是实施大规模的财政转移支付制度。相对而言，地方政府财源小，承担的责任事务多，就通过中央财政对地方的转移支付来弥补。各国中央政府对地方政府的转移支付有税收让与和财政补助，其制度的设计和拨付资金的规模都是建立在各级政府间财权和事权合理划分的基础上，在一定程度上弥补了地方政府的财政收入不足，平衡了地方的财力。

第三节　我国政府间投资事权和支出责任划分

一、政策变化

我国《宪法》第一章“总纲”第二条中规定“人民行使国家权力的机关是全国人民代表大会和地方各级人民代表大会”，“人民依照法律规定，通过各种途径和形式，管理国家事务，管理经济和文化事业，管理社会事务”；第三条规定“中央和地方的国家机构职权的划分，遵循在中央的统一领导下，充分发挥地方的主动性、积极性的原则”。

从《宪法》的基本思想来看，中央和地方的事权划分总体上遵循“中央统一领导、地方分级管理”的原则，对于各级政府的事权和支出责任应该“依照法律规定的权限”进行具体划分，也就是在大原则确定的情况下，需要由相关法律来进一步细化政府间的事权分工。而事实上，尽管《宪法》已经有了一些原则性的规定，但是，在基本法律层面目前仍然缺乏统一、明确和具体的划分。

在宪法和基本法律对政府事权作出方向性和原则性规定的基础上，我国陆续出台的一些单项法律，在中央与地方之间对于某一方面事权进行了大致的划分，但是，总体而言，这些规定还是显得过于笼统，普遍对财政支出方向、总量要求多，对于政府间之间筹资责任、支出管理和监督责任很少进行具体明确。

我国政府间事权划分的基础性文件是《国务院关于实行分税制财政管理体制的决定》（国发〔1993〕85号）。在这一文件中，将中央与地方事权和支出的划分作为建立分税制改革的一项具体内容，作出了一些原则性的规定。文件对中央与地方事权和支出责任划分非常简单与笼统，社会保障等职能也未能纳入事权范畴，同时，并未列出中央与地方共有事权及其支出责任。

专栏4-1　《国务院关于实行分税制财政管理体制的决定》
中央与地方事权和支出的划分

根据现在中央政府与地方政府事权的划分，中央财政主要承担国家安全、外交和中央国家机关运转所需经费，调整国民经济结构、协调地区发展、实施宏观调控所必需的支出以及由中央直接管理的事业发展支出。具体包括：国防费，武警经费，外交和援外支出，中央级行政管理费，中央统管的基本建设投资，中央直属企业的技术改造和新产品试制费，地质勘探费，由中央财政安排的支农支出，由中央负担的国内外债务的还本付息支出，以及中央本级负担的公检法支出和文化、教育、卫生、科学等各项事业费支出。

地方财政主要承担本地区政权机关运转所需支出以及本地区经济、事业发展所需支出。具体包括：地方行政管理费，公检法支出，部分武警经费，民兵事业费，地方统筹的基本建设投资，地方企业的技术改造和新产品试制经费，支农支出，城市维护和建设经费，地方文化、教育、卫生等各项事业费，价格补贴支出以及其他支出。

对分税制改革决定中明确规定的重要公共服务支出责任划分，在其后分项推进的改革过程中，进行了一些具体的界定。例如，《国务院关于深化农村义务教育经费保障机制改革的通知》（国发〔2005〕43号）对用于农村义务教育的各项财政支出，在中央和地方间划分了支出责任：全部免除农村义务教育阶段学生学杂费，对贫困家庭学生免费提供教科书并补助寄宿生生活费；免学杂费资金由中央和地方按比例分担，西部地区为8∶2，中部地区为6∶4，东部地区除直辖市外，按照财力状况分省份确定；农村义务教育阶段中小学校舍维修改造所需资金，由中央和地方按照5∶5比例共同承担；等等。

2003年，在《中共中央关于完善社会主义市场经济体制若干问题的决定》中，有关中央与地方事权和支出责任划分的表述为：建立事权和支出责任相适应的制度。适度加强中央事权和支出责任，国防、外交、国家安全、关系全国统一市场规则和管理等作为中央事权；部分社会保障、跨区域重大项目建设维护等作为中央和地方共同事权，逐步理顺事权关系；区域性公共服务作为地方事权。中央和地方按照事权划分相应承担和分担支出责任。中央可通过安排转移支付将部分事权支出责任委托地方承担。对于跨区域且对其他地区影响较大的公共服务，中央通过转移支付承担一部分地方事权支出责任。

《国家基本公共服务体系“十二五”规划》提出合理界定中央政府与地方政府的基本公共服务事权和支出责任，并逐步通过法律形式予以明确的要求。该规划除了对中央、省级和市县政府在提供基本公共服务方面的实权进行了原则性的划分外，还提出了事权和支出责任上移的调整方向，包括：增加中央和省级政府在基本公共服务领域的事权和支出责任；强化省级政府在教育、就业、社会保险、社会服务、医疗卫生等领域基本公共服务的支出责任。

专栏4-2 《国家基本公共服务体系“十二五”规划》中央与地方事权和支出责任划分

综合考虑法律规定、受益范围、成本效率、基层优先等因素，合理界定中央政府与地方政府的基本公共服务事权和支出责任，并逐步通过法律形式予以明确。中央政府主要负责制定国家基本公共服务标准和政策法规，提供涉及中央事权的基本公共服务，协调跨省（区、市）的基本公共服务问题，以及对各省级政府提供的基本公共服务进行监督、考核与问责。按照国家统一制度框架，省级政府主要负责制定本地区基本公共服务标准和地方政策法规，提供涉及地方事权的基本公共服务，以及对市级和县级政府提供的基本公共服务进行监督、考核与问责。市级和县级政府具体负责本地基本公共服务的提供以及对基本公共服务机构的监管。

逐步将适合更高一级政府承担的事权和支出责任上移，增加中央和省级政府在基本公共服务领域的事权和支出责任。强化省级政府在教育、就业、社会保险、社会服务、医疗卫生等领域基本公共服务的支出责任。

十八届三中全会《中共中央关于全面深化改革若干重大问题的决定》明确了建立事权和支出责任相适应的制度的要求，分别说明了中央事权、中央和地方共同事权、地方事权的主要内容，提出中央通过转移支付承担一部分跨区域且对其他地区影响较大的地方事权支出责任。十八届四中全会《中共中央关于全面推进依法治国若干重大问题的决定》则提出强化中央政府宏观管理、制度设定职责和必要的执法权，强化省级政府统筹推进区域内基本公共服务均等化职责，强化市县政府执行职责。

专栏 4-3　十八届三中、四中全会关于中央与地方事权和支出责任划分的内容

《中共中央关于全面深化改革若干重大问题的决定》

建立事权和支出责任相适应的制度。适度加强中央事权和支出责任，国防、外交、国家安全、关系全国统一市场规则和管理等作为中央事权；部分社会保障、跨区域重大项目建设维护等作为中央和地方共同事权，逐步理顺事权关系；区域性公共服务作为地方事权。中央和地方按照事权划分相应承担和分担支出责任。中央可通过安排转移支付将部分事权支出责任委托地方承担。对于跨区域且对其他地区影响较大的公共服务，中央通过转移支付承担一部分地方事权支出责任。

《中共中央关于全面推进依法治国若干重大问题的决定》

推进各级政府事权规范化、法律化，完善不同层级政府特别是中央和地方政府事权法律制度，强化中央政府宏观管理、制度设定职责和必要的执法权，强化省级政府统筹推进区域内基本公共服务均等化职责，强化市县政府执行职责。

2014 年 6 月，中央审议通过了《深化财税体制改革总体方案》，提出 2020 年基本建立现代财政制度的总体目标。将重点推进三个方面的改革：一是改进预算管理制度，强化预算约束、规范政府行为、实现有效监督，加快建立全面规范、公开透明的现代预算制度；二是深化税收制度改革，建立有利于科学发展、社会公平、市场统一的税收制度体系；三是调整中央和地方政府间财政关系，在保持中央和地方收入格局大体稳定的前提下，进一步理顺中央和地方收入划分，合理划分政府间事权和支出责任，促进权力和责任、办事和花钱相统一，建立事权和支出责任相适应的制度。

二、现状分析

从公共财政支出各类项目中央和地方各自所占比例，可以分析我国政府间事权与支出责任现状。2015 年，我国公共财政支出各类项目的中央和地方支出责任划分呈现如下特点：第一，没有中央财政全额承担的项目，即使是国防和外交两类典型的全国性公共服务，也仍有一定支出是由地方承担的。第二，地方政府也几乎没有全额承担的项目，即使像城乡社区事务这样的典型地方性公共服务,也仍有一定支出责任是由中央承担的。第三，中央支出比例超过 50%的项目只有 5 项，在 50%以下的项目则高达 17 项。第四，地方支出比例超过 90%的项目达到 12 项，在 90%以下的项目只有 10 项。总体来看，地方承揽的支出责任较多。第五，在教育、医疗卫生与计划生育、社会保障和就业等基本民生领域，中央直接承担的支出责任较少（表 4-2）。

表 4-2　我国主要财政支出项目中央和地方占比情况（2015 年）　　单位：%

项目	中央	地方
合计	14.47	85.53
一般公共服务	7.79	92.21
外交	99.27	0.73
国防	97.59	2.41
公共安全	16.89	83.11

续表

项目	中央	地方
教育	5.17	94.83
科学技术	42.28	57.72
文化体育与传媒	8.84	91.16
社会保障和就业	3.80	96.20
医疗卫生与计划生育	0.71	99.29
节能环保	8.34	91.66
城乡社区事务	0.07	99.93
农林水事务	4.25	95.75
交通运输	6.90	93.10
资源勘探、电力信息等事务	5.70	94.30
商业服务业等事务	1.29	98.71
金融监管等事务支出	48.29	51.71
援助其他地区支出	57.10	42.90
国土资源气象等事务	50.96	49.04
住房保障支出	25.39	74.61
粮油物资储备事务	29.76	70.24
国债还本付息支出	80.81	19.19
其他支出	8.98	91.02

资料来源：《中国财政年鉴 2016》

从细分的公共财政支出项目考察中央和地方支出责任划分情况，基本没有中央政府独立承担的支出责任，而地方政府支出比例普遍较重。在教育项目中，只有留学教育一项中央支出责任占比较高，达到98.95%，其余项目均在10%以下，即便在普通教育项目，中央支出比例也只有5.96%，而地方支出比例则高达94.04%。再看卫生，各个分项中央支出比例均低于5%，在基层医疗、公共卫生、医疗保障等项目中，中央支出比例分别只有0.05%、0.72%和0.23%。在农林项目中，只有南水北调一项中央支出比例较高。在交通项目中，也只有铁路和邮政两项中央支出比例较高（表4-3）。

表4-3 我国细分财政支出项目中央和地方占比情况（2015年） 单位：%

项目	中央	地方	项目	中央	地方
教育	5.17	94.83	留学教育	98.95	1.05
教育管理事务	0.39	99.61	特殊教育	0.00	100.00
普通教育	5.96	94.04	进修及培训	6.75	93.25
职业教育	0.20	99.80	教育费附加支出	0.00	100.00
成人教育	0.00	100.00	其他教育支出	6.75	93.25
广播电视教育	2.00	98.00			

续表

项目	中央	地方	项目	中央	地方
文化体育	8.84	91.16	农林	4.25	95.75
文化	4.63	95.37	农业	5.86	94.14
文物	5.02	94.98	林业	2.05	97.95
体育	5.25	94.75	水利	2.44	97.56
广播电视	10.29	89.71	南水北调	38.88	61.12
新闻出版	53.18	46.82	扶贫	0.57	99.43
其他文化体育	9.00	91.00	农业综合开发	3.83	96.17
卫生	0.71	99.29	农村综合改革	0.56	99.44
卫生管理	1.60	98.40	其他农林	3.11	96.89
公立医院	2.01	97.99	交通	6.90	93.10
基层医疗	0.05	99.95	公路水路	3.43	96.57
公共卫生	0.72	99.28	铁路	34.03	65.97
医疗保障	0.23	99.77	民用航空	11.28	88.72
中医药	1.86	98.14	运输补贴	0.00	100.00
人口与计生	0.42	99.58	邮政	95.59	4.41
食药监管	4.37	95.63	车辆购置税支出	6.68	93.32
其他医疗卫生	0.45	99.55	其他交通	0.00	100.00

资料来源：《中国财政年鉴 2016》

根据李俊生等对我国与“金砖五国”、G20 及 OECD 等国家主要的公共支出的比较，我国中央政府的支出比例普遍低于“金砖五国”、G20 和 OECD 国家。我国省级政府的支出比例与“金砖五国”、G20 和 OECD 等国家相比，也相对低一些。我国地方政府的支出比例显著高于其他国家。相对于中央政府和省级政府，地方政府承担了过多的支出责任。

表 4-4 列出了中国与“金砖五国”、G20 及 OECD 国家关于 10 项主要公共支出的比较。

表 4-4　中国与国外主要公共支出的比较　　单位：%

项目	中国	“金砖五国”均值	G20 均值	OECD 均值
1. 国防				
中央/总支出	99	99.3	74	86
州/总支出	1	0.7	17	9
地方/总支出	0	0	9	5
2. 文化、宗教、娱乐等				
中央/总支出	11	15	26	34
州/总支出	0	70	27	10
地方/总支出	89	16	38	52

续表

项目	中国	“金砖五国”均值	G20 均值	OECD 均值
3. 公共服务				
中央/总支出	19	62	62	69
州/总支出	11	35	21	9
地方/总支出	60	3	18	23
4. 社会保障				
中央/总支出	11	40	59	72
州/总支出	39	57	24	9
地方/总支出	50	3	17	19
5. 教育				
中央/总支出	8	20	36	44
州/总支出	15	54	30	18
地方/总支出	78	26	34	39
6. 社会秩序与安全				
中央/总支出	5	64	47	65
州/总支出	25	35	25	13
地方/总支出	69	2	28	21
7. 环境保护				
中央/总支出	0.38	14	22	26
州/总支出	0	78	18	11
地方/总支出	99.62	8	51	63
8. 健康				
中央/总支出	3	38	48	59
州/总支出	22	53	35	16
地方/总支出	75	9	18	25
9. 住房和社区				
中央/总支出	28.03	24	26	25
州/总支出	0	55	33	13
地方/总支出	71.97	21	41	61
10. 经济建设				
中央/总支出	44	39	45	56
州/总支出	23	57	22	13
地方/总支出	33	4	33	31

资料来源：李俊生、乔宝云、刘乐峥，《明晰政府间事权划分 构建现代化政府治理体系》，《中央财经大学学报》，2014 年第 3 期，第 3-10 页

注：我国的数据为 2003 年，“金砖五国”、G20 和 OECD 国家为 2006 年。部分项目合计非 100%，引用资料如此

第一，中央政府的支出责任相对较轻。我国中央政府对于国防、住房和社区及经济建设方面的公共支出比例与“金砖五国”、G20 和 OECD 等国家的均值基本一致。但是，中央政府对于文化、宗教、娱乐等方面的公共投资，公共服务、社会秩序与安全的投资，以及社会保障、教育、环境保护和健康的公共投入与“金砖五国”、G20 和 OECD 等国家相比较低，投入严重不足。

第二，省级政府在提供文化、宗教、娱乐等，环境保护，住房和社区等方面公共服务中严重缺位。我国省级政府在上述领域基本没有支出。此外，我国省级政府在教育和公共服务方面的公共支出也需提高。

第三，地方政府在提供各种公共服务方面负担较重。地方政府过重的支出责任负担来源于两个渠道：一是中央政府在提供公共服务中支出不足，转嫁了一部分支出责任给

地方政府；二是省级政府在诸多公共支出方面的不作为直接加重了地方政府的公共支出负担。

从 20 世纪 60 年代以来美国联邦政府、地方政府（包括州）投资情况看，联邦政府所占比例由 1959 年的 60.72%左右下降到 2014 年的 44.41%，平均 50.77%，这意味着美国联邦和地方政府投资平均各占一半。在不同行业的政府投资中，联邦和地方政府的职责分工还是比较明确的。国防始终是中央政府的投资事权和责任，各年投资比例均在 100%；医疗卫生投资是中央和地方共同事权，但中央政府的投资责任基本上逐年增加，由 1959 年的 37.5%增加到 2014 年的 72.91%，成为中央政府的主要职责；收入保障的中央政府投资责任则恰好相反，由 1960～1965 年的 100%下降到 55.88%；教育的投资责任主要在州和地方政府，中央政府投资比例平均不到 3%；住房和社区事务显然是州和地方政府投资职责范围；一般公共服务、经济事务、娱乐和文化投资责任主要在州和地方政府，中央政府在经济事务、娱乐和文化上的投资占比呈现明显的下降趋势（表 4-5）。

表 4-5 美国中央政府投资占全部政府投资的比例 单位：%

年份	总投资	一般公共服务	国防	公共秩序和安全	经济事务	住房和社区事务	医疗卫生	娱乐和文化	教育	收入保障
1959	60.72	33.33	100.00	0.00	21.51	0.00	37.50	0.00	2.94	50.00
1960	60.83	28.57	100.00	0.00	27.84	0.00	44.44	33.33	2.78	100.00
1965	55.74	18.18	100.00	25.00	45.21	3.03	58.33	33.33	3.51	100.00
1970	51.00	27.78	100.00	14.29	38.05	2.38	60.71	14.29	3.80	50.00
1975	47.16	30.43	100.00	20.00	37.04	1.33	61.82	13.33	2.78	85.71
1980	51.69	38.46	100.00	19.23	40.12	1.55	62.07	15.79	3.10	92.31
1985	60.25	34.15	100.00	20.83	36.49	1.39	66.14	9.09	3.39	72.73
1990	54.48	27.01	100.00	20.21	36.68	1.41	66.67	5.26	2.56	57.14
1995	48.00	23.43	100.00	30.43	35.73	2.30	70.87	9.30	2.64	56.52
2000	40.33	8.70	100.00	38.99	29.33	0.00	73.78	11.54	2.20	55.56
2005	43.40	20.46	100.00	44.25	23.77	1.29	73.79	10.34	1.97	70.83
2010	46.03	28.48	100.00	50.23	24.69	0.94	71.98	15.22	1.64	70.59
2011	46.62	30.99	100.00	52.61	24.70	1.04	72.69	15.66	1.95	68.75
2012	46.34	28.77	100.00	41.53	25.96	0.69	73.88	12.68	1.54	53.13
2013	45.48	28.21	100.00	41.62	25.17	0.69	72.89	10.77	1.54	55.88
2014	44.41	27.24	100.00	41.86	24.34	0.68	72.91	12.50	1.61	55.88
1959～2014 年平均	50.77	26.17	100.00	28.74	33.95	1.76	64.83	14.46	2.81	71.64

资料来源：Wind 数据库

我们把资金来源中的国家预算内资金和中央政府自筹资金作为中央政府投资，省（自治区、直辖市）、市、县政府自筹资金作为地方政府投资，选用 2003～2005 年的平均数分析中央和地方政府的投资结构状况，可以看出，这一时期中央政府投资比例为 43.27%，低于美国的 50.77%的长期均值水平，这意味着中国中央政府投资支出责任相对较小。从主要公共投资领域看，中央投资比例接近 70%的只有科技，信息服务业中央投资比例相对较低，只有 12.53%，其他行业中央和地方投资都达到一定比例，无法判断是谁的专属事权和支出责任，投资责任同构的特征明显。美国的教育是州和地方的主要投资责任，而在中国，中央政府的投资比例达到了42.82%；美国的医疗卫生是中央政府的主要投资责任，而在中国，地方政府的投资比例高达44.74%。具体见表4-6。

表4-6 我国中央和地方投资占全部政府投资的比例 单位：%

项目	中央	地方
合计	43.27	56.73
农林	66.82	33.18
电力	53.45	46.55
交通	48.23	51.77
信息服务	12.53	87.47
科技	69.02	30.98
水利环境	30.62	69.38
居民服务业	63.11	36.89
教育	42.82	57.18
卫生	55.26	44.74
文化体育	34.99	65.01
公共管理	58.27	41.73

资料来源：《中国固定资产投资统计年鉴》（2004～2006年）
注：数据为2003～2005年平均

三、存在的主要问题

现行的财税体制是在1994年分税制改革的基础上逐步完善形成的。当时提出了“财权与事权相匹配”的原则，考虑更多的是财政收入的层级配置，却没有明确界定各级政府的事权与支出范围，中央与地方、地方各级政府之间的事权和支出责任划分一直没有深入进行，导致政府投资事权和支出责任划分不清晰、不合理。

事权和支出责任划分缺乏法律规范。我国宪法仅规定“中央和地方的国家机构职权的划分，遵循在中央的统一领导下，充分发挥地方的主动性、积极性的原则”，并授权国务院规定中央和省（自治区、直辖市）国家行政机关的具体职权分工。实践中也多以政府文件的形式处理政府间关系，缺乏必要的法律权威和严肃性。这容易导致事权频繁上收下放，一些领域事权安排存在一定的偶然性和随意性，增加了政府间的博弈和谈判成本，体制的可预见性和稳定性不足。

事权重叠交叉和职责同构。在我国政府间的事权划分中，除对外事务、国防建设等极少数事项属于中央事权外，各级政府的投资职责并无明显区别，地方政府的事权几乎全都是中央政府事权的延伸或细化，“上下一般粗”，多级政府共同管理的事项过多，中央和地方职责重复与同构现象严重。[①]这导致由谁具体负责公共服务的提供，以及由

① 楼继伟：《推进各级政府事权规范化法律化》，《人民日报》，2014年12月1日，第4版

谁为这些责任提供资金的分工上仍然模棱两可，从而造成各级政府普遍缺乏责任感，容易产生公共服务不足和效率低下。

部分事权划分不合理。存在“中央出钱干地方的事”“地方出钱干中央的事”的现象。一方面，应该由中央负责的事关国家利益和要素自由流动的事务，中央没有完全统起来，地方承担了应由中央负责的事务。中央不得不通过设立大量专项转移支付项目对地方给予补助，造成资金分配上的“跑部钱进”和“撒胡椒面”。另一方面，适宜地方承担的事务没有完全放下去，中央往往有意识地介入，这既不利于地方因地制宜发挥主动性，也导致中央部门陷入大量的具体事务，造成中央部门通过资金安排不适当干预地方事权。

事权重心明显下移。从主要财政支出项目看，中央支出比例明显偏小，中央政府事权明显弱化。2015 年，我国公共财政预算中央本级支出只占全国财政支出的 14.5%，如果再加上基金预算，中央本级支出比例更低，只有 13.6%。而英国、美国和法国中央一般公共预算支出占全国的比例均高于 50%，OECD 国家平均为 46%。事权履行的过度下沉，导致地方政府承担的事权责任与其收入和支出能力不对称，制约了市场统一、司法公正和基本公共服务均等化。

四、改革策略

中央财政性建设资金的分配和使用是中央政府支出责任的具体体现，是中央政府支出责任的重要组成部分。只有从法理上明确了中央和地方事权与支出责任划分，中央财政性建设资金的分配和使用才能更有效、更合理、更规范。

（一）总体思路

根据《国务院关于推进中央与地方财政事权和支出责任划分改革的指导意见》，要合理划分中央与地方在基本公共服务提供方面的任务和职责，形成科学合理、职责明确的财政事权和支出责任划分体系。政府投资是公共财政的建设性（资本性）支出，也有一个事权和支出责任合理分工的问题，需要根据指导意见的要求及时作出调整，充分落实政府间公共服务提供责任，提高公共服务供给效率，保证财政建设性资金分配使用合理和规范。

（1）推进中央与地方财政事权划分。加强中央政府在保障国家安全、维护全国统一市场、推动区域协调发展等方面的投资事权。强化中央的投资事权履行责任，中央的投资事权原则上由中央直接行使。加强地方政府公共产品与服务提供职责，将直接面向基层、量大面广、与当地居民密切相关、由地方提供更方便有效的公共服务确定为地方投资事权，赋予地方政府充分自主权，依法保障地方投资事权履行，更好地满足地方公共服务需求。

（2）减少中央和地方共同投资事权。针对中央与地方共同投资事权过多、相互交叉且不规范的情况，逐步减少并规范中央与地方共同投资事权，并根据公共服务的受益范围、影响程度，按事权构成要素、实施环节，尽可能分解细化各级政府承担的投资职责，例如，教育分解为学前、小学、初等、高中、高等、职业教育，分别由不同层次政府承担相应投资事权，努力避免由投资职责不清造成不同层次政府间互相推诿和扯皮。

（3）促进投资事权与支出责任相匹配。中央和地方分别承担各自投资事权所需的支出，即中央承担的事权职责由中央负责安排支出，地方承担的事权职责由地方负责安排支出。属于中央和地方共同投资事权的项目，由央地双方协商确定各自投资支出负担比例。地方承担中央委托的投资事权，所需资金支出由中央负担。为促进基本公共服务均等化，实现区域协调发展，鼓励技术创新和新兴产业发展，中央可对地方事权范围内的投资项目进行专项补助。

（4）着力解决事权和支出责任下沉问题。从法律法规的角度严格限制“上级政府请客、下级政府买单”的做法。如果上级政府通过行政命令方式要求下级政府落实政策，同时产生相应的投资成本，上级政府就应当提供投资资金保障，从而避免中央和省级政府将自己的投资责任推卸到地方，却不支出相应资金的现象。另外，如果中央或省级政府规定地方政府应当以中央或省级确立的产品和服务标准为基础向本地区提供公共产品和服务，也需要提供相应额外的资金补偿。

（二）改革方向

借鉴国际经验，按照职能分工、受益范围、决策效率、外部性等基本原则，对中央和地方政府投资职责进行如下划分。

第一，中央投资事权，中央安排投资资金。主要包括国防（军队），外交，国家安全、边防、海关、反恐，国家级和基础性科研项目，边境公路与界河湖管护，全国性重大传染病防治，海洋管理，全国性大通道。

第二，地方投资事权，地方安排投资资金。主要包括地方公检法、消防、民兵、市政公用事业、学前教育、家庭和社区服务等。

第三，中央、地方共同投资事权，考虑受益范围、地方财力、监管难度等因素，对不同共有投资事权分别确定中央和地方的资金分担责任比例，原则上受益范围越广、溢出效应越大，中央政府出资应该越多。主要包括义务教育、医疗、文化、体育、交通、水利、资源保护与开发、环境保护、生态防护林建设、荒漠化治理等。

第四，中央委托地方部分投资事权，中央安排资金，地方确定项目。主要包括大灾大难救助和灾后重建；公共卫生、重大疫情、传染病防治；原油、稀土、粮食等全国性战略物资储备；国家级自然保护区等。

第四节 政府财力与投资事权相适应

明确了中央与地方投资事权和支出责任划分后，就需要建立财力与事权相匹配的财政体制，合理配置各级政府的财权和财力，同时，建立规范的财政转移支付制度。

一、我国政府间财力和事权匹配存在的问题

我国分税制财政体制改革只注重了财力的集中，忽视了政府间财力与支出责任的划分落实，造成了财力不断上移，支出责任不断下移，中央、省（自治区、直辖市）财力集中过多，基层政府财力实得过少的现象，出现了县乡财政越来越困难的局面。

（1）地方财力逐步缩减，可自主支配财力有限。分税制改革至今的 20 多年来，我

国地方税系逐步萎缩，致使地方自主财力不足，难以满足其高额的财政支出。从税种划分来看，中央与地方的共享税由1994年的增值税、资源税、证券交易印花税等增加了两类所得税，相关比例也有所变动。对于原来营业税等16个属于地方税系的税种却有较大变动，随着一些税种如农牧业税、屠宰税等的取消或停征，本就很薄弱的地方税收体系更趋薄弱。从目前的分税制体制看，增值税的75%、消费税的100%全部上交中央，那些税源零散、征收难度较大的税种作为地方固定收入，使地方政府缺少相对稳定的收入来源。由于地方可自主支配财力的规模受制于收入结构和中央补助等因素，近几年，中西部地区可自主支配财力占比一直较低，基本维持在45%左右[①]，地方自主性不强。

（2）中央政府集中较多财力，影响了地方统筹调控能力。2015年，我国中央财政收入占全部公共预算收入的比例达到45%，但是，中央财政支出只占14%，远低于2009年OECD国家非加权平均的46%。现在的问题是，中央收了“大头”、花了“小头”，地方收了“小头”，却花了“大头”。大量资金是通过转移支付的方式由地方支出。但是，在这个过程中，由于中央严格规定了投资资金的使用用途，专项转移支付只能专款专用，“买酱油的钱不能拿它买盐”，支出的自主权不在地方政府。但是，地方政府可能多的是“酱油”，缺的是“盐”。地方政府无法自主支配有限财力用于地方急需公共产品与服务投资，这就降低了地方政府的资金统筹能力。

（3）转移支付结构存在缺陷，影响了财力与事权的匹配效果。转移支付难以有效发挥财力调节作用。表现在：一般转移支付占比较低，导致地方政府可自主支配、统筹安排的财力较少。专项转移支付不能真正实现资金接受者可根据实际情况自主安排资金用途，地方政府难以将转移支付资金根据本地实际需要进行有效配置。专项转移支付项目过多，甚至交叉重复，几乎覆盖了所有预算支出项目，资金总量虽然不少，但投向分散，重点不突出，导致财政资金使用绩效不高。由于专款的设定权在上级政府，且对专款多采用“一竿子插到底”的管理方式，基层政府要争取到资金，需经历层层的项目申请过程，存在行政效率低下及寻租空间。[②]转移支付制度实际执行结果与实现基本公共服务均等化的目标存在差距，不能起到弥补地方收支缺口的作用。

二、实现事权与财力匹配的途径

实现政府间事权与财力匹配有两个基本途径：一是调整收入。即在中央与地方事权划分相对清晰且地方事权范围相对稳定和统一的条件下，中央通过对地方本地收入的分配（如分税）和收入再分配（如补助）来实现地方财力与其事权的匹配。但是，在地区间收入水平存在巨大差距的条件下，采取收入调整则需要较大的力度和成本。二是调整事权。即在一定收入分配格局下，依据地方财力确定其事权。未来的改革方向是要适当上收事权，让中央政府承担更多的基本公共服务投资职责，这个问题我们在上文中已经讨论过了。这里，我们主要探讨政府间财权、财力的调整问题。

① 财政部干教中心课题组：《政府间财政关系：以事权与支出责任相匹配为目标》，《中国财经报》，2014年12月25日，第9版

② 浙江省财政厅课题组：《省以下政府事权与支出责任划分现状与问题——浙江省案例分析》，《中国财经报》，2016年6月30日，第7版

（1）在制度层面解决好财权配置问题。我国税制中的20多个税种，哪些应归中央，哪些应给省（自治区、直辖市），哪些应放在市、县，哪些在一定历史时期内应作为共享税，以及地方必要的税种选择权、税率调整权、收费权，都属于这个层次的问题。总体上看，中央政府为履行宏观调控职能，应当掌握有利于维护统一市场正常高效运行、流动性强、不宜分隔、具有宏观经济反周期"稳定器"功能的税种（如个人所得税等）及有利于贯彻产业政策的税种（如消费税等）；地方政府为履行提供区域性公共产品和优化辖区投资环境的职能，应当掌握流动性弱、具有信息优势和征管优势、能和自身职能形成良性循环的税种（如财产税等）。地方税主体税种的选择主要有两个：一是营业税，一般而言，经济发展水平越高，第三产业的发展动力越大，与此密切相关的营业税也有较大的增长空间。二是房地产税，将房地产税、土地使用税合并为房地产税后，房地产税由于计税依据、税率、课税范围等发生变化，数量将会有显著增加。另外，还可适当增加新的地方税费种类。例如，遗产税、社会保障税、资源费、排污费等。

（2）完善财政转移支付制度。第一，健全一般性转移支付制度。拓展一般性转移支付的内涵和外延，提高一般性转移支付规模和比例。围绕主体功能区建设，增强禁止开发与限制开发区域政府公共服务保障能力。第二，规范专项转移支付。严格控制设立新的专项转移支付项目，区分不同情况取消、压缩、整合现有专项转移支付项目。第三，建立横向转移支付制度。结合区域差距和城乡差距，根据均等化的原则，按照人均相关因素进行分配，分配额度与财政公共服务需求成正比、与财政收入能力成反比。第四，完善转移支付管理制度。无论一般性转移支付，还是专项转移支付，都要加强管理，做到规范、高效、透明。完善转移支付办法，积极运用公式法、因素法科学合理地分配资金，减少资金分配的随意性，并加强使用监管和绩效评价。上级财政应按时下拨转移支付资金，保证政府性投资项目的资金及时到位。

（3）促进省（自治区、直辖市）以下财权与事权匹配。省级政府要对本省（自治区、直辖市）辖区范围内横向的各地市和纵向的各级政府之间的财力平衡负责，着眼于省域范围内横向、纵向实现财力与事权相匹配，而不能只顾省（自治区、直辖市）本级。[①]进一步下放部分财权。目前的分税制财政管理体制并没有为地方政府提供独立的骨干税种，以支撑本级财权，应进一步下放财权，省级政府可以不参与其他小税种的分成，建立真正意义上的分税制，提高县本级财政保障能力。强化省级政府基本公共服务均等化责任，采取因素法、系数法，综合考虑地域面积、人口、GDP、人均财政收入、人均可用财力等参数，加大对区域内贫困地区转移支付力度，努力缩小地区间财力差异。明确各级政府分担投资资金的比例。按照现行法律法规，省、市、县支出责任内容基本相同，但实际操作层面，应各有侧重，按照"谁决策，谁出钱"，让事权和支出责任相匹配。

本章小结

事权、支出责任、财力和财权是财政体制的基本要素，也是政府间投资职责分工需要考虑的主要内容。其原则是要保证各地区提供有效的公共产品和服务，同时，促进全

---

① 刘尚希：《未来应建立财力和事权相匹配的财政体制》，《21世纪经济报道》，2012年10月9日，第5版

国基本公共服务均等。合理划分中央与地方事权和支出责任，涉及本土实践与国际经验，需要相互比较和验证，探索中央与地方事权和支出责任划分的结构定位、一般规律与特殊属性。要按照职能分工、受益范围、决策效率、外部性等基本原则，对中央和地方政府投资职责进行划分。明确了中央与地方投资事权和支出责任划分后，就需要建立财力与事权相匹配的财政体制，合理配置各级政府的财权和财力，同时，建立规范的财政转移支付制度。

☆关键术语☆

事权　支出责任　财力　财权　政府间投资职责分工

➢复习思考题

1. 简述政府事权与支出责任划分的理论模式。
2. 中央与地方政府投资支出责任划分的原则有哪些?
3. 试论各国政府间事权和支出责任划分的主要经验。
4. 如何实现投资事权与财力相匹配?

第五章

政府投资行为

第一节 政府投资行为的内涵与特征

一、政府行为及特征

行为是人类所特有的，由一定原因引起的，为了实现一定目的所进行的活动，即行为是由满足某种需要的动机引起的，又是达到一定目标使需要得到满足的手段和过程。行为既是某种需要和动机的结果，也是这种需要和动机的反映。

有的学者认为，政府行为是指政府职能的具体运作和政策的执行；有的学者认为，政府行为是指政府在协调和处理社会系统中的各种关系以使社会朝着既定的目标向前发展的过程中所表现出来的一切行动；有的学者认为，政府行为是指政府为实现它的既定战略目标及相应的方针政策所采取的具体措施。我们认为，政府行为是指政府为了实现预期的目标，采取各种手段调节经济社会生活的有意识的活动或过程。具体是指政府利用公共权力，发挥公共管理职能，在对社会公共事务进行管理的过程中所产生的行为。

不论在什么样的经济体制下，经济发展的历史都留下了政府行为的深刻痕迹。如日本的“政府指导与产业政策”，法国的“指示性经济计划”，美国的“向贫穷开战”“经济复兴计划”等，都是资本主义国家政府干预经济行为的表现。而在社会主义国家，政府采用集中计划体制，用计划、行政命令等直接干预经济，政府制订的国民经济发展计划也是政府行为的主要表现。现代市场经济的形成和发育，同样离不开政府行为的组织与推进，政府依照宪法赋予的权力，参与经济与社会活动，建立公共机构，建设公共工程，弥补市场不足。

政府行为具有如下特征：

（1）政府行为是法制化行为。从政府的组成来看，管理国家的是政府，组成政府的则是一些具体、单个的人。政府的一些具体行为由具体个人来运作，政府行为实际上是组成政府的人的行为的聚合，因而具有典型的能动性、可塑性等人格化特征。但政府又是一个“理性的人”，其理性化行为的标志，就是不折不扣地按照法定的程序、法律的规范而运行。具体操作的政府工作人员在执行政府职能的过程中，需要按照一定的法制原则把社会推向政府所设定的目标。

（2）政府行为是公共行为。是否以营利为目的，是区分市场行为与政府行为的重要标志。由于政府代表公共权力从事社会的公共管理，政府行为必定是以非营利为目的的。政府行为要体现公共的利益，即社会公众的共同利益。公共性在市场经济中的集中体现，就是政府在那些企业或个人无法办、无力办的领域，发挥出它的作用。而企业和居民能够办到的事，政府就不要去包揽。政府行为的公共性，既是社会分工的结果，也是为了提高全社会的整体效率。

（3）政府行为是强制性行为。政府的强制性是指政府行使公共职能的行为通常需要依靠强制力来保证。政府是凭借公共权力建立起来的社会有组织的暴力机构。政府要维护大多数人的利益，就不能不损害少数人的利益，这就必然招致这些人的反对，因此，强制必不可少。政府在维护大多数人的利益的行为过程中，必须建立良好、稳定的社会秩序。然而，要使按政府意志制定的秩序规则变成全体成员的行为规范，政府就必须采取强制手段来迫使公民服从，并变成其自觉行为。

（4）政府行为是有限行为。政府行为的有限性是指政府行为是有边界的，这是由政府行为的职权的界限和政府自身能力限度两方面决定的。从政府权力范围看，由于政府权力是最终来自民众的公共权力，政府必须依法行政，政府行使权力的范围和强度都必须控制在法律所允许的范围之内。从政府的能力看，主要受到三个方面的制约：第一，政府信息不充分，影响政府决策；第二，政府可提取的资源是有限度的，限制了政府能力的发挥；第三，政府公务人员素质高低不同，也影响到政府能力的发挥。

二、政府投资行为

有学者指出，所谓政府投资行为，是指政府在固定资产投资过程中的表现及其对投资绩效的价值取向的综合，这种绩效一方面表现为符合市场经济主体行为有自身利益最大化的取向，另一方面政府又是辖区所有行为主体的代表，保障他们的利益是政府行为的出发点，这其中包含社会效益、经济效益和政治利益。①可见，政府投资行为就是政府为了实现经济和社会发展目标，实现自身的职能要求，直接从事投资活动产生的行为，以及采取各种政策手段对投资进行管理和调控过程中所产生的行为。

政府投资行为有狭义和广义之分，狭义的政府投资行为是指政府运用财政资金及以财政信用为基础对外举债进行基础设施和公共服务建设等投资行为；广义的政府投资行为是指所有政府主导的投资行为，这不仅包括上述政府从各个渠道筹资自己进行的公共设施建设等投资，还包括政府为其他投资主体进行投资提供的各种便利条件，如各级政府为吸引外来投资给予的土地优惠和税收优惠，为企业向银行贷款提供担保或表示支持等。

因此，我们这里所说的政府投资行为绝不仅仅是指政府的财政投资行为，而是与政府直接或间接相关的投资决策、实施、监督和调控等各种投资环节和部分在内的行为过程。

---

① 张卫国：《地方政府投资行为：转型期中国经济的深层制约因素》，《学术月刊》，2005年第12期，第46-51页

第二节 政府投资行为理论

政府投资行为研究可以从行为取向、行为方式、行为环境和行为结果等几个方面展开，从而涵盖了政府投资行为的整个过程。

一、政府投资行为取向

政府投资行为取向是政府在履行投资职能时所持的价值立场、价值态度及所表现出来的价值倾向，它决定了政府追求的价值目标，进而决定了政府投资能做什么和不能做什么。在不同国家的不同时期，政府投资行为取向也有所不同，但是，其基本价值方向是相似的。

（1）公共取向。公共利益是一切政府投资行为的出发点和最终归宿，也是政府投资行为的灵魂和目的。政府投资活动必须以确保公共利益的增加和合理分配为其效果的衡量标准，体现公共性和公益性。首先，要解决好必须由政府提供的公共产品的提供问题，如公共设施、公共环境等；其次，政府需要通过制定公共政策，鼓励有正外部效应的产品的生产，控制有负外部效应的产品的过度生产；最后，要有效配置公共资源，向最广大人民群众倾斜，注重贫困、边远、少数民族地区公共资源的分配。

（2）民本取向。政府的权力源于公众的委托。为公众服务，实现公众利益，是现代政府的根本任务。政府投资活动必须以民众为最终服务对象，完善保障人的生存和促进人的全面发展的环境。在发展经济的同时，要充分考虑到区域内民众的利益诉求，把经济社会发展的长远战略目标和提高人民生活水平的阶段性任务统一起来。政府要重点关注社会、关注民生，政府既要根据民众的需要投资和提供公共产品与服务，又要根据民众对公共产品与服务的满意程度来评估投资行为绩效。

（3）共治取向。在国家治理体系中，不仅包括政府，而且包括企业、社会组织、公民等。政府要实现与企业、社会的良好合作，就需要提升政府的治理能力，发挥政府在国家治理体系中的核心主体功能。市场机制的引入有助于提高资源配置与政府运作的效率，因此国家治理能力的提升应该发挥市场在资源配置中的决定性作用，政府应退出对微观经济的直接干预。政府职能转变还意味着政府给社会松绑，激发社会组织的活力，发挥社会组织与公众在社会治理中的基本主体作用和能动性。

（4）服务取向。政府的核心作用就是为企业和社会主体营造良好的投资建设环境和市场运行环境，为人民、为市场、为社会提供好服务，从理念、方式、能力等方面进行“服务再造”。政府应着重在完善市场体系、维护市场秩序、改善基础条件、强化服务管理、提高行政效率、降低企业成本等方面下功夫，要设身处地为市场主体着想，深化行政体制改革，为市场主体提供更加完善的公共服务。要不断转变观念，提升服务能力，改进服务方式，让人民群众有理有处说、有事有地方办。

二、政府投资行为方式

政府投资行为方式具体表现为引导方式、调控方式、服务方式、监管方式等。政府投资行为方式既十分具体，又比较抽象，既属于微观领域，又有一定的宏观性。

政府投资行为方式可以从不同角度进行分类。比如，两分法——直接管理方式和间接管理方式，静态管理方式和动态管理方式，管制型方式和服务型方式，计划经济下的履职方式和市场经济下的履职方式；三分法——事前、事中、事后管理方式，经济手段、行政手段和法律手段；多分法——政府引导、政府规划、政府调控、政府服务、政府监管等多种具体形式。可见，政府投资行为方式是一个治理工具的体系，在实践中的情况十分复杂，有独立应用一种行为方式的，更多的是打“组合拳”，多种方式结合使用，或主要用一种方式、同时辅以其他方式。[①]

政府投资行为方式与政府的体制、职能、责任、义务有着紧密的关系，不能割裂开来研究。从体制的视角看，中央与地方、地方纵向间投资行为方式是有差异的。中央和省一级使用得多的是宏观管理和指导性的手段，市县则是微观管理和操作性手段使用多一些。从职能的视角看，对于政府投资、政策引导、投资管理、投资调控等职能，政府行为方式也有所相同。由于职能配置的多层次性与社会需求的多样化，政府投资行为方式也需要有相应的对接，如有些政府职能要强调直接应急，可能采取行政命令方式，而有些属于维护性、保障性的政府职能则采取行政指示和与人沟通并举的方式更有效。从政府义务的视角看，有些政府投资职能是在与社会公众合作中履行的，政府要通过协商、沟通、指导、契约或奖励等方式实施治理。

三、政府投资行为环境

政府投资行为反映了一定时期经济和社会发展的需要，体现了当时政府职能的本质要求与基本方向。政府投资行为不是一成不变的，随着内外部环境变化，政府投资行为也会发生转变。影响政府投资行为变化的内外部环境因素很多。

（1）经济转型发展的需要。经济转型的内容不是单一的，既包括了经济体制的改革，又包括了发展方式的转变，还包括了经济结构的调整。政府是经济转型的引领和主导力量，推动经济转型发展是政府的重要职责。在这个过程中，政府的行为也要发生转变，要转变政府的职能，深入推进简政放权，将不该由政府管理和政府管理不好的事项下放给市场和社会，从根本上释放市场和社会活力。

（2）经济体制改革的需要。改革开放以来，政府的投资管理职能发生了很大变化，但是，我们应清醒地意识到，改革仍有许多不足的地方，政府的错位、越位和缺位的现象时有发生。随着供给侧结构性改革向深入发展，政府投资行为也将发生显著的变化，有的将要消失，有的则要转移，有的还要加强。政府投资管理范围、管理内容及管理方法也将要做些改变。

（3）社会环境变化的需要。经济发展了，公众的文化、教育等精神文化生活需求增加，医疗、养老等社会保障的需求增加。这些变化则以不同的方式影响着政府职能的变化，政府投资行为也要根据社会环境的变化而不断地改变。社会的转型必然会带来新一轮的社会问题的产生，原有的问题未解决，新的问题又产生，使问题日益复杂化，政府必然需要转变职能，加强对社会的管理，营造良好的社会环境。

（4）公众素质提高的需要。过去，由于信息来源和传递渠道单一，信息基本上垄断

---

① 孔繁斌：《政府履行职能方式的改革和创新》，http://www.aisixiang.com/data/55603.html，2012 年 7 月 20 日

在政府手中，公众只能被动地接受政府发布的信息，因此公众无法对政府行为进行质疑。现在公众的知识储备和运用知识的能力大大提高，这就给政府决策行为提出了挑战。公众从单纯的服从者向理性的思考者转变，从社会事务的旁观者向积极的参与者转变，这给政府投资行为提出了更高的要求。

四、政府投资行为结果

政府投资行为结果可能是有效的，也可能是失效的。

（一）政府投资行为有效

政府投资行为的有效性体现在以下几个方面：第一，能够通过政府投资调控实现经济总量平衡，即社会总需求和社会总供给之间的平衡。第二，能够通过政府投资带动和政策引导，促进重大经济结构协调和生产力布局优化。主要体现在对需求结构的优化，对区域布局的调整，对产业结构的升级。第三，能够通过政府投融资活动减弱经济周期波动影响，使经济保持平稳运行。通过政府投资的介入尽可能地熨平和减振，避免经济大起大落。第四，通过政府的适度干预，防范区域性、系统性风险，特别是在经济转型时期，防止各种矛盾集中爆发。第五，能够稳定市场预期。市场对经济增长是有预期的，如果投资者的预期降低，不敢投资，经济就会继续下行，政府投资及其政策应有利于恢复投资者的信心。

（二）政府投资行为失效

这种失效表现为：第一，政府在试图纠正市场缺陷，限制外在性时产生无法预见的副作用，带来了派生的外部性。由于受到许多复杂因素的影响，政府投资行为所产生的各种后果难以预测，潜在的外部性更加容易暴露出来。有时，政府只能在一定范围内控制这些后果，对计划（规划）外的影响因素，政策制定者们的控制能力有限。政府控制市场外部性的有限能力还表现在缺乏有效的技术手段。例如，政府向具有外部不经济行为的企业收税是一项有效措施，但是，污染者应当付多少税，这里存在着许多技术性的难题。

第二，政府控制垄断却又导致新的垄断。政府对经济生活的控制虽然可以在一定程度上抑制垄断，但是它却导致一种新的形式的垄断——政府垄断。一些企业的经济活动被置于中央或地方政府的庇护之下，其垄断性质被合法化，并常常被套上了提供“公共服务”的光环。这无疑给特殊的利益集团带来好处，所引起的低效率却不会使社会福利有所增加。政府的干预还为寻租行为提供可能。寻租者借助政府的力量获得某种特许权、优惠政策或政府庇护，反而导致社会福利的净损失。[①]

第三，消除不平等的干预行动造成新的不平等。消除不平等的政府行为实际上是一部分人用自己手中的权力把一部分人的财富转到另一部分人的手中。政府的某项措施的获益者可能只是某些利益集团，这些集团会进行政治上的游说以推动政府实施该措施。其结果是组织得很好的少数人可以从政府政策中获益，而大多数纳税人却为此支付成本。

---

① 王晓升：《政府失效与政府行为的优化》，《理论学习月刊》，1997年第9期，第12-16页

财富的再分配措施有利于掌握权力的一方，有权的一方以无权的一方的支出为代价。从实际效果来看，真正的穷人可能只从国家社会活动的巨大发展中得到少得可怜的好处。

第三节 我国政府投资行为表现

改革开放以来，我国的政府投资有效推进了我国基础设施和公共服务的完善，改变了城市和乡村的面貌，促进了民众物质、文化生活水平提高。但是，长期以来，由于体制机制的不完善、不健全，政府投资行为也存在着一些明显的缺陷和扭曲现象，与政府职能要求和公众的期望存在不一致。

一、投资扩张冲动强烈，政府投资成为重要抓手

对于各级政府来讲，投资都是拉动经济增长的第一动力甚至唯一动力，地方党代会、人代会都把投资增长作为最为重要的目标。政府投资历来是地方投资增长的主要抓手，一方面，政府投资是需求的重要组成部分，政府投资的扩张有助于当地需求的增长，从而有利于刺激当期经济增长；另一方面，政府投资提供的基础设施和公共服务是地方经济发展的重要条件，通过政府投资完善相关设施和服务，有利于改善本地的招商引资的环境，吸引更多的社会资金。发展本地经济的急迫性决定了地方政府投资冲动十分强烈。地方政府往往通过两种途径促进政府投资的增长：第一，通过本级自有财力扩大本地公共投资；第二，向上级政府争取资金，争取中央和省级政府投资项目在本地落地。

各地政府通常都会寻求事关经济社会发展大局的关键环节，作为政府投资的着力点和关键点；启动五年规划确定的重点投资专项和重大工程建设；制订滚动投资计划，充实重点产业、基础设施和民生领域的重大项目储备库；制订实施方案、精心组织施工，加快推进项目建设进度，并做好项目跟踪服务；促进新建项目开工建设，做细、做深、做实项目前期工作，推进项目审批提速；深化项目前期准备、研究工作，为项目的规范管理打下基础；努力确保用地、资金供给，抓好审批、服务、督查等环节工作；强化考核机制，完善考核办法，促进项目早开工、快建设、早竣工、早见效。

向上级政府争取资金的过程就是所谓的“跑部钱进”，即利用地方驻京办（或驻省城办事处）的关系网，在中央各部委部门（或省政府各部门）跑动沟通，达到要项目、要资金的目的。据不完全统计，长期以来，在北京，除 52 家副省级以上单位的驻京办之外，还有 520 家市级单位驻京办、5000 余家县级单位驻京办。“跑部钱进”是地方政府争取上级政府部门资金支持的迫切心情的反映，它对于地方的经济发展确实可以起到促进作用，但其危害之大也是不言而喻的。“跑部钱进”免不了和寻租腐败挂上钩，驻京办事处成为腐败高发区是不争的事实。2010 年初，国务院办公厅印发《关于加强和规范各地政府驻北京办事机构管理的意见》，除保留 50 家省级政府驻京办事机构和 296 家地市级政府驻京办事机构外，共撤销驻京办事机构 625 家。2015 年 3 月，国务院办公厅发布了《关于清理规范驻省会城市办事机构的指导意见》，提出撤销县级政府驻本省省会城市办事机构，撤销市、县两级政府职能部门驻本省省会城市办事机构。

二、新城新区成为发展热点，宜居宜业才能实现繁荣

建设新城新区成为推动城镇化发展的重要途径。新城新区建设的示范效应在 20 世纪 90 年代初期传递到国内，成为我国许多大城市重要的空间发展战略。尤其是进入 21 世纪以来，在城镇化的快速推进过程中，我国出现了新城新区规划与开发的热潮。经过 20 多年的建设发展，浦东新区成为上海奇迹和速度的验证者，成为中国改革的窗口。滨海新区的开发开放，提升了天津城市发展的质量和城市竞争力，提升了京津冀及环渤海地区的国际竞争力。上海浦东新区、天津滨海新区、重庆两江新区、武汉东湖高新区等，已经成为国家战略性新兴产业、先进制造业和现代服务业集中区、自主创新示范区和自由贸易实验区，成为国家和城市经济发展的新门户、新基地和新引擎。新城新区建设吸纳了大量人口居住就业，改善了城市人居环境；新城新区推动了城市产业转型升级，提升了城市发展质量与效益；新城新区建设有效地疏解了城市功能，缓解了日益严重的城市病；新城新区建设拓展了城市发展空间，优化了城市空间结构。

与此同时，我国新城新区也呈现出数量上不断增多、面积上不断扩大、区域分布不均衡的特点。存在的主要问题包括：部分新城新区建设缺乏科学规划，存在不同程度的土地浪费；部分新城新区定位不清晰，与主城功能趋同；部分新城新区建设超前，存在基础设施浪费现象；部分新城新区产业基础薄弱，难以支撑地区经济增长；部分新城新区建设未量力而行，加大了地方政府的债务风险。①国家发展和改革委员会城市和小城镇改革发展中心调查显示，截至 2016 年 5 月，全国县及县以上的新城新区数量 3500 多个，一些新城新区盲目设立，导致人气、商气不足，沦为“空城”“鬼城”。2004 年，鄂尔多斯市开始建设康巴什新区，总投资 50 多亿元，新区总面积 352 平方千米，建成区面积 32 平方千米，建成了会展中心、博物馆、大剧院等一批形态各异的标志性建筑。康巴什新区规划人口 50 万，但是，到 2016 年，新城人口也只有 15 万人。全国类似于康巴什新区的例子还有不少。

当然，从国际上新城新区的发展历程看，不存在一开始就规划完美、高质量的新城新区。新城新区的发展必然是一个曲折的进程，对待新城新区的发展需要有一点耐心。城市本身就是人口与产业的集合体，尤其是第二、第三产业与城市的融合发展。有产业带动，才会有人口聚集，城市才有活力，城市规模才会不断扩大。因此，宜居宜业是新区繁荣与发展的根本动力。郑东新区的发展印证了上述观点，郑东新区曾被国外一些媒体称为“中国最大鬼城”，2005 年，郑东新区常住人数只有 10 多万人，2008 年，常住人口达到 20 万人，2010 年，人口达到 30 万人。到 2015 年底，新区建成区面积已达 115 平方千米，人口 115 万人，全口径税收达到 165 亿元，已经发展成为一个成熟的城区。

专栏 5-1 郑州郑东新区对我国新区发展的典型意义

自 2003 年郑东新区的建设正式起步，到现今，只有 10 多年的时间。这期间，郑东新区经历了太多外界的质疑，2009～2013 年质疑声最盛。郑东新区管委会提供的数据显示，2014 年，郑东新区全口径税收完成 135.8 亿元，同比增长 14.5%，其中公共财政预

---

① 方创琳、马海涛：《推进新型城镇化调研：新城新区，如何让城市更美好？》，《光明日报》，2014 年 7 月 1 日，第 11 版

算收入、地方税收收入、新增固定资产投资规模，三项数据均位列郑州市第一。

郑东新区规划之初，省委书记提出，城市发展要一张蓝图绘到底，规划方案形成后，可以通过法律程序固定下来，在建设过程中，一定要服从规划，任何单位和个人都不能自行其是。郑东新区的规划方案进行了国际招标，黑川纪章的概念规划方案获得国内外权威专家的多数投票，最终入围。之后几届郑州市委书记均严格按照规划执行。

在一块150平方千米的空地上再造一座城市，投资力度如此之大，不可能完全依靠行政主导，这也是地方政府强调的——郑东新区以市场运作为主，政府只在基础设施上投资。外地开发商过硬的产品质量和品牌影响力，逐步把信心向外传导，更多的资本开始流入郑东新区。随着城市规模的成长，郑州市尤其是郑东新区的房价，也从每平方米2000多元，蹿升到每平方米1.5万元以上。房地产一直是郑东新区主要的发展引擎，一度占据着财政收入的70%以上，同时也是郑东新区人口净流入的主要驱动力。

但是，这种模式的不可持续性可以预见。郑东新区的产业培育也在同步进行。2008年前后，郑东新区的产业定位为8个方向，其中金融业尤为重要。随着郑东新区完成“三年出形象，五年成规模”的目标任务，到2013年，3.45平方千米的中央商务区（central business district，CBD）已吸引多家金融机构聚集。从金融业在郑东新区财政收入的占比来看，2012年是5%，2013年是15%，2014年将近20%。目前，金融业在全区地区生产总值中的占比达到一半左右。郑东新区已经走上产城融合发展的轨道。

资料来源：张庆宁，《中国最大鬼城逆袭：郑东新区房子均价超1.5万》，《经济观察报》，2015年3月1日

三、园区促进产业集聚，转型发展任务仍然艰巨

产业园区是指为促进某一产业发展为目标而创立的特殊区位环境，是区域经济发展、产业调整升级的重要空间聚集形式。产业园区能够有效地创造聚集力，通过共享资源、克服外部负效应，带动关联产业的发展，有效地推动产业集群的形成。长期以来，各级政府都非常重视产业园区的发展，推动产业链式发展和集群化，努力提升产业竞争力。截至2015年，全国共有国家级经济技术开发区219家，内地每个省份均有分布，其中江苏最多，有26家，其次是浙江21家，山东15家。1988年，国务院批准建立国家高新技术产业开发区，目前，全国共有国家级高新技术产业开发区156家。

地方政府建设产业园区也出现许多问题。第一，园区的“孤岛效应”不断显现。园区在早期大多遵循“单一工业区”的发展思路，面积都不大，选址远离主城区，造成了人居空间与产业空间的不对称。许多园区只是由一条条宽阔平整的马路、一栋栋现代化厂房构成的工业园区，下班后，则是一片沉寂。随着园区的日益成长壮大，以往单纯工业区的定位与综合城市化发展需要的矛盾逐步显现。园区的发展模式也发生了显著变化，此时的园区已不再是传统意义上的单纯工业园区，而是按照统筹第二、第三产业，统筹城乡建设，统筹区域发展的理念进行建设的复合园区或综合经济区。

第二，园区的结构转型升级相对滞后。相当一些园区的产业层次偏低，以传统产业和一般制造业为主，先进制造业和现代服务业发展相对滞后；一些园区企业生产环节处于产品价值链低端，绝大部分依靠引进技术，或者缺乏自有核心技术；一些园区的产业关联效应不明显，产业配套与协作有待强化；一些园区产业同构现象严重，不同地区的

开发区之间、同一城市的不同开发区之间，仍然存在着较为严重的重复建设问题，在国家级经济技术开发区中，主导产业的雷同度也很高；一些园区引进了不少高耗能、高排放、高污染的企业，又没有按照循环经济的理念对企业进行合理组织与布局，环境问题十分突出。

第三，园区存在过多过滥和资源浪费现象。2003～2006年，我国开展了对全国各类园区的清理整顿工作，全国各类园区由6866个核减至1568个，全国各类园区数量减少了77%。从那时起，园区审批权上收，各地园区建设必须获得国务院或者省级政府审批。但是，地方为了追求在吸引投资、上缴税收、解决就业等方面的利益，仍然采取各种方式设立名目繁多的各类园区，致使各级各类的园区遍地开花。截至2014年底，我国共有国家级产业园区477家，省级产业园区1167家，市级产业园区数不胜数，平均每个城市拥有4.8家省级及以上产业园区，存在较为严重的供给过剩。不少园区先期征用过多的土地，或者随意扩大建设用地规模，动辄几十平方千米甚至几百平方千米。一些地方粗放、低效用地，加剧了土地供需矛盾，影响到土地资源可持续供给和可持续利用。

专栏5-2 我国产业园区发展的趋势

（1）园区的战略转型和升级。在各地区可建设用地日益稀缺的情况下，一些小型的园区业态正在不断涌现出来，天安数码城、联动U谷等园区开发商在全国圈地建设小型园区，一些大型产业园区也纷纷建设园中园、专业园等不同形式的小型园区。

（2）产业园区走向综合城区。随着产业园区的演化和发展，园区承载的功能日益多元化，大量城市要素和生产活动在区内并存聚集，从而推动了产业园区的城市化进程，园区经济与城区经济逐渐走向融合。

（3）园区开发（产业地产）商的崛起。标准化厂房、创业大厦、孵化器、产业综合体等产业地产逐步兴起，使得园区开发已不仅仅是招商引资的载体，产业地产开发和运营本身就成了一种房地产业务，造就了众多的产业房地产商。

（4）从招商引资到招商引“智”。人力资源在园区发展中的作用日益凸显，高科技产业、现代服务业的主要驱动力就是批量人才的集聚，如生物医药产业、文化创意产业。而批量人才的集聚，需要构建完善的人才服务环境。

（5）公共服务平台成为竞争手段。园区开发已逐渐从孤立的房产开发走向综合的产业开发，从片面的硬环境建设走向全方位的产业培育，在打造一流硬环境的同时，开始重视园区文化氛围、创新机制、公共服务等软环境的建设。

（6）园区政策措施的创新空间扩大。随着我国市场经济的深入发展，针对园区的优惠政策逐渐退出历史舞台，产业园区的外部政策环境逐步趋同。园区政策措施的设计，更多是在一样的政策大环境下，就园区内部能够控制的领域进行精细化设计。

资料来源：李秉谦，《未来产业园区发展的趋势》，http://www.360doc.com/content/16/0517/08/33029788_559786164.shtml [2015-01-16]

四、产业结构趋同，产能过剩趋于严重

我国地区产业结构趋同主要表现在，各地区难以按照专业化分工原则进行投资建设，导致重复性建设，形成恶性竞争，造成资源浪费；各地区均追求门类齐全、自成体

系；地区间产业结构高度相似，经济资源配置效率低下；产业结构从低水平向高水平状态升级的过程中处于低水平状态，引发产业结构的低度化。中国社会科学院城市与竞争力研究中心的测算数据显示，2004年之后，长三角整体的产业结构相似度系数均值水平总体呈上升趋势，2010年达到0.795，发生了明显的产业同构现象。从长三角各地之间的产业结构相似度水平来看，上海与江苏、江苏与浙江的产业结构相似度水平较高，近年来分别保持在0.9和0.85左右。[①]

地区产业结构趋同和重复建设与地方政府投资及政策选择关系密切。从横向来看，只要是产值高、利税多的产业，地方政府均争先恐后上马。例如，沿海不少地区不顾自然资源和产业基础条件，竞相上马重化工项目，形成“千军万马争上重化工”的局面，不但加剧重化工业未来更大的产能过剩，还给沿海生态环境和社会的可持续发展带来了巨大的压力。[②]从纵向来看，一个行政区内部，往往不考虑区位优势、资源条件、环境承载力等方面的差异性，要投资什么，上下一致。全国许多省份都提出过“工业强省”战略，地市也就跟着提出“工业强市”战略，县区则随之提出“工业强县”战略，甚至有些乡镇还提出“工业强镇”战略。明明许多地区只能归入限制或禁止发展区域，只适合发展旅游或只能进行生态保护，但是，这些地区也被要求搞工业集中区，引入工业项目。在资源禀赋条件相差不大的情况下，产业结构趋同难以避免。

各级政府竞相盲目扩大投资，致使很多行业投资过度、产能过剩。按照国际通行标准，产能利用率超过90%为产能不足，79%～90%为正常水平，低于79%为产能过剩，低于75%为严重产能过剩。2014年，我国工业总体产能利用率约为78.7%，处于近四年来的较低水平，有19个制造业产能利用率都在79%以下，有7个行业的产能利用率在70%以下，属于严重过剩状态。再以钢铁行为为例，2015年我国粗钢产能利用率仅为67.0%，较2010年下降15个百分点，比全球平均水平低约3个百分点，处于严重产能过剩状态。[③]在这些过剩行业中，一些地方仍在不断新增投资和扩大产能。产能严重过剩，意味着大量的稀缺资源所生产出来的产品不能被社会及时消费，不能满足经济社会需要，造成社会资源的巨大浪费。过多的资源和资金拥挤在产能过剩行业里，这些资源和资金往往不是用于技术研发，不是用于新兴产业的发展，使新技术和新兴产业投入不足，发展缓慢，不利于产业结构调整和升级。

五、政府间竞争激烈，彼此分工合作难

地方政府竞争是指一个国家内部不同行政区域的地方政府，为提供公共物品、吸引资本技术等生产要素而在投资环境、法律制度、政府效率等方面开展的跨区域竞争。我国经济长期保持增长活力，地方政府竞争提供了巨大的内生性动能。31个省份（不包括港澳台）、300多个地级市、2800多个县及4万多个乡镇政府实际上是更为活跃的市场主体，除自身的投资扩张外，地方政府也诱导或推动着其他市场主体和生产要素进入增长的快车

① 章轲：《社科院：沪苏浙皖“世界超级经济区”已形成》，《第一财经日报》，2014年5月14日，第2版

② 国家海洋局发布的《中国海洋发展报告2012》指出，随着新一轮国家沿海开发战略布局基本完成，涉海行业尤其是重工业正在瓜分沿海空间，全国七大石化基地中有五个落户沿海，全国原油加工能力大多集聚沿海地区，全国九大钢铁基地有六个布局沿海。开发利用需求与资源环境承载力之间矛盾凸显

③ 邹蕴涵：《我国产能过剩现状及去产能政策建议》，《发展研究》，2016年第7期，第17-21页

道。政府间竞争有其积极的意义，作为竞争主体的地方政府往往是制度创新的积极推动者，从而有利于提高政府的服务能力，提高服务效率，优化投资环境，促进经济增长。

但是，地方政府过度竞争也是一个突出问题。由于资源、资本等生产要素极度短缺，政府间竞争的排他性非常强烈，“本地资源决不放弃，外来资金决不分享”是普遍现象。就连市域范围内的各个县区之间，都形成了资源和资金的竞争关系。由于各地政府都追求自身利益最大化，跨地区性公共产品供给失灵。基础设施各地都要建，还都要建大的，缺少合理布局，没有规模效益。跨区域公共事务治理失灵。例如，河流上游政府投入大量的成本维护河流清洁，下游地区享受着上游地方政府治理河流带来的正外部效应，却不用花成本。地方政府为了自身发展，经常出台招商引资政策，在土地审批和税收上进行优惠，出现“让利竞赛”。这种不惜成本的竞赛在吸引资金注入的同时，却损害了地区经济社会发展的整体利益。

近年来，我国各类经济区规划相继出台，地方政府间的横向联系日益增强、合作形式日益多样，推动了我国不同地区之间的协调发展。但是，目前区域合作还缺乏“讨价还价”的协调机制，利益交换或让渡很难实现，进而导致了地方保护、以邻为壑等恶性竞争现象层出不穷，区域合作的进一步深化面临体制机制障碍。发展较落后地区积极响应并推崇区域合作，希望以此改善自身经济发展落后的劣势。经济较发达地区则对此并不积极，一是因为作为发达地区在合作的成本上会承担很大一部分，二是合作的收益分配不平衡，没有形成多投入多收益的良性预期。在区域内部，上海、广东、浙江等发达省份都出台了优惠的政策，鼓励产业从发达城市向本省份的其他城市转移，而限制这些产业向省外的转移。这种“肥水不流外人田”的做法，使不同地区城市间及大、中、小城市间的产业分工协作非常困难，不利于形成城市间优势互补、合作共赢的局面。

六、重视中心区域发展，外围普遍受到忽视

无论是省级政府还是市县级政府，财政资金总是有意无意地向区域中心城市倾斜投入，严重违背基本公共服务均等化原则。北京、上海等超大城市集中了全国最便捷的基础设施条件和最优质的教育和医疗资源，省会城市其次，距离中心城市近的地区要好一些，越往边远地区，基础设施和公共服务水平越糟糕。铁路、公路越修越快、越修越直，加剧了点对点的大城市人流和物流的聚集。全国的断头路基本都在各省份、各市的交界处，在西部的边远地区。这些地区是政府投资最少关注的地方。与区域中心城市地理距离越远的地区，发展条件越差，机会越小，越来越被边缘化。应该说，核心区域、中心城市的率先发展是必然的过程。但是，如果对外围欠发达地区附加较多的经济增长职能及其政绩要求，同时，又不对这些地区的基本公共服务进行足够的倾斜投入，弥补历史欠账，从而缩小公共服务的地区差距，对非核心区域、中小城市来讲，就是一种严重的不公平。

在现行体制下，大量的公共的、社会的资源和资金通过行政方式集中到了高等级的城市。我国有 4 个直辖市、15 个副省级城市，这些城市实行计划单列，享有省级的经济管理权和立法权，财税也不用与省里分成，因而拥有得天独厚的政策优势。在省级层面，省会城市享有更多的行政资源优势，中心城市的功能仍在强化与集中，而与省会城市地理距离越远的地市，发展条件越差，机会越小，越来越被边缘化。我国的分税制只是到省，省以下仍然是包干制和谈判制，由于存在严格的行政隶属关系，下级官员通常不敢

与上级政府在税收分成和产业招商上讨价还价。县级城市、小城镇的税收的地方留成部分大多给了省、市级政府，留给自身的极少。用地指标的分配也是如此，土地计划分配指标都是按照传统的计划经济方式向下分配的，高等级城市能截留更多的建设用地指标。另外，由于主要官员都集中居住在中心城市和城区，通常倾向于利用行政手段调动各类资源满足他们的利益需要，优质的公共服务和产业发展功能更容易集中于这些地区。

第四节　我国政府投资行为产生的原因

一、原因的理论分析

政府投资是政府推动经济和社会发展的最重要手段，政府作为有限理性的经济人，以追逐自身利益最大化为主要目标，其中既包括经济利益和社会利益，也包括政府官员的政治利益。这导致了政府投资行为的复杂性。我国政府行为产生的原因主要涉及以下几个方面：政绩考核压力、财政分权体制、预算软约束等。

（一）政绩考核压力

所谓政绩考核或政府绩效管理起源于西方新公共管理理论。新公共管理是 20 世纪 80 年代以来发展于英国、美国等西方国家的一种新的公共行政理论和管理模式。新公共管理的理论基础是经济学和企业管理理论的综合应用。传统的公共行政管理方法局限于政治规则，而新公共管理模式着力于经济规则。新公共管理理论主张，在政府组织等公共部门广泛采用私营部门企业组织有效的管理技术和成功的管理经验，引入竞争机制促进公共服务生产的效率、数量和质量不断提高，努力满足“顾客”不断增长的对公共服务的需求。对政府等公共部门人员的管理，要采用企业等私营部门的人力资源的管理模式，实行公开招聘选拔、合约使用、绩效考核、培训发展、薪酬福利等制度。

我国近几十年来逐步建立和推广的包括行政机关在内的公共部门绩效管理制度，实际上是引进和借用发达国家管理经验的体现。从目标确定、指标选择、实施程序、结果反馈等方面考察，这套绩效管理制度的设计者直接或间接地接受了西方新公共管理理念、思想和方法的“误导”。[①]“误导”发生的主要原因是制度设计者和实施者表面化、形式化和简单化的理解及应用，忽视了中西方制度环境的巨大差异，只知其一不知其二，只学其形不顾其本，匆忙设计，仓促实施，没有通过后评估机制推动制度安排的调整与完善。

中西方政绩考核存在较大不同。首先，政府考核目的和动力不同。在国外，地方政府部门绩效考核的目的很简单，是要让选民满意，我们的绩效考评是上级对下级的要求，是要让上级满意。其次，考评对象不同。国外政绩考核对象主要是政府机构等公共服务部门，针对性强，指标具体。我国党政机关等公共部门的绩效考核，主要针对领导干部和领导班子，指标统一，形式单调。最后，考评结果的运用不同。国外政绩考核的结果要反馈、谈话和沟通，帮助被考评者找出问题、改进工作。我们的考核结果主要被上

---

① 王建民：《政绩考核模式“误导”中国》，http://theory.people.com.cn/n/2012/0723/c112851-18577595.html，2012 年 7 月 23 日

级党委组织部门或上级主管部门掌握。一般情况下不反馈评估结果，没有绩效沟通管理环节。

政绩考核及其官员晋升机制对地方政府行为产生较大影响，在这方面，国内一些学者进行了深入研究。刘金石、周文认为，在我国相对集权的政治体制和分权的经济体制背景下，地方政府官员面临完成政绩考核目标的压力，同时，中央与地方政府之间存在信息不对称，导致地方政府在努力促进辖区经济增长的同时采取不规范的行为追求各种合理与不合理的收入。辖区内微观主体的某些资源（如土地资源）处于模糊产权的开放状态下，为地方政府官员扩张其个人控制权、动员资源提供了便利条件。在地方政府之间的竞争关系中，地方政府官员为了在经济竞争中胜出以获得政治晋升，同样具有强劲的增长冲动。①

周黎安建立了一个地方官员政治晋升博弈的简单模型，强调地方官员的晋升激励对地区间经济竞争和合作的影响。他认为，由于政治晋升博弈的基本特征是一个官员的晋升直接降低另一个官员的晋升机会，即一人所得为另一人所失，这使得同时处于政治和经济双重竞争的地方官员之间的合作空间非常狭小，而竞争空间非常巨大。各地的官员不仅在经济上为财税和利润而竞争，也在“官场”上为晋升而竞争，这是与纯粹的经济竞争不同的“混合竞争”。混合竞争的合作空间比纯粹的经济竞争的合作空间要小得多，因此，我国的产业整合与区域合作更加困难；政治晋升激励的考虑可能使官员主导型的投资过度进入某个行业或项目，甚至进行恶性竞争。②

王燕武和王俊海利用不完全信息动态博弈的理论框架，揭示了地方政府行为与地区间产业结构趋同之间的关系，认为在单一的中央政府依托相对绩效考核的晋升激励假设下，不同类型的地方政府会采取模仿战略来最大化自身利益，进而导致地区产业结构趋同。若地方政府效用函数只包含晋升激励，且中央政府只通过相对绩效考核来制定晋升规则，则后行动政府忽略自己观察到的市场信号而采用模仿战略会带来最优的晋升结果。模仿战略导致的一个后果是各地区产业政策的趋同，并逐渐演变成各地区产业结构的趋同。③

王永钦等提出，过于依赖 GDP 作为相对绩效的考评指标，就给城市倾向的经济政策提供了另一个理由。因为城市的第二、第三产业是经济增长的主要源泉。同样是为了追求经济增长的目标，在各地的经济增长都依赖于招商引资的情况下，一旦发生资本拥有者和普通劳动者之间的利益冲突，地方政府就会优先考虑资本拥有者的利益，而普通劳动者的利益则很容易被忽略。由于比较富裕的地区更多地享受着先天的优势和收益递增机制的好处，这就使经济欠发达地区的地方官员寻求替代的办法进行补偿，如贪污腐败，或者破罐子破摔。④

（二）财政分权体制

财政分权体制是同集权型体制相对应而言的，指财力分配比例和收支划分结构相对

---

① 刘金石、周文：《改革三十年：地方政府行为的双重性》，《经济理论与经济管理》，2009 年第 11 期，第 52-56 页

② 周黎安：《晋升博弈中政府官员的激励与合作——兼论我国地方保护主义和重复建设问题长期存在的原因》，《经济研究》，2004 年第 6 期，第 33-40 页

③ 王燕武、王俊海：《地方政府行为与地区产业结构趋同的理论及实证分析》，《南开经济研究》，2009 年第 4 期，第 33-39 页

④ 王永钦、张晏、章元等：《中国的大国发展道路——论分权式改革的得失》，《经济研究》，2007 年第 1 期，第 4-16 页

倾斜于地方，使地方拥有较大财力支配权的财政体制。财政分权体制可以使公共物品的提供更适合不同地方居民的需要。在社会经济生活中，信息具有不完备性和不确定性，中央政府对全体居民的偏好难以完全清楚地了解。地方政府更接近于自己的民众，也就是说，地方政府比中央政府更加了解其辖区内的选民的需求。因此，如果由更了解本地居民偏好的地方政府来提供公共物品，则有可能实现社会福利的最大化。

财政分权体制改革构成了我国改革的重要推动力。随着“放权让利”改革和“分灶吃饭”体制的实施，资源配置权限不断扩大的地方政府成为同时追求经济利益最大化的政治组织，即分权型的财政体制改革形成了特殊的地方利益集团，它们逐渐成为地区间经济活动的竞争主体。随着地方政府间竞争的加剧，各辖区内部为改善政府运行机制从而提高运行效率的改革不断深化。地方政府的这种改革可能得到了中央政府的同意或默许，也可能是在中央政府不知情的条件下推行的。辖区间的竞争形成了自下而上的改革机制，不断要求中央政府对地方的有关改革行为加以制度化或许可。正是这种不断扩大的自下而上的改革逐渐形成了自由开放的社会主义市场经济运行体制。

在财政分权体制下，地方政府行为也出现一些新的特征。夏能礼指出，在放权体制的原则和机制约束之下，中央与地方的关系首先是一种“侍从关系”，这种“侍从关系”通常是通过中央运用“选择性”政策工具来维系，包括规划制订和审批、财政预算安排、投资决策、奖励、项目选址、物质分配和补贴等方面政策资源的配置。由于大量选择性政策的存在，地方经济发展好坏或快慢与中央的政策惠顾密切相关。中央的选择性优惠政策及其资源配置，对相关省市的经济发展具有决定性的影响。而地方政府为了加速地方经济发展，会最大化地争取中央的优惠政策和资源分配而竭尽所能。[①]

郭庆旺认为，在特有的官员晋升机制和财政分权体制下，地方政府同时受到政治利益和经济利益的双重激励，相比于公共物品和服务提供的数量与质量，它们更关心资源配置和经济绩效。积极扩大投资以迅速做大经济“蛋糕”是实现其利益最大化的有效途径，因此投资竞争成为地方政府竞争的重要方面。地方政府投资竞争主要涉及三个方面：①努力争取中央投资项目落户本辖区；②大干快上本地建设项目；③对企业施行投资软约束管理并采取各种优惠措施，旨在吸引辖区外资金及鼓励辖区内民间投资增加。[②]

杨瑞龙论述了地方政府在我国制度变迁中的积极作用。在通过行政性放权让利推进市场取向改革的条件下，市场竞争首先表现为地方政府之间的竞争，然后才表现为企业之间的竞争，即地方政府将努力凭借其行政权力及经济实力助本地企业一臂之力，从外部吸引稀缺资源，并帮助推销本地产品。地方政府为了在与其他地方的竞争中吸引更多的资源，刺激本地的经济发展，除了要求上级给予优惠政策外，也具有通过制度创新，构建一个相对有效率产权结构的动机，通过明确微观主体的投资收益预期，激励其创造更多的生产性利润，从而扩大地方政府的剩余分享额。[③]

---

① 夏能礼：《放权体制中的地方政府行为特征思考》，《人民论坛》，2013 年第 23 期，第 53-55 页

② 郭庆旺：《地方政府波动投资竞争对经济周期的影响》，http://opinion.hexun.com/2013-12-05/160314998.html，2013 年 12 月 5 日。

③ 杨瑞龙：《我国制度变迁方式转换的三阶段论——兼论地方政府的制度创新行为》，《经济研究》，1998 年第 1 期，第 3-10 页

（三）预算软约束

“预算软约束”的概念起源于“企业预算软约束”，指向企业提供资金的机构（政府或银行）未能坚持原先的商业约定，使企业的资金运用超过了它的当期收益的范围。亚诺什·科尔奈认为，在社会主义微观经济中，当国有企业发生亏损，政府时常对其追加投资、增加贷款、减少税收并提供财政补贴，从而扭曲了市场对资源配置的有效性。此后，这一概念被广泛地运用于转轨经济学领域，其理论解释的对象也由早期的企业行为拓展到银行和其他金融中介机构、学校和医院等非营利机构及地方政府行为。财政预算软约束是指对政府支配财政资源行为缺乏有效控制，预算机制不足以制约政府过度支出的倾向。由于缺乏有效的民主监督，纳税人无法控制财政资源的流向和用途，而政府垄断了公共财政资源的裁量权，造成地方预算软约束现象十分普遍。

钱海刚特别强调了预算软约束对地方政府恶性竞争的影响。他认为，财政分权并不必然带来地方政府的恶性竞争，问题的关键是财政分权可能是在一种恶劣的前提即预算软约束下进行的。财政分权和晋升激励使地方政府发展经济的激励增强，地方政府之间为吸引要素、资源展开竞争。预算软约束使财政分权产生道德风险的危险，既使地方政府的恶性竞争有了资源基础，同时促使地方政府的恶性竞争陷入一种自我实施（self-enforcing）的可持续状况。一般而言，预算约束越软，竞争的资源越充足，竞争的强度可能越大，竞争就越可持续。①

方红生和张军从预算软约束和扩张偏向的财政行为角度，同样讨论了地方政府间的竞争行为，认为正是地方政府“预算内软约束”和“预算外基本无约束”的“攫取之手”解决了“金融约束”问题，使中国地方政府可以在经济衰退时期，实施比繁荣期更加积极的“扩张偏向政策”。地方政府“扩张偏向的财政政策”是中国地方政府竞争与预算软约束相互作用的一个可以解释的结果，政府竞争的强度越大、预算软约束的程度越大，扩张偏向的财政政策力度越大。②

李军杰和周卫峰认为，经济转型期我国地方政府面临土地征用中的模糊产权和预算软化约束的产权制度约束环境，因而地方政府行为存在以下逻辑：激烈的政府间竞争和政绩显示需要→高出本级收入水平的公共支出→财政支出空缺→对“软约束”资源的掠取→对微观主体利益的侵犯和对经济平稳运行的破坏→对社会安定的破坏。上述高出本级收入水平的公共支出并非完全用于地方公共物品投资，而主要用于利益集团内部生产性建设投资，从而导致地方企业内部成本外部化，地方企业投资行为非理性化，加剧了集团内部的投资需求。③

周雪光提出了“逆向软预算约束”理论。逆向软预算约束是指基层政府通过“权力”自上而下地向其管辖范围内的其他组织攫取资源，从而突破中央政府的财政硬约束。与传统计划经济及其企业行为的“软预算约束”现象相似，在我国的经济转型时期，政府出现了“自上而下”地向所管辖区域中的下属组织和个人索取资源，动员预算外特别是

① 钱海刚：《财政分权、预算软约束与地方政府恶性竞争》，《财政研究》，2009 年第 3 期，第 17-19 页

② 方红生、张军：《中国地方政府竞争、预算软约束与扩张偏向的财政行为》，《经济研究》，2009 年第 12 期，第 4-16 页

③ 李军杰、周卫峰：《基于政府间竞争的地方政府经济行为分析——以“铁本事件”为例》，《经济体制比较》，2005 年第 1 期，第 49-54 页

非政府部门资源，以便突破已有预算约束的种种行为，如以少量资金为诱饵与下属单位“共建”公共工程等。与传统的软预算约束相比，这种关系产权的制度为政府自上而下地攫取资源、突破软预算约束提供了合法性基础。政府有动力通过各种形式来继续维持甚至强化这种产权关系，以便维护预算外资源的来源。[①]

关于中国政府行为的论述比较零散，没有系统化为一个全面的分析框架。从上述理论研究可以看出，我国政府行为特征具有双重性，既可以产生投资冲动、机会主义、结构趋同等负效应，也可以产生制度创新、投资环境改善等正效应。政府行为是复杂的社会政治现象，政府面对的激励因素也是比较复杂的，财政分权、晋升激励、政治压力、预算约束等都是研究政府行为应考虑的因素。随着政府职能转变和行政权力下放，地方政府拥有更多的资源配置权，亟须建立新的激励机制，使政府能够超脱于具体的微观管理和投资活动，而致力于不断增加公共产品的数量、改进公共产品提供方式、提升公共服务的品质。

二、原因的现实分析

我国政府投资行为产生的原因是综合和复杂的，可以将政府不规范投资行为原因归纳为以下几个方面。

（1）财政分权体制存在明显缺陷。实行分税制以来，我国主要税种的大部分收入都划归中央，留给地方的多是一些增收潜力较小和征管难度较大的零散税种。崔运政的统计表明，2005 年，我国地方政府具有全部或部分决定权的税收仅占地方税收的 8.3%，比 30 个 OECD 国家平均水平低 51.8 个百分点。[②]这导致地方财政收入占总财政收入的比例比分税制之前有了较大幅度的下降。与此同时，中央政府仍牢牢控制着各项财政权力，地方政府无权开征新的地方税税种，不能发行地方公债，甚至无法自主地对地方税税种的税率、征税范围及税收优惠等进行调整。中央政府在财权上收的同时并没有相应地上调事权，地方政府不仅要承担行政管理、义务教育、农业支出、社会治安、环境保护等多种地方公共产品，还要促进地方经济建设，这给地方政府造成了沉重的财政压力。在财政收支严重不平衡的情况下，为本地拓展财源，地方政府均积极发展能源、石化、装备制造等资源和资金密集型产业，大力开展招商引资活动；积极发展价高利大的房地产业，热衷土地开发和新区建设。

（2）地方政治体制存在较大弊端。如上所述，对地方政府的激励和约束更多的是来自上级政府，而不是当地居民和市场主体。由于我国的地方政府官员都是上级任命，民众只是地方政府管理的对象，没有“用手投票”决定官员的命运的权力。另外，长期以来一直实行着限制人口流动的户籍制度和城乡区别对待的政策，人口在地区间自由流动这一“用脚投票”机制发挥作用的条件也不具备。所以，地方政府的公共服务的投资行为实际上得不到当地居民的制约。因此，官员对政府投资项目的选择和决策考虑更多的是如何让上级满意，如何有利于自己的仕途和升迁，而不可能眼光向下，认真考虑当地公众的福祉利益。也正是由于公众无法监督与约束，地方政府投资普遍存在权力不受限

---

① 周雪光：《逆向软预算约束：一个政府行为的组织分析》，《中国社会科学》，2005 年第 2 期，第 132-143 页

② 崔运政：《我国财政分权程度的实证研究》，《地方财政研究》，2011 年第 10 期，第 28-33 页

制、民主不够、集中过分的情况。政府投资项目决策通常只局限于政府部门内部甚至少数几个领导的“暗箱”运作，社会公众的知情权和参与权被严重剥夺。

（3）政绩考核目标偏离政府职能要求。在我国的集权型政治体制之下，上级官员主要依据经济增长来考核和提拔下级官员，经济竞争与政府锦标是联系在一起的，因此下级官员有着很强烈的动力来发展经济以求能够获得政治上的升迁。长期以来，上级政府就像考官，下级政府就像考生，经济指标表现就是考卷。地方官员为了谋求显赫政绩，都挖空心思挣表现，希望在任职期间经济建设有所成就，往往急功近利，热衷于那些税高利大的项目，卖地筹资搞政绩工程。这种政绩考核机制不能形成对重复建设、恶性竞争的抑制作用，对经济发展方式转变产生了极为明显的消极影响。由于不同公共品的增长效应不同，在政治锦标赛的激励下，地方官员更加重视基础设施和形象工程，如铁路、公路、机场、市政等建设上，地方政府只要加大投资即可直接产生 GDP 增长效应，也可以通过收费来回笼资金，亦可通过降低物流成本以提高本地企业的经济效益。而对于教育、医疗、文化、体育、养老等公益性社会事业，地方政府的关注程度则明显不足，或有意无意将责任推给上级政府。

（4）监管体系形同虚设且效率低下。缺乏有效的内部与外部监管也是地方政府投资冲动、短期行为形成的重要原因。一是目前对政府投资的监管仍然局限于政府自身的内部监管，即由政府设立隶属自身的专门机构来监管自身的投资活动，而没有引入外部独立的第三方力量对政府投资活动进行监管，这使得投资监管缺少独立性和公正性。二是多部门监管导致监管权力过于分散，审计署、国家发展和改革委员会重大项目稽察特派员办公室、财政部评审中心、检察院、监察部、中共中央纪律检查委员会，上述各部门都在行使行政和法律权力，彼此之间却缺乏信息和情报的沟通与协调，耗费了大量的人力、物力，根本达不到预期的效果。三是缺乏投资管理的法律体系。我国目前尚无一部系统的法律法规对政府项目全过程监管进行规制，《政府投资条例》经多次修订，2010 年征求意见稿发布，但至今仍然没有正式发布。法律法规虽然涉及了一部分政府投资项目的监管内容，但都是从各自的角度作出孤立的规定，没有形成一个完整的法律体系。

（5）公共投资事务缺乏健全的治理结构。财政分权除了中央向地方分权外，还应包括政府向市场、政府向社会分权。在我国，地方政府仍然是地方权力的唯一中心，在公众、民间资本和社会组织参与政权治理方面存在明显缺陷。第一，地方公共事务不仅缺少制度化的民众参与渠道，而且已有的参与渠道形式大于内容。一些地方官员认为让民众参与就削弱了自己的权力，他们不习惯受人监督的环境，也不愿意受到更多的公众监督，因此，常常会有意无意地给民众参与公共事务决策设置障碍。第二，尽管地方政府也将市场机制引入到公共服务的提供和运营中来，但是，由于采取的方式方法存在缺陷，以及对企业运营监管不力，许多市场化项目以失败告终，不得不又回到政府投资和运营的老路上。同时，由于融资平台对政府投资项目的垄断投入，民间资本进入这一领域门槛提高。第三，社会组织发展受到身份认定、资金募集、进入门槛等方面的限制，难以在更大范围和领域参与社会管理和社会服务，从而在治理结构上打破政府对权力的垄断。

第五节 政府投资行为的规范

政府投资行为规范就是要建立政府投资运作的制度框架，形成促进政府投资的有效方式和途径，特别是要确立政府投资责权利的合理安排与制衡机制。

第一，明确政府投资职能。要把政府的投资活动严格限制在应有的范围内，什么是地方政府应该投资的、必须投资的，什么是政府不应该投资的、无须投资的，要有明显的法律界线或约定。对于长期以来热衷经济事务的各级政府来讲，重要的“不是敢有所为，而要敢有所不为”。政府投资是其为弥补市场机制的缺陷和不足，加快基础设施和公共服务建设而进行的一项经济活动，应集中力量办大事、办难事、办急事，防止政府职能的不合理扩张。

第二，完善政绩考核机制。把经济、政治、文化、社会、生态文明建设和党的建设的实际成效作为评价政府官员政绩的主要标准。不把地区生产总值及增长率作为考核评价政绩的主要指标，不搞地区生产总值及增长率的地区排名。根据不同地区、不同层级领导班子和领导干部的职责要求，设置各有侧重、各有特色的考核指标。全面历史辩证地评价领导班子和领导干部的政绩，既看前任基础，也看现任业绩，既看个人贡献，也看集体作用，既看发展成果，也看发展成本与代价。

第三，强化财政预算约束。良好的制度环境有利于约束政府预算超额扩张。面对公共资源的有限性和公共需求的无限性这一矛盾，不断增强预算的严肃性和约束力显得尤为迫切。成熟的市场经济国家，都特别注重财政预算管理，力求把纳税人的钱花得透明和合理。要建立公开、透明、规范和完整的预算制度，把政府所有收入和支出都纳入预算，逐步做到所有政府开支都要事先编制预算。要加强对全口径预决算的审查和监督，全方位推进财政预决算阳光监督。

第四，推进公共服务方式创新。政府应放松对公共产品与服务的市场限制，扩大市场准入范围，设立多个服务提供者，让民众有更多的选择机会。政府可以通过购买、委托代理、发包等方式将公共项目交给社会组织、中介机构，由市场、社会来提供，以扩大公共服务的供给，解决政府在公共服务领域投入不足、经营不善、效益低下等问题，实现公共服务供给方式的多样化和供给主体的多元化。要加快公共基础领域改革，打破公共基础领域的行政垄断，拓宽其他社会组织和成员参与公共服务供给的空间和领域。

本章小结

政府投资行为是政府为了实现经济和社会发展目标，实现自身的职能要求，直接从事投资活动产生的行为，以及采取各种政策手段对投资进行管理和调控过程中所产生的行为。政府投资行为研究可以从行为取向、行为方式、行为环境和行为结果等几个方面展开。改革开放以来，我国的政府投资有效推进了基础设施和公共服务的完善，但是，政府投资行为也存在着一些明显的缺陷和扭曲现象。政府投资行为规范就是要建立政府投资运作的制度框架，形成促进政府投资的有效方式和途径，特别是要确立政府投资责权利的合理安排与制衡机制。

☆关键术语☆

政府投资行为　行为方式　行为取向　财政分权体制　政绩考核　官员晋升激励　预算软约束

➢复习思考题

1. 简述政府行为的内涵与特征。
2. 结合我国的具体实践论述政府投资行为表现。
3. 财政分权体制如何影响政府投资行为?

第六章

政府投资决策

第一节　政府投资决策理论

政府投资决策是指政府为了实现其预期的投资目标，运用一定的科学理论、方法和手段，通过一定的程序，对若干个可行性的投资方案进行研究论证，从中选出最满意的投资方案的过程。政府投资决策既包括宏观政府投资方向的选择，也包括微观政府投资项目的选择。政府投资决策是政府投资的最重要环节，决定了政府投资的成效。

一、政府权力结构理论

关于政府权力结构理论的研究，探讨的是权力运行的分散和集中，或谁更有决策的影响力等问题，主要有以下几种理论。

（一）精英论

这一理论认为，社会的统治者是社会的少数，但他们在智力、性格、能力、财产等方面超过大多数被统治者，对社会的发展有重要影响和作用，是社会的精英。决策是少数精英的专利，决策权力掌握在少数精英手中，重大的政治方案通常是由这些精英起决定作用，各级政府官员予以配合来实现少数人的意志。

精英论有以下基本特征：①在所有的社会当中，一直并将继续存在少数强有力的统治精英。不论政府体制和经济制度的性质如何，总是寡头统治或少数人对多数人的统治。群众不能自己统治自己。②尽管精英在人口中占有极小的比例，但他们却控制着极大份额的资源。他们组织良好，高度内聚。因此，精英在社会中能够有效地使用权力。③精英往往会运用所有的手段来保护、维持其权力，并且一有可能便增加其权力。只有在有利于其自身利益时，他们才与他人分享权力。他们从来不主动让渡权力。④为了统治社会，精英会运用极其广泛的各种技术手段，包括控制政府、支配经济、使用警察和军事力量、操纵教育体制和大众媒介、惩罚和消灭反对者、制造意识形态以使自己的权力和统治合法化。⑤精英允许甚至鼓励有限的社会变迁，但是，力图将变迁程度限制在有利于实现他们所追求的目标而不能威胁到他们的权力的范围内。重大的社会转型总是遭到精英的反对。⑥当社会变得越来越庞大而复杂时，精英的权力趋于隐秘，因为这一权力根植于无数的组织化结构之中。其结果是精英的统治愈发无处不在，而且愈发有效。

（二）多元论

多元论者认为，社区政治权力分散在多个团体或个人的集合体中，各个群体都有自己的权力中心，地方官员也有自己的独立地位；官员要向选民负责，所以选民也有权力，他们以投票来控制政治家[①]。其主要观点是：①权力本身一定要与权力资源分开；②社会冲突建筑在有组织的社会团体上而不是社会阶层上；③权力资源不平等地分布于各团体中，故有些团体拥有的权力资源比其他团体多；④尽管各团体权力资源不同，但每个团体都可设法争取某些权力资源；⑤选举出来的官员在政治上有其独立性；⑥选民通过投票来间接影响地方政策，从政者不得不尊重选民的意志。

多元论的代表人物是美国的罗伯特·达尔（Robert Alan Dahl）。1961 年，达尔出版了《谁统治：美国城市中的民主和权力》，该书以 20 世纪 30 年代的一个小城纽黑文为研究对象，实证分析了贵族、平民、企业主等各个阶层在城市政治生活中的来源、分布、影响力。他发现，当时有各种团体、个人参与决策，政治权力很分散，每个个人或团体都拥有各种资源，有其在特定专属领域的影响力，但没有任何个人或团体足以垄断地方政府的决策过程。例如，工商业团体对城市重建较有发言权，但是对教育的影响较小。政治决策总是倾向于反映大多数人的意见，并经过“在多元民主中领导人与公民间形成的关系复杂的共生和变化过程”而产生。他指出，纽黑文市的地方政治是以“分散的非对称性”（dispersed unequalities）为主要特征的多元性政治。

（三）城市体制论

20 世纪 80 年代以来，费因斯坦夫妇（Norman & Susan Fainstein）、埃尔金（Elkin）与斯通（Stone）等学者相继以城市体制论来解析城市权力结构。城市体制论关心的问题是：城市体制是如何形成的？城市体制中的成员有哪些？这些成员如何运用权力与发挥影响力？[②]

立足于对亚特兰大市的研究，斯通指出，城市体制是为城市公私部门合作而形成的非正式联盟。在城市权力结构上，城市体制论既不偏向于精英论，也不偏向于多元论。城市体制论认为，在城市体制模式下，政府不可能拥有绝对权力来独立制定和执行政策；同样，私人部门也不能独立制定政策来促进城市发展。城市决策是复杂的关系与互动网络。

基于斯通的研究成果，墨斯伯格（Mossberget）和斯托克（Stoker）对其描述的城市体制特征进行了全面总结：①体制是一个非正式的但相对稳定的，能够对城市发展政策发挥持续控制作用的制度性资源。它通过正式的制度安排或者非正式的合作关系来完成。②体制旨在掌控公共资源的政府和控制经济资源的私人部门之间建立沟通。除此之外，其他的社区组织也参与其中。③合作不是上天的恩赐，需要努力去争取，而且城市体制

---

① 夏建中：《国外社会学关于城市社区权力的界定》，《江海学刊》，2001 年第 5 期，第 42-45 页

② 何艳玲：《城市的政治逻辑：国外城市权力结构研究述评》，《中山大学学报（社会科学版）》，2008 年 5 期，第 182-191 页

不是存在于所有城市。④体制是一个相对稳定的制度安排，并不一定随着行政管理者的更换而变化。⑤体制的性质是由参与者所控制的资源，以及参与者之间的关系所决定的。⑥体制可以通过“选择性诱因”（selective incentive）达成一致意见。⑦体制并不表明行动者在价值观和信仰上完全一致，但合作将使他们在政策上趋于一致。

城市体制论对多元论、精英论的挑战首先在于对权力理解的不同。在多元论和精英论那里，权力是一种“社会控制”（social control）的模型，因此其理论强调支配和抵抗；但与此不同的是，城市体制论认为权力应该是一种能够促进城市发展的权力或能力，而不是一种高于他人的特权或社会控制权。因此，城市体制论把有关政治权力的本质问题由“谁统治”转向了“如何统治”，强调赋予某方权力，关切权力如何被产生以达到特定结果，而非权力如何限制社会行动。换言之，城市体制论的重点在于如何获得行动能量以创造特定政策结果，而不是控制社会行动。

二、公共选择理论

公共选择理论的产生不是偶然的，有其特殊的经济和政治背景。第二次世界大战后，凯恩斯国家干预理论日渐盛行，它把政府干预看作弥补市场缺陷的唯一良策。随着政府对市场干预的加强，其缺陷也与日俱增。布坎南等创立公共选择理论的目的正是在于揭示“政府失灵”并试图克服政府干预的缺陷。围绕公共品需求决策这一中心问题，逐步形成了民主政治经济理论、“以足投票”理论、官僚经济理论等，使公共选择理论得以系统化。

（一）民主政治经济理论

在市场经济条件下，市场机制不能解决公共品的供给和需求，因此，应通过公共选择机制来实现公共品配置。其选择的实现应通过民主政治过程来决定公共品的需求、供给与产量，这是把私人选择转化为集体选择的一种过程与机制，是对资源配置的非市场决策。这就要求公共选择必须经过立宪、立法与行政司法三个阶段来实现。在立宪阶段，主要解决公共选择机制的决策规则问题，以确定社会对公共品的最佳需求量和各阶层应负担的税收；在立法阶段，则主要是通过立法程序和投票过程来确定最合适的对公共品的需求量；而在行政司法阶段，则要解决由政府行政机构生产并提供给议会加以确定的社会需求的公共品。[①]在这一公共选择过程中，可以通过社会成员的偏好显示机制和公共决策机制来实现。

所谓偏好显示机制，就是在公共选择中，个人是最终的决策者、选择者和行动者，个人真实性偏好决定着各种选择机制的有效性。但是，在公共经济中，由于公共品易于导致“免费搭便车”，公共选择所体现的偏好未必真实。因此，在进行公共选择过程中，应以经济人理性原则与利己主义本性作为公共选择的利益动机，由此决定公共选择过程的政治交易性质。对于不同公共品的偏好强度可通过“保险投票制”“投否决票制”“征税投票制”三种方案显示。所谓公共决策机制，就是要通过一定程序将社会成员对公共品的偏好作为国家偏好给予确认，一般是通过直接民主制和间接民主制等政治程序来实现。由于直接民主制容易产生较高的行政管理成本和投票交易、投票议程的操纵与低效

① 张伟、刘晓梅：《西方公共选择理论与实现机制评介》，《中共中央党校学报》，2003年第2期，第33-38页

等弊端，公共选择理论更倾向于采取间接民主制的决策机制，主张公共品的需求由民选代表投票决定。

（二）“以足投票”理论

美国经济学家蒂博特在《地方支出的纯粹理论》中最早提出了“以足投票”理论。他认为人们愿意在全国范围内寻找地方政府提供的服务与所征收税收之间的一种精确、最优组合，以便使自己的效用达到极大化。按照蒂博特模型，在通常情况下，哪个地方有效地提供符合人们消费偏好的公众产品和服务，哪里就会有较多的人口流入；如果不能有效地提供适合于居民偏好的公共产品，就会面临着人口流出的现象。这种人口流动向地方政府发出的信号，与市场需求向企业发出的信号极为相似。在这种情况下，地方政府的决策者就需要像企业经理一样，对各种信号作出必要的反应，并最终落实到公共收入、支出等具体行动上。这种以“足”实现的全体一致规则，是一种分权决策机制，类似于市场交换，具有实现地方公共品配置最优的内在动机。根据蒂博特模型可以得出如下结论，当存在“以足投票”情况时，地方政府就一定会尽可能合理地界定自身的活动范围，规范公共财政的收支行为，并将这一要求切实体现在公共预算和相应的制度安排当中。

（三）官僚经济理论

官僚经济理论主要分析公共部门的动机、行为及其约束、效率等问题。公共选择论认为，官僚是以追求个人利益而存在的理性“经济人”，官僚机构是供给公共品的生产者，官僚行为与官僚机构之间遵循制度约束下的刺激反应。官僚经济理论的早期代表威廉·尼斯坎南（W. Niskanen）指出，官僚的目标不是公共利益，也不是机构效率，而是其个人效用。影响官僚个人效用的因素有薪水、职务、权限、声誉、管理的复杂程度等，这些因素又都取决于官僚机构的预算规模。预算规模越大，官僚越能从上述因素中增进个人效用。因此，官僚的目的将是力争获取最大预算。

官僚经济理论认为，政府公共部门存在低效率和严重的资源浪费。从公共部门本身来说，公共部门目标比较抽象，很难量化成具体化的中间目标和操作性目标，再加上目标间的冲突和比较高的交易成本与信息损耗，造成了公共部门内部也是低效率的。而低效与利益动机最终会促使公共部门的规模不断扩大。面对这种低效的官僚机构，必须强化外在控制，必须改进其运行方式和组织体系，在公共部门中引进某种程度的竞争机制，以打破公共品供给的垄断，在能够市场化的某些公共事务的供给中引入市场机制，并给予适当的利益刺激。同时，必须强化政府机构的监管，成立专门的机构对公共部门绩效给予科学的评估，为此应特别注意法律的约束。

三、委托—代理理论

经济学中的委托—代理理论最初用来分析两权分离的企业中的“所有者—经理”行为。自现代公司制确立其主导地位以来，所有权和经营权的分离就成为现代企业最突出的特征。两权分离使公司在获得职业经理专业化经营收益的同时也要支付相应的代理成本，这些成本包括支付给经理人的各种报酬和由经理人行为不当所导致的收益损失。由于存在信息不对称，所有者无法完全获悉经营者的行为，面临着较高的监督成本，逆向选择和道德风险就会出现。经营者往往会专注于追求自己的效用目标最大化，而忽视了所有者的利益，即所有者追求企业利润最大化，而经营者追求个人控制权收益最大化。这里，我们可以把政府官员看作与企业经理一样的管理阶层，这种委托—代理关系存在于公众与政府之间及中央政府与地方政府之间。

公众与政府之间的关系是基于行政权的运行而达成的政治委托—代理关系。公众是行政权委托人，政府是行政权代理人。根据民主政治的内在要求，由民众（或选民）对公共投资提出要求最有约束力和说服力，因为公共的事情就是民众的事情，公共投资是民众的公共利益所需要的投资，民众说投才能投。但是，民众偏好的多样性，以及由“搭便车”行为等导致的将不同选民偏好集合为统一偏好的不可能性，使事情趋于复杂化。真正能代表民意的公共投资偏好往往只存在于观念之中，很难为决策者所掌握，这既有技术上的原因，如信息搜集成本过高、信息取得具有时滞等，也有制度上的原因，如决策者也是一个经济人，也有自身的利益追求与成本考虑。后者使决策者在决策时并非一定会充分考虑选民的偏好。在间接民主制条件下，即使采用多数票为准的投票模型，也不一定能使决策真正体现大多数选民的偏好。

在现实生活中，对公共投资提出要求的，除了选民（更多的是选民的代表），还有各种利益集团及与这些利益集团有着千丝万缕联系的政府官员。政府官僚阶层本身就是一个特殊的利益集团，在民主法制不完善的情况下，往往是某些利益集团或政府官员对公共投资提出的要求更具有权威性和约束力。在政府主管部门中，某类投资往往只有少数几个人负责审批，这些人很容易被相关利益集团所捕获。在下级官员的升迁不是主要取决于选民，而是取决于上级官员的情况下，“政绩”的考虑往往使下级官员为博得上级官员的好感而进行许多不切实际的公共投资。在这种情况下，代理者的行为就严重背离了委托者的要求，委托—代理的成本就迅速扩大，所谓的公共投资决策事实上就被偷换为与某些利益集团或政府官员局部利益有关的私人投资决策。[①]要解决这一问题，必须从根本上完善民主与法制，特别是在条件允许的情况下，在某些层次，尽可能用直接民主代替间接民主。

中央政府与地方政府在各种经济利益分配上，往往通过协商谈判确立，其间的关系也逐渐向契约化发展，呈现出委托—代理关系。在这种委托—代理关系中，中央是委托人，目标是整个国家利益最大化；而拥有私人信息的地方政府是代理人，其目标是追求地方利益的最大化，具有“经济人”的理性特征。[②]随着市场经济的发展，以及放权让利改革的推进，地方与中央的博弈能力不断增强。地方政府或者利用自己的“代理资源”与中央政府讨价还价，诱使其作出对自己有利的制度安排；或者利用中央政府的授权，在满足自身利益最大化的前提下，通过“层层截留”“改头换面”的方式理解和贯彻上级的决策指令；或者囿于局部的地方利益，以种种借口不执行中央政府的决策，对地区公共投资采取“不作为”或寄望于“搭便车”，使区域公共产品供给持续性不足、地方保护主义等现象滋生。[③]

---

① 杨灿明：《政府公共投资的五个问题》，《广东财政》，2003 年第 4 期，第 24-25 页

② 江孝感、王伟：《中央与地方政府事权关系的委托—代理模型分析》，《数量经济技术经济研究》，2004 年第 4 期，第 77-84 页

③ 高燕妮：《试论中央与地方政府间的委托—代理关系》，《改革与战略》，2009 年第 1 期，第 29-30 页

四、治理理论

当代西方的治理理论兴起于20世纪80年代。1989年，世界银行在概括非洲国家经济社会发展情况的一份报告中首次使用了“治理危机”（crisis in governance）一词。1995年，全球治理委员会发表了一份题为“我们的全球伙伴关系”的研究报告，对治理作出了如下界定：治理是各种公共的或私人的机构管理其共同事务的诸多方式的总和。它是使相互冲突的或不同的利益得以调和并且采取联合行动的持续的过程。

1998年，英国学者格里·斯托克对流行的各种治理概念作了一番梳理后指出①，第一，治理是指一系列来自政府，但又不限于政府的社会公共机构和行为者的复杂体系。政府并不是国家唯一的权力中心，各种公共的、私人的机构只要其行使的权力得到了公众的认可，就都可能成为在各个不同层面上的权力中心。第二，治理意味着在为社会和经济问题寻求解决方案的过程中，存在着界线和责任方面的模糊性。它表明在现代社会，国家正在把原先由它独自承担的责任转移给公民社会。第三，治理明确肯定了在涉及集体行为的各个社会公共机构之间存在着权力依赖。进一步说，致力于集体行动的组织必须依靠其组织，各个组织必须整合资源，力图达到共同的目标。第四，治理意味着参与者最终将形成一个自主的网络。这一自主的网络在某个特定的领域中拥有发号施令的权威，它与政府在特定的领域中进行合作，分担政府的行政管理责任。第五，治理意味着办好事情的能力并不仅限于政府的权力，不限于政府的发号施令或动用权威。政府有责任使用新的方法和技术来更好地对公共事务进行控制和引导。

有的学者认为，与政府相关的治理可以概括为以下几种理论范式②。

（1）“企业化政府”模式。主要内容是公共管理的自由化和市场化取向，管理者必须从政府的繁文缛节中解脱出来，在公共部门内部创立内部市场，把私人部门的管理实践和方法应用于公共部门。企业化政府的基本原则是：①催化的政府，“掌舵”而不是“划桨”。②社区所拥有的政府，授权而不是服务。③竞争性的政府，将竞争机制引入服务的供给之中。④顾客驱动的政府，满足顾客的需要，而不是满足官僚机构的需要。⑤有预见的政府，预防而不是治疗。⑥分权化的政府，从层级节制的等级制到参与和协同。⑦市场导向的政府，通过市场的杠杆作用来调控变化。

（2）E. 费利耶（Ferlie）的四种模式。英国学者费利耶认为在当代西方政府改革运动中，至少出现了四种不同于传统的政府治理模式的新模式：①效率驱动模式。这种模式代表了将私人部门管理方法引入公共部门管理的尝试，强调公共部门与私人部门一样要以提高效率为核心。②小型化与分权模式。这种模式的特征是组织的分散化和分权，加强组织的灵活性。③追求卓越模式。它强调价值、文化、习俗和符号等在实际行为的形成过程中的作用，强调组织文化、组织学习和组织发展。④公共服务取向模式。它关心提高服务质量，强调产出价值，但同时注重私人管理方式的应用。

（3）政府未来的治理模式。B. 盖伊·彼得斯（Peters）针对传统的官僚制政府治理模式的种种弊端和问题，提出了当代西方政府改革实践中正在出现的治理模式，其内容

① 徐磊：《治理理论与我国政府管理创新》，《理论前沿》，2009年第12期，第32-34页

② 王世强：《现代治理理论解读》，http://blog.sina.com.cn/s/blog_4c052c0a010008i9.html，2005年4月3日

和特征分别是：①市场式政府。它相信市场是资源配置的最优方式，而政府的自利倾向不可避免，所以要破除政府垄断和引入市场机制，分散决策和政府执行权力。②参与式国家。它倾向于建立更强的民主机制来向政府传达信号，更为关注较低阶层的员工和组织的服务对象。因此，公共组织的结构应该更为扁平，可以建立新的机构以弥补传统政府的不足。③弹性化政府。它是指政府有应变能力，能够有效回应新的挑战。因此，可以不断撤销现有组织，避免组织僵化。

（4）网络治理模式。网络治理就是为了实现与增进公共利益，政府部门、私营部门、第三部门和公民等众多主体彼此合作，在相互依存的环境中分享权力，共同管理公共事务的过程。网络治理的内容包括：①网络结构将成员组织各自的核心优势经过主动优化、选择搭配，相互之间以最合理的结构形式结合成一个优势互补、相互匹配的有机体，形成 1＋1>2 的整体协作效应。②网络治理结构中的每个节点都有能力和动机相互合作，都能在不断的互动、协作中获取“网络利益”，从而实现自身利益的最大化。③信息结构从传统的纵横方向向网络化、交互化方向转化，各个节点都能在网络上适时获得所需的各种信息。

第二节 国外政府投资决策

成熟的市场经济国家，政府投资决策体系更加完备，决策程序更加规范。阳光化与法制化的投资决策过程，有力地保证了政府投资的有效性。

一、德国政府投资决策

德国实行的是社会市场经济体制，是国家参与和调节的、有秩序的市场经济。其主要特点是保护合理竞争，遵循效率原则，强化社会保障，实现社会公平。政府按照市场原则规范经济秩序，同时通过直接投资维护社会公共利益，实现基础设施建设、公共资源配置、产业导向等目标。德国的政府投资决策在《联邦预算法》和《审计法》都有规定，投资决策既要考虑经济效益，也要考虑社会效益，政治家还会考虑决策对选举的影响。①

德国政府投资决策者主要包括：第一，交通、建筑和房屋部。主要负责国土规划、城市建设、住宅建设、建筑业管理及道路交通等方面的行政管理工作，大多数政府投资项目的建设与管理，以及耗资巨大和旷日持久的公共项目建设也主要由该部负责。其主要职能一方面是对全国的铁路、公路、水路进行建造、保养、维护和管理，也包括迁都柏林那样的跨地区重大建设项目的计划组织等工作；另一方面是对若干行业中政府投资项目的建设提供技术服务，从技术细节上论证某一个政府投资项目的可行性。第二，财政部。该部门的职能与我国财政部的职能基本类似。在政府投资项目的建设过程中，主要从资金的调度和支付上对项目进行审查和管理，对政府项目的投资兴建具有审批权。第三，联邦建设有限公司。其是为了首都搬迁工程而专门成立的国有私营性质的公司。公司的董事会共有 16 名成员，其中 3 名为官员，分别来自财政部、建设部和联邦议院。

① 叶敏：《德国联邦政府投资的管理体制》，《政府投资管理体制》，中国计划出版社，2005 年，第 192 页

这三名来自政府机构的董事有一票否决权，但并不意味着他们有一票赞成权，他们的提议也必须经过董事会的批准才能实施。董事会主席由一位审计师出任。之所以设立联邦建设有限公司，是为了有效地避免政府当局的干预和不受政界更替的影响。联邦建设有限公司这种国有私营性质公司的管理运行模式，实际上代表了德国政府对非经营性政府投资项目的管理特点，即由相应的政府部门拨款，组建专门的机构对项目的整个建设过程进行管理。

政府投资决策程序是：①立项审查。政府投资项目的立项一般由项目使用者向财政部提出申请，由财政部和建设部共同审查。财政部主要从财政、资金的角度对项目进行审批，建设部则从技术细节上审查可研报告。不得超出财政部审批确定的投资额。在该投资额范围内，由建设部代表国家组织管理工程项目建设，即建设部是国家投资项目的业主，具体运作由该部建筑局负责。②预算审核。德国政府投资项目的预算管理极具权威性、强制性和科学性。对上报的项目预算审核严格细致，预算执行结果考核也分阶段把关。一旦立项获得批准，项目单位除上报总预算外，还要提供各项投资资金之间的比例和应达到的社会经济效益指标的专门预算，该预算作为辅助材料上报财政部并纳入年度总预算。德国在建设部设有"建设投资管理局"，负责对政府投资项目全过程的监督管理。[①]他们与项目的未来使用部门协调，共同作出项目预算并参与从项目立项、预算确定、投资拨款、投资预算调整直到投资后评估的全过程。项目完成后，该机构要对项目投资额、完成时间、质量和效果进行考核，对未达到要求的要追究行政责任。

为防止决策失误，确保决策的公正性和正确性，德国实行三级监督机制。一是有专门的内部监督机构。联邦建设部专门设立了由国务秘书直接领导的内部监察处，主要以《联邦政府官员法》为依据，负责对该行业政府官员、公职人员和应聘参加政府投资工程的自由职业人员进行监督。监察处如发现或有人举报有关人员有经济问题，可以进行核实，经核实确有经济犯罪事实的，即移交检察院或警察局办理。监察处的主要职责是内部检查和预防腐败。监督机构只能监督，不能参与工程发包或其他经济活动。二是审计监督。审计署是依据《德国基本法》规定而设立的独立的机构。审计署在德国具有十分重要的地位，它不受政府和任何部门的制约。审计署根据《德国基本法》赋予的使命，接受议会委托，定期审查建设项目的法律性和经济性，对决策者的舞弊行为形成制约。审计署一年一度的《审计年鉴》，一来作为联邦预算的依据；二来是反映政府投资透明度的一个重要窗口。审计署不仅进行投资是否到位的"问题审计"，而且进行投资是否有效率的"效率审计"，发挥国家财产"看门狗"的作用。三是通过联邦议会进行监督。每一个议员都有自己的选区，该选区的选民可向议员提出问题与质疑，由议员将有关问题与质疑提到议会上。与此同时，议会也要受到新闻舆论的监督。舆论监督对议会和议员形成强大的压力，有时会迫使议员辞职。

二、英国政府投资决策

英国是一个中央集权型单一制国家，在政府层级上分四级，即中央政府、省政府、

① 国家发展和改革委员会外事司：《德国联邦政府投资项目的决策与管理》，《中国经贸导刊》，2004年第16期，第21-24页

大区政府、市（小区）政府。在政府投资体制上，中央政府的权责比较集中，地方政府虽然对某些事项有一定的自由裁决权，但总体上要受中央政府的监控，服从中央政府的统一领导。①

（1）政府投资决策程序。英国政府投资决策机制采用中央集权制，对政府投资项目实行高度集中管理。首相办公室直属的公共服务提供专署直接指导并监管政府投资项目的投资决策。政府投资决策的主要机构为公共服务提供专署（现为投资节省预算局），成立于2001年，属首相办公室直管。每年的投资计划由财政部和公共服务提供专署联合制订，并以《公共服务协议》的形式公开出版。一旦各行业部门的预算得到议会批准（英国财政部每年都会发布与公共开支有关的白皮书，其中政府投资的预算和决策也在其中），各部门就在行业发展总的战略规划框架下，按照《公共服务协议》的要求安排项目投资。就一般决策而言，在地方政府职权范围内，一件事的动议由利益集团提交到专门委员会，委员会同意后提交到相关议员参加的听证和辩论会，通过后再提交地方议会，投票通过后财政部门才能编入预算。

（2）政府投资的立项审批。英国政府对投资规模或社会影响大的项目，立项审批非常严格，必须经过国会批准。政府投资项目在立项前，必须通过财政部政府商务办公室组织的公共工程入门审查。该制度是一种并行审查的方式，审查者为和项目无任何关系的第三方，主要对项目的可能性进行评估。根据投资项目规模大小，分为普通公共工程入门审查和重大项目评估两类。普通公共工程入门审查，主要对项目建设和运营的连续性进行审查，确保项目能够发挥投资效益。重大项目评估由财政部重大项目评估组负责实施。评估组由各类专家组成，每组一般为4～5位专家，审查5亿英镑以上的项目。评估的主要内容是项目实施可行性、必要性、项目的企业效益及社会效益四个方面。重大项目评估组成员需要研究与大型项目有关的各个子项目（通常是高风险项目），并建议财政部部长是否批准项目实施。②立项文件一经批准或确认即为项目执行的依据，不得突破投资概算，设计人员、施工人员、工料测量师以此作为造价的控制目标。政府投资项目确定后，项目主管部门将与政府商务办公室及下属机构组成有效网络，组织投标者，根据成本估价确定中标者。

（3）政府投资决策的监管。自英国国会1667年通过第一部有关建筑工程的法律以来，英国涉及建筑工程的法律、法规、建筑技术准则和工程建设标准不断补充，逐步形成了政府投资决策监管的法律体系。这一法律体系包括三个层次。第一层次是法律层次，它具有最高法律效力，一般由议会制定或由议会授权政府或社团机构制定，最后由议会审议通过。如健康安全法、建筑法、建筑工程法、仲裁法、建设团体法、建筑师法等。第二层次是实施条例，一般是政府或社会团体制定，并经议会审定。这些条例的制定是根据法律中的某些条款的授权，对法律中的一些条款进行更加详细的规定。如建造条例、建筑总条例、设计与管理条例、保证付款条例、健康安全工作条例、公共安全条例等。第三层次是技术规范与标准，其主要是由各协会或学会编制，或政府委托其编制。

① 王淑荣、李颖、孙忠云：《简介英国、意大利政府投资项目监督管理体制》，《中国财政》，2007年第11期，第76-77页

② 傅仲保、张康民、仇秩：《英国政府投资监管体系的架构和内容》，《中国投资》，2010年第4期，第102-105页

三、意大利政府投资决策

意大利在历史上曾是中央集权国家，后来随着地方政府体制的建立，中央和地方的关系才有了新的发展，地方自治得到一定程度的加强。意大利政府投资体制也是中央政府权责比较集中，对整个国家或社会影响较大的投资支出由中央政府提供和管理。地方政府受中央政府的监控，服从中央政府的统一领导。①意大利政府投资的决策与监管权主要在政府所属的基础设施部。所有与工程有关的拨款监管权也在基础设施部。基础设施部部长负责项目的立项及投资计划。通常由经济计划部间委员会主席——总理批准国家一级项目。19 个大区决定本区基础设施发展计划。在整个政府投资项目决策和监管体系中，基础设施部居于核心地位，是项目监管的核心部门。

政府投资决策及监管程序是：各行业主管部及委员会与各省、大区政府将所属项目计划统计分析后，汇总至基础设施部，由基础设施部提出项目计划及发展策略，然后提交经济计划部间委员会及中央地方统一意见会议，两次会议均对项目立项无异议，则形成经济发展文件，作为项目实施的法律依据。经济发展文件形成后，基础设施部编制项目一系列计划和程序，决定项目拨款，然后将项目交给总签约人，由其完成设计并实施。在此过程中，基础设施部将自己的一部分管理实施权委托给唯一签约人（企业集团）。另外，基础设施部不分散签约，所有政府投资项目只有一个签约人，这样不会造成工程管理中的混乱，有利于国家对政府投资项目的监督和管理。

除基础设施部对政府投资项目财政资金有权监管外，意大利审计机关还要对这些资金进行年度审计监督，并有非常严格的监督体系。首先，国家在进行拨款时，不论是一般性拨款还是专项拨款，都要经过意大利审计法院的检查，审计法院主要检查国家制定的有关拨款文件。如没有得到审计法院的通过，这些拨款就不能够执行。由于地方政府有一定的自主权，具有相对的独立性，审计法院对地方政府颁发的财税文件不进行审查，只是对决算和地方政府每年财政目标的完成情况进行监督。其次，审计法院及其所属机构要对转移支付中有国家拨款的项目进行审计。凡是得到国家投资的项目，都要向审计机关提供其较为详细的资金使用计划，包括用款时间计划和要达到的目标等，接受审计机关的检查。对项目收支进行具体审计的同时，还要对项目的执行情况进行全面评估，并将审计结果向议会报告。

近年来，意大利政府一直在努力构建完善的政府投资项目监督管理法规体系。2001年，意大利政府就出台了关于政府投资项目监督管理的法规性文件，对政府投资项目监管法规按政府机构改革与市场经济体制运转情况做了进一步规定。2001～2002 年，意大利政府通过了规范政府重大基础设施工程的法律——《战略目标法》，规范了政府投资项目的监督管理工作。《战略目标法》主要内容是强化对战略目标工程的监管。战略目标工程主要是公路、港口、水道建设工程，包括城市间公路、高速公路、铁路、港口、机场、威尼斯水道工程等。

《战略目标法》对项目前期监管分三个阶段：第一阶段，初期管理阶段，主要是政

① 王淑荣、李颖、孙忠云：《简介英国、意大利政府投资项目监督管理体制》，《中国财政》，2007 年第 11 期，第 76-77 页

府投资项目实施方案是否可行，有无比选方案，是否适应经济发展。第二阶段，中期管理阶段，是对每个技术关键点都进行详细描述。主要看项目所涉及部门的要求和目标，要拿出评估结果，并拿到理事会讨论。第三阶段，执行管理阶段，将评估结果拿到招标站进行招标并选定中标单位。中标单位在基础设施部的监管下完成项目前期剩余部分的设计工作。战略目标法对政府投资项目的追踪检查机制进行了严格规定，检查工作由基础设施部的技术秘书处完成，并直接受部长领导。追踪检查是一个非常复杂的工作，不同时间段有不同的检查数据和检查内容。战略目标法没有年限限制，只有项目名称和建设内容的调整。每年基础设施部都会根据国民经济发展情况补充新的项目。这些项目主要是公路和铁路，还有一些大的水道和隧道工程。

四、美国政府投资决策

美国是典型的自由市场经济国家，在两百多年的治国实践中，形成了一套与市场经济相适应的政府决策管理体制。政府决策目的比较明确，非常注重选民的利益和意向。决策程序规范，对决策内容自始至终进行民主讨论、辩论及对决策结果进行绩效估计，并按多数人的意见作出决策。决策公开透明，法律赋予公民对政府决策提出建议的权力，决策受法律约束和民众监督。

与此相对应，美国政府投资的决策过程较为科学化、民主化和规范化，以保证政府投资工程能有一个正确的社会目标。政府投资工程的管理实现了相对集中的专业化管理，以提高政府投资的使用效率。在美国，政府投资工程又称政府工程采购，其指导原则是及时向用户交付最有价值的产品和服务，保持公众信任，实现公共政策的目的。为了保证上述目标的实现，除了严密的法律法规体系外，美国联邦及各州还结合自身的实际，建立了科学的组织体系，制定了严密的操作程序及相应的监督机制，并在实践中不断地加以完善，有效地保证了政府投资工程的投资效果。[①]美国关于政府投资工程的主要法律法规是美国联邦采购政策办公室制定的《联邦采购规章》，另外还有美国国会 1962 年颁布的订立政府合同过程中的诚实法律。此外，美国政府投资工程的合同管理还必须受一些公共法律约束，如合同法、企业法、小企业法等。

美国联邦政府投资工程涉及面较广，主要包括住宅及城市规划、农业设施、水利设施、军事及国防设施、交通、政府办公用房等方面，分别由住宅与城市建设部、交通部、恳务局、美国工兵部队、总务管理局等实施专业化的管理。对于一些特大型的工程，则组建类似密西西比河流域管理局这样的专门机构进行特殊管理。美国各州及地方政府的政府投资工程管理体制大体相同，即由少数几个专业部门对本级政府的政府投资工程进行专业化管理。例如，美国的密苏里州，其政府投资工程主要由州运输局和设计建设处负责管理。在联邦政府投资工程实施的过程中，最终用户部门及管理与预算办公室、财政部、国会都要以不同的形式参与，最终用户一般要参与审定设计和验收工程，管理与预算办公室要对项目的预算进行审定，预算还需经国会批准后方可继续执行，财政部负责工程建设资金的集中支付。地方各州的政府投资工程的实施程序也与联邦政府基本相同。

联邦及各州的政府投资工程的决策及实施程序不尽相同，但一般具有以下特点，即

① 郝建新：《美国怎样管理政府投资工程》，《中国建设报》，2002 年 6 月 24 日，第 8 版

在项目的决策阶段，项目要经过同级财政部门和议会的严格审查；在项目的实施阶段，由项目的执行机关严格按照规定程序及有关合同对项目进行严格的管理。以总务管理局项目管理为例，一个大型项目的设计和建设直至交付使用，大约需要如下四个阶段的工作：①区域规划。总务管理局的每个地区办公室都进行区域规划，计划实施的工程将从区域规划中挑选出来，并向管理和预算办公室和国会提出所需投资额度。②项目审定。管理和预算办公室进行检查并上报国会，国会审定项目，并且在联邦预算中安排适当的资金。③项目管理。开发办公室组成项目小组，负责对工程自始至终地进行集权化的管理，并承担责任。④监督机制。对联邦政府投资工程管理部门实施监督的是国会的美国总会计师事务所下属的总审计署办公室，它有权对行政机关的投资计划进行评估，就政府机关的支出提出建议，而且可对项目进行审计。

第二次世界大战后，美国议会积极立法约束和管制政府投资决策行为，明确政府机构和人员的责任，重视并切实加强对权力的监督和制约，在此基础上形成了一套成熟的治理政府投资腐败的制度体系。[①]美国对政府投资项目监管体系十分健全，大致可分为国会的监管、政府部门的监管和公众的监管三个层次。对政府投资项目的监管注重事前、事中、事后监管全过程的有机结合，具有程序化、制度化、定性与定量相结合的特点。政府雇员、业主代表、承包商、设计人员、项目经理等在职业道德和敬业精神方面存在内在约束和激励机制，有效地保证了公共投资项目实施的进度、质量与费用控制。美国形成了一套成熟的政府公共投资项目责任追究机制。主要做法是成立会计总署、众议院技术与政府采购办公室、独立总检察官机构，专门对政府工程采购中的腐败、欺诈等行为进行监督、调查和组织听证，联邦政府和各部委设立独立机构——道德办公室，规范政府官员的道德行为，鼓励公众舆论和选民积极参与揭露政府官员腐败行为。

第三节　国外地方自治条件下的政府投资决策

成熟市场经济国家地方政府投资决策具有许多共性，这与其民主制度一脉相承。其中，决策程序的规范化，决策过程的公开透明，公众的广泛深入参与，各类利益集团发挥作用，以及政府权力受到约束成为地方政府决策的主要特征。

一、美国的地方自治

美国实行的是三级政府架构，即联邦政府、州政府和地方政府。在州政府以下，县、市、镇、特别区等无论大小都统称为地方政府。以市为例，美国地方政府组织形式主要有三种：一是委员会制，委员会既是政府又是议会，委员既是议员又是各政府部门的负责人，通过委员会对地方事务进行集体决策；委员会的主持人即市长，但仅有一些礼仪上的职权。二是市长—委员会制，市长行使行政权，议会行使立法权，又分为强市长制和弱市长制。三是委员会—市政经理制，这是借鉴现代企业治理模式形成的组织形式，由选民选举产生委员会，行使重大决策权，委员会公开招聘一位专门人士担任市政经理，

① 杨飞虎：《公共投资腐败治理的国际经验与借鉴》，《经济社会体制比较》，2010年第4期，第92-100页

负责日常行政事务，包括任免各政府部门负责人。①

美国的地方政府建立在自治和直接民主的基础上。在制度设计时，立法权、行政管理权和选民的选举权相互制约。民选的官员在对选民负责的同时，还要接受来自民间和各种相互制约的机构的监督。这种负责、制约和监督都用法律的形式固定了下来，并被设计成了一系列法律的程序。重大事项决策，一般要经过立项申请、社会调查、民众公听、专家论证、政府审议、议会表决等多个重要程序。一项决策的提出和决议，除应对突发事件外，都必须有足够的时间，不能临时动议和表决。大家都必须按照这个程序办事，违反了它，就是破坏了民主的程序，就要受到法律的制裁。只有制度设计到位了，制约和监督才能够真正起作用。而这一切都必须建立在自治的基础上，建立在选民拥有最终的决定权的基础上。

美国地方政府运作的透明度比较高，在政府治理的过程中，民众时刻在参与、关注和监督。他们采取的主要形式是建立起与地方政府各个部门相对应的、主要由民众志愿者参加的各种理事会和委员会，参与决策和监督决策的执行。政府的会议一般是公开进行的，选民可以进入会场自由旁听；在政府办公楼的秘书办公室和会议现场，可以拿到需要的材料。重要的决策事项均在政府网站公布，民众可以通过网络等媒体了解到政府决策的情况。政府定期召开公民参加的公开听证会，公民有权在关于重要的立法和预算决策的听证会上作证。地方政府的这些做法保证了政务决策的公开透明。

没有听证就没有决策，重大事项交全民公决，决策中注重程序公正原则和保护少数原则。在地方政府的日常决策中，选民可以利用其所在的非政府组织，出面参与政府的决策。这明显得益于美国民众的自组织水平比较高，他们中的大多数人都是各种非政府组织中的一员。他们也可以参加各种听证会，自由旁听地方政府的任何会议，并在允许的情况下公开在会议上发表自己的观点。美国地方政府的决策必须经过充分的讨论和听证，然后交于代表会议或市政议会进行表决，重要的决策还必须交于全民公决。尤其重要的是，即使一项决策最后经过代表会议表决通过了，决议实施中可能会有利益损失的选民，仍旧可以提出新的修改意见和提出新的利益损失补偿办法，要求地方政府予以考虑和解决。

民众的自组织水平高，对地方政府官员形成了制约之势。一般来说，单个选民与政府和政治家对话，不会占有什么优势。但组织起来的选民和处于非政府组织中的选民与政府和政治家的对话就完全是另一回事了。美国的社区一般都有各种各样的非政府组织：经商者可以加入商会，教师有教师工会，公务员有公务员工会，还有警察工会、消防员工会，环保人士有环保组织，残疾人有残疾人的组织。这些组织有自己的利益倾向，通常可以用同一种声音与政府和政治家对话，要求他们倾听自己的声音。这些声音对选举的影响很大，任何一个政治家都不可能无视这种力量的存在。同时，在地方政府讨论与他们的利益密切相关的议题时，他们作为一个团体的力量也会影响和左右讨论的最后结果。

在美国，重大工业或基础设施建设项目的投资方往往同样财大气粗。更为关键的是，其自身也好，与之紧密相关的游说团体也好，都是一定的利益集团。这些利益集团虽然

① 高新军：《美国地方政府治理的 20 个要点》，http://www.china reform.org.cn/gov/governance/Experience/201201/f20120105_131887_4.htm，2012 年 1 月 4 日

非常强大，但他们却不能为所欲为，相反，在面对诸多压力和监督时甚至如履薄冰，例如，有来自各种法律法规的约束压力，有来自司法机关的司法监督压力，有来自环保等公益利益集团的对抗压力，有来自媒体舆论的批评监督压力，更有来自社区公民及其组织合法有序抗议的利益维护压力。

联邦的“空气清洁法案”及各州和地方的相关法律，是高悬于各种重大建设项目头上的利剑；投资方与环保组织、社区公民等利益集团之间相对公平的相互博弈，是避免重大建设项目不至于成为一方滥用权利的缓冲器；社区公民积极有序的知情、参与等，则保证重大建设项目始终置于社会监督之下。[①]在此背景下，美国地方政府若要实施项目，即使将其好处说得天花乱坠，但是，仍需对项目风险等重要信息提前披露和详细说明，否则他们无力承担欺瞒的严重政治后果。

此外，美国公共项目在立项前就要接受审计部门的可行性和财政预算审查，而且直接向立法机关汇报审核，项目立项后检察官办公室和各种监督机构介入，实行每周报告制度，还有日常巡检，向公众公开整个过程，并接受咨询，还有独立于规划部门的专业机构协助公众监督。

正是由于上述体制机制的层层保障，美国政府投资项目在经历公民有序参与之后，往往必须经过重大改进完善，如更加严格的环评及环保风险防控措施，更多的社区利益配套措施，如配建学校、修缮公园、建设社区广场等基础设施以直接惠及所在社区公民，更多地雇佣当地亟待帮助的群体如少数族群、弱势群体等……经过这些相互谈判博弈并取得妥协共识后，政府项目才能如愿开工建设，公民、企业、政府三方在各退一步后实现多赢。不难发现，实现地方政府决策多赢结局的最关键的一环，正是公民合法有序地参与。

二、法国的地方治理

20 世纪 80 年代以来，法国相继进行了多次政府改革与政府间权力关系的调整，其中 1982～1983 年社会党人的分权改革是法国地方治理变革的催化剂[②]。地方治理的发展可以认为是国家、市场、公民社会三者之间权力结构和关系重新调整的过程，也是分权化改革的过程。分权化不仅是以政府为中心的传统行政理论下政府间的关系调整，即中央和地方关系的调整，而且是涉及多种形式，不同层次、不同程度的权力重新调整分配。

地方分权改革使法国地方政府在法律上及现实中的自主权扩大了，为了应对当地各个社区面临的社会和经济问题，一般的市政委员会不仅需要与其他层次的政府机构结成伙伴关系，更需要利用私营和第三部门手中的资源。首先，地方行为主体呈现碎片化趋势，地方政府官员、民意代表、主要政党领袖、中央在地方的职能部门都是地方公共决策系统的重要力量，地方治理依赖于多级政府间的沟通与合作；其次，私人企业及社会团体对公共决策的影响力日渐突出，传统的省长与地方显贵之间的行政联盟已经被包括经济利益代表、第三部门和地方利益集团在内的更广大联盟所取代。在这样一个大背景下，地方政府与私人部门、第三部门的关系发生了巨大变化，形成了三者之间互动合作

---

① 张智新：《美国政府投资项目如何赢得公众支持？》，http://roll.sohu.com/20120706/n3474188.shtml，2012 年 7 月 6 日

② 郁建兴、楼苏萍：《近 20 年来法国地方治理体系变革与新治理结构》，《学术研究》，2006 年第 1 期，第 78-83 页

的新治理结构。

1960～1970 年，法国第三部门获得了较大发展。到 20 世纪 90 年代，法国拥有 70 万个各类团体，并以每年 6000 多个的速度递增，已经成为法国社会变革和改革的重要力量。在法国地方政府与第三部门的合作中，最有代表性的是“格勒诺布尔”模式。格勒诺布尔是法国南部的中等城市。20 世纪 60 年代，该市的第三部门组织市政行动小组广泛参与到地方政府决策中，尤其是在邻里社区建设和环境保护领域，其领导人在 1965 年当选为市长，由此引发了全国范围内市政行动小组的成立热潮。这个案例证明地方政府与第三部门的合作是可行的，同时也表明公民在地方层面的参与可以提高公共政策的质量，尽管它只限定在环境政策领域。

不过，在分权改革过程中，法国地方政府与企业之间关系的不对称，也限制了公私伙伴关系的有效性。政府是政策的创制者和主角，社会团体的参与是有限的，市政府通过控制财政资源和政治资源，拥有足够的能力将他们的偏好加于第三部门，而市民社会几乎丧失了对抗能力。鉴于此，2001 年，法国政府与第三部门代表签署了一项被称为“国家-协会宪章”的协议，目的在于通过更广泛的公民参与促进民主发展，避免“从市场经济沦落到市场社会”。这可视为法国第三部门发展的新起点。

公民参与对于公共利益的体现和地方治理成效具有积极意义。地方治理体系中的公民不应仅仅被界定为选择民意代表的投票者和政府公共物品的消费者，而是具有强烈公民精神的“积极的公民”。尽管一些评论认为分权改革在推动地方民主方面是失败的，认为分权改革后国家分散的权力落到了地方行政官僚的手中而不是公民身上，但公民参与的途径却无疑是增多了。2002 年，法国通过了《参与民主法》，它在推广已有公民参与措施之外，还提出成立邻里委员会等新的公民参与机构。简单地讲，公民参与地方公共事务有两种途径：一是常规性的咨询机构（第三部门）；二是临时性的公民参与方式。

公民参与的常规性机构是大区社会经济委员会，该委员会成立于 1972 年，自分权化改革将大区作为一级地方行政层级后，其重要性增强；邻里委员会则是 2002 年《参与民主法》通过后的产物，该法案规定人口超过 8 万人的城市可以设立邻里委员会；地方信息和监督委员会是关于地方环境和垃圾管理问题的机构；发展委员会一般设在农村或者城市交界地区，是当地政府出台各项推动地区发展的政策必须咨询的一个机构；地方公共服务委员会在 2002 年《参与民主法》之前就已经存在，但之后变得更具权威性，某些行政决策如果没有得到该委员会支持就很容易被取消。

临时性的公民参与方式更加多样化，通常是与特定的公共项目有关。其中最主要的手段之一是公众调查，即政府就事关地区发展的计划和项目征求公民的意见；手段之二是公民复决，即公民对已经完成立法程序的议案进行公决，以表达公民支持或反对的呼声。巴黎南部郊区的伊西莱穆利诺市早在 1991 年就交通方面的问题提请公民复决，开创了法国地方政府公民复决的先河。

法国的地方治理变革表明，不存在一蹴而就的改革方案，地方治理本身是一个渐进的过程。法国地方治理中遭遇的问题具有普遍性，比如，第三部门如何积极吸纳社会群体力量而不致使其成为反对政府、破坏社会稳定的力量？治理时代的公民参与与代议制民主制度之间如何协调？等等。这些问题都需要在实践中加以解决，而解决途径同样需要治理结构中各主体的共同参与和努力。

三、英国的地方治理

英国地方政府构成较为复杂，大致有四级：大区（region，相当于我国的省）、郡（share，相当于地区）、县（county）和市（区）（city or district）。据1997年弗莱恩对英国的地方政府结构的统计，伦敦和其他大都市有68个一体化地方政府，其他大城区有46个一体化地方政府，城乡结合地区有36个县级政府和237个区级政府，苏格兰有32个一体化地方政府，威尔士有22个一体化地方政府。

地方政府政策决策程序是：在地方政府职权范围内，一件事的动议由利益集团提交到专门委员会，委员会同意后提交到相关议员参加的听证和辩论会，通过后再提交市议会，投票通过后财政部门才能纳入预算。如果是在地方的中央直属或各部直属机构职责内，一件事直接由机构负责人向上级申请，获准后由上级预算拨款，无需通过地方政府。

一个政策制定过程大体上受到四种动力机制影响：党派动力，执政党为政策规定的政治方向；行政动力，体现在负责执行现行政策并提供关于政策变化可行性建议的公务员系统中；公众动力，涉及公共舆论的表达，通常反映在国会出版物或传媒的报道中；利益集团动力，可能会受到政策影响的政府之外的机构将试图影响政策的制定过程。

20世纪80年代以来，经济全球化和区域一体化趋势日益加剧，在快速的社会变迁和众多的社会矛盾、冲突的作用下，欧美发达国家都在积极寻求公共治理变革之道，以摆脱政府管理已经陷入的财政危机、管理危机和信任危机。英国地方政府也兴起了一场规模空前的治理变革。①

这场变革的核心理念和主要内容是：①授权于地方政府，授权于民，建立参与型的、民主的治理模式。突破传统的代议制民主的局限和束缚，激发公众直接参与地方公共事务治理的积极性和主动性。②调整治理结构，由传统的以政府为主导的单中心治理向政府、民间组织、社会团体、公民共同合作并相互影响的多中心治理转变，在深层次上改变政府与市场、公共与私人领域之间的关系。③公共政策的制定由传统的自上而下的模式（top-down）向新型的自下而上（down-top）的模式转变，强调政策制定过程中的对话与协商，建立政府与公众之间的信任机制。④更加重视政府之间、政府各部门之间的合作关系，打破以往的分工界限和部门、地区壁垒，以解决共同面临的公共问题为中心，展开各种层次、各种方位的深度合作，提升政府的治理水平和能力。⑤建立以顾客为导向的，能够及时回应公众需求，能够提供公众满意的公共产品，追求公平与公正，富有效率和活力的地方政府。

提高决策效率及民主程度。长期以来，英国地方治理采取“委员会制”，即决策由地方议会的委员会作出，这一做法在实践中暴露出决策过程冗长、表面程序公开但实际操作不透明、责任不明确等问题。对此工党提出以下治理模式：直选市长并由市长从地方议员中任命内阁；地方首脑由地方议会选举产生，内阁由地方议员组成，由首脑任命或由议会选举产生；直选市长并由地方议会任命全职管理人负责具体事项。

促进公民对地方事务的参与。对公民参与问题，此前保守党政府把公民看作消费者而非选民，因而导致政府带有某种商业组织色彩，在一定程度淡化了其作为选举产

① 胡熙华：《英国地方政府改革的几点启示》，《华中师范大学研究生学报》，2008年第1期，第1-4页

生的机构应有的共同利益代表者、公共责任承担者的作用。相比保守党，工党较强调政府公共责任承担人的角色，倡导发挥参与民主的作用。就促进公民参与而言，工党采取如下措施：对于某些需要公民参与投票的人事和决策问题，工党提供便利以鼓励参与。开拓新的参与渠道，公民通过公民陪审团、公民小组、公众会议等形式参与地方事务。为公民监督地方财政提供途径，在英格兰、威尔士及北爱尔兰等地工党设立专门审计机构。

第四节　我国政府投资决策的问题

与成熟市场经济国家相比，我国的政府投资决策的一个重要特征就是效率高。在国外，项目可能环评都未做完，而在国内可能都建成使用了。但是，一旦过分强调效率，就必然要加强权威，要求整个社会的行动高度协调一致，这样就必然损害个人的权利和自由。历史上专制制度的效率都很高，同时代价也很大。因此，决策效率不能凌驾于决策民主之上。

一、呈现明显逐利化和商业化倾向

政府的公司化和商业化是中国经济发展的一个重要特征。政府的利益跟经济活动有着直接的相关性，其行为和动机都具有公司的特征，表现为追求眼前效益，缺乏公平公正，追逐利润，不顾环境。投资文化事业叫“文化搭台、经济唱戏”，申报世界文化遗产则是以保护为名大搞旅游开发，热衷文物开发实际看重的是背后的经济效益。许多城市老城区设施陈旧，功能退化，但是，很少有政府埋头旧城改造。这是因为旧城建设费力不讨好，投入大、油水少。政府的注意力自然都转到了新城建设上。新城建设有大马路、大广场，风光体面，既能显示政绩，又能卖地赚钱。近年来，各地纷纷将公共财政投向收费较高的高端社会事业，作为投资方的政府则可从中出售经营权或获得分红。这样的改革并没有使公共财政的阳光惠及普通老百姓。地方政府官员常常把教育、医疗、水利、环境等公共服务投入当成中央政府的事情，本级财政主要保证当地公务员的工资，富裕的资金则重点投入各类开发区的基础设施建设，用于招商引资。长期以来，以公共利益之名、行商业开发之实，利益集团绑架公共决策的现象在一定范围内存在。地方政府的公司化导致其投资行为扭曲和目标偏差，与其公共服务职能要求不相符合。

二、民主化、科学化和透明化程度不够

很多政府投资项目的工程咨询评估往往流于形式，专家意见得不到实质性的尊重，行政首长干预项目决策的现象依然大量存在，项目决策的“一言堂”现象或“首长工程”在实践中难以完全禁绝，项目决策的民主化和科学化仍然有待进一步提高。无论是中央政府还是地方政府，一般来讲，如果领导关心的项目，审批和资金的获得就容易得多。各级政府都有“领导项目”，各位分管领导有自己的势力范围；一些领导也经常写条子、打招呼，影响项目的审批。对于一些大的政府投资项目，决定权往往不是决策部门的，

发展和改革委员会和财政部门只是一个具体经办单位。尽管政府投资项目的确定一般都会通过会议的形式，如政府常务会议确定，但是，实际上许多项目在会下就已经定了。当然，对于中小型的政府投资项目，部门是具有主导权的。但是，由于项目资金有限，僧多粥少，“跑部钱进”成为惯例，跑得越多、越勤，关系越铁，得到上级政府财政资助的可能性越大。政府投资项目决策成为一个黑洞，成为通常只局限于政府部门内部甚至少数几个政府领导的“暗箱”运作，政府官员常以提高决策效率为名，无视甚至阻碍决策民主进程。社会公众的知情权和参与权被严重剥夺，项目决策的透明化和公众参与程度不高。这是实践中往往出现政府想“为民”办事而不被社会公众理解、很多政府“形象工程”大行其道的重要原因之一。

三、缺少风险性论证和不可行论证

2003 年 10 月，国务院主要领导在视察三峡工程时，曾问负责人：“在三峡工程建设中贡献最大的是谁？”负责人回答：“贡献最大的是对三峡工程提出‘不可行性’意见的几位中科院院士，他们提出的‘不可行性’分析和论证意见避免了多项重大失误，保证了工程的顺利实施。”据此，有专家提出，要建立重大决策“不可行性论证”制度。所谓“不可行性论证”，是指针对重大的建设项目，成立专项调研组，从项目的“不可行性”方面进行分析，对可行性报告提出不可行性意见，从相反角度为项目审查部门提供参考意见，给决策者一个兼听则明的机会，以利于政府重大项目决策的民主化、科学化。但是，长期以来，我国政府投资决策失误的一个重要原因是对拟投资项目的科学调研论证不够，一般只停留在投资项目可行性层面，而缺乏对投资风险的全面客观评价，论证往往欠充分、全面；项目的评估与论证往往沦落为领导人或利益集团的御用工具，专家学者在利益驱动下，难以作出公正、科学的评判，只是一味迁就和顺从当权者的意志。这导致相当多的投资决策流于形式，实际上只是一种声音说话，甚至是少数人或个别人“拍脑袋”的结果。

四、监管体系仍不健全

我国目前的监督状态还是分散管理，有审计署、国家发展和改革委员会、财政部、监察部门、行业主管部门等对项目进行监督，一个政府投资项目往往受多头部门领导和管理，不但容易形成交叉管理，也会造成部门之间权利争夺日趋激烈，并可能引发多种社会问题。一是目前我国对政府投资的监管仍然局限于政府自身的内部监管，即由政府设立隶属自身的专门监管机构来监管自身的投资活动，而没有引入外部独立的第三方力量对政府投资决策活动进行监管，这使得投资监管的公正性、公平性、科学性大打折扣。二是多部门监管导致监管权力过于分散，各部门都在行使权力，彼此之间缺乏信息的沟通与协调，只管自己的一亩三分地，耗费了大量的人力、物力，却常常达不到预期的效果。三是政府投资监督检查的结果难以得到有效和充分运用。如果相关监督检查结果不被政府投资管理部门接受，或者监督检查结果不能够对政府投资决策者和建设单位产生有效的制约和制裁作用，则投资监督的实际效用就难以发挥。四是缺乏投资管理的法律体系。法律法规虽然涉及了一部分政府投资项目的监管内容，但都是从各自的角度作出孤立的规定，没有形成一个完整的法律体系。我国目前尚无一部系统的法律法规对政府项目全过程监管进行规制。

五、决策问责的长效机制难以形成

在很多时候，人们对政府投资决策失误大都以“集体决定”或“解放思想”为说辞，宽容或免于问责，这就使一些决策者失去了必要的压力，在决策时往往“拍脑袋”“拍胸脯”，即使决策失误给国家和人民造成巨大损失，也可逍遥“责”外。另外，一项决策的实施可能需要几年、几十年或是更长的时间，而产生的效果需要较长的时间来检验，时间久了，当初的决策者早已经离开了原先的岗位，因此，以往的决策失误往往被放弃追究责任。长此以往，为了个人或少数集团的私利，为了打造“政绩工程”，为了迎合上级领导的个人偏好，政府官员可能因头脑发热而作出错误决策，致使国家和人民利益蒙受损失。这种情况之所以多且频，与错误成本过低、决策失误不担责有直接关系。从国外的经验看，对于政府官员工作失误造成的损失，责任追究是非常严厉的，比如，英国的法律一度是要求官员赔偿的。而在我国，还很少见到哪个干部因为投资决策失误而受到处罚。

第五节 我国政府投资决策案例

从我国政府投资决策的一些典型案例中，能够看出政府决策方式、方法及程序的变化。在决策过程中，政府面临的矛盾和问题越来越复杂，项目牵扯的利益关系也越来越复杂，考验着政府的智慧，也推动着决策体制的改革。

一、珠海机场

1995年兴建的珠海机场是全国唯一纯地方政府投资的机场，投资总额达60多亿元。该机场严格按照国际一级民用机场标准进行总体规划、设计和施工，其跑道、候机楼、通信系统、供油和安全等均达到国际先进水平。机场建有长4000米、宽60米的跑道和长4000米、宽44米滑行道各一条，可供世界上各型客机起降。候机楼建筑面积9.2万平方米，设有综合大厅、候机厅和观景厅，到港与出港旅客分流。机场采用美国和瑞典的计算机控制大屏幕航班显示及引道系统、设备控制及管理计算机系统、旅客服务电子计算系统、行李自动分检系统。机场设计年飞行量10万架次，年旅客吞吐量1200万次，年货邮吞吐量40万吨，规划停机体60万平方米，拥有40多个机位，候机站总面积91 600平方米。

珠海机场的跑道原设计是3000米，后来施工过程中不顾规划人员的劝阻，改成3600米，之后又改成4000米。候机楼原本设计只有2万平方米，施工过程中扩建到5万平方米，再到8万平方米，到最后竣工时，候机楼达到9.2万平方米，超过原计划四倍多。珠海市政府希望建设一座当时全国最先进的机场，在建设过程中，擅自违背国务院“利用旧三灶机场改建为中型国内机场”的要求，另行填海兴建大型国际机场，最终导致投资额大幅超标。除了擅自更改国家决策外，珠海方面还未经国家批准就签订了引进国外先进的导航和地面服务设施的商务合同，支付定金1500万美元。造成既成事实后，要求国家批准借用国际商业贷款指标9060万美元，在未经国家批准开工的情况下，主体工程就已建设大半。

珠海机场建成之后，建设规模与现实经营状况之间存在明显差距。从 1995 年运营以来，珠海机场的年旅客吞吐量一直徘徊在70万人次，直到2007年才突破百万人次；2012年，实现年旅客吞吐量209万人次；2016年，珠海机场年旅客吞吐量创历史新高，达到612万人次，但是，距离当初设计的年旅客吞吐量1200万人次的标准，仍有一半的差距，只有同期香港机场的8.7%、广州机场的1/10。由于客流少，珠海机场长期“吃不饱”，运能远未充分发挥。

珠海机场北面是中山和广州，南面是澳门，东与香港和深圳对望，西面则是广大的粤西地区，地理位置非常优越。但是，在珠三角西岸2万多平方千米范围内，彼此直线距离不过150千米的土地上，4000多万人口中，密集分布着香港、广州、深圳、珠海、澳门5座大型机场。这一区域航空领域的竞争非常激烈，空域资源也十分紧张。据统计，珠海机场建设之初，90%以上货物转运都是以香港国际机场为基地，余下不足10%的则分流到其他几个机场。近年来，珠三角机场间的竞争主要在香港、广州和深圳机场间展开，特别是广州和深圳机场的客运量及飞机起降量增长迅猛，珠海、澳门机场仍然被边缘化。

建设之初，珠海市独自承担投资费用，资金压力巨大。珠海市政府筹集资金的安排计划是这样的，先由政府投入资金，待机场建成后，再以出让部分股份的方式回收资金以用作基地投资。根据预算，机场总造价预算为69亿元，其中，珠海市政府投资30亿元，包括电厂、供水和通往机场的道路等配套设施投入。而其他的39亿元则向银行贷款。由于对机场收益预期过于乐观，珠海市政府选择了自己出资及向银行借贷的较为快捷的筹资办法。但是，最终珠海市政府因财政困难而无力偿还其余39亿元的银行贷款利息。

珠海机场的投资决策可以给我们提供以下启示：第一，需不需要建。我国 20 万以上人口的城市数已达800个以上，已有的民用机场仅为城市总数的1/5；我国每10万平方千米只有 1.6 个民用机场，即使与印度和巴西相比，也相对偏低。[①]目前，全国还有45%的县、38%的人口和 18%的经济活动区不能得到航空运输服务。因此，民用机场加快建设仍是大趋势。

第二，在哪里建。民用机场建设不同于通用机场，必须考虑客流吞吐量、地理位置和交通需求如何，必须考虑机场建设与区域和城市间协调发展的问题。在珠江三角洲200多平方千米的土地上，竟然密布着这么多的机场，竞争已趋白热化。如果地方政府仍然坚持狭隘的地域性思维方式，必然阻碍区域内民航机场的科学布局。

第三，建成什么水平。与国外相比，我国中小机场设施过于豪华超前，由于机场利用率低，甚至“无机可飞”，设施长期处于闲置状态，造成了投资的极大浪费。因此，量力而行、够用就行应该成为大多数中小机场建设的基本原则。建设具备救援、勘探、播种、医疗、人工降雨、运动训练等功能的通用航空机场对于中小城市来讲更有必要。

---

① 与发达国家相比，我国拥有的民用机场数量还是太少。美国有17 335个机场，其中商用机场5000多个；加拿大人口2000万，地域面积略大于我国，机场有725个；英国的面积只相当于我国的1/40，机场却多达850个

二、上海与深圳的磁悬浮项目

（一）上海磁悬浮

上海磁悬浮列车专线西起上海轨道交通2号线的龙阳路站，东至上海浦东国际机场，全长29.8千米，是由中德两国合作开发的世界第一条磁悬浮商运线。2001年3月1日开工，2002年12月31日全线试运行，2003年1月4日正式开始商业运营，全程只需8分钟。上海机场磁悬浮线路建成后，一直处于亏损状态。2005年和2006年，上海磁浮公司分别亏损4.4亿元和3.9亿元，2007年亏损4.6亿元，2008年亏损高达5.6亿元。

2006年3月，国务院又批准了沪杭磁悬浮新型交通建设项目建议书。其中，上海机场联络线规划与走向是：上海浦东国际机场—龙阳路—世博园—上海南站，在铁路三角区附近分岔，一条向北至上海虹桥国际机场，一条向西至嘉兴、杭州。全长约175千米，工程总概算350亿元。上海磁悬浮是把浦东国际机场和虹桥国际机场这两个国际机场连接起来的一个快速干道，可以更好地发挥现有上海磁悬浮的作用，是上海城市进一步体现服务功能，服务长三角、服务全国的一个枢纽工程。

2007年底到2008年初，上海市有关部门在网上公示了磁悬浮线路优化方案和环境评价报告。但沿线部分市民认为该方案和报告并未解决安全环保问题。从2008年1月5日起，几乎每天晚上，闵行区淀浦河沿岸一些小区的部分居民都以“集体散步”名义到附近几处商业中心聚集，对沪杭磁悬浮机场联络线从自家小区附近经过提出异议。[①]此后几天，又有数百名群众在人民广场“集体散步”，在南方商城、南京路步行街、徐家汇“集体购物”。

民众参与“散步”的根本原因在于磁悬浮方案触及了切身利益。一位参加“散步”的小区居民称，他的住房在磁悬浮规划线路附近，方案公布之前，均价达到每平方米1万元，但规划公布后，房价缩水了30%。一些沿线居民还说，不少房产中介都不收沿线的房源。沿线居民质疑磁悬浮方案的理由主要有四：一是政府公开的环保标准不一致；二是中国标准与世界标准不一致；三是已有公众反映磁悬浮沿线居民的身体、睡眠甚至电视受到磁悬浮的影响；四是一些有专业背景的小区业主认为，磁悬浮可能会影响附近部分人群的健康。

沪杭磁悬浮项目仍在进一步深化研究，线路走向、环境保护及工程设计还在细化当中。磁悬浮项目实施主体正在按照国家有关部门要求，听取有关单位、专家及公众意见，本着尽可能利用交通走廊、适当改造市政设施、集约使用土地、降低对居民的影响等原则，在线路走向、环境保护及工程设计等诸多方面进一步整体细化、优化项目的方案，完善相关工程技术措施。

（二）深圳磁悬浮

自2008年，深圳轨道8号线获得国家发展和改革委员会批准，关于是否采用磁悬浮技术的争议就从未休止。2009年初，来自盐田区发展和改革局的一则消息，地铁8号

---

① 覃爱玲：《担忧磁悬浮，上海市民温和散步》，http://news.qq.com/a/20080121/001523.htm，2008年1月21日

线已纳入《深圳市城市轨道交通第三期建设规划（2011—2020年）》。按照规划，地铁8号线是集上下班通勤、游客输送、观光旅游和商圈联络线四项功能为一体的独特线路。该线路暂设17座车站，1个车辆段，主线全长30.4千米，设莲塘到仙湖、大梅沙到东部华侨城两条支线，总长约9千米，以高架为主。地铁8号线的功能定位为联系罗湖区与盐田区沙头角、盐田港区、大小梅沙片区，提供中心城区与盐田组团之间的快速交通服务。

地铁8号线的建设进程，并未如许多人想象的那般顺利。几乎与8号线规划获批的消息同时，2009年的深圳“两会”期间，来自深圳地铁集团的人大代表提出了建设8号线的另外一种可能——磁悬浮。①提案认为，应用磁悬浮技术可以减少征地拆迁成本，和其他地上的轻轨比，磁悬浮技术噪声非常小，可以在楼宇间穿行，能够更好地展现东部海滨景观的特色，带动东部旅游业的发展。

对于轨道8号线采用中低速磁悬浮和高架（地面）模式，赞成者认为，中低速磁悬浮具有低噪声、低震动的特点，可以实现大坡度和急转弯，比较适合沿线地形地势。理论和实测的情况都表明，磁浮列车与传统轮轨列车的电磁水平是同等级别的。而且，现在的技术已经能将电磁波完全屏蔽，磁浮交通可以做到比轮轨更低的电磁辐射水平。地铁三期轮轨工程的地下段的造价在每千米8亿元左右，过高的造价和巨大的运营成本将使轨道交通的建设难以为继。地面或高架的建设成本不到地下的1/2，车站的用电也只有地下的一半。8号线不管采用什么技术应该都会是一条以高架敷设为主的轨道交通线。

工程沿线居民对于深圳政府大力修建轨道交通等民生工程没有异议，但是，对于以高架形式建设磁悬浮项目，不少持反对意见。根据一项民间调查，82.6%的当地居民拒绝采用磁悬浮技术；另一项官方调查也表明，至少有2万名当地居民持同样的态度。在一份《莲塘居民关于反对深圳地铁8号线磁悬浮方案的报告》中，沿线居民列出了8项反对的理由，首当其冲的是磁悬浮辐射危害健康的问题。2014年7月，数百市民穿着写有标语的统一T恤，在深圳地铁大厦门前集体拉横幅，抗议政府在居民区修建磁悬浮高架地铁，原因是噪声扰民，且辐射对人体有害。

2009～2014年，地铁8号线的建设一直停留在纸面上。深圳市政府对这个项目表现了极大的宽容态度，在盐田的党代表工作室、民意表达工作室，常年有居民可以以成文形式对磁悬浮项目表达反对态度。在围绕地铁8号线的争议中，市民表现出极大的关切，释放出参与公共决策的巨大热情。有市民提出建设性意见：涉及城市交通的重大决策，是否能够启动听证程序，以公开的利弊权衡来凝聚共识，让好的想法更快转化为好的结果。这不仅是深圳推进社会建设多年形成的成果，也是一座城市走向成熟的标志。

2015年底，地铁8号线终于破土动工，一期工程（莲塘至盐田）全线采用地下敷设方式，预计2020年6月投入试运营。

（三）磁悬浮项目决策的启示

（1）近年来，社会公众越发关注身边工程项目可能诱发的环境隐忧，甚至把其放在放大镜下审视。作为政府部门，应当具备更开放的姿态、更强的公关意识和公共沟

① 杨磊：《8号线磁悬浮的4年之争》，《南方日报》，2013年6月20日，第6版

通能力。对公共工程的博弈、讨论、决断，考验政府部门的公关智慧。这个时候，论证对与错、合理与不合理的问题已经是次要了，关键在于政府部门公共沟通的技巧和能力。

（2）反对磁悬浮运动实际上是一种典型的“邻避运动”（not in my backyard），对此，国际上形成了两大协商方式：回馈补偿和缓解风险。早在 1980 年，美国威斯康星州进行的一项核废料储存场设置的民意调查表明，当采取补偿回馈与风险减轻方案后，公众的反对比例从 71%下降到 47%。与补偿相比，缓解风险方式更为有效。最关键的缓解措施就是从法律和制度上确立一套开放的参与程序，与社区居民共享选址决策权力。

三、怒江水电开发

怒江发源于西藏高原唐古拉山，流经西藏、云南，进入缅甸，最后汇入印度洋。它在中国境内全长 2013 千米。这条有东方大峡谷之称的河流是联合国确认的世界文化遗产。

2003 年 6 月 14 日，中国华电集团公司、云南省开发投资有限公司、云南电力集团水电建设有限公司、云南怒江电力集团有限公司在昆明签订协议，共同出资设立公司，全面启动怒江流域水电资源开发。2003 年 8 月 12～14 日，国家发展和改革委员会在北京主持召开《怒江中下游水电规划报告》审查会，会议通过了怒江中下游“两库十三级”梯级开发方案，总装机容量 2132 万千瓦，年发电量 1029.6 亿千瓦时。该报告认为，怒江干流中下游河段全长 742 千米，天然落差 1578 米，水能资源十分丰富，是我国重要的水电基地之一。与另外 12 大水电基地相比，其技术可开发容量居第 6 位，可开发容量居第 2 位。如果建成，经济效益显而易见，比三峡工程规模 1820 万千瓦还要大，是三峡年发电量的 1.2 倍，而工程静态总投资只有 896.4 亿元。

该规划报告一出，就遭到有关方面的质疑。参加会议的国家环境保护总局代表不予签字，指出怒江是除雅鲁藏布江外唯一相对完整的生态江河，建议作为一个原生环境予以保留，不予开发。从 2003 年开始，关于怒江水电开发工程的争论就一直没有停息。绿家园志愿者、自然之友、云南大众流域等环保组织利用网络、沙龙、论坛、图片展、参加国际会议等方式，积极倡导保护怒江，引起国内外各界对怒江建坝事件的关注与讨论。2004 年 2 月，国务院主要领导在《怒江中下游水电规划报告》上批示：“对这类引起社会高度关注且有环保方面不同意见的大型水电工程，应慎重研究，科学决策。”怒江水电工程被紧急叫停。

反对建坝言论主要有：怒江的自然生态系统、沿江形成的多元人文系统一旦破坏将无法挽回。奔腾的河流将被一连串水库取代，成为相对静止的水系，损害了河流的整体性和动态性，改变了河流是“天然地表水流”的性质，对水生生态系统将造成不可逆转的破坏。农村和贫困地区从大水电站受益少。怒江大坝最近的邻居、多年前动工兴建的漫湾水电站曾经喊出“漫湾发电之日，也就是百姓富裕之时”的口号。但是，从 1993 年大坝正式发电以来，当地住民的生活并无明显改善。

支持建坝言论主要有：怒江干流已经有了水电项目，不是“自然河流”。怒江水电开发有多方面的综合效益，可以使两岸人民获得新的谋生手段，不再需要破坏植被和陡坡种植，可以走出恶性循环。维护怒江的自然性未必是最好的，按照生态规律建造新的人工生态系统可能比原生系统有更高的生产力，产出更大经济效益、生态效益和社会效益。建坝后，大部分河段水流没有改变，部分河段只改变了水流速度，没有从根本上改变或破坏水流动的性质。采取生态保护措施，可使对生态的损害降到最低程度。建坝开发水电是怒江社会经济发展的最好途径。

针对怒江水电工程的不同意见具体见表 6-1。

表 6-1 针对怒江水电工程的不同意见

反对建坝者——环保组织	赞成建坝者——地方政府、水电企业
中国最后一条自然流淌的河流	因怒江干流上游已于 20 世纪 90 年代建成两座水电站大坝，怒江已经不再是自然流淌的河流
怒江处于活动断裂带、地震频发，身处泥石流重灾区，多暴雨	怒江流域仍属区域构造相对稳定的地区。规划中的全部电站大坝都避开了怒江断裂带
“三江并流”于 2003 年被联合国列入世界自然遗产名录，在该地区进行水电开发和梯级电站建设与世界自然遗产保护的宗旨不符	“三江并流”列入世界遗产地的范围只有 1.7 万平方千米，与目前“一库四级”坝址还有较大距离
“三江并流”地区面积不到国土面积的 0.4%，却拥有全国 25%以上的高等植物和动物，有 77 种国家级保护动物，是世界级的物种基因库	“三江并流”怒江片区的核心区域在海拔 2500 米以上，但怒江水电开发规划最高程为 1570 米，因此不会对其产生大的影响
农村和贫困地区从大水电站受益少。怒江大坝最近的邻居、多年前动工兴建的漫湾水电站就是先例	水电开发有多方面的综合效益，可以使两岸人民获得新的谋生手段，更好地保护怒江的生态环境

虽然争论不断，但在怒江上修建大坝的准备工作却从未真正停止。2008 年 3 月，国家发展和改革委员会发布的《可再生能源发展“十一五”规划》明确表示，将开发怒江六库、赛格水电站。后受制于环保争议，未获环保部门批准。2008 年，六库水电站在国家发展和改革委员会尚未正式核准的情况下悄然动工，并以建设社会主义新农村为名，对上游的村庄进行了移民。2010 年 3 月，怒江州给国家发展和改革委员会的《关于怒江发展问题研究工作情况报告》明确表明，希望国家尽快批准怒江中下游水电规划“一库四级”优先开发方案，正式核准六库电站。2013 年 1 月，《能源发展“十二五”规划》提出，我国在“十二五”将积极发展水电，怒江水电基地建设赫然在列，其中重点开工建设怒江松塔水电站，深入论证、有序启动怒江干流六库、马吉、亚碧罗、赛格等项目。目前，有关怒江水电发展与保护的争论仍在继续。

怒江水电开发的决策过程可以给我们如下启示：第一，由于存在是否会破坏“原生态环境”等争论，怒江水电开发进度已延宕十多年，怒江也被外界称为中国乃至世界水利开发主要受阻于环保因素的一个案例。一个公共工程经历这样长的前期论证、争论、再论证过程，说明我国的政府决策民主化和科学化有了很大的进步。在这个过程中，规划及方案逐步完善，更多考虑生态和人文的需要。

第二，照顾水电建设所在地居民利益。在整个决策过程中，住民作为利益直接相关的一方却始终没有出现。许多地方政府决策者常常以国家利益的名义无视利益相关者的个人利益。况且，水电并非真正的公益性项目，项目经济回报丰厚，地方政府就更应该多为住民说话，为他们争取利益。

第三，以环保组织身份出现的非直接利益相关者参与工程决策，并最终成为与怒江州政府和水电企业博弈的重要力量。2005 年 6 月 9 日，中国社会转型论坛在 2004 年影响中国社会转型的 20 件大事中，将环保组织阻止怒江水电建坝事件列为第九位，指出非政府组织开始对公共政策产生重大影响。

四、形象工程

所谓形象工程，就是某些领导干部为了个人或小团体的目的和利益，不顾群众需要和当地实际，不惜利用手中权力而搞出的劳民伤财、浮华无效却有可能为自己和小团体标榜政绩的工程。

政府建设豪华办公楼的奢靡之风，曾经从经济发达的东部地区刮到百姓贫瘠的西部省份。像贵州、宁夏等的一些市、县、区，都出现了类似“五角大楼”“天安门”“白宫”等豪华版的办公楼。一些区、县政府甚至高薪聘请国外的设计师设计办公楼。当中央三令五申严控豪华楼堂馆所之时，位于鄂西山区的某县耗资 8000 万元建设新行政中心建筑群，超批复投资 2600 多万元，超面积近 1800 平方米。会议中心形似世博园中国馆，大气恢弘，办公楼由玻化砖、大理石装饰得富丽堂皇，室内中央空调、电梯、搭配适宜的灯具显得非常时尚。

“水城”建设也曾经在多地不断升温，即使是缺水严重的北方地区，城市公共工程营造水景也不遗余力。有的北方省份，从省城到地级市，再到山区贫困县，只要附近有河流，就斥巨资筑起拦河坝，在城市中心营造所谓“北国江南”“塞上江南”水景。陕南某县要建设“秦巴水城”，没有立足于当地水资源条件的实际，而是拦河蓄水，形成了一个 237 万平方米的人工湖面。其恶果是：工程蓄水后不仅淹没上游 4 个村的大面积农田，还殃及规划建设中的国家湿地公园，让栖息在那里的朱鹮、大鸨等国家重点保护动物面临失去家园的危险，对流域生态环境造成负面影响。

为提升知名度，前些年很多城市都热衷打造城市地标建筑，这些地标或气势恢弘，或外形夺目。东北某城市耗资超亿元建设的“生命之环”，外径 170 米，内径 150 米，结构顶标高 154 米，钢结构总重 3500 吨，安装了 1.2 万只 LED[①]灯。在“生命之环”之后，华东一个城市又建成“时来运转”的大圆环，这个无辐式摩天轮位于该市一公园内，直径约 84 米，钢结构总重约 3000 吨。江苏某市花 7000 万元建造河豚塔，也引来很多质疑。城市地标要有生命和灵魂，能留存于人们的记忆中，要有文化内涵，记录时代的特征，经得起历史的考验。而我们有些城市建设的地标却让城市丧失了个性和独特魅力。

许多落马官员都与形象工程密不可分。原安徽省副省长王怀忠任职阜阳期间就好搞各种形象工程，其所留下的飞机场、阜阳电厂、利源大厦等项目，后来不是亏损严重便成为半拉子工程，用当地人的话讲：形象工程至少透支了阜阳未来十年的财力。原太原市委书记申维辰主政期间，更改设计初衷，执意将原本规划为绿地、公园的龙潭片区建为“新地标”、城市综合体，甚至要将 21 世纪后新建的大片住宅推倒重来。由于占用了本为市民活动的公园绿地建设相关工程，加上强拆和补偿不到位等一系列问题，申维辰主持的该工程引发了群众强烈不满，长期有市民投诉上访。

根据以上内容，有以下几点结论。

---

① LED：light-emitting diode，发光二极管

（1）好大喜功的形象工程频繁出现，一方面反映了地方政府投资缺乏科学的决策机制和有力的监督制约，一些地方党政主要负责人强力干预、主导政府工程；另一方面反映出我国的政府投资缺乏问责追究机制，决策者无需承担责任，照样步步高升。

（2）各地形象工程屡见不鲜，一个重要的原因就是在大兴土木过程中官员们有利可图。有的官员甚至搞暗箱操作和权钱交易，借政府工程中饱私囊。也就是说，形象工程往往牵连腐败问题，成为贪官与不法商人利益输送的温床。

（3）整治形象工程和政绩工程的同时，要实实在在推进建设民生工程，要深入贯彻以人民为中心的发展思想，广泛听取民声，调动民智民力，充分听取多方意见，形成规范严密的反馈机制，真正将政府工程转化为“民心工程”，增强人民群众的获得感。

第六节　我国政府投资决策机制改革

一个在制定和实施政策时忽视广大民众需要的政府不是一个有能力的政府[①]。我国的政府投资决策就是要更接近人民的意愿，使政府投资真正能够满足经济社会发展的长远利益要求，真正能够投向国计民生最紧迫的领域和环节，避免政府投资成为某些官员谋取政绩和私欲的工具，避免政府投资决策失误带来的重大损失。

一、建立和完善政府投资决策责任制

①明确相关决策主体的责任。凡是涉及政府投资的决策、实施、监管各环节的政府管理部门、项目单位、中介服务机构和项目参建单位，均需对与政府投资相关的行为承担相应责任。②完善决策责任追究机制。可以根据问题的严重程度，针对不同部门的特点，建立不同的责任追究制度，各责任追究制度的实施细则，必须要与相关部门如纪检、执法机构协调，形成一个相对权威的责任追究组织，并赋予相应的权力。对于中介机构，可以分别进行经济惩罚、降级或吊销执业资格、追究负责人刑事责任等；对于项目上报部门或使用部门，主要应是针对具体办事人员及负责人的行政处分；对于决策或审批机构的责任追究，也应以行政处罚为主。③逐步推行重大政府投资决策失误行为的“行政问责”制度。当政府投资决策出现重大失误时，承担决策行为的各个主体应公开面对社会公众作出明确解释，主管领导应承担主要决策失误责任。决策失误造成国家财产出现重大损失，主管领导应引咎辞职，并规定其在一定时期内不能够再担任行政领导职务。逐步建立与投资后评价和绩效挂钩的政府及其公务人员的投资决策行为考核制度。

二、促进资金分配和使用的集中决策

我国中央政府的投资资金分配和使用分散在众多管理部门，即便在综合管理部门的国家发展和改革委员会和财政部，内部各司局之间也有自己的势力范围，相互之间难以形成配合，非常容易造成部门间的相互扯皮，有限的财政资金难以发挥综合效益。各级

① 世界银行：《1997 年世界发展报告》，中国财政经济出版社，1997 年，第 110 页

地方政府的情况与中央政府类似。首先，应将目前分散于国家发展和改革委员会、财政部及各行业部门分别管理和分配使用的财政性资金，包括国家预算内资金、主权外债、专项建设资金及其他用于经济建设活动的政府财政性基金集中由国家投资主管部门统一管理，按照政府投资计划确定的投向，集中进行资金分配决策和统筹使用。其次，要逐步改变传统经济时期分配国家预算内资金的做法，以均等化、统筹协调和可持续发展为原则，根据各公共部门的发展现状、趋势、目标等方面的内容，按照经济和社会发展紧迫及急需程度对公共投资项目排序和汇总，确定当年最需要投资的公共领域和项目及地区配置的先后顺序。最后，应允许地方政府根据实际需要和轻重缓急，将本级财政资金及上级转移支付资金打捆使用，用于项目的整体推进和综合效益提高。

三、合理划分各级政府的投资决策权限

首先，对决定政府投资规模、投向的政府投资中长期计划、专项投资规划及年度投资计划，应由国家投资主管部门会同财政、行业管理部门共同研究提出，报国务院审核后由全国人民代表大会负责审批决策。可仿照意大利的做法，建立经济计划部间委员会及中央地方统一意见会议，对政府投资重大项目进行审核，再报人大。为提高对经济和社会发展影响特别重大项目及国家产业政策禁止类投资项目决策的权威性和严肃性，这类政府投资项目审批权也可从目前由国家投资主管部门和国务院行使上收到全国人民代表大会，由全国人大及其常委会行使。地方政府项目可以参照上述办法执行。其次，地方政府掌握的信息更加完整、更加贴近实际，所以，应赋予省级政府更大的政府投资决策权。对于相当部分的中央政府预算拨款和国债资金，应按照基本公共服务均等化的要求，切块到省级政府，由省级投资主管部门、省级人大决定投资的具体去向。避免类似于县级的法院、检察院、派出所的投资也由中央部委审批带来的弊端，利于省级政府根据本地经济、社会发展的现实需要，决定优先资助和扶持的方向及对象，从而提高政府投资的效率和准确性，也减少上下沟通跑项目带来的中间损耗和资金浪费。

四、推进投资决策的科学化、民主化进程

2008 年 9 月 23 日，国务院领导在联合国大会上提出了未来的民主构想：“中国要加强民主建设，进行政治体制改革，才能从根本上解决贪污腐败。要让政府的运作透明在阳光下，要让人民来监督政府，让人民提出批评意见，政府接受人民的监督。”这对政府投资决策具有指导意义。探索实行政府投资项目决策公示和重大项目决策听证制度。今后，凡不涉及国家机密的民用投资项目，要建立在正式决策前向社会公示的制度，让社会公众知晓并积极参与项目决策过程。对社会影响较大的重大政府投资项目，要建立起重大政府投资项目决策听证制度。地方重大政府投资项目决策必须充分了解相关群体对项目实施的态度及诉求，取得当地居民的理解与支持。试行由当地民众公决，将民众投票结果作为项目选择与取舍的重要参数的制度。要充分发挥专家在政府投资项目决策中的作用，将专家评议结果与专业工程咨询机构的项目评估结论相对照，作为政府投资主管部门进行项目决策的依据。

五、实行公共项目投资的全过程监管

借鉴法国审计法院[①]的经验，建立中国国家审计法院，在若干地区成立地区审计法院，独立于政府和人大，法官经人大任命，享有终身制的特权，专门审计核查国家机关、国家公共组织机构和国有企业的账务及其管理，提高政府资金审计的独立性。推动全国和地方人大参与政府投资决策及实施过程的监督。可在人民代表大会所属的财政经济委员会下面设立专门小组，由专门小组接受人大及其常委会的委托，负责对经过人大审批的政府投资规划、计划的执行情况和政府重大投资项目决策和实施活动进行定期或不定期的监督检查。加强社会公众、新闻媒体对政府投资决策的社会监督。政府部门应将投资决策程序、决策依据和决策结果定期向社会公布。放宽对新闻媒体的信息管制，支持媒体对所谓政府“秘密”信息的公开发布，真正实现政府投资决策的公开化、透明化。建立政府投资项目决策举报制度，鼓励社会公众采取具名或匿名举报方式，向人大、政府监察、审计机关等政府投资监管部门举报投资决策部门及其公务人员的违纪、违规和违法行为。

本章小结

政府投资决策理论主要包括政府权力结构理论、公共选择理论、委托—代理理论和治理理论。国外政府投资稳定而高效，是因为决策有严格的制度规范，有公众的监督与制约。成熟市场经济国家地方政府投资决策具有许多共性，这与其民主制度一脉相承。从近年来我国地方政府投资决策的一些典型案例中，能够看出政府决策方式、方法及程序的变化。我国的政府投资决策就是要更接近人民的意愿，使政府投资真正能够满足经济社会发展的长远利益要求，真正能够投向国计民生最紧迫的领域和环节。

☆关键术语☆

投资决策　治理理论　政府权力结构理论　地方自治　决策民主化　投资决策责任制 投资决策监督机制

➢复习思考题

1. 政府权力结构理论中的精英论和多元论有什么区别？
2. 试论政府治理模式存在几种理论范式。
3. 国外的政府投资决策过程中如何防止投资的盲目性？
4. 美国的地方自治制度怎样实现公民、企业、政府三方多赢？
5. 简述我国政府投资决策存在的问题及解决方案。

---

① 1807年，拿破仑通过法律形式创建了法国历史上的第一个审计法院（La Cour desComptes），地位上仅次于最高法院，权力相同，具有终审权。法国的审计法院是独立的司法机构，既独立于议会又独立于政府，是国家最高的经济监督部门。法国宪法赋予审计法院的职责是协助议会和政府监督财政法规的执行，其基本任务是依据财政审判机构法律的规定行使职权，审计核查国家机关、国家公共组织机构和国有企业的账务。审计法院在地方由地方审计法庭负责审计地方相关账务与管理

第七章

政府与社会资本合作（PPP）

第一节　PPP 的理论基础

一、PPP 的内涵

政府仍保留着提供公共产品方面的独特作用，但是，这不表明政府必须是唯一的提供者。绝大多数成功的发展范例表明，不论是近期的还是历史上的，都是政府与市场形成合作关系从而纠正市场失灵，而不是取代市场。[①]

PPP（public-private partnership）中文直译为“公私合伙制”“公私合营”“公私合作”等，是指公共部门和私人部门合作提供公共物品和服务的方式。由于 PPP 存在多种发展模式和实践方案，PPP 并没有形成一个公认的概念。

联合国培训研究院认为，PPP 涵盖了不同社会系统倡导者之间的所有制度化合作方式，目的是解决当地或区域内的某些复杂问题。PPP 包含两层含义：其一是为满足公共物品需要而建立的公共和私人倡导者之间的各种合作关系；其二是为满足公共物品需要，公共部门和私人部门建立伙伴关系进行大型公共项目的实施。

美国公私伙伴关系理事会认为，PPP 是联邦、州和地方性的公共机构与私人部门之间的协议，通过这一协议，公共部门和私人部门可以共享彼此的技术和资产来为公众提供服务和设施，除了资源共享外，两个部门要共同承担在提供服务和设施过程中的风险，并共享服务和设施带来的潜在收益。

加拿大 PPP 国家委员会指出：PPP 是公共部门和私人部门之间的一种合作经营关系，它建立在双方各自经验的基础上，通过适当的资源分配、风险分担和利益共享机制，最好地满足事先清晰界定的公共需求。

欧盟委员会认为，PPP 是指公共机构与商业社会之间为了确保基础设施的融资、建设、管理与维护或服务的提供而进行合作的形式。

美国民营化倡导者 E. S. 萨瓦斯将 PPP 模式分为三个层次：首先，它是指公共部门和私人部门共同参与生产和提供物品及服务的人和安排；其次，它是指一些复杂的、多

---

① 世界银行：《1997 年世界发展报告》，中国财政经济出版社，1997 年，第 24 页、第 27 页

方参与并被民营化了的基础设施项目；最后，它是指企业、社会贤达和地方政府官员为改善城市状况而进行的一种正式合作。

中国财政部在《关于推广运用政府和社会资本合作模式有关问题的通知》中的定义是：PPP 是在基础设施及公共服务领域建立的一种长期合作关系。通常模式是由社会资本承担设计、建设、运营、维护基础设施的大部分工作，并通过“使用者付费”及必要的“政府付费”获得合理投资回报；政府部门负责基础设施及公共服务价格和质量监管，以保证公共利益最大化。

国家发展和改革委员会在《关于开展政府和社会资本合作的指导意见》中的定义是：PPP 模式是指政府为增强公共产品和服务供给能力，提高供给效率，通过特许经营、购买服务、股权合作等方式，与社会资本建立的利益共享、风险分担及长期合作关系。

根据上述论述，PPP 可以定义为：一种公共资源配置与公共服务提供的模式；公共部门与私人部门为提供公共服务而建立起来的一种长期合作关系；让私人部门所掌握的资源参与提供公共产品和服务，从而实现政府公共部门的职能，同时也为私人部门带来利益的过程。

二、PPP 的特征

PPP 的运行具有三个重要特征：伙伴关系、利益共享和风险分担①。

（一）伙伴关系

所有成功实施的 PPP 项目都是建立在伙伴关系之上的。可以说，伙伴关系是 PPP 中最为首要的问题，没有伙伴关系就没有 PPP。政府购买商品和服务，给予授权，征收税费和收取罚款，这些事务的处理并不必然表明合作伙伴关系的真实存在和延续。PPP 中民营部门与政府公共部门的伙伴关系与其他关系相比，一个显著的独特之处就是项目目标一致。公共部门之所以和民营部门合作并形成伙伴关系，核心问题是在其中存在一个共同的目标：在某个具体项目上，以最少的资源，实现最多的产品或服务。民营部门是以此目标实现自身利益的追求，而公共部门则是以此目标实现公共福利和利益的追求。

（二）利益共享

利益共享在这里除了指共享 PPP 的社会成果之外，也包括使作为参与者的私人部门、民营企业或机构取得相对平和、稳定的投资回报。在这里需要明确的是，PPP 中公共部门与民营部门并不是分享利润，还需要对民营部门可能的高额利润进行控制，即不允许民营部门在项目执行过程中形成超额利润。其主要原因是，任何 PPP 项目都是公益性项目，不以利润最大化为目的。如果双方想从中分享利润，其实是很容易的一件事情，只要允许提高价格，就可以使利润大幅度提高。不过，这样做必然会带来社会公众的不满，最终还会损害公共利益。

---

① 贾康、孙洁：《公私伙伴关系（PPP）的概念、起源、特征与功能》，《财政研究》，2009 年第 10 期，第 2-10 页

（三）风险分担

在PPP中，公共部门与民营部门合理分担风险的这一特征，是其区别于公共部门与民营部门其他交易形式的显著标志。如政府采购过程，之所以还不能被称为公私合作伙伴关系，是因为双方在此过程中是让自己尽可能小地承担风险。而在PPP中，公共部门却是尽可能大地承担自己有优势方面的伴生风险，而让对方承担的风险尽可能小。在PPP管理模式中，更多是考虑双方风险的最优应对、最佳分担，而将整体风险最小化。事实证明，追求整个项目风险最小化的管理模式，要比公私双方各自追求风险最小化更能化解准公共领域内的风险。

三、PPP的类型

PPP模式是一个极其广泛的概念，世界银行、欧盟等多个国际机构均对PPP模式有具体的分类和研究，结合中国的国情，在研究PPP模式的时候一般将其分为三大类：外包类、特许经营类及私有化类。[①]每一个大的类型下面，又有不同的项目实现形式。

（一）外包类

外包类PPP项目一般是由政府投资，私人部门承包整个项目中的一项或几项职能，例如，只负责工程建设，或者受政府之托代为管理维护设施或提供部分公共服务，并通过政府付费实现收益。在外包类 PPP 项目中，私人部门承担的风险相对较小。外包类 PPP 项目通常包含模块式外包和整体式外包两种类型。其中，模块式外包又划分为服务外包和管理外包两种形式；整体式外包分为设计-建设（DB）、设计-建设-主要维护（DBMM）、经营与维护（O&M）、设计-建设-经营（DBO，俗称交钥匙）等多种形式（表7-1）。

表7-1　外包类PPP模式

类型	主要特征	合同期限
服务外包	政府以一定费用委托私人部门代为提供某项公共服务，如设备维修、卫生打扫等	1～3年
管理外包	政府以一定费用委托私人部门代为管理某公共设施或服务，如轨道交通运营	3～5年
DB	私人部门按照公共部门规定的性能指标，以事先约定好的固定价格设计并建造基础设施，并承担工程延期和费用超支的风险	不确定
DBMM	公共部门承担DB模式中提供的基础设施的经营责任，但主要的维修功能交给私人部门	不确定
O&M	公共部门保留存量公共资产的所有权，仅将公共资产的运营维护职责委托给社会资本，并向社会资本支付委托运营费用	5～8年
DBO	政府出资，私人部门进行设计、建造并负责设施的运营维护，整个过程中资产的所有权仍由公共部门保留	8～15年

（二）特许经营类

特许经营类PPP模式是应用得最为广泛的一种模式。特许经营类项目需要私人参与

① 王灏：《PPP（公私合伙制）的定义和分类探讨》，《都市快轨交通》，2004年第10期，第4-10页

部分或全部投资，并通过一定的合作机制与公共部门分担项目风险、共享项目收益。在该模式下，政府能控制项目的所有权，又能提高服务水平。

在特许经营类 PPP 模式下，根据项目的实际收益情况，公共部门可能会向特许经营公司收取一定的特许经营费或给予一定的补偿，这就需要公共部门协调好私人部门的收益和项目的公益性两者之间的平衡关系。通过建立有效的监管机制，特许经营类项目能充分发挥双方各自的优势，节约整个项目的建设和经营成本，同时还能提高公共服务的质量。项目的资产最终归公共部门保留，因此一般存在使用权和所有权的移交过程，即合同结束后要求私人部门将项目的使用权或所有权移交给公共部门。

特许经营类 PPP 主要有转让-经营-转让（TOT）及建设-经营-转让（BOT）两种实现形式，另外，与 DB 模式相结合，特许经营类 PPP 还包括设计-建造-转让-经营（DBTO）、设计-建设-融资-运营（DBFO）等几种类型（表 7-2）。根据不同的实现途径，在 TOT 模式中，还可以分为购买-更新-经营-转让（PUOT）和租赁-更新-经营-转让（LUOT）两种类型；在 BOT 模式中，可以分为建设-租赁-经营-转让（BLOT）和建设-拥有-经营-转让（BOOT）两种类型。

表 7-2 特许经营类 PPP 模式

类型		主要特征	合同期限
BOT	BLOT	私人部门先与公共部门签订长期租赁合同，由私人部门在公共土地上投资、建设基础设施，并在租赁期内经营该设施，通过向用户收费而收回投资实现利润。合同结束后将该设施交还给政府部门	25～30 年
	BOOT	私人部门在获得公共部门授予的特许权后，投资、建设基础设施，并通过向用户收费而收回投资实现利润。在特许期内私人部门具有该设施的所有权，特许期结束后交还给公共部门	25～30 年
TOT	LUOT	私人部门租赁已有的公共基础设施，经过一定程度的更新、扩建后经营该设施，租赁期结束后移交给政府部门	8～15 年
	PUOT	私人部门购买已有的公共基础设施，经过一定程度的更新、扩建后经营该设施。在经营期间私人部门拥有该设施的所有权，合同结束后将该设施的使用权和所有权移交给公共部门	8～15 年
DBTO		私人部门先垫资建设基础设施，完工后以约定好的价格移交给公共部门。政府部门再将该设施以一定的费用回租给私人部门，由私人部门经营该设施	20～25 年
DBFO		由私人部门设计、建造、投资（政府出资一定比例）、经营，政府进行主要经营服务，私人部门进行辅助经营服务，收益归私企，收益期后政府无偿收回	20～25 年

（三）私有化类

私有化类 PPP 是公共部门与私人部门通过一定的契约关系，使公共项目按照一定的方式最终转化为私人部门的一种 PPP 模式。私有化类 PPP 项目需要私人部门负责项目的全部或部分投资，在政府的监管下，通过向用户收费收回投资实现利润。由于私有化类 PPP 项目的所有权全部或部分永久归私人拥有，并且不具备有限追索的特性，私人部门在这类 PPP 项目中承担的风险最大。在私有化类 PPP 模式中，根据私有化程度不同可以分为完全私有化和部分私有化两种。根据实现途径的不同，完全私有化可以通过购买-

更新-经营（PUO）和建设-拥有-经营（BOO）两种途径实现；而部分私有化则可通过股权转让等方式显示私有化程度（表 7-3）。

表 7-3 私有化类 PPP 模式

类型		主要特征	合同期限
完全私有化	PUO	私人部门购买现有基础设施，经过更新、扩建后经营该设施，并永久拥有该设施的产权。在与公共部门签订的购买合同中注明保证公益性的约束条款，受政府管理和监督	永久
	BOO	私人部门投资、建设并永久拥有和经营某基础设施，在与公共部门签订的原始合同中注明保证公益性的约束条款，受政府管理和监督	永久
部分私有化	股权转让	公共部门将现有设施的一部分所有权转让给私人部门持有，但公共部门一般仍然处于控股地位。公共部门与私人部门共同承担各种风险	永久
	合资兴建	公共部门和私人部门共同出资兴建公共设施，私人部门通过持股方式拥有设施，并通过选举董事会成员对设施进行管理	永久

四、PPP 的选择标准

（一）一般模式

提供是谁付费或出资的问题，生产则是谁建造或制造的问题。如果我们将公共产品与服务的提供及生产视为一个投资过程的不同阶段，那么，提供和生产可以有不同的组合方式，在各种组合方式中，不同提供者和生产者可以根据其自身特性，同时，针对不同产品与服务特性要求，发挥着各自不同的作用。这种组合方式的选择实际上就是 PPP 不同模式。那么，是什么因素影响与决定了这种选择，或者说按照什么标准来选择不同的 PPP 模式呢？

布兰科（R. M. Blank）在他的 *When can public policy makers rely on pivate markets? The effective provision of social services* 一文中对公共产品与服务的提供形式的选择确立了一个大致的框架①。这一框架同样适用于以准公共产品为主的公共产品与服务领域。在布兰科的分析框架中，外部性、社会公平分配问题、代理问题和产品质量的可见性成为模式选择的重要标准。

外部性的特点、涉及范围和影响程度等都对公共产品与服务的提供形式的有效性产生相互作用，确定公共产品与服务提供方式必须以外部性为基础。在比较公共产品与服务的政府提供及私人提供时，分配目标起着重要的作用。公共产品与服务的消费者更为关切公平或普遍一致。在许多社会服务领域，消费者作出决策的能力相当有限，比如，父母对子女的教育问题，子女常常不是实际的决策者，很难想象消费者的利益总能够由另外一些人来维护，由此便产生代理问题，在这种情况下，政府必须介入并提供有效的社会服务。公共产品与服务可以由政府购买或资助，由私营企业运营或建造，但是，这取决于政府必须具有观测与控制产品质量的能力。这一点十分重要，实际上，许多情况

① Blank R M. When can public policy makers rely on pivate markets? The effective provision of social services. Economic Journal, 2000, 110: 34-49

下，政府对于产品与服务质量的监督及控制能力并不令人满意。

对于上述因素的综合考虑有助于我们选择公共产品与服务适宜的提供及生产形式。首先，如果产出质量易于观测，且代理与分配问题的严重性弱于外部性问题，或它们在技术上易于低成本地解决，那么旨在针对外部性问题的政府管制下的私营部门所有与管理模式则较为可取，政府可以通过其本身的地位和职能优势将此类经济问题有效解决。比如，教育市场失灵往往具有外部性，那么颁布并强制执行法律、确保普通大众子女就学就成为政府介入教育市场的主要方式，而具体的教育设施的投资及运营则可以交给私人企业。

其次，如果产出质量易于观测，且没有代理问题，但存在分配问题与外部性问题，那么“凭证”制度模式就较为适宜。在标准的“凭证”模式中，政府向消费者提供社会收入的再分配，或政府向低收入消费者提供补贴资金，以扩大需求，而消费者自己则以契约的形式发包给私人市场，或直接在市场上进行购买。

再次，如果产出质量易于观测，但同时存在代理问题、分配问题与外部性，那么“承包出去”的市场化方法更为可行。这是典型意义上由公共部门与私营部门共同负责并实现公共产品与服务“私营化”的形式。政府处于所有者或指导者的地位，代表消费者的利益，要同企业签订合同以确保服务质量，同时确保社会成员均能公平享有相关服务。

最后，如果产品质量难于观测，承包契约难以签订，且存在代理问题、分配问题和外部性时，政府所有、管理或提供公共产品与服务的投资模式就是优选对象。在这种模式中，政府要作出全部的决策，并由典型意义上的政府雇员提供公共产品与服务，基础义务教育、公共卫生防疫、传统的政治宣传等都是以这一形式提供的。

公共产品与服务提供及生产形式选择模型见表 7-4。

表 7-4　公共产品与服务提供及生产形式选择模型

项目	是否存在外部性	是否考虑到分配问题	是否存在代理问题	能否有效观测产品的质量
政府管制下的私营部门所有与管理（私有私营、政府管制）	是	否	无	能
政府管制、授予凭证下私营所有与管理（私有私营、政府补贴）	是	是	无	能
公共部门所有与私营部门管理（国有私营）	是	是	有	能
公共部门所有与管理（国有公营）	是	是	有	不能

（二）补充标准

在上述理论框架的基础上，我们补充两方面的标准。其一是地方政府的效率。公共产品与服务提供和生产方式的选择实际上就是资源配置方式的选择，提供方式不同，资源配置的效率也会不同。一般来说，除非建立完善的治理结构和管理机制，政府提供或经营会失去价格机制的约束，也会失去资源配置的竞争激励机制。政府决策者的决策失误，都将造成资源的极大浪费。而且，在政府提供下，需要通过征税来弥补公共产品与服务的提供成本，而征税改变了资源的配置，可能引起整个社会效率的损失。所以，在选择公共产品与服务政府提供时要考虑政府配置机制的有效性。如果政府存在资源配置效率低下的问题，通常公共产品与服务的提供方式多采取私有私营、政府管制或者私有私营、政府补贴；而如果政府能够有效解决效率问题，则可以采用国有私营或国有公营。

当然，也有经济学家指出，判定政府提供与生产效率实际上非常困难，不能笼统地认为政府所有和经营就一定效率低下，某些公有制和私有制绩效的比较并没有把较高的公共成本与公共企业的额外目标联系起来。没有普遍性证据可以证明，公共企业的管理效率较低。[①]休·史卓顿、莱昂内尔·奥查德认为，公共企业往往有多重目标，因而应从全部目标而不是一个目标的效率来进行判断。而判断其总体效率则取决于对不同目标的相对重要性的社会判断。公立医院可能成本较高，导致效率低下，但是，它能提供普遍的公共服务；教育的私营化可能带来经营效率的提高，但是，却可能导致教育质量的下降和普通人上不起学。因此，有坏的公共企业，并不能证明其全盘私有化就是正确的，就像有坏的私营企业也不意味着就要将它们全部国有化一样，对两者加以改善更有意义。[②]所以，我们在选择公共产品与服务提供形式时，应该考虑政府效率问题，但是，不能先入为主地认为政府效率低下，而应当从多重目标的协调把握这一标准。

其二是地方政府的负担能力。提供方式的选择还受到成本负担能力的制约。成本负担能力的大小取决于政府和私人各自所掌握的财力。政府和私人掌握的财力又取决于经济发展水平和分配格局。经济发展水平越高，社会产品越丰富，可供政府支配的财力就越大，相应的政府负担能力也就越强；而当财力分配向国家倾斜时，公共负担能力上升。所以，当经济发展水平较低或财力分配比较分散时，市场提供成为一种主要选择，可以更多采取私有私营、政府管制或者私有私营、政府补贴方式；当经济发展水平较高或财力分配比较集中时，政府提供就成为一种主要选择，政府可以采取国有私营或国有公营方式，也可以采取私有私营、政府管制或者私有私营、政府补贴，此时，公共产品与服务提供及生产方式呈现多样化的趋势。

五、PPP的优势与劣势

（一）优势

1. 有利于拓宽公共项目的资金来源

由于城镇化和工业化的加速发展，基础设施和公共服务投资需求呈加速扩张趋势；与此同时，政府的经济规模相对较小，政府财力较弱，政府控制公共资源少，市场价值低，自身投资能力不足。如果基础设施和公共服务投资全由政府负担，财政必将不堪重负，城镇化和工业化的进程也将放慢。PPP模式有利于整合社会资源，盘活社会存量资

① 托马斯·玻切丁等：《比较公私企业的生产效率：来自五国的证据》，《经济学杂志》增刊2，及埃瑞克·罗尔：《公有制和私有制的绩效比较》，引自：休·史卓顿、莱昂内尔·奥查德：《公共产品、公共企业和公共选择》，经济科学出版社，2000年，第8页

② 同上，第105-107页

本，激发民间投资活力，拓展企业发展空间，引导社会资金进入公共投资领域；有利于拓宽城镇和园区建设的投融资渠道，形成市场化程度更高、创新性更强、更可持续的投融资机制。

2. 有利于提高公共产品供给效率和质量

由于社会资本具有创新性、职业性和灵活性优势，PPP 通常能够比传统的政府提供方式更有效率。民营企业与政府共同参与项目的识别、可行性研究、融资、投资等项目建设过程，可以保证项目在技术和经济上的可行性，缩短前期工作周期，使项目投资费用降低。研究表明，PPP 项目平均可为政府部门节约 15%以上的费用，并且建设工期都能按时完成。作为合作者，私营部门能够更有效地利用各类公用设施，充分利用各种商业机会追求投资回报最大化，并减少公共部门的资产占压成本。由于在特许经营框架下，在一个相对较长的时间段内可以取得稳定回报，必将极大调动社会投资者的积极性，提高管理和运营水平，提高服务水平和质量，让普通民众得到工程质量有效提升、运营服务更为周到等实惠。

3. 有利于缓解政府资本性支出压力

公共投资增长往往会带来政府债务规模增长迅速，政府偿债负担明显增加。PPP 模式有助于缓解政府债务规模不断扩大的困境。社会资本承担公共项目投融资的大部分任务，以换取基础设施和公共服务项目的长期经营权并获取合理的投资回报，政府则将部分债务转移至社会资本方。PPP 不仅可能从总量上降低政府支出，而且可通过分期支付的方式平滑当期的政府支出压力，实现公共投资的代际分担。在 PPP 模式下，政府部门虽然可能仍需要承担部分融资任务，但因为项目运营效率更高，政府部门或其授权机构获得的净收益更多，反而有助于消化政府的债务。此外，如果社会资本以并购方式参股、控股现有国有企事业单位，还能够直接置换或替代存量政府性债务。

4. 有利于促进公共项目可持续发展

从以往 PPP 项目的运作情况看，地方政府往往更关注 PPP 模式的引资功能，以为只要与社会资本合作了，就可把提供合格公共产品与服务的责任转移给企业；政府对企业的技术能力、管理水平、财务状况和诚信水平等信息掌握不准确，致使在社会资本合作伙伴的选择上出现偏差；政府对可能产生的各种政治风险、商业风险、法律风险缺乏论证，又缺乏预设的纠纷解决机制和风险保障机制，给未来纠纷产生带来了隐患。这造成了 PPP 项目的失败。公共项目 PPP 的探索，将更加注重契约的完善，细化优化特许经营合同；建立合理的利益补偿机制，促进项目公司提供优质、高效的服务；增强公开性和透明度，加强对 PPP 项目的服务质量、运行情况的监督，从而促进 PPP 的规范与可持续发展。

5. 有利于推动体制机制改革创新

PPP 作为基础设施和公共服务领域的混合所有制改革的一个重要结合点和切入点，该模式确立的国有、民营资本股权结构和治理体系架构将为混合所有制经济的深入发展带来显著的示范效应。PPP 不只是一种融资模式，更是一种新的管理方式和服务方式，是对政府现有管理能力新的挑战，这将有力促进政府管理体制创新。PPP 还需要商业银行、担保公司、信托、基金、融资租赁公司等多种金融服务支持，可以进一步促进金融体系的完善和金融工具的创新。在 PPP 项目实施过程中，还需要投融资咨询、会计、律师、资产评估等中介咨询服务机构的全程参与，从而有助于咨询服务市场的培育和发展。

（二）劣势

在各国 PPP 的实践中也暴露出许多的问题，显示出这一模式存在一定的问题[①]。

一是私人部门融资成本显著高于政府举债成本。这一点成为反对者抨击 PPP 的主要理由。在有些项目中，私人部门盈利水平较高。英国学者对英国最早采用 PFI[②]的 12 家医院项目做的调查发现，私人资本平均股权收益率高达 58%，显著高于英国的国债收益率。

二是前期招投标耗时长且手续费高。由于 PPP 模式比传统的模式复杂，政府和私人部门双方都需要进行深入的研究或咨询，由此产生较高的交易成本。需要积累更多经验才能降低成本，而单个部门实施 PPP 的机会不多，培训成本很高。

三是可能会加重纳税人的长期负担。会计处理导致透明度不够，使政府预算约束软化，甚至可能导致政府过度负债。根据英国财政部的数据，2015～2049 年，政府需要为现有的 PFI 项目支付共计 2222 亿英镑使用费，平均到每个家庭约为 12 208 英镑，而对应的 PFI 项目资本总额不过 566 亿英镑。

四是合同周期长可能导致灵活性不足。由于经济社会的快速发展，公共服务的供需情况会不断发生变化。而在 PPP 模式下，由于政府要受到合同约束，对公共设施的控制能力下降，无法进行灵活调整以适应公共需求的变化，由此导致公共利益受损。

五是双方存在机会主义倾向导致项目失败风险。政府为吸引私人参与，可能采取先降低标准，完成招标后再修改条款的做法。私人企业为获取项目，可能采取先开出优厚条件，开工后再提出重新谈判的做法。这都不利于 PPP 的长期健康发展。

第二节　PPP 的实践过程

一、PPP 的适用领域

国家发展和改革委员会 2014 年 12 月下发的《国家发展改革委关于开展政府和社会资本合作的指导意见》指出："PPP 模式主要适用于政府负有提供责任又适宜市场化运作的公共服务、基础设施类项目。燃气、供电、供水、供热、污水及垃圾处理等市政设施，公路、铁路、机场、城市轨道交通等交通设施，医疗、旅游、教育培训、健康养老等公共服务项目，以及水利、资源环境和生态保护等项目均可推行 PPP 模式。各地的新建市政工程以及新型城镇化试点项目，应优先考虑采用 PPP 模式建设。"2015 年 4 月，国家发展和改革委员会发布的《基础设施和公用事业特许经营管理办法》指出特许经营的适用领域为"能源、交通运输、水利、环境保护、市政工程等基础设施和公用事业领域的特许经营活动"。

---

① 刘晓凯、张明：《全球视角下的 PPP：内涵、模式、实践与问题》，《国际经济评论》，2015 年第 4 期，第 53-67 页

② PFI：private finance initiative，私人主动融资

财政部 2014 年发布的《关于推广运用政府和社会资本合作模式有关问题的通知》明确规定，“适宜采用政府和社会资本合作模式的项目，具有价格调整机制相对灵活、市场化程度相对较高、投资规模相对较大、需求长期稳定等特点。各级财政部门要重点关注城市基础设施及公共服务领域，如城市供水、供暖、供气、污水和垃圾处理、保障性安居工程、地下综合管廊、轨道交通、医疗和养老服务设施等，优先选择收费定价机制透明、有稳定现金流的项目”。

财政部、国家发展和改革委员会、中国人民银行 2015 年发布的《关于在公共服务领域推广政府和社会资本合作模式的指导意见》则指出，“广泛采用政府和社会资本合作模式提供公共服务。在能源、交通运输、水利、环境保护、农业、林业、科技、保障性安居工程、医疗、卫生、养老、教育、文化等公共服务领域，鼓励采用政府和社会资本合作模式，吸引社会资本参与”。

可见，PPP 的适用领域非常广泛，以往政府重点投入的基础设施和公共服务，甚至一些外部性较强的产业领域，都适合采取 PPP 模式。

二、PPP 的操作流程

从目前已经出台的文件来看，涉及 PPP 项目操作流程的主要有财政部的《政府和社会资本合作模式操作指南》、国家发展和改革委员会的《政府和社会资本合作项目通用合同指南》和多部委出台的《基础设施和公用事业特许经营管理办法》等三个文件。这里我们以财政部的操作指南为例，介绍 PPP 项目的操作流程。该文件主要从项目识别、项目准备、项目采购、项目执行和项目移交等阶段对我国 PPP 项目的操作流程作了规定。

（一）项目识别

一般来讲，项目识别包括项目发起、项目筛选、物有所值评价和财政承受能力论证四个步骤。

1. 项目发起

PPP 项目由政府或社会资本发起，以政府发起为主。如果项目由政府发起，财政部门应负责向交通、住建、环保、能源、教育、医疗、体育和文化设施等行业主管部门征集潜在政府和社会资本合作项目。行业主管部门可从国民经济和社会发展规划及行业专项规划中的新建、改建项目或存量公共资产中遴选潜在项目。若项目由社会资本发起，社会资本应以项目建议书的方式向财政部门推荐潜在政府和社会资本合作项目。

2. 项目筛选

财政部门会同行业主管部门，对潜在政府和社会资本合作项目进行评估筛选，确定备选项目。财政部门应根据筛选结果制订项目年度和中期开发计划。对于列入年度开发计划的项目，项目发起方应按财政部门的要求提交相关资料。新建、改建项目应提交可行性研究报告、项目产出说明和初步实施方案；存量项目应提交存量公共资产的历史资料、项目产出说明和初步实施方案。

3. 物有所值评价

物有所值（value for money，VfM）评价是判断是否采用 PPP 模式代替政府传统投资运营方式提供公共服务项目的一种评价方法。物有所值评价有定性和定量两种评价方法，定性评价重点关注项目采用 PPP 模式与采用政府传统采购模式相比能否增加供给、优化风险分配、提高运营效率、促进创新和公平竞争等。定性评价指标包括全生命周期整合程度、风险识别与分配、绩效导向与鼓励创新、潜在竞争程度、政府机构能力、可融资性等六项基本评价指标。定量评价主要通过对政府和社会资本合作项目全生命周期内政府支出成本现值与公共部门比较值进行比较，计算项目的物有所值量值，判断政府和社会资本合作模式是否降低项目全生命周期成本。物有所值评价结论分为"通过"和"未通过"。"通过"的项目，可进行财政承受能力论证；"未通过"的项目，可在调整实施方案后重新评价，仍未通过的不宜采用 PPP 模式。

4. 财政承受能力论证

财政承受能力论证是指识别、测算 PPP 项目的各项财政支出责任，科学评估项目实施对当前及今后年度财政支出的影响。为确保财政中长期可持续性，财政部门应根据项目全生命周期内的财政支出、政府债务等因素，对部分政府付费或政府补贴的项目，开展财政承受能力论证，每年政府付费或政府补贴等财政支出不得超出当年财政收入的一定比例。

根据财政部《政府和社会资本合作项目财政承受能力论证指引》，财政承受能力论证采用定量和定性分析方法。PPP 项目全生命周期过程的财政支出责任，主要包括股权投资、运营补贴、风险承担、配套投入等。股权投资支出责任是指在政府与社会资本共同组建项目公司的情况下，政府承担的股权投资支出责任。运营补贴支出责任是指在项目运营期间，政府承担的直接付费责任。不同付费模式下，政府承担的运营补贴支出责任不同：政府付费模式下，政府承担全部运营补贴支出责任；可行性缺口补助模式下，政府承担部分运营补贴支出责任；使用者付费模式下，政府不承担运营补贴支出责任。风险承担支出责任是指项目实施方案中政府承担风险带来的财政或有支出责任。配套投入支出责任是指政府提供的项目配套工程等其他投入责任，通常包括土地征收和整理、建设部分项目配套措施、完成项目与现有相关基础设施和公用事业的对接、投资补助、贷款贴息等。配套投入支出应依据项目实施方案合理确定。

财政部门识别和测算单个项目的财政支出责任后，汇总年度全部已实施和拟实施的 PPP 项目，进行财政承受能力评估。财政承受能力评估包括财政支出能力评估及行业和领域平衡性评估。财政支出能力评估是根据 PPP 项目预算支出责任，评估 PPP 项目实施对当前及今后年度财政支出的影响；行业和领域均衡性评估，是根据 PPP 模式适用的行业和领域范围，以及经济社会发展需要和公众对公共服务的需求，平衡不同行业和领域 PPP 项目，防止某一行业和领域 PPP 项目过于集中。每一年度全部 PPP 项目需要从预算中安排的支出责任，占一般公共预算支出比例应当不超过 10%。省级财政部门可根据本地实际情况，因地制宜确定具体比例，并报财政部备案，同时对外公布。

（二）项目准备

通过物有所值评价和财政承受能力论证的项目，可进入项目准备阶段。

（1）项目实施机构。地方政府可建立专门协调机制，主要负责项目评审、组织协调和检查督导等工作，实现简化审批流程、提高工作效率的目的。政府或其指定的有关职能部门或事业单位可作为项目实施机构，负责项目准备、采购、监管和移交等工作。

（2）实施方案编排。项目实施机构组织编制项目实施方案，内容包括：①项目概况。主要包括基本情况、经济技术指标和项目公司股权情况等。②风险分配基本框架。按照风险分配优化、风险收益对等和风险可控等原则，综合考虑政府风险管理能力、项目回报机制和市场风险管理能力等要素，在政府和社会资本间合理分配项目风险。③项目运作方式。主要包括委托运营、管理合同、建设-经营-转让、建设-拥有-经营、转让-经营-转让和改建-经营-转让等。④交易结构。主要包括项目投融资结构、回报机制和相关配套安排。⑤合同体系。主要包括项目合同、股东合同、融资合同、工程承包合同、运营服务合同、原料供应合同、产品采购合同和保险合同等。项目合同是其中最核心的法律文件。⑥监管架构。主要包括授权关系和监管方式。

（3）实施方案审核。财政部门应对项目实施方案进行物有所值和财政承受能力验证，通过验证的，由项目实施机构报政府审核；未通过验证的，可在实施方案调整后重新验证；经重新验证仍不能通过的，不再采用政府和社会资本合作模式。

（三）项目采购

项目采购应根据《中华人民共和国政府采购法》及相关规章制度执行，采购方式包括公开招标、竞争性谈判、邀请招标、竞争性磋商和单一来源采购。对于 PPP 项目来说，公开招标是最常用的方式，但也会导致一些问题，如项目流标、招标失败等情况。目前来看，大量的 PPP 项目边界比较模糊，比较适合竞争性谈判和竞争性磋商的方式。项目采购包括项目预审、采购文件编制、响应文件评审和谈判与合同签署等环节。

1. 项目预审

项目实施机构应根据项目需要准备资格预审文件，发布资格预审公告，邀请社会资本和与其合作的金融机构参与资格预审，验证项目能否获得社会资本响应和实现充分竞争，并将资格预审的评审报告提交财政部门备案。资格预审公告应包括项目授权主体、项目实施机构和项目名称、采购需求、对社会资本的资格要求、是否允许联合体参与采购活动、拟确定参与竞争的合格社会资本的家数和确定方法，以及社会资本提交资格预审申请文件的时间和地点。

2. 采购文件编制

项目采购文件应包括采购邀请、竞争者须知（包括密封、签署、盖章要求等）、竞争者应提供的资格、资信及业绩证明文件、采购方式、政府对项目实施机构的授权、实施方案的批复和项目相关审批文件、采购程序、响应文件编制要求、提交响应文件截止时间、开启时间及地点、强制担保的保证金交纳数额和形式、评审方法、评审标准、政府采购政策要求、项目合同草案及其他法律文本等。采用竞争性谈判或竞争性磋商采购方式的，项目采购文件除上款规定的内容外，还应明确评审小组根据与社会资本谈判情况可能实质性变动的内容，包括采购需求中的技术、服务要求及合同草案条款。

3. 响应文件评审

项目实施机构应按照采购文件规定组织响应文件的接收和开启。评审小组对响应文件进行两阶段评审。第一阶段：确定最终采购需求方案。评审小组可以与社会资本进行多轮谈判，谈判过程中可实质性修订采购文件的技术、服务要求及合同草案条款，但不得修订采购文件中规定的不可谈判核心条件。第二阶段：综合评分。最终采购需求方案确定后，由评审小组对社会资本提交的最终响应文件进行综合评分，编写评审报告并向项目实施机构提交候选社会资本的排序名单。

4. 谈判与合同签署

项目实施机构应成立专门的采购结果确认谈判工作组。按照候选社会资本的排名，依次与候选社会资本及与其合作的金融机构就合同中可变的细节问题进行合同签署前的确认谈判，率先达成一致的即为中选者。确认谈判不得涉及合同中不可谈判的核心条款，不得与排序在前但已终止谈判的社会资本进行再次谈判。公示期满无异议的项目合同，应在政府审核同意后，由项目实施机构与中选社会资本签署。

（四）项目执行

项目执行是PPP项目运作成功的关键，因为采购和编制方案也就几个月时间，而项目执行需要20～30年时间，这才是PPP项目物有所值、产生效率的关键阶段。项目执行主要关注项目公司的设立、融资管理、绩效监测与政府支付义务，同时还有一个政府监管的机制。

1. 项目公司的设立

社会资本可依法设立项目公司。政府可指定相关机构依法参股项目公司。项目实施机构和财政部门应监督社会资本按照采购文件和项目合同约定，按时足额出资设立项目公司。

2. 融资管理

项目融资由社会资本或项目公司负责。社会资本或项目公司应及时开展融资方案设计、机构接洽、合同签订和融资交割等工作。财政部门和项目实施机构应做好监督管理工作，防止企业债务向政府转移。社会资本或项目公司未按照项目合同约定完成融资的，政府可提取履约保函直至终止项目合同；遇系统性金融风险或不可抗力的，政府、社会资本或项目公司可根据项目合同约定协商修订合同中相关融资条款。

3. 绩效监测

项目合同中涉及的政府支付义务，财政部门应结合中长期财政规划统筹考虑，纳入同级政府预算，按照预算管理相关规定执行。财政部门和项目实施机构应建立政府和社会资本合作项目政府支付台账，严格控制政府财政风险。在政府综合财务报告制度建立后，政府和社会资本合作项目中的政府支付义务应纳入政府综合财务报告。项目实施机构应根据项目合同约定，监督社会资本或项目公司履行合同义务，定期监测项目产出绩效指标，编制季报和年报，并报财政部门备案。

4. 政府支付义务

政府有支付义务的，项目实施机构应根据项目合同约定的产出说明，按照实际绩效直接或通知财政部门向社会资本或项目公司及时足额支付。设置超额收益分享机制的，社会资本或项目公司应根据项目合同约定向政府及时足额支付应享有的超额收益。项目实际绩效优于约定标准的，项目实施机构应执行项目合同约定的奖励条款，并可将其作为项目期满合同能否展期的依据；未达到约定标准的，项目实施机构应执行项目合同约定的惩处条款或救济措施。

5. 政府监管

社会资本或项目公司违反项目合同约定，威胁公共产品和服务持续稳定安全供给，或危及国家安全和重大公共利益的，政府有权临时接管项目，直至启动项目提前终止程序。在项目合同执行和管理过程中，项目实施机构应重点关注合同修订、违约责任和争议解决等工作。政府相关职能部门应根据国家相关法律法规对项目履行行政监管职责，重点关注公共产品和服务质量、价格和收费机制、安全生产、环境保护和劳动者权益等。

（五）项目移交

涉及项目移交的 PPP 项目，在特许经营期满后项目公司要将项目的经济权向政府移交。

1. 移交准备

项目移交时，项目实施机构或政府指定的其他机构代表政府收回项目合同约定的项目资产。项目合同中应明确约定移交形式、补偿方式、移交内容和移交标准。移交形式包括期满终止移交和提前终止移交；补偿方式包括无偿移交和有偿移交；移交内容包括项目资产、人员、文档和知识产权等；移交标准包括设备完好率和最短可使用年限等指标。采用有偿移交的，项目合同中应明确约定补偿方案；没有约定或约定不明的，项目实施机构应按照“恢复相同经济地位”原则拟定补偿方案，报政府审核同意后实施。

2. 性能测试

项目实施机构或政府指定的其他机构应组建项目移交工作组，根据项目合同约定与社会资本或项目公司确认移交情形和补偿方式，制订资产评估和性能测试方案。项目移交工作组应委托具有相关资质的资产评估机构，按照项目合同约定的评估方式，对移交资产进行资产评估，作为确定补偿金额的依据。项目移交工作组应严格按照性能测试方案和移交标准对移交资产进行性能测试。性能测试结果不达标的，移交工作组应要求社会资本或项目公司进行恢复性修理、更新重置或提取移交维修保函。

3. 资产交割

社会资本或项目公司应将满足性能测试要求的项目资产、知识产权和技术法律文件，连同资产清单移交项目实施机构或政府指定的其他机构，办妥法律过户和管理权移交手续。社会资本或项目公司应配合做好项目运营平稳过渡相关工作。

第三节 PPP 的治理结构

PPP 治理结构是指一套正式或非正式、内部或外部的制度体系，能够科学合理地规定项目主要利益相关者之间的责、权、利关系，从而在 PPP 项目交易中建立起一种良好的秩序，并通过各种方法和手段来维持这种秩序，以求有效地协调利益相关者之间的关系并化解他们之间的利益冲突。我们可以从参与主体结构、股权结构、资本结构及风险分担等方面论述这一问题。

一、参与主体结构

PPP 模式本身就是一种伙伴式的联合管理模式。在 PPP 模式下，与项目有关的各个参与人相互合作而组成统一的组织管理形式，共同参与 PPP 项目的融资、投资、建设、运营等一系列活动。根据 PPP 的运作方式，项目涉及的参与者众多，政府及实施机构、社会资本、金融机构、中介机构、运营企业等，各参与主体在 PPP 项目中分别承担不同的职能。

政府方是公共事务的管理者、公共产品或服务的购买者；社会资本方是 PPP 项目的实际投资人，负责项目具体实施；融资方根据项目规模和融资需求不同，运用不同的金融工具进行融资；承包商和分包商主要负责项目的建设，对于规模较大的项目可能会把部分工作分包给专业分包商；专业运营商负责项目部分的运营和维护业务；原料供给商负责原材料的及时、充足和稳定供应，保障项目的平稳运营；产品或服务购买方的职能在于与项目公司签订长期合同，保证项目未来的稳定收益；保险公司承担对 PPP 项目各类风险进行投保的责任，进一步分散和转移风险；其他参与方提供法律、技术、财务、保险代理等方面的专业技术。

PPP 项目本质上是一种委托—代理的合同关系，其中既包括社会公众与政府的委托—代理关系，也包括政府与企业的委托—代理关系。首先，政府作为社会公众的代理人，应从公众的利益出发，选择私人部门建立合作关系。政府职能需要具体的部门及其行政人员去执行，而政府代理人在公共项目中有多重目标，因此就可能造成政府代理人与社会公众初始委托人之间利益的不完全一致。其次，私人部门作为政府的代理人，其理性的“经济人”性质使私人部门往往以追求利润最大化为动机，而政府部门的基本目的却是更好地提供公共服务和产品。委托人与代理人基于各自的角色有着不同的利益目标和需求，这些利益目标既是推动 PPP 项目合作的基础，同时也是 PPP 项目产生合作障碍的原因。

二、股权结构

股权结构是指在股份公司总股本中，不同性质的股份所占比例及其相互关系。一般来讲，股权结构有两层含义：第一个含义是指股权集中度，即前五大股东持股比例。从这个意义上讲，股权结构有三种类型：一是股权高度集中，对公司拥有绝对控制权；二是股权高度分散，公司没有大股东，所有权与经营权基本完全分离；三是公司拥有较大的相对控股股东，同时还拥有其他大股东。第二个含义则是股权构成，即各个不同背景的股东集团分别持有股份的多少。

从理论上讲，股权结构可以按企业剩余控制权和剩余收益索取权的分布状况与匹配方式来分类。从这个角度，股权结构可以被区分为控制权不可竞争和控制权可竞争的股权结构两种类型。在控制权可竞争的情况下，剩余控制权和剩余索取权是相互匹配的，股东能够并且愿意对董事会和经理层实施有效控制；在控制权不可竞争的股权结构中，企业控股股东的控制地位是锁定的，对董事会和经理层的监督作用将被削弱。

典型 PPP 项目的投资、融资、设计、建造、运营等环节涉及的相关机构，除可通过项目公司专业委托间接参与到项目中外，也可以直接作为项目的联合主办人，成为项目公司的股东，直接参与项目的运作和实施。成功运作的PPP项目离不开与项目特征和核心能力需求相一致的股东的参与。主要股东类型包括：第一，具备雄厚资金实力、投融资渠道优势的投资公司；第二，具有丰富经验的专业承包商，如总承包商、工程专业分包/承包商等；第三，可以提供关键设备系统或掌握项目涉及的关键技术的专业机构，如污水处理、垃圾处理、电力改造等专业技术企业；第四，具有先进运营管理经验的机构，如燃气、水利、电力及交通工程的运营维护企业。

不同项目类型和资产特征的PPP 项目，其对股东构成的能力需求也不相同，合理的股东构成应与其相适应。对于固定资产投资规模大的项目（公路、铁路、机场、港口），综合能力强的承包商和投资机构的组合将具有更多专业和资金的优势；对于技术和综合运营能力要求高的项目（垃圾处理、水处理），运营商和技术商的组合是项目成功的保障；对于核心设备技术要求高的项目（电厂等），专业设备商和技术商是关键。①

从发起至运营前的阶段，是项目经受风险最大的阶段，融资、建造、技术、运营等不确定因素最多，对股东的挑战最大。各股东之间若不具备风险分担及协调能力，可能导致项目不得不进行股权结构的调整或优化。随着项目进入运营阶段，项目部分股东的目标逐步实现，同时运营进入稳定阶段，现金趋于稳定，此时，项目公司出于对提高股权价值的考虑，可能对股权结构进行优化和调整。随着项目公司的运营发展进入稳定期，部分投资者或退出或调整股权比例，项目公司股东主要以运营商为主体。

根据PPP政策的导向，政府持有项目公司股份，有些部门转变为运营者参与到项目实施中，这就能在项目过程中有效地约束社会资本的行为。同时，政府承担一定责任，可以减少社会资本在运作项目过程中的压力。政府控股更有利于加强对社会资本的监管，即使不控股，在合资公司中对于违反公共安全和公共利益的事项也享有一票否决权。但是，从招商情况看，该种模式还是使一部分社会投资人有所顾虑：一是公私双方对于项目的侧重点不同，社会资本具有逐利性，而政府更多地考虑公共利益，这种矛盾将长期存在于PPP模式发展的进程中。二是如果出现扯皮和纠纷，本身就处在弱势的社会资本没有决策权，在利益方面得不到保障。

三、资本结构

资本结构是指企业各种资本的价值构成及其比例关系，是企业一定时期筹资组合的结果。广义的资本结构是指企业全部资本的构成及其比例关系。企业一定时期的资本可分为债务资本和股权资本，也可分为短期资本和长期资本。狭义的资本结构是指企业各种长期资本的构成及其比例关系，尤其是指长期债务资本与股权资本之间的构成及其比例关系。企业资本结构反映的是企业债务与股权的比例关系，它在很大程度上决定着企业的偿债和再融资能力，决定着企业未来的盈利能力，是企业财务状况的一项重要指标。

PPP 项目成功的关键在于各参与方之间实现公平有效的风险分担和利益共享，这需

① 刘婷、王守清、盛和太等：《PPP项目资本结构选择的国际经验研究》，《建筑经济》，2014年第11期，第11-14页

要合理的资本结构安排来实现。PPP 项目的资金由权益资金和债务资金构成，前者由发起人共同筹集，后者则通常由政策性银行、商业银行、投资银行、保险公司、基金公司等金融机构提供。PPP 项目可通过高杠杆债务融资来提高投资者的收益。高杠杆债务融资还可以为 PPP 项目带来贷款利息免税、表外融资、分散风险、长期融资等好处。然而，债务融资的成本和风险也不容忽视，如果规模过大，很可能直接危及项目的现金流进而导致项目的失败。

PPP 资本结构的选择要考虑以下因素：项目投资规模、项目特许经营期、项目的定价机制、项目的盈利能力等内部因素，以及政府的支持、税收政策、金融环境等外部因素[①]。

（1）项目投资规模。投资规模大的项目，具有较稳定的现金流来抵抗财务风险，因此资产负债率通常比较高。总投资规模大的项目贷款能力强，债务融资渠道多，融资成本低，项目中长期贷款等债务资金比例高。而且，总投资规模大的准经营性项目往往是关系当地经济与民生的重点项目，为了当地的经济发展和社会稳定，政府部门会加大对项目的支持力度，甚至会对项目提供“隐性担保”。

（2）项目特许经营期。PPP 项目的特许经营期越长，项目运营过程中面临的不确定性因素越多，私人部门和银行等贷款金融机构面临的经营风险也越大。特许经营期的具体安排会直接影响到项目未来的盈利能力，进而影响项目资本结构中私人投资者和长期贷款资金的比例。项目在运营过程中，由于各种因素的影响，私人投资者需要和政府部门进行再谈判，对于应该由政府部门承担的风险因素，尤其是项目公司的风险损失，有的政府部门会选择延长项目的特许经营期以替代政府部门的直接补助。

（3）项目的定价机制。定价机制直接影响项目的投资价值，决定了项目风险和收益的分配。不同的风险和利益分配机制下，项目的融资能力不同，项目定价机制影响资本结构。

（4）项目的盈利能力。优序融资理论认为企业融资的一般顺序是内源融资、债务融资、权益融资。盈利能力强的项目的资本结构中，权益资本比例低。盈利能力强的项目使用较多的债务资金，能够获得更多的利息税盾，增加项目的价值。政府部门对盈利能力强的项目的直接投资比例低。

（5）政府的支持。PPP 项目提供的产品或服务具有部分公益性，其发展需要政府部门的大力支持。所在行业在不同的生命周期需要得到的政府支持程度不同，在行业的初创期和成长期，PPP 项目面临的经营风险很大，预期的财务拮据和代理成本使 PPP 项目能够融资到的债务资金较少，财务杠杆较低。政府对行业的支持程度会直接影响到银行等金融机构的债务投资，政府对行业的支持有助于加强私人投资者和银行等贷款机构对项目的信心，降低融资成本，提高项目资本结构中私人部门股本金比例和长期贷款比例。

（6）税收政策。准公益性项目单纯依靠项目未来的收入难以满足私人投资者的投资回报要求，在项目实施过程中，政府部门一般会给予税收优惠。税收优惠的幅度和税收优惠政策的连贯性会影响项目的评估价值。税收规定会影响到项目利用债务资本抵税的收益，如果所得税税率高，债务资金抵税收益高，在股本资金与债务资金中选择时，倾

① 李超：《准经营性基础设施 PPP 项目资本结构研究》，天津大学硕士学位论文，2013 年

向使用较高的债务资金。

（7）金融环境。金融市场的环境会对债务资金来源产生重要影响。PPP 项目一般运营期较长，项目运营期间的利率风险、汇率风险较大，而金融市场环境的稳定性对利率和汇率会产生重大影响。金融市场发达，PPP 项目公司可以通过发行债券等多种途径进行债务融资，融资渠道多，融资成本低，债务资金使用比例高。

四、风险分担

在 PPP 模式下，实际完成项目融资、建设和运营的结果与预期可能产生偏差，这种不确定性导致项目承受损失，甚至造成项目失败。

（一）风险的识别

在国外对风险识别研究中，2005 年 Lib 把 PPP 模式的内部和外部环境作为核心，从宏观和微观等层面对风险进行分类，将项目外生风险视为宏观风险，将项目在实施过程中存在的内生风险视为中观风险，将项目各个参与主体之间的合作关系和利益分配带来的风险视为微观风险。2007 年 Martin Loosemore 将 PPP 项目风险分为项目风险和一般风险，项目风险主要是指与项目相关的风险，一般风险主要是指由项目宏观环境引发的且与项目不直接相关的风险。2007 年 Francesca Medda 则将 PPP 模式风险划分为技术风险、商业风险、政治风险和融资风险。2003 年 Thomas 从项目不同的开展阶段进行风险划分，将风险划分为前期阶段风险、建设阶段风险、运营阶段风险和项目生命周期风险。①

国内对项目风险识别的研究参照了国外风险识别研究成果，比如，2007 年范小军将风险划分为七大类，主要有：政治风险、法律风险、信用风险、建设风险、市场风险、金融风险及自然环境风险，并根据 PPP 模式的特点设立了 33 个风险指标，以便做好风险识别工作。2009 年王振坤将项目风险识别分为系统风险和非系统风险，并根据风险因素列出了详细的风险清单。2014 年桑美英认为 PPP 风险主要源于三个方面——项目外部环境的因素、项目主体的决策及项目内部设施的影响，PPP 风险可以分为以下几类：政治风险、法律风险、自然风险、社会风险、金融风险、融资风险、市场风险、第三方风险、建设风险、运营风险、设计风险、合作关系风险等。②

（二）风险分担原则

各种风险在公私合作双方之间的适当配置是提高 PPP 质量和效率的关键环节。PPP 并不意味着风险简单地从政府转移给私人部门，而应当根据本国及项目的具体情况，通过风险配置为私人部门提供适当的激励以提高投资和管理效率，同时确保公众的利益不受侵害。

1. 公平原则

公平原则主要是强调在双方订立合同过程中，公平对待合同双方当事人。公平原则

① 熊智：《PPP 项目风险管理研究综述》，《财经界（学术版）》，2016 年第 9 期，第 129 页

② 桑美英：《基础设施 PPP 项目的风险管理研究》，长安大学硕士学位论文，2014 年

的具体体现是：既强调合同条款本身对风险的权利与义务的均衡，又强调合同所派生的风险的权利和义务的均衡；既关注合同主体由风险事件引起的收益变化，又同时关注合同主体面临的风险损失。

2. 有效控制原则

有效控制原则是指将风险分摊给处于风险最有力控制地位并且能以较小代价控制风险的一方。一般来说，特定的风险应当分配给最能够影响风险结果的那方，以使该风险对项目的危害最小化；合作各方都无法控制及管理的风险应当分配给风险承担能力最强的那方；合作各方都能够控制及管理的风险则应当分配给能够以最低成本有效管理该风险的那方。

3. 风险上限原则

风险上限原则是指在进行风险分担时应该充分考虑风险承担双方的最大控制力和承受力，即使风险承担方选择正确，但如果超出了承担方的风险控制力，也可能发生风险控制失效的情况。因此，风险上限原则就是考虑风险承担者的最大控制力和承受能力，包括财务、技术、管理等方面的综合能力。

4. 动态原则

风险分担的动态性反映了 PPP 协议具有“不完全合同”的性质，即在 PPP 合同谈判时，当事人双方不可能在较短的谈判时间内穷尽所有的风险，而在合同中设计了重新谈判条款来实现风险分担的调整。这样就使风险分担更加灵活。但是，如果设计不当，可能会使重新谈判的成本增加。

风险分担的原则没有统一的标准，根据具体项目的运行情况具体分析，灵活运用。风险分担原则的确定并不是任何一方逃避风险责任的借口，而应在公平合理分配风险的基础上，综合运用各种风险分担原则，最大限度地发挥出公共部门和私人机构各自的优势与主观能动性，使项目顺利进行。

（三）风险分担框架

风险分配作为风险管理的一个重要环节，应当贯穿项目合同期的全过程，公共部门和私人部门应该采用有效的措施管理各自分担的风险并尽可能帮助对方管理风险，从而保证项目的正常进行①。

（1）初始风险分配。初始风险分配是在项目的可行性研究阶段，由公共部门结合当地经济发展情况首先对拟实施的项目进行风险识别，确定该项目中存在的各种风险。公共部门根据风险分析的结果初步判断哪些风险是在公共部门和私人部门控制力之内的，哪些是在双方风险控制力之外的。对于双方控制力之外的风险由双方共同承担，在下一阶段谈判时详细确定。公共部门最有控制力的风险，需要公共部门自己承担，剩余的风险则需要转移给私人部门，至此，初始风险分配结束。

（2）谈判分配。私人部门对初始风险分配的结果进行评估，判断其对公共部门转移给它的风险是否有控制力。如果私人部门评估确定对转移给它的风险最有控制力，则进行相应的风险管理；反之，则返回风险分析阶段进行谈判。对于剩余的风险双方进行谈

① 赵亚昕：《PPP 模式风险分担分析》，《金田》，2015 年第 6 期，第 3-6 页

判，以项目的总体收益最大化为出发点，考虑各方对待风险的态度和拥有的资源，然后进行分配。此时绝大部分风险是双方控制力之外的风险，应该是共同承担。

（3）风险的跟踪和再分配。公共部门和私人部门签订合同后，项目的风险分配就进入了风险的跟踪和再分配阶段，这一阶段的主要任务是跟踪已经得到分配的风险是否发生意料之外的变化或者出现未曾识别的风险，然后进行风险的再分配。

第四节 PPP 的主要模式

一般情况下，PPP 模式是公私合作各种投资模式的统称。其中，又包括 BOT、BT、PFI、ABS 等具体模式。

一、BOT 模式

（一）BOT 的定义

BOT（build-operate-transfer）即建设–经营–转让。1984 年，土耳其总理厄扎尔首先提出了 BOT 的概念，其出发点是将某些公共项目私营化，以解决政府建设资金不足的问题。BOT 就是政府就某个基础设施项目与非政府部门的项目公司签订特许权协议，项目公司对该项目的融资、建设、经营和维护进行一揽子承包。在协议规定的特许期内，项目公司通过向设施使用者收取费用，回收项目投资、经营和维护成本，获取利润，政府部门则拥有对这一基础设施项目的监督权。特许期届满后，项目公司将该基础设施项目无偿移交给政府部门。由于能够缓解政府资金不足和解决国有部门效率低下等问题，BOT 融资模式受到世界上许多国家和地区的重视，并被广泛运用于市政、交通、电力、通信、环保等项目之中。BOT 经历了数百年的发展，衍生出许多变种，如 BOOT、BOO、BLT（bulid-lease-transfer，建设–租赁–转让）和 TOT 等。

BOT 有其自身的特点：从权利转移看，政府只是通过与项目公司签订特许权协议，将公共建设项目的经营权交给项目公司，项目公司则在经营一定的时期后将其转交给当地政府。从责任范围来看，政府依据签订的协议，通过经济活动的方式将设计、融资、建设、经营、维护公共设施的责任转移给项目公司。从项目的资金来看，采用 BOT 融资的项目所需要的资金全部由社会投资者通过融资、贷款解决。政府不提供担保资金，但可适当贷款或参股，共同投资。从参与主体来看，政府与项目公司作为主要主体通过合同达成合作意向，项目公司分别通过贷款合同、经营合同、建筑合同、设计合同与银行、经营承包商、建筑商、工程设计机构达成有关贷款、经营、建设、设计方面的合作意向。

（二）BOT 的优势

首先，有利于政府投资战略的实施。公共部门的巨额资金投入难以完全依靠政府完成。BOT 方式可以减少项目对政府财政预算的影响，使政府在财力资金不足的情况下，仍能上马一些重大基础设施项目，政府则可以集中力量，投入教育、卫生等公益性较强的项目。BOT 以社会资本建设和营运，可以极大地提高项目建设质量并加快项目建设速度，促进项目运行效率的提高，为社会公众提供较好的公共设施服务。

其次，可以较好地分散风险及控制成本。BOT 方式可以将原先政府在项目建设过程中要承担的各种系统和非系统的风险通过特许经营合同与项目承接方共同分担，使由建设资金需求量大、跨度长、经营状况不确定而导致的风险集中得到有效分散。BOT 方式使工程项目由私人投资者承包，从而存在一种激励机制，可以提高建设和管理的效率，并可有效控制建设成本。

最后，有利于将民间资本引入基础设施建设领域。由于公共基础设施项目现金流比较稳定，投资风险相对较小，可以为投资者带来稳定、长期的投资收益；再由于项目的特许权协议是在投资者和政府之间确定，法律约束力较强，投资者容易获得法律保障；还由于项目特许经营能给投资者带来附加利益，如轨道交通建设中的广告开发权和房地产开发权，对民间资本有较强的吸引力，有利于吸引社会资金进入政府投资领域。

（三）BOT 的运作过程

BOT 融资模式的运作过程大致分为三个阶段：一是项目运作前期阶段，主要包括项目确定和可行性分析。对即将建设的项目进行初步报批，确定项目建设的可行性。随即对项目予以考察，重点研究是否需要利用 BOT 融资方式进行建设。二是项目运作中期阶段，即项目招投标、标的确立与项目投资。中期阶段主要是把项目作为标的，予以公开招标，并通过投标人提交满足招标文件要求的标书。而政府或相关招标主体对合适的投标主体予以确认，最终确定中标者。三是项目运作后期阶段。主要包括项目运作、运营与移交。协议签署后，中标项目主体对标的具有实施的义务，并对中标项目进行全面的实施与管理。当项目实施完毕，并通过标书规定验收之后，宣告中标项目的整体建设完成，进入到项目运营阶段，即中标项目公司在运营协议鉴定后，对标的项目进行运营，直至运营协议运营期满为止。当运营期满时，中标项目公司将运营的项目整体移交给当地政府或相关机构，接收方通过对项目的良好性予以考察、验证、评估，保证项目设施处于运营的良好状态。[①]此过程完毕，BOT 融资模式的运作过程也整体完成。

二、PFI 模式

（一）PFI 的定义

PFI（private finance initiative），即“私人主动融资”，是发达国家在 20 世纪 90 年代逐步兴起的一种新的基础设施投资、建设和运营模式，即以获取最大化价值的公共服务为基本原则，在公共产品和公共服务的设计、建设、维护管理及运营上充分、有效地运用民间资金、技术、知识及管理能力，以民间为主导提供公共产品的运营方式。

PFI 的基本理念是：凡是需要通过税收来建设、维修、保养的社会资本，政府部门仅限于政策计划的制订，而在设计、资金调配、运营管理等方面，尽可能委托给民间的一种制度创新。从它的内涵来看，包括四个方面：第一，在公共服务提供方面，最大限度地利用民间的专业性、创造性、技术力量和管理运营能力；第二，由民间来进行公共

---

① 叶进等：《如何构建 BOT 融资模式的运行机制》，《商业时代》，2010 年第 3 期，第 56-57 页

产品的设计、资金投入及运营；第三，不是由政府部门直接提供公共设施的资产，而是购买由民间业界提供的公共服务；第四，政府部门仅限于公共项目政策、计划的制定。

PFI 的根本目的在于政府从私人处购买服务。从发达国家的实践来看，目前这种方式多用于社会福利性质的建设项目，而这种方式多被那些硬件基础设施相对已经较为完善的发达国家采用。PFI 项目在发达国家的应用领域有所不同。以日本和英国为例，从数量上看，日本的侧重领域由高到低为社会福利、环境保护和基础设施；英国则为社会福利、基础设施和环境保护。从资金投入上看，日本在基础设施、社会福利、环境保护三个领域仅占英国的 7%、52%和 1%，其规模与英国相比要小得多。

（二）PFI 运作的特点

第一，公共部门与私人部门达成 15～30 年乃至更久的长期合同关系，约定由私人部门参与提供传统上应由政府提供的公共产品和服务，特别是需要大量资金和复杂建设技术的道路、桥梁、地铁等基础设施，也包括监狱、公立医院和学校乃至国防等其他方面的服务。

第二，在 PFI 合同项下，私人部门根据情况可能负责设计、建造、融资、运营和管理有关项目资产，并按照合同中设定的标准和数量提供公共产品或者服务。

第三，公共部门负责识别所需的公共产品和服务并订立明确的标准，根据该标准甄选私人部门合作伙伴，并根据私人部门对合同项下义务的履行情况，即是否按照预先的质量及数量标准提供了公共产品和服务，向私人部门支付相应费用。

第四，私人部门设计、建造、融资、运营和管理有关项目资产并提供公共服务和产品的成本及期待的投资收益将通过公共部门支付的费用得到补偿，最终项目资产的所有权根据合同约定可以继续由私人部门保有或者移交至公共部门。

第五，通过将提供公共产品和服务有关的风险在公共部门和私人部门间分担，PFI 最终的目的是利用私人部门的资金、技术和管理的优势并借助市场竞争的作用确保公共产品和服务的采购更加物有所值，保证公众和纳税人的利益。①

（三）PFI 运作程序和方式

典型的 PFI 项目需经历可行性分析、竞标、建设、运营和退出几个阶段。①可行性分析。公共部门根据自身发展规划和需求进行可行性分析，确定可用于 PFI 模式的基础设施项目。政府部门负责对这些项目的初步方案、成本、维护和运营费用、预计效益、资金支持等进行评估，以确定该项目能否应用 PFI 模式。②竞标。在 PFI 项目中，有意向参与竞标的私人投资者需对项目进行详尽的尽职调查，提出完整的建设、运营、融资方案，通常还会组建一家特殊目的公司（special purpose vehicle，SPV），以更有效满足各项招标要求，政府根据这些信息审核并确定最终竞标成功者，并与相关各方签订合约，明确各方权利、义务。③建设。项目公司按合同计划负责开发建设，建设费用由私人投资者承担，预算超支、延期完工等建设期风险也由私人投资者承担，政府在此阶段主要负责工程的协调和质量监督工作，无需负担任何费用和成本。④运营。项目进入运营阶段后，政府负责定期对项目的运营情况进行评估，在项目提供的公共服务达到合同中约

① 刘薇：《PPP 模式理论阐释及其现实例证》，《改革》，2015 年第 1 期，第 78-89 页

定的标准后，政府将定期支付承诺的现金回报，并列入各级政府财政预算。⑤退出。项目可在二级市场出售，或待特许协议期满后无偿交付政府。

PFI 模式主要有三种运作方式：一是公共服务提供型。私人部门建设和运营公共设施，通过提供公共产品或服务获取回报，收回投资，这种方式最能体现 PFI 的基本理念，被广泛用于医院、监狱、道路、公共信息系统建设。二是独立投资回收型。根据政府的许可，私人部门建设、运营公共设施，利用公共设施使用的付费所得收回投资。政府不进行资金投入和支持，全部投资由私人部门独立承担。例如，公立医院的停车场、桥梁、博物馆，设定收费的上限，由私营企业自由经营，独自承担风险。三是公私合营型。由政府部门和私人部门建立联合体，以私人部门为主导，政府部门对项目的非经营部分给予一定的补助，项目由私人部门来运营。[①]这种类型的公共产品一般很难直接通过使用收费收回投资，投资回报依赖于公共产品的多品种开发或再开发。

三、BT 模式

（一）BT 的定义

BT（build-transfer，建设–转让）模式也称为回购模式，即政府把基础设施的投资建设任务交给社会资本，在社会资本完成基础设施建设后，再由政府出资分期付款和利用补偿措施等方式完成对基础设施的收购。对于大部分基础设施建设项目，尤其是公益性基础设施项目，在建设环节均可按照 BT 方式吸引社会资金进行建设，政府通过补偿机制和回购方式，回报投资者。

BT 模式中政府向社会资本融资，政府的融资成本是付给社会资本一定的合理商业利润。政府通过回购减轻了短期融资的压力；政府的支付手段是多样化的，除以现金支付外，还可以以税收优惠、土地使用权转让等多种方式支付，社会资本的介入增加了政府的税收和就业机会，经济效益和社会效益都比较好。

按照融资模式的不同结构，BT 模式还可以分为：①一次性回购；②分期回购。BT 模式中社会资本承担的风险是其对 BT 模式所提供的商业机会的把握能力，要求社会资本有高超的商业运作能力。通过商业运作和项目管理，社会资本可以获得合理和超额的商业利润。

（二）BT 的优势和劣势

BT 融资模式一般应用于非经营性的基础设施和公益性项目建设，是一种以各参与方的共赢为合作理念的现代融资与实施模式。采用 BT 模式进行工程建设具有以下优势。

（1）有利于优化资源配置。发展 BT 融资模式可以使产业资本和金融资本全新对接，形成一种新的融资格局，既为政府提供了一种解决基础设施建设项目资金周转困难的融资新模式，又为投资方提供了一种新的利润增长点，为社会投资人参与社会公益性项目建设提供了切入点，实现了各参与方共赢和基础设施建设的良性循环。

（2）有利于合理分散风险。BT 融资模式倡导风险和收益在政府与投资方之间公平

① 王铁山：《PFI 项目融资:英国和日本模式的比较研究》，《国际经济合作》，2008 年第 1 期，第 49-52 页

分担与共享，追求安全合理利润。强调各参与方发挥各自优势的主观能动性，合理分散和分担风险，提高了各方对项目政治、金融、债务风险的分析、识别、评价及转移能力。

（3）有利于提高运作效率和工程质量。BT 融资模式采取国际规范化管理与运作，通过引进先进的技术和管理方法，改善基础设施建设投资和管理结构，减少建设管理和协调环节，借助大型建筑企业资信好、信誉高、善于组织大型工程施工，以及技术、管理和人才等方面的优势，可有效提高项目运作效率和工程质量。

BT 投资模式也具有一定的缺陷。

（1）BT 项目建设费用过大。采用 BT 方式必须经过确定项目、项目准备、招标、谈判、签署与 BT 有关的合同、移交等阶段，涉及政府许可、审批及外汇担保等诸多环节，牵扯的范围广，复杂性强，操作的难度大，障碍多，不易实施，最重要的是融资成本也因中间环节多而增高。

（2）BT 方式中的融资监管难度大。由于 BT 法律性质的特殊性、法律关系的复杂性，而且是一种合同的组合，融资监管难度大。

（3）BT 项目的分包情况严重。由于 BT 方式中政府只与项目总承包人发生直接联系，工程由项目企业负责落实，项目的落实可能被细化，建设项目的分包可能会比较严重。

（4）BT 项目质量得不到应有的保证。在 BT 项目中，虽然规定了督促和协助投资方建立三级质量保证体系，申请政府质量监督，健全各项管理制度，抓好安全生产。但是，投资方出于其利益考虑，在 BT 项目的建设标准、建设内容、施工进度等方面存在问题，建设质量得不到应有的保证。

（三）BT 的运行过程和机制

BT 项目运行过程主要包括项目准备阶段、公开招标阶段、签订 BT 项目合同阶段、项目实施阶段和项目转让阶段①。在项目准备阶段，主要确定项目的投资范围、规模和方式。其中包括政府对该项目投资建设的需求评价；对所需财力支持的估算和政府的规划；项目投资建议的提出，以及主管部门对项目建议的审查和批复；项目建设单位对项目的必要性、经济合理性和技术可行性分析。在公开招标阶段，主要确定项目的融资代建单位。在确定采用 BT 模式后，公开招标阶段主要是建设单位作为招标人，通过招标代理机构的运作选择实力、报价最为相宜的投标人。在签订 BT 项目合同阶段，主要是书面签约确定项目各方的权利和责任。其中包括投标人和中标人按照招标文件的要求组织的谈判过程，以及 BT 项目投资建设合同的正式签署过程。在项目实施阶段，项目公司围绕项目合同开展工程施工作业、实行专业化管理。在项目转让阶段，按照 BT 合同规定，项目建设完成后，应将所有权转让给政府，政府向项目公司支付费用，移交标志着 BT 项目的结束。

项目运行机制以 BT 投资建设合同为核心，以全过程控制为手段，以成本控制和风险降低为目标，内外监督相辅相成，在项目运行的每一阶段实行规范化、专业化管理。①过程制约机制。通过 BT 建设合同中对合同当事人权利及义务的规定，明确各方职责，有利于对项目建设的过程进行控制。②成本控制机制。第一是通过制定严密的合同条款，根据合同中的工程预算成本采用倒推法进行控制；第二是通过加强对分包合同、与业主

---

① 王耀辉等：《BT 融资模式在交通建设中的应用》，《长安大学学报（社会科学版）》，2009 年第 3 期，第 42-45 页

签订的施工合同的管理，控制工程成本；第三是在投标阶段和工程中标后的施工阶段，以及工程结算阶段进行合同管理，控制工程成本。③监督约束机制。项目公司的监督约束机制可以分为内部监督和外部监督两部分。内部监督主要包括投资控制管理和支付管理；外部监督主要包括项目设计控制管理、分包管理、监理机构、合同争议解决方法四个部分。[①]④风险控制机制。BT 项目融资更关注项目的完工风险和回购风险。项目公司通过建立对担保机制、合同责任期的规定、合同变更、合同终止、项目验收保修，以及项目移交回购方案等方面的控制，建立项目公司的风险控制机制。

四、ABS 模式

（一）ABS 的含义

ABS 是 asset-backed securitization 的缩写形式，即以资产担保的证券化。资产证券化是指将流动性较差但可以产生可预测、可持续未来现金流的基础资产，通过法律手段真实出售给专门设立的 SPV，实现和原始权益人资产的风险隔离。继而通过一定的结构设计，将基础资产现金流拆分为不同信用等级和期限的证券产品，并出售给合格投资者。管理人用发售所得的资金支付基础资产的购买费用。此后，再用基础资产产生的现金流支付投资者的投资本息。ABS 融资模式对于投资规模大、周期长、资金回报慢的城市基金设施项目来说，是一种理想的融资方式。

ABS 融资的特点：原始权益人可以通过转让基础资产提前收回投资和收益。由于是以基础资产的现金流收益作为发行证券的基础，原始权益人转让基础资产后，证券产品的发行原则上只关注基础资产的信用，与原始权益人自身的企业信用关联不大。而通过信用增级措施，基础资产可以获得比原始权益人更高的信用评级，具备更优、更好的发行条件。由于基础资产已由原始权益人转让给 SPV，已不体现在原始权益人的资产负债表中，所以，基础资产融资对原始权益人来说属于表外融资，不会增加原始权益人的负债。

（二）ABS 的应用

ABS 融资在实际运作中通常有以下几个参与者：原始权益人、特设交易载体 SPV、投资者、资信评级机构、信用增级机构、受托管理人、服务人等。各参与者在其中各司其职，相互联系，相互牵制。[②]ABS 的基本运作过程一般包括以下几个步骤。

第一，确定资产证券化的对象。进行 ABS 融资时，要选择未来现金流量稳定、可靠、风险较小，具有良好的可出售品质，信用风险较低，但目前却又无法通过证券化的途径在资本市场筹集项目建设资金的项目资产。我国一些基础设施项目的经济效益比较好，且具有稳定的预期收入，符合资产证券化的条件，可以作为资产证券化的目标资产。将基础设施项目资产进行估算和信用考核，根据资产证券化的目标确定用于证券化的资产数量，并把这些资产汇集组合，形成一个资产池。

第二，组建特设交易载体 SPV。SPV 是为迎合法律要求而特设的一个法律实体。它主要从事单一业务：购买证券化资产、整合应收权益，并以此为担保发行证券。成功组

① 王耀辉、马荣国：《BT 融资模式在工程建设中的应用研究》，《铁路运输与经济》，2008 年第 5 期，第 10-13 页
② 黄佳：《基础设施 ABS 融资模式研究》，《国际经济合作》，2007 年第 7 期，第 67-70 页

建 SPV 是 ABS 能够成功运作的关键因素。在现实操作中，SPV 可以是已经在国际上获得权威资信评估机构给予的较高资信评定等级的投资银行、信托投资公司、信用担保公司、投资保险公司或其他独立法人等。

第三，发起人或原始权益人将可证券化资产“真实销售”给 SPV 以发行证券。转让的目的是将原始权益人本身的风险和项目未来现金收入的风险隔断，以实现“破产隔离”。

第四，信用评级和信用增级。信用评级是发行人按时支付 ABS 证券本息回报的评价，通常由国际资本市场上的独立私营评级机构，如穆迪或标准普尔进行。信用增级是通过提供各种担保，增强资产证券信用，以吸引投资者购买，提高 ABS 的交易质量和安全性的方法。

第五，证券设计与销售。发行人通过承销商在资本市场上向投资者发行经过优先和次级架构的 ABS 资产来支撑证券。

第六，现金流管理服务与清算。

（三）ABS 的优势

ABS 可拓宽我国基础设施项目融资的渠道。我国的很多基础设施建设项目，如电厂、水厂、港口、高速公路等，其当前及未来现金流产生稳定，资产权益相对独立，风险性小，本身具有较强的投资价值。但是，它们自身无法获得权威资信机构授予的较高级别的资信等级，因而难以通过证券化的途径在资本市场上筹集资金。采用 ABS 项目融资方式时，就可以通过 SPV 获得较高信用等级，进入国际市场筹集资金，扩展基础设施项目融资的渠道。另外，在债券发行期间，实施 ABS 项目的资产所有权归 SPV 所有，但项目的经营决策权依然归原始权益人，这样运用 ABS 方式不必担心重要项目被外商控制。比如，不能采用 BOT 方式的重要铁路干线、大规模发电厂等项目都可以采用 ABS 方式。

ABS 可降低基础设施项目融资成本。基础设施建设项目一般投资额大，建设周期长，资金积聚度高，若在债息率上略有降低，就会节约大量资金。而 ABS 通过信用增级使 ABS 发行时的信用等级提高，债息率一般也较低，从而降低了项目融资成本。ABS 融资项目无须政府的特许和外汇担保，从而降低了融资成本。ABS 融资涉及机构较小，减少了酬金、差价等中间费用。此外，还可以在境外的一些税收豁免地区设立 SPV，以达到合法避税目的，进一步降低融资成本。

ABS 还可以实现一定的会计效果。由于 ABS 证券化的资产是一种“真实销售”，所以资产出售后即可以从资产负债表中剔除，从而实现表外融资。对原始权益人来说，虽然放弃资产会放弃部分收益，但却使可用资金增加，提高了资产的流动性和盈利性，也大大加快了基础设施的建设步伐。

ABS 项目融资保证了基础设施项目的安全性。采用 ABS 方式进行基础设施项目融资期间，东道国能够保持对项目经营的控制，使项目不被外商直接控制，从而保证了项目建设和经营的安全性，有利于东道国的经济安全和国家安全。

五、主要投资模式的区别

BOT 和 PFI 的区别：两者的一个不同之处在于政府着眼点的不同。BOT 是指政府就某个基础设施项目与非政府部门的项目公司签订特许权协议，授予项目公司来承担该项目的融资、建设、经营和维护。特许期届满后，项目公司将该基础设施项目无偿地移交给政府部门。政府最主要的目的是公共设施的最终拥有；而 PFI 的目的在于公共服务的私人提供，它能够使私营机构直接参与到公共服务的提供中，为公众提供更好、更优质的服务。如果私人企业通过正常经营未达到合同规定的收益，可以继续拥有或通过续租的方式获得运营权。BOT 比较适用于大规模、高收益、经营性的基础设施，如电厂、水厂等。PFI 项目非常多样，大的项目可能来自国家重点领域，如军事飞行培训计划、机场服务支持等；小的如公共服务设施建设，如教育或民用建筑物、警察局、医院能源管理或公路照明。

ABS 和 BOT 的区别：ABS 融资的项目资产是许多已建成的良性资产的组合，政府部门可以运用 ABS 方式以这些良性资产的未来收益作为担保，为其他基础设施项目融资。不仅可以筹集大量资金，还有助于盘活具有良好收益的固定资产。BOT 融资对象主要是一些具有未来收益能力的单个新建项目，如公路、桥梁等，而且该项目在融资时尚未建成，政府部门主要是通过 BOT 方式为该项目的建设筹集资金。在 ABS 模式中，债券在发行期内，项目资产所有权属于 SPV，而项目的运营、决策权属于原始权益人，原始权益人有义务把项目现金收入支付给 SPV。债券到期后，由资产产生的收入还本付息，支付服务费后，资产所有权又复归原始权益人。BOT 的所有权、运营权在特许期内属于项目公司，特许期满，所有权移交给政府。通过外资 BOT 进行基础设施项目融资可以带来国外先进的技术和管理，但会使外商掌握项目控制权。

BOT 和 BT 的区别：前者是投资者在项目建成后一定期限内，通过经营收回投资取得赢利，授权期结束后，再将项目无偿转让给政府。后者采取企业投资建设、政府一次回购、资金分期支付的办法。BOT 模式较之 BT 模式，显著区别就是多了一个主办人的营运环节。在 BOT 模式中，主办人通过特许经营协议获得对 BOT 项目的一定期间的特许经营权，并在特许期限内负责项目的营运和管理。而在 BT 模式中，BT 模式项目主办人在工程竣工后，就按 BT 模式投资建设合同的约定直接移交给 BT 模式项目发起人，BT 模式项目主办人没有经营 BT 模式项目的权利，因此不存在主办人营运环节。换句话说，BOT 收回资金的方式是向使用者收取，BT 收回资金的方式是向政府收取。

第五节　PPP 的案例分析

在国外和国内的 PPP 具体实践中，成功与失败的例子都有，这与法律和制度的完善、政策的有效性、经济形势的变化都有着密切的关系。

一、国外案例

（一）澳大利亚阿德莱德水务项目

澳大利亚阿德莱德地区是世界上最干旱的地区之一，该地区 85%的供水依赖于连接墨累河的管道系统，由于水源危机，确保长期的供水是当地政府面临的主要问题。当地政府从 20 世纪 90 年代开始尝试采用 PPP 模式开展阿德莱德水务项目，对当地的水务设施进行管理、运营和维护。①

1995 年，泰晤士水务公司和 Kinhill 组成的联合水务公司于同年 10 月中标。联合水务公司与原运营公司——南澳大利亚水务公司签订项目合同，约定了联合水务公司的主要职责是水务及污水处理相关的全部工厂、水网和污水管网的管理、运营和维护，以及基建工程项目的管理和交付、资产管理计划的实施、应急计划的制订和环境的管理等。而南澳大利亚水务公司负责获取收入、管理客户关系、管理集水区与制定服务标准。南澳大利亚水务公司对基础设施拥有所有权，并控制资本支出。

项目管理主要分为资产管理、基建工程管理和环境管理三个方面。在资产管理方面，合同规定，联合水务公司须提供详细的资产管理计划，并由南澳大利亚水务公司审议。审议的重点是确保收支平衡，对所有资产状况及可用性进行定期检查。资产管理计划由联合水务公司与南澳大利亚水务公司协商制订，包含 1 年期、5 年期和 25 年期，最后由南澳大利亚水务公司验证计划的可行性并对其进行调整。

在基建工程管理方面，联合水务公司负责设施的管理、运营和维护，南澳大利亚水务公司拥有资金分配的决策权和批准权。联合水务公司按照南澳大利亚水务公司批准的资本计划管理该项目，在其与南澳大利亚水务公司协商后起草设计、招标文件及相应的基建工程合同，并在合同签订后，负责确保项目按时按预算完成。

阿德莱德水务项目得到当地政府的大力支持，在相关设备、基础建设准备充分的情况下，联合水务公司从技术层面及人力资源管理层面对项目的良好运行给予保障。在技术研发上，联合水务公司通过其母公司在阿德莱德设立了研发中心，并在项目初期就与多所大学及研究机构展开合作，进行了一系列研究，包括过滤器的优化、膜处理技术的提高等。此外，联合水务公司还设计并建造了玻利瓦尔的溶气气浮和过滤设备厂，该厂为北阿德莱德提供污水循环再利用设施（图 7-1）。

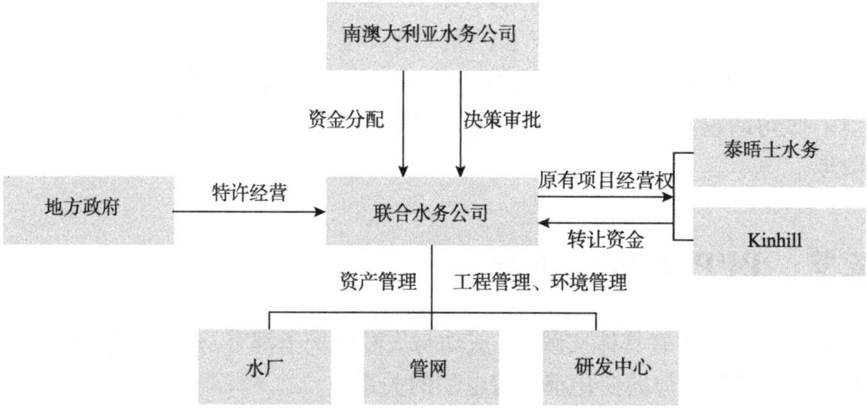

图 7-1 澳大利亚阿德莱德水务 TOT 项目

在经济效益方面，该项目为南澳大利亚水务公司节约了近 2 亿美金的成本，为南澳大利亚增加了 7.2 亿美元的出口（超过了合同规定的 6.3 亿美元的目标）。另外，由于采

① 孟春、郭上、吴昺兵：《澳阿德莱德运用 PPP 模式加强水务建设》，《中国经济时报》，2014 年 9 月 11 日，第 5 版

用工程采购与建设管理方法进行工程建设，节约了近 4300 万美元资金。在社会环境效益方面，该项目引入了第三方质量控制体系和环境管理体系，建立了世界级的研发中心，改进了污水处理技术。此外，项目还开发了计算机程序以优化污水处理厂的运行，并对运营中心进行了重组优化，以提供更有效率的电话咨询和紧急事务处理服务。

（二）英法海底隧道工程

英法海底隧道是一条连接英法两国的海底铁路隧道，又称英吉利海峡隧道或欧洲隧道，横跨英吉利海峡，总长 50 千米，其中海底部分 39 千米，仅次于日本青函隧道，为世界第二大海底隧道。英法海底隧道工程在 19 世纪初由法国工程师提出，在 19 世纪 70 年代由英法两国开始建设，但因英国公众担心国防安全而终止。20 世纪 60 年代，两国在和平时期又开始建设此隧道，但工程却又因财政问题而搁置。20 世纪 80 年代，两国政府通过采用私人资本建设大型基础设施等管理创新，成功建成隧道并成功运行。自 1986 年 2 月 12 日英法两国政府签订坎特布利条约批准建设起，整个工程历时 8 年多，是世界上规模最大的利用私人资本建造的工程项目。

英法海底隧道项目公司是欧洲隧道公司，它由英国的海峡隧道工程集团（一个由英国银行和承包商组成的财团）和法国的法兰西–曼彻公司（一个由法国银行和承包商组合的财团）联合组成。在特许权协议中，政府对项目公司提出了三项要求：①政府不对贷款作担保。②本项目由私人投资，用项目建成后的收入来支付项目公司的费用和债务。③项目公司必须持有 20%的股票。项目资金来源依靠股票和贷款筹集，其中股票 20 亿美元，在 1986～1989 年分四次发行。贷款为 83 亿美元，由 209 家国际商业银行提供。政府允许项目公司自由确定通行费，其收入的一半是通过与国家铁路部门签订的铁路协议产生的，用隧道把伦敦与欧洲的高速铁路网相连接。其他收入来自通过隧道运载商业机动车辆的高速火车收费。政府保证，不允许在 30 年内建设第二个跨越海峡的连接通道（图 7-2）。

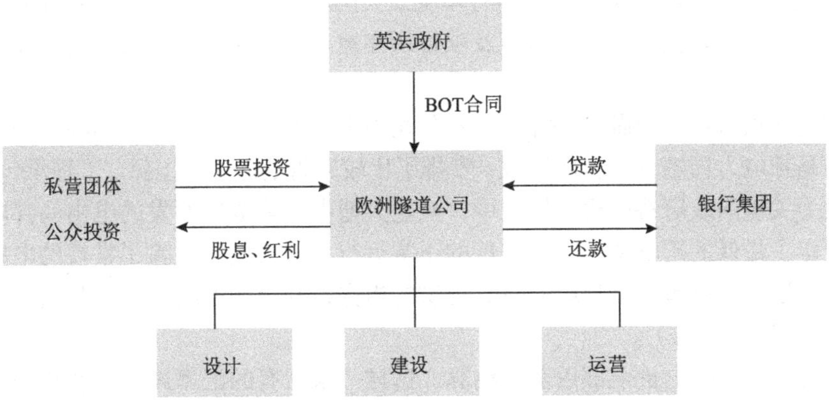

图 7-2　英法海底隧道工程 BOT 模式

英法海底隧道建设和运营过程中遭遇了一系列的风险[①]。①运营时间延迟。最初规定的货运和客运服务正式开通的时间是 1993 年 5 月，但是，由于几项关键项目延误，

①《BOT 案例：英法海峡隧道》，http://blog.sina.com.cn/s/blog_5fae981c0100g5iy.html，2009 年 11 月 24 日

正式开通时间延迟了一年，项目运营延迟使现金流入延迟，带来了巨大的财务负担。②实际收入偏低。欧洲隧道公司的预期运营收入主要来自穿梭列收费、铁路使用费和其他副业收入。尽管两国政府许诺不兴建第二条固定的海峡通道，但是轮渡和航空公司大幅度消减票价引发了一场价格大战，迫使欧洲隧道公司降低票价。③总成本增长。项目初始计划成本是 48 亿英镑，最后实际成本大约是 105 亿英镑。其中，施工成本比预期增加了 65%。建设成本超支、运营延期、实际现金流偏低等因素都严重影响项目的整体收益。

英法两国政府在海底隧道项目前期的推动起着至关重要的作用。在特许权协议中，两国政府承诺 2020 年之前不兴建第二条竞争性的固定海峡通道，给予项目公司自主定价的权利。但是也明确表示不提供担保，在项目的建设和运营过程中，两国政府缺少了足够的监督管理和必要的支持。在英法海底隧道正式开通之后，有实质性竞争关系的轮渡、航空公司打起了价格战，迫使欧洲隧道公司大幅降低票价。两国政府在此问题上，没有提供足够的支持。另外，两国政府在项目前期并没有对方案进行足够的调查分析，在建设期间要求增加安全管理和环保措施导致施工成本增加和工期延迟，在施工结束后又延迟发放欧洲隧道公司的营运许可证书，使项目正式开通一拖再拖，项目现金流进一步恶化。在项目公司的索赔要求下，两国政府最终将特许期由 55 年延长至 99 年，但是项目公司在运营的前十几年背负着巨大的财务压力，苦苦经营，以至于 2006 年不得不申请破产保护。

（三）印度大博电厂 BOT 项目

20 世纪 90 年代初，亚洲各国兴起了利用项目融资方式，吸引外资投资于基础设施的浪潮。受这些成功案例的影响，基于国内电力市场供需情况，印度政府批准了一系列利用外资的重大能源项目，大博电厂正是在这样的背景下开始运作的。大博电厂项目由安然公司安排筹划，由全球著名的工程承包商柏克德（Bechtel）承建，并由通用电气公司（GE）提供设备。电厂所在地是拥有印度最大的城市孟买的马哈拉斯特拉邦，是印度经济最发达的地区。投资者、承包商及项目所在地的经济实力均是最强的，项目的前景让不少人看好。

与常见的项目融资的做法一样，安然公司为大博电厂设立了独立的项目公司。该项目公司与马邦电力局签订了售电协议，安排了比较完善的融资、担保、工程承包等合同。在项目最为关键的政府特许售电协议中，规定大博电厂建成后所发的电由马邦电力局购买，并规定了最低的购电量以保证电厂的正常运行。该售电协议除了常规的电费收支财务安排和保证外，还包括马邦政府对其提供的担保，并由印度政府对马邦政府提供的担保进行反担保（图 7-3）。

售电协议规定，电价全部以美元结算，这样一来所有的汇率风险都转移到了马邦电力局和印度政府身上。协议中的电价计算公式遵循这样一个基本原则，即成本加分红电价。即在一定条件下，电价将按照发电成本进行调整，并确保投资者的利润回报。这一定价原则使项目公司所面临的市场风险减至最小。我们可以将售电协议理解为印度政府为其提供的一种优惠，但正是这一售电协议使马邦电力局和印度政府不堪重负，随之产生的信用风险导致该项目最终以失败告终。

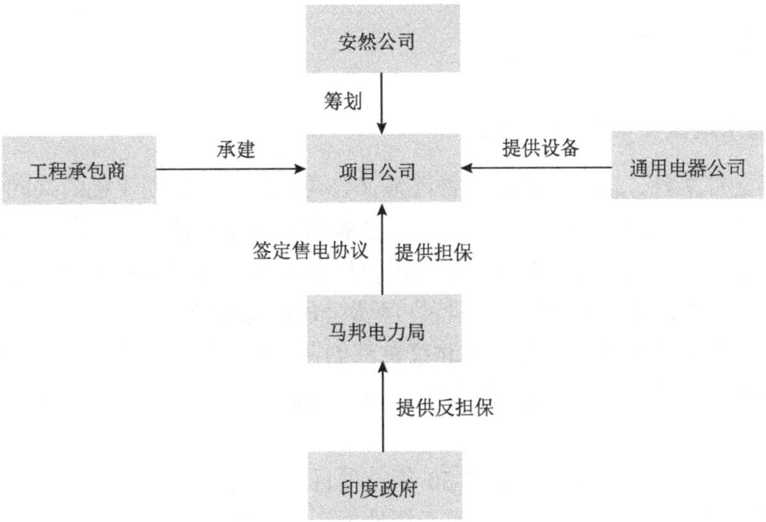

图 7-3 印度大博电厂 BOT 模式

从合同条款来看，对项目公司非常有利，合同中的细节内容充分反映了协议各方把项目做好的意愿。然而，正当项目大张旗鼓地开始建设时，亚洲金融危机爆发了。危机很快波及印度，卢比对美元迅速贬值 40%以上。危机给印度经济带来了很大的冲击，该项目的进程也不可避免地受到了影响。直到 1999 年，一期工程才得以投入运营，而二期工程到目前才接近完成。工程的延期大大增加了大博电厂的建设费用，建设风险导致的成本上升使大博电厂的上网电价大幅度提高。

对印度经济发展的乐观预期使马邦电力局和大博电厂签订了购电协议，但金融危机造成的卢比贬值使马邦电力局不得不用接近 2 倍于其他来源的电价来购买大博电厂的电力①。2000 年，世界能源价格上涨时，这一差价上升到近 4 倍。到 2000 年 11 月，马邦电力局已濒临破产，因而不得不开始拒付大博电厂的电费。根据协议，先是马邦政府继而印度联邦政府临时拨付了部分款项，兑现了所提供的担保与反担保。然而它们却无法承担继续兑现其承诺所需的巨额资金，因而不得不拒绝继续拨款。至此，该项目运营中的信用风险全面爆发。

如果没有亚洲金融危机，如果印度国内经济运行良好，在这样的一种风险分配结构下，大博电厂项目也有可能运营成功。但经济活动不允许有太多的如果，一个成功的项目，在项目初期就应该考虑到可能出现的种种问题，并据以设计出合理的风险分配方案。对于印度政府而言，部分是因为缺乏经验，部分是为了尽快促进项目的开展，有关项目的可行性研究、项目成本分析、产品市场、资金回收、风险分配问题都未予以认真考虑。本意为吸引外资的优惠待遇，其结果却导致了政府的失信。大博电厂纠纷的直接效应就是，当时几乎所有的印度境内的独立发电厂都陷于停顿，印度吸引外资的努力也因此受到沉重打击。

---

① 严兵、阮南：《信用风险:BOT 项目融资成败的关键——国内外电力行业项目融资案例分析》，《国际经济合作》，2003 年第 1 期，第 46-49 页

二、国内案例

（一）北京地铁4号线PPP模式

2005年2月7日，北京市政府与香港地铁公司、北京首都创业集团共同签署了北京地铁4号线PPP项目的特许经营协议，由社会投资方香港地铁公司、北京首都创业集团与北京市政府出资的基础设施投资有限公司合作共同成立特许经营公司，参与北京地铁4号线的融资、建设和运营过程①。该特许经营公司的总投资约为46亿元，注册资本约为15亿元，其中香港地铁有限公司和北京首都创业集团有限公司占绝大部分比例，各占总资本的49%，北京市基础设施投资有限公司占2%，约2/3的资金来源于无追索权银行贷款。

北京地铁4号线的特许经营期为30年，项目总投资约153亿元，根据协议，其中70%约107亿元由北京市政府出资，用于征地拆迁和土建工程等方面的建设，其余30%约46亿元由特许经营公司出资，用于车辆、信号、自动售检票系统等机电设备的建设，并在特许经营期内的30年里负责4号线的日常运营、管理、维护和更新。建设期内市政府有权监督特许经营公司是否按时、按质完成建设，同时，由于地铁是公共设施，如果发生涉及公共安全的紧急事件，市政府必须介入以保护人民和公共财产的利益。

当地铁建成后，特许经营公司与北京地铁4号线投资有限公司签订资产租赁协议，获得由北京市政府出资建设的地铁部分的使用权。在30年的特许经营期内，特许经营公司的收益主要是票款收入和站内商业经营等其他收入，其中地铁票价仍由北京市政府统一制定，若票价低于特许经营公司指定盈利票价，市政府会补贴差价。当特许经营期期满时，特许经营公司必须将整个北京地铁4号线完好、无偿地转交给北京市政府。在特许经营期内，特许经营权不允许转让，如果特许经营公司发生严重违反相关法律法规和特许经营协议的情况，北京市政府有权采取相应的措施。

在北京地铁4号线的PPP模式中，政府投资与社会投资的比例明确。4号线公益性部分和营利性部分的划分比例被确定为7∶3。整个项目投资中30%由社会投资完成，采用PPP方式解决项目融资问题，剩余70%投资仍由政府财力解决。政府投资与社会投资比例的确定，体现了PPP模式中各方的平等与公平。在项目初期，政府只向特许公司免收或者收取少量象征意义的租金，促进项目尽快成熟。项目成熟期，如果实际客流超出预测客流一定比例，政府投资方将适当提高租金，收回政府投资，避免特许公司利用公共财产产生超额利润（图7-4）。

北京地铁14号线采取了与4号线大致相同的PPP模式，但在具体操作方法上，地铁14号线有了一定改进。4号线对B部分投资超支和节约由企业承担，而14号线在投资控制中采取了“多退少补”机制，依照工程竣工后的审计结果与目标引资额的差额计算，从而有利于引导社会投资者对项目足额投资，重视工程质量。由于客流预测受多种因素影响，政企双方都面临预测准确性风险。因此，14号线委托第三方机构共同完成客流预测工作，设置客流变化风险分担方式，如果客流低于预期，风险由政府承担，保证

① 赵先立、李子君：《地铁经济中的公私合作——北京地铁4号线项目的运营、经验和意义》，《城市观察》，2012年第5期，第77-85页

企业基本收益；如果出现高客流，设置了超额客流票款收入分成机制。

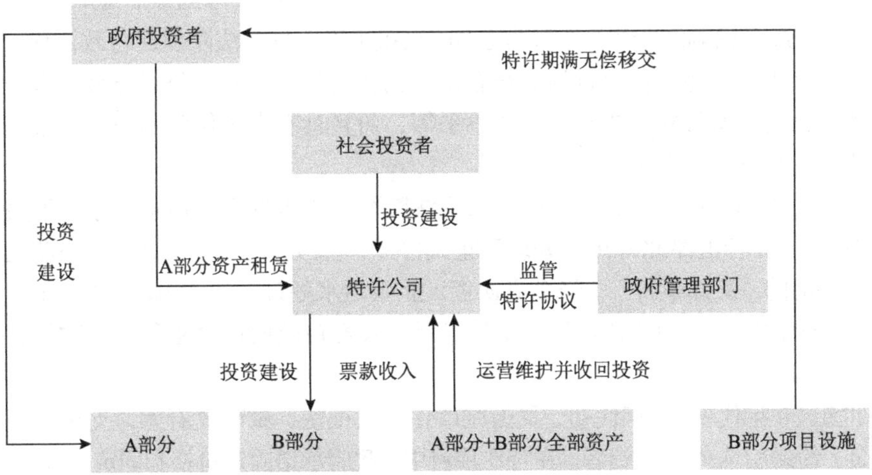

图 7-4　北京地铁 4 号线项目运作模式图

（二）汇津污水处理厂 TOT 模式

2000 年 3 月，长春市排水公司与香港汇津污水处理有限公司签署合作企业合同，约定排水公司将长春市北郊污水处理设施的在建工程和项目所需的全部土地使用权以 5000 万元作为出资，汇津公司以 2.7 亿元投资建立并经营中外合作企业——汇津中国（长春）污水处理有限公司。长春公司注册资本为 32 亿元，其中排水公司占 15.6%，外方公司占 84.4%（图 7-5）。

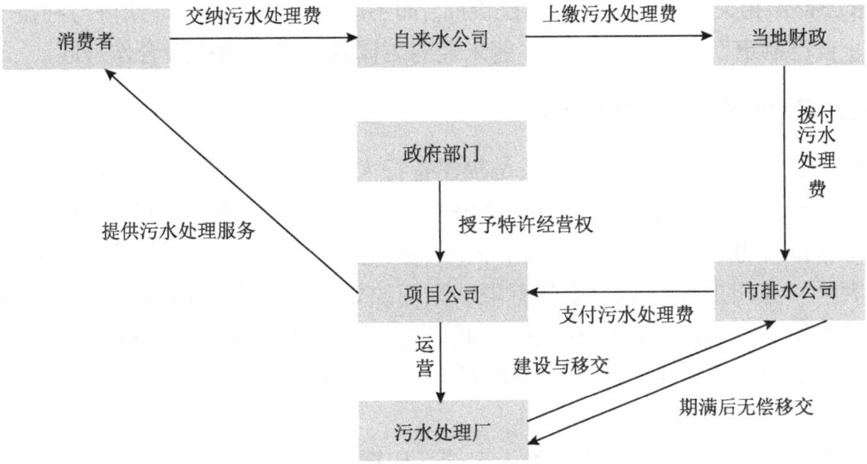

图 7-5　汇津污水处理厂 TOT 模式图

2000 年 7 月，长春市政府专门为该项目制定了《长春汇津污水处理专营管理办法》。该办法规定，长春公司负责对汇津污水处理进行专项经营，经营期为 21 年。汇津污水处理设施由排水公司负责建设。建成后的汇津污水处理设施移交给长春公司经营。长春公司经营期满解散并依法处理债权、债务后，汇津公司在长春公司的资产应当无偿转让给排水公司。排水公司应当履行合作合同中规定的支付污水处理费、提供污水等全部义务。

2000 年底，该项目正常投入运行。2002 年年中，市排水公司开始拖欠合作公司污水处理费，并在 2003 年 3 月起全面停止支付。截至 2003 年 10 月底，累计欠费达 9700 多万元。在经过多次调解未果后，外方公司于 2003 年 8 月向法院提起行政诉讼，要求长春市人民政府纠正其违法行政行为。长春市人民政府认为：外方公司与市排水公司签订的合作经营合同书所订立的权利、义务不平等，而且具有大量保底和固定回报条款，违背风险共担、利益共享原则。

2003 年 12 月 24 日，长春市中级人民法院驳回原告的诉讼请求。原告不服，2004 年 2 月 26 日，长春汇津北郊污水处理厂正式停产，39 万吨/日污水直排入松花江，形成当时非常轰动的“汇津事件”。经多方协商，北郊污水处理厂于 2004 年 5 月 1 日恢复生产运行。而经过近两年的法律纠纷，案件最后以长春市政府以 2.8 亿元回购外方股份分三次支付而告终。①

20 世纪 80 年代末 90 年代初，我国城市化发展很快，城市政府无力支付巨额基础建设的资金，纷纷引入外国投资者。在合作项目中，政府承诺固定价格和固定比率的购买量、固定价格的原料或燃料供应量，以使投资人取得较为固定的投资回报率的约定比较常见。但是，早在 1995 年，对外贸易经济合作部、建设部等部门法规都已经对涉及“固定回报”的问题作出了禁止性规定。汇津污水处理项目能够通过各级政府部门的审批备案，一方面表明政府主管部门的监管不力，另一方面表明地方政府在招商引资过程中的违规做法。

政府制定和撤销、废止行政规章或调整具体行政行为是政府的法定职权。特别是当市政府发现自己制定的规章与国家法律、法规不一致时，出于国家法制统一和公共利益的需要，可以废止已经生效的规章和其他规范性文件。但是，废止文件不单是政府一家的事情，而是涉及方方面面的利益，即使确属需要废止的违法不当文件，也要经过正当程序，依法补偿相关利益遭受损失的投资商，而不能置投资人的合理期待与利益于不顾，随意废止自己制定发布的文件，更不能未经对方同意，单方面撕毁合作合同。

（三）泉州刺桐大桥 BOT 模式

泉州市境内横跨晋江的刺桐大桥是福建省特大型公路桥梁之一，也是国内最早引入本土民营资本，采用 BOT 方式建设的路桥项目。20 世纪 90 年代初期，福建省泉州市只有一座跨越晋江的大桥——泉州大桥，为缓解交通压力，1994 年初，泉州市决定再建一座跨江大桥。泉州市政府财力十分有限，因而决定对外招商。1994 年，由泉州市 15 家民企参股组成的名流公司出资 60%，政府资金占 40%，组建“刺桐大桥投资开发有限公司”，全权负责大桥建设，经营期限 30 年（包括建设期），期满后无偿移交给政府（图 7-6）。

该桥于 1997 年 1 月 1 日正式投入运营，比规定的 3 年工期节省了近一半的时间，工程质量达到全优。刺桐大桥建成后，迅速成为连接泉州晋江、石狮和鲤城三大经济中心干线公路网的枢纽，并在分流国道 324 线的过境车辆、改善晋江南北岸交通、促进晋江南岸的开发中发挥了重要的作用。1997 年刺桐大桥通车以后，车流量迅速上升，不仅取得良好的社会效益，经济效益也曾经出现高峰期。车辆通行收入由 1997 年的 2371 万元增至 2006 年的 8100 万元。

① 张庆才：《汇津事件三问政府》，http://www.sina.com.cn/c/2005-12-22/1600865449/.shtml，2005 年 12 月 22 日

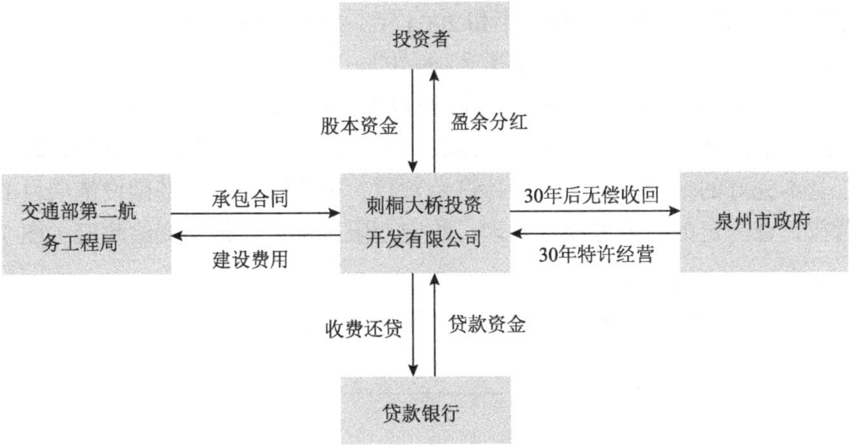

图 7-6　泉州刺桐大桥 BOT 模式

刺桐大桥的建设，实现了民营企业资金投资于原被认为只能由政府兴办的基础设施建设的目标，成为以内地民营资本为主的 BOT 投资模式的国内首例，开创我国本土民营经济主体为主组建 SPV 投资基础设施项目建设的先河。其采用的以刺桐大桥特许经营权质押贷款和按揭式还本付息的模式，为大型基础设施建设融资提供了良好的示范和借鉴。《人民日报》称赞“刺桐大桥不仅是一座解决塞车、过桥困难的物质的桥，而且是一座探索、改革的桥，它的意义远远超出了造桥者的想象”。

但是，由于法律、契约层面的缺陷，缺乏相关法律制度规范，也增加了民营资本企业的交易成本和运作困难。名流公司曾向政府申请大桥周围的土地开发权，但在政府看来，契约仅限于刺桐大桥的建设和运营，并没有涉及土地开发。自此政府和民企的关系开始出现裂痕。之后，泉州政府又用名流公司创新的融资方式，自己修建了后渚大桥、晋江大桥等大桥；随着国务院大力提倡民生项目惠普工程，政府修建的大桥一律实行免费。这些新建设的大桥对刺桐大桥来说，逐渐形成了竞争，分流了车流量，2013 年，刺桐大桥的通车费用降至 4200 万元。①

刺桐大桥项目长期存在的问题，给大力推进 PPP 模式的政府敲响了警钟。由于无法准确预测未来二三十年的事情，政府和民间资本要风险共担，形成伙伴关系，并且需要一种动态的合作，需要在协议中写好重新谈判的触发机制和调解机制。名流公司曾经提出两个要求和一个建议：要求一是缩短收费年限应当给出相应的补偿，二是该项目收费标准 17 年来从没有调整，希望收费标准根据当前物价作适当调整；一个建议是最好地方政府提前回购，民企方面以可接受的价格退出。2015 年底，泉州市政府为进一步降低刺桐大桥两岸区域人流、物流联系的经济成本，满足交通出行需求，与刺桐大桥投资建设管理业主友好协商大桥特许经营权回收事宜。2016 年元旦，刺桐大桥取消收费。

（四）法国威立雅 POT 模式

2002 年，威立雅在上海浦东拿到了中国授予外方完整服务内容的首份公有服务授权经营合同，投入 2.66 亿欧元购得浦东自来水公司 50%的股权，组建了合资公司“上海浦

① 胡健：《内地首个 PPP 项目调查：刺桐大桥“刺痛”了谁？》，http://business.sohu.com/20140730/n402899642.shtml，2014 年 7 月 30 日

东威望迪水务公司”。此后的2003年和2004年，威立雅在中国拿下了至少8个水务项目，其中北京卢沟桥和青岛项目都是奥运项目的一部分，此外还有深圳、呼和浩特的城市供水项目和上海米其林轮胎园区的污水处理项目等。法国威立雅水务与地方政府的公私合作方式是POT（purchase-operate-transfer）模式，即购买—经营—转让，政府出售已建成的、基本完好的基础设施并授予特许经营权，由投资者购买基础设施项目的股权和特许经营权，在一定的期限里经营管理，约定期限届满后，再移交给政府（图7-7）。

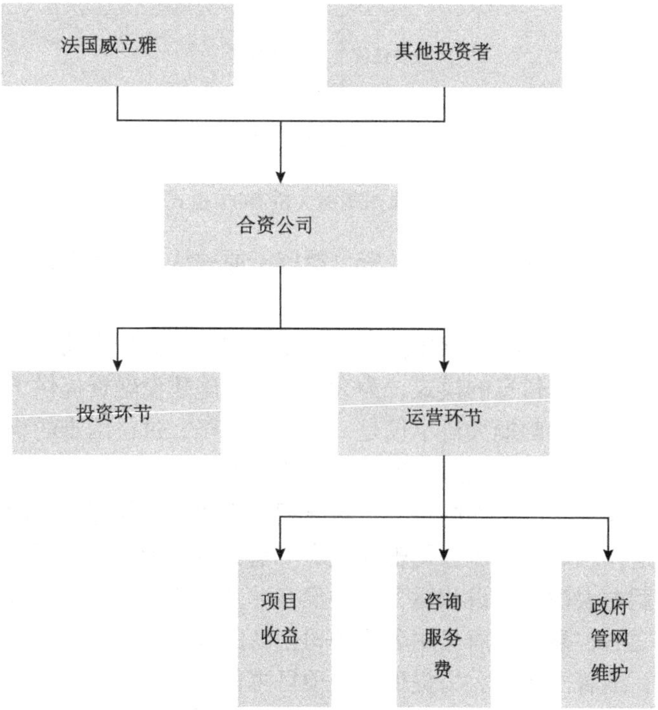

图7-7　法国威立雅POT模式

兰州威立雅水务集团公司是兰州市唯一的供水企业，前身是兰州供水集团。2007年1月29日，威立雅水务集团与兰州供水集团签约，以17.1亿元高价获得兰州供水45%股权。在合资之前，兰州供水集团净资产共9.5亿元，威立雅出资17.1亿元购买了其中3.5亿元的股权，击败了其他两个竞争对手顺利中标。项目签约后，6亿元国有股收购款被兰州市政府拿走，并未留在合资公司用于发展供水服务，这对于合资公司未来的经营极为不利。①由此可见，当时兰州市政府市场化的最大的初衷是解决资金短缺的问题。在市场准入竞争阶段，这样的决策是不到位的，未能从多目标来综合考虑市场化的意义，过分强调项目合作的融资效益，这为未来的供水安全埋下了隐患。

出售兰州供水集团股权的溢价所得实质上是政府用其他资产、收益或者承诺换来的，隐患可能会在数十年后才显现出来。供水服务项目到期后，政府很可能必须以市场价值回购资产，而不是无偿受让或以残值回购。高溢价也为未来水价的调整埋下了伏笔，在合资后的第二年，兰州威立雅立即提出目前水价低于供水成本，申请水价上浮49%。

① 王金龙：《兰州水污染事件周年考：业内质疑官方偏袒威立雅》，《中国经营报》，2015年4月4日

虽然涨价申请遭到市民激烈反对，但是，从威立雅公司与兰州市人民政府国有资产监督管理委员会签下合同的那一刻起，水价上调已经成为这个城市的宿命。威立雅在当时的收购合同规定了一个水价上涨的公式，按照这个公式，兰州水价需要随时根据当地物价、收入水平上调，这导致城市居民要在数十年间承受高水价的代价。

2014 年 4 月，兰州威立雅出厂水及自流沟苯含量严重超标，最高时为国家限值的 20 倍。因为兰州威立雅的自流沟年久失修、超期服役，加之兰州石化历史积存的地下含油污水不断渗入自流沟，对水体造成苯污染，致使局部自来水苯超标。事件逐渐演变为城市供水安全问题，兰州市面上的矿泉水被一抢而空，市民对兰州水安全产生了严重质疑。兰州水污染事件将威立雅发展模式的危害更清楚地暴露出来。按照合同规定，威立雅只拥有 45%的股权，却有一票否决权。威立雅方面控制公司的经营大权，长期不增加投资、不提升技术、不更新设备，不按照相关标准对污染隐患进行处理，一门心思谋求利润最大化；中方虽是大股东，却没有任何发言权，无法约束企业行为，维护公众利益。当地政府的不作为，将本应是国计民生的水安全问题完全交给合资公司控制，最终漏洞百出、隐患无穷。威立雅虽然开创了供水的“兰州模式”，但这种不顾及公众利益和社会责任的 PPP 模式是值得商榷的。

第六节 我国 PPP 的发展状况

一、发展阶段

改革开放以来，PPP 在我国已经历了五个发展阶段[①]。

第一阶段：初步探索阶段（1984～1993 年）。这一时期，随着外资大规模进入中国，一部分外商尝试进入公用事业和基础设施领域。地方政府开始与投资者签订协议，合作进行基础设施建设，本质上就是 PPP。但是，当时并未引起中央层面的关注，没有相应的政策和规章，地方政府与投资者都是在探索中前进。这一阶段代表性的项目有深圳沙角 B 电厂 BOT 项目、广州白天鹅饭店和北京国际饭店等，其中深圳沙角 B 电厂 BOT 项目被认为是我国真正意义上的第一个 BOT 项目。

第二阶段：小范围试点阶段（1994～2002 年）。与初步探索阶段无政府部门牵头状况不同的是，该阶段试点工作由当时的国家计划委员会有组织地推进，也掀起了第一波 PPP 高潮。国家计划委员会选取了 5 个 BOT 试点项目：合肥王小郢污水 TOT 项目、兰州自来水股权转让项目、北京地铁 4 号线项目、北京亦庄燃气 BOT 项目、北京房山长阳新城项目。

第三阶段：推广阶段（2003～2008 年）。2002 年，党的十六大提出在更大程度上发挥市场在资源配置中的基础性作用，2003 年十六届三中全会提出让民营资本进入公共领域，2004 年，建设部出台《市政公用事业特许经营管理办法》，为 PPP 项目开展确立法律法规依据。在政策推动下，各地推出大批 PPP 试点项目。该阶段外企、民企、国企等社会资本均积极参与，污水处理项目较多，也有自来水、地铁、新城、开发区、燃气、

①金永祥：《从中国 PPP 发展历程看未来》，http://opinion.caixin.com/2014-08-01/100712038.html，2014 年 8 月 1 日

路桥项目。第一个被官方广泛推广的PPP项目——北京地铁4号线项目也于这一阶段诞生。

第四阶段：短暂停顿阶段（2009～2012年）。2008年国际金融危机以后，国家“四万亿”经济刺激计划推出，基础设施建设投资高速增长，城镇化程度大幅提高，地方政府融资平台承担了主要的投资、建设与运营任务，平台贷款、城投债等规模激增为地方政府提供了充足的资金，PPP发展进入短暂停顿阶段。

第五阶段：制度完善阶段（2013年至今）。党的十八大提出让市场在资源配置中发挥决定性作用，中央政府肯定了PPP模式在改善国家治理、转变政府职能、促进城镇化等方面的重要作用。2015年以来，国家发展和改革委员会、财政部均推出大量PPP项目，PPP进入了发展的新阶段。以前的PPP更多以BT、BOT等为主，政府仍是主要的投资者和风险收益主体，此轮PPP的发展高潮则更加强调社会资本与政府共享利益、共担风险，法律与制度配套上更为完善。

二、存在的问题

2013年底以来，PPP模式在我国迅速推广，掀起了一阵PPP热潮。根据全国PPP综合信息平台项目库统计，截至2016年底，全国入库项目11 260个，总投资13.5万亿元。但是，国家大力倡导PPP，地方政府和社会资本反应却相对冷淡。2015年底，全国PPP项目的落地率只有20%，2016年底，落地率提高到30%以上，但是，PPP项目落地难的诸多问题仍有待解决。

（1）政府与企业间互信不足。PPP项目周期长，项目运营期往往在20～30年。一些地方政府换届或换领导后，对上一届政府政策不连贯甚至不予承认。“新官不买旧账”，换一套领导班子改一套政策，新旧政府对PPP模式态度不同，使社会资本方往往无所适从。为促成合作，一些地方政府在前期会对社会资本作出脱离实际的保证或难以兑现的承诺，致使在合作期内兑现缩水或完全不予兑现。

（2）政府负担并未实质减轻。按照全国PPP综合信息平台项目库的资料，截至2016年底，根据回报机制来统计，政府付费项目投资额3.37万亿元，可行性缺口补助项目投资额5.52万亿元，这两类项目比例提高到了60%左右，而使用者付费项目下降到40%左右。这意味着对于绝大部分PPP项目，政府未来还是要履行支付和补贴义务的，这无疑会造成政府未来财政负担的增加。

（3）项目对民企缺乏吸引力。PPP项目大多为微利项目，收益率一般为6%～8%，对社会资本而言，相对于前期巨额的资金投入，收益偏低，吸引力不足。市政道路、工业园区等基础设施建设带有一定公益性质，且许多项目几乎是无经营收益的，从这个角度来看，不适合PPP模式；铁路、公路、港口等大型基础设施的资本回收周期长，且后续运营维护费用高、时间长，也不容易受到社会资本的青睐。

（4）政府推行意愿不强烈。PPP项目的主导者是社会资本，不是地方政府，政府只是项目的“提供方”，并不参与项目的具体投资与建设，其主导权被削弱；与此同时，在PPP模式下，地方政府需要操心的事情却很多，要跟很多机构进行具体商谈，这方面的行政成本反而相对较高，导致地方政府的积极性并不高。另外，PPP仍然处于发展初始阶段，全国成功经验有限，很多地方政府官员普遍采取观望态度。

（5）配套制度改革仍不到位。市政公用事业相关领域价费体系较为模糊，财政补贴机制尚未完善，制约了社会资本投资回报的合理测算。[①]以水务市场为例，许多社会资本参与到水务 PPP 项目中，解决了政府的资金困境，但是问题也由此产生，下游水价改革不到位，仍由政府定价，尚未放开。企业投资和运营成本上升，却无法形成价格联动，社会资本相对处于弱势，议价空间较小，收益难以保障。

（6）专业机构的专业性不强。PPP 牵涉到金融、投资、工程、运营、法律、税务等多方面综合性知识和业务经验，而 PPP 参与方普遍缺少对 PPP 的流程和实务操作比较熟悉的专业人才，相互之间对彼此的领域也不熟悉，难以形成默契和合力。这样不仅造成 PPP 项目的推进缓慢，更是容易产生盲目性、不合理性甚至不合规性，严重影响了落地效率。

（7）项目监管环节相对滞后。地方政府的监管意识不足，重融资轻管理。地方政府更大程度上把 PPP 作为缓解地方财政支出压力的方式，反而遗忘了提高基础设施和公共服务质量及效率的这一基本出发点，导致一些社会资本方利用监管漏洞，包装存量项目，骗取财政补贴，严重偏离 PPP 项目初衷。在 PPP 的实践过程中，社会公众的监督也有所缺失，绩效评价流于形式。

三、完善 PPP 的建议

（1）积极稳妥地推进 PPP。PPP 对我国的新型城镇化发展具有重大意义，发展空间仍然较大，但也不能过分夸大 PPP 的作用。并非所有的项目都适用于 PPP，即使在 PPP 应用最为成熟的英国，采用 PPP 模式的项目投资也只有公共项目的 20%。公共产品属性显著、外部性较强、再分配效应明显的基本公共服务项目不宜采取特许经营等方式。就一个城市来讲，需要综合考虑采取 PPP 模式是否真正物有所值，政府中长期财力承受能力如何，以及项目对提升公共服务效率的作用。PPP 涉及利益关系复杂、影响深远，必须“慢工出细活”，不能“萝卜快了不洗泥”，要成熟一个推出一个，要强化市场的主体性，减少行政的不当干预。

（2）完善投资回报机制。社会资本参与公共投资并不是为了公益目的，资本逐利的特性并没有改变。因此，建立 PPP 项目长期稳定与合理的回报机制十分重要。对于地铁、供水、垃圾处理等项目而言，经营初期主要表现为服务量的不足，需要相应的财政补偿，即如果实际服务量低于预期服务量，政府要向特许经营公司进行补偿。对于这些项目来讲，初期确定的服务价格如果多年不变，企业肯定要亏损。因此，要针对运营过程所涉及的成本等因素的变化进行调整，使企业在情况变化时仍能获得预计的经济利益。当然，若私人部门从 PPP 项目中获得了超额利润，政府则应根据合同控制其利润水平。

（3）强化政府监管职责。公共服务不同于普通商品，其服务与公共安全和民众生活息息相关，一个小疏漏就可能引发重大事故。政府的公共责任与监管职责不能缺位。单凭政府部门的事后监管远远不够，应在不影响企业正常经营的前提下实现过程监管。在危及或可能危及公共利益、公共安全等紧急情况下，政府可临时接管项目，企业若有法律、法规禁止的其他行为，还应依法取消其特许经营权。可委托中介机构开展建设全过程、运营收支全过程的跟踪审计，加强绩效考评。提高民众的参与度，建立有效的外部监督机制。

① 管清友：《中国式 PPP 的十大痛点》，http://finance.sina.com.cn/china/gncj/2016-06-13/doc-ifxszkzy5213693.shtml，2016 年 6 月 13 日

（4）合作双方要诚实守信。社会投资者不能以自身拥有的垄断地位和信息优势，降低服务质量，夸大经营成本，抬高服务价格，损害公众利益。公共部门也不能利用管理者的优势，获取强势谈判地位，更不能人为挤压社会投资者的合理收益。合作的基础是诚信，社会投资者要守信自律，政府也要兑现承诺。由于公私合作期限可能达到10～20年，总会有合同没有约定、难以预测的事件发生，此时公私双方应坐下来好好谈判，在兼顾各方利益诉求的基础上，按照协议确定的基本原则进行协商解决，协调解决的结果通过签订补充协议予以明确。

（5）增强公开性和透明度。公用事业公私合作制度的服务对象是社会公众，所以公众对于公用产品的需求变化必须得到快速有效的反应。为此，要建立社情民意收集制度、信访制度、听证制度等。在公用事业公私合作规则确立程序上，应突出民主性、公正性、公开性和科学性。建立公众参与监督管理的制度与机制，加强公众参与和监督力度。成立由政府有关部门、公共产品规制机构、消费者、媒体等多方代表组成的“公共产品监督委员会”，定期对PPP项目公司的服务质量、运行情况等进行监督。规范价格调整听证会制度等。

本章小结

单纯依靠政府的财政资金供给和公有部门经营，很难满足公共投资需要，也难以保障公共项目的运营效率提高。实施政府与社会资本合作，对于拓宽公共项目的资金渠道，提高公共产品供给效率，推动体制和机制创新具有重要意义。从国内外PPP项目的长期实践看，尽管不少项目是成功的，但也有一些项目走过弯路，一些项目干脆就是失败的。政府想甩包袱，企业盼高回报，不顾及公众利益，不考虑社会责任，PPP模式就很难得到发展。要积极稳妥地推进PPP，完善投资回报机制，合理分担经营风险，强化政府监管职责，增强公开性和透明度。

☆关键术语☆

公私合作　PPP　特许经营　物有所值评价　财政承受能力　项目识别　项目采购　项目执行

➢复习思考题

1. 简述PPP的内涵和特征。
2. 不同PPP模式选择的标准是什么？
3. 在PPP项目的操作过程中，项目识别分为几个步骤？
4. 项目采购有哪几种方式，哪种方式目前比较适合？
5. 为什么说项目执行是PPP项目运作成功的关键？
6. 简述PFI运作的特点、程序和方式。

第八章

政府间的区域合作

第一节　政府间区域合作的内涵

所谓区域合作，不同学者有不同的认识。有学者从区域合作的基本内涵出发，认为它是一种经济联盟、经济利益命运共同体。它通过一定的组织和协议及一定的联合方式，实现区域经济的统一规划布局和生产力配置，统一开发区域资源，统一分工合作关系，建立统一的大市场，统一对外开放政策，联合开发和占领市场，提高竞争力，实现共同的发展目标。[1]

有的学者从区域合作的主体角度，将其表述为政府驱动下的各种空间层次的、不同区域实体间的合作关系的建立和发展，认为区域合作是一种政府的政策行为[2]。

有的学者从区域合作的目的角度，将其定义为基于区域优势的区域资源的再配置，目的是实现区际优势重组，即强化区域优势或区际优势互补，以便通过产业结构调整，促进经济发展[3]。

有的学者从区域合作的表现形式出发，将其定义为不同地区的经济主体依据一定的协议章程或合同，将生产要素在地区之间重新配置、组合，以便获取最大的经济效益和社会效益的活动[4]。

还有学者从区域合作的基础、动力、主体、对象和目的等方面进行综合，指出区域合作是以区域分工为基础，以经济效益和社会效益为驱动力，不同地区的经济主体建立的横向合作关系，以在区域间进行生产要素的优化配置，从而获取额外的效益，促进区域经济的发展[5]。

随着区域合作的深入发展，其主体日益多元化，包括多个平行的地方政府、企业及各种社会组织。政府的作用非常重要，它不是单纯的一个单位的经济利益主体，而是区

---

① 《关于区域经济一体化的若干理论问题》，http://21cbpc.com/cko/200612/65675.html

② 陆大道：《中国区域发展的理论与实践》，科学出版社，2003 年，第 334 页

③ 孟庆红：《区域经济合作研究》，西南交通大学出版社，2003 年，第 86-87 页

④ 孙久文：《区域经济学教程》，中国人民大学出版社，2002 年，第 164 页

⑤ 孙祥杰：《长江经济带区域经济合作研究》，西南财经大学博士学位论文，2005 年

域利益的最高代表。区域合作的正常运行需要一定的机制与条件，需要统筹协调区域发展中各种矛盾和冲突，需要统一规划经济、社会、人口、资源和环境发展，需要一系列政策组合与设计、制度与实施，需要区域功能与布局的调整。区域合作的目标不只是促进分工和贸易投资的自由化，还包括实现经济与社会发展政策的合作。区域合作的最终目的一定是经济利益和社会效益的最大化。因此，区域合作就是政府主导、多主体共同参与、推动，通过区域综合治理、区域统筹规划、区域政策协调和区域功能完善，实现区域生产要素的自由流动、资源的优化配置、产业的分工合作，以及经济和社会发展政策上的合作，促进区域经济利益和社会效益的最大化。

一般来讲，国家（地区）政府间的区域合作可以分为不同的发展阶段和层次①。一是打破行政分割，建立稳固的区域经济协调发展组织；二是联合协作不断向多层次、多领域、全方位方向发展，联合化、协作化程度不断提高，联合协作关系更加密切；三是形成统一、开放、竞争、有序的大市场，实现区域内资源合理配置，生产要素优化组合，优势互补，联合发展；四是发挥中心城市的优势及“极化”“扩散”效应，带动周围地区的产业发展和技术进步，使大城市与周边地区的相关性、互动性、互为发展性及相互依存度不断提高，形成一个密不可分的整体。区域经济一体化是区域合作的高级形式，发展的理想状态是从产品市场一体化到要素市场一体化，再向经济政策一体化逐步深入的过程。

在众多的国家间区域合作组织中，根据参与国家的发展程度不同，通常可分为三类：第一类是“北北”型区域合作组织，即成员国全部是发达国家；第二类是“南北”型区域合作组织，成员国既有发达国家，也有发展中国家；第三类是“南南”型区域合作组织，成员国全部由发展中国家组成。在一国之内，也存在与国家间区域合作类似的组织形式，例如，发达地区之间、发达地区与欠发达地区之间，以及欠发达地区内部的区域合作。

第二节　政府间区域合作理论

一、区域公共产品

所谓区域公共产品，就是根据公共产品的外溢性范围不同而划分出来的一种公共产品类型②。跨域性的存在是区域公共产品区别于传统公共产品的本质特征。这使得区域公共产品除了具备传统公共产品的非竞争性与非排他性以外，还具有体现自身特征的典型特点。③

从供给主体上看，区域公共产品的供给主体更加多元化。由于区域公共产品具有跨行政边界的特征，和传统公共产品相比，区域公共产品不仅涉及政府、企业、社会多元主体间的伙伴关系，更涉及两个或多个同级政府或职能部门、上下级政府或职能部门的

① 聂元贞：《区域经济一体化的路径选择理论评价》，《经济学动态》，2005 年第 8 期，第 98-103 页

② 徐兰飞：《区域公共产品供给的地方政府间合作研究》，http://www.china-reform.org/?content_190.html，2011 年 4 月 18 日

③ 王佃利、王玉龙、苟晓曼：《区域公共物品视角下的城市群合作治理机制研究》，《中国行政管理》，2015 年第 9 期，第 6-12 页

政府间关系。这使区域合作发展往往伴随着内部复杂的竞争关系和利益博弈。

从供给过程上看，区域公共产品的供给更加复杂化。在需求的识别过程中，区域公共产品供给要求各城市政府之间对某一区域公共问题形成共识，基于共同利益协商一致，进而采取集体行动。在成本的筹措过程中，区域公共产品则涉及各区域政府之间、央地政府之间在这一供给过程中财权和事权的划分，其中涉及的利益关系也更加复杂。

地方政府的利益诉求是影响政府间合作的根本因素。区域内各行政主体追求自身利益的最大化，决定公共产品的提供很少考虑其他区域的需要，造成区域性公共产品供给过剩或不足。地方政府参与区域公共产品的供给也是基于自身利益的诉求，如果其从区域公共产品供给中获得的利益足够大，那么其就有合作的动力；如果其从区域公共产品供给中获得的利益较小，那么其合作的动力就比较弱。如果地方政府不合作取得的利益反而大于合作取得的利益，那么其不合作的行为取向就会更为明显。

根据区域公共产品外溢性的不同，地方政府合作的动机也会有所不同。公共产品溢出效应会抑制区域公共产品供给的积极性，造成供给不足。根据区域公共产品外溢性的不同，地方政府合作的动机也会有所不同。如果是对区域内不同地区都具有正外部性的区域公共产品，地方政府之间合作的动机就会比较强，都努力想使这种正的外部性惠及本地区；如果仅是对部分地区具有外部性很强的区域公共产品，地方政府间合作的动机就会比较弱，如流域的污染治理，上游政府合作的动机就不如下游政府要求合作的动机强烈。

二、“囚徒困境”模型

在有关博弈论的文献中，“囚徒困境”实际上就是非合作博弈纳什均衡[①]的经典案例。我们可以把各区域主体的行为看作一个博弈的过程，假定只有两个行为主体——甲地区和乙地区，主体的抉择只有两种——合作或对抗。如果甲地区和乙地区都选择对抗，双方只能从本地市场获利 60；甲地区和乙地区有一方选择对抗，而另一方采取合作时，对抗不仅能获取本地市场利益，还可以获得合作一方的市场利益，相应为 150，采取合作的一方却由于处于不利的竞争地位，丢失了市场，获得的收益为 20；若双方都合作，则能够因此而取得合作机会发展地方经济，由于双方实力相当，大家收益都是 100。具体如图 8-1 所示。

<table>
<tr><td colspan="2" rowspan="2"></td><td colspan="2">乙地区</td></tr>
<tr><td>对抗</td><td>合作</td></tr>
<tr><td rowspan="2">甲地区</td><td>对抗</td><td>A（60，60）</td><td>B（150，20）</td></tr>
<tr><td>合作</td><td>C（20，150）</td><td>D（100，100）</td></tr>
</table>

图 8-1　区域合作的博弈得益矩阵

① 纳什均衡是这样一种状态，在该状态下每个参与人所采取的策略都是对于其他参与人的策略的最优反应

相比之下，两地区合作是比较好的结果。但是，这个比较好的结果实际上不大容易发生。因为双方都会发现：如果甲地区选择对抗策略，乙地区有两种选择，其对抗的收益为 60，大于合作的收益 20；如果甲地区采取合作的策略，在乙地区的两种选择中，也是对抗的收益（150）大于合作的收益（100）。因此，对抗是乙地区相对于甲地区策略的最优反应。同样，如果乙地区选择对抗的策略，甲地区对抗的收益为 60，合作的收益为 20，对抗的收益较大；如果乙地区采取合作的策略，甲地区对抗的收益（150）大于合作的收益（100）。因此，对抗同样是甲地区相对于乙地区策略的最优反应。所以，双方对抗的 A 策略就成为两个地区相对于对方策略的最优反应，即稳定结果的纳什均衡。[①]纳什均衡是一种非合作博弈均衡。“囚徒困境”模型告诉我们：在信息不对称的情况下，在一次博弈的情况下，个人的理性行为可能导致集体的非理性结果，即追求利益最大化的理性行为却导致非理性的社会结果。从宏观的角度看，最佳策略是双方合作，最坏的选择是双方对抗。而事实上，最坏的结果在现实中产生了。如果不改变这种博弈结构，各区域会不顾宏观经济的恶化，共同陷入区域不合作。

三、公用地悲剧

在跨地区性公共产品与服务供给的问题上，如跨地区的流域治理、打击跨境犯罪、跨地区的基础设施建设、资源开发与环境保护、流行性疾病防治等，如果缺乏有机的合作与协调，往往容易出现“公用地悲剧”。亚里士多德曾说过：“凡是属于最多数人的公共事物常常是最少受人照顾的事物，人们关怀着自己的所有，而忽视公共的事物；对于公共的一切，他至多只留心到其中对他个人多少有些相关的事物。”[②]1968 年发表在《科学》杂志上的《公用地悲剧》一文中，加勒特·哈丁总结出一个著名论断，即“公共资源的自由使用会毁灭所有的公共资源”。该文描述了理性地追求最大化利益的个体行为是如何导致公共利益受损的恶果。哈丁设想古老的英国村庄有一片牧民可以自由放牧的公共用地，每个牧民直接利益大小取决于其放牧的牲畜数量，一旦牧民的放牧数超过草地的承受能力，过度放牧就会导致草地逐渐耗尽，而牲畜因不能得到足够的食物只能挤少量的奶，倘若更多的牲畜加入到拥挤的草地上，结果便是草地被毁坏，牧民无法从放牧中得到更高收益，这时便发生了“公用地悲剧”。同时，尽管每个牧民决定增加饲养量考虑到现有牧畜的价值的负效应，但他考虑的只是对自己牧畜的影响，并非所有牧畜的影响。于是，最优点上的个人边际成本小于社会边际成本，总饲养量大于社会最优饲养量。正如哈丁所说：“这是悲剧的根本所在，每个人都被困在一个迫使他在有限范围内无节制地增加牲畜的制度中。毁灭是所有人都奔向的目的地，因为在信奉公有物自由的社会中，每个人均追求自己的最大利益。”[③]哈丁的公用地悲剧现象说明了在以追求最大化利益的不同地区之间为实现本区域公共利益而合作提供跨区域公共产品和服务是如何困难。如果大家都只从自己得益多少出发考

---

① 石晓利、吴峰华：《我国区域经济合作实现机制的博弈论探讨》，《价值工程》，2007 年第 1 期，第 17-19 页

② 亚里士多德：《政治学》，吴寿彭译，商务印书馆，1983 年，第 21 页

③ Hardin G. The tragedy of the commons. Science，1968, (12): 1243-1248

虑问题，大家都只打自己的小算盘，结果就是谁也不作为，从而呈现“三个和尚没水吃”的局面。

四、集体行动困境

自亚当·斯密以来的经典经济学理论假定人是追求自身利益最大化的理性经济人，此后的经济学理论发展也是建立在个人行为理性的假设上。个人理性就是指个人通过计算在各种选择中选取一种最有利于自身利益的行为所体现出来的理性；而集体理性则是指一个集体或整个社会的公共选择结果所体现出来的理性。一般认为，个人理性会最大化自身利益，集体理性是个人理性的集合，集体理性与个人理性是一致的。但事实上，在许多情况下，人类的个人理性行为并不一定导致自身利益最大化，也不一定导致集体理性，甚至产生集体非理性的社会不良后果。

1965 年，美国著名经济学家曼库尔•奥尔森（M. Olson）在《集体行动的逻辑》一书中阐述了个人理性不是实现集体理性的充分条件，其原因是理性的个人在实现集体目标时往往具有搭便车的倾向。奥尔森对传统的集体行动观提出了质疑，认为由具有相同利益的个人所形成的集体是要为他们的共同利益而行动的提法是不正确的，“除非一个集团中人数很少,或者除非存在强制或其他特殊手段以使个人按照他们的共同利益行事，有理性的、寻求自我利益的个人不会采取行动以实现他们共同的或集团的利益”[①]。在奥尔森看来，集团的共同利益实际上可以等同或类似于一种公共产品，任何公共产品都具有供应的相联性与排他的不可能性两个特性。公共产品的两个特点决定集团成员在公共产品的消费和供给上存在搭便车的动机。一方面，公共产品消费的非排他性使集团成员认为即使不为公共产品的生产和供应承担任何成本也照样可以享用；另一方面，当集团成员较多时，个体就会产生“有我没我影响不大”的消极心理，从而对公共产品的生产采取漠不关心的态度。[②]奥尔森的分析还表明，当集体人数较少时，集体行动比较容易产生；然而，随着集体人数的增大，产生集体行动就越来越困难。因为在人数众多的大集体内，要通过协商解决如何分担集体行动的成本是十分不容易的。而且人数越多，人均收益就相应减少，搭便车的动机便越强烈，搭便车的行为也越难被发现。小团体较能成功解决集体行动问题，对于区域间协作来讲也是这样，贪多求大往往不容易成功。

五、实现合作的方法

那么，地区间相互合作在何种情况下会出现呢？博弈论给出了解决方案。数学证明，在无限次重复博弈的情况下，合作可能是稳固的。如果博弈无穷次，双方就会逐渐从互相冲突走向互相合作，因为任何一次背叛或冲突都会招致对方在下一次博弈时的报复；而双方都采取合作的态度则会带来收益的稳定化，甚至最大化。地区间的竞争如同博弈，它们总是要互相交往，而且不止一次。因此，重复的博弈会使各地区遵守道德，不做损害其他地区的事。所以，只要存在长期的关系，地区之间就不会为眼前的蝇头小利而放

---

① 奥尔森：《集体行动的逻辑》，陈郁等译，上海三联书店，1996 年，第 2 页

② 陈潭：《集体行动的困境：理论阐释与实证分析》，《中国软科学》，2003 年第 9 期，第 139-144 页

弃长远利益，才更可能合作。博弈论大师莱克斯（Kreps）等也证明，即使是有限次博弈，只要次数足够多（关系维持足够长），那么，人们就有动力通过合作行为树立起合作的声誉来获取长期的好处。[①]显然，如果地方官员频繁更迭，政绩考核短期化，则合作就不易达成。任期限制与政绩要求是导致区域经济体内各地方政府不合作的根本原因之一。这是因为，一方可以采取对抗策略获得短期的利益，政绩得到体现，升迁或调职足以诱使官员采取对抗的策略。因此，各方应从长远（无限次博弈）的角度看待区域合作和资源的配置，有意识地创造合作的条件和氛围，力求实现"集体理性"，避免陷入"囚徒困境"。

区域合作成功的关键还有赖于构建有助于目标实现的制度安排。按照亚当·斯密的观点，这一点似乎也是人类的"本性"，相互依赖的本性与利己的本性存在逻辑的关联，但相互依赖的本性能否得到充分的显现是需要条件的，这个条件是要有使相互依赖得以实现的"秩序"。[②]所谓"秩序"，就是一种制度安排，它包括特定的经济体制、法律和政策，以及规划或计划所确定的一系列行为规范，它所涵盖的主要内容是对一种权利的界定及交易，以及相应的组织形式的设计，亦即促成区域之间实现合作的约束及激励机制。奥尔森的研究也发现，集体行动在两种特定条件下比较容易产生：一是集体成员的"不对称"，指集体成员收益的不对称。个别成员从集体行动中得到的利益比其他成员来得越大，他为集体行动作贡献的积极性也就越大。二是"选择性激励"的存在。选择性激励可以分为正向激励和反向激励两种。正向激励通过搭卖私人物品的方法刺激集体成员为负担集体行动的成本作贡献。反向激励可以是建立一定的"报复机制"[③]，即只要对不合作行为的惩罚是足够的并且可信的，那么就可以使成员的行动转到合作的轨道上来。特别是把地方政府间利益争端的裁判权移交上一级司法机构处理，设立禁令和标准，以保证对采取对抗策略的地方政府实施惩罚的承诺是可信的。因此，建立区域合作激励与约束机制，对解决"个体理性"与"集体理性"冲突意义十分重要。

我们还可以通过中央政府在财政上补贴采取合作策略的地区（假如补贴 30），而惩罚采取投机策略的地区（假如惩罚 30），改变图 8-1 得益后的矩阵，如图 8-2 所示，从而说明上级政府鼓励合作政策的重要性。无论对方采取什么策略，合作是自己的最佳选择，双方最后都会选择合作。因此，在上述收益约束下，改变策略的动机不强。其现实意义在于 D 实现了宏观经济的最优收益状况，并具有相对稳定性。在此博弈模型中，D 成为纳什均衡解，这使得在现实中实现最优策略组合，相对于 A 提高了宏观经济效益。[④]在引入博弈论的思想后，我们就可以知道区域一体化意味着：扣除谈判费用后的合作博弈所达到的均衡利益解要优于对抗博弈。但合作均衡解是不稳定的，任何一方都有打破均衡而追求短期最大化利益的动机，因此，政府特别是上级政府的不断协调以维持合作又是必须的。

---

① 董志强：《身边的博弈》，机械工业出版社，2007 年，第 200 页

② 卓凯、殷存毅：《区域合作的制度基础：跨界治理理论与欧盟经验》，《财经研究》，2007 年第 1 期，第 55-65 页

③ 现实中的确有很多犯罪团伙的成员被捕后拒不坦白，很大程度上与一个由第三方实施的惩罚机制有关。因为在犯罪团伙、黑社会中，如果出卖同伙，将永远无法立足，其家人也将受到追杀。正是这样的第三方惩罚机制，使报复和惩罚是可信的，从而促进了合作

④ 石晓利、吴峰华：《我国区域经济合作实现机制的博弈论探讨》，《价值工程》，2007 年第 1 期，第 17-19 页

		乙地区	
		对抗	合作
甲地区	对抗	A（40，40）	B（120，50）
	合作	C（50，120）	D（130，130）

图 8-2　区域合作博弈模型的扩展

第三节　区域合作的机制

没有体制和机制的保障，区域合作将难以实现。合作机制的缺失，一方面使人们不能产生合作的积极预期，也就难以产生合作的愿望；另一方面使现实的合作因为合作方的机会主义行为而难以持久。国家（地区）之间不是要不要进行合作的问题，而是如何更好地推进合作的问题，要通过创新性的制度设计来保证区域合作持续运转，使合作各方共享利益。

一、合作主体的分工

奥图尔认为，“当公众偏好政府行动而同时要求更少的政府干预时，为了在特定问题领域取得成果，人们可能要求采用合作结构。当公众要求对某些公共问题采取行动时，众多参与者团结起来以满足这些要求。因为只有通过合作才能做到”[①]。因此，合理界定区域合作主体的功能边界，明确其职责范围是保证区域合作成功的重要前提条件。区域合作在一定程度上是一种公共产品，况且，区域合作也涉及许多公共产品与服务领域。公共产品的生产与提供问题上存在搭便车问题，政府的强制性的生产与提供，以及相应的组织、协调和制约非常必要。作为公共产品与服务的宏观管理者，政府通过制定法律、政策来规范区域合作活动的主体行为，提供区域合作的软环境和硬环境，为各类市场主体和社会主体提供从事私人性经济活动与公共性社会活动的政策法律平台和制度监督；同时，通过财政补助、租税减免、政府采购等方式对企业及非营利组织从事区域合作活动进行资助。企业在严格遵守政府的相关法规管制与监督的前提下，通过人力、财力、物力及技术的流动，贸易和投资活动推动区域合作的进行。非营利组织则接受政府及私人的资助与捐赠，接受政府委托的公共事务，接受政府相关政策与法律法规约束，为不同层次的、多样化的区域合作提供服务。三类投资与经营主体之间还存在一种互补机制。对于市场失灵，通过政府干预可以得到适当矫治，对于政府失灵，市场机制也可以进行适当修正，而从成本节约、减轻纳税人负担及提供多样化服务的角度考虑，政府与市场又倾向于将区域合作某种活动委托给独立的非营利组织来完成。

总体来讲，区域合作主要是通过市场来实现的，由企业来承担，表现为资本、劳动、

① 转引自：阿格拉诺夫、麦圭尔：《协作性公共管理：地方政府新战略》，李玲玲、鄞益奋译，北京大学出版社，2007年，第23页

信息和产品等在区域间的流动，而非政府官员们集中起来开会，或签订协议、发表宣言。政府推动往往发生在区域合作起始阶段，是打基础、创条件、蓄后劲的阶段，而市场与企业的主动参与才是区域联动发展的高级形态，是合作向纵深推进的外在表现和客观实在。区域合作的政府推动往往是一种外力推动，而企业和市场间的互动则是经济体内在活力的表现，更具有自主增长的可持续性。政府推动只是一种松散的、意向性的宏观为主的行为方式，而企业互动则是紧密的、高效的微观为主的行为方式。[①]要使区域合作产生实质性的效果并具有可操作性，需要实现合作主体由政府为主向企业为主转型，行为方式由政府间协调发展向以企业为主体的民间组织间协调发展转变。无论政府在区域合作中有多大的作用，发展的基本动力还是市场力量。

二、跨区域的公共管理

跨区域管理就是区域合作集团的不同成员就共同关心的问题制定集体行动的特别管理制度。这种管理制度的必要性在于：第一，有利于集中权力解决共同的问题，增强区域成员政府的整体行动能力。在以实现经济协调发展为目标的区域合作中，各个成员不可避免地要进行产权的部分让渡，并由超越现有行政区划的组织机构来行使由各成员让渡出来的这部分权力，以制定整体性的合作发展规划，协调、解决成员之间的矛盾、冲突。第二，有利于平衡各方利益关系，防止区域合作效果“渗漏”。对区域合作威胁最大的是成员之间的发展不平衡，因为发展水平不同意味着不同的利益诉求，意味着合作的利益和成本的分配是不平衡的，这容易产生各种摩擦。如果没有相应的机制来改善不平衡状况，就难免使一些合作伙伴失去合作动力。第三，有利于克服法治的地方化现象，促进区域间的相互配合与协调。各地区通常也具有制定规章的立法权限，因此，可能带来仅从本地区特殊性考虑的负面影响，从而使法治的推进形成一种以地域为中心的分割现象。通过跨区域管理制度的建立可以形成区域合作的法律基础，从而确保区域经济合作稳固与发展的基础。[②]

跨区域管理体制的建立有利于解决区域共同的问题，增强成员政府的整体行动能力。这个合作体制可以由“区域合作委员会”“合作事务协调会”“仲裁机构”三个层面组成。合作委员会由有关地区的行政首长组成，主要职能是制定合作目标及政策，是一个合作体的最高权力机构。合作委员会不享有独立的行政权，但享有凭借各成员经谈判而自愿出让的权力，从而具有实际的行为能力。事务协调会则是一个政策执行机构，具体负责政策执行及政策工具的运用。需要指出的是，在合作委员会这个层面必须有上级政府介入，原因有两点：一是上级政府所代表的整体利益并不总是与地方利益相一致，区域经济合作的目标或政策在有的问题上有可能偏离整体利益。因此，需要有上级政府约束。二是经济人的理性不可避免地使各成员之间存在一定程度的博弈关系，这就是个人理性与集体理性之间的矛盾，这就产生典型的协调问题。[③]虽然有合作委员会可以协调，但由博弈主体代表组成的合作委员会难免有时为“守土有责”而产生偏向；因此，

① 王由礼：《论经济的区域联动和良性互动》，《江海学刊》，2003 年第 6 期，第 59-64 页

② 卓凯、殷存毅：《区域合作的制度基础：跨界治理理论与欧盟经验》，《财经研究》，2007 年第 1 期，第 55-65 页

③ 库珀：《协调博弈》，张军、李池译，中国人民大学出版社，2001 年，第 81 页

构建一个中央政府层面的对地方政府间竞争的争端法律仲裁机构，解决协调组织权威性不够，所形成方案或协议形同虚设或得不到有效遵守的问题非常必要。跨行政区的事项都可以由这一仲裁机构进行审理。这一机构性质上应当是司法机构，而不是行政机构，以实现通过案件审议的方式解决各方的利益冲突。

三、利益分享与补偿机制

区域合作的核心是利益的分配问题。如果各方利益主体不能在合作中实现其预期收益并平等享有经济成果，这种机制便不能被参与者普遍认同。区域合作机制不仅要调整旧的不合理的利益关系和格局，更重要的是通过平等、充分的磋商和博弈构建一种和谐均衡的利益关系和利益格局。

但是，在区域合作结构中，总会有优势一方，有些地区可能必须从某些产业中退出，去重新定位自己的优势产业，而另一些地区则可以乘机扩大市场和规模，进一步壮大自身的产业优势；有些地区生产的可能是低附加值的上游产品，有些地区生产的可能是高附加值的下游产品，于是发生了地区利益从劣势一方流向优势一方的问题。这就需要合作优势一方给予劣势一方以必要的补偿，让区域内所有的地区都共享合作的收益，否则，合作关系就会被破坏，彼此利益都会受损。因此，区域经济合作的形成和有效运作，需要有与之相适应的区域利益分享与平衡机制，即区域各方在平等、互利、合作的前提下，规范各方之间的利益转移，以实现整体利益在地区间的合理分配，使这些地区同样享受到协同调整后效率提高所增加的利益，从而减少产业协同调整可能遇到的阻力。

利益分享机制强调地区之间既竞争又合作，并在此基础上实现产业利益的地区分享，强调在市场关系基础上形成一种新型的地区经济关系，并在平等、互利、合作的基础上促进各地区的共同富裕[①]。利益分享机制可以看作区域利益的事前协调，即通过区域各方事先协商一致达成一定的区域协定或区域公约，使区域各方都具有同样的发展机会和分享经济利益的权利，体现机会均等和公平竞争。利益平衡机制则是通过规范的制度建设，实现区域合作各方的利益转移和利益在地区间的合理转移。它是对区域利益的一种事后协调，使参与分工而蒙受损失的一方事后得到一定补偿，或者对区域内发展缓慢的落后地区给予一定支持。这种利益平衡机制主要表现为建立规范的财政转移支付制度。作为一种制度安排，应把区域合作建立在上级政府对下级政府、一个区域与另一个区域的利益互补的基础之上。凡上级组织要求建立的区域合作关系，上级组织应有相关利益补偿的政策；凡一个区域与另一个区域建立的合作关系，就应让合作双方本着互惠互利的原则商议利益补偿问题。

四、激励与约束机制

在区域合作的进程中，区域政府间针对区域整体发展所达成的共识，必须要以制度

---

① 以基础设施建设的利益分享为例，道拉斯-福特·沃斯机场属于得克萨斯州的道拉斯和福特·沃斯两个城市所有，但坐落在第三个城市艾尔维营。纽约州和新泽西州的港务局的主要设施建在新泽西，而三个机场却建在纽约。对德国举足轻重的大海港鹿特丹不在德国本土，而是在荷兰。德国人完全可以把汉堡当成他们的主要港口，通过一条运河与莱茵河相连，但这样做的后果是会使他们受到不良交通系统的限制。而鹿特丹与中国香港、新加坡齐名，是世界上屈指可数的良港

性的合作规则来保证。这种区域合作规则应达到两个基本要求：一是为合作行为提供足够的激励；二是对违反“游戏规则”者和机会主义者予以充分的惩罚，从而使违规者望而生畏。区域经济问题是宏观经济问题，没有中央政府宏观政策的规范，区域合作是不可能持续、有效地推进的。上级政府是区域合作关系的倡导者、区域合作政策的制定者、区域经济利益的协调者。为了从根本上打破地区封锁的格局，上级政府首先要用政策手段对区域合作给予鼓励和支持，比如，对区域合作项目的投资给予工具性政策的倾斜，对跨区域的产业给予目标性政策的扶持，对跨区域的企业给予工具性政策的优惠。特别是在地方政府仍然延续争项目、争投资思路的前提下，应该适当提高上级政府的协调设施投资的能力。这一切将成为区域合作的原动力。同时，对于积极推进区域合作的部门和领导的政绩评价也应通过量化指标予以认可，以鼓励、保护和推动区域合作。

一个理性的地方政府具有在现有的制度体系内实现自身利益最大的动力和手段，而这种动力和手段来自地方政府在地区经济发展中的职责和权力①。一方面，地方政府的权力不断扩大，实现自身利益最大化的手段不断增多；另一方面，在中央地方关系变革中，由于权力再分配的非规范化，中央放权行为的随意性和政策的不稳定就在客观上推动了地方政府的短期行为，也助长了地方政府任意扩张权力和利益范围的可能性。因此，必须建立对阻碍区域经济一体化行为进行约束与惩罚的机制。这个机制的构成要件有：区域合作章程中明确的行为责戒条款，包括区域合作方在合作关系中应遵守的规则，在违反区域合作条款后应承担的责任，对违反区域合作规则所造成的经济和其他方面损失应做的经济赔偿规定；建立一种区域合作冲突的协调组织，负责区域合作中的矛盾和冲突的裁定；通过相关的政策和法规对区域合作关系进行规范，对区域合作中的非规范行为作出惩罚性的制度安排。②例如，制定《地区关系法》《反限制竞争法》，通过法律体系，明确上一级政府对下一级政府阻碍经济一体化及地区经济合作的行为监管权力。

五、信息交流与互动机制

区域合作是区域间各种生产要素的流动、组合与配置的过程，其目的是在区域范围内实现资源的最优配置和利益最大化。生产、流通、分配与消费需要通过畅通的信息网络得以实现。区域经济的增长动力也将主要来自信息资源的有效利用、组合与配置。区域经济协同关系的形成和巩固，首先需要各不同区域之间在经济信息上的互动关系，其中最主要的是政策或决策信息。由于自身经济实力所限和信息基础薄弱，不同地区信息化总体水平相差较大，出现了信息贫穷与信息富有的差距，使相关地区在全球化和市场化的发展中处于不利地位。目前，区域信息合作与交流的主渠道依然以传统的方式进行，缺乏丰富的数据库资源和快速便捷的网络信息，信息的覆盖面、共享性、时效性受到很大影响。信息资源同土地、水资源一样，也是一种稀缺性资源，主要表现在信息资源供给量与需求量相比，显得相对不足。如何把相对有限的信息资源合理有效地分配使用，以满足无限多样化的信息需求，已成为各地区信息资源开发利用的重要内容。

为了使区域间的资源配置达到最优状态，首先要克服区域间信息不对称的缺陷。各

① 盛洪：《分工与交易——一个一般理论及其对中国非专业化问题的应用分析》，上海三联出版社，1995年，第2-15页

② 胡书东：《经济发展中的中央与地方关系——中国财政制度变迁研究》，上海三联出版社，2001，第23页

区域之间经济政策和相关措施的尽可能公开，可使任何一个地区增加经济合作中的可预测性，最大限度地减少由相互信息封锁而导致的合作风险，包括各行政区域在协商的基础上形成一系列相互支持的政策；各个地区的经济政策避开对合作双方不利的内容；各个地区经济政策内容及其变化的透明度提高。应在统一标准的指导原则下，实现各地区信息网络和系统的链接；建立区域平台和各地区信息中心联合开发、优势集成和共建共享的运行机制，实现信息资源共享。通过网络、传媒和各种信息渠道定期地、规范地、详尽地将本区域的经济政策信息发布出来，接受公众监督、查询、分析、评价。这样，既可以监督具有地方保护主义色彩的土政策，又可以鼓励促进区域合作的优质政策的创新。

第四节 国际区域间政府合作

当今国外较为成型的区域间政府合作模式主要有："区域网络治理"下的欧盟政府间合作模式、大湄公河次区域政府合作模式、莱茵河流域治理中的政府合作模式。[①]

一、欧盟政府间合作模式

欧盟政府间合作是一种多层次、组织间网络状治理模式，这种"区域网络治理"下的政府间合作模式有以下三大显著特色。

一是奉行超国家间的权力让渡合作机制。这是欧盟区域间政府合作有别于其他所有政府间合作的本质特征。通过对国家权力的自愿让渡，欧盟成员国创设了足以支撑政府间合作的"三驾马车"，即欧盟委员会、欧洲理事会和欧洲议会。这三大机构行使的职能均是超越国家权力的，其通过的决议具有实质上的合法性效力。另外，欧盟针对成员国之间日益严重的区域问题，又在三大机构内部设置了专门的职能机构和顾问机构，包括欧盟委员会内设的第 16 事务部，即区域政策事务部、欧盟理事会内设的区域政策委员会，以及欧洲议会内设的区域政策委员会、交通与旅游委员会、环境和公共卫生与消费者保护委员会等。

二是形成了纵向上多层次的区域协调机构。在国家间或地区间跨境区域的合作方面，欧盟国家已发展出一套成熟的区域协作机制，建立健全了各种跨境合作组织。比如，德国"柏林—布兰登博格首都区域"协调机制，有长效的制度安排作保障。近年来，成员国的地方政府在欧盟系统中的地位和影响出现与日俱增的趋势，打破了国家在国内事务特别是地区政策上的垄断权，改变了欧盟与国家对话的两层体制，增加了新的对话层次。地方政府参与欧盟区域问题决策的渠道主要有：①在地方层次相应设立区域政策机构，如英国在地方政府部下设立区域发展委员会；法国在各大区均设有区域经济委员会，负责制订五年期区域经济发展规划，并对大区行政长官提供技术支持。②多数成员国地方政府在欧盟总部布鲁塞尔都设有某种形式的办事处和代表。例如，德国所有的州，法国和西班牙的大多数地区，以及英国的大约 15 个地区、郡和城市都在布鲁塞尔设立了办事处。③对于欧盟的比利时和德国，在部长理事会讨论的问题属于它们的地方政府管辖

① 胡伟娟：《区域间政府合作机制的建构》，《中国管理信息化》，2013 年第 16 期，第 42-43 页

范围时，就由地方政府的部长出席会议。

三是横向上出现了多元的区域协调组织。欧盟横向意义上的区域协调组织名目繁多，在整个区域政策的制定、执行和反馈过程中担当着重要的角色，日益彰显出公共部门、私营机构与第三部门的合力作用。从一定意义上说，欧洲区域一体化并不主要是一种政府间制定条约的事务，而是一种社会进程。在这些组织群体中，银行（如欧洲投资银行）、利益团体（如欧洲企业家联盟）、政策联盟、政党、公共舆论等形成几股重要的力量。

欧洲联盟仅仅是一个国家邦联，但它不是一个联邦国家。在实现经济政治一体化的进程中，也不可避免地存在一些弊端。欧盟的决策机制是首脑会议和欧盟理事会。首脑会议实行共议制，如果在某个问题上一时无法取得共识，则推迟到下次首脑会议再议。这种决策机制虽然降低了大国操纵的概率，但在公平与效率问题上出现了无法兼顾的两难境地。①此外，对欧盟委员会（欧盟的执行机构）的大小和席位分配、对欧盟议会席位多少和分配也都存在着争议。随着欧盟的扩大和一体化进程的深化，欧盟在政策协调上难度增大，甚至出现僵持局面。

二、大湄公河次区域政府合作模式

目前世界上的次区域政府合作模式较多，大湄公河次区域经济合作涵盖湄公河流域的 6 个国家和地区，包括柬埔寨、越南、老挝、缅甸、泰国和中国云南省，总面积 233.2 万平方千米，总人口约 2.3 亿。经过十几年的发展探索，大湄公河次区域合作已形成一套较为成熟的组织运作机制。区内国家建立的合作机制主要有三个，即湄公河委员会（Mekong River Commission，MRC）、东盟—湄公河流域开发合作（ASEAN Mekong River Basin Development Cooperation，AMBDC），以及中、老、缅、泰毗邻地区经济四角机制（Golden Quadripartite Economic Cooperation，QEC）。

湄公河委员会是在 1957 年成立的湄公河下游调查协调委员会的基础上产生的。1995 年 4 月，湄公河下游泰国、老挝、柬埔寨和越南四国在泰国清莱签署了《湄公河流域可持续发展合作协定》，决定在湄公河流域开发和管理的一切领域，包括河流资源、河上航运、洪水控制、渔业、农业、发电及环境保护等所有可能产生跨越国界影响的领域进行合作，这是该地区唯一一个以水资源利用和保护为目标的地区组织，强调在可持续发展的基础上对湄公河的水资源及全流域的综合开发制订计划并进行管理。新湄公河委员会由三个常设机构组成，即理事会、联合委员会和秘书处。理事会由每个成员国派一名级别不低于司长级的官员组成，每年至少举行两次会议；秘书处负责为联合委员会和理事会提供技术和行政服务，其工作在首席执行官的领导下进行。②

东盟—湄公河流域开发合作于 1996 年 6 月在马来西亚首都吉隆坡举行首次部长级会议，确定由当时的东盟 7 国加湄公河沿岸的老挝、缅甸、柬埔寨和中国为该机制的核心国；此后日本和韩国也应邀加入，东盟—湄公河流域开发合作组织核心实际上推进了

① 王小进、何奇频：《欧盟区域经济合作机制的经验与教训》，《商情（教育经济研究）》，2008 年第 7 期，第 166 页、第 175 页

② 任娜、郭延军：《大湄公河次区域合作机制：问题与对策》，《区域发展战略》，2012 年第 3 期，第 61-66 页

东盟 10 国加中国、日本、韩国 3 国的区域合作格局。根据该机制框架协定，部长级会议将至少每年举行一次，两次部长级会议期间由成员国选派司局级官员举行指导委员会会议，为部长级会议作准备并提供政策建议。同时确定了基础设施建设、投资贸易、农业、矿产资源开发、工业及中小企业发展、旅游、人力资源开发和科学技术等八大合作领域。

中、老、缅、泰毗邻地区经济四角机制又称“黄金四角计划”，其宗旨是建设中国西南通向中南半岛的陆上通道和经济走廊，实现两大市场的对接，并促进小区域内的经贸发展。

近年来，美国、日本、印度等国相继加大了在大湄公河次区域的投入，尤其是加大了在基础设施、能源与资源及环境保护等方面的参与力度。主要合作机制包括：日本的政府开发援助计划、美国的湄公河下游行动计划、印度参与的恒河—湄公河流域合作及韩国的新亚洲外交构想。

大湄公河次区域政府合作是东南亚次区域合作中发展最为顺畅、成效最为显著的次区域合作模式，但也面临着发展的障碍和困境。其中“机制困境”是大湄公河次区域合作未来面临的一个比较突出的问题。“机制困境”主要表现在合作机制众多，机制的交叉重叠加大了不同行为主体之间的协调配合难度，也造成合作的低效。未来相当长一段时间内，大湄公河次区域合作机制的复杂多样性不会改变，整合的难度很大，因为多样性合作机制的背后是不同参与主体相异的利益诉求和政治意图。随着众多域外大国的参与，不同合作机制之间的竞争和博弈更趋激烈。

三、莱茵河流域治理中的政府合作模式

流域治理中的政府合作模式是当代区域一体化下政府合作的一种重要形式。国际上较为成功的范例是莱茵河流域治理中的政府合作。莱茵河发源于瑞士，干流流经瑞士、列支敦士登、奥地利、法国、德国、荷兰等国。莱茵河流域管理经历了“先污染，后治理”“先开发，后保护”的曲折历程。过度的水资源开发在带来经济利益的同时，也带来了诸多意想不到的后果：河流一度丧失了应有的生命活力，导致灾害频发；严重的工业污染一度使莱茵河成为“欧洲的下水道”，水生生物种群数量大幅度减少，河流生态系统恶化。沿岸国家开始更加审慎地思考对河流的管理，加强了国际对话与合作。

在百多年的探索实践中，莱茵河流域各国形成了一套丰富而又实用的政府间合作流域治理模式。

一是成立了“莱茵河保护国际委员会”（International Commission of the Profection of the Rhine，IKSR）。1950 年 7 月，该委员会由荷兰提议，瑞士、法国、卢森堡和德国等参与，在瑞士巴塞尔成立。其初衷旨在全面处理莱茵河流域保护问题并寻求解决方案，初期仅为流域内各国政府和组织提供咨询和建议，后来逐渐发展成为流域有关国家部长参加的国际协调组织。IKSR 还设有由政府间组织（如河流委员会、航运委员会等）和非政府组织（如自然保护和环境保护组织、饮用水公司、化工企业、食品企业等）组成的观察员小组，监督各国工作计划的实施。委员会下设许多技术和专业协调工组，如水质工作组、生态工作组、排放标准工作组、洪水工作组、可持续发展规划工作组等。

二是签署了具有法律效力和制度约束力的公约与协议。①签署了伯尔尼公约。1963 年，流域成员国在瑞士首都伯尔尼签署了莱茵河国际委员会的框架性协议，即伯尔尼公

约，该公约奠定了莱茵河流域管理国际协调和发展的基础。②签署了一系列流域水环境管理协议。20 世纪 80 年代，IKSR 在国际合作共同治理莱茵河流域环境污染和洪水问题方面，签署了一系列协议，如控制化学污染公约、控制氯化物污染公约、防治热污染公约、洪水管理行动计划等。③签署了莱茵河保护国际公约。莱茵河保护国际公约于 1999 年 4 月 12 日在波恩由德国、法国、卢森堡、荷兰、瑞士及欧盟共同签订。公约提出了以下目标：实现莱茵河生态系统的可持续发展；保护莱茵河成为饮用水的安全水源；改善河流沉积物的质量，保证在疏浚时不对环境造成严重危害；结合生态要求，采取全面的防洪保护措施。

三是规划实施了莱茵河流域可持续发展 20 年计划。2001 年 1 月，在法国斯特拉斯堡举行的莱茵河流域国家部长会议上，总结了莱茵河流域近 50 年水环境综合整治的经验， 批准实施以莱茵河未来环境保护政策为核心的《莱茵河 2020 计划》，确立了莱茵河生态系统可持续发展的总体目标，具体目标、参数、数字标准，以及各地、各方面采取的措施。计划详细列出了生态改善、防洪保安、水质改善和地下水保护的目标。例如，在改善生态系统目标中，就提出恢复干流，使其发挥莱茵河生态系统的主导作用，恢复莱茵河主要支流，发挥它们作为洄游鱼类栖息地的功能；保存、保护、改善和扩大沿莱茵河地区和莱茵河流域具有生态重要性的地区。要达到既定目标，必须采取各种措施：一是增加排放者的责任，减少危害物质，要采用有效的、可评估的、自发达成的协议；二是让相关利益团体参与公开的制订计划的过程，通过听证会、技术磋商、会议等，参与措施的评估工作；三是在制定国家或区域计划、与环境相关的计划或者建设许可过程中，要考虑目前计划的要求；四是在制订计划的过程中，鼓励当地利益团体和法人团体的参与；五是对存在高冲突风险的项目，要采用仲裁程序；等等。

第五节　我国区域间政府合作

国内也有很多区域合作的典型，如长三角区域合作、泛珠三角区域合作和京津冀协同发展等。

一、长三角政府间合作

（一）合作情况

第一阶段：2001 年，上海、江苏、浙江三省（直辖市）发起成立了由常务副省（市）长参加的“沪苏浙经济合作与发展座谈会”制度，长三角区域合作进入了一个着眼于建立长期性、战略性、整体性区域合作框架的新阶段。

第二阶段：2004 年，启动了上海、江苏、浙江三省（直辖市）主要领导座谈会制度，长三角区域合作已被纳入到最高决策层的视野。

第三阶段：2008 年 9 月正式印发《国务院关于进一步推进长江三角洲地区改革开放和经济社会发展的指导意见》，标志着长三角一体化发展已上升为国家战略。同年，两省一市和国家发展和改革委员会等部委应邀出席在浙江宁波召开的长三角主要领导座谈会。2009 年，两省一市吸纳安徽作为正式成员出席长三角地区主要领导座谈会、长三角地区合作与发展联席会议。2011 年，安徽省首次作为轮值方成功举办长三角地区主要领导座谈会、长三角地区合作与发展联席会议。

第四阶段：2016 年 6 月，国家发展和改革委员会正式发布《长江三角洲城市群发展规划》，明确将安徽合肥城市群纳入新版规划图，长三角城市群范围也从原来的上海、江苏、浙江一市两省扩展到目前的一市三省，由上海、江苏、浙江、安徽四地 26 个城市组成的新长三角城市群正式亮相。

（二）合作机制

近年来，长三角区域经济协作发展迅速，不断向深层次、宽领域迈进，逐步形成了多种行之有效的合作机制。例如，政府和企业双向推动，跨区域整合资源，促进要素市场一体化，实现产业结构和组织优化。

（1）完善的区域合作机制。目前长三角合作已从刚开始的沪苏浙经济合作与发展座谈会制度，以及后来的“高层领导沟通协商、座谈会明确任务、联络组综合协调、专题组落实推进”的区域合作模式，发展成 “三级运作、统分结合、务实高效”的区域合作机制。运作框架由决策层、协调层和执行层三级组成，决策层为“长三角地区主要领导座谈会”，主要任务是决定长三角合作的原则、方向、目标与重点等重大问题；协调层为由常务副省（市）长参加的“长三角地区合作与发展联席会议”，主要任务是落实主要领导座谈会部署，协调推进区域重大合作事项；执行层包括联席会议办公室、重点合作专题组和城市经济合作组，具体推动长三角区域合作工作。目前，在两省一市发展和改革委员会内专门设立了“长三角办公室”，承担联席会议办公室职责，同时由业务主管部门牵头成立相应重点专题合作组，积极推进长三角一体化重点合作事项。

（2）规范的工作制度。加强顶层设计，突出制度建设，使长三角地区合作与发展工作进一步规范化。新的合作机制建立以来，长三角两省一市重视区域内及和安徽的工作联动，围绕常设机构建设、专题组筹建、主要会议安排等重大问题反复磋商，认真筹备，共同研究起草有关制度文件，协商确定年度工作计划，逐步健全区域合作制度，推动合作工作步入规范化和制度化的轨道。在合作方向方面，自 2008 年以来，每年的主要领导座谈会都对下一步长三角合作与发展的重点工作和领域加以确定。在制度建设方面，2009 年长三角地区合作与发展联席会议出台了《长三角地区合作与发展联席会议制度》和《长三角地区重点合作专题组工作制度》两个制度文件，为建立健全联席会议制度和促进协调层高效运转创造了条件。

（3）建立重点合作专题组。重点合作专题是长三角地区合作与发展的核心内容和主要抓手，也是区域合作机制的基础。遵循“先易后难、与时俱进”的原则，从最初 2001 年的 5 个逐步发展到 2007 年底的“9+1”个专题组。2009 年，根据新的合作机制的要求，对原有的专题组进行整合，重新成立了交通、能源、信息、科技、环保、信用、社保、金融、涉外服务、工商管理等 10 个重点专题合作组，积极推进长三角地区交通一体化、能源供给保障、信息共享、创新体系建设、环境保护平台建设、信用“长三角”、金融业联动发展、异地就医管理服务协作、电子口岸实体平台建设、公平交易执法等一批重点合作事项。2011 年，三省一市组建产业转移重点合作专题组，为推进长三角区域内产业梯度转移和科学承接奠定了制度基础。

（4）拓宽区域合作领域。从 2009 年开始，各省（直辖市）重点在交通、能源、科技、金融等四个方面开展合作。到 2011 年，三省一市已建立了包括产业转移在内的 11 个领域的全方位的对接和合作体制。同时，依托长江三角洲城市经济协调会，成立了城市经济合作组，和 11 个专题组并列，共同纳入合作机制中执行层的范畴，切实推动城市经济合作。城市经济合作组致力于发挥各城市比较优势和合作积极性，引导促进长三角地区城市经济社会全面合作，根据各城市的发展需求，积极推进城市间合作项目实施。

（5）推进基金平台建设。根据《长江三角洲城市群发展规划》的要求，三省一市自 2010 年起启动长三角合作与发展共同促进基金的研究，经过多次调研，并借鉴国外发达国家区域性基金的经验，2011 年三省一市共同拟定《长三角合作与发展共同促进基金管理办法》，由当年主要领导座谈会审定通过。基金设立并启动后，成为全国首个区域发展基金。

（三）合作成效

（1）区域重大基础设施一体化初步实现。2004 年以来，长三角地区相继出台了《长三角都市圈高速公路网规划方案》《长三角道路运输一体化合作规划纲要》等一系列文件，为建立区域现代化综合运输体系提供了依据。经过多年建设，长三角地区已初步形成公路、水运、铁路、航空等多种运输方式构成的交通运输体系框架。随着杭州湾大桥、沪宁、沪杭城际铁路、京沪高铁等设施相继建成，高速公路 ETC（electronic toll collection，不停车电子收费系统）并网工作进展显著，皖电东送一期工程等基础设施建设进展顺利，长三角区域基础设施正逐步向网络化阶段迈进。

（2）长三角创新型区域建设有序推进。区域科技资源共享服务平台初步建成，利用长三角大型科学仪器协作共用网集聚的区域内 9206 台（套）科学仪器设施，跨区域的仪器设施服务量已超过了 2.3 万次。长三角科技文献系统正式开通运行，长三角技术转移系统试运行，为长三角区域创新体系形成资源集聚奠定了基础。为促进战略性新兴产业发展，三省一市着重在新能源与节能减排技术、生物医药、海洋工程装备、公共安全等领域开展科技联合攻关。

（3）区域统一开放的大市场初步建成。在信用建设方面，“信用长三角”网络共享平台运行稳定，工程建设领域项目信息公开和诚信体系建设继续推进，信用服务机构备安互认工作取得有效进展；在信息化合作方面，继续开展长三角地区电子认证工作，目前长三角地区企业用户覆盖率超过 90%，应用于税务、工商、质监等几十个领域；在涉外服务合作方面，稳步推进南京海关分类通关改革，江苏商检苏州局与上海口岸实施“虚拟口岸、直通放行”，加强太仓、张家港与宁波、舟山等口岸大宗散货“分港卸货”合作；在人力资源和社会保障合作方面，共同推进长三角地区社会保险待遇资格协助认证、工伤保险协作、劳动保障监察协作、人才开发一体化协作等工作，探索建立长三角公务员管理交流合作机制。

（4）区域产业合作逐步深入。以产业集聚和跨省（直辖市）共建园区为重点，共同推进产业有序转移与科学承接，促进经济转型升级。三省一市分别成立由国家发展和改革委员会牵头，有关部门参加的产业转移专题组，在广泛调研的基础上，探讨长三角产业集群式转移的有效途径。抓住实施国家区域发展战略的重大机遇，注重发挥市场机制作用，强化政策支持，搭建合作平台，打造制度环境，积极推进长三角产业的梯度转移和有序承接。积极发展跨省（直辖市）产业合作园区，优化资源配置，输出品牌和管理，共同推进上海在江苏南通市、盐城市的共建园区建设。

二、泛珠三角政府间合作

泛珠三角区域合作各方的异质性特征明显，一方面，经济的互补性有利于形成合理分工体系，使区域协作具有生命力；另一方面，不同利益诉求又给政策的统一和协调带来了难度。合作各方更加重视区域内部要素自由流动，努力构筑区域共同市场，促进地区间的产业结构优化。

（一）合作情况

泛珠三角区域包括福建、江西、湖南、广东、广西、海南、四川、贵州、云南等九个省份和香港、澳门特别行政区，拥有全国约 1/5 的土地面积、1/3 的人口和 1/3 以上的经济总量，区位优势明显、自然资源丰富、经济基础雄厚、创新能力突出，是我国经济最具活力和发展潜力的地区之一，在国家区域发展总体格局中具有重要地位。2004 年 6 月，以珠江水系为纽带的“9+2”各方，在中央的支持和指导下，遵循自愿参与、市场主导、开放公平、优势互补、互利共赢的原则，在广州共同签署了《泛珠三角区域合作框架协议》，正式启动泛珠三角区域合作。近年来，“9+2”各方携手努力，推动合作领域逐步拓展，合作机制日益健全，合作水平不断提高。

2016 年 3 月，国务院印发了《关于深化泛珠三角区域合作的指导意见》，提出进一步完善合作发展机制，加快建立更加公平开放的市场体系，推动珠江—西江经济带和跨省区重大合作平台建设，促进内地九省区一体化发展，深化与港澳更紧密合作，构建经济繁荣、社会和谐、生态良好的泛珠三角区域。该意见将泛珠定位为“全国改革开放先行区、全国经济发展重要引擎、内地与港澳深度合作核心区、“一带一路”建设重要区域和生态文明建设先行先试区”。该意见围绕深化泛珠三角区域合作，提出了八项重点任务。

（二）合作机制

（1）建立协作制度框架。以跨区域的规划引导地方政府适应新的区域合作框架和发展范式。第一届泛珠三角区域合作与发展论坛签署了《泛珠三角区域合作框架协议》，从宏观上对泛珠三角区域合作作出了规划，标志了泛珠合作正式启动；第二届和第三届泛珠三角区域合作与发展论坛主要侧重于商贸、劳务、交通、能源、旅游等方面，签署了这些领域的一系列协议和规划，使合作机制进一步健全。2007 年，在第四届泛珠三角区域合作与发展论坛上，各方根据《泛珠三角区域合作发展规划纲要（2006—2020 年）》共同推动区域经济又好又快发展的总体目标，审议通过了《关于务实推进泛珠三角区域合作发展规划实施的重要意见》等文件。

（2）形成高层对话机制。在第四届泛珠三角区域合作与发展论坛上，外交部、国家发展和改革委员会、科学技术部、国防科学技术工业委员会等 24 个国家部委的指导单位出席论坛。在“泛珠三角”的协作协议中，明确提出了未来区域内的合作机制，由每年举行一次的内地省长、自治区主席和港澳行政首长联席会议决定区域合作的重大事宜，通过政府秘书长协调制度推进合作事项的进展，并设立日常工作办公室，确定部门衔接落实制度。在此框架下，由以往的企业自发协作逐步向市场引导、政府规制和企业主体的合作机制过渡。

（3）促进产业转移和市场对接。一是致力促进产业转移。各方认为必须进一步提高区域资源的配置效益，促进产业链的相互衔接，加快泛珠三角区域内的产业梯度转移步伐，提高经济一体化水平。二是致力促进市场对接。进一步克服地方保护主义，取消不利于市场统一、妨碍公平的地方性政策，努力消除限制地区流通的障碍，实现区域一体化，逐步形成开放、竞争有序、公平公正的区域大市场。三是致力促进劳务合作。成立泛珠三角区域劳动力市场建设工作领导小组，负责劳动力市场信息联网的规划、建设和协调工作。并在建立泛珠三角区域跨省份务工人员养老保险关系转移等重要问题上达成意向。

（三）合作效果

（1）经济总量大幅增加。2004 年，泛珠三角 GDP 合计为 4.6 万亿元，占全国的 28.7%；到 2015 年，泛珠三角 GDP 增加到 21.9 万亿元，是 2004 年的 4.8 倍，占全国的比例上升到 32.4%，比例提高了近 4 个百分点（图 8-3）。从城镇化角度看，2004 年，泛珠三角区域内的贵州的城镇化率只有 15.8%，城镇化率高的广东也只有 48.7%；到 2015 年，贵州的城镇化率已上升到 42%，比 2004 年提高了将近 26 个百分点，广东的城镇化则提高到 68.7%，提高了 20 个百分点。

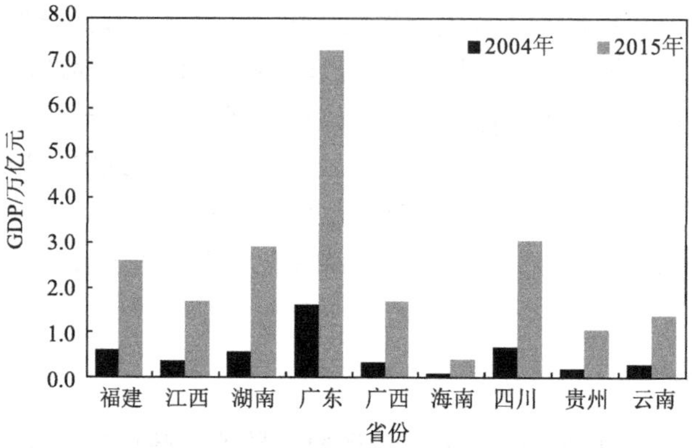

图 8-3　泛珠三角内地九省经济总量变化情况

（2）基础设施水平不断提高。十多年间，泛珠三角区域内“五纵七横”高速公路主干线建设全部完工，泛珠三角内地九省高速公路里程由 2004 年的 1.14 万千米增加到 2015 年的 4.28 万千米，增长了 2.75 倍；铁路营运里程由 7.44 万千米增加到 12.1 万千米，增长了 63%。2015 年底，泛珠三角区域内高铁营运里程超过 1 万千米，占全国的 1/3。此外，泛珠三角区域内教育、科技、文化、体育、旅游、卫生计生、生态环保等公共服务领域的合作也不断推向深入。

（3）产业分工取得一定成效。更高层次、更加细化的产业分工和价值链分工，成为泛珠三角区域产业合作的趋势。区域内昆明深圳工业园、湘西广州工业园、赣州香港工业园等一大批跨省工业园区建立，成为沿海和内陆产业合作的重要载体。“香港接单、广东设计、内地制造”等优势互补型产业分工模式蓬勃发展。据统计，前九届泛珠三角区域合作与发展论坛暨经贸洽谈会累计签约项目 1.95 万个，签约金额 3.76 万亿元。

三、京津冀政府间合作

（一）合作情况

京津冀政府间合作可以分为以下几个阶段。

第一阶段：合作发起（1986～2003 年）。1986 年，在天津市市长李瑞环的倡导下，环渤海地区 15 个城市共同发起成立了环渤海地区市长联席会,被认为是京津冀地区最正式的区域合作机制。同年，河北省委、省政府在廊坊召开的环京津经济协作座谈会上提出了“依托京津、服务京津、共同发展”的思想。1993 年以后，京冀、津冀分别进行了高层次互访以后，就全面开展经济技术合作问题达成共识。

第二阶段：全面启动（2004～2009 年）。2004 年 2 月，国家发展和改革委员会召集京津冀三省份发展和改革部门在廊坊召开京津冀区域经济发展战略研讨会，达成“廊坊共识”。2004 年 6 月，国家发展和改革委员会、商务部和京、津、冀、晋等 7 省份市领导在廊坊达成《环渤海区域合作框架协议》，商定建立环渤海合作机制的三层组织架构。2008 年 2 月，“第一次京津冀发改委区域工作联席会”召开。京津冀发展和改革委员会共同签署了《北京市、天津市、河北省发改委建立“促进京津冀都市圈发展协调沟通机制”的意见》。

第三阶段：规划初步编制（2010～2014 年）。2010 年 8 月，《京津冀都市圈区域规划》上报国务院，区域发展规划按照“8+2”的模式制订，包括北京、天津两个直辖市和河北省的石家庄、秦皇岛、唐山、廊坊、保定、沧州、张家口、承德 8 地市。2011 年 3 月，国家“十二五”规划纲要提出“打造首都经济圈”。2014 年 1 月，北京市政府工作报告提出，落实国家区域发展战略，积极配合编制首都经济圈发展规划，主动融入京津冀城市群发展。

第四阶段：上升国家战略（2014 年至今）。2014 年 2 月，习近平总书记主持召开京津冀三地协同发展座谈会，将京津冀协同发展上升为国家战略，并对三地协作提出七项具体要求。2015 年 4 月，中共中央政治局审议通过《京津冀协同发展规划纲要》。2016 年 2 月，《“十三五”时期京津冀国民经济和社会发展规划》印发实施。这是全国第一个跨省份的区域“十三五”规划，明确了京津冀地区未来五年的发展目标。

（二）合作机制

1. 成立京津冀协同发展领导小组

2014 年，国务院成立京津冀协同发展领导小组，小组办公室设在国家发展和改革委员会，由此构建起了国家层面组织推进京津冀协同发展的统筹协调机制。同年，京津冀三地政府和国家相关部委也相应成立了京津冀协同发展领导小组，统筹协调相关工作。此外，国家层面还成立了京津冀协同发展专家咨询委员会。不同层级、不同领域成立的京津冀协同发展领导小组在推进京津冀协同发展中起到了领导、统筹和协调的作用。

2. 建立协同发展的干部交流机制

按照《关于围绕京津冀协同发展进一步推进京冀干部人才双向挂职的意见》，北京市和河北省两地党委组织部门联合启动“京冀互派百名干部挂职”项目。该项目的主要内容包括三个方面：一是按照职级对等的原则推进省市县双向挂职交流；二是按照职级对等和单位对口的原则，在重点部门与重点领域双向互派干部人才挂职交流；三是以协同发展需求为导向遴选出若干重点行业，安排党政领导干部和高层次专业人才开展挂职交流活动，从领导决策、技术攻关和项目深度合作三个方面促进京冀协同发展。①

3. 组织编制发展规划及其实施方案

2015 年 4 月，中共中央政治局审议通过了《京津冀协同发展规划纲要》，京津冀三地根据各自的功能定位分别制订了贯彻实施方案。北京市明确了人口控制目标和聚焦通州的北京市行政副中心规划建设方案；天津市提出重点在现代产业体系、现代城镇体系、现代综合交通网络体系、生态环境建设、改革开放先行区建设等五个方面取得突破；河北省提出以服务北京非首都核心功能疏解和补齐河北发展短板为基本出发点，实现河北绿色崛起。《京津冀协同发展规划纲要》及其实施方案成为京津冀三地政府行动的指引，对京津冀协同发展发挥了指导作用。

（三）合作效果

（1）互联互通加速推进。2014～2016 年，京津冀一系列交通基础设施项目有序推进，一个互联互通、更加紧密的交通圈初现雏形。三地之间高等级公路网建设全面启动。京港澳高速河北段改扩建工程提前一年通车，北京已率先打通 6 条对接京津大通道。河北统筹铁路、公路、航空、海运、城市公交等多种运输方式的接驳换乘，加快形成京津石中心城区与新城、卫星城市之间的“半小时通勤圈”、京津保唐“1 小时交通圈”。天津与京冀交界多处交通“大动脉”和“毛细血管”的“梗阻”已逐步打通或正在扩容。京台高速天津段已于 2014 年建成；京秦高速天津段于 2016 年建成；唐廊高速天津段一期工程基本完工；津石高速天津段前期工作正在开展。

（2）生态共建成效显现。京津冀三方不断深化区域大气污染防治协作机制，认真落实国家“大气十条”确定的各项措施，合力推进淘汰落后产能、大力压减燃煤、发展清洁能源、控制工业和扬尘污染等重点减排。2016 年，北京全年淘汰高排放老旧机动车 44 万辆，提前完成淘汰 20 万辆的年度任务，推广纯电动汽车累计达到 6.7 万辆，第六阶段车用燃油标准制定实施。2016 年，京津冀区域 PM2.5 平均浓度比 2013 年下降约 33%。京津风沙源治理和太行山绿化、三北防护林、沿海防护林等生态建设工程持续推进，2014～2016 年京津冀完成造林 1754 亩（1 亩≈666.7 平方米）。引滦入津生态补偿机制建立，引黄入冀补淀等重大工程加快实施。

（3）产业转移结出硕果。2014～2016 年，河北省引进京津资金 11 041 亿元，占全省同期引进省外资金的一半以上；天津市引进京冀项目 4856 个、资金 5226.7 亿元，分别占全市的 35.6%和 44%。京津合作示范区建设正式启动实施，加快推进曹妃甸协同发展

① 宋迎昌：《京津冀协同发展中政府的作用》，《城市》，2016 年第 10 期，第 3-7 页

示范区、曹妃甸中日韩循环经济示范基地、唐山湾生态城等重大工程。河北接纳北京凌云化工整体搬迁邯郸，北汽集团黄骅整车项目建成投产，与北京共建曹妃甸现代产业实验区，津冀共建涉县天铁循环经济示范区，实现传统园区转型。亦庄-永清高新技术产业开发区和中关村海淀园秦皇岛分园都是研产一体的综合创新基地。迄今，中关村企业已在津冀两地设立分公司 1903 家、子公司 1426 家，京津冀协同创新共同体正在形成，丰富了高新产业功能区内涵。

（4）协同创新成果显现。三地建立成果转化对接与技术转移转让绿色通道，完善科技创新投融资体系，支持科技成果转移转化。2015 年，北京向津冀输出技术合同成交额 111.5 亿元，增长 34.2%。2016 年，北京向津冀输出技术合同成交额 154.7 亿元，增长 38.7%。作为北京科技创新的领头羊，2016 年，中关村在津冀设分支机构同比增长 17%。2016 年，中关村企业在津冀新设立各类分支机构超 850 家，增长了 17.4%。截至 2016 年底，中关村企业已在津冀两地设立分公司、子公司超过 5800 家。北京发挥全国科技创新中心的辐射带动作用，与河北共建中国国际技术转移中心河北分中心，推动科技成果在河北转化应用和示范推广；结合张家口产业需求，共建张家口创新创业孵化中心；共建京津滨海科技成果转化基地，将北京的新技术、新产品在天津基地集中展示发布，促进北京创新成果在天津转化应用。

四、启示

（一）机制的完善是合作成功的重要前提

政府间的区域合作成功与否应符合四个基本前提：一是处于“龙头”地位的核心区必须有足够的吸引力、辐射力；二是各地区之间有互补优势，并存在经济落差；三是地理上相互毗邻，合作历史源远流长；四是必须形成利益共享、成果多赢的共生型合作机制。合作的条件+完善的机制 = 成功的合作。社会制度、发展水平和历史文化传统相对接近，资源和产业的互补性是区域合作的重要条件，但是没有相应的机制保障，合作也不会顺利进行。对于区域合作来讲，成效显著与否往往取决于机制的完善程度，要在合作机制的完善过程中寻找与创造合作的条件，而不是坐等机遇的来临。

（二）通过先易后难与逐步深入方式推进

不同类型的区域合作都十分重视实现重点领域的突破。无论合作的起因是什么，最终各方的关注点又会回到经贸领域；而在经贸领域，又优先发展交通、物流、信息、金融、人力资源，通过这些领域的发展，完善市场体系、优化投资环境、促进要素流动、整合各方资源。对于合作地区来讲，拓展上述重点领域的合作空间本身就是在促进区域合作机制的完善。区域合作的模式可以是松散型的，也可以是紧密型的，但是，成功的合作有从松散型向紧密型逐步深入发展的趋势。在这个发展过程中，关键是要保证合作的舒适度，即合作的方式能够被各方广泛接受并具有持续性。

（三）建立一套制度化的决策与监督机制

从区域合作的经验来看，一个共同的特点是必须建立一套制度化的高层决策机制，包括具体实施的功能性组织及具有法律效应的仲裁机构。高层决策机制既有灵活性，包括议题安排和方式上的多样性和可调节性，又有一定的约束力，任何议程一旦达成共识，形成议程和进行承诺，就有了隐形压力，必须完成。功能性机构承担管理、协调、研究分析和组织职能，并越来越具有一定的常设性质。形成如区域规划委员会、环境保护委员会等专业或综合职能管理机制。仲裁机构承担对不当竞争和冲突行为进行约束和惩罚的责任。对于各合作地区来讲，追求高度集中统一的合作组织方式并不现实，但是，过于松散的组织形式只会使合作走向衰落。

（四）形成有利于合作的利益激励机制

利益诉求是地方政府合作的基础。地方政府合作要改变过去主要由上级政府“拉郎配”、地方政府被动服从的做法，将激励的重心从行政权威转向经济利益，即以经济利益激励为主，辅之以必要的行政权威激励。要承认地方政府追求本行政区域利益的正当性，将合作建立在参与方地方政府追求自身利益而“讨价还价”、平等协商的基础上。为了保证合作得以顺利开展并持续推进，地方政府合作应以具体的合作项目为抓手逐步推进。因为，相对一揽子合作计划而言，具体的合作项目更易于明晰合作参与各方的收益/成本，明确各自的责任，因而更易于达成共识，制订切实可行的合作方案，使合作真正落到实处，变为现实。

本章小结

区域合作有利于促进要素流动，优化资源配置，实现合理产业分工，推动区域经济协调发展，从而给各方带来普遍的益处。但是在实践过程中，区域合作却总会遇到这样或那样的障碍。国家（地区）之间不是要不要进行合作的问题，而是如何更好地推进合作的问题，要通过创新性的制度设计来保证区域合作持续运转，使合作各方共享利益。国外较为成型的区域间政府合作模式主要有：“区域网络治理”下的欧盟政府间合作模式、大湄公河次区域政府合作模式、莱茵河流域治理中的政府合作模式。国内也有很多区域合作的典型，如长三角区域合作、泛珠三角区域合作和京津冀协同发展等。

☆关键术语☆

政府间的区域合作　区域合作的机制　跨区域的公共管理　利益分享与补偿机制　激励与约束机制　信息交流与互动机制

➢复习思考题

1. 运用“囚徒困境”模型论述政府间区域合作为什么比较困难。
2. 试论利益分享与补偿机制在区域合作中的作用。
3. 国际政府间区域合作有什么成功经验？
4. 我国政府间区域合作的成效与问题是什么？

第九章

地方政府融资

第一节　地方政府融资概念

地方政府是一种地域性政府，它同全国性政府（中央政府）存在上下从属关系，是全国性政府的分支机构。我国是单一制国家，国家最高权力由中央政府行使，地方政府就是由中央政府为治理国家一部分地域而依法设置的政府单位，通常是指中央政府以下的各级政府，具体包括省（自治区、直辖市）、市（地市级、地区）、县（县级市）和乡镇四级。到 2016 年底，我国 31 个省（自治区、直辖市）（不包括港澳台地区）共有 334 个地级政府、2851 个县级政府（含县级市和自治县），下辖近 4 万个乡镇政府。

近年来，随着“乡财县管”体制的逐步推广，乡镇政府原负责的事权和支出责任不断减少，转移出来的事权和支出责任大都由县级政府承接，乡镇财政已经不是原来意义上完整的一级财政，一律不得为经济活动担保，不得举债搞建设。在缺乏预算自主权的条件下，乡镇政府基本失去了正常的融资功能。另外，我国未来行政体制改革的方向是减少政府间层级划分，推行“省直管县”改革，辅之以“乡财县管”体制，政府财政和行政层级将逐步简化为中央、省和县（市）。因此，本书主要关注的是县级以上、省级以下地方政府融资，不涉及乡镇政府融资问题。

从最一般的意义上讲，融资是指资金从供给者向需求者转移的过程。按照融资过程中储蓄与投资是否由同一主体完成，可以把融资分为内源融资和外源融资。内源融资是指相关主体把自己的储蓄用于投资活动的融资方式；外源融资是指储蓄与投资分开，投资主体需要从外部筹集资金的融资方式。按照融资过程中投资主体是否借助金融中介机构，可以把融资方式分为直接融资和间接融资。直接融资是通过证券市场向金融投资者出售股票和债券而获取资金；间接融资是通过银行等金融中介获取资金。按照融资过程中形成的不同资金产权关系，可以把融资分为股权融资和债务融资。股权融资是向其股东筹集资金的融资方式；债务融资是通过银行贷款或发行债券融资。

在现有研究中，专家学者对地方政府融资的认识还是比较一致的，从内涵方面，认为地方政府融资就是地方政府为经济建设（资本性投资）筹措资金的过程。从外延方面，梅尔维尔·麦克米兰认为，地方政府的资本支出通常由自有资金、上级政府拨款和举债联合提供资金支持。哈里·基钦认为，从世界范围的实践来看，地方政府从内源收入和外源收入两个途径为资本支出提供资金支持。内源收入包括一般性的运营收入（地方税收和公共服务使用费）、专项税、储备、开发费。外源收入来源于上级政府的拨款、借款和公私合作。杨志勇认为，我国地方政府融资可以归纳为以下形式：第一，地方预算直接拨款；第二，地方政府借款；第三，地方政府通过下属公司的股权和债权融资；第四，项目融资；第五，土地融资。①

我们认为，地方政府融资是指地方各级政府为实现经济和社会发展目标，通过财政、金融等渠道筹措建设资金的行为、过程和活动。按照地方政府融资的基本依据和性质划分，主要可分为财政拨款、债务性融资、资产（资源）融资和权益性融资几大类。财政拨款既包括地方本级的预算拨款（主要来源于各级政府的税费等），也包括来自上级政府的转移支付。债务融资包括地方政府贷款收入、地方政府债券收入、政府性投资公司贷款和债券收入等。资产（资源）融资是指各级地方政府利用手中掌握的政府资产和公共资源筹措的资金，既包括有形资产（资源）融资，也包括无形资产（资源）融资。②权益性融资指政府投资公司在资本市场上发行股票融资或自筹资金。具体见图 9-1。

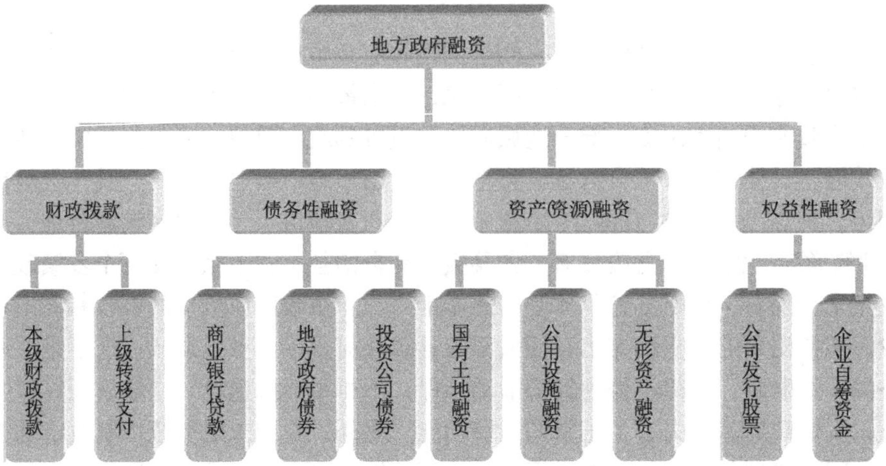

图 9-1 地方政府融资分类

第二节 地方政府融资的基本模式

土地财政+政府性投资公司（融资平台）+国有商业银行打捆贷款的组合成为多年来我国地方政府融资的基本模式。这一融资模式已经和正在地方经济社会发展和基础设施建设中发挥着重要作用。

一、基本模式的架构

在基本融资模式下，地方政府组建各式各样的政府性投资公司，并以财政性资金注入、国有资产注资、土地收益及赋予特许经营权等方式进行扶持，代替政府行使投融资职

① 沙安文、沈春丽：《地方政府与地方财政建设》，中信出版社，2005 年，第 93 页、第 303 页、第 327 页

② 许生：《地方政府融资可持续性研究》，国家发展和改革委员会宏观经济研究院 2010 年重点课题报告《地方政府融资研究》分报告

能，成为融资平台和载体，承担政府项目投资、融资和建设任务。国家开发银行及国有商业银行对地方政府进行大额授信，发放打捆贷款，在地方政府承诺，地方人大同意纳入地方财政预算确保还本付息的前提下，建立银行与政府的金融合作关系。国家开发银行还协助地方政府完善信用体系，为融资平台的项目提供具有资本金性质的软贷款。从而形成了一个地方政府、融资平台与商业银行间相互依存、紧密相连的基本融资模式的环形图（图 9-2）。

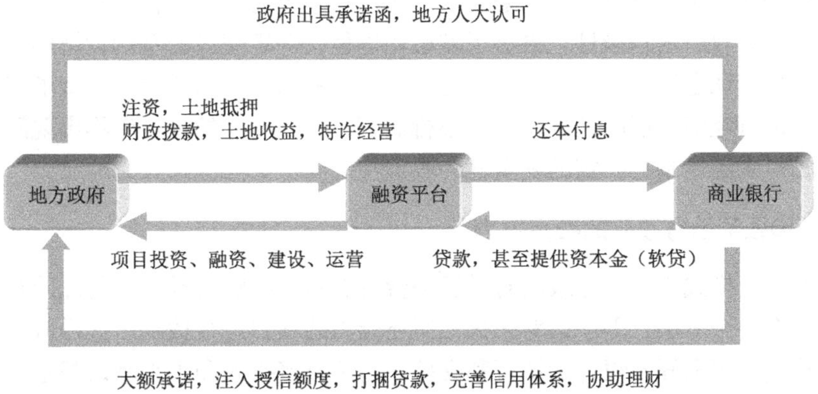

图 9-2　基本融资模式环形图

在上述模式中，融资平台是基本融资模式的核心与枢纽。融资平台是地方政府在既有制度框架下为满足融资需求的创新举措，具有以下特征：一是由政府主导或绝对控股，是政府专门投融资管理机构；二是主要职能是融入公共项目建设资金，具有政策性金融的性质；三是由地方财政直接或间接承担偿债责任或提供担保；四是所筹资金主要用于地方基础设施或公共服务项目建设。融资平台发挥了市场化融资优势，将地方政府拥有的众多资产进行整合，实现了城市资源资本化运作。

土地财政是基本融资模式运作的引擎。没有土地收益，上述基本融资模式就失去了存在的基础。地方政府在自有财力不能满足建设需求的情况下，将公益性、准公益性项目与土地资源捆绑运作，通过土地的征收、整理和招拍挂等程序，获取土地收益。土地增值收益为城市建设提供了资金保障，实现了土地开发和城建基础设施的互动。土地储备成为融资平台筹集建设资金的重要来源，一方面，土地有抵押和贷款融资的功能；另一方面，土地的深度开发也是土地收益增值的主要渠道。

政府背景贷款是基本融资模式的源泉。政府背景贷款是依托政府信用获得的贷款，由政府相关部门作为主体进行融资，本息列入财政支出范围。融资平台申请政府背景贷款时，政府作为实际投资者，往往会作出还款承诺，或请求地方人大出具承诺函。各类金融机构也都把政府背景贷款视为融资业务中的“优质业务”。政府背景贷款又以国家开发银行的打捆贷款应用最为广泛，通常是国家开发银行与地方政府合作，将众多城市建设项目打捆整合，国家开发银行提供大额中长期贷款。

二、功能与作用

（一）满足了各个主体的利益需求

基本融资模式的形成是适应现有财税、金融体制及经济发展阶段性要求的必然选择，充分满足了中央政府、地方政府、商业银行各方利益诉求。地方政府肩负着提供地方公共服务和基础设施的重任，有着强烈的融资需求，但是，由于法律限制，地方政府不得发债或直接向银行借款；中央政府为了避免地方财政风险，防止经济的大起大落，不允许地方政府发行债券，也不允许地方政府采取显性担保获得融资；而对于面临流动性过剩的银行来讲，基础设施建设固有的政府背景及其稳定收益非常具有吸引力。基本融资模式恰好满足了上述三方的利益需求。对于中央政府而言，在没有大规模举债的情况下发挥了地方政府的积极性，推进了城市化进程，一定规模的基础设施建设实际上成为宏观经济持续稳定增长的重要因素；对于地方政府而言，信贷资金支持了基础设施建设，满足了地方经济发展的需求；对于银行而言，只要政府的现金流不出现问题，政府背景贷款相对来说还是有一定的安全性和收益性。

（二）增强了地方政府的融资能力

在基本融资模式中，地方政府对融资平台有着直接的财政投入，与此同时，对今后的财政投入有一个承诺，即承诺对未来无偿还能力的项目进行拨款。这样就容易获得商业银行，特别是国家开发银行的认可和支持。由于直接投入和未来承诺都是以土地财政为基础的，随着土地收益的不断增加，注入融资平台的资本金规模也不断扩大，这从根本上增加了融资平台的资本实力，即使杠杆率不提高，也会扩大银行资金的投入规模。融资平台和单个项目相比，抗风险能力大很多。其一，有些基础设施行业只有公益性，没有财务收益，如农村公路的修建没有收费补偿；但也有一些行业收益比较稳定，如燃气、水务、高速公路等。这两类行业整合在同一个平台上，可以以丰补歉，使两者都能顺利融资。其二，同一个行业的项目周期不同，有的已经归还完了贷款，还在不断收费；有的则刚开始筹建，可能缺少资本金而难以立项。但是，如果放在同一平台上整合，拟建项目未必就不能融资。

（三）形成了一定的风险防控效应

基本融资模式在地方政府和商业银行之间构建起了风险控制机制。融资平台建设之初，地方政府通过对平台注入各种资源、投资补助、项目回购、赋予经营权等多种手段，提升平台的经济实力、信用能力和还款能力。国家开发银行则积极推动融资平台加强治理结构建设、法人建设、现金流建设和信用建设。通过支持地方资源整合和信用能力整合，形成借款以政府信用和企业信用为依托、资金运用以市场规则为基准的运作模式。国家开发银行对地方政府财政实力的评价较为严格，具有针对性和可操作性。国家开发银行给地方政府的贷款都要有明确的还款来源和抵押物。尽管采取统一授信的形式，但是，国家开发银行仍需开展具体项目的核准手续的审查、项目自身收益分析和还款机制设计。在申请每一笔国家开发银行贷款之前，地方政府也要认真考虑还款来源，明确具体的抵押物，融资方案经过当地政府反复研究后，还要报省市人大审批。显而易见，国家开发银行和地方政府双方都十分珍惜业已形成的合作关系，从而建立了相互捆绑、相对稳定的风险防控体系。

（四）提高了地方政府的投融资效率

以地方政府投资公司为主体实现基础设施建设的投融资，有利于加强对政府投资的有效监督和管理，提高了政府的投资效率。以往地方政府的财政性建设支出基本上由政府各主管部门分别安排和管理，国家发展和改革委员会与行业主管部门确定项目，财政负责安排资金，往往缺乏项目投资建设上的统筹安排，更缺少资金使用过程中的有效监督和跟踪管理。这样的资金管理体制造成了政府财政性资金使用分散、建设不配套、政府投资浪费。通过组建政府性投资公司，将政府安排的财政性建设支出统管起来，由投资公司进行专职的经营和管理，原则上有助于消除现实中存在的财政资金分散安排、市政建设部门分割、政府投资缺乏有效跟踪管理的问题和弊端，从而提高了政府投资的效果和效率。另外，根据政府投资和国有资产管理体制改革的总体需要，地方政府组建起相应的基础设施建设投资公司，是整个国有资产经营管理体系的一个重要组成部分和环节。建立政策性融资平台有利于完善地方政府投资与国有资产经营管理体系，实现国有资产保值增值。

第三节　地方政府融资平台

在我国，大多数的地方政府投融资活动并不是也不可能由地方政府自己完成，为此，地方政府创新出了一套适合经济发展及城市化需要的融资模式和制度框架，而地方政府融资平台在其中发挥着核心性的作用。

一、融资平台产生的背景

所谓融资平台，就是指地方政府通过划拨土地、注入优质资产、国企股权等方式出资设立，资产规模和财务状况达到融资标准的政府性投资公司，公司以地方财政对公司的注资、补贴、偿债基金等作为保证，甚至由地方政府提供隐性担保，通过向银行贷款或发行企业债券等方式融入资金，并重点投向城市基础设施、公用事业等公益性或准公益性项目。融资平台名称各异，通常有城建投资公司、资产经营管理公司、基础设施投资公司等。政府融资平台具有以下特征：一是政府主导或绝对控股；二是主要职能是融入建设资金；三是由地方财政直接或间接承担偿债责任或提供担保；四是所筹资金主要用于地方基础设施或公共服务项目建设。

在我国，地方政府融资平台的出现及其迅速崛起有其必然性。

首先，城市化和工业化产生巨大资金需求。我国城市化率每年以 1 个百分点的幅度快速增加，众多城市正处在城市化加速阶段。城市化进程和基础设施发展有着紧密的联系，地方政府需要进行大规模的基础设施投资。我国正处于工业化中期向工业化后期过渡阶段，重化工业和劳动密集型产业的转型需要大量资金，电子信息、新能源等战略性新兴产业也需要大量资金。对于地方政府来讲，要满足日益增加的各项支出增长需要，就必须确立稳定、高效的融资方式，构建新的融资主体或载体。地方投融资平台应运而生，成为城市建设和产业发展的主要力量。

其次，财税体制对政府投融资产生较大约束。长期以来，我国地方政府财力与事权不匹配的情况比较严重。省以下转移支付不完善，上级政府很容易，事实上也往往尽量截留财权，同时将支出责任推给下级政府，造成基层政府支出责任普遍大于其（甚至是转移支付后）可支配财力，导致其无法充足提供辖区居民所要求的基本公共服务。地方政府为了完成上级交付的任务，或者从个人升迁考虑，就有了足够的压力或者动力通过各种擦边球、合理但不合法甚至违法（包括变相举债）的形式来获得投资与发展的资金。地方政府要创新融资体制，融资平台成为必然的选择。

再次，正规渠道的缺乏迫使地方政府进行体制创新。1994年通过的《中华人民共和国预算法》（以下简称《预算法》）规定，地方预算不能列赤字，除法律和国务院另有规定外，地方政府不得发行地方政府债券。1996年发布的《贷款通则》规定，地方政府不能作为银行借款人。地方政府既不能为建设性资本投入公开发债融资，也不能向银行借款。这些规定使得地方政府基本上没有在法律上获得相应的融资权限，导致地方政府变着法子，绕着弯子，寻求各种变通的非正规的方式达到融资目标。从一定程度上讲，融资平台正是地方政府在夹缝中求发展的非正规融资载体，也是地方政府迄今为止能够找到的最合适的投资与建设主体。

最后，土地制度和政策为平台创造了空间。一方面，独家垄断土地的征用制度给政府带来了巨大的土地增值空间。征地补偿标准极低，政府可以较低的代价获得廉价的土地资产。另一方面，独家垄断的土地出让制度保障了政府收益的顺利实现，城市经营性用地实行招拍挂，导致城市土地价格不断攀升，土地出让收入迅速增加，成为政府投资的重要资金来源，土地资产的抵押功能增强，成为城市基础设施的主要融资方式。不断增长的土地收益及其抵押功能，使地方政府融资平台获得了生存和发展的能力，也成为“政银合作”不断走向深入的关键因素。

二、融资平台的作用

融资平台是地方政府投融资体系的关键环节和重要枢纽，是地方政府在现有制度框架下为满足融资需求所采取的创新举措，它在推动城镇建设、促进产业发展、繁荣社会事业、缩小城乡差距等方面发挥着十分重要的作用。

第一，拓展了融资渠道。通过构建融资平台筹集资金，有效地弥补了地方政府在城市投资与建设中的资金缺口，缓解了城市基础设施的供求矛盾，融资平台成为地方政府城市建设筹资的主导力量。以重庆为例，2002～2009年，重庆八大投资集团通过银行融资2500亿元，投资了2000亿元，年均投资250亿元。2009年，“八大投”全年投资额占全市基建投资总额的比例达到了36%。再以河北省为例，截至2009年，11个设区市已组建城建类投融资平台33个，累计为城市建设筹集资金780多亿元，占河北省城市建设融资金额的70%以上，有力地支持了河北省城市建设和经济发展。

第二，优化了资源配置。融资平台将地方政府所拥有的众多资产进行整合，还将一些资产证券化，通过抵押、质押、发债和出售资产等手段来融通项目建设所需资金。地方政府授权或委托融资平台整合城市资源，增强城市基础设施建设的投融资功能，健全造血机能，实现资源资产化、资产资本化的市场化运作，扩大城市经济总量，确保城市资源增值，回收城建资金并用于其他城市项目建设。这种运作机制把政府组织协调优势和负责城市建设的融资平台的市场化融资优势结合起来，通过财政杠杆作用配置城市资源，把政府资产和城市可利用资源移交融资平台管理和运营，实现城市资源资本化运作，增强融资平台的市场实力和信用等级，创建优良的信用合作平台，解决了城市基础设施建设融资难题。

第三，促进了战略调整。除了完成大型基础设施和公用事业项目投融资任务外，融资平台还担负了壮大国有经济、国有资产保值增值的重任，有力地促进了地方国有经济战略性调整。融资平台通过收购不良金融资产、国企改制重组，有效地缓解了国企改革的压力，改善了信用环境，促进了城市范围内产业和区域的协调发展，为实现国有经济合理布局发挥了重要作用。比如，重庆地产集团早期为西永微电子产业园投入巨额开发资金，有力地促进了西永微电子园区的基础设施建设，进一步改善了投资环境，增强了投资吸引力。重庆渝富集团对工业企业、商业企业、金融企业的转制改革重组起了很好的杠杆作用。

第四，转变了投入方式。融资平台的出现从根本上改变了政府资金投入方式。所有的政府建设项目，都以项目公司的方式实行市场化运作，改变了传统经济体制下财政直接投资的模式。融资平台还通过发行信托产品和企业债券，积极吸纳利用民间资本和海外资本。越来越多的地方政府通过融资平台发行城投债的方式，为政府项目建设融资。融资平台还通过项目直接吸引民间资本。例如，上海洋山深水港的配套工程——沪芦高速公路的投资主体就是混合所有制，在这个项目公司中，上海城投公司30%的资金带动了70%的社会资金。

第五，刺激了经济增长。融资平台的经济刺激作用在应对国际金融危机、促使经济复苏中尤为明显。2008年，在国家4万亿元政府投资项目中，中央政府只能出1.18万亿元，需要地方财政配套1.2万亿～1.3万亿元，剩下的则需通过市场融资。以重庆为例，为了应对全球金融危机及为中央资金配套，2009年通过“大手笔巩固平台、规范化管理运营、多渠道开展融资”，道路、桥梁、旅游、水务、旧城改造等基建项目的投资超过5000亿元。融资平台成为我国经济逆境中化危为机，较快扭转经济下滑态势，保持社会和谐稳定的重要力量。

第六，完善了基础设施。融资平台承担了地方政府绝大多数基础设施的投资与建设任务。以天津为例，天津城投集团先后独家承担了海河上游综合开发、中心城区金融城开发改造项目，直接参与了滨海新区于家堡金融商务区的建设。城投集团建设的中心城区的4座大型污水处理厂，承担了天津市污水处理任务总量的68%。天津城投集团还承担了天津地铁、京津高铁、京沪高速铁路、津秦客运专线等交通网络建设。在重庆市，重大基础设施的75%是“八大投”干的。2003～2010年，“八大投”承担了重庆2000千米的高速公路，5000多千米的高等级公路，20多座城市区域横跨长江、嘉陵江的大桥，还有150千米的城市地铁、轻轨建设任务。

三、融资平台的问题及其成因

地方政府融资平台在我国经济发展中发挥了重要作用，一些地方政府融资平台也取得了较好的业绩。但是，在我国城市化快速发展的过程中，地方政府融资平台的风险也在不断累积，并引起了社会各界的广泛关注和忧虑。

（一）公益性职能过多，经营状况趋于恶化

融资平台承担了过多的公益性项目投资责任，例如，城市道路、水利设施、文化教育等项目建设，无法产生更多的现金流，更无法弥补投资和经营的亏损。多数平台公司

没有建立起还款约束机制和还款保障机制，难以形成自借、自用、自还于一体，负债经营、自我平衡的债务融资体系。这样，经过一段时间的高强度投入，融资平台的资产负债率提高很快，能够用于产生现金流的优质资产越来越少，企业造血机能逐步丧失。先期成立的一些融资平台已经丧失了基本融资功能，地方政府不得不再成立新的融资平台，以适应不断增长的融资需要。

（二）行政干预较多，公司治理结构不完善

融资平台是具有政府背景的投资公司，在我国体制转轨时期，很难摆脱政府的行政干预。长期以来，在融资平台的运作过程中，项目投资、融资和经营的决策权并不在公司及其经理人手中，地方政府官员实际上是融资平台的决策者和管理者，平台公司仅仅担当着“执行者”的角色。在很多情况下，融资平台董事会和经理层成员往往兼有行政官员的身份，官员往往需要接受来自行政系统的任务，企业的经营决策往往被地方政府所左右，丧失了自身的独立法人意志。融资平台公司既是政府的职能部门，又是市场中的法人主体，这种双重角色显得不伦不类。

（三）企业过度负债，偿还存在较大不确定性

融资平台债务是地方政府的或有债务，其债务的监管是一本糊涂账。各地举债融资方式不一，且多头举债、举债程序不透明。不仅商业银行难以全面掌握，地方政府自己对不同层次融资平台公司的负债和担保状况也未必完全清楚。由于很难及时掌握各级政府总体负债规模，银行无法准确评估地方政府偿债能力。由于地方政府没有把政府债务，特别是平台债务的偿还纳入年度预算，及早安排偿债资金，一旦进入偿债高峰期，并且偿债额巨大，就可能出现债务危机。地方政府借款很少顾及债务结构和实际偿债能力，盲目对融资平台公司提供担保，导致债务规模超过地方财力的承受能力。

（四）融资行为不规范，运营缺乏监管

为实现地方政府的增长目标，近年来，融资平台采取了许多违规的做法。例如，监管部门明确规定不得以 BT 方式举借政府性债务。然而，在融资额满足不了投资需求时，融资平台仍普遍采用 BT 模式弥补不足。一些地方政府继续违规向融资平台公司注资或提供担保。在融资平台公司从信托、基金公司等影子银行融资时，地方政府提供担保函现象也大量存在。监管部门明确要求地方各级政府不得授权融资平台公司承担土地储备职能和进行土地储备融资。但不少地方仍将土地储备中心挂在城投公司名下，有的还是两块牌子一套班子运作。

（五）对土地的依赖性较强，债务风险加大

根据审计署的统计，2012 年底，4 个省本级、17 个省会城市本级承诺以土地出让收入为偿债来源的债务余额 7746.9 亿元，占这些地区政府负有偿还责任债务余额的 54.6%。这些地区 2012 年以土地出让收入为偿债来源的债务需偿还本息 2315.7 亿元；而扣除成本性支出和按国家规定提取的各项收入后的可支配土地出让收入减少 179.5 亿元，降低 8.8%。债务本息为当年可支配土地出让收入的 1.25 倍。由于经济下行风险加大，以及国家严厉调控房价措施，房地产市场低迷，土地出让规模和价格都有所

下降，在很大程度上影响到地方政府土地收益的稳定性，由此造成地方政府土地融资风险增加。

四、融资平台的政策调整

（一）早期的政策调整

从 2010 年开始，伴随着地方政府融资平台债务管理和不规范运作问题的凸显，有关管理部门陆续出台了一系列的清理规范政策措施。

针对地方融资平台带来的债务问题，国务院于 2010 年 6 月出台了《国务院关于加强地方政府融资平台公司管理有关问题的通知》。通知要求将“地方融资平台公司直接借入、拖欠或因提供担保、回购等信用支持形成的债务纳入债务的清理范围，对其进行一次全面清理，并按照分类管理、区别对待的原则，妥善处理债务偿还和在建项目后续融资问题”。同时，通知明令禁止只承担公益性项目融资任务并且主要依靠财政资金偿还债务的平台公司今后再承担融资任务，这类公司在履行完偿债责任之后不能再保留融资平台的职能。此外，通知还严格禁止政府部门以财政收入为信用担保进行融资的行为。

为进一步规范投融资平台公司的债券融资行为，有效防范投融资平台公司和地方政府债务风险，更好地发挥债券融资对地方基础设施建设的积极作用，促进企业债券市场健康发展，2010 年 11 月，国家发展和改革委员会出台了《国家发展改革委办公厅关于进一步规范地方政府投融资平台公司发行债券行为有关问题的通知》，提出继续支持符合企业债券发行条件的地方融资平台公司发行债券融资，提高直接融资的比例，规范地方投资平台的融资担保行为，确保资产的真实有效，同时要强化对债券募集资金在使用过程中的监管。

2011 年，为进一步做好地方政府融资平台贷款风险监管工作，中国银行业监督管理委员会（以下简称银监会）发出《中国银监会关于切实做好 2011 年地方政府融资平台贷款风险监管工作的通知》，提出继续按照“逐包打开、逐笔核对、重新评估、整改保全”十六字方针，明确以“降旧控新”为目标，严格加强新增平台贷款管理，严格信贷准入条件。该通知还提出，要全面推进存量平台贷款整改，对于到期的融资平台贷款本息，一律不得展期和以各种方式借新还旧。该通知要求，对融资平台贷款的抵押担保进行整改，各银行应严格执行相关规定，对于地方政府及其部门、机构以直接或间接形式提供的原有担保，应重新落实合法的抵押担保。

2012 年初，银监会发布《中国银监会关于加强 2012 年地方政府融资平台贷款风险监管的指导意见》，要求 2012 年各银行业金融机构按照“政策不变、深化整改、审慎退出、重在增信”的总体思路，以降旧控新为重点，继续推进地方政府融资平台贷款风险化解工作。该指导意见提出，对仍按平台管理类的新增贷款进行重点监管，对退出类贷款的变动情况进行跟踪监测，以实现全年融资平台贷款“降旧控新”的总体目标；通知还要求，各银行要将从“压缩类”平台中减少的贷款额度用于投向“支持类”平台，以在融资平台贷款总量不增的情况下实现贷款结构调整。除“控新”外，为缓释融资平台的存量贷款风险，该指导意见还对“降旧”提出了五项具体措施，包括及时收贷、收回再贷、据实定贷、引资还贷和只收不贷等。

2013 年 4 月银监会又发布了《中国银监会关于加强 2013 年地方政府融资平台贷款风险监管的指导意见》，主要内容包括四个方面：一是严格控制平台信贷融资增长。规定融资平台新发放贷款必须满足一系列条件，并规定当年平台贷款余额不增长。二是缓释存量风险。通过“及时收贷、收回再贷、据实定贷、引资还贷、只收不贷”等方式，逐步缓释存量平台贷款风险。三是隔离风险。针对非信贷融资明显发展的情况，要求各银行和各级监管机构建立包括银行贷款、企业债券、中期票据、短期融资券、信托计划、理财产品等在内的全口径融资平台负债统计制度，各银行审慎持有融资平台债券。四是严格退出条件。融资平台退出需满足一定条件，即属于按照商业化原则运作的企业法人；资产负债率在 70%以下；各债权银行对融资平台的风险定性均为全覆盖；存量贷款中需要财政偿还的部分已纳入地方财政预算管理并已落实预算资金来源等。

（二）43 号文以来的政策调整

2014 年 9 月，国务院发布了《国务院关于加强地方政府性债务管理的意见》（国发 43 号文），提出赋予地方政府依法适度举债权限，明确划清政府与企业界限，政府债务只能通过政府及部门举借，不得通过企事业单位等举借。地方政府举债采取政府债券方式。没有收益的公益性事业发展确需政府举借一般债务的，由地方政府发行一般债券融资，主要以一般公共预算收入偿还。有一定收益的公益性事业发展确需政府举借专项债务的，由地方政府通过发行专项债券融资，以对应的政府性基金或专项收入偿还。鼓励社会资本通过特许经营等方式，参与城市基础设施等有一定收益的公益性事业投资和运营。投资者按照市场化原则出资，按约定规则独自或与政府共同成立特别目的公司建设和运营合作项目，如图 9-3 所示。

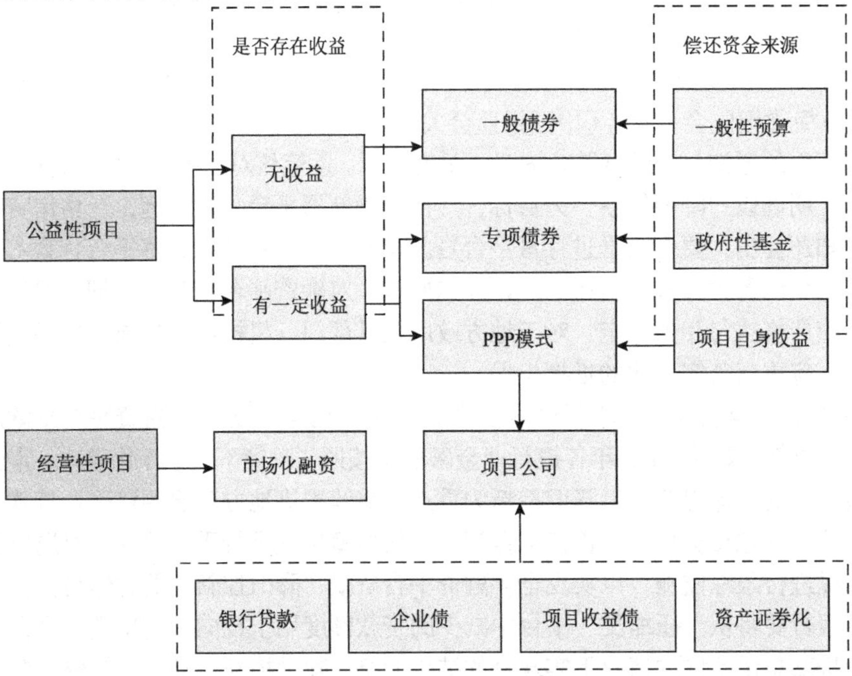

图 9-3 43 号文之后的地方政府融资机制

2017 年 5 月，财政部等六部委发布《关于进一步规范地方政府举债融资行为的通知》

（50 号文），重申要加强融资平台公司融资管理，推动平台公司尽快转型为市场化运营的国有企业，依法合规开展市场化融资。地方政府及其所属部门不得干预平台公司日常运营和市场化融资。该通知提出，地方政府不得将公益性资产、储备土地注入平台公司，不得承诺将储备土地预期出让收入作为平台公司偿债资金来源。金融机构为融资平台公司等企业提供融资时，不得要求或接受地方政府及其所属部门以担保函、承诺函、安慰函等任何形式提供担保。按照上述文件严格执行，融资平台原有的债务融资途径基本被废掉了。

同月，财政部发布了《关于坚决制止地方以政府购买服务名义违法违规融资的通知》（87 号文），提出严格按照规定范围实施政府购买服务，严格规范政府购买服务预算管理，严禁利用或虚构政府购买服务合同违法违规融资。该通知通过“负面清单”的方式，限定了政府购买服务的范围，重点将“工程设施建设”类排除在外，严禁将铁路、公路、机场等基础设施建设，土地前期开发，农田水利等建设工程作为政府购买服务项目。按照“87 号文”负面清单严格执行，也在很大程度上堵死了地方政府通过政府购买服务举债融资的渠道，这对融资平台参与政府公益性项目建设的影响很大。

（三）融资平台转型发展趋势

从国外经验看，承载政府投融资功能的融资平台从未离开过人们的视线。未来地方政府仍可以发挥融资平台在投资、融资、运营方面的作用。

1. 作为社会投资者参与 PPP

根据财政部 113 号文，政府可指定相关机构依法参股项目公司，作为政府出资主体参股 PPP 项目公司，发挥市场化的股东监管职能；根据国发 42 号文，融资平台公司与政府脱钩和市场化改制后，可作为社会资本参与到本地或附属地区的 PPP 项目。因此，融资平台完全可以参与 PPP 的全过程。

未来融资平台可以通过以下方式介入 PPP：第一，根据政府投资要求，被动式发起 PPP 项目，全面负责或协助推进 PPP 项目的前期立项、识别、准备和采购工作，配合完成政府出资责任。第二，以追求财务投资回报和发展主动投资业务为导向，以政府投资主体或非牵头社会资本联合体成员身份介入，与其他社会资本共同推进项目运作。第三，独立或牵头作为合格社会资本，主动发起 PPP 项目，公开、公平参与本地或外地的 PPP 项目竞标，全面介入 PPP 市场竞争，实现真正的市场化主体身份的确立。[①]

2. 作为社会投资者参与政府购买服务

财政部 87 号文禁止将“工程设施建设”纳入政府购买服务范围，但是，也为棚户区改造、易地扶贫搬迁等极少数政府项目纳入政府购买服务留下口子。除此之外，其他在政策层面明确可以纳入政府购买服务范围的项目还包括地下综合管廊建设、海绵城市、小城镇建设等，而地方基础设施大多包含上述工程建设内容。这意味着平台公司仍可以参与到与国家战略密切相关的工程设施建设的政府购买服务中，由政府根据服务数量和质量向其支付费用。

---

① 丁伯康、陈超群：《50 号文后政府融资平台介入 PPP 的路径分析》，http://www.sohu.com/a/141033355_480400，2017 年 5 月 17 日

根据财政部、民政部、国家工商总局联合印发的《政府购买服务管理办法（暂行）》（财政部96号文），纳入政府购买服务指导性目录的服务内容包括：基本公共服务、社会管理服务、行业管理与协调性服务、技术性服务、政府履职所需辅助性事项、其他适宜由社会力量承担的服务事项等。因此，平台公司可以利用自身项目运营方面的经验，以市场化方式参与政府购买公共服务的业务。

3. 作为政府引导基金的发起人或管理人

政府引导基金的设立主要以下几种方式：一是地方政府通过财政出资独立完成；二是政府与商业银行联合出资设立；三是政府与其他外部机构、商业银行联合出资设立。在这里，融资平台可以代表政府行使出资人的职能。另外，政府也可以委托平台公司负责引导基金的管理运作。例如，石家庄市创业投资引导基金委托石家庄发展投资有限公司负责具体投资运作。

政府引导基金可以采用平行投资结构化设计，融资平台和商业银行平行出资，同等享受产品到期后的投资收益。也可以采用优先/劣后分层结构化设计，商业银行以理财等资金出资作为优先级，融资平台及其他外部机构（或有）出资劣后（图9-4）。其中，优先级投资者享受产品到期后的预期固定收益，由一般投资者的资金来保证优先投资者的本金和预期固定收益；劣后级投资者在承担风险的同时，享受预期固定收益之上的投资收益。

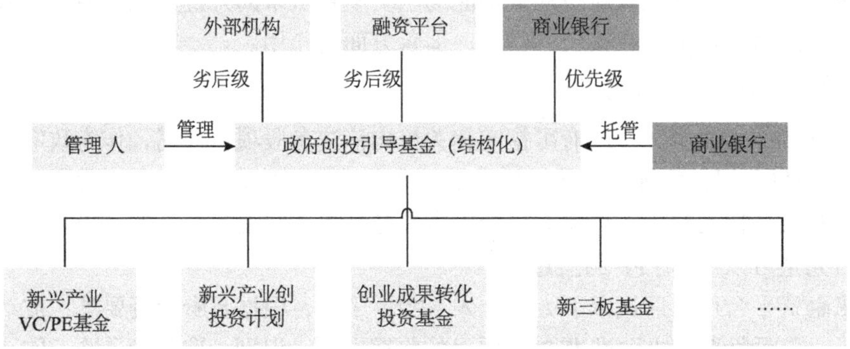

图9-4 融资平台参与引导基金结构化投资模式

VC：创业投资。PE：私募股权

4. 作为社会投资者参与政府工程项目建设

平台公司先与地方政府签订及时足额履行付款义务的合同，一种形式是平台公司通过政府采购招标获得基建工程项目，另一种形式是平台公司按照正规招标形式拿到PPP项目。

第四节 土地财政融资模式

一、土地财政的内涵

土地财政作为现阶段中国经济社会的一种特殊现象，学术界对它尚无严格的定义，专家、学者普遍从土地财政收入的来源对它进行定性描述。

邵绘春[1]认为，土地财政通常是指地方政府的财政收入主要依靠土地的运作来增加收益，或者表述为把土地作为增加财政收入的重要来源。土地财政包括政府通过土地税收、土地使用权出让、土地融资、土地金融等方式获得收益来直接或间接增加财政支出能力的行为。

董再平[2]指出，土地财政是学术界对以地生财的地方政府财政收入结构的称呼，通常指地方政府的财政收入主要依靠土地运作来增加。一般来说，地方政府以地生财的基本途径有三：一是通过出让土地获取土地出让金；二是通过发展建筑业和房地产业带来相关税费收入的增加；三是以土地为抵押获取债务收入。

陈志勇和陈莉莉[3]给出了土地财政的定义，认为土地财政是指地方政府的可支配财力高度倚重土地及其相关产业税费收入的一种财政模式。

刘尚希和马静[4]则提出，土地财政是指地方政府从土地开发及其相关领域所获得的税收收入和公共产权收入，并且在近几年房价高涨的情况下，这两块收入占地方财政收入的比例不断提高的一种现实情况。

我们认为，土地财政不止涉及土地财政问题，还有土地金融问题，不只是财政收入渠道，更是投资建设模式。我国的土地财政是指地方政府的可支配财力及其融资活动高度依赖土地的运作的一种财政发展模式，是以政府为主体、围绕土地所进行的财政收支和政府投融资活动，是土地制度、财政制度、金融制度有机结合和共同作用结果。可以说，中国土地财政的真正目的并不是简单的收支，而是旨在融资和投资，实现地方经济和城镇建设的滚动发展。

二、土地租金和税收理论

（一）土地租金理论

地租是指土地所有者向土地使用者让渡土地使用权所获得的收入，是土地所有者凭借土地所有权获得的收入，是土地所有权借以实现的经济形式。

早在17世纪后期，威廉·配第在《赋税论》中首次提出，地租是劳动产品扣除生产投入维持劳动者生活必需后的余额，其实质是剩余劳动的产物和剩余价值的真正形态[5]。亚当·斯密在《国富论》中明确指出“一国土地，一旦完全成为私有财产，有土地的地主，像一切其他人一样，都想不劳而获，甚至对土地的自然生产物，也要求地租”。大卫·李嘉图比他的前人更加细致而系统地考察了资本主义级差地租两种形态。他认为“使用土地支付地租，只是因为土地的数量并非无限，质量也不是相同的，并且因为在人口的增长过程中，质量和位置较差的土地也投入耕种了。在社会发展过程中，当次等肥力的土地投入耕种时，头等土地马上就开始有了地租，而地租额取决于这两份土地在质量的差别”。

---

① 邵绘春：《“土地财政”的风险与对策研究》，《安徽农业科学》，2007年第5期，第4006-4008页

② 董再平：《地方政府土地财政的现状、成因和治理》，《理论导刊》，2008年第12期，第13-15页

③ 陈志勇、陈莉莉：《土地财政：缘由与出路》，《财政研究》，2010年第1期，第29-34页

④ 刘尚希、马静：《土地财政是高房价的罪魁祸首吗？》，《人民论坛》，2010年第9期，第40-41页

⑤ 威廉·配第：《赋税论》，陈东野译，商务印书馆，1963年，第49页、第50页、第95页

这就是说，地租的“差额等于这两份土地用一定量资本和劳动所生产的产品的差额”[①]。

马克思按照地租产生的原因和条件的不同，明确将地租分为级差地租和绝对地租。绝对地租是指由于土地私有权的存在，租种任何土地都必须缴纳的地租，绝对地租产生的原因在于土地所有权垄断本身。马克思对绝对地租的研究，是以劣等地为出发点的。在资本主义社会，由于存在土地所有权垄断，包括劣等地在内的全部土地都必须向土地所有者交纳地租。既然劣等地也要交纳地租，那么，农产品的市场价格就不能由它的生产价格来调节，而应该在生产价格以上再加上一个可以用来交纳地租的余额。也就是说，经营劣等地不仅要提供平均利润，而且要在平均利润以上提供一个超额利润，以便转化为地租。所以，马克思说：“土地所有权本身已经产生地租。”[②]马克思把这种包括劣等地在内的全部土地都绝对地要交纳的地租叫作绝对地租。

级差地租是指租佃较好土地的农业资本家向该土地所有者缴纳的超额利润。由于形成的条件不同又分为级差地租Ⅰ和级差地租Ⅱ。级差地租Ⅰ的形成条件：一是不同地块的土地肥力程度的差别。具有不同肥力的土地，在同等投资的情况下，其产量和收益也会出现差异，肥力较高的土地因其具有较高的劳动生产率而获得超额利润。二是不同地块的地理位置的差别，即使土地肥力相同、产量相同的地块，由于距市场远近不同，其运费和收益也会出现差异。级差地租Ⅱ的形成条件是：在同一块土地上连续追加投资，每次投资的劳动生产率必然会有差异，只要高于劣等地的生产率水平，就会产生超额利润。这种由于在同一块土地上，各个连续投资劳动生产率的差异而产生的超额利润化为地租，即为级差地租Ⅱ。

城市地租是城市土地经济的基本范畴，是土地所有权的重要体现，是城市土地价格形成的基本依据，其来源于土地使用者的超额利润。在城乡范围内，同样存在绝对地租和级差地租。由于城市土地的稀缺性，形成土地所有权的垄断，排斥资本自由流入，使相关部门的利润不参加社会上利润率的平均化，并使有可能产生的超额利润长期稳定地保留，并转化为绝对地租。即使城市土地国家所有，仍然存在土地所有权及其垄断，因此，必定还存在城市绝对地租。城市级差地租是土地市场化的结果，是土地所有者和土地使用者之间竞争与博弈的结果。土地区位是级差地租Ⅰ产生的主要原因，地铁改变交通条件，从而使附近建筑地块升值，带来级差地租。土地使用者追加开发投资改善环境和基础设施的结果，客观上不仅使被开发的土地增值，引起级差地租Ⅱ的增加，而且对周边地块产生“辐射”效应，引起级差地租Ⅱ的增加。

那么，谁更应该从土地获得收入，这涉及土地公有制还是私有制的问题。1990 年 11 月，包括诺贝尔经济学奖得主布坎南、莫迪利亚尼和索洛在内的 30 名美国经济学家批评了苏联的土地私有化现象，提出在向市场经济转轨时，苏联应从土地获得收入。[③]这些经济学家写道：“重要的是，地租应作为政府收入的一个来源应由政府保留。实行市场经济的一些发达国家政府虽然以税收的形式收取了一些地租，但他们实际征收的要比能够征收的地租少得多，因此，他们大量收取本可不必收取的、阻碍经济发展的税——对收入、销售和资本价值征税。……土地价值的一部分来自于社会增长和公共服务供应

① 李嘉图：《政治经济学及赋税原理》，郭大力、王亚南译，商务印书馆，1962 年，第 51 页、第 58 页、第 61 页

② 马克思：《资本论（第 3 卷）》，中共中央马恩列斯著作编译局译，人民出版社，1975 年，第 851 页

③ Terry Dwyer、Dirk Lochr、彭哲：《土地租税理论述评》，《经济资料译丛》，2014 年第 1 期，第 1-23 页

的增加，这部分价值是最为合理的、可为公共服务融资的收入来源；而公共服务又会增加周边土地的租赁价值。”

Terry Dwyer 等也认为，就公共物品融资而言，西方国家并不是值得中国仿效的好蓝本。在历史上，中国曾有独特的机遇建立一个截然不同的财政体系。中国可以回顾本国历史，走自己的路。而西方国家可能会重新向中国学习，而不是相反。[①]俄罗斯私有化公有资产的经验说明，若一国不能保证自然资源（如土地和地租）被国家占有，从社会主义转向资本主义就会造成不良的社会和经济后果。如果按市场价格将公共资产租给企业家，而不是卖掉或直接送掉，社会主义市场经济——具有税收竞争力的社会主义市场经济——就能良好地运行，并且会比完全私有化的资本主义经济运行得更有效率。

张薰华教授为我国土地批租提供了理论依据。1984 年，他的论文《论社会主义经济中地租的必然性》，阐释了地租在改革开放中城市建设领域的理论基础和现实可行性。《再论社会主义商品经济中地租的必然性》一文指出，“土地的有偿使用关系到土地的合理使用和土地的公有权问题。级差地租应该为国家的财源之一，港澳的租地办法可以采用”。张薰华是国内较早提出“土地批租”问题的学者。[②]他提出，土地是自然环境的要素，也是重要资源。土地国有化不仅排除了土地私有制，而且排除了土地集体所有制。因为集体单位使用土地带来级差超额利润，也是社会转移来的价值，不是他们劳动创造的价值。

（二）土地税收理论

就土地税收而论，其发展历史也可以溯源到威廉·配第，在《赋税论》中，他提出了土地税收的基本思想。配第对土地税收理论的贡献主要有四个方面：第一，他指出当时政府课征土地税的主要理论依据是为政府筹措财政收入。土地是财富之母，劳动是财富之父，人民应当从其劳动收入和土地收入中缴纳一部分充作公用，其中出自土地的部分即土地税收。第二，他正确地指出了土地税收的最终来源是人类剩余劳动。第三，关于土地税的计税依据，配第最早提出地价的实质是地租的资本化，并建议以地价取代地租作为土地税的计税依据。第四，配第指出了房屋具有二重性，即房屋既是支出的媒介又是一种收益的手段，这等于说房屋既是一种消费品又是一种资本品。这就为正确理解房屋税的二重性提供了理论基础。

在新古典经济学家当中，马歇尔对土地税收研究的贡献最为突出。马歇尔在《经济学原理》中指出地产价值等于建筑物价值与地基价值之和，即现代意义上的建筑物资本价值与地价之和。这就为确定土地税计税依据并正确地分析土地税收效应和土地税负归宿奠定了基础。马歇尔认为，若土地交易双方均已知土地课税制度，地基价值税由土地所有者负担；若事先不知课税，则由地基承租者负担。这里有一个隐含的假定，即纳税义务人设计为地基当前的占有者。因城市土地改良而向住户课税，对于住户而言是无偿税，应当在房租中扣除才公平，因为城市土地改良的最终受益者是地主。此处，马歇尔假设房租中包含了地租和建筑物租金。马歇尔在这个问题上的贡献是，他考虑了政府公

---

① Terry Dwyer、Dirk Lochr、彭哲：《土地租税理论述评》，《经济资料译丛》，2014 年第 1 期，第 1-23 页

② 汪仲启：《张薰华：中国土地批租制度的理论奠基人》，《社会科学报》，2013 年 8 月 8 日第 1373 期，第 5 版

共投资导致地价升值，因而受益者即地主应当为此付税。

很难想象会有不增加土地价值的公共物品供给，建设基础设施，在附近建立学校、大学或医院都会使土地的生产力提高或价值增加。强大的私营部门获得了大部分利益，而缺乏组织的群体却承担了大部分成本。因此，与地租私有化相伴而生的是土地投资者的损失——拥有土地的人获得了投资土地的人的成果，即土地所有者享受到了公共投资的好处，但为此买单的却是使用者和纳税人。大城市的中心区域永远是租金最高的地区，但是，这是由土地所有者创造的吗？显然，这并非源自某个土地所有者的个人努力，而是源自公众整体共同的努力。因为这些公共的、共同的努力，消费者必须支付高地租——但他只向私人房东支付地租，而不是向公众支付地租。这显然是不公平的，需要土地税收的调节。

美国的亨利·乔治是倡导土地税的人中观点最明确和行动最积极的一个[①]。1879年，亨利·乔治出版了《进步与贫困》一书，提出基于全部土地价值的单一税收不仅可以改善社会状况，而且可以支付所有公共开支。他建议采取收税的方法，把不是私人劳动创造的土地价值以税收的形式收回。这种土地价值税可以避免私人土地所有者不公平地受益于由自然资源、城市位置和公共服务设施等原因而产生的土地价值（及其增值），避免让他们不劳而获，解决社会收入不公平问题。乔治还认为，土地税可以迫使土地所有者以更理性的方式利用土地，即遵循土地利用的最高和最好原则，或是将土地出卖或出租给愿意以理性方式利用和开发土地的人。他认为，虽然土地税收入无法支付复杂经济中的所有公共支出，但这笔收入仍能够负担公共基础设施投资所需的主要资金。在这点上，征收土地税将减轻地方政府（特别是财政紧张的地方政府）的财政压力。

三、土地财政的规模与结构

土地财政包含财政与金融的双重内涵，其涉及范围较广，表现形式多样，可以大致归为以下三个方面的内容：土地税收收入、土地出让金收入及土地贷款收入。

（一）土地税收收入

土地税收是地方政府的公共投资及其他行为带来了土地价值及其增值，而以“土地价值溢价回收”为目的的土地征税。目前的财税体制涉及土地课税的税种有十几种，最主要的有耕地占用税、城镇土地使用税、土地增值税、契税和房产税。

《中华人民共和国城镇土地使用税暂行条例》（国务院令〔1988〕第17号）规定，在城市、县城、建制镇、工矿区范围内使用土地的单位和个人，为城镇土地使用税的纳税义务人，土地使用税以纳税人实际占用的土地面积为计税依据，依照规定税额计算征收。

《中华人民共和国土地增值税暂行条例》（国务院令〔1993〕第138号）规定，转让国有土地使用权、地上的建筑物及其附着物并取得收入的单位和个人，为土地增值税

① 美国林肯土地政策研究院：《土地利用与税收——实践亨利·乔治的理论》，丁晓红译，中国大地出版社，2004年，第77页

的纳税义务人，按照纳税人转让房地产所取得的增值额和规定的税率计算征收。

《中华人民共和国耕地占用税暂行条例》（国务院令〔2007〕第 511 号）规定，耕地占用税的纳税人是占用耕地建房或者从事非农业建设的单位或者个人，以纳税人实际占用的耕地面积为计税依据，按照规定的适用税额一次性征收。

《中华人民共和国契税暂行条例》（国务院令〔1997〕第 224 号）规定，契税的纳税义务人是在我国境内转移土地、房屋权属，承受的单位和个人。征税范围包括：国有土地使用权出让、转让，房屋买卖、赠与、交换。

《中华人民共和国房产税暂行条例》（国发〔1986〕90 号）规定，房产税是按照房产的计税价值或房产租金收入向房产所有人或经营管理人征收的一种税，目的是运用税收杠杆加强对房产管理，控制固定资产投资规模，合理调节房产所有人和经营管理人的收入，其税源稳定，易于控制管理，是地方财政收入重要的税源之一。

2001～2015 年，我国城镇土地使用税由 66 亿元提高到 2142 亿元，年均增长 28.2%；土地增值税由 10.3 亿元提高到 3832 亿元，年均增长 52.6%；耕地占用税由 38 亿元提高到 2097 亿元，年均增长 33.2%；契税由 157 亿元提高到 3898 亿元，年均增长 25.8%；房产税由 228.6 亿元提高到 2051 亿元，年均增长 17.0%（图 9-5）。

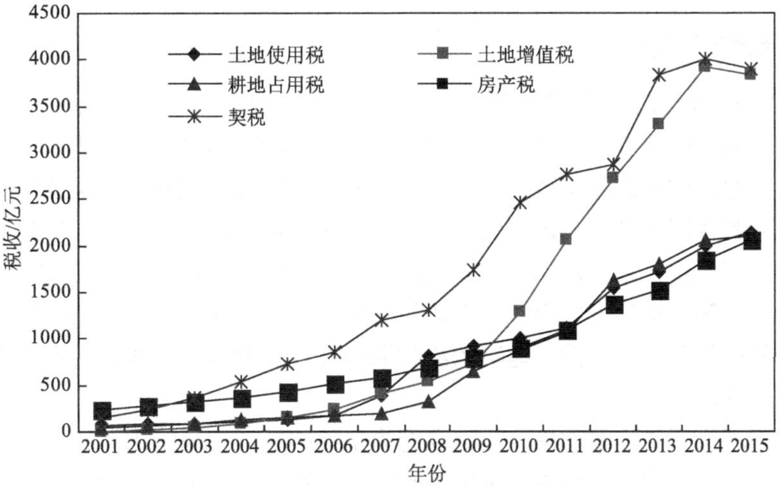

图 9-5　我国各类土地税收

资料来源：财政部网站，各年中国统计年鉴

土地税收总额由 2001 年的 500 亿元提高到 2015 年的 14 020 亿元，年均增长 26.9%。土地税收占地方税收的比例由 2001 年的 7.2%提高到 2015 年的 22.4%；土地税收占地方财政收入的比例由 6.4%提高到 16.9%（图 9-6）。可见，随着我国城市建设和房地产市场的发展，土地税收的增长明显超前于全部地方税收和财政收入的增长。

改革开放以来，在全国财政一般预算支出中，经济建设支出的比例趋于下降，而在全社会固定资产投资中，预算内资金所占比例也呈现明显下降。这说明在一般预算盘子中，建设性支出的相对规模缩小。地方的情况也是如此，地方政府投资更加依赖基金预算收入和未纳入预算管理的收入。上述土地税收均属于一般预算收入，在地方预算盘子中被混合使用，也主要用于地方的经常性财政支出。

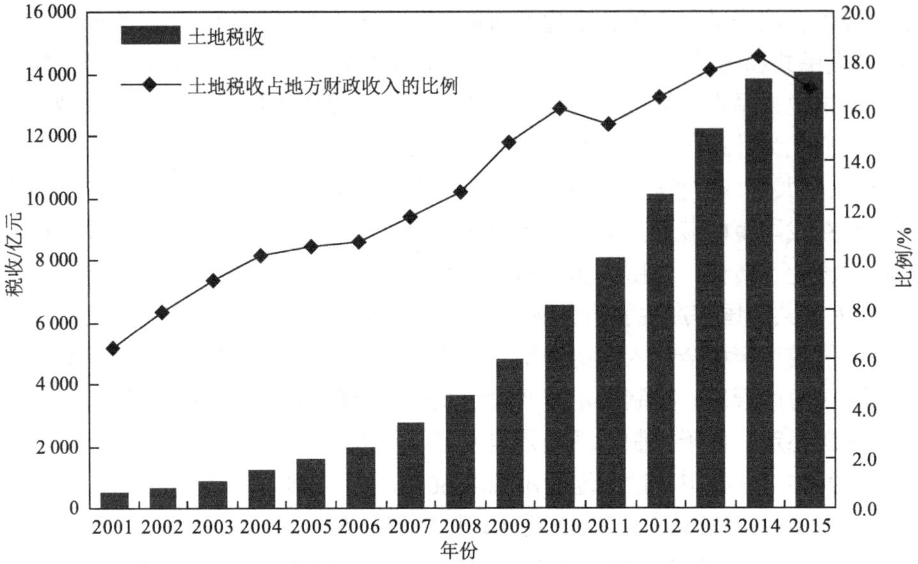

图 9-6　土地税收及其占地方财政收入的比例

资料来源：财政部网站，各年中国统计年鉴

（二）土地出让金收入

《中华人民共和国土地管理法》规定：我国实行土地的社会主义公有制，即全民所有制和劳动群众集体所有制。全民所有即国家所有土地的所有权由国务院代表国家行使。土地出让收入存在的基础是土地所有权与使用权相分离，是土地所有权在经济上的体现。土地出让收入是我国市县人民政府依据土地管理法、城市房地产管理法等有关法律法规和国家有关政策规定，以土地所有者身份出让国有土地使用权所取得的收入，主要是以招标、拍卖、挂牌和协议方式出让土地取得的收入，也包括向改变土地使用条件的土地使用者依法收取的收入、划拨土地时依法收取的拆迁安置等成本性的收入、依法出租土地的租金收入等。

随着我国城市化进程的加快，在以政府为主导的经济发展模式下，土地出让收入成为地方政府财政收入的主要来源，对城市的发展起到了重要作用。2001～2015 年，全国地方财政基金收入中的土地出让收入由 1296 亿元上升到 33 657 亿元，年均增长 26.2%。

从土地出让环节看，在扣除须依法支付的征地拆迁等成本补偿性费用后的土地净收益才是地方政府的可支配财力。2007 年以前，统计中没有土地成本的数据。根据全国财政预算执行情况报告，2008 年，土地出让收入 10 772 亿元，扣除土地成本 3778 亿元，土地净收益为 6994 亿元；到 2015 年，土地出让收入上升到 33 657 亿元，土地成本也提高到 26 844 亿元，土地净收益只有 6813 亿元。在土地出让总收入中，土地成本增长较快，导致净收益增长远远滞后于总收入的增长。

2008 年和 2009 年的土地净收益占土地出让收入的比例维持在 63%，而 2010～2015 年则分别下降到 54%、28.1%、20.4%、20.4、20%和 20.2%。由此可见，征地拆迁等成本迅速增加，地方政府从土地出让环节得到的收益明显缩减。我们对 2001～2007 年土地成本占土地出让收入的比例进行估算，即由 70%下降到 64%，并依此推算出相关年份的土地净收益。结果表明，土地净收益占地方财政收入的比例波动较大，由 2001 年的 5%

提高到2003年的17.7%，又下降到2005年的12.4%，之后逐步提高到2010年的38.7%，2015年迅速下降到8.2%（图9-7）。

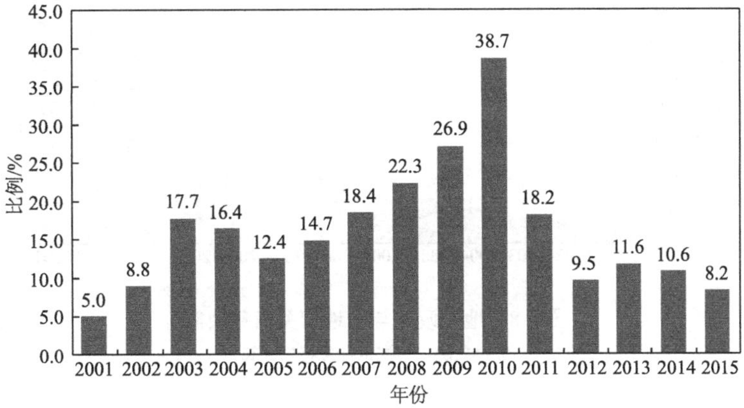

图9-7　土地净收益占地方财政收入的比例

资料来源：财政部网站，各年中国统计年鉴

（三）土地贷款收入

政府的土地收入还包括通过土地资产抵押获得的贷款收入。土地抵押贷款收入是将政府未来的土地出让收入“贴现”，政府提前支配这部分收入。根据国土资源部发布的《中国国土资源公报》，截至2012年底，全国84个重点城市处于抵押状态的土地面积为34.8万公顷，抵押贷款总额5.9万亿元。在土地抵押贷款中，住宅用地、商服用地、储备用地和工矿仓储用地分别占40%、28%、17%和12%。依上述比例计算，政府土地储备贷款总余额只有10 115亿元，这显然与事实不符。在商业银行的统计中，一些地方土地储备贷款被归入融资平台的项目贷款，而另一些地方政府贷款又被划入公司信贷。由此看来，政府土地抵押贷款占全部抵押贷款的实际比例要高得多。

根据审计署的报告，截至2010年底，全国地方政府性债务余额10.7万亿元。2010年底，地方政府负有偿还责任的债务余额中，承诺用土地出让收入作为偿债来源的债务余额为25 473.5亿元，占当年全部地方政府债务的24%。1997年以来，我国地方政府性债务规模随着经济社会发展逐年增长。根据报告中提供的分阶段债务平均增长率，可以计算2001～2010年地方政府债务规模，并根据2010年与土地相关债务占全部债务的比例计算出各年与土地相关债务量，到2010年，与土地相关政府债务达到2.5万亿元；再根据审计署2013年底的审计结果，2011～2013年地方政府债务分别约为13万亿元、15.9万亿元和17.9万亿元，则与土地相关的政府债务分别达到3.1万亿元、3.8万亿元和4.3万亿元（图9-8）。

四、土地财政的作用及问题

（一）土地财政的作用及其效应

土地财政是我国经济快速增长的主要动因。人口红利、改革红利、开放红利是推动中国经济长期快速增长的主要因素。不过，不容忽略的是，土地红利也是助推中国经济增长的动因之一，其效果甚至不亚于其他因素。我们也可以把土地红利算作一种制度红

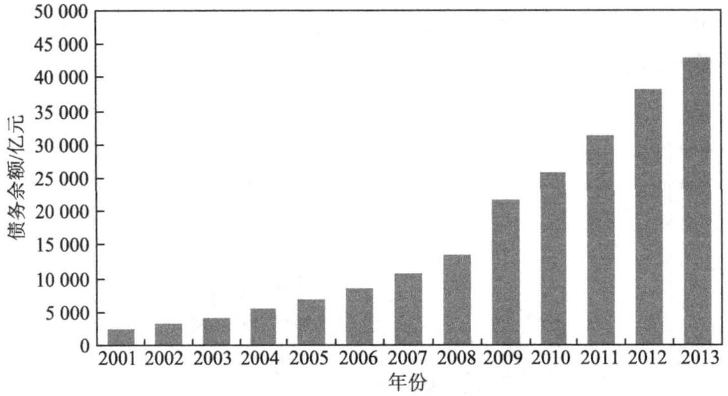

图 9-8 地方政府与土地相关债务余额

资料来源：根据审计署报告计算

利，如果没有我国特有的土地制度的支撑，土地财政就不会有这样大的能量，成为推动中国城镇化跨越发展的主要力量。原因在于：第一，在征地和出让环节上的独家垄断，使地方政府能够以相对廉价的方式征收大量的建设用地，并通过出让积累起大量的建设资金。第二，地方政府以先征地、后整理、再出让的方式运作土地，使级差地租的主要部分留在了政府手中，可以用于满足道路、学校、图书馆等公共投资的需要。第三，普遍通过城镇化和工业化用地价格的双轨制，即用房地产用地高价出让补贴工业用地低价出让，促进了各类产业园区的发展，使中国产品在国际上保持了竞争力。

从重庆土地生财的过程中可以清楚看到我国土地财政的发展成效[①]。2002 年以前，重庆市政府手中的储备土地几乎为零，政府要用地，要向开发商买地。2002 年，重庆市建立了土地整治储备中心，对全市土地市场进行宏观调控。2003 年 2 月，重庆市政府又在土地储备中心的基础上成立重庆市地产集团，该集团是重庆市政府注资的专事土地储备和开发整理的运作载体。

随后几年，重庆市城市建设投资公司、重庆市水利投资（集团）有限公司、重庆渝富资产经营管理公司、重庆市开发投资有限公司、重庆高速公路发展有限公司等重庆市政府旗下的八大投融资平台，亦被授予土地储备职能，介入了土地一级市场。

重庆市通过推行土地储备体系，将土地一级市场的经营权上收，并通过政府特许经营的方式，由重庆地产集团等经营，在征收土地后，投入资金进行拆迁安置或置换搬迁，并投入资金搞土地整治，完成“七通一平”后，将可以直接使用的“熟地”移交给当地土地出让中心挂牌。

重庆在土地一级市场中获利颇丰。2001 年，重庆市全年的卖地收入仅约 2 亿元，2002 年推出土地储备政策后，当年土地出让金就增加到 11 亿元，2012 年，这个数字更是飙升至 897.5 亿元，在全国 300 个城市中位居第三。

土地储备制度运行后，以土地为核心，滚动开发筹集建设资金的操作，为重庆城市建设带来巨额资金。重庆市市长认为，土地储备功能已在重庆国有投资集团内部形成两个循环，第一个循环：从储备到融资到搞项目的循环，比如，重庆市城市建设投

① 邓全伦：《重庆土地生意》，《时代周报》，2013 年 3 月 22 日

资公司有 1 万亩地，在规划上让重庆市城市建设投资公司储备了，它拿出部分资金，完成规划红线内的土地征地动迁、产权过户，从而使其成为信用资产，可以在银行抵押贷款用于基础设施建设。第二个循环：土地储备后，要投入、开发，然后通过市场转让给房地产商。这是一个土地升值的过程，也许 50 万元一亩的地，转让时 200 万元一亩，一部分出让金要转交区县政府和市政府，另一部分则用来抵扣基础设施中的各种投资——很多基础设施是政府的公共支出，它已由投资集团在银行融资前先期投入了，最终要还银行。第一个循环是跟银行借钱，第二个循环是把银行的钱还了，从而形成良性循环（图 9-9）。

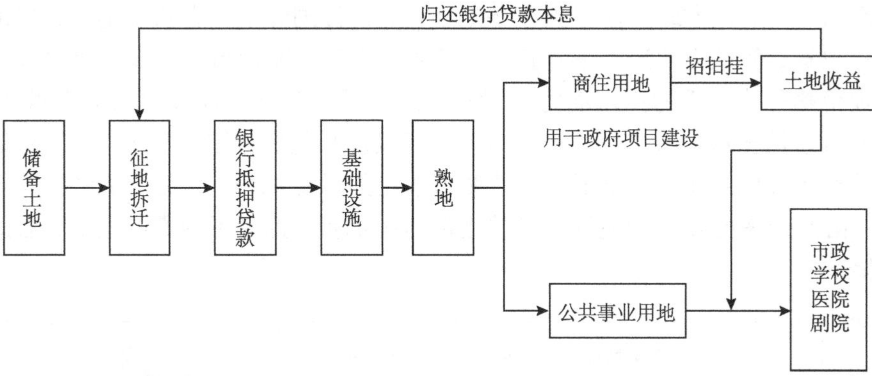

图 9-9　土地财政的流程

重庆近年来在轻轨、铁路、高速公路等基础设施上实现了巨额投入，十年支出了 6000 亿元。怎么能做到债务率不高呢？奥妙就是土地储备。重庆市市长在 2013 年两会上算了一笔账：“我 2002 年刚到重庆储备了 40 多万亩地，这十年用了 20 万亩，每亩地赚 200 万元，这就 4000 亿元，扣掉征地本身的成本，有两三千亿元的额外收入。黄奇帆称，两三千亿元抵销重庆城市建设的大部分开支，如果没有土地储备的额外收入，我们地方债务不是现在的 2600 亿，得是 5600 亿。目前，重庆政府的债务占 GDP 的 23%，低于全国平均水平。”

土地储备并非全部用于房地产开发，地方政府运作土地的根本目标还是要为公共利益服务。在重庆的 40 多万亩土地储备中，大体上有 50%用于公共服务，50%用于商业开发，出让的收入回过头来再用于公共事业。在重庆已经使用的 20 万亩储备土地中，近 10 万亩是公共服务、公益事业用地，如公租房、大学城、铁路、机场等，其他 10 万亩用于房地产开发，房地产开发收益则用于整个 20 万亩的征地动迁，以及一些基础设施开发建设。

国内其他城市的情况与重庆大同小异。我们必须充分肯定土地财政对于加速推进我国城镇化和工业化的积极作用。这一制度安排大大减少了在其他国家由土地私有化及地方政府在土地开发中的弱势地位带来的扯皮和效率低下问题，使我国的城镇化和工业化可以更高效、有序地向前推进，使地方政府有条件、有手段大规模、一揽子地推进城镇建设，使城镇面貌不断发生变化。当前及未来相当长阶段，土地财政仍然是我国经济保持平稳、快速增长的重要依托。土地财政利大于弊，我们应当坚持和完善，应当发挥其优势，而不应当彻底否定。

（二）土地财政的不可持续问题

土地财政在推动经济与社会发展的同时，也带来了许多风险问题，表现出现有体制与政策的不可持续性。

（1）土地财政推高了城市房价，在很大程度上降低了居民的消费能力和幸福指数。根据国家统计局的数据，2010 年，70 个大中城市房屋销售价格是 1998 年的 1.81 倍，而 2010 年土地交易价格是 1998 年的 2.28 倍，地价上涨速度明显快于房价上涨速度。近年来，地价与房价比更是逐年攀升，从 2012 年上半年的 33.6%，上升到 2016 年上半年的 43.9%（图 9-10）。地价明显跑赢房价，导致房地产开发成本进一步攀升。由于在土地一级市场上，地方政府居于独家垄断地位，以计划经济的低价征地，又按市场经济的高价出让，使地方政府能够在这种“低吸高抛”中赚取价差。地方政府普遍存在推动土地价格尽快上涨的主观动力。另外，房地产开发和交易环节的税费比例也较高，地方政府可以从土地财政中获得丰厚收益。高地价和税费作用于房价，形成房地产市场价格持续上涨的结果，超出了大多数城市居民的承受能力，农民工市民化的门槛显著提高；由此带来的高房贷使购房者的生活负担加重，抑制了内需的增长，居民幸福指数下降。

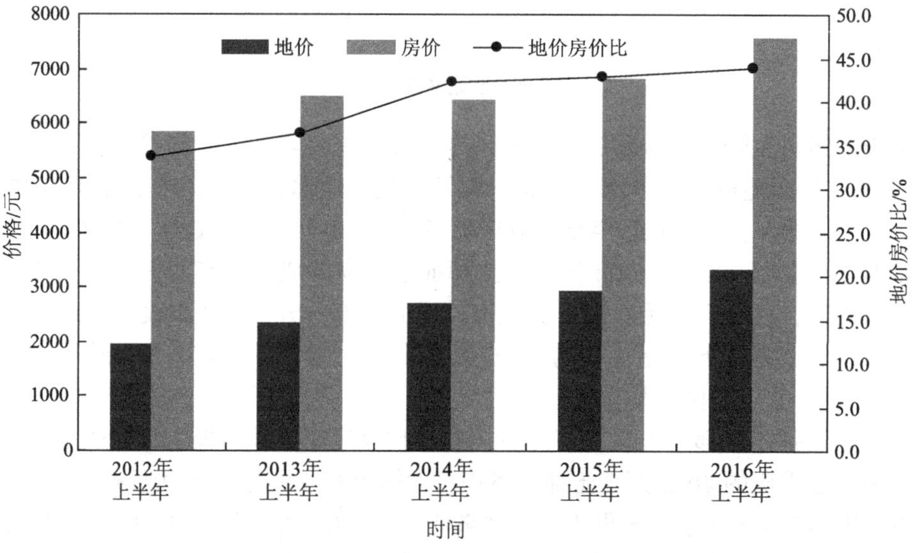

图 9-10　全国平均地价、房价和房价地价比

资料来源：根据国家统计局数据整理

（2）土地财政加速了城镇规模扩张步伐，造成了土地资源的浪费性开发。在中国城镇化过程中，一个突出特点是：城镇建成区快速增长，而集聚的人口明显滞后。按国际公认标准，衡量土地城镇化和人口城镇化关系的城镇用地增长弹性系数，其合理区间在 1～1.12。而从 2000～2010 年，我国土地城镇化速率是人口城镇化速率的 1.85 倍，远超过国际标准的合理区间。如果再考虑人在城市，但是没有城市户籍的人口，不能充分享用城镇用地的情况，实际上土地城镇化的速度还应该更快一些。2000 年，我国城镇人口密度是每平方千米为 8500 人，2011 年降至 7700 人，全国城镇化呈现低密度化和分散化倾向。而根据国土资源部的测算，按照现在土地城镇化的速度，如果让人口城镇化的速

度跟上来，2010 年城镇化率应该达到 59%，即人口城镇化率与土地容量相比，大概慢了 10 个百分点。[①]可见，地方政府需要不断增加的财政收入来支撑当地的城市建设，而财政收入的增加又依赖于土地出让收益，促使地方政府无节制地扩大城市用地规模，造成大量征用的农地闲置，或者虽然城市已经建起来了，但是，缺乏足够的人气，形成“空城”或“死城”，导致土地资源的严重浪费。

（3）征地补偿方式和收益分配不合理，造成了农民利益受损和民怨增加。政府往往以较低的补偿费获得土地，再以很高的土地使用权出让金转入市场，由此形成的增值是巨大的。但是，失地的集体组织和农民不能从增值中获利。法定的征地补偿远远不足以解决被征地农民的长远生计。城市繁荣带来土地出让收益大幅度增加，与征地补偿费用的差距逐步扩大，引起了失地农民的强烈不满。目前，农民上访中涉及土地问题的比例约占 40%。[②]即便是将更多的土地收益留给被征地的农民，但是，给农民补偿多少合适，以及采取什么样的安置方式，仍然是一个十分复杂甚至无解的难题。这其中既牵扯到公益性与非公益性用途难以区分、补偿标准难以确定的问题；也牵扯到政府可能会利用公权和信息优势，故意压低补偿标准，造成更多社会矛盾的问题；还牵扯到土地增值收益的分配比例是主导城市化的政府占的多，还是丧失土地的农户占的多，远离城市的农民是否也要分享这一收益等理论分歧。可见，在补偿标准上下功夫无法从根本上改变农民在征地过程中的弱势地位，无法有效约束地方政府的行为，仍然会源源不断地产生各种问题，是治标不治本的办法。

（4）土地出让收入使用方向不能完全反映民意，成为地方政府官员竞争攀比的工具。土地财政收益是否真正用于社会和公众最需要的领域也是值得思考的问题。土地财政收入俨然已经成为地方政府可以随意支配的资金，无论是中央政府还是当地民众，对土地财政收入的使用都缺乏有效的监督与制约。近年来，地方政府土地收益迅速增加，政绩工程和形象工程也越搞越多，城市建设相互攀比，求新、求洋、求大。对于普通民众而言，他们并没有明显感受到巨额土地财政增加带来的公共福利提升，看到的却是各地政府办公大楼的拔地而起。地方政府官员在城市建设过程中，只注重地面以上建筑的光鲜亮丽，而忽视地下基础设施的建设和功能完善。这些年，一些城市因为一场暴雨造成城区大面积积水、交通瘫痪的情况屡有发生，说明城市排水管线系统普遍发展滞后。以广州为例，2010 年以后经常遭受暴雨后的严重水浸，此时，城内排水管网 6000 多千米，但是，80%的管网只能达到一年一遇排水标准（即可抵御 50 毫米/小时的短时强降雨），达到两年一遇标准的管网不足 10%。长期以来，城市保障性住房供应严重不足。在全国大规模开展保障房建设的 2006 年之前，保障性住房户数只占城镇家庭户数的 3%。可见，城市政府每年获得的土地收益并未用在城市最急需的地方。

五、国外土地财政模式及启示

从国外的情况看，政府或以土地所有者的身份，或以公共管理者的身份，通过各种方式或名义获取土地收益从来就没有停止过。土地财政是财政收支的重要组成部分，也

① 于海荣：《土地城镇化快于人口城镇化难持续 转轨思路显现》，http://finance.qq.com/a/20120416/005477.htm，2012 年 4 月 16 日

② 杨华云：《中央农村工作小组：农民上访四成与土地问题有关》，《新京报》，2011 年 3 月 25 日

是支撑城市建设的重要工具。

（一）出售和出租一直是土地财政的重要方式

在美国、加拿大等国家，各级政府都有自己的土地财产，可以出售土地所有权给其他层级政府或私人部门，获取地价收益。如美国独立后，政府就有计划地把国有土地卖给私人。联邦政府及其支持的事业由此获得相当可观的经济收入，整个国家的经济也由此得到突飞猛进的发展。1862 年，美国国会通过《莫尼尔授地法案》（Morrill Land Grant Act），向每个州拨付了 30 000 英亩的联邦土地给州政府，要求其用出售这些土地所得的钱至少建立一个学院，今天美国的很多州立大学都是“授地学院”。美国 19 世纪快速发展的铁路网也得益于给铁路公司的联邦土地补助，到 1873 年，联邦政府一共划拨和赠与铁路建设大约 16 亿英亩（25 万平方千米）土地。①

出租土地使用权也是发达国家获取土地收益的最常见方式。在新加坡，法律明确规定不准出卖国有土地所有权，但可以出租土地使用权，并获取租金收益。在澳大利亚，政府向企业、单位及个人提供土地的一个重要方式也是出租土地。在以色列，作为集中管理国有土地唯一机构的以色列土地管理局一般不出售土地，只能通过出租形式获取租金收益，而且一般只出租已规划用地供租用者开发建设。在发达国家，政府按照土地的用途，对公有土地的出租分别采取无限期、长期及短期三种方式，但是，租期一般相当长，长的达到 200 年，即便是短租，期限也能长达 30 年。

（二）政府征地体现公益且大多按照市场价格

土地所有权作为公私权利在各国或地区都是受到重点保护的，各国或地区对土地征用权都有严格明确的法律规定，一般是通过立法明确规定土地征用的主体、对象、目的、程序、审批权限、补偿标准和补偿措施、申诉与仲裁等。政府只有是为了公共利益的需要才能使用征地权，这是各国在规定土地征用的具体目的时的一致表述。当然，各国公共利益的具体范围是不一样的。为了确保土地征用公开、公平、公正，最大限度地保护土地所有者的权利，大多数国家或地区对土地征用程序都有严格的规定。城市化发展较早的国家，土地市场机制比较健全，征用农民土地一般按市场价格对失地农民进行补偿，农民基本上都能得到较为满意的补偿。不仅补偿土地现有价值，而且考虑补偿土地可预期、可预见的未来价值，还必须考虑补偿由征用导致的邻近土地所有者经营上的损失。

（三）经历了出售（出租）为主向税收为主转变

发达国家土地财政收益由出售（出租）收入为主转为税收为主，是随着土地的私有化进程逐步完成的。以美国为例，独立之初，美国财政入不敷出，为迅速增加联邦及州政府的财政收入，通过一系列土地法案将西部土地收归国有，再通过出售和赠与等手段将这些土地转为私有，从而获得土地出售收益。1785 年和 1787 年，美国先后出台法令，将占美国本土面积近 90%的国有土地投入市场。美国建国初期进行的土地私有化、出售国有土地带给美国政府一大笔非税收性质的土地财政收入。20 世纪初以后，美国土地出

① 利维：《现代城市规划》，张景秋等译，中国人民大学出版社，2003 年，第 310-311 页

售收益基本消失，因为，这一时期国有土地比例尽管还高达40%，但主要用于资源环境的保护与公益服务；用于经济建设的土地则基本属于私有土地。此时，地方政府与土地相关的税收收入迅速提高。在美国和澳大利亚，当公共土地已经售完后，类似的情况出现了——政府一劳永逸地卖掉了土地，损失了作为公共收入的租金，他们只得开征税款，将一劳永逸卖地而损失的租金弥补回来。

（四）土地税收成为地方政府的稳定财源

房产税是各国地方财政稳定而重要的来源。1994年，在经济合作与发展组织（Organization for Economic Co-operation and Development，OECD）国家中，加拿大的财产税占地方税的比例为85.3%，澳大利亚为99.6%，英国和爱尔兰为100%，新西兰为90.2%，荷兰为66.9%，意大利为42.1%。[①]而在地方财政收入中，财产税的地位更加重要。1942年，美国财产税占地方财政收入的比例高达92.2%，到1977年下降到80%，再到2007年下降到72%；虽然比例呈现下降趋势，但是，财产税仍然是美国地方财政最主要的税源。在发达国家，全部税收收入中有10%～20%用于资本性支出，由于税收是混合使用的，我们不知道房产税中有多大比例用于投资与建设，但是，可以肯定，房产税也是地方政府资本支出的重要来源。除此以外，地方政府还征收某些与土地开发及建设有关的专项税，为资本性支出融资。例如，在美国加利福尼亚州圣何塞市就征收建设和转让税（construction and conveyance tax）、建设消费税（construction excise tax）及建筑物和构筑物建设税（building and structure construction tax）等税种。

（五）额外收费也可视为土地财政来源

在一些国家，有多种针对不动产征收的额外收费，用来支持当地基础设施建设，包括公共用地贡献和建筑密度优惠。

一些国家的法律中规定，开发商进行土地开发或建设时，如建工厂、商店或住宅，必须按规划将一部分土地用于公共设施建设，如用于修建道路、上下水、绿地、经济适用房等。土地开发者按规划要求建好后，必须将一定比例的公共设施用地无偿交给政府，由政府所有并进行管理。这种方式没有商量的余地。如在加拿大的安大略省，土地开发商开发土地的5%需留作公共用地，开发完成后，必须无偿归政府所有。在加拿大阿尔伯塔省，开发商贡献出来的小区面积占到新开发土地面积的10%。在不列颠哥伦比亚省，开发商贡献的土地必须用于小学和中学的建设。

地方政府也可能提供建筑密度等方面的优惠，促使开发商能够建设保障房、托儿所、修复历史建筑及提供其他服务项目。在美国，也有“红利”或“激励”分区的做法，即如果开发商愿意容纳一些单元，专门标明提供给中低收入的租房户，那么，政府将同意增加居民区的密度。例如，法律规定在某一特定地带只允许每英亩建筑8个单元，如果保留15%给中低收入的租房户，那么，政府就可以允许每英亩上兴建10个单元。开发商从开发密度上获取规模经济，社区也能在满足中低收入住房方面向预期目标靠近。这种方式有谈判和商量的余地。

① 财政部财科所：《房地产税费制度对房地产价格变动的影响》，2010年研究报告

（六）政府与土地相关的债务融资很少

对于美国、德国、英国等国来讲，土地私有化进程已经完成，地方政府能够用于出让的土地很少，甚至没有，政府能够用于抵押的土地也就很少，所以，政府与土地相关的债务很少；而像新加坡、中国香港这样的国家（地区），尽管土地所有权属于或大部分属于政府，主要采取批租的形式出让，但是，政府很少参与土地开发，而是由企业进行土地一级和二级开发，所以，地方政府运用土地进行债务融资的情况也很少。

六、我国土地财政的前景

无论是现在还是将来，土地财政都将是地方政府的重要融资模式，但是，由土地财政暴露出现实和潜在的风险，地方政府融资模式又需要不断调整与优化，需要探索一条可持续的土地生财道路。

（一）土地供应不会对土地财政产生明显约束

从土地财政的未来发展看，我国土地供应量的约束并不大。由于我国城市化及在这个过程中人均用地的节约，我国还有较大规模的未利用土地可以加以利用，城市建设用地的供给应该是有保障的。根据我们的计算，在城镇化过程中，由于人均建设用地的节约，将能够多出 1.8 万平方千米的建设用地。另外，我国还有 40 多亿亩的未利用土地，其中包括 5.6 亿亩盐碱地，几千万亩滩涂地，我们完全可以改造出来更多的建设用地。根据对浙江和广东等省的调研情况，各级地方政府手中普遍掌握着大量依法征用的土地。以浙江省为例，截至 2009 年底，14 个县（市、区）累计预征土地面积 79 861 亩，部分县市预征土地的数量是政府现有存量土地总数的 2 倍以上。广东省的县镇中，1993 年开发区热时征用的土地仍然有大量的预留。

因此，如果城市建设用地仍然由地方政府统一征收，并通过招拍挂形式进行出让，则地方政府仍将可以获得大量的土地出让收益。2001～2013 年，我国国有建设用地实际供应量由 17.8 万公顷增加到 70.5 万公顷，国有建设用地出让（招标、拍卖、挂牌）面积由 9 万公顷增加到 36.7 万公顷（图 9-11），有五年的市场出让比例超过了 67%。土地出让价款也由 2001 年的 1296 亿元提高到 2013 年的 4 万亿元，年均增长 33%。根据《全

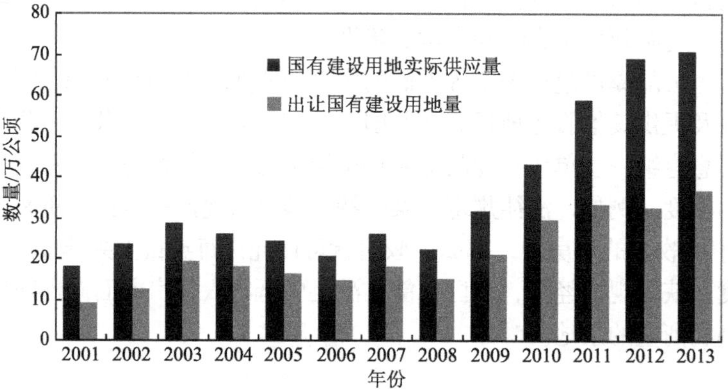

图 9-11 国有建设用地实际供应量和出让国有建设用地量

资料来源：各年《中国国土资源公报》

国土地利用总体规划纲要（2006—2020 年）》，2011～2020 年，国有建设用地实际供应量可以达到 350 万公顷。我们以市场出让比例为 65%计算，得到未来各年能够出让的国有建设用地面积；再以 7%（预期经济增速）作为未来土地价格的增长率，计算到 2020 年各年的土地价格；最后，得出未来各年土地出让价款，10 年合计为 32 万亿元。这意味着每年地方政府仍能获得 3 万多亿元的土地出让收入。

（二）征地制度改革将削弱地方政府土地财政能力

土地征用是政府为了公共目的而强制取得非国有或非公有土地并给予补偿的一种行为。在许多国家，政府进行城市基础设施和公用事业建设时，可通过一定的法律形式和法律程序对所需的私有土地进行征用，但均明确提出只能为了公共利益的需要。从征用补偿来看，各国也都是站在保障被征地者利益的角度，对由征地造成的当前和将来的、直接和间接的利益损失给予相当于被征用土地市场价格的赔偿。例如，英国的法律规定征地机构可以依据法律原则强制执行征地，但是，实际上他们的征地过程很少采用这种方式，更多的是采用同土地所有者协商，根据市场价格购买的方式。可见，成熟市场经济国家的征地是在土地产权明晰的基础上进行的，政府的公权受到严格的约束，土地价格由市场决定。

近年来，由于中央政府提高了对失地农民利益的保障水平的要求，地方政府征地拆迁成本已经大幅度增加，土地财政的边际收益显著下降。未来的改革更加不利于地方政府轻松获得土地及其收益。这些改革可能包括：第一，打破土地制度二元结构的现状，实行农村集体土地和城市建设用地的“同地、同价、同权”；第二，严格界定公益性和经营性建设用地，限制政府行政性征地的范围；第三，非公益性的用地需求通过农村集体建设用地直接进入市场加以解决，而不必经过地方政府的征地环节；第四，对公共目的用地，按市场价进行赔偿。这些改革措施的推进，将使地方政府很难再通过“低吸高抛”的方式赚取价差，土地出让收入下降局面将会出现。地方政府的土地出让可能变得越来越无利可图。

（三）土地税收及收费在资本性支出中的作用将会提高

在上述改革背景下，土地财政将逐步由出让收入为主向出让收入和税收收入兼备转型[①]。2001～2015 年，我国土地税收占地方财政收入的比例最高也只有 18.2%，全部土地税收占 GDP 的比例平均只有 1.3%。与发达国家相比，还有较大的上升空间。房产税更是欧美等国县、市以下政府的主要财政来源，与之相比，我国市县政府的税收结构也有较大的调整余地。在我国现有的住房中，有 60%的房子在房产税征收范围之内。[②]2011 年，全国城镇有 200 亿平方米的住宅可以征房产税[③]。平均房价是 6237 元/米 ^{2}，房产税税率是 1.2%，那么住宅部分的房产税可以达到 14 969 亿元，加上商业地产已经征收的房产税 1500 亿元，整个房产税规模大体上是 16 469 亿元，远高于同期土地出让净收益。

① 土地出让收入的性质是土地使用权的价格，即政府凭借土地所有者身份对使用权受让人收取的地租；而土地税收是政府作为社会管理者在土地保有、交易等环节强制征收的，二者一个是“租”，另一个是“税”，不存在相互替代的问题

② 根据中国人民大学安体富教授的方法进行计算

③ 艾经纬：《中国到底有多少房子》，http://www.yicai.com/news/3873059.html，2014 年 5 月 30 日

未来随着住宅面积和房价的稳步增加，房产税有可能逐渐成为地方稳定的主体税种。

从上海、重庆两地房产税征收试点情况看，效果并不明显。2011 年，重庆涉及征收房产税的住宅只有 9400 套，个人住房房产税不足 1 亿元，与该市 2900 亿元的财政收入相比，可以忽略不计。上海应缴纳个人住房房产税的住房接近 2 万套，具体征税金额没有公布，但是，数额也不会太大。在目前减税呼声很大的情况下，将房产税定位于增加地方政府财政收入容易使人们产生厌恶感，造成政策推动上的困难。更重要的是，目前，房产税的立法程序有争议，征税目标不清晰，制度框架不明确，使这项政策不可能大范围迅速实施，只能通过渐进的方式推进，时间也将比较漫长。

长期以来，我国地方政府常以本级财政收入难以满足经常性支出需要为名，把建设性支出责任推给上级政府甚至中央政府。如果我们通过法律形式明确了房产税、与土地相关的专项税及针对房产（财产）的特别收费作为地方政府的主体财源，地方政府就拥有了相对稳定的财源用于城市的建设与运营，这对于地方政府依赖土地出让收入具有较好的替代效应；这种变化也有利于明确地方政府的支出责任，即中央政府可以要求地方政府必须在一般预算收入中拿出一定比例资金用于投资与建设，而不是像目前这样一般预算收入基本都用于经常性支出（即所谓的吃饭财政）。

成熟市场经济国家通过特殊收费的形式解决公共基础设施和服务的建设资金问题，实际上是利用政府土地管理和规划手段，谋取公共利益的最大化。我们同样可以运用这一方法，在私人商业开发的同时，一并获得政府所需要的公用设施，即开发商进行某一项目的开发，必须要有所“捐赠”，或者在开发项目内建设公园、学校，配建一定量的中低收入者的房屋单元；或者异地投资建设一条道路或交通枢纽；或者直接向政府廉租房项目进行现金捐助。

（四）地方政府将趋于选择更为多样化的融资方式

土地出让净收益的减少，以及土地出让收入受经济波动影响较大，将影响政府土地储备中心或融资平台的还贷能力，从而迫使商业银行加强对土地抵押贷款的控制。2010 年，银监会就曾要求商业银行暂停与土地有关的抵押贷款，2012 年，监管部门则进一步强调土地储备贷款不得用于城市建设。尽管未来不可能完全取消土地抵押贷款，但是，商业银行将对此类贷款持谨慎态度。现有征地制度的改革也将限制地方政府通过土地抵押获得银行贷款的能力。因为，如果城郊集体土地能够直接入市交易，政府用农用地随行就市，地方政府将无法获得优质的土地资源和收益。在这种情况下，土地财政将难以持续，地方政府也将被迫从依赖土地抵押贷款向运用多元化融资方式转型。

地方政府债将得到更快的发展。根据公共财政理论，如果赋予地方政府提供本地公共产品的事权，同时也应赋予其与之相适应的完整财权，而举债权是规范的分税制下各级政府应有的财权之一。发行地方债有利于转变以土地储备作为抵押支持、以银行信贷为主要资金来源的地方政府融资模式，并将地方政府融资纳入政策与法规的严格监管，增强透明度，构建融资的内在约束机制。近两年，我国地方债发行规模呈现爆发式增长。2017 年 5 月，财政部联合国土资源部发布 62 号文，提出为完善地方政府专项债券管理，逐步建立专项债券与项目资产、收益对应的制度，有效防范专项债务风险，从土地储备领域开展试点，发行土地储备专项债券；6 月，财政部联合交通运输部发布 97 号文，在政府收费公路领域开展试点，发行收费公路专项债券。这表明，在新预算法的框架下，中央政府正在探索将地方政府资本性融资全部通过发债形式实现，并纳入预算管理。

公私合作方式将进一步拓展。公私合作伙伴实质上就是形成公私联营的项目结构，其基本特征就是公共部门与私营部门通过“项目合约”共担投资风险、共享投资收益，政府部门主要负责规划、监管、提供政策支持，而私营机构则负责具体的项目运营管理，政府部门的社会职责与私人部门的利益诉求在这一合作中各自都实现了效益的最大化。公私合作在城镇化进程中的应用也可以分为基础设施建设、公用事业提供两个方面。对于新建的基础设施，政府可以采用 BTO、BOT、BOO 等形式与民营企业合作。对于已有的基础设施，政府可以通过出售、租赁、运营和维护合同承包等形式与民营企业合作。公用事业领域采用公私合作模式与基础设施领域有类似之处，特别是在污水处理、自来水、煤气、电力和热力供应等方面，采用公私合作的项目，一般可通过使用者付费和政府补贴相结合的方式使投资者能够收回投资并得到合理的投资回报。

城市运营商模式将得到推广。城市运营商在充分把握地方政府战略意图的前提下，充分运用市场化方式和手段，通过开发成片大面积土地，带动城市和区域经济的发展，既以自身经济利益为导向，又注意兼顾长远的社会效益。城市运营商着重于“城”的建设，对社会的参与越来越广泛，除了传统的地产开发与建设外，还涉足物业管理、社区教育、社区文化等领域，是综合考虑城市历史和文化的多样性、公用空间和自然环境整体协调性的开发模式。从这个层面来讲，优秀的城市运营商已经担当起一个城区“执行官”的重任，直接协助市长管理、经营一座城市，是城市的组织者和城市文明的有力推动者。推广城市运营商模式，可以打通土地一级和二级市场，在房地产开发的同时，由城市运营商同步完成市政设施建设，从而免去了土地一级开发的成本和招拍挂的复杂程序。从湖南、贵州等地的实践来看，城市运营商减轻了地方政府的债务负担，避免了政府过度参与投资与建设的情况，政府轻松得到了所需要的基础设施。

本章小结

地方政府融资是指地方各级政府为实现经济和社会发展目标，通过财政、金融等渠道筹措建设资金的行为、过程和活动。土地财政+融资平台+国有商业银行打捆贷款的组合成为多年来我国地方政府融资的基本模式。在我国，大多数的地方政府投融资活动并不是也不可能由地方政府自己完成，融资平台在其中发挥着核心作用。土地财政的真正目的并不是简单的收支，而是融资和投资，实现地方经济和城镇建设的滚动发展。无论现在还是将来，土地财政都将是地方政府的重要融资模式。但是，由于融资平台和土地财政暴露出现实和潜在的风险，地方政府融资模式又需要不断调整与优化，需要探索一条可持续的债务融资道路。

☆关键术语☆

地方政府融资　土地财政　融资平台　土地税收　土地出让

➢复习思考题

1. 简述地方政府融资的概念和分类。
2. 什么是地方政府融资的基本模式?
3. 论述融资平台转型发展的基本趋势。
4. 土地财政在我国现阶段的特殊含义是什么?
5. 试论国外土地财政的特点及对我国的启示。

第十章

政府融资工具及其创新

第一节　融资工具概述

一、融资工具的功能

融资即资金融通，是指在经济运行过程中，资金供求双方运用各种金融工具调节资金盈余的活动，是所有金融交易活动的总称。融资是通过融资工具或产品来进行的。融资工具是指在融资过程中产生的证明债权债务关系的凭证和所有权凭证，融资工具也可被称为“信用工具”或“金融工具”。根据不同的使用者、不同的目的、不同的作用等，有不同的称呼，以股票为例，对市场而言，股票是金融工具；对发行者而言，股票是融资工具。

一般认为，融资工具有以下特征：第一，偿还期。是指借款人从拿到借款开始，到借款全部偿清为止所经历的时间。各种融资工具在发行时一般都具有不同的偿还期。从长期来说，有 10 年、20 年、50 年等。第二，风险性。是指投资于融资工具的本金是否会遭受损失的风险。风险可分为两类：一类是债务人不履行债务的风险；另一类是市场的风险，这是金融资产的市场价格随市场利率的上升而下落的风险。第三，收益性。是指融资工具能定期或不定期给持有人带来收益的特性。融资工具收益性的大小，是通过收益率来衡量的。

戈德史密斯（Raymond W. Goldsmith）指出：金融工具的出现和金融机构的成立，扩大了金融资产的范围，导致了储蓄和投资的分离。而储蓄与投资的分离能够提高投资收益并提高资本形成对国民生产总值的比率；同时通过储蓄与投资两个渠道的金融活动提高经济增长率。[①]融资工具的出现使储蓄和投资分离为两个相互独立的职能，这种特殊的分工克服了资金运动中收支不平衡的矛盾。一方面使一个单位的投资可以大于或小于其储蓄，摆脱自身储蓄能力的限制；另一方面为储蓄者带来增值，使储蓄不仅是财富的储藏，还能增加收益。

融资工具创新可以提高经济效率。融资工具创新能够增加资产的流动性，提高资产管理效率，为投融资双方增加盈利创造条件，同时，更高的流动性也提高了投资者和金融机构的偿债能力。融资工具创新对于改善市场的信息条件发挥了重要作用，有助于金融体制、市

---

① 戈德史密斯：《金融结构与金融发展》，周朔等译，上海三联书店，1994 年，第 38-42 页

场体系、金融机构组织结构的健全完善，增加金融交易的透明度，消除信息不对称，提高金融效率。金融技术的创新则会加快信息传递的速度和扩大信息传递的覆盖范围，有利于节约金融交易中的无形交易成本，为交易主体降低成本提供了可靠保障，进而提高融资的效率。

融资工具创新能够扩大市场规模。融资工具创新能增加市场主体规避风险的能力，创造投资盈利的机会和手段，扩大金融市场的规模。不同的融资工具在偿还期、流动性、安全性及收益率等方面各不相同，因而可以满足市场参与者不同的金融需求。通过融资工具创新，金融市场主体能够有更多选择的余地，以形成自己的资产组合，大大地增强了他们规避风险、投资盈利的机会和手段，进而吸引更多的投资者加入到金融市场中来，不断地扩大金融市场的规模。融资工具创新也能够为一国金融市场与国际接轨创造条件。

融资工具创新也会带来经济风险。融资工具创新也可能对于金融和财政风险扩散与传染产生强化作用。尽管新的金融工具可以实现避险保值功能，但是，整个金融系统中的总风险并未减少，而且金融工具创新的潜在收益与风险并不像常规金融业务那样透明，极易造成投资者的损失，危及金融机构的安全。伴随着金融产品创新的出现、扩散和采纳及其他金融创新发展过程，金融和财政风险也通过信息渠道和流动性渠道不断地扩散和传染，可能演变为更大的系统性风险，最终对金融和财政稳定构成威胁，促使经济陷入衰退。

二、融资工具分类

融资工具可以按不同标准进行分类：第一，按发行者的性质可划分为直接融资工具与间接融资工具。直接融资工具是指由工商企业、政府或个人所发行或签署的股票、债券等凭证，间接融资工具是由金融中介机构所发放的各类贷款。第二，按照融资过程中企业与投资者所形成的不同的产权关系，可以把融资工具分为股权融资工具与债权融资工具。股权融资工具主要是发行股票，而债权融资有两种形式，即银行信贷和发行债券。

由于融资工具不断创新，其内涵出现交叉与融合，有时很难按照上述标准进行划分，也有学者根据资金渠道、金融市场等因素的不同对融资工具进行分类。第一，通过证券市场进行融资，包括股票融资、创业板上市、公司债、可转债和可交换债券等；第二，通过银行间债券市场进行融资，包括企业债、中期票据、集合债券、短期融资券和超短期融资券等；第三，通过银行获得融资，包括不动产质押、股权质押、商业承兑汇票、知识产权融资、联保贷款、仓单融资和碳排放权融资等多种形式；第四，通过其他方式获得融资，包括信托融资、融资租赁、私募股权投资、融资委托贷款和民间借贷等（表 10-1）。

表 10-1 各类融资工具

类别	名称	简要说明	适用企业
通过证券市场融资	股票融资	通过在股票市场公开发行股票的方式融资	（拟）上市公司
	创业板上市	科技含量比较高的成长型中小企业，在创业板 IPO	创新型企业
	公司债	发行的一年以上期还本付息的有价证券	上市公司
	可转债	上市公司发行的在一定条件下可转换为股票的债券	
	可交换债券	上市公司法人股东将其持有的股票抵押之后发行债券，债券持有人未来有权以持有的债券换取该股东抵押的股票	上市公司法人股东

续表

类别	名称	简要说明	适用企业
通过银行间债券市场融资	企业债	企业发行的期限通常在5年以上的还本付息的有价证券	大型非上市企业（一般有政府背景）
	短期融资券	企业在银行间债券市场发行和交易，并约定在一定期限内还本付息的有价证券。时间通常在一年以内	大型企业
	超短期融资券	期限在270天以内的短期融资券，属于货币市场工具范畴	
	中期票据	企业在银行间债券市场发行的3～5年债券	
	集合债券	多家中小企业统一组织、申请、冠名，在银行间债券市场发行的债券，各家企业分别负债，统一担保、评级	中小企业
	非公开定向债务融资工具	在银行间市场以非公开定向发行方式发行的债务融资工具，属于私募债券	不能对外做完全信息披露的企业
通过银行获得融资	不动产质押	企业以其房产、土地、固定资产等作为抵押，向银行融资	各类拥有不动产循环贷款的企业
	股权质押	有限责任公司和股份有限公司的股东，以自己持有的并拥有处置权的股权作抵押，以获得资金	以上市公司股东为主
	银行承兑汇票	企业将商业票据向银行申请承兑、贴现、转贴现	大中型企业
	知识产权融资	企业以版权、专利、商标等知识产权，向银行抵押贷款	缺少不动产的企业
	联保贷款	多家企业结成联合体，向银行贷款，彼此之间相互提供担保	
	仓单融资	企业将持有的仓单（凭仓单可直接提取货物）质押，从银行获得一定比例资金	以贸易、流通业务为主的企业
	碳排放权融资	企业通过出售项目减排后减少的碳排放量获得资金。或将减排收益权抵押给银行，获得贷款开发项目	投资环保领域企业
通过其他方式获得融资	融资租赁	企业向金融租赁公司支付租金租用设备等，一段时期后资产归企业所有	有大型设备需求的企业
	信托融资	以信托制度为本源，融合其他融资模式的优势为融资者提供综合性的金融服务的创新模式	满足不同类型融资企业的融资需求
	私募股权投资	企业向VC、PE出让自己的股权，以获得资金	IPO之前的企业
	委托贷款	企业将自有资金委托银行贷给另一家企业	各种企业
	民间借贷	民营企业相互之间的有偿借贷，利率通常高于银行	中小民营企业

资料来源：朱锐，《融资工具大全》，《经理人》，2008年11期，第91页

注：IPO——initial public offerings，首次公开募股

三、融资工具概念和特征

（一）证券市场融资工具

证券市场融资工具是指企业以书面形式发行和流通、借以保证债权人或投资人权利的凭证，是资金供应者和需求者之间进行资金融通时，用来证明股权或债权的各种合法凭证。证券市场融资工具主要包括股票融资、创业板上市、可转换债券、企业债券等。

（1）股票融资。股票融资就是通过股票市场向公众投资者发行企业的股票来募集资

金，包括企业的上市、上市企业的增发和配股都是利用公开市场进行股票融资的具体形式。与其他融资方式相比，企业通过上市来募集资金有突出的优点：第一，筹资风险小。由于普通股票没有固定的到期日，不用支付固定的利息，不存在不能还本付息的风险。第二，可以提高企业信用度。普通股本和留存收益构成公司借入一切债务的基础。有了较多的股本，就可为债权人提供较大的损失保障。第三，所筹资金具有永久性，无到期日，不需归还。在公司持续经营期间可长期使用，能充分保证公司生产经营的资金需求。第四，有利于帮助企业建立规范的现代企业制度。股票融资缺点在于：资本成本较高。对筹资来讲，普通股股利从税后利润中支付，不具有抵税作用。另外，普通股的发行费用也较高。股票融资上市时间跨度长，竞争激烈，无法满足企业紧迫的融资需求。容易分散控制权。当企业发行新股时，出售新股票，引进新股东，会导致公司控制权的分散。

（2）创业板上市。指交易所主板市场以外的另一个证券市场，其主要目的是为新兴公司提供集资途径，助其发展和扩展业务。在创业板市场上市的公司大多从事高科技业务，具有较高的成长性，但往往成立时间较短、规模较小、业绩较好。创业板公司首次公开发行的股票申请在深圳证券交易所上市应当符合下列条件：股票已公开发行；公司股本总额不少于 3000 万元；公开发行的股份达到公司股份总数的 25%以上；公司股本总额超过 4 亿元的，公开发行股份的比例为 10%以上；公司股东人数不少于 200 人；公司最近三年无重大违法行为，财务会计报告无虚假记载。创业板是培育和推动成长型中小企业成长、支持国家自主创新核心战略的重要平台。第一，创业板市场满足了自主创新的融资需要，可以缓解高科技企业的融资瓶颈，引导风险投资的投向，形成适应高新技术企业发展的投融资体系。第二，创业板市场为自主创新提供了激励机制。资本市场通过提供股权和期权计划，可以激发科技人员更加努力地将科技创新收益变成实际收益，解决创新型企业有效激励缺位的问题。第三，创业板市场为自主创新建立了优胜劣汰机制，提高了社会整体的创新效率。

（3）可转换债券。可转换债券是指在一定条件下可以被转换成公司股票的债券。可转换债券具有债权和期权的双重属性，其持有人可以选择持有债券到期，获取公司还本付息；也可以选择在约定的时间内转换成股票，享受股利分配或资本增值。所以，可转换债券对投资者而言是保证本金的股票。当可转换债券失去转换意义，就作为一种低息债券，它依然有固定的利息收入。如果实现转换，投资者则会获得出售普通股的收入或获得股息收入。可转换债券具备了股票和债券两者的属性，结合了股票的长期增长潜力和债券所具有的安全和收益固定的优势。此外，可转换债券比股票还有优先偿还的要求权。可转换债券的风险主要有：股价波动的风险，可转换债券的投资者要承担股价波动的风险；利息损失的风险，当股价下跌到转换价格以下时，可转换债券投资者被迫转为债券投资者，因可转换债券利率一般低于同等级的普通债券利率，所以会给投资者带来利息损失；提前赎回的风险，许多可转换债券都规定了发行者可以在发行一段时间之后，以某一价格赎回债券，提前赎回限定了投资者的最高收益率。

（4）企业债券。企业债券是指从事制造、贸易、运输等经济活动的企业发行的债券。在发达国家，只有股份公司才能发行企业债券，所以，企业债券即公司债券。在我国，企业债券泛指各种所有制企业发行的债券。根据 1993 年国务院发布的《企业债券管理条例》，企业发行企业债券的总面额不得大于该企业的自有资产净值；企业发行企业债券用于固定资产投资的，依照国家有关固定资产投资的规定办理；企业债券的利率不得高于银行相同期限居民储蓄定期存款利率的40%。企业债券按不同标准可以分为很多种类。最常见的分类有以下几种：按照期限划分，有短期企业债券、中期企业债券和长期企业债券；按是否记名划分，可分为记名企业债券和不记名企业债券；按债券有无担保划分，可分为信用债券和担保债券；按债券可否提前赎回划分，可分为可提前赎回债券和不可提前赎回债券。

（二）非金融企业债务融资工具

非金融企业债务融资工具是指具有法人资格的非金融企业在银行间债券市场发行的、约定在一定期限内还本付息的有价证券。非金融企业债务融资工具目前主要包括短期融资券（短融）、中期票据（中票）、中小企业集合票据和超短期融资券（超短融）等类型。

（1）短期融资券。短期融资券是由企业发行的无担保短期本票。在我国，短期融资券是指企业依照《银行间债券市场非金融企业债务融资工具管理办法》的条件和程序在银行间债券市场发行和交易并约定在一定期限内还本付息的有价证券，是企业筹措短期（1年以内）资金的直接融资方式。短期融资券的特征是：发行人为非金融企业；它是一种短期债券品种，期限不超过365天；发行利率（价格）由发行人和承销商协商确定；发行对象为银行间债券市场的机构投资者，不向社会公众发行；实行余额管理，待偿还融资券余额不超过企业净资产的40%；可以在全国银行间债券市场机构投资人之间流通转让。按发行方式分类，可将短期融资券分为经纪人代销的融资券和直接销售的融资券。按发行人的不同分类，可将短期融资券分为金融企业的融资券和非金融企业的融资券。按融资券的发行和流通范围分类，可分为国内融资券和国际融资券。一般来讲，只有实力雄厚、资信程度很高的大企业才有资格发行短期融资券。

（2）中期票据。中期票据是指期限在5～10年的票据。公司发行中期票据，通常会安排一种灵活的发行机制，通过单一发行计划，可以多次发行期限不同的票据，这样更能切合公司的融资需求。它的最大特点在于：第一，发行规模灵活。中期票据通常采取的是多次、小额的发行方式，具体发行时间和每次发行的规模依据当时市场的情况而定。第二，发行条款灵活。不仅同一次注册下的中期票据可以有不同的期限和定价，而且，中期票据的本金和/或利息支付可以盯住其他金融资产、非金融资产的价格或者价格指数。第三，发行方式灵活。早期主要是靠投资银行尽力推销，或者发行人自行销售。目前，有些中期票据的发行也开始采取承销方式。从筹资者的角度看，可以根据市场行情适时选择中期票据发行的期限、利率和规模，从而不仅节省了财务成本，而且极大地便利了资产负债表的管理。如果说公司债券主要是针对大型、优质企业，那么，中期票据则更加适合中型企业。

（3）中小企业集合债券。中小企业集合债券是指通过牵头人组织，以多个中小企业所构成的集合为发债主体，发行企业各自确定发行额度分别负债，使用统一的债券名称，统收统付，向投资人发行的约定到期还本付息的一种企业债券形式。它是以银行或证券机构作为承销商，由担保机构担保，评级机构、会计师事务所、律师事务所等中介机构参与，并对发债企业进行筛选和辅导以满足发债条件的企业债券形式。这种“捆绑发债”的方式，打破了只有大企业才能发债的惯例，开创了中小企业新的融资模式。中小企业集合债券的特点是：统一组织，中小企业集合债券一般由某个政府部门作为牵头人，在债券的发行工作中，负责统一组织协调；统一冠名，中小企业集合债券使用统一的债券名称，形成总的发行规模，而不以单一发行企业为债券冠名；统一担保，中小企业集合债券将由资质卓越的第三方为债券提供统一担保，从而实现债券信用增级，提高债券的市场认可度。

（4）超短期融资券。超短期融资券是指具有法人资格、信用评级较高的非金融企业在银行间债券市场发行的，期限在270天以内的短期融资券。作为企业短期直接债务融资产品，超短期融资券属于货币市场工具范畴，产品性质与国外短期商业票据相似。在美国等成熟资本市场国家，短期商业票据作为常规货币市场产品，是央行货币政策操作的重要工具和企业主要的直接融资产品。相对于其他债务融资产品，超短期融资券具有以下特点：首先，信息披露简洁。超短期融资券发行企业信用资质较高，在公开市场有持续债务融资行为，信息披露充分，投资者认可度高。其次，注册效率高。超短期融资券采取一次注册分期发行的方式，且后续发行不需要提前备案，进一步缩短了注册备案时间。再次，发行方式高效。发行公告时间由原来的5天或3天缩短为1天，缩短了公告时间，使发行人可根据市场情况和资金使用需求，灵活安排资金到账时间。最后，资金使用灵活。在符合国家法律法规及政策要求的前提下，超短期融资券募集资金可用于各种企业流动性资金需求。

（5）非公开定向债务融资工具。非公开定向债务融资工具（private placement note，PPN），是指具有法人资格的非金融企业，以非公开定向发行方式，向银行间市场特定机构投资人发行的，并在特定机构投资人范围内流通转让的债务融资工具。其发行方式具有灵活性强、发行相对便利、信息披露要求相对简化、适合投资者个性化需求、有限度流通等特点。与公开募集方式相比，非公开定向发行在注册文件、信息披露和承销发行方面更加灵活和简便。首先，对注册文件的要求简化，实行要件注册。其次，对信息披露的具体要求在《定向发行协议》中约定，可繁可简。最后，在承销发行阶段，发行人在定向投资人范围内进行推介，实现一对一定价和协商，精确定位投资者，大大提高发行效率。非公开定向发行可以很好地满足大型机构对一次性大额配置和特定发行体集中配置的需求，凸显规模效应，提高市场销量。对于特殊风险偏好的机构，非公开定向发行方式可以提供有针对性的投资标的，如中小企业债券等。此外，在具体条款设计上，非公开定向发行更具有灵活性，可以更好地满足投资者对于期限、选择权、付息方式等各方面的个性化需求。

（三）通过银行的融资工具

银行融资就是以银行为中介的融通资金活动，是融资的主要形式。利用银行的金融中介作用产生的融资工具较多，主要包括抵押贷款、委托贷款、银行承兑汇票、仓单融资等。

（1）抵押贷款。抵押贷款指借款者以一定的抵押品作为物品保证向银行取得的贷款。它是商业银行的一种常见的放款形式。抵押品通常包括有价证券、国债券、各种股票、房地产，以及货物的提单、栈单或其他各种证明物品所有权的单据。贷款到期，借款者必须如数归还，否则银行有权处理抵押品，作为一种补偿。在我国，目前实行的抵押贷款，根据抵押品的范围，大致可以分为六类：①存货抵押，又称商品抵押，指用工商业掌握的各种货物，包括商品、原材料，在制品和制成品抵押，向银行申请贷款。②客账抵押，是客户把应收账款作为担保取得短期贷款。③证券抵押，以各种有价证券，如股票、汇票、期票、存单、债券等作为抵押，取得短期贷款。④设备抵押，以机械设备、车辆、船舶等作为担保向银行取得贷款。⑤不动产抵押，即借款人提供如土地、房屋等不动产抵押，取得贷款。⑥人寿保险单抵押，是指在保险金请求权上设立抵押权，它以人寿保险合同的退保金为限额，以保险单为抵押，对被保险人发放贷款。

（2）委托贷款。委托贷款是一方提供资金，由受托方（通常是银行等金融机构）根据委托人确定的贷款对象、用途、金额、期限、利率等代为发放、监督使用并协助收回的贷款，受托方只收取手续费，不承担贷款风险。委托贷款在本质上是一个多赢的融资模式。对于急需资金的企业来说，在无法获得银行贷款的情况下，利用委托贷款能有效解决其燃眉之急。对于资金富余的企业来说，委托贷款安全和回报高的特点使其成为这些企业的投资新出路。对于银行来说，既不用承担贷款风险，又不因放贷影响其资本充足率，同时能够获取中间业务收入，是一项有益的业务。但也应看到，委托业务可能与商业银行自营业务相冲突，且高收益的委托贷款对商业银行企业存款和个人存款具有较强的分流作用，势必影响商业银行稳定的资金来源。委托贷款不计入金融管理部门定义的各项贷款，因此，常成为一些商业银行规避中央银行货币政策和银监部门监管考核的手段之一。

（3）银行承兑汇票。银行承兑汇票是商业汇票的一种形式。是由在承兑银行开立存款账户的存款人出票，向开户银行申请并经银行审查同意承兑的，保证在指定日期无条件支付确定金额给收款人或持票人的票据。票据一经贴现，便归贴现银行所有，贴现银行到期可凭票直接向承兑银行收取票款。在我国，商业票据主要是指银行承兑汇票和商业承兑汇票。票据贴现融资方式的好处之一是银行不按照企业的资产规模来放款，而是依据市场情况（销售合同）来放款。企业收到票据至票据到期兑现之日，往往是少则几十天，多则 300 天，资金在这段时间处于闲置状态。企业如果能充分利用票据贴现融资，远比申请贷款手续简便，而且融资成本很低。票据贴现的另外一个优势就是利率低。票据贴现能为票据持有人快速变现手中未到期的商业票据，手续方便、融资成本低，是受广大中小企业欢迎的一项银行业务。贴现利率在人民银行规定的范围内，由中小企业和贴现银行协商确定。

（4）仓单融资。仓单融资是指申请人将其拥有完全所有权的货物存放在商业银行指定的仓储公司，并以仓储方出具的仓单在银行进行质押，作为融资担保，银行依据质押仓单向申请人提供用于经营与仓单货物同类商品的专项贸易的短期融资业务。仓单融资适用于流通性较高的大宗货物，特别是具有一定国际市场规模的初级产品，如有色金属及原料、黑色金属及原料、煤炭、焦炭、橡胶、纸浆以及大豆、玉米等农产品。仓单融资的主要特点是：第一，仓单融资与特定的生产贸易活动相联系，是一种自偿性贷款。一般来讲，贷款随货物的销售实现而收回，与具有固定期限的流动资金贷款、抵押贷款相比，周期短、安全性高、流动性强。第二，适用范围广。仓单融资不但适用于商品流通企业，而且适用于各种生产企业，能够有效地解决企业融资担保难的问题。第三，质押物受限制程度低。与固定资产抵押贷款不同，质押仓单项下货物受限制程度较低，货物允许周转，对企业经营的影响也较小。

（四）其他融资工具

还有些融资工具难以将其归入上述分类，但是，在社会融资中发挥着重要作用，是银行金融体系和证券市场体系的重要补充，主要包括融资租赁、信托融资、私募股权投资、民间借贷等。

（1）融资租赁。融资租赁是指出租人根据承租人对租赁物件的特定要求和对供货人的选择，出资向供货人购买租赁物件，并租给承租人使用，承租人则分期向出租人支付租金，在租赁期内租赁物件的所有权属于出租人所有，承租人拥有租赁物件的使用权。租期届满，租金支付完毕并且承租人根据融资租赁合同的规定履行完全部义务后，租赁物件所有权即转归承租人所有。融资租赁对承租人有很多作用，首先是融通资金，融资租赁方式可以发挥与银行借贷一样的作用，有效地解决承租方经营过程中固定资产购置所遇到的资金短缺困难；其次是减少资金占用，承租方只需要按照合同约定支付租赁费用就可以获得租赁物的使用权，获得同购买一样的生产运营能力；最后是提高资产流动性，承租人可以通过售后回租方式，盘活固定资产，增强承租企业的资产流动性，优化资产结构。对于企业来说，融资租赁无疑是盘活资产、融通资金的最好选择。

（2）信托融资。信托融资的主要形式是信托公司以发行债权型收益权证的方式接受投资者的委托，汇集各类受托资金，集合运用，以项目融资贷款的方式对项目提供支持。由于在信托法律关系中进行融资，信托融资具有与其他融资方式不同的特点。首先，与银行贷款相比，信托融资降低了公司整体的融资成本，节约了财务费用；融资的期限一般较长，有利于融资者的持续发展。其次，信托的隔离功能把用于偿付的未来现金流进行隔离，形成脱离融资企业整体信用的局部信用保证。信托公司为企业融资主要有三种方式：信托贷款、股权信托（增资、收购、新设等）、租赁信托（融资租赁与经营租赁）。目前信托公司一般对中型企业融资较多，因为中型企业发展已经稳定，有足够的资产抵押、质押等，只是扩大再生产面临资金短缺；而小型企业由于经营尚不稳定，可抵押资产较少，信托公司顾虑较多。信托公司比较倾向于具有垄断特征的行业，因为这些领域中的企业经营活动产生的现金流量较稳定，避免了因为市场竞争而出现的波动。

（3）私募股权投资。私募股权基金是指通过非公开方式募集资金，对企业进行权益性投资，并提供经营管理、财务管理等增值服务，使所投资企业价值增值，然后通过股权转让获得回报的专业投资机构。根据主要投资对象所处发展阶段的不同，私募股权投资基金主要可分为创业投资基金和非创业型股权投资基金。私募股权投资的主要特点是：是对非上市公司的股权投资，因流动性差被视为长期投资，所以投资者会要求高于公开市场的回报；没有上市交易，投资者和需要投资的企业必须依靠个人关系、行业协会或中介机构来寻找对方；资金来源广泛，如富有的个人、风险基金、杠杆收购基金、战略投资者、养老基金、保险公司等；投资回报方式主要有三种：公开发行上市、售出或购并、公司资本结构重组；在资金募集上，主要通过非公开方式面向少数机构投资者或个人募集。另外，在投资方式上也是以私募形式进行，绝少涉及公开市场的操作。

（4）民间借贷。民间借贷是指公民之间、公民与法人之间、公民与其他组织之间的借贷。只要双方当事人意见表示真实即可认定有效，因借贷产生的抵押相应有效，但利率不得超过人民银行规定的相关利率。民间借贷是一种直接融资渠道，银行借贷则是一种间接融资渠道。民间借贷是民间资本的一种投资渠道，是民间金融的一种形式。《合同法》第 211 条规定："自然人之间的借款合同约定支付利息的，借款的利率不得违反国家有关限制借款利率的规定。"同时最高人民法院《关于人民法院审理借贷案件的若干意见》规定："民间借贷的利率可以适当高于银行的利率，但最高不得超过银行同类贷款利率的四倍。"狭义的民间借贷是指公民之间依照约定进行货币或其他有价证券借贷的一种民事法律行为。广义的民间借贷除上述内容外，还包括公民与法人之间及公民与其他组织之间的货币或有价证券的借贷。现实生活中通常指的是狭义的民间借贷。

第二节　现有融资工具的发展状况

一、证券市场融资工具

改革开放以来，我国证券市场稳步发展，证券市场广度和深度不断提高，市场功能日趋完善，融资工具逐步丰富，对创新金融市场体系和优化资源配置发挥了重要作用。

股票融资功能不断增强。1993 年，我国境内股票筹资额只有 314 亿元，2000 年增加到 1541 亿元，到 2010 年，上升到 8984 亿元。2011～2014 年，股票筹资额下降，2015 年和 2016 年又迅速上升。1993～2016 年，股票筹资额与银行贷款增加额的比例波动较大，高的时候曾达到 2007 年的 21.2%，低的时候则降到 2003 年的 3%和 2005 年的 2%（图 10-1）。1993 年，股票市值只有 1048 亿元，到 2010 年，上升到 26.5 万亿元。截

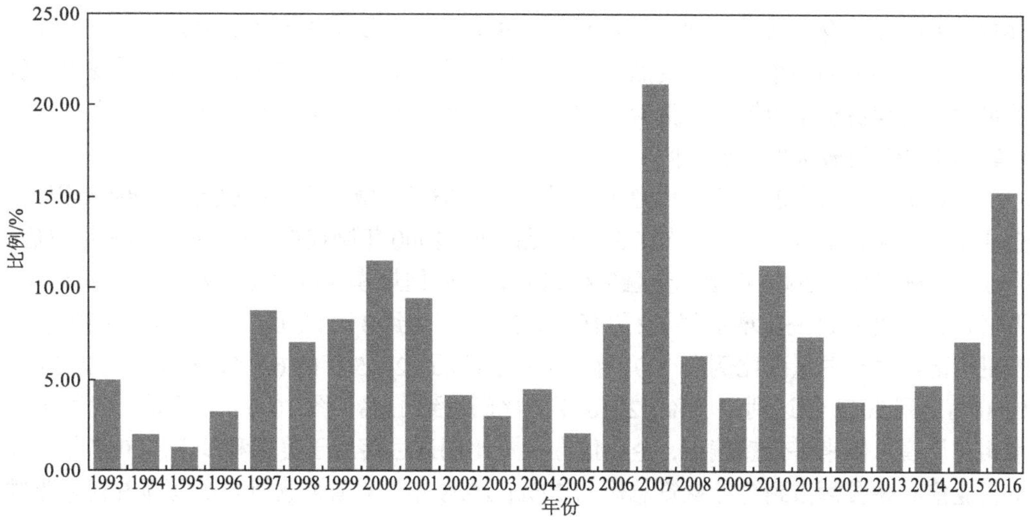

图 10-1　股票筹资额占银行贷款增加额的比例

资料来源：中国人民银行金融稳定分析小组，《中国金融稳定报告 2017 年》

至 2016 年末，我国股票市场市值达到 50.7 万亿元，股票市值占 GDP 的比例由 1993 年的 3.9%提高到 68.2%。但是，总体来讲，我国股票市场的新兴和转轨的基本特征没有改变，结构性、体制性的矛盾依然突出，市场资本约束和价格约束机制不健全，缺乏内在的稳定机制，市场基础薄弱；同时，上市公司治理中的一些老问题，如关联交易问题、独立性问题、选择性信息披露问题、大股东行为不规范等，不断以新的形式表现出来。

创业板市场快速发展。2009 年 10 月 30 日，随着首批 28 只创业板新股上市，我国构建多层次资本市场的构想向实践迈出了重要一步。借助这个平台，越来越多的中小型公司登上了创业板的平台。截至 2016 年底，创业板的上市公司总数量达到了 570 家，上市公司总市值 5.2 万亿元。在推出之初，深圳证券交易所对创业板提出了“两高六新”的功能定位，即“高成长、高科技、新经济、新服务、新农业、新材料、新能源和新商业模式”。在创业板企业中，有相当一部分企业属于高新技术企业，并且来自战略性新兴产业的企业占据相当高的比例，对经济结构转型和产业升级发挥了重要作用，涌现了诸如乐视网等一批市值增长近 10 倍的“小巨人”，其在 A 股市场中的分量逐渐上升。目前，创业板上市公司主要分布在机械设备、计算机、医药生物、电子、化工、电气设备、通信、传媒、公用事业、农林牧渔等行业。

可转债成为重要融资品种。我国可转换债券的发行始于 1992 年，1997 年 3 月，国务院证券委员会出台《可转换公司债券管理暂行办法》，对可转换公司债券的发行、承销及相关条件作出明确规定。之后，南宁化工、虹桥机场等企业发行了可转换债券。2001 年 4 月，中国证监会发布《上市公司发行可转换公司债券实施办法》，我国可转换公司债券进入全面发展阶段，发债规模迅速扩大。2007 后，可转债发行规模达到 106 亿元，2008～2009 年，发行规模持续下滑。直到 2010 年，发行规模大幅扩张，达到历史高点的 717.3 亿元。之后两年又连续减少。2013 年，发行规模有所回升，达到 544.8 亿元。2014 年和 2015 年分别下降到 320.9 亿元和 98 亿元。2010 年，中国工商银行和中石化的可转债发行金额超过 230 亿元；2012 年，中国民生银行发行了超过 190 亿元的可转债；2013 年底，平安集团发行了高达 260 亿元的可转债。从发达国家的经验来看，可转债一直是资本市场上的一个重要融资品种。我国的可转债市场发展则相对滞后，呈现出个券数量少、规模占资本市场的比例偏低的特点。对比国外成熟市场的发展路径，未来我国可转债市场具有较大的扩容空间。

企业债近年来发展迅速。1993 年，我国企业债发行额只有 236 亿元。2004 年以前，企业债发行额长期徘徊，各年均在 350 亿元以下，2000 年则仅有 80 亿元。2005 年以后，企业债加速扩张。2008 年国际金融危机以后，企业债规模成倍增加，2009 年提高到 1.2 万亿元，2012 年进一步增加到 2.2 万亿元，2016 年达到 3 万亿元。企业债券占国内非金融机构部门融资总量的比例由 2001 年的 0.9%提高到 2005 年的 6.5%，再提高到 2008 年的 10%，到 2012 年达到 18.3%，2016 年的比例达到 15%（图 10-2）。但是，我国企业债相对规模总体来讲仍然偏小，企业债券融资比例远远落后于美国和日本。2007 年，日本企业债券融资额占到企业融资总额的 22%；2008 年，美国企业债券融资额占到企业融资总额的 49%。相比之下，我国企业债券融资比例偏低。

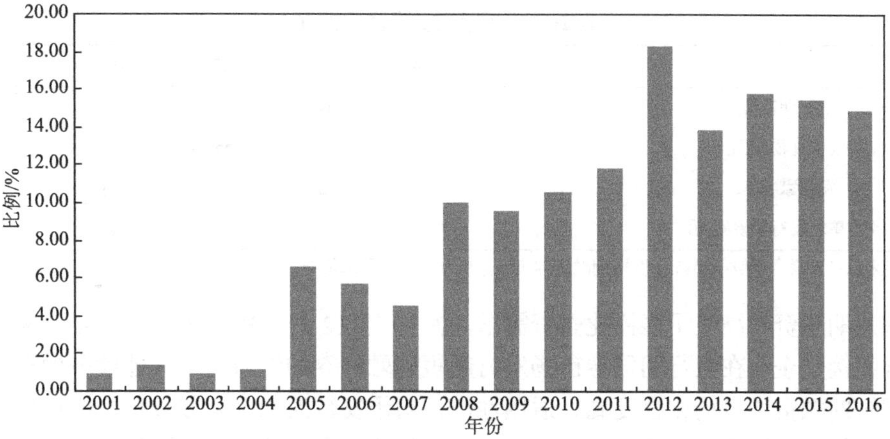

图 10-2 企业债券占国内非金融机构部门融资总量的比例

资料来源：各年《中国货币政策执行报告》，中国人民银行货币政策分析小组

二、非金融企业债务融资工具

非金融企业债务融资工具市场自 2005 年建立以来，保持了持续、快速、健康的发展态势。2008 年 4 月，《银行间债券市场非金融企业债务融资工具管理办法》出台，显示了管理层进一步放松市场管制、拓宽直接融资渠道的强烈愿望。管理办法的颁布实施推动了我国非金融企业债务融资工具市场的快速发展，为企业利用直接融资改善融资结构，促进国民经济平稳较快发展作出贡献。2011 年，中国银行间市场交易商协会发布《银行间市场非金融企业债务融资工具发行规范指引》，对非金融企业在银行间市场以招标方式、簿记建档方式及非公开定向方式发行债务融资工具进行约束。2011 年 4 月，中国银行间市场交易商协会发布了《银行间债券市场非金融企业债务融资工具非公开定向发行规则》，标志着非金融企业债务融资工具市场再添新成员。

2005～2010 年，我国银行间市场债务融资工具发行量从 1392 亿元增长到 12 966 亿元，市场存量规模从 1380 亿元扩大到 21 464 亿元。2011 年，在全国公司信用类债券融资中，超短期融资券发行了 2240 亿元，短期融资券发行 8029 亿元，中期票据 7270 亿元，中小企业集合债券 52 亿元，非公开定向债务融资工具 899 亿元。2015 年，有 1669 家企业发行了 4582 只非金融企业债务融资工具，共募集资金 5.43 万亿元。其中，十大振兴企业、战略性新兴产业、现代服务业分别募资 1.42 万亿元、1.16 万亿元和 1.16 万亿元；中小企业和“三农”企业共募资 2407.3 亿元。目前，债务融资工具市场已经成为我国非金融企业直接债务融资的主板市场。

短期融资券应用范围广泛。自 2005 年 5 月 26 日国家开发投资公司发行首期企业短期融资券以来，2005～2009 年，短期融资券发行量由 1424 亿元上升到 4612 亿元，规模不断扩大。2012 年，我国短期融资券的发行量超过了 8000 亿元，2013～2015 年则分别达到 8324.8 亿元、10 521.5 亿元和 9483 亿元（表 10-2）。作为市场化程度最高的债券品种，短期融资券的发行主体从期初单一的大型国企逐步扩大到中外合资企业和民营企业，同时，发行企业的行业分布也十分广泛，包括大型综合类、设备制造、电力、通信服务、交通运输和金属冶炼类企业，这些行业集中了我国主要的大型国企集团，实力雄厚且信用等级高。

表 10-2 短期融资券发行情况

项目	2010 年	2011 年	2012 年	2013 年	2014 年	2015 年
发行期数/期	438	608	808	860	1 072	1 105
发行规模/亿元	5 917.3	7 478.3	8 159.4	8 324.8	10 521.5	9 483
发行家数/家	334	453	614	663	782	799
平均单笔发行规模/亿元	13.51	12.3	10.1	9.68	9.81	8.58

资料来源：《联合资信：2015 年度短期融资券市场分析报告》，和讯债券

超短期融资券满足了多样化融资需求。2010 年 12 月，中国银行间市场交易商协会正式开始接受企业在银行间债券市场发行超短期融资券的注册。与其他债务融资产品相比，超短期融资券市场化程度高、适用性广，给予发行人和中介服务机构的选择空间较大，具有信息披露简洁、注册效率高、发行便利等特点。超短期融资券产品的推出进一步拓宽了大型企业直接债务融资渠道，推动企业提高流动性管理水平，丰富货币市场投资品种，满足投资者多元化需求，促进实体经济进一步增强利率政策敏感性，有利于提高宏观调控的有效性。2010 年，超短期融资券只发行 2 只，金额合计 150 亿元，2012 年，超短期融资券发行了 48 家，发行规模迅速达到 5822 亿元，到 2014 年，超短期融资券发行了 141 家，规模则高达 10 996 亿元，2015 年，超短期融资券发行超过了 400 家，规模则增加到 22 944 亿元（表 10-3）。

表 10-3 超短期融资券发行情况

项目	2010 年	2011 年	2012 年	2013 年	2014 年	2015 年
发行期数/期	2	20	125	216	443	1 430
发行规模/亿元	150	1 440	5 822	7 535	10 996	22 944
发行家数/家	1	6	48	66	141	412
平均单笔发行规模/亿元	75	72	46.5	34.8	24.8	16

资料来源：《联合资信：2015 年度短期融资券市场分析报告》，和讯债券

中期票据规模扩张迅速。中期票据是央行主导的银行间债券市场一项创新性债务融资工具。首批中期票据于 2008 年 4 月 22 日正式面世。第一期 7 家注册机构包括铁道部、中国电信、中化集团、中国五矿、中国核工业、中粮集团和中国交通建设，合计获批发行额度达 1190 亿元，共发行 392 亿元。2010 年，中期票据发行规模达到 4814 亿元，2011 年为 7079.7 亿元，2012 年为 8123.3 亿元，2013 年为 6746.2 亿元。2014 年，共有 551 家发行人发行中票 711 期，发行规模共计 9368.4 亿元。2015 年，共有 683 家发行人发行中票 912 期，发行规模达到 12 417 亿元。（表 10-4）。中票发行期数、发行规模和发行家数均大幅增加。

表 10-4 中期票据发行情况

项目	2010 年	2011 年	2012 年	2013 年	2014 年	2015 年
发行期数/期	221	407	562	508	711	912
发行规模/亿元	4 814	7 079.7	8 123.3	6 746.2	9 368.4	12 417
发行家数/家	167	314	447	413	551	683

资料来源：《2015 年度中期票据市场及利差研究报告》，和讯债券

中小企业集合债券探索发展途径。为了稳步发展中小企业集合债券，早在2007年，我国就开始进行中小企业集合债券的试点工作。2007年11月14日，经国务院批准，深圳20家企业联合发行总额为10亿元的“2007年深圳市中小企业集合债券”。这是全国第一只中小企业集合债券。该集合债券打破了以往只有大企业才能发债的惯例，实现了中小企业发行债券的历史性突破。中关村高新技术中小企业集合债券于2007年12月25日发行，债券总额为3亿元。此次债券的发行，为北京乃至全国的中小企业提供了一个新的融资样本。总体来讲，中小企业集合债券发行规模较小，2010～2013年分别只有46.6亿元、52亿元、100亿元和66.1亿元。2015年，仅发行两只中小企业集合债券，发行数量及规模均为七年来最低。

非公开定向债务融资工具创新性强。2011年5月4日，中国银行间债券市场首批非公开定向债务融资工具推出。发行主体包括三家企业，发行规模达130亿元。其中，中国光大银行作为四家主承销商之一，独家承销的中国国电集团公司首批发行规模为50亿元，与中国银行联合承销的中国五矿集团公司首批发行规模为30亿元，合计发行规模占60%以上。2011年，共有29家大型企业发行了这一具有私募性质的债务融资工具，其中包括铁道部、大唐集团、中国铝业、首都机场等。2011～2013年，非公开定向债务融资工具分别发行899亿元、3759亿元和5668亿元。2015年，非公开定向债务融资工具发行8800亿元，同比减少14%。

三、通过银行的融资工具

根据央行调查统计司对社会融资总量内涵和结构的定义，人民币和外币贷款合并为“银行表内贷款”，委托贷款、信托贷款和银行承兑汇票合并为“银行表外贷款”，而将银行表内和表外贷款统称为间接融资。在银行表内融资中，人民币贷款增量由2005年的2.35万亿元增加到2016年的12.4万亿元。银行表外业务增长也很快。2005年只有1000亿元，到2013年，已经增加到5.17万亿元，之后有所下降（表10-5）。

表10-5　银行融资工具规模　　单位：亿元

项目	2006年	2007年	2008年	2009年	2010年	2011年	2012年	2013年	2014年	2015年	2016年
人民币贷款	31 800.1	36 300.0	49 149.1	95 995.8	77 450.8	74 700.0	82 038.0	88 914.0	97 816.0	112 693.0	124 372
外币贷款	1 002.5	2 901.6	618.7	9 303.6	4 039.7	5 712.0	9 163.0	5 848.0	3 554.0	–6 427.0	–5 640
委托贷款	1 884.7	3 375.4	4 261.9	6 766.2	11 004.7	13 000.0	12 838.0	25 465.0	25 070.0	15 911.0	21 854
信托贷款	842.1	1 717.3	3 162.0	4 369.9	3 761.1	2 013.0	12 848.0	18 448.0	5 174.0	434.0	8 593
银行承兑汇票	1 523.8	6 691.5	1 099.8	4 651.8	22 705.9	10 300.0	10 499.0	7 751.0	–1 285.0	–10 569.0	–19 531
银行表内融资	32 802.6	39 201.7	49 767.8	105 299.4	81 490.5	80 412.0	91 201.0	94 762.0	101 370.0	106 266.0	118 732
银行表外融资	4 250.7	11 784.2	8 523.8	15 787.9	37 471.7	25 313.0	36 185.0	51 664.0	28 959.0	5 776.0	10 916

资料来源：各年《中国货币政策执行报告》，中国人民银行货币政策分析小组

银行票据贴现增长迅速。2000年11月9日，我国第一家专业性票据经营机构——中国工商银行票据营业部在上海成立。它的建立标志着我国商业银行票据经营步入一个专业化、规范化和规模化的发展阶段。2000～2006年，票据贴现占全国商业银行信贷资

产总量的比例逐年上升。2008 年，为应对国际金融危机带来的冲击，央行实施适度宽松的货币政策，票据市场资金面趋于正常，票据贴现占贷款的比例再度上升。伴随我国经济健康、持续地发展，商业银行短期票据贴现业务呈现出逐年翻番的形势。到 2010 年，票据融资规模达到 2.27 万亿元，2011～2012 年均超过 1 万亿元，之后有所下降。占社会融资总量的比例由 2005 年的 0.1%提高到 2010 年的 16.3%，之后趋于下降。票据融资已经成为信贷大幅增长的主力。

委托贷款存在一定扩张风险。2005 年，我国委托贷款规模不足千亿元，到 2010 年，委托贷款规模超过了 1 万亿元，2013 年，委托贷款规模达到 2.5 万亿元的历史高点。委托贷款占社会融资总量的比例由 2005 年的不到 3.4%，提高到 2014 年的 15.2%，2015 年以后有所下降。近年来，委托贷款已逐步发展成银行进行腾挪信贷、将自营资金和理财资金投向房地产和地方融资平台融资的重要工具，规模增长迅速。面对迅速增加的委托贷款业务，银监会在 2014 年工作会议上重点提示了委托贷款的风险，同时将制定委托贷款管理办法提上议事日程。2015 年，银监会起草了《商业银行委托贷款管理办法（征求意见稿）》，明确商业银行对委托贷款不承担信用风险，对资金来源及用途作出具体限制，禁止将银行授信资金作为委托贷款资金来源。新规出台后，商业银行加大清理不合规委托贷款的力度，适度控制合规委托贷款规模，委托贷款的增速迅速回落。

仓单质押有利于解决中小企业融资问题。中小企业融资难的根本原因在于金融信用问题，即履行还款承诺的能力不足。对于有仓单质押贷款申请条件、发展潜力且品质良好的中小企业，通过仓单质押可以改善其与银行之间的信息结构，有效解决金融信用问题，从而在一定程度上解决中小企业融资难问题。2000 年，交通银行推出仓单质押贷款业务，2002 年，建设银行在上海推出标准仓单质押贷款业务。广发银行、光大银行、招商银行等均推出了此项业务。中国物资储运总公司早已开始了“仓单质押”业务的尝试，设在全国的 60 多家仓库有一半在做此项业务，为 400 多家企业提供质押融资监管服务，质押融资规模已达到将近 100 亿元，仅 2012 年上半年就有 20 亿元。四大国有商业银行及中信实业银行、广发银行、华夏银行等十几家金融机构都与中储建立了合作关系。

碳金融成为银行信贷新的增长点。中国银行业参与的碳金融业务主要集中在低碳信贷、清洁发展机制，（clean development mechanism，CDM）融资及中介服务。2007 年 9 月，中国工商银行倡导“绿色信贷”并付诸实践。同年 10 月，招商银行宣布加入联合国环境规划署金融行动，并制定了全方位的绿色金融行动计划。自 2006 年 5 月在国内率先推出能效融资产品，到 2014 年底，兴业银行已累计为上千家企业提供了绿色金融融资 5558 亿元，绿色金融融资余额达 2960 亿元。2009 年，浦发银行成功实施了国内银行业第一单国际碳交易即 CDM 财务顾问业务、第一单国际碳资产抵押业务和第一单国际碳交易离岸资金托管业务，为中国首个海上风电项目上海东海大桥 10 万千瓦海上风电项目牵头银团融资；2011 年，该行成功完成联合国清洁发展机制执行理事会注册的、装机容量第一的水电项目 CDM 保理融资，并在国内银行业率先推出并成功实施支持节能服务产业的合同能源管理买断型保理融资和合同能源管理未来收益权质押融资。

四、其他融资工具

融资租赁业务范围不断拓展。自 2007 年银监会修订《金融租赁公司管理办法》，允许金融机构入股金融租赁公司以来，我国融资租赁业进入了高速发展期，无论从融资租赁公司的数量、融资租赁业务总量或是从融资租赁的业务范围来说，都取得了长足的发展。截至 2015 年底，全国在册运营的各类融资租赁公司约为 4508 家，其中，金融租赁 47 家，内资租赁 190 家，外资租赁 4271 家。全国融资租赁合同余额约 4.4 万亿元，比上年增长 38.8%。近年来，我国融资租赁业所涉业务范围逐步拓展，已从工程机械、医疗、印刷、信息等行业逐步扩展到航空、航运、城市基础设施、电信、环保、能源、传媒和娱乐等行业，融资租赁业务范围向深度和广度延伸。融资租赁的标的物已从飞机、船舶、工程机械设备、医疗设备、印刷设备等扩展至高速公路、发电、供电、轨道交通等基础设施和工业厂房等。

信托融资成为企业融资的重要途径。我国信托业自 1979 年恢复至今已有 30 多年的发展历史。由于立法滞后、功能错位，信托公司一度沦落为银行规避信贷规模管制的通道、一些中央部委及地方政府进行固定资产投资的“钱袋子”，多次受到清理整顿。到 1998 年，全国有 244 家信托投资公司，资产达 6183 亿元。但是，官商性质的信托公司发展不健康，中国人民银行对其进行多次整顿。2001 年，《中华人民共和国信托法》的颁布奠定了信托业发展的法律基础，信托公司业务得以回归本源。2007 年，中国银监会颁布实施新的《信托公司管理办法》和《信托公司集合资金信托计划管理办法》，明确了信托公司作为财富管理机构的功能定位，为信托业实现科学发展奠定了制度基础。信托公司管理的信托资产规模不断增加，2007 年为 9621 亿元，2010 年突破 3 万亿元，2012 年达到 7.5 万亿元，2015 年末，全国 68 家信托公司管理的信托资产规模为 16.3 万亿元，信托业实现经营收入 1176 亿元，实现利润 750 亿元。2015 年，信托资金主要投向五大领域，依次是工商企业（占 22.5%）、证券市场（占 20.3%）、金融机构（占 17.9%）、基础产业（占 17.8%）、房地产业（占 8.7%）。

私募股权投资发展活跃。近年来，我国私募股权投资行业的募资规模、投资金额、投资案例数逐年增长，2008 年达到了发展的高峰。金融危机之后，国内外股市低迷，私募股权投资发展也受到一定的不利影响。2010 年以后，私募股权投资全面复苏，当年共有 82 只可投资于中国大陆市场的 PE 成功募集到 276.2 亿美元，基金数量与募集规模分别为 2009 年的 2.73 倍与 2.13 倍。2011 年，全国共有 617 只私募股权基金完成募集，募资金额达 670.6 亿美元。2013 年，349 只私募股权基金完成募集，募资 345 亿美元。截至 2016 年 10 月底，私募基金管理人 17 271 家，已备案私募基金 42 263 只，认缴规模 9.13 万亿元，实缴规模 7.26 万亿元。私募投资主要集中在生物技术/医疗健康、机械制造、清洁技术、房地产、互联网等行业，房地产、能源及矿产、连锁及零售等行业大宗投资案例较多。

民间融资面临复杂局面。根据西南财经大学发布的一份报告，截至 2013 年底，全国民间借贷的规模已经高达 5 万亿元，高息借贷的资金规模超过 7500 亿元，年利率平均为 36.2%，约有 166 万户家庭对外高息放贷，户均借出款 45 万元。近年来，以投资理财等名义从事民间融资的投资咨询中介快速兴起，P2P、众筹等网贷平台快速发展，成为民间融资新载体，小贷公司、融资担保公司及典当行等部分持有“牌照”的准金融机构，纷纷通过账外经营涉足民间借贷，家庭部门通过个人消费贷款、信用卡等方式获取银行信贷资金后投向民间融资，部分资金实力较强的企业逐渐减少主营业务投入，将自有资金直接投资民间融资，或者利用其实力、信誉和地位，获取银行信贷资金，然后再通过委托贷款、信托理财等形式，从事民间融资等金融投资。[①]目前，民间融资法律地位不明确，与非法集资界限模糊，发展无序，监管缺失，易引发区域性、系统性金融风险。

第三节 政府融资工具运用

在我国政府融资过程中，无论是以直接的还是间接的方式，上述基本融资工具都有着不同程度的运用。政府是融资工具的创新主体，庞大的建设资金需求迫使政府不断寻求新的融资工具。而特殊的背景与地位，又使政府的融资工具创新更容易为市场所接受。

一、地方债

20 世纪 80 年代末至 90 年代初，我国许多地方政府为了筹集资金修路建桥，都曾经发行过地方债券。有的甚至是无息的，以支援国家建设的名义摊派给各单位，更有甚者就直接充当部分工资。但是，到 1993 年，这一行为被国务院制止了，原因是中央政府对地方政府的财政兑付能力有所怀疑。此后颁布的《中华人民共和国预算法》第 28 条，明确规定“除法律和国务院另有规定外，地方政府不得发行政府债券”。1998～2003 年实施积极财政政策，中央政府代政府举债，并转贷地方用于国家确定项目的建设。1999 年、2000 年和 2001 年中央国债再转贷的数额分别达到 300 亿元、500 亿元和 400 亿元。由于国债转贷地方是中央发债，地方使用，不列中央赤字，转贷资金既不在中央预算反映，也不在地方预算反映，只在往来科目列示，不利于监督。同时，由于举借债务与资金使用主体脱节，责权不清，增加了中央财政负担和风险。

2008 年国际金融危机冲击我国，为解决新增中央投资公益性项目的政府配套资金困难，国务院同意地方发行 2000 亿元债券，由财政部代理发行，列入省级预算管理，期限为 3 年。2010 年和 2011 年中央每年代理发行政府债券规模均为 2000 亿元，期限分 3 年和 5 年。2011 年，地方政府自行发债试点开启，将上海市、浙江省、广东省和深圳市列入试点范围，四个试点地区的政府债券还本付息仍由财政部代办。2012～2013 年政府债券发行总额增加到了 2500 亿元和 3500 亿元。2014 年继续发行政府债券 4000 亿元，其中财政部代发地方政府债券 2908 亿元，地方政府自行发债 1092 亿元，并在 10 个地区顺利开展了政府债券自发自还试点。政府发债由中央“代理”到“自行”，有利于政府逐步建立稳定和规范的发债渠道。新《预算法》和国发 43 号文出台为地方债的规范与快速发展创造了体制条件。2015 年，地方新增债券 6000 亿元，另外，地方政府还发行了 3.2 万亿元的存量置换债券。2016 年，新增地方债 11 698.4 亿元，置换债券规模 48 760 亿元，合计 60 458.4 亿元。

① 宋军：《当前民间融资发展新趋势》，《金融时报》，2014 年 11 月 17 日，第 9 版

二、城投债

城投债又称“准市政债”，是政府投融资平台作为发行主体公开发行的企业债券，多用于地方基础设施建设或公益性项目。截至2016年末，全国存量城投债券4580只，存量债券规模46 073.7亿元。我国城投债发行规模呈跳跃式增长态势。2005年，城投债发行28只，发行总规模386亿元，分别是上年的9.3倍和8.8倍；2009年，国际金融危机以后，当年城投债发行191只，发行总规模3158亿元，分别是上年的2.9倍和3.1倍；2012年，城投债再次大幅增长，当年发行757只，发行总规模8909亿元，分别是上年的2.6倍和2.4倍。2016年，城投债发行了1804只，发行规模增加到17 352亿元。城投债的平均发行票面利率趋于上升，由2000年的3.9%提升到2013年的6.2%，大部分时期保持在5%左右。城投债的平均发行期限则有所下降，2002年曾经达到11.7年，到2013年，期限只有4.6年（表10-6）。

表10-6　我国城投债发行情况

年份	发行数/只	发行总规模/亿元	平均发行票面利率/%	平均单支规模/亿元	平均发行期限/年	发行规模占GDP的比例/%
2000	3	16	3.9	5.3	4.3	0.0
2001	0	0	—	—	—	—
2002	3	45	4.4	15.0	11.7	—
2003	4	83	4.4	20.8	11.3	0.1
2004	3	44	5.6	14.7	9.0	0.0
2005	28	386	4.1	13.8	6.5	0.2
2006	37	446	3.9	12.1	6.2	0.2
2007	68	781	4.8	11.5	6.4	0.3
2008	66	1 007	5.5	15.3	3.5	0.3
2009	191	3 158	5.0	16.5	5.6	0.9
2010	224	2 978	5.0	13.3	5.1	0.7
2011	295	3 668	6.4	12.4	4.9	0.8
2012	757	8 909	6.4	11.8	5.2	1.7
2013	806	9 471	6.2	11.8	4.6	1.7
2014	1 228	12 016	—	11.4	—	2.1
2015	1 164	11 197	—	9.7	—	2.5
2016	1 804	17 352	—	9.6	—	2.3

资料来源：wind；光大证券研究报告，《2015年全国城投债券发行情况分析》；中债资信，《2016年全国城投债券发行总结》

城投债发行的基本条件是：企业经济效益良好，近三个会计年度连续盈利；现金流状况良好，具有较强的到期偿债能力；累计债券余额不超过企业净资产的40%，用于固定资产投资项目的，累计发行额不得超过该项目总投资的20%；最近三年可分配利润足以支付企业债券一年的利息。城投债募集资金主要用于城市给排水管网设施、道路、桥梁、燃气、热力、垃圾和污水处理等市政基础设施、江河湖泊治理、保障房建设和棚户区改造、产业园区基础设施、城市轨道交通、城市文化和体育设施等领域。从 2011 年开始，国家还控制了融资平台发债的范围，只有全国财政收入百强县的县级及县级以上融资平台公司，才能申请发行城投债。为了将城投债的发行与政府性债务风险的控制相结合，国家还规定，如果一个地方的累计政府性债务占财政总收入的比例超过 100%，就不得再通过发行城投债新增政府性债务。

近年来，我国城投债呈现如下特征：第一，信用评级总体降低。城投债发行主体的信用评级一般不高，AAA 级发债主体较少，AA 及 AA 级以下的占大多数，主要原因在于一般城投类公司的收入结构比较单一，财政补贴是公司利润的主要来源，盈利能力较差。第二，二级城市以下主体明显增多。2002～2010 年，城投债发行主体多为二级城市，其次是省及直辖市，而县级主体发城投债只有 1 例。2011 年以来，发行主体行政级别呈下降趋势，二级城市较以往大幅上升。省及直辖市、省会城市均下降较多，县级主体发行城投债的数量较以往有相当大的突破。第三，企业债为主，7 年期居多。城投债主要的发债类型为企业债，企业债占据绝大部分的城投债市场。从期限分布来看，大部分的城投债都为中长期债券，其中 7 年期的城投债最多。

三、政府背景贷款

在全部银行贷款中，有一些是由政府部门、事业单位或者下属平台公司借去，用于政府项目建设，这部分贷款就是政府背景贷款。根据审计署的审计结果，到 2013 年 6 月底，在我国政府负有偿还责任的债务中，银行贷款达到 5 万亿元，占全部债务的 74.8%，在政府或有债务中，银行贷款达到 4 万亿元，占 86%。可见，银行贷款是政府的主要融资工具。

基础设施是政府的主要投资领域，基础设施信贷规模变化可以反映出政府间接融资状况。2006 年，我国中长期贷款新增 1.73 万亿元，主要投向基础设施行业（交通运输、电力、水利、环境和公共设施）的中长期贷款增加了 1.1 万亿元，占 63.6%；2007 年，中长期贷款新增 2.4 万亿元，主要投向基础设施行业的中长期贷款增加了 0.79 万亿元，占 32.9%；2008 年 3 季度以后，国际金融危机对我国的不利影响明显加重，中央政府迅速推出两年 4 万亿元投资扩张计划。银行普遍把新一轮积极财政政策看作是重大机遇，向政府投资项目大量放款。2008 年，主要投向基础设施行业的中长期贷款增加了 1.1 万亿元，占中长期贷款新增总额的 48.2%，比例比上年提高了 15 个百分点；2009 年，我国中长期贷款新增 5.15 万亿元，主要投向基础设施行业的中长期贷款增加了 2.5 万亿元，占全部新增中长期贷款的 48.5%。①

银监会的数据表明，到 2009 年 6 月末，全国各省（自治区、直辖市）及其以下各级政府设立的平台公司合计达 8221 家，其中县级政府平台公司 4907 家，银行对这些政府融资平台授信总额达 8.8 万亿元，贷款余额超过 5.56 万亿元，几乎相当于中央政府的国债余额。②根据有关统计，2009 年 2～3 月，国家开发银行先后与湖南、河北、浙江等

① 根据《2006—2009 年第四季度中国货币政策执行报告》统计，中国人民银行网站

② 吕天玲、鄢秀钦：《地方融资欠债或超 7 万亿 危机隐现银监会清查》，《南方日报》，2010 年 5 月 11 日，A16 版

13 个省级政府签署开发性金融合作协议，以 1.2 万亿元的贷款额度支持上述地方实施扩大内需战略。[①] 2009 年 4 月，中国建设银行与陕西省政府签订了战略合作备忘录，以后三年，该行将向陕西省重点建设项目提供 1200 亿元信贷支持。[②]根据工行湖北省分行的统计，2009 年 1 月，湖北省工行累计新发放人民币贷款 78.7 亿元，其中中长期贷款 45.8 亿元，在中长期贷款中，由中央政府投资项目拉动的为 3.1 亿元，由政府投资项目拉动的为 35.7 亿元，政府项目贷款占中长期贷款的 85%。据 2009 年三大行公布的年报，工行投向政府融资平台的贷款余额为 7200 亿元，中行为 4243 亿元，建行为 6463 亿元。[③]

四、专项建设基金

专项建设基金是指国家发展和改革委员会为积极应对经济下行压力、有效缓解地方政府融资困难、发挥投资对稳增长的关键作用，会同国家开发银行和农业发展银行，通过向邮政储蓄银行定向发行长期专项建设债券，建立专项基金，直接注入项目资本金。自 2015 年以来，国家先后投放了多批基金，用于支持重点领域项目建设，对稳增长调结构促改革作出了积极贡献。专项基金操作方式是：专项基金对项目公司进行资本金注资，获得部分股权，溢价部分计入资本公积金；建设期内，公司以不超过 1.2%的年息向专项基金支付投资收益；专项基金不向公司委派董事、监事和高管人员，不参与经营管理；建设期结束后，公司再以收购选择权方式或减资退出方式分批回购专项基金的股权。

专项建设基金设立的特殊背景，决定了其不同的特点：一是投放批次多、金额大。专项建设基金由国家发展和改革委员会主导，两年已安排资金投放 7 批，金额超过 2 万亿元；二是利率低、期限长。专项建设基金利息 1.2%，其余由中央财政按照专项建设债券利率的 90%贴息，而且投资期限长，大多在 10～15 年；三是投资方式多样化。既有股权投资的形式，也有股东借款的形式，包括增资和设立新公司；四是投向比较广泛。涉及五大领域 34 个专项，超出传统的公共投资领域，在新兴产业、“互联网+”等增强制造业核心竞争力等转型升级相关的领域加大投入；五是政策银行运营管理。由国开行和农发行两家政策性银行具体负责运营管理，有利于遵循市场经济规律，逐步建立投资约束和风险管控机制，提高基本建设投资效益。

五、信托融资

随着监管部门对融资平台贷款的严格控制，2009 年开始，信托公司就与地方融资平台进行了大量合作，以信托为主导的非信贷类融资总量呈现快速增长态势。2010 年，信托公司信政合作业务余额达到 3563 亿元，占全部业务规模的 11.7%。由于国家政策逐渐加强对政府融资的管制，2010 年以后，不少信托公司曾暂停了信政合作的增量业务，但 2012 年起，信政合作重新抬头。从信托资金的投向看，2011～2016 年，政府主导的基础设施信托资金余额分别达到 10 155.2 亿元、16 501.8 亿元、26 028.5 亿元、27 700 亿元、

---

① 朱安明：《银政合作助力积极财政政策》，http://finance.people.com.cn/GB/67610/8955538.html，2009 年 3 月 13 日

② 邓华宁、冯雷、武勇、储国强：《地方债务率远超风险警戒线》，经济参考报，2009-07-14，第 7 版

③ 刘永刚：《10 省市贷款债务率超 100% 中央欲规范融资遭抵制》，http://news.sina.com.cn/c/2010-04-06/050520013107.shtml，2010 年 4 月 6 日

26 300 亿元和 27 299 亿元，分别占全部依托资金的 21.9%、23.6%、25.7%、21.4%、18% 和 15.6%。[①]

从信托介入政府投资的模式看，一是银行发行理财产品募集资金，与信托公司签订单一资金信托计划，将理财资金交由信托公司给平台融资；二是银行与信托公司签订单一资金信托计划，将自有资金交由信托公司给平台融资；三是信托公司根据平台融资需求，设计非标准化债权类——信托资产收益权，由多家银行参与资金交易，包括发起行、交易行、回购行等；四是由信托公司发行集合信托计划募集资金给平台融资。由于集合信托计划受募集人数、出资人标准等限制，募集资金规模与前三种相比，相对较小，目前信托介入业务模式主要以前三种为主导，特别是第三种模式。从业务开展地域看，主要是异地信托机构给本地平台融资。从融资期限看，主要集中在 2～3 年，最长期限为 5 年，融资成本集中在基准利率上浮 30%～50%。从资金投向看，主要集中在土地储备、轨道交通、棚户区改造、园区开发、公路交通、水电气暖等领域。

六、政府引导基金

自 2015 年 12 月财政部发布《政府投资基金暂行管理办法》以来，我国政府引导基金出现了井喷式发展。根据清科研究中心统计，截至 2016 年底，我国政府引导基金已设立 1013 只，总目标规模 53 316.5 亿元，到位资金达 19 074.2 亿元，单只基金平均目标规模为 57 亿元。政府引导基金的运作主要可以划分为创业投资引导基金、产业投资引导基金、基础设施和公共服务投资引导基金三大类型。创业投资引导基金主要是指通过扶持创业投资机构，进而带动社会资本支持创新创业和支持中小企业发展。产业投资引导基金主要是指以扶持重点产业发展为方向，培育新兴产业，促进企业做大做强的政府引导基金。基础设施和公共服务投资引导基金主要是支持基础设施和公共服务领域。通过改革公共服务供给机制，创新公共设施投融资模式，鼓励和引导社会资本进入基础设施和公共服务领域，加快推进重大基础设施建设，提高公共服务质量和水平。主要包括 PPP 发展基金和城镇化投资引导基金及各类以公共服务为导向的引导基金。按照财政出资和投资区域划分，引导基金还可以划分为国家级、省级、地市级、区县及以下五个层级。

为落实创新驱动战略，促进大众创业、万众创新，推动新兴产业成长，实现产业升级，2015 年 1 月，国家新兴产业创业投资引导基金设立。通过参股创投基金等方式，重点支持新兴产业领域最具创新活力的早中期、初创期创新型企业成长壮大。国家新兴产业创业投资引导基金由 3 只基金实体组成，分别为中金启元、国投创合、盈富泰克。基金实体由国家出资与社会出资联合组建，采用合伙制运作模式，存续期 10～15 年，通过基金合伙人协议、委托管理协议等法律文件明确政策方向，约束投资行为，落实政策目标，实现投资收益（图 10-3）。截至 2017 年 3 月底，引导基金总规模 760 亿元。其中，新设立的引导基金实体募资总额 670.5 亿元，国家承诺出资 135 亿元，由财政部、国家发展和改革委员会按 1∶1 比例分别通过中央财政专项资金、中央基建投资资金安排，社会出资 535.5 亿元。前期通过新兴产业创投计划已投出的 90 亿元参股资金作为存量部分转入引导基金。

① 中国信托业协会统计资料

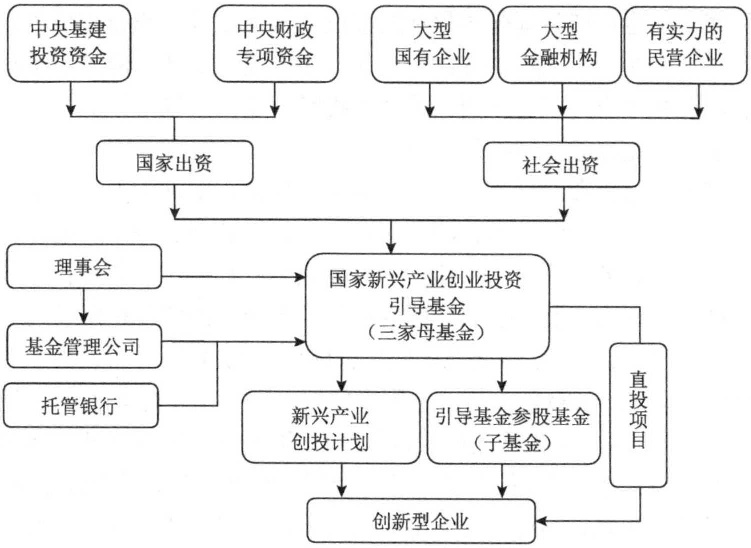

图 10-3 国家新兴产业创业投资引导基金实施框架

资料来源：国家新兴产业创业投资引导基金理事会办公室，《2016 年国家新兴产业创业投资引导基金发展报告》，第 11 页

实际上，早在 2009 年，国家发展和改革委员会、财政部就已联合启动了新兴产业创投计划（简称创投计划），由中央财政引导资金与地方财政资金、社会资金共同出资设立创业投资基金。国家新兴产业创业投资引导基金是创投计划的延续和拓展。截至 2016 年底，中央财政资金投入创投计划 91.5 亿元，直接带动地方政府和社会资本 406.3 亿元设立创业投资基金，实现了 4.4 倍的一次带动效应。创投计划通过参股基金带动投资机构和商业银行向基金所投创新型企业投资，共带动 1393 亿元的资金，实现了 15.2 倍的引导带动效应。截至 2016 年底，创投计划参股基金累计投资企业 1487 家，累计投资金额 256.4 亿元，累计投出率为 51.5%。从被投企业的行业分布看，参股基金所投企业涵盖了新一代信息技术、生物医药等战略性新兴产业及高技术产业。其中，新一代信息技术领域最受参股基金青睐，被投资企业达到 473 家，约占 30%。从被投企业所处发展阶段看，创投计划很好地贯彻了支持处于起步成长阶段的创新型企业的政策。截至 2016 年底，投资于初创期创新型企业 537 家，投资于早中期创新型企业 671 家，两类企业占全部被投企业的 80%以上。

七、保险资金

为推进保险资金集中化、专业化投资于地方重点基础设施建设，分享经济社会快速发展的成果，更好地提高保险资金的使用效率，2005 年 12 月，国务院正式批准保险资金可以间接投资基础设施项目。中国保监会于 2006 年 3 月发布《保险资金间接投资基础设施项目试点管理办法》，对保险资金进行基础设施投资的运作和管理进行详细规定。随后，保监会陆续出台了《保险资金间接投资基础设施债权计划管理指引（试行）》《基础设施债权投资计划产品设立指引》等部门规章，推动了债权计划投资试点的顺利实施。2012 年 10 月，中国保监会再次出台《基础设施债权投资计划管理暂行规定》，从各方面放松了投资计划的设立条件，为企业运用保险资金拓宽融资渠道提供了有利的机会。

截至 2016 年底，保险资产管理公司累计发起设立各类债权、股权和项目资产支持计划 651 项，合计注册（备案）金额 16 524.8 亿元。主要投向交通、能源、不动产等基础设施，项目覆盖全国 30 个省区市。在国家重大工程和重要民生领域形成一批有影响力的投资项目，提高了保险业服务实体经济的能力。

保险机构基础设施投资计划相继设立，泰康、华泰、中国人寿、太平洋、人保等保险机构通过设立基础设施投资计划，涉及公路、铁路、隧道、桥梁、能源、税务、市政等领域。2007 年，泰康资产设立“泰康开泰 – 铁路债权计划”募集债权资金 100 亿元投向铁路建设领域；中国人寿资产设立“国寿资产 – 申通集团债权投资计划”，投资计划规模 25 亿元，用于投资上海轨道交通基础设施建设。2011 年 3 月，由太保资产牵头、阳光财险、天平车险等四家险企参与的公租房债权计划，共募资 40 亿元，参与投资上海地产建设的 50 万平方米公共租赁住房项目。2013 年 6 月，中国石油与泰康资产管理有限责任公司、北京国联能源产业投资基金签订合同，合资设立中石油管道联合有限公司，注册资本 400 亿元。新成立的合资公司主要负责运营甘肃兰州以西的原油、成品油管道和宁夏中卫以西的西气东输一线及二线的管道。

第四节　金融体系完善及其对融资工具创新的影响

一、我国金融体系发展现状

从一般意义上看，金融体系是一个经济体中资金流动的基本框架，它是资金流动的工具（金融资产）、市场参与者（金融机构）和交易方式（金融市场）等金融要素构成的综合体。经过改革开放 30 多年的发展，我国的金融体系框架已经基本建立起来，但是，由于正处于体制转轨时期，金融体系及其结构也存在着明显缺陷，需要逐步加以完善。

（1）银行资产占比较大，非银行金融机构资产比例较低。截至 2016 年末，中国银行业、证券业、保险业总资产已达 286.2 万亿元。其中，银行业金融机构资产就达到 232.2 万亿元，占金融资产总额的 81.1%，而证券、保险等行业加起来 19.6 万亿元，仅占金融资产总额的 6.8%，占银行业金融资产的 8.4%（表 10-7）。而在金融市场发达的美国，非银行金融机构在总金融资产中占比为 3/4 左右。2016 年，我国银行业资产与股票市场市值之比达到 4.6，明显高于美国、英国等市场主导型国家，在金砖国家中也是最高的，仅次于德国，表现出明显的“银行主导型”发展模式。

表 10-7　2016 年金融业资产简表

项目	金额/万亿元	比例/%
金融业资产	286.2	100
中央银行	34.4	12.0
银行业	232.2	81.1
证券业	4.5	1.6
保险业	15.1	5.3

资料来源：《中国金融稳定报告 2017 年》，中国人民银行

（2）直接融资比例不断上升，间接融资所占比例依然较大。2002～2016年，我国银行贷款和票据等间接融资规模由1.8万亿元提高到12.9万亿元，年均增长15%，股票和债券等直接融资规模由1308亿元提高到4.2万亿元，年均增长28%。间接融资占社会融资规模的比例由93.1%下降到72.8%，而直接融资比例则由6.9%提高到27.2%。直接融资比例每年上升1.4个百分点（图10-4），我国融资结构有所改善。但是，我国间接融资的比例平均达85%，而直接融资比例平均只有15%。我国直接融资比例不仅远低于市场主导型的美国的73%和英国的62%，也低于银行主导型的德国的39%和日本的44%。[①]我国直接融资比例仍然偏低，银行系统承接了较多的融资风险。

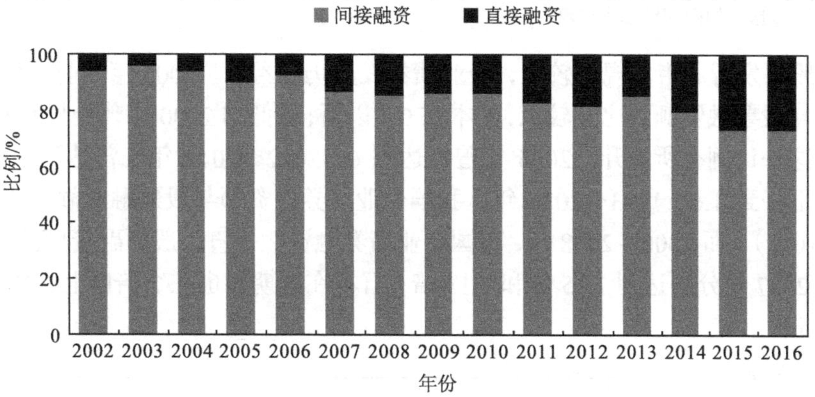

图10-4 2002～2016年直接融资和间接融资比例

资料来源：各年《中国货币政策执行报告》，中国人民银行货币政策分析小组

（3）银行业内部竞争性增强，国有商业银行仍居垄断地位。我国银行业经过多年的改革与发展，从结构上看，已经逐渐形成了以四大国有银行占主体，股份制商业银行等其他各种银行参与竞争的寡头垄断格局。2005年，我国银行业总资产为37.5万亿元，其中，大型国有商业银行、股份制商业银行、城市商业银行和其他类金融机构资产占银行业总资产的比例分别为52.3%、15.7%、5.6%和26.4%。而到2011年末，银行业总资产达到111.5万亿元，上述金融机构资产比例分别调整为46.6%、16.4%、9%和28%。到2013年末，银行业总资产达到151.3万亿元，上述金融机构资产比例调整为43.4%、17.8%、10%和28.9%。2015年末，银行业总资产达到199.3万亿元，金融机构资产比例调整为39.2%、18.5%、11.4%和30.9%（表10-8）。国有商业银行资产比例下降，股份制商业银行、城市商业银行、其他类金融机构资产占比有不同程度的上升。整个银行业的行业内部竞争性有所增强，但是，国有商业银行仍占优势地位。

表10-8 银行业资产结构

项目	2005年		2011年		2013年		2015年	
	资产额/万亿元	占比/%	资产额/万亿元	占比/%	资产额/万亿元	占比/%	资产额/万亿元	占比/%
国有商业银行	19.6	52.3	52.0	46.6	65.6	43.4	78.2	39.2

① 郭树清：《金融调结构 经济有出路》，《人民日报》，2012年7月2日，第17版

续表

项目	2005年		2011年		2013年		2015年	
	资产额/万亿元	占比/%	资产额/万亿元	占比/%	资产额/万亿元	占比/%	资产额/万亿元	占比/%
股份制商业银行	5.9	15.7	18.3	16.4	26.9	17.8	36.9	18.5
城市商业银行	2.1	5.6	10.0	9.0	15.2	10.0	22.7	11.4
其他类金融机构	9.9	26.4	31.2	28.0	43.6	28.9	61.5	30.9
资产总额	37.5	100.0	111.5	100.0	151.3	100.0	199.3	100.0

资料来源：根据《中国金融年鉴》整理

（4）股票发行和市场规模较大，企业债券发展仍显不足。2005年以前，我国企业债券融资额与股票融资额的比例较低，基本在0.5以下，最低的2000年曾经只有0.05。2005年之后，这一比例有所上升。2005年曾经达到6，2012～2014年也曾达到5～7，2016年，比例下降到1.6。1993～2016年，我国企业债券融资额与股票融资额的比例平均只有2（图10-5）。而2000～2008年，美国企业债券融资额一直为股票融资额的3倍以上，2006年、2007年分别达到7.15倍和7.13倍；日本在这期间也在2倍以上，2008年还达到了6.76倍。

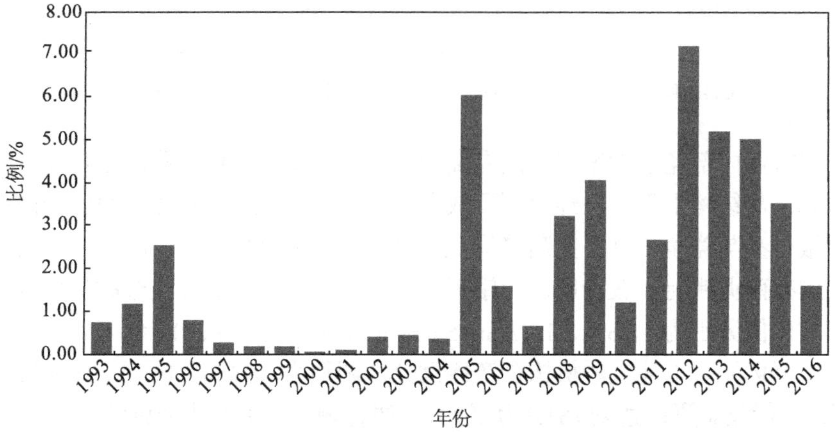

图10-5 企业债券融资额与股票融资额的比例

资料来源：各年《中国货币政策执行报告》，中国人民银行货币政策分析小组

（5）资本市场正在迈向多层次，但市场结构仍然不合理。目前，我国资本市场总体上可分为三个层次，即由上海证券交易所和深圳证券交易所全国市场、深圳证券交易所小型股市场和场外市场（OTC市场[①]）。第一层次由上海证券交易所和深圳证券交易所的全国市场构成，主要是为比较成熟的、优秀的大型和中型企业提供股权融资的全国性市场。第二层次是由深圳证券交易所小型股市场构成，主要是为那些具有成长潜力、但尚处于产业化初期的企业提供融资服务的全国性市场。第三层次场外市场也快速发展。截至2016年底，我国主板公司3052家，中小板822家，创业板570家，新三板10 163

① OTC市场：over-the-counter market，场外交易市场

家。2016年，新三板挂牌公司数量快速增加，但是，市场成交低迷，全年成交额不到2000亿元，发展很不成熟。美国有纽约证券交易所、纳斯达克、场外电子柜台交易市场和粉单市场、灰色市场等几个层次，大致呈金字塔状。纽约证券交易所有2311家上市公司，纳斯达克2717家，场外电子柜台交易市场（over the counter bulletin board，OTCBB）2386家，粉单市场6199家，灰色市场6万多家，大致呈金字塔状，结构相对稳定合理。①

二、我国金融体系改革方向

结构失衡是我国金融体系的主要缺陷所在，也是未来金融改革需要努力的方向。金融体系改革要有利于提供多样化的融资需求，有利于防范金融风险，有利于弥补内部结构缺陷，有利于促进市场竞争，有利于实现体制机制创新。

（1）构建“互补型”金融体系。从各国的经验看，银行主导型金融体系和市场主导型金融体系在促进经济发展方面都获得过成功，同时，也都存在局限性。改革开放以来，我国经济一直快速发展，银行在金融体系中始终发挥着举足轻重的作用。在国际金融危机中，我国的银行主导型金融体系充分发挥了其分担风险的功能。但这并不说明资本市场没有发展的必要。资本市场作为重要的资源配置场所，理应发挥其独特的作用，而且，资本市场正是我国发展中的薄弱环节。总体来讲，市场主导的金融体系有其发展的特殊性要求——包括有效的保护中小投资者的政策、政府在经济管理中的作用、开放的市场环境等。在我国，信息不对称程度高，法律制度不健全，对中小投资者的权益保护不力，合同执行效率不高等问题使我国在现阶段无法选择市场主导型金融体系。我国未来的金融体系应该是将两种传统模式的优点集于一体的更高级的、具有更强竞争力的金融体系——“互补型”金融体系。

（2）提高直接融资的比例。目前，我国间接融资主导的融资结构弊端日益显现出来。第一，长期低于市场均衡价格的信贷资金运营必然带来资金低效使用，不利于经济的健康发展；第二，企业生存发展所需资金主要来源于银行信贷资金，不仅造成企业债务负担沉重，而且使风险过度集中于银行。近年来，我国融资结构有所改善，但直接融资比例仍然偏低。因此，要改变过度依赖银行体系的脆弱性融资结构，提高直接融资占比，推动融资结构的多样化，提升融资结构的灵活性。要完善证券发行上市核准制度，提高上市公司质量。妥善解决股权分置问题。加大上市公司信息披露的监督。改变部分上市公司重融资、轻回报的状况，使投资者能够分享经济发展的成果。完善市场退出机制，在实现上市公司优胜劣汰的同时，尽快建立和完善投资者保护基金，保护投资者的利益。

（3）鼓励发展中小金融机构。中小金融机构是金融体系的重要组成部分，发展中小金融机构是完善金融体系、提高金融体系竞争力的必要环节。首先，中小金融机构的市场定位应是为中小企业服务。受到中小企业发展所处的阶段和商业银行的贷款原则的限制，很难从国有商业银行获得融资，中小金融机构成为中小企业最合适的融资来源。中小金融机构大部分为区域性机构，在获取当地企业信息，吸收当地机构和居民的资金方面具有优势。其次，为中小金融机构的发展创造公平的市场环境和宽松的政策环境。政府应取消对中小金融机构的歧视性政策，避免用强制性的行政手段对中小金融机构的经

---

① 祁斌：《加快多层次资本市场建设 化解中小企业困局》，《人民日报》2012年2月27日，第10版

营发展进行干预。监管机构可以适当放宽中小金融机构的业务经营范围审批和地域服务范围的审批，对于经营状况较好，允许具备条件的中小金融机构开展再贴现、再贷款等业务。最后，防范中小金融机构风险。中小金融机构要完善内部经营管理体制，解决自身在经营管理中存在的问题，合法经营，强化内控机制建设，形成合理的内部监督机制。同时，国家应完善中小金融机构的退出机制，尽快建立存款保险制度。

（4）大力发展各类债券市场。经过 20 多年的高速发展，我国债券市场达到一定的规模。从发展趋势来看，未来债券市场的规模将继续扩大，但是，增速有所放缓，直到政策或产品创新带来新的突破。从债券品种上来看，目前，债券市场健康发展的动力源自企业债券和公司债券等市场主导型债券，同时，短期融资券、中期票据等银行间债券市场规模扩张迅速。从市场层次上来看，银行间市场参与者的研究分析能力整体上高于交易所市场的参与者，因此，银行间市场可以比交易所市场更快走向成熟。另外，要积极推动以债券为基础的固定收益类和结构化金融产品创新。稳步推进资产证券化，研究发行市政债券。继续推动非金融企业特别是中小企业债务融资工具创新。研究推出资产支持票据等新的债务融资工具，尝试发展中小企业高收益债券。研究推出债券期权。试点发展信用风险管理工具。完善市场价格发现机制，充分发挥市场功能。

（5）推进资本市场多层次发展。在资本市场上，不同的投资者与融资者存在对资本市场金融服务的不同需求，决定了资本市场应该是一个多层次的市场体系。多层次的资本市场能够对不同风险特征的筹资者和不同风险偏好的投资者进行分层分类管理，并最大限度地提高市场效率与风险控制能力。正是纳斯达克市场的建立使美国一些名不见经传的小企业获得巨大的成长机会。如果没有纳斯达克市场，也就不会有微软公司和苹果公司。近年来，随着中小板和创业板的开启，资本市场在推动我国科技创新型企业的发展中发挥越来越重要的作用。要积极发展场外交易市场。借鉴成熟市场经验，充分考虑我国特殊国情，研究和探索建立统一监管下的场外交易市场，扩大资本市场为中小企业的服务范围，拓展中小企业融资渠道。壮大和发展中小板和创业板市场。根据中小企业的特点不断完善新股发行机制、再融资制度、退市制度和并购机制，推动上市公司做大做强；完善治理机制，增强市场透明度。规范发展创业投资和私募股权投资基金。完善相关政策法规和社会信用体系建设，制定规范性指引，保护投资者权益，建立和完善监管体系，推动行业规范发展。

三、政府融资工具创新

（一）推进市政债券的发行

世界上许多国家允许市政债券（municipal bonds）的发行，市政债券早已成为各国城市建设的重要融资工具。市政债券最早起源于美国。1996～2014 年，美国市政债券平均每年发行量为 3324 亿美元，占美国全部债券品种发行总量的 7%左右。2014 年底，美国市政债券余额3.63万亿美元，占美国各类债券存续总量的9.46%，占GDP的21%。[①]2015

① 陈海华：《美国市政债券市场概况及对我国地方政府债券发行的启示》，《人力资源管理》，2015 年第 10 期，第 6-9 页

年和 2016 年，我国地方债券规模迅速扩大。根据全国财政决算报告，截至 2016 年底，地方一般债券余额 9.8 万亿元，专项债券余额 5.5 万亿元，合计 15.3 万亿元，占 GDP 的 20.6%，这一比例已接近美国 2014 年的水平。在新的地方政府投融资模式下，未来中国地方政府举债的主要渠道就是债券融资，我国市政债券的发展规模潜力仍然巨大。

新《预算法》明确指出“市县级政府确需举借债务的由省级政府代为举借”。这说明地方政府虽被赋予了举债权，但是，中央政府仍然承担着对地方政府举债的宏观管理责任，省级财政仍然在为地方债最终兜底。这容易出现中央政府与地方政府之间的信息不对称，导致地方政府的债务需求与中央政府确定的地方政府债务规模和结构出现偏差；地方政府的举债权仅限于省级政府，但是，偿债责任是市县政府的，发债主体和偿债主体不一致，市县政府可能会把精力放在争指标、争额度上，不利于强化其风险控制意识，反而会造成寻租腐败现象。所以，应建立由中央政府确定地方债券总量、市场调控型的地方债制度，根据各级政府的财力与负债情况，由省、市、县级政府发行地方债，城市政府独立发行市政债券，最终形成以市政债券为主体的地方债务融资体系。

完善的市场体系是市政债券持续稳定发展的基础。目前，地方债券主要在银行间债券市场发行，商业银行是主要的机构投资者，未来可以借鉴美国的经验，建立多元化的投资者层次，包括商业银行、保险公司、基金、证券公司、社保基金、养老金、个人投资者等，为市政债券的发展奠定市场基础。此外，二级市场交易不够活跃，也是制约市政债券发展的一个重要因素。应建立发达的二级市场，最大限度地利用目前的交易所平台和银行间市场进行二级市场交易，最终建立起有利于买卖双方进行沟通的交易系统和机制，以及准确及时的债券清算系统，吸引更多的投资者群体参与。市政债券还应享受地方债和国债的税收减免优惠，税收减免可刺激机构及私人投资者投资市政债券的积极性，进一步增强二级市场的流动性。

由于我国政府融资存在软约束，要控制市政债券发行规模。从发达国家债券市场初期和发展中国家市政债券的经验来看，如果政府的债务规模得不到有效控制，极易造成未来财政信用危机隐患。应规定当年发行市政收益债券额度与 GDP 的比例，例如，在试点发行市政债券期间，财政赤字不能超过本地 GDP 的 3%，地方债务余额占 GDP 的比例不能超过 40%，债务依存度不能超过 15%。建立更加完善的信息披露制度，强制地方政府披露历年的统计公报、财政预决算报告和报表、财政审计报告、地方政府债务报表、国有资产数据、土地资源信息等。建立健全信用评级制度。在政府发债过程中引入市场化的评级机构，充分发挥信用评级的风险预警功能和债券定价指示作用，减少政府对债券发行定价的干预。引入双评级机制，允许不同的评级机构发出不同声音，给投资人提供更加客观的投资参考。

（二）用好政府引导基金

近几年来，我国政府引导基金发展规模愈加壮大，但就不同的政府引导基金具体状况而言，仍然参差不齐。未来政府引导基金既要肩负引导社会资金投资创业企业的政策性任务，又要兼顾社会资本与基金管理人的回报诉求，还得考虑自身管理的规范性和专业性。

加强政府引导基金的专业化管理。可将政府引导基金委托给专业的管理公司经营，政府成立监管机构，资金委托给银行进行托管，形成“政府监管机构—专业管理公司—托管银行”的监管流程。专业的管理公司独立负责项目论证、投资、管理并实施套现，银行作为托管机构根据管理公司项目投资计划和政府监管机构的指令，将资金划到指定的项目公司账上，管理公司一般无法直接接触到全额大宗的委托款项，则可有效地防范可能出现的问题。在此基础上，财政部门作为风险投资引导基金财务监管部门，应当对风险投资引导基金预算进行审查和监督，检查风险投资引导基金资金使用。

强化政府引导基金的市场化运作。当前，政府引导基金被赋予过多的政策性目标，对基金注册地、投资地域、投资范围做了限制，对投资当地的资金也做出了要求。这使引导基金寻找合适的投资对象变得更加困难，引导基金的资金出现沉淀、闲置现象，资金利用效率低下；由于在当地找不到好的投资项目，一些优秀的创业投资机构不敢与引导基金合作，长此以往，引导基金的引导作用受到严重制约，无法达到其引导创业投资的目的。引导基金的资金来源要市场化，实现资金规模的杠杆放大；引导基金的投资策略要市场化。打破引导基金既有的政策性限制，制定相关投资策略，以达到在风险固定的条件下，追求投资收益的最大化的目的。

统筹兼顾投资各方的利益诉求。政府引导基金更多考虑的是政策目标的实现程度，而社会资本与基金管理人更关注的是投资回报，这是政府引导基金的引导目标与商业性资本目标之间的冲突。可以考虑实行基金投资组合策略。政府成立引导基金时，要在基金规模、投资行业、投资阶段、投资地域等方面实行差异化组合。可以成立规模较大的综合性投资基金，也可以根据各市或各区县的产业发展布局，有针对性地成立规模 5 亿元左右的专业性投资基金，或者 1 亿元以下的天使投资基金，并通过对单个项目的投资额的限制，达到促使其投资初创企业或者战略型新兴产业的目的。这样有利于对引导基金的政策目标进行具体分解，并能找到投资理念和专业较为契合的基金管理人。①

建立完善的绩效评价体系。建立全面绩效评价制度是我国政府引导基金在投后监督管理方面的发展方向。财政部颁布的《政府投资基金暂行管理办法》要求，各级财政部门应建立政府投资基金绩效评价体系，按年度对基金政策目标实现程度、投资运营情况展开评价，有效应用绩效评价结果。对于政府引导基金而言，它不以营利为目的，但是，仍然需要考虑所投资金的安全性问题。为了建立科学有效的绩效考核制度，不能以单一的经济指标为主，还要考虑其对于政策导向及经济发展做出的贡献。故绩效考核制度要求定期对基金政策的目标、政策效果及其资产情况综合进行评估，对于政府引导基金的评估不仅要考核其在业绩上的指标,同时更要考虑其政策导向性和财政资金的放大效果；对于引导基金参股的子基金，应着重考察其资金的投资进度，同时也要保证其投资方向不违背引导基金的政策目标。

本章小结

发展满足政府需要的融资工具和产品是实现政府投融资可持续性发展的重要方面。从国内外经验看，没有政府单纯将内源收入作为长期建设性资金来源，通过金融市场的

① 清科研究中心：《2016 政府引导基金报告》，http://research.pedaily.cn/201603/20160330395131.shtml，2016 年 3 月 10 日

工具和产品创新，拓展融资渠道成为普遍的做法。金融体系改革与融资工具创新是相辅相成的。金融体系改革是融资工具创新的基础和条件，融资工具创新则是金融体系改革的重要组成部分和成果。在政府融资工具创新过程中，要推进市政债券的发行，用好政府引导基金。

☆关键术语☆

融资工具　国债　地方债　城投债　市政债券　地方政府背景贷款　信托融资　融资租赁　产业基金　金融体系　直接融资　间接融资

➢复习思考题

1. 融资工具可以分为几类？
2. 分析我国通过银行的融资工具的发展现状。
3. 论述国债在我国应对亚洲金融危机中的作用。
4. 如何推进政府融资工具创新？

第十一章

政府投资调控

第一节　政府投资调控概论

一、投资调控的内涵

投资调控是指政府从国民经济运行的总体发展目标出发，对整个投资活动进行的调节与控制。从狭义角度理解，政府的投资调控就是运用财政和货币政策，调节投资需求，从而调节总需求，进而实现总量平衡。从这个意义上讲，政府的投资调控偏重短期需求管理，是要通过对投资的调节，防止经济大起大落，是一种反周期的政策措施；从广义理解，政府的投资调控不只限于运用财政、货币政策，还包括运用规划、产业、市场准入、土地、环保等政策，调节投资的规模、结构和效益。因此，投资调控又是需求侧与供给侧、短期与长期、总量与结构调控的统一，是要通过对投资的调节实现经济的长期稳定发展。

对于市场经济国家来讲，政府可以通过财政、货币政策，影响产品和要素价格，达到间接调控投资的目的，效果往往不错；而规划、产业、准入、土地、环保等政策属于长期管理工具，无论经济周期的任何时期都不会发生明显的强弱变化。对于我国这样的转轨经济国家来讲，经济体制机制还存在许多的不健全和不完善，政府职能存在缺位、错位和越位，单纯运用财政、货币政策等短期政策影响产品与要素价格，间接调控投资往往起不到应有的作用，只能辅之以长期管理工具的调整，对经济和投资施加直接的影响。这也是现阶段我国更多依赖长期管理工具实现投资调控的主要原因。

二、投资调控的对象

投资调控的对象主要包括投资项目、投资主体及其行为、投资资金来源，这三个方面的内容是政府投资调控的最主要的着力点，对它们的调控有利于方便、快捷地实现调控目标。

（一）投资项目

投资项目大体可分为竞争性项目、基础性项目和公益性项目三类，相应地，政府的调控方式也有所不同。对竞争性项目，政府更多运用经济和法律手段进行间接调控，发出市场信号，调节企业的投资行为；对基础性项目，政府直接调控的分量要大些，其中一些重大项目的决策和资金安排要进行直接调控，但是，重点还是在于通过政府投资及其政策引导，促进公私合作，共同实现发展目标；对公益性项目，政府的参与程度要高得多，需要进行直接调控，这些项目更多是由政府直接安排或组织兴办。

（二）投资主体及其行为

投资主体包括政府、企业、居民及外商。投资调控包括政府对社会主体投资调控及对自身投资调控两个方面。一方面，政府要通过短期财政与货币政策组合，影响市场主体的投资意愿，通过经济性和社会性监管，规制社会投资主体行为；另一方面，政府的投资调控在很大程度上又是对自身投资的调控，因为，政府投资的扩张与收缩是反周期的财政政策的重要组成部分，对政府投资规模与结构的适时调整往往可以达到更好的政策效果。

（三）投资资金来源

投资资金来源有国家预算内资金、银行贷款、利用外资、自筹资金等多种渠道。对预算内资金、政府自筹资金及政府债务资金，政府可以进行直接的调控；对银行贷款、利用外资、企业自筹资金、股票和债券，政府不直接干预，只是通过财政和货币政策进行调节，以利于拓宽资金渠道、控制资金规模、调节资金流向。

投资宏观调控要全面兼顾以上三个方面。投资项目侧重实现工程，投资资金反映货币运行，有项目无资金或有资金无项目都不能实现经济意义上投资活动。投资项目和投资资金又都离不开投资主体及其行为，投资调控主要是引导和约束投资主体正确选择投资项目，合理筹措和有效地运用投资资金。

三、投资调控的目标

投资调控作为宏观调控体系的一个重要部分，其最终目标应当与宏观调控的最终目标一致，即保持社会总需求与总供给的基本平衡，促进经济增长、增加就业、稳定物价与保持国际收支平衡。为实现宏观调控总目标，有必要选择一些投资调控的具体目标。例如，保持投资的稳定增长，防止投资的过热和过冷；保持投资与消费的合理的比例，减少产能过剩和盲目投资；促进高新技术产业和现代服务业的快速增长，加快结构的转型升级；补齐公共服务的短板，促进社会公平与协调发展；等等。

第二节 政府投资调控工具

一、货币政策对投资的调控

货币政策对投资的调控是指中央银行根据货币政策目标，运用货币政策工具，影响金融机构的经营活动和金融市场的运行，将货币政策的目的和影响传导至企业和居民，使其投资行为和活动发生变化的过程。

（一）货币政策对投资的传导机制

在货币政策传递到投资的渠道中，主要是通过货币供应的变化引起利率、贷款可得性、资产价格、财富等的变化，再引起投资的变化。货币政策的传导主要有两个基本渠道，即货币渠道和信贷渠道。

1. 货币渠道的传导过程

货币渠道主要包括利率途径、非货币资产价格途径、汇率途径等三种形式。[①]当中央银行增加货币供应量（M），利率（i）随之下降，进而引起投资（I）上升和消费（C）增加，并最终导致经济产出（Y）的增加，这就是货币政策的利率传导途径，其传导机制可以表述为：$M\uparrow\rightarrow i\downarrow\rightarrow I\uparrow$，$C\uparrow\rightarrow Y\uparrow$。

非货币资产价格途径可以用托宾的 q 理论和财富效应理论表述。托宾定义的 q 是指企业的市场价值（一般就是指它的股票市值）除以资本的重置成本所得到的值。如果 q 大于 1，相对于企业的市场价值来说，新的厂房设备就比较便宜，企业更有可能购买厂房设备进行投资生产，反之则反是。当货币供应量（M）上升时，扩张的货币政策引起的利率（i）下降使债券和银行存款不如股票有吸引力，从而导致公众对于股票的需求上升，这就使股票价格（Pe）上升，更高的股价导致更高的 q，这样就会导致更高的投资支出（I）及更高的经济产出（Y）。托宾的 q 理论的货币政策传导机制可以表述为：$M\uparrow\rightarrow i\downarrow\rightarrow \mathrm{Pe}\uparrow\rightarrow q\uparrow\rightarrow I\uparrow\rightarrow Y\uparrow$。

财富效应理论的基础是弗兰克-莫迪里安尼生命周期收入理论，在该理论中，消费支出是由消费者的包括股票在内的终生财富决定的。当股价（Pe）上升时，包括股票在内的终生财富（W）的价值也上升，公众的消费支出（C）就会增加，从而引起经济产出（Y）的增加，进而导致投资的增加。财富效应理论的货币政策传导机制可以表述为：$M\uparrow\rightarrow i\downarrow\rightarrow \mathrm{Pe}\uparrow\rightarrow W\uparrow\rightarrow C\uparrow\rightarrow Y\uparrow\rightarrow I\uparrow$。

汇率途径是指一国的货币供应量（M）上升会导致国内利率（i）下降，这时本币存款不如外币存款有吸引力，从而引起本币贬值，汇率（E）下跌，使国内商品比国外商品在价格上更有竞争力，这就会导致净出口（NX）及经济产出（Y）的增加，进而导致投资的增加。汇率传导途径的传导机制可以表述为：$M\uparrow\rightarrow i\downarrow\rightarrow E\downarrow\rightarrow \mathrm{NX}\uparrow\rightarrow Y\uparrow\rightarrow I\uparrow$。

2. 信贷渠道的传导过程

信贷渠道主要包括两种形式，即银行贷款途径和资产负债表途径。[②]

银行贷款途径的传导过程可以表述为：$M\uparrow\rightarrow L\uparrow\rightarrow I\uparrow\rightarrow Y\uparrow$，其中 L 为银行贷款可供量。银行贷款途径的存在必须具备两个前提条件：一是在银行资产负债表的资产方，银行贷款和证券之间不能完全相互替代；二是在企业资产负债表的负债方，银行贷款和非银行资金来源之间不能相互替代。

资产负债表途径的传导过程可以表述为：$M\uparrow\rightarrow i\downarrow\rightarrow \mathrm{Pe}\uparrow$，$\mathrm{NCF}\uparrow\rightarrow$资产状况改善$\rightarrow L\uparrow\rightarrow I\uparrow\rightarrow Y\uparrow$，其中 NCF 代表现金流。资产负债表途径存在的根本原因就在于货币政策的波动不仅影响了市场利率，而且直接或间接地影响了借款者的财务状况。

① 孙明华：《我国货币政策传导机制的实证分析》，《财经研究》，2004 年第 3 期，第 19-30 页

② 宗彪、李茜：《货币政策信贷传递机制在我国存在性研究》，《经济视角》，2013 年第 6 期，第 45-46 页

（二）货币政策的调控作用

货币政策是指中央银行为调控货币政策中介目标进而实现货币政策最终目标所采用的具体方法和手段，包括存款准备金、再贴现、公开市场业务及利率政策。

1. 存款准备金政策

在存款准备金制度下，金融机构不能将其吸收的存款全部用于发放贷款，必须保留一定的资金即存款准备金，以备客户提款的需要，因此存款准备金制度有利于保证金融机构对客户的正常支付。当中央银行降低存款准备金率时，金融机构可用于贷款的资金增加，社会的贷款总量和货币供应量也相应增加，投资资金来源相应增加；反之，社会的贷款总量和货币供应量将相应减少，投资资金来源相应减少。中央银行通过调整存款准备金率，可以影响金融机构的信贷扩张能力，从而间接调控货币供应量。提高法定存款准备金率，一方面直接冻结银行一定数量的流动性，另一方面具有乘数效应，产生多倍收缩货币的作用；反之，则产生多倍扩张作用。相对于其他货币政策工具，法定存款准备金率通常被认为是“猛药”，对投资需求的抑制或扩张作用较为明显。

调整存款准备金率也存在政策的局限性。首先，金融创新弱化了存款准备金制度作用的力度。存款准备金制度发挥作用的基本原理是中央银行调高或调低存款准备金率。由于金融市场和金融业务的创新，商业银行可以通过创新业务和工具轻而易举地调整其超额准备。超额准备弹性的增大，使存款准备金制度的作用力度减弱。其次，政策的时滞效应影响了存款准备金制度调控的短期效果。一般情况下，中央银行采取措施以后，不可能马上引起最终目标的变化，需要通过货币政策的传导机制，慢慢影响各个单位的投资和经济行为，从而对政策的最终目标产生影响。最后，国际收支顺差冲销了存款准备金的调控效果。流动性过剩问题并不是一个简单的国内问题。在国际、国内因素综合作用下，我国当前面临着巨额贸易顺差的压力。而外汇占款会在很大程度上冲销存款准备金率上调的紧缩银根的效果。[①]鉴于我国目前宏观经济形势的复杂性，以及国内外金融市场形势的整体变化，单纯地依靠存款准备金率的上调难以实现紧缩的货币政策，达到投资调控的目标，还应推进我国利率及汇率改革，更好地控制资金的流动性。

2. 公开市场业务

中央银行通过公开市场业务操作调节货币和信用，主要是通过利率和准备金两个渠道施加影响[②]。第一，公共市场业务对利率的影响。主要是改变利率水平和利率结构。从利率水平来说，当中央银行通过公开市场业务操作从商业银行买进政府债券时，在债券供给不变的情况下，会直接导致市场对政府债券的需求增加，从而推动政府债券的价格上升，使利率水平反方向变化，信贷会因此变得容易获得且成本更低，导致货币供应量的扩张和投资的扩大；另外，中央银行从商业银行买进政府债券时，会使商业银行的准备金相应增加，贷款供给的意愿增强，下调利率，这也将导致货币供应量的扩张和投资的扩大。反之，当中央银行卖出政府债券时，货币供应和投资将会收缩。从利率结构来说，如果市场上债券种类丰富，中央银行可以在债券市场上进行长短债券的转换操作，即在买进一定数量的短期政府债券的同时，卖出等量的政府长期债券，但长短期债券的

---

① 初微：《浅析存款准备金在我国货币政策中的作用》，《商情（教育经济研究）》，2008 年第 1 期，第 119-120 页

② 刘晓军、陈晓枫：《我国公开市场业务的发展与完善》，《发展研究》，2008 年第 5 期，第 32-34 页

市场价格发生变化，进而使长短期债券利率水平发生变化。第二，公开市场业务的准备金效应。中央银行的公开市场业务主要的日常效应就是改变准备金的水平及其增长率。中央银行买进政府债券的行为将会增加银行体系的准备金，扩大其发放贷款和扩大存款的能力，促进货币与信贷的增长，从而推动投资的增长。相反，中央银行卖出政府债券的行为则会降低准备金水平及其增长，减缓货币与信贷的增长，从而降低投资的增长。

公开市场业务具有很多优点，是货币政策工具的重点发展方向。第一，可控性强。公开市场业务是中央银行在货币市场吞吐政府债券的行为，它可以根据市场情况作出独立的决定。通过公开市场业务的操作，中央银行可以调控基础货币的多少，从而控制货币供应总量。第二，灵活性强。中央银行可根据需要进行多次买卖，每次交易的多少可随意决定，便于灵活操作和微调。同时，中央银行可以对自己的行为加以及时的修正或反向操作，或连续操作。第三，政策传导机制明确。中央银行通过债券的买卖，直接影响债券的利率，然后通过利率传导机制影响整个经济的运行，起到扩张或收缩投资的目的。第四，时效性强，中央银行可以通过这一市场，及时传送政策意图。①

随着我国社会主义市场经济体制的不断完善，金融市场的日趋发达，公开市场业务将成为央行货币政策工具的最佳选择之一，其发展将呈现如下特征：第一，操作规模扩大化。截至 2015 年底，中央银行对中央政府的债权为 15 313 亿元，对其他金融机构的债权为 6656 亿元，再加上央行票据的大量发行，为央行公开市场操作规模的扩大提供了条件。第二，操作工具多元化。目前我国公开市场业务的交易工具也已扩展到国债、政策性金融债券、中央银行票据、外汇等多种类型，今后随着中央银行公开市场业务工具的不断创新，央行公开市场操作工具的选择余地会更大，交易方式也会更丰富。第三，操作管理制度化。一是进一步强化对一级交易商的遴选、评估和量化考核，以保证公开市场业务操作及时、高效、准确地传导；二是进一步完善公开市场业务操作程序，尤其是决策程序；三是建立信息披露制度，增加透明度和引导政策预期；四是完善商业银行流动性预测监控体系，准确预测市场准备金需求；五是加强中央银行债券资产管理和风险控制。

3. 再贴现

贴现是指中央银行购买金融机构未来到期票据的行为，也是中央银行以债权人的身份进行的一项资产业务，中央银行在购买其他金融机构持有的未到期票据过程中，获得票据未到期部分利息为购买票据的报酬，该部分的利息则是卖出票据的金融机构的筹资成本。对于不付息票据，中央银行将票据的票面额扣除再贴现利息以后部分的贴现付款额支付给票据卖出方的金融机构；若是附息票据，中央银行将票据的票面额和票据利息扣除再贴现利息以后的部分贴现付款额支付给票据卖出方的金融机构，再贴现付款额的支付将引起市场中货币供应量的增加。再贴现政策宏观调控作用的发挥具有间接性、导向性等特点。从我国再贴现业务运行过程来看，再贴现政策具有以下功能。

一是融资功能。这是再贴现最直接、最原始的功能。金融机构通过向中央银行办理再贴现可以实现其融通资金的目的。这一功能与中央银行的再贷款具有形式上的相通性，但在本质上是有根本区别的，在实现依据上也不同。再贷款只是中央银行的一种金融直

① 涂德志、林莹：《论我国公开市场业务的拓展》，《湖北社会科学》，2004 年第 11 期，第 71-73 页

接调控手段，而再贴现则是一种重要的货币政策工具。再贷款主要是解决金融机构的临时头寸不足，自从 1994 年中央银行对国有商业银行的再贷款进行划转以后，这一形式已呈逐步减少趋势。而再贴现的主要依据是已贴现的商业票据。随着我国票据市场的不断发展和完善，再贴现的作用范围和所取得的效果正呈逐步加强的态势。

二是货币政策告示功能。再贴现政策具有明显的“告示效应”，能够在很大程度上影响社会公众的心理预期。因为再贴现政策的核心是调整再贴现率。中央银行一旦调整再贴现率，实际上是向商业银行和社会公众公布其货币政策的取向，从而改变商业银行的信用量，使货币供应量发生变化，进而影响市场利率的升降，影响投资的增减。提高再贴现率，表明中央银行将采取紧缩的货币政策，这就会使商业银行限制放款，企业单位减少借款和投资；而降低再贴现率，则表明中央银行将采取松动的货币政策，这就会使商业银行放松贷款，扩大社会信用投资规模。这些都会影响市场利率的变化，并导致投资行为的变化。①

三是宏观间接调控功能。再贴现货币政策是适应金融宏观调控由直接调控向间接调控转变过程，在金融体制改革中形成和发展的。与国家信贷计划、法定存款准备金率、中央银行贷款利率政策等货币政策工具调控作用和效果单一性相比，再贴现政策的作用具有基础性和综合性的特点，能实现货币供应量控制和利率水平调节的统一。一方面，中央银行可以控制再贴现总量，同时又可适时调节再贴现率，产生控制货币供应总量和调节利率水平的双重效应；另一方面，中央银行通过调整再贴现率，促使金融机构紧缩或扩张信贷，最终影响市场利率水平发生变化。

4. 利率政策

利率政策是货币政策实施的主要手段之一。目前，中国人民银行采用的利率工具主要有：第一，调整中央银行基准利率，包括再贷款利率，指中国人民银行向金融机构发放再贷款所采用的利率；再贴现利率，指金融机构将所持有的已贴现票据向中国人民银行办理再贴现所采用的利率；存款准备金利率，指中国人民银行对金融机构交存的法定存款准备金支付的利率；超额存款准备金利率，指中国人民银行对金融机构交存的准备金中超过法定存款准备金水平的部分支付的利率。第二，调整金融机构法定存贷款利率。第三，制定金融机构存贷款利率的浮动范围。第四，制定相关政策对各类利率结构和档次进行调整等。

随着利率市场化逐步推进，多数国家的中央银行建立了能有效引导和调控市场利率的政策操作框架。其核心是通过宣布和调节政策利率，并运用公开市场操作等使市场利率围绕政策利率变化，来稳定预期，并向其他品种和期限的利率传导，进而影响全社会投资、消费行为，达到稳定经济和物价的目的。当经济过热或有通胀风险时，央行可以宣布调高政策利率，并在市场上收紧流动性，进而推动整体利率水平上升，抑制需求扩张，稳定经济和物价水平。反之则可做反向的操作。由于流动性“量”的收紧与“价”的上升是同步的，可以传导至各类金融产品，进而对经济主体行为产生影响。

利率对投资规模的影响是指利率作为投资的机会成本对社会总投资的影响。在投资收益不变的条件下，利率上升导致的投资成本增加，必然使那些投资收益较低的投资者

① 《再贴现政策的政策效应》，http://www.kjcity.com/news-548631.html，2015 年 9 月 9 日

退出投资领域，从而使投资需求减少。相反，利率下跌则意味着投资成本下降，从而刺激投资，使社会总投资增加。利率作为调节投资活动的杠杆，不但决定投资规模，而且利率水平与利率结构都会影响投资结构。利率水平对投资结构的作用必须依赖于预期收益率与利率的对比。资金容易流向预期收益率高的投资活动，而预期收益率低于利率的投资，往往由于缺乏资金而无法进行。从短期来看，利率的变动会引起投资结构的调整。利率越高，投资会越集中于期限短、收益高的项目。

作为主要货币政策调节手段，利率政策需要有较为独立的中央银行及对利率敏感的微观主体。在我国的转轨经济时期，利率形成主要受制于政府的意图，尽管是中央银行规定了利率水平与利率结构，但是，央行的独立性仍然存在疑问。尽管我国的利率政策在一定程度上也用于维持社会供求平衡，避免经济衰退和通货膨胀；但是，货币当局还是更重视把利率用于调整经济关系与调节资金分配，实质上是把利率政策当作财政手段来使用。另外，在我国，国有银行和国有企业在整个经济体系中占据了垄断地位，并且都对利率变动的敏感性不高。因此，金融市场无法充分反映真实的资金供应状况，央行的利率政策有效性就会大打折扣。

二、财政政策对投资的调控

（一）财政政策对投资的传导机制

财政政策发挥作用的过程，实际上就是财政政策工具经过收入分配、货币供应、价格等中介传导，实现财政政策目标的复杂过程。①

1. 财政政策对收入分配的影响

财政政策对个人收入分配的影响，主要体现在通过征收个人所得税、税率升降、财政补贴等方式影响居民实际可支配收入，既可能影响劳动者生产积极性，使其在工作、闲暇之间重新作出选择，又可能影响其储蓄、消费行为，进而影响到投资规模和结构。例如，开征个人所得税，当累进税率达到一定程度时，就可能使一部分人减少工作时间而相应增加闲暇时间；开征、减征或停征利息税都可能会影响居民储蓄行为；开征消费税会直接增加居民消费支出，影响其消费行为。

财政政策对企业利润分配的影响，主要体现在通过征收企业所得税、增值税、营业税、税收优惠等措施影响企业税后净利润的变化，进而影响企业生产和投资积极性。目前，一些地区政府与企业之间的利润分配关系不清晰，缺乏严格的法律、规章和制度约束，政府为了招商引资绩效往往提供过度的税收政策优惠，使企业产生片面追求短期利益的倾向，造成盲目投资扩大再生产、低水平重复建设等一系列问题。

2. 财政政策对货币供给的影响

货币供给是社会总需求的载体，任何一笔财政收支增减都必须通过货币供给量这个媒介作用于社会总需求。例如，当政府实行扩张性财政政策时，政府需求增加通过财政政策乘数效应使经济总量（GDP）增长，进而使货币需求增加，即需要更多的货币用于

---

① 王双正：《投资调控中的财政政策》，国家发展和改革委员会投资研究所“投资调控的方法和手段研究”课题报告，2009 年

流通。如果扩大财政支出规模而不相应地增加货币供应量，必然导致市场利率上升，既可能抵消因 GDP 增长而需要增加的货币需求，也可能对民间投资产生“挤出效应”，减少全社会投资需求，因而也就无法实现有效扩大社会总需求的目标。

3. 财政政策对价格的影响

一般地，许多财政政策工具发生作用，需要通过价格杠杆的作用体现出来，或者与价格杠杆相互作用而共同发挥调节作用。长期以来，不同产业、行业产品之间比价关系不合理，利润率差别较大，这是导致全社会投资结构、产业结构不合理的重要原因。除了受生产成本、市场竞争格局等因素影响外，这种状况与价格结构不合理也有很大关系。政府通过加大财政投资、税收减免、政府采购、财政补贴等财政政策工具，影响企业生产、投资行为，达到调整投资结构、产业结构的目的。例如，政府通过采购对象、采购价格的变化，为企业提供一些有利的优惠政策，使企业从中获得较高的利润，使政府采购行为对企业生产、投资产生较强的政策导向作用。

这里需要注意的是，财政政策作为经济和投资调控的一种重要经济手段，不仅要考虑与货币政策、产业政策、外贸政策等宏观经济政策相互配合的问题，还要努力把握好运用政策的节奏、时机和力度。一般来讲，任何经济政策都存在一定的时滞，也就是说，某项经济政策从制定出台到实现全部或主要政策目标都必须经历的一段时间，这段时间包括有关部门着手制定政策所需要的时间和政策出台后对经济活动产生影响的时间，即所谓的内部时滞和外部时滞。与货币政策相比，财政政策外部时滞较短，而内部时滞较长，因为财政政策通常需要一个较长的批准过程。另外，财政政策在对经济和投资调控发挥积极作用的同时，有时也可能带来某种负面效应。例如，某项投资税收优惠政策是阶段性的，即在某一个时间段生效，而在这个时间段之外则不会产生效力，那么在这种情况下，企业为了享受到有关的投资优惠措施，很可能在政策生效期间扩大投资规模，而在政策生效之前、停止之后都有可能缩小投资规模，显然这种做法违背了政府出台这项政策的初衷。

（二）财政政策工具及其调控

1. 财政预算

财政预算是国家财政收入与财政支出的年度预定计划，是国家分配财政资金的主要依据，从整体上制约着各个单项财政收支计划。财政预算作为一种财政政策工具，主要通过年度财政预算的预先制定、在执行过程中追加或追减财政收支规模、调整不同预算支出在总预算支出中的比例来实现调节功能。具体来说，财政预算政策通过采取盈余预算、平衡预算、赤字预算三种方式实现调节作用，这三种预算分别体现的是紧缩性、中性、扩张性财政政策。当社会总需求大于总供给、物价水平持续走高、失业人口低于充分就业人口、经济增长速度过快等时，政府应通过削减财政预算支出（盈余预算）实现对社会投资需求、消费需求膨胀起到有效的抑制作用；反之，通过扩大财政预算支出（赤字预算）对社会投资、消费需求不足起到刺激作用。平衡预算在社会总供求基本平衡时，能够维持社会投资、消费需求稳定增长。

财政预算要对整个财政收支系统进行统筹安排、综合平衡，应该全面考虑中央财政预算、地方财政预算的需要，生产领域、非生产领域资金的需要，资金分配与物资供应平衡的需要，还要考虑财政预算集中性财政资金的需要，以及企事业单位和个人的承受能力，有效调节社会投资、消费需求，促进经济平稳较快增长。

改革开放以来，我国财政一般预算收入、支出随着经济持续较快增长而稳步增长，但其构成发生了较大的变化。从目前中央和地方财政一般预算主要支出项目分布来看，中央政府占主导地位的财政支出范围包括教育、科学技术、外交、国防、公共安全、一般公共服务及债务还本付息支出等，地方政府占主导地位的财政支出范围包括一般公共服务、教育、公共安全、社会保障、医疗卫生、城乡社区、农林水利、节能环保、交通运输、资源勘探、住房保障及债务还本付息支出等。

1994 年分税制改革以来，中央政府集中了大部分税权，除了利用财政一般预算中的基本建设资金、国债资金以外，地方政府扩大投资规模还依赖于各种预算外收入途径，包括基金预算收入、土地经营收入、银行信贷资金等。例如，土地出让金收入是地方财政收入的重要来源，是影响地方政府投资的重要渠道。从目前情况来看，在扣除征地补偿费等有关费用之后，地方政府土地出让金收入主要用于基础设施建设，尤其是土地批租行为直接推动城市化、工业化进程，以及房地产投资开发建设，并带动有色金属、钢铁、建材等行业不断新建、扩建投资项目，进而拉动全社会固定资产投资规模进一步扩张。

2. 税收

税收是政府机器赖以存在并实现其职能的物质基础，是国家参与、调节国民收入分配的一种重要手段，是国家财政收入的主要形式，具有以下三个特点：一是强制性，国家凭借政治权力依法向企业、公民等纳税主体征税，任何单位和个人不得违抗；二是无偿性，国家依法征税后即拥有税收收入所有权，既不需要偿还，也不需要对纳税人付出任何代价；三是固定性，国家在征税前就以法律形式规定了征税对象、统一的税率或数额，并按照预定的标准进行依法征税。

1）政策工具

（1）优惠税率。优惠税率是采用最为广泛的鼓励投资的政策工具。研究结果表明，优惠税率这一激励措施不能随着投资额的变化而改变，因此，优惠税率在提供投资激励方面并不是最有效的工具。优惠税率政策一般不允许新企业将创业期间的亏损结转到以后的会计年度用以扣除应税额，而只能以企业的税后利润冲减，这也使优惠税率措施相对无效。免税期是优惠税率政策的一种特殊形式。发展中国家经常使用公司所得税免税期这一税收激励手段来促进资本投资。一个国家免税期的最常见方式是，在目标行业从事经营的新公司在其正式经营的一定年度内可以完全或者部分免除公司所得税，免税期以后则按适用的所得税率全额纳税。

（2）投资税收抵免与扣除。在投资税收抵免的情况下，某些被鼓励投资的行业的公司可以将购置固定资产或者研究与开发、资本存量或就业新增部分的支出，在其应纳税额中按一定比例扣除。对特定活动的税收予以抵免的政策工具比降低税率更为有效。投资扣除即企业在缴纳公司所得税时从应税所得中扣除，其效应和税收抵免相类似。对于从事高新技术研发等高风险活动的企业或正处于成长期的小企业来说，提供直接补贴的力度越大，激励效果会越好。

（3）投资成本的快速摊销。最为常见的方式为固定资产的快速折旧，以及无形投资

（如研究与开发支出、勘探费用、广告费用等）允许作为费用列支。其他如融资成本（利息）等在有些国家亦允许加速扣除。

2）税收对投资的影响

一是调整投资总量。当总需求不足时，税收对投资总量的调节主要是减税和税收优惠。经过减税和税收优惠能够增加个人可支配收入和企业利润，加强了他们的投资才能，扩展其投资需求，从而增加投资总量。例如，为应对 1998 年亚洲金融危机，我国实施积极财政政策，有关鼓励投资的税收政策主要包括以下内容：停止征收固定资产投资方向调节税；对企业设备投资实行投资抵免企业所得税政策；对涉及房地产的营业税、契税、土地增值税给予一定减免；就增值税、营业税、进出口税收、企业所得税、外商投资企业和外国企业所得税等有关税收政策作出调整。为应对 2008 年国际金融危机，我国实施扩大内需十项政策，其中就包括全面实施增值税转型改革，对增值税一般纳税人，允许新购进机器设备所含增值税进项税金在销项税额中抵扣，相应调整小规模纳税人标准及其征收率，促进企业投资和扩大内需。

二是调整和优化投资结构。由于税种、税率作用对象比较直接、明确，可以针对某些特定的投资者或投资活动制定专门的税收政策，例如，当政府支持某些行业或地区发展、扩大投资时，综合考虑投资地区、投资时间、投资规模、所属行业、投资项目所有权及经营权等因素，实行税收优惠政策或差别税率；当政府限制对某些行业或地区扩大投资时，就可以实施相反的税收政策，如开征新税种、提高税率等。这样，政府通过对不同行业、地区的投资项目实行不同的税收政策，达到调整和优化投资结构的作用。例如，为推进大众创业、万众创新，2015 年 7 月，国务院提出若干政策意见，包括落实科技企业孵化器、大学科技园、研发费用加计扣除、固定资产加速折旧等税收优惠政策；对符合条件的众创空间等新型孵化机构适用科技企业孵化器税收优惠政策；按照税制改革方向和要求，对包括天使投资在内的投向种子期、初创期等创新活动的投资，统筹研究相关税收支持政策。为化解钢铁煤炭行业过剩产能，实现脱困发展，2016 年 5 月，国家提出了相关企业重组、破产的税收政策，企业符合税法规定条件的股权（资产）收购、合并、债务重组等重组行为，可按税法规定享受企业所得税递延纳税优惠政策；企业以非货币性资产投资，可按规定享受 5 年内分期缴纳企业所得税政策；等等。因此，通过对不同行业投资项目实行差别税率，可以达到鼓励或限制某些行业发展，调整和优化投资结构的目的。

三是影响企业投资时间的确定。如果投资税收减免的政策规定是暂时的，仅在某一特定时期内执行，企业为了享受这一优惠政策，就会在该时期内大量增加投资；如果投资税收减免的政策规定是长期的，对企业的影响就会分布在一个较长的时间段内，而对短期内投资多少的影响并不大，企业一般不会急于投资，改变起初的计划投资时间。例如，根据《国家税务总局关于 1999 年度固定资产投资方向调节税有关政策及征管问题的通知》，国家对于当年 7 月 1 日至 12 月 31 日立项开工的建设项目，按建设项目实际完成的投资额和暂行条例规定的适用税率计算应纳税额后减半征税，这会影响部分企业改变投资时间，以争取到国家相应的税收优惠政策。

3. 转移支付

政府间转移支付制度是指以中央政府与地方政府之间或上下级政府之间存在的财政能力、收支差异为基础，以实现各地公共服务水平的均等化为根本目标而实行的一种财政资金转移制度。当出现两种情况而导致某地财政收支不平衡时，需要实施政府间财政转移支付：各级政府机关能够正常运转；各地企业、居民均能从政府方面获得大致均等化的基本公共服务。

实际上，政府间转移支付就是在各级政府之间财政收支初次分配基础上的再分配，主要是通过以下两种基本功能对当地投资环境、投资发展产生长期的影响：一是保障功能，保障辖区内财政供养人员按照基本标准取得基本工资、社会福利，保障辖区内居民享有大致均衡的医疗、教育、文化、社会保障、环境保护等基本公共服务；二是资源配置功能，在市场机制对资源配置发挥基础性作用的基础上，国家通过政府间财政转移支付形式调节资源在不同地区之间的配置，并配合产业政策、区域政策的实施，支持市场失灵的领域或薄弱环节的发展，以实现不同地区之间交通、能源、通信等经济发展基本条件的大致均衡，并随着经济增长而不断改善。

中央政府在对地方进行财政转移支付决策时，应根据各地经济社会发展实际情况，在转移支付总量、结构、时间安排等方面作出灵活安排。例如，支持东部发达地区企业技术创新，积极发展高新技术产业、高附加值工业，用高新技术和先进适用技术改造传统产业，提高市场竞争力；加大对中西部地区转移支付力度，缩小或消除中西部地区在科教文卫、基础设施等方面与东部地区的差距，使中西部地区公民享受到与东部地区大致相同的基本公共服务，并为企业扩大投资创造良好的外部环境。再如，在经济处于萧条阶段、居民收入增长缓慢、国内有效需求不足时，适当增加转移支付总量，鼓励地方政府扩大财政支出，促进经济尽快复苏；在经济处于繁荣阶段、居民收入增长过快、社会需求膨胀时，适当减少转移支付总量，限制或减少地方政府财政支出规模，有效抑制社会投资、消费需求过度膨胀。

三、其他政策对投资的调控

（一）发展规划

在我国，发展规划是重要的投资调控政策工具之一，它对调控经济运行中的各类主体的中长期投资行为发挥着重要作用，是引导投资方向，稳定投资运行，规范项目准入，优化项目布局，合理配置资金、土地、资源、人力资源等要素的重要手段。

1. 规划的分类

发展规划是由一个规划体系构成的。按层级来看，有国家级规划，省级规划，以及市、县级规划，分别由不同层级的政府来编制。按类型区分，主要分为两大类：一类是发展类规划；另一类是空间类规划。发展类规划包括经济社会发展总体规划、专项规划。空间类规划包括主体功能区规划，市、县空间发展规划，土地利用规划，以及城市规划，这些都是带有空间约束性的规划。

从总体规划来看，主要是以国民经济和社会发展为对象编制的规划。总体规划对其他规划的编制具有指导作用。总体规划的编制，在我国具有宪法依据，宪法明确规定：国务院负责“编制和执行国民经济和社会发展计划”。

专项规划是以特定领域为对象编制的规划，是总体规划在特定领域的延伸和细化，也是支撑总体规划实施的规划。

主体功能区规划，是以国土空间为对象编制的战略性、基础性、约束性规划，是其他各类规划在空间开发和布局方面的基本依据。

中国有城市群规划，也是一种区域规划，带有空间性质。还有市县一级的空间规划，有城镇规划、乡镇规划。另外还有城市规划体系，每个城市有自己的总体规划，有城镇体系规划，都属于空间规划范畴。

2. 年度计划编制

在我国，年度国民经济和社会发展计划的编制，采取自上而下、自下而上、上下结合的程序，一般经过如下具体步骤。

第一，提出和下达计划控制数字。国家发展和改革委员会在各单位编制计划前，先进行调查研究，广泛听取各方面意见，并对国民经济和社会发展的主要指标进行预测和初步综合平衡。在此基础上，提出控制数字，经国务院审查批准后，下达到各部门和省（自治区、直辖市），以指导它们编制计划。控制数字主要包括：对基期计划执行情况的预计，计划期经济和社会发展的方针、任务、重点和需要采取的重大措施，国民经济发展速度，工农业主要产品产量，建设规模和投资方向，人民生活水平提高幅度，以及其他一些主要指标的初步设想。

第二，编制和上报计划草案。各省（自治区、直辖市）和国务院各部门接到国家下达的计划控制数字后，结合本地区和本部门的实际情况进行研究，并将它分解，逐级下达到基层计划单位。各基层计划单位依据国家下达的控制数字，结合本单位的实际情况，制订出本单位的计划草案，上报上级主管单位。各省（自治区、直辖市）计划部门和国务院各部门将本地区、本部门所属单位上报的计划草案经过汇总平衡后，制订出本地区、本部门的计划草案，报送国家发展和改革委员会。与此同时，各省（自治区、直辖市）将其计划草案的有关部分抄送国务院各部门；国务院各部门将其计划草案的有关部分抄送省（自治区、直辖市）。

第三，批准和下达正式计划。国家发展和改革委员会在国务院各部门和各省（自治区、直辖市）报送的计划草案的基础上，进行全国综合平衡，统筹安排，制订出全国的国民经济和社会发展计划草案，提交国务院审定后，报请全国人民代表大会审议批准。计划草案经过人民代表大会批准后作为正式计划，按隶属关系逐级下达到基层单位执行。

3. 五年规划编制

五年规划编制，从上一个规划中期评估开始，经过前期研究，编制草案，规划衔接，广泛听取意见，到批准和公开发布，需要经过一个复杂的程序。①

（1）中期评估。我国从“十五”计划开始作中期评估，通过中期评估发现了很多问题。既有实施不力的问题，也有发展理念需要改变的问题，这就需要针对中期评估提出的问题进行改进。中期评估是编制下一个五年规划的基础。

（2）前期研究。前期研究涉及的领域非常广泛。国家发展和改革委员会通过公开招标的方式选取研究机构，不光有国内的还有国外的研究机构，同时，还请一些国内有影响的企业开展专题研究。另外，还对重大项目、重大政策、重大工程即所谓“三个重大”进行专门的研究，这些都是未来五年规划所要涉及的一些基本内容。

① 邹春霞：《“十三五”规划编制历时两年半 国务院成立编制小组》，《北京青年报》，2016 年 3 月 6 日

（3）规划起草。前期研究之后，就进入规划起草阶段，这也是完成规划最重要的阶段。规划编制过程中，要与别的规划衔接，基层的规划还要和上一级规划衔接。相互衔接能减少出自不同部门、不同层级的规划所导致的规划目标和内容之间的矛盾。规划衔接主要是衔接目标和政策取向，空间结构上也要进行衔接。规划起草过程中，要听取中央各部门的意见、各省份的意见，还要听取专家的意见。过去编制五年规划都有专门的咨询委员会，咨询委员会的成员是由不同领域的专家组成，规划草案拿出来之后，都要请专家咨询委员会进行专门的审议，由他们提出意见。

（4）审议批准。规划的审批比较复杂，不同的规划审批主体不一样。比如，国民经济和社会发展五年规划，编制单位是国务院，审批机关是全国人大。很多国家级专项规划虽然也属于全国性规划，但主要由国务院组成部门编制，由国务院或者国务院授权的部门自行审批。国家级区域规划一般由国务院审批，少量由编制部门自己审批。省级主体功能区规划由省级人民政府编制并审批。

（5）公开发布。五年规划和所有规划都应该对外公布。在计划经济体制，规划属于内部文件，不对外公布，甚至是机密。既然规划需要社会主体来执行，要引导社会主体执行，当然要让他们知道。现在，很多规划都通过出版社出版，通过电子文本在门户网站上登出的越来越多。

（6）规划实施。任何一个规划都是要实施的。在市场经济条件下，要根据不同规划的不同的功能创新实施机制。导向型的规划主要靠市场主体的自主行为实施，但政府也不是完全无所作为，政府可以通过创造好的市场环境与激励机制，让企业发挥更加积极能动的作用。发展规划的一些重要经济任务，主要靠市场机制发挥作用，政府通过体制机制的完善来推动实施。对于公共服务的内容，一旦规划明确了，就是政府自己的事，就是政府的承诺，政府必须动用公共资源，包括一些政策手段全力来完成。规划的约束性指标主要通过政府的公共资源配置和政策来实施，既要有经济手段也要有行政手段。

（二）市场准入

市场准入是国家对市场基本的、初始的干预，是政府管理市场、干预经济的制度安排，是国家意志干预市场的表现，是国家管理经济职能的组成部分。所谓投资调控的市场准入，包括两个方面的内容：其一，打破垄断，鼓励其他所有制经济进入国有垄断行业；其二，设置一定的准入标准，包括对项目设定规模、技术、环保、能耗、资源综合利用、安全等方面的市场准入门槛，对不符合国家经济社会发展要求的项目进行限制。

根据 2015 年 10 月国务院发布的《国务院关于实行市场准入负面清单制度的意见》，要放宽和规范市场准入，精简和优化行政审批，强化和创新市场监管，实行市场准入负面清单制度。市场准入负面清单制度是指国务院以清单方式明确列出在中华人民共和国境内禁止和限制投资经营的行业、领域、业务等，各级政府依法采取相应管理措施的一系列制度安排。

市场准入负面清单包括禁止准入类和限制准入类，适用于各类市场主体基于自愿的初始投资、扩大投资、并购投资等投资经营行为及其他市场进入行为。对禁止准入事项，市场主体不得进入，行政机关不予审批、核准，不得办理有关手续；对限制准入事项，或由市场主体提出申请，行政机关依法依规作出是否予以准入的决定，或由市场主体依照政府规定的准入条件和准入方式合规进入；对市场准入负面清单以外的行业、领域、业务等，各类市场主体皆可依法平等进入。

对各类市场主体涉及以下领域的投资经营行为及其他市场进入行为，依照法律、行政法规和国务院的有关规定，可以采取禁止进入或限制市场主体资质、股权比例、经营范围、经营业态、商业模式、空间布局、国土空间开发保护等管理措施。包括：涉及人民生命财产安全、政治安全、国土安全、军事安全、经济安全、金融安全、文化安全、社会安全、科技安全、信息安全、生态安全、资源安全、核安全和新型领域安全等国家安全的有关行业、领域、业务等；涉及全国重大生产力布局、战略性资源开发和重大公共利益的有关行业、领域、业务等；依法可以设定行政许可且涉及市场主体投资经营行为的有关行业、领域、业务等；法律、行政法规和国务院决定规定的其他情形。

对限制准入事项，各级政府及其有关部门要根据审批权限，规范审批权责和标准，精简前置审批，实现审批流程优化、程序规范、公开透明、权责清晰。其中，涉及国家安全、安全生产等环节的前置性审批，要依法规范和加强。鼓励各地区在省（自治区、直辖市）、市、县三级政府推行市场准入事项（限制类）行政审批清单，明确审批事项名称、设定依据、适用范围、实施主体、办理条件、申请材料清单及要求、办理程序及时限等。要加快建立“统一规范、并联运行，信息共享、高效便捷，阳光操作、全程监督”的网上联合审批监管平台，实现所有审批事项“一网告知、一网受理、一网办结、一网监管”。

监管部门要按照各司其职、依法监管的原则，加强对市场主体投资经营行为的事中、事后监管。按照简政放权、依法监管、公正透明、权责一致、社会共治原则，转变监管理念，创新监管方式，提升监管效能，优化对准入后市场行为的监管，确保市场准入负面清单以外的事项放得开、管得住。要强化发展战略、发展规划、产业政策和标准规范等的制定、调整和管理，严格依法设定“红线”，加强事中、事后监管。推动行业协会商会建立健全行业经营自律规范、自律公约和职业道德准则，建立健全与市场准入负面清单制度相适应的行业自律机制。

（三）土地政策

利用土地政策参与宏观经济调控，是2003年以来我国宏观调控政策的一大新特色。土地政策参与投资调控，是指运用土地闸门，调控土地供给量，对投资发展速度、结构等进行宏观调控，以达到促进经济平稳、协调、健康发展的目的。土地宏观调控主要包括土地供应总量调控、土地供应结构调控、土地供应方式调控、土地价格调控、土地收益分配调控等多个方面。[①]

1. 土地供应总量调控

土地供应总量调控主要是建设用地总量调控。建设用地总量是影响经济发展的重要因素，控制建设用地总量是调控经济和投资运行的重要手段。建设用地总量调控主要通过编制科学合理的土地利用总体规划和土地利用年度计划来实现。1986年，我国第一次编制土地利用总体规划，1997年，进行了第二次土地利用总体规划的修编，2016年6

① 孔凡文：《论我国土地宏观调控》，《沈阳建筑大学学报》，2007年第4期，第202-205页

月，《全国土地利用总体规划纲要（2006—2020年）调整方案》印发实施，提出要按照严守底线、调整结构、深化改革的思路，实施建设用地总量控制和减量化管理，严控增量，盘活存量，优化结构，提升效率。土地利用年度计划则是国家对计划年度农用地转用计划指标、耕地保有量计划指标和土地开发整理计划指标等的具体安排。

2. 土地供应结构调控

促进投资结构调整和产业优化升级，这就需要按照国家产业政策，适时调整供地政策，对符合国家、省（自治区、直辖市）、市产业结构调整方向的项目予以用地扶持；对于禁止性项目，停止供地；对于限制性项目，提高供地标准和条件。例如，2006年5月24日，国务院办公厅转发了建设部等部门《关于调整住房供应结构稳定住房价格的意见》的通知，要求优先保证中低价位、中小套型普通商品住房和廉租住房的土地供应，其年度供应量不得低于居住用地供应总量的70%。同时，继续停止别墅类房地产开发项目土地供应，严格限制低密度、大套型住房土地供应。土地供应结构的调整对调整住房供应结构起到了重要保证作用。

3. 土地供应方式调控

自1990年5月19日国务院发布《中华人民共和国城镇国有土地使用权出让和转让暂行条例》起，我国的土地使用权出让普遍实行，起初的土地使用权出让方式有协议、招标和拍卖三种。为规范国有土地使用权出让行为，优化土地资源配置，建立公开、公平、公正的土地使用制度，2002 年5月，国土资源部发布了《招标拍卖挂牌出让国有土地使用权规定》，要求商业、旅游、娱乐和商品住宅等各类经营性用地，必须以招标、拍卖或者挂牌方式出让。2006年8月，国务院下发的《国务院关于加强土地调控有关问题的通知》，针对当时土地管理特别是土地调控中出现的建设用地总量增长过快，低成本工业用地过度扩张等问题，又作出明确规定："工业用地出让最低价标准不得低于土地取得成本、土地前期开发成本和按规定收取的相关费用之和。工业用地必须采用招标拍卖挂牌方式出让，其出让价格不得低于公布的最低价标准。"

4. 土地价格调控

我国城市土地属国家所有，地价关系反映着国家与投资者之间的利益分配关系。因此，国家完全可以通过地价杠杆来实现让利与取利，从而有效地调节资本在不同的级差土地及部门和产业间合理流动，直接或间接制约甚至决定投资的方向，从而对经济与社会发展进行调控。国土资源管理部门可通过地价调查，更新基准地价和标定地价，建立各类土地价格指数的测算和公布制度，建立动态的地价系统，为土地市场交易提供指导，通过价格杠杆调节土地的供求关系，达到投资调控的目的。

5. 土地收益分配调控

我国现行的土地收益主要表现为土地资产性收益和各种税费。其中，新增建设用地土地有偿使用费缴纳标准是1999年财政部、国土资源部制定的，其缴纳标准明显低于新增建设用地土地纯收益的实际水平。为此，2006年8月，国务院下发的《国务院关于加强土地调控有关问题的通知》明确要提高新增建设用地土地有偿使用费缴纳标准。随后在2006年11月，财政部、国土资源部、中国人民银行下发了《关于调整新增建设用地土地有偿使用费政策等问题的通知》，明确规定从2007年1月1日起，新批准新增建设用地的土地有偿使用费征收标准在原有基础上提高1倍。另外，《国务院关于加强土地调控有关问题的通知》也已明确提出要提高城镇土地使用税和耕地占用税征收标准，这将加大用地者的土地保有成本，促进集约节约用地，促使城市政府立足于存量建设用地的有效利用，实现对投资的有效调控。

第三节 投资调控政策的演变

我国不同时期的投资调控政策变化较大，是一个逐步探索与完善的过程。在这个过程中，完全或基本成功的投资调控的例子比较少，但是，投资政策的思路、方法、手段及其组合还是不断成熟，效果也逐渐趋好。特别是20世纪90年代中期以来，我国投资调控的内涵更为丰富，经验更值得总结。

一、“九五”时期的投资调控

“九五”时期是积极的财政政策在我国大规模、高密度、全面而系统运用的时期。这一时期，先是反过热、防通胀，以促进经济的“软着陆”；继而反过冷、反通缩，以保持经济的持续快速发展。在这两方面都形成了较为完整的投资调控体系。

从1992年开始，经济和投资的过热状态有了进一步的加剧。1993年6月，中共中央、国务院发出了《中共中央、国务院关于当前经济情况和加强宏观调控的意见》，作出了加强宏观调控的重大决策，采取了一系列投资调控措施。包括严格控制货币发行，稳定金融形势；坚决纠正违章拆借资金，坚决制止各种乱集资；严格控制信贷总规模，强化中央银行对全社会信贷总规模的宏观控制；组建国家长期开发信用银行、出口信贷银行等政策性银行，专门承担政策性投融资和贷款任务；加强房地产市场的宏观管理，促进房地产业的健康发展；对在建项目进行审核排队，严格控制新开工项目；等等。1994年，经济“软着陆”开始起步，但是，由于各种因素的制约（其中包括经济增长及物价上升的惯性作用），1994年，经济和投资过热状态并无显著改变。随着党中央、国务院关于改革和发展一系列政策更进一步贯彻，以及宏观调控力度加大等，1995年，在实现工业和国民经济“软着陆”方面迈出了重大步伐。1996～1997年，国民经济实现了“软着陆”，经济增长率由1995年的10.9%下降到1997年的9.3%；全社会投资增速由1995年的17%下降到1997年的8.5%。

1998年，依据面临的通货紧缩局面，特别是亚洲金融危机对我国经济负面影响扩大的新形势，我国的投资调控政策取向发生了一系列重大变化。主要是在调控目标上，由1993年以来以抑制经济过热增长和通货膨胀率过高为主转到以刺激需求、保持适度快速增长为主；在刺激需求方面，由依靠消费需求和扩大投资需求结合转到着力依靠投资增长，主要是政府投资增长；由适度从紧的财政政策转到积极的财政政策，由适度从紧的货币政策转到稳健的货币政策。

（1）通过积极财政政策扩大投资需求。所谓积极的财政政策，主要是指在经济增长乏力、通货紧缩的形势下，通过增加财政支出及调整税收政策，达到增加投资、促进消费、扩大出口的目的，从而更直接、更有效地刺激经济增长，促进经济、社会稳定发展。

1998年积极的财政政策主要包括以下五点内容：第一，向国有商业银行增发1000亿元国债，专项用于基础设施建设；第二，向国有独资商业银行发行2700亿元特别国债，专项用于补充国有商业银行的资本金，增强银行防范金融风险能力，有利于财政政策和货币政策的协调运作；第三，分批提高轻纺等产品的出口退税率；第四，调整进出口设备税收政策，降低关税率；第五，清理涉及企业的政府性基金和收费。1999年，积极财政政策力度继续加大，下半年，在年初确定的国债发行规模的基础上，由财政部再向商业银行增发600亿长期国债。2000年，继续推行以积极财政政策为核心的调控政策。三年间，国债投资主要用于农林水利、交通、城市基础设施、环保、城乡电网、中央直属储备粮库、经济适用房、重点行业的技术改造、重大项目装备国产化和高技术产业化、环保与生态建设、教育设施等方面的建设（表11-1）。

表 11-1　1998～2000 年长期建设国债规模及投向

年份	资金规模/亿元	资金投向
1998	1000	定向用于农林水利、交通、城市基础设施、环保、城乡电网、中央直属储备粮库、经济适用房等方面的建设
1999	1100	继续安排在建国债项目，增加安排了重点行业的技术改造、重大项目装备国产化和高技术产业化、环保与生态建设、教育设施等方面的建设
2000	1500	同1999年

（2）通过相对宽松的货币政策扩大投资需求。1996年开始，央行采取了一系列放松银根、刺激需求进而促进经济增长的扩张性货币政策，主要措施有：降低利率，降低存款准备金率，取消固定资产投资贷款的指令性计划管理，放宽商业银行资产负债比例要求，调整增加贷款指导性计划，鼓励对基础设施建设、外贸和外商投资企业、科技投入、农业等方面的信贷支持等项措施。尤其是1996～2000年，央行曾连续7次下调银行利率，次数之多，降幅之大，频率之密集，历史罕见。

二、“十五”时期的投资调控

“十五”时期，我国投资调控政策显示出了不同的阶段性特征。2001～2003年，继续实践以反过冷、反通货紧缩、实现经济回暖为特征的投资促进政策；2003年下半年以来，又开始实施以反局部过热、实现“软着陆”为特征的投资调控政策。

“十五”时期的投资调控具有灵活性、机动性和丰富性的特征。中央政府针对需求和供给两方面都存在既热又冷的状况，如需求方面存在部分领域的投资过热和消费需求不足，供给方面存在某些产业发展过快和社会事业等部门发展过慢，依据已经大大发展的市场经济环境和业已积累的较为丰富的宏观调控工具，采取了有松有紧、松紧结合，以及又保又控、保控结合的灵活的区别对待政策。

实行“双稳健”政策。2003年第四季度和2004年第一季度投资出现过热苗头，2004年的中央经济工作会议正式提出将“积极的财政政策”调整为“稳健的财政政策”，与“稳健货币政策”一起，形成“双稳健”政策。2004年，继续降低财政政策的积极度，缩减长期建设国债的发行规模，2004年，长期建设国债共发行了1100亿元，比上年减少 300 亿元。同时，为了建立正常的政府投资机制和稳定的资金来源，在逐年缩小国债发行规模的同时，逐年适当增加中央预算内建设投资，2004 年增加 50 亿元。总的考虑是，经过几年努力，在现有财政赤字规模不扩大的情况下，中央预算内建设投资逐步增加到一定规模，同时逐步减少发行建设国债。2005 年，国家开始实施稳健的财政政策，安排长期建设国债 800 亿元，比上年减少 300 亿元，同时增加中央预算内建设投资 100 亿元。

国债投向转变。2004～2005 年，长期建设国债的使用方向有了较大的调整，按照“五个统筹”的要求，有保有压，重点保证重大在建项目、农林水利、教科文卫、能源、县乡公路、环境保护、循环经济和资源综合利用等方面的需要，对其他投资项目宜缓则缓，特别是对部分过快增长行业的投资项目暂缓下达资金预算。应该说，2004 年财政政策的转型不是简单的减发建设性国债，而是要从建立符合社会主义市场经济体制要求的公共服务型政府的需要出发，从调整财政支出结构入手，确立财政政策的稳健性。这不意味着财政从建设投资领域全盘退出，而是通过适当控制和减少财政赤字及国债规模、优化国债支出方向、适当增加社会公共开支，达到有效规避财政风险和减少国债资金使用中的负面影响的效果。具体见表 11-2。

表 11-2　2001～2005 年长期建设国债规模及投向

年份	资金规模/亿元	资金投向
2001	1500	弥补前期基础设施在建项目后续资金不足，支持西部大开发等一些重大基础设施建设，不再上新项目
2002	1500	在建的国债项目、西部开发项目、重点企业技术改造，以及南水北调、京津水资源保护工程、农村基础设施和教育、公检法等方面设施的建设
2003	1400	首先用于续建和收尾项目，还要安排必要的新开工项目。具体投向体现“四个倾斜”：向农村倾斜，向结构调整倾斜，向中西部倾斜，向科技教育、生态环境建设倾斜
2004	1100	其中 950 亿元纳入中央预算，150 亿元代地方政府发行，同时拟增加中央预算内建设投资 50 亿元。国债项目资金重点用于：农村基础设施、公共医疗卫生、基础教育、基层政权和公检法司基础设施等建设；支持西部大开发和东北地区等老工业基地调整改造；加强生态建设和环境保护；保证续建国债项目，特别是青藏铁路、南水北调、西电东送等重大项目建设
2005	800	同时增加中央预算内经常性建设投资 100 亿元。国债投资主要是为了全面落实科学发展观，按照“五个统筹”的要求，加强农业、教科文卫、社会保障、环境保护和生态建设等薄弱环节

货币政策收紧。鉴于 2003 年以来贷款大幅度增加，2003 年 9 月，央行采取了较为严厉的政策措施，提高存款准备金率 0.5 个百分点，希望减缓银行放贷速度。此外，央行还出台了一系列“窗口指导”措施。银监会也开始对四大国有商业银行贷款进行特别检查，以尽可能细致地掌握贷款风险状况。2004 年初，投资增速明显过高。为此，央行在 4 月上旬提高存款准备金率 0.5 个百分点。从 2004 年 4 月 25 日起，开始实行差别存款准备金率制度，金融机构适用的存款准备金率与其资本充足率、资产质量状况等指标挂钩，对资本充足率低于一定水平的金融机构实行相对较高的存款准备金要求，建立起正向激励与约束机制。为进一步巩固调控成果，经国务院同意，央行从 2004 年 10 月 29 日起上调人民币存、贷款基准利率。央行还认真贯彻了国务院“区别对待、有保有压”

的宏观调控方针，在注重总量调控的同时，加强对商业银行的信贷政策引导，督促金融机构积极配合国家产业政策，限制对过热行业和不符合国家产业政策的企业的信贷投放，继续加大对农业、中小企业、扩大消费、增加就业、助学等方面的贷款支持力度，积极支持非公经济发展。为进一步减轻经济过热的压力，央行自2006年4月28日起，将金融机构一年期贷款基准利率上调0.27个百分点，由5.58%提高到5.85%。

切实把好土地闸门。2004年10月，国务院下发了《国务院关于深化改革严格土地管理的决定》，提出为有效防止投资规模扩张，要将清理开发区和纠正违法违规占地的工作一抓到底，不符合土地利用总体规划和城镇建设规划的开发区，不得批准用地。要坚决贯彻有区别、有步骤地恢复农用地转用审批的要求，坚决防止一哄而起，防止突击批地占地，盲目集中上项目。各地要贯彻区别对待、有保有压的原则，优先保证国家重点建设项目、产业政策鼓励发展的项目和经济社会发展中薄弱环节建设项目的用地需要。国土资源部门要认真做好建设项目用地预审、农用地转用和土地征收审批工作，严格依据土地利用总体规划和土地利用计划审查建设项目用地，统筹安排各类建设用地。要在严肃查处地方擅自修改土地利用总体规划、非法占用基本农田、侵害被征地农民合法权益、减免和欠缴新增建设用地土地有偿使用费等违法违规行为的同时，严肃责任追究，并责令限期整改。2005年，国土资源部继续实行从严从紧的土地使用政策，控制农用地转为建设用地的总量。

其他投资调控措施还包括，2004年4月，国务院宣布调高钢铁、电解铝、水泥和房地产四个行业的固定资产投资项目资本金比例；2004年4月，国务院派出专项检查组，严肃查处江苏铁本钢铁有限公司违规建设钢铁项目，切实维护国家宏观调控的统一性、权威性和有效性；4月29日，国务院办公厅发出通知，对所有在建、拟建固定资产投资项目进行全面清理。银监会也发出通知，决定全面清理银行业金融机构对在建、拟建项目已发放或已承诺发放的固定资产贷款，重点是对总投资3000万元及以上项目发放的固定资产贷款。

三、“十一五”时期的投资调控

由于国际、国内形势的复杂变化，“十一五”时期的投资调控表现出2006～2007年反通胀、反过热；2008年国际金融危机爆发，投资调控又转为扩内需；2010年，经济特别是房地产领域出现明显过热趋势，针对房地产调控力度加大。

2006～2007年，针对经济增长出现偏热苗头，投资增长过快、信贷投放过多、贸易顺差过大及资源环境压力加大，中央政府及时果断地采取了一系列以控制投资过快增长为重点的宏观调控政策。央行继续执行稳健的货币政策，采取综合措施大力回收银行体系过剩流动性，发挥利率杠杆的调控作用，加强货币信贷总量调控，着力优化信贷结构。针对由国际收支顺差持续增加导致的流动性过剩，央行综合使用公开市场操作和存款准备金等对冲工具，大力回收银行体系过剩流动性。一方面，以发行央行票据为主、回购操作为辅，加大公开市场对冲操作力度。2006年累计发行央行票据3.65万亿元，同比多发行8600亿元。另一方面，2006年，央行三次上调存款类金融机构人民币存款准备金率，2007年则八次上调存款准备金率。为抑制过度投资，引导投资和货币信贷的合理增长，2006年，央行两次上调金融机构存贷款基准利率，2007年更是五次加息，金融机构一年期存款基准利率提高到 3.87%，一年期贷款基准利率提高到 7.29%。

综合运用多种财税手段，不断优化财政投入结构。一是较大幅度地调整和完善了相关税收政策。取消了多项高耗能、高污染、资源性产品的出口退税，降低了容易引起贸易摩擦商品的出口退税率，降低了能源资源性产品的进口关税，提高了高耗能、高污染、资源性产品的出口关税。二是较大幅度地削减财政赤字，优化中央建设投资结构。2007 年，财政赤字在年初预算比 2006 年减少 300 亿元的基础上，执行中又削减 450 亿元，中央财政赤字 2000 亿元，占 GDP 的比例下降到 0.8%。中央建设投资规模 1344 亿元，主要用于社会主义新农村建设、社会事业发展、生态环境保护、西部大开发等方面。这些措施体现了财政宏观调控的综合性、针对性和主动性，有力地推动了经济向宏观调控的预期方向发展。

全面清理新开工项目，从严控制新上项目。2006 年，针对新开工项目管理中存在的突出问题，按照六大方面 23 项标准，对上半年新开工项目进行了全面清理。在土地方面，国务院发布了关于加强土地调控有关问题的通知，发布实施了工业用地出让最低价格标准，提高新增建设用土地有偿使用费等。从市场准入方面，先后出台了水泥、电解铝、钢铁等 11 个行业的结构调整指导意见，调整了这些行业市场准入门槛，特别是依法关闭了一批不符合产业政策的、污染比较严重、能源消耗比较高的小钢厂、小水泥、小煤矿等落后生产能力。在外资外贸方面，对出口退税率进行了结构性调整，降低和取消部分高耗能、高污染及资源性产品的出口税率，对部分产品加大了出口关税，促进加工贸易转型升级。及时出台了关于加快推进产能过剩行业产业结构调整的通知，国务院作为文件下发全国实施。

2008 年上半年的货币政策操作主要着眼于国内的通胀压力和所谓的流动性过剩。为了冲销流动性，2008 年上半年，央行先后多次提高法定存款准备金率，法定存款准备金率最高一度提高到了 17.5%。2007 年第四季度开始，央行采取了更为严厉的信贷规模控制政策。这一政策在 2008 年上半年得到了延续。到 9 月之后，货币政策不仅有保国内经济增长、促进就业的需要，同时也是维护金融体系稳定，参与全球主要中央银行危机管制的协调政策行动的一部分。为应对国际金融危机，9 月 15 日，央行 4 年来首次下调人民币贷款基准利率和中小金融机构人民币存款准备金率，中国开启新一轮降息周期，全力确保增长；10 月 8 日，央行再次下调“双率”；10 月 29 日，央行一月内两度降息，宣布自 10 月 30 日起下调金融机构人民币存贷款基准利率；11 月 26 日，央行宣布大幅下调“双率”，国家通过持续快速货币政策调控提振市场信心、保持经济增长的政策意图日渐清晰。12 月 3 日，国务院研究确定了金融促进经济发展的九条政策措施，首条措施直指“落实适度宽松的货币政策、保持银行体系流动性”，在 2008 年剩下不足一个月的时间里，追加政策性银行 2008 年度贷款规模 1000 亿元。

2008 年初，财政适当减少中央财政赤字和国债项目资金，同时增加中央基建投资。预算执行中，根据四川抗震救灾需要，调整支出规模和结构，建立中央地震灾后恢复重建基金，大力支持灾区恢复重建。第四季度，为应对国际金融危机的影响，积极筹措资金，新增中央政府公共投资 1040 亿元，用于加快灾区恢复重建、实施保障性安居工程等民生工程和农业基础设施建设，加大对受灾群众临时生活困难救助力度，着力保障受灾群众基本生活。大力支持恢复农业生产、重建倒塌民房，以及修复电网、交通、教育等方面的基础设施。“5·12”汶川特大地震发生后，迅速启动财政应急保障预案，积极采取有效措施，及时安排和切实保障抗震救灾资金。中央财政拨付抢险救灾资金384亿元，地方财政也投入抗震救灾资金243亿元。安排中央地震灾后恢复重建基金740亿元。

2009年，国家实施适度宽松的货币政策，保持银行体系流动性充裕，引导金融机构扩大信贷投放，优化信贷结构，加大金融支持经济发展的力度。总体上，适度宽松的货币政策得到了有效传导，对扩张总需求、支持经济回升、遏制年初的通货紧缩预期发挥了关键性作用。加强货币政策与财政政策、产业政策的协调配合，引导金融机构加大对中央投资项目的配套贷款投放。严格控制对高耗能、高污染和产能过剩行业盲目发放贷款。同时，密切监测地方投融资平台贷款可能的系统性金融风险隐患。督促商业银行合理把握信贷投放进度，正确处理金融支持经济发展与防范风险的关系。努力应对国际金融危机冲击，坚持把保持经济平稳较快发展作为财政工作的首要任务，积极发挥财政职能作用，实施积极的财政政策，综合运用预算、国债、税收等政策工具，把握政策实施的力度和节奏，着力扩大内需，保障和改善民生，推动经济结构调整，促进经济回升向好。中央政府公共投资支出9243亿元，比上年预算增加5038亿元。发行2000亿元地方政府债券，保障地方政府的配套资金需要。

2010年，宏观政策在坚持连续性和稳定性的同时，提高针对性和灵活性，注意把握好调控的力度、节奏和重点，并采取了加强地方融资平台管理及引导房地产市场健康发展等一系列措施。同时中央出台了一系列推动经济增长的新举措，着力振兴战略性新兴产业，加快保障房建设和棚户区改造，鼓励和引导民间投资，加快新疆地区发展，深入推进西部大开发，这些举措有利于加快经济结构调整，形成更可持续的经济增长点。2010年初，房地产行业掀起一轮严厉的政策调控风暴。1月10日，国务院出台“国十一条”，严格二套房贷款。4月15日，国务院又出台政策，二套房首付款不低于50%；首套房且建筑面积逾90平方米的，首付不低于30%。4月17日，新“国十条”发布，实行更为严格的差别化住房信贷政策，对商品房价格过高、上涨过快、供应紧张的地区，商业银行可暂停发放购买第三套及以上住房贷款。随后，又规定上述地区要在一定时间内限定居民家庭购买套数。

四、“十二五”时期的投资调控

“十二五”前期，我国投资调控延续了以往的思路，在稳增长和调结构的权衡中，更加倾向于前者；党的十八大以后，投资调控思路发生了根本变化，更加注重长期均衡发展，把工作重心转到转型升级和创新发展上来，结构性改革成为投资调控的主要手段。

2011～2012年，投资调控按照稳中求进的工作总基调和稳增长、控物价、调结构、惠民生、抓改革、促和谐的要求，积极促进科学发展，加快转变经济发展方式。实施积极的财政政策，保持适当的财政赤字和国债规模，增加欠发达地区、民生、结构调整、科技创新等重点支出。充分发挥政府投资对结构调整的引导作用，完善鼓励引导民间投资的配套措施和实施细则，支持民间投资进入铁路、市政、金融、能源、电信、教育、医疗等领域。严格执行投资项目用地、节能、环保、安全等准入标准，防止盲目投资和重复建设。实施稳健的货币政策，综合运用价格和数量工具，提高货币政策有效性。着力优化信贷结构，引导商业银行加大对重点领域和薄弱环节的信贷支持，严格控制对“两高”行业和产能过剩行业贷款。经济和投资增速呈现出平稳发展的态势。2011年，全社会固定资产投资增长23.6%，其中，民间投资（不含农户）增长34.3%，所占比例提高4.5个百分点。2012年，全社会投资增长20.3%，其中民间投资增长24.8%，所占比例达到61.4%，比上年提高2个百分点。

党的十八大以后，投资调控思路发生了较大转变。这一时期投资调控按照协调推进“四个全面”战略布局的要求，主动认识新常态、适应新常态、引领新常态，加大结构性改革力度，在适度扩大总需求的同时，去产能、去库存、去杠杆、降成本、补短板，提高供给质量和效率，提高投资有效性，加快培育新的发展动能，改造提升传统比较优势，增强持续增长动力。

保持经济稳定增长。阶段性提高财政赤字率，在适当增加财政支出和中央预算内投资的同时，主要用于弥补减税降费带来的财政减收因素影响，保障政府应该承担的支出责任。扩大结构性减税范围，实行普遍性降费，盘活财政存量资金。发行地方政府债券置换存量债务，降低地方政府利息负担，减轻了地方政府偿债压力。实施松紧适度的稳健货币政策，适时适度预调微调，加强定向调控、监管协调、预期管理，保持流动性合理充裕和社会融资总量适度增长，降低实体经济融资成本，提高金融服务实体经济效率，推进解决融资难、融资贵问题。

发挥投资的关键作用。牢牢抓住关键领域和薄弱环节，创新政府性资金使用方式，充分发挥中央预算内投资、专项建设基金“四两拨千斤”的引导带动作用，着力补短板，扩大有效投资。用好预算内投资，重点支持保障性安居工程、粮食、水利、中西部铁路、科技创新、节能环保和生态建设、教育、卫生、文化等社会事业、老少边贫地区建设等。统筹安排中央预算内投资和专项建设基金，优先支持符合投向的PPP项目建设，着力激活民间投资。加大企业债券发行力度，鼓励发行城市地下综合管廊、战略性新兴产业、绿色债券等企业债券创新品种。

促进结构转型升级。大力推进大众创业、万众创新政策措施的意见出台实施。启动“互联网+”行动计划启动，大数据、电子商务等领域新业态不断涌现。设立国家新兴产业创业投资引导基金。实施“中国制造2025”和增强制造业核心竞争力三年行动计划，在增强制造业核心竞争力、产业振兴和技术改造等领域推进一批重大工程。设立先进制造产业投资基金，首期基金规模200亿元，有效吸引了社会资本参与。

优化发展空间格局。“一带一路”战略开始实施，周边基础设施互联互通积极推进，沿边和内陆开放继续扩大。上海自由贸易试验区试点取得可复制、可推广经验。着力国际产能合作与中国装备“走出去”，铁路、电力、通信、能源等“走出去”项目取得积极成果。京津冀协同发展稳步前行，北京非首都功能疏解有序开展，交通、生态、产业三个重点领域率先取得突破。长江经济带发展深入推进，绿色生态廊道加快构建，综合交通体系逐步完善。

纵深推进改革开放。加大了重要领域和关键环节改革力度，推出一批具有重大牵引作用的改革举措。简政放权、放管结合、优化服务深入推进，重要领域改革取得积极进展，开放型经济新体制加快构建。行政审批制度改革不断深化，以投资和生产经营领域为重点，取消和下放了一大批行政审批事项。连续三次修订政府核准的投资项目目录，中央层面核准项目累计减少90%，外商投资项目由全面核准改为普遍备案和有限核准相结合。深入推进商事制度改革，在全面实施“三证合一”“五证合一”“两证整合”基础上，加快推进“多证合一”，深化“先照后证”改革，87%的工商登记前置审批事项改为后置审批或取消。推进市场准入负面清单制度建设，有序开展市场准入负面清单制度试点。

总体来讲，“十二五”时期的投资调控取得了一定效果。经济保持了中高速增长，经济结构进一步优化，就业形势总体稳定，新产业、新业态加快形成，新型城镇化积极推进，新的发展空间不断拓展，民生福祉持续改善。但是，与此同时，这一时期全社会投资增速下滑明显，全社会投资增速由2013年的19.3%下降到2015年的9.8%。由于经济周期下行、结构转型压力及体制障碍较多等因素的多重影响，投资调控政策的效果不明显。

第四节 政府投资调控未来取向

一、基本经验

（一）投资宏观调控需要多种政策有机组合

由于单一政策工具作用有限，应对日益复杂的宏观经济形势，需要借助于多种政策手段，必须多管齐下，形成合力。20世纪90年代以前几次投资调控，操作上主要表现为压缩投资规模、控制贷款规模，国债政策、税收政策、利率杠杆等间接手段较少采用，政策的组合使用少。这种相对单一的行政手段主导的调控操作简便、短期见效，特别是面对占据投资主体地位的地方政府和国有企业的投资欲望比较有效，间接性的市场手段反而容易失效。随着我国市场经济体制的逐步建立，民营经济日益壮大，“一刀切”的做法虽然在一定程度上可以压制住地方政府的投资冲动，却对民营经济造成损害。同时，这种方式也容易造成经济的大起大落。近年来，投资调控尽管仍然采用一定的行政手段，但是，行政手段的作用已转化为“发信号”“打招呼”，在此基础上，越来越注重发挥经济手段和法律手段的主导作用，避免经济的大幅波动。财政政策与货币政策、土地政策和环保政策、投资政策与消费政策、扩大内需与结构调整的多种政策配合与协调使政策组合更加丰富，更能应对复杂的局面，更能平衡各方的利益与诉求。这是未来投资调控应该遵循的方向。

（二）充分估计行政性调控对经济造成的损害

如上所述，未来的投资调控具有复杂性的特征，由于微观经济主体结构已发生了较大变化，对于政府的宏观政策，最先受到伤害的往往不是国有企业，也不是地方政府，而是冲锋陷阵的民营企业，这些企业却恰恰是近年来我们采取各种政策措施进行扶持，希望其发展壮大的经济力量。从“铁本事件”可以清楚地看到，真正违规的不是企业，而是各级地方政府。这种地方政府生病、民营企业吃药的做法打击了民营企业持续发展的积极性和可能性，也在一定程度上损害了政府的信誉。行政方式的主要缺陷是政府部门掌握的信息不充分、不完全，容易造成调控上的一刀切与盲目性。由于行为能力和其他客观因素的制约，中央政府干预经济的结果往往不能实现预期的社会经济目标。许多行业的周期性发展规律表明，与中央政府调控方向相反的企业决策反而容易在未来某个时期获得成功。中央政府严控其发展的行业，由于产业内部产品品种、规格、技术和质量水平不同，其中必然存在符合经济发展要求的投资机会，但是，行政调控很难区别对待，很难避免伤及无辜。

（三）通过对要素价格的调节有效调控投资需求

要更多运用经济杠杆调控投资，特别是要把扭曲的生产要素价格调节到正常水平，对投资起到正确的导向作用。应该对各地地价、水价和电价的减免政策进行清理，根据资源稀缺程度和环境与生态保护的要求，由中央政府及省级政府确定各地真实的要素基准价格，地方政府只能在规定的范围内进行调整。例如，在水资源稀缺的地区大幅度提高工商业用水价格，以抑制相关产业的过度发展。长期以来，我国各地区土地出让实行的是双轨制，即工业土地以低价协议出让方式为主，房地产等经营性用地实行招拍挂，并以拍卖为主。地方政府通常是用房地产用地拍卖所得弥补工业用地出让产生的亏损。现在需要对这种土地出让制度进行改革，即改变房地产经营用地 100%拍卖的局面，对部分用地实行招标或挂牌出让，以降低土地价格，降低房价。同时，要严格规定工业用地（特别是开发区用地）出让价格不能低于当地的基准地价，不能任意减免，以防止各地在招商引资中的恶性竞争。最重要的是要允许农村集体建设用地和宅基地进入市场，政府要获得建设用地，不再采取征用方式，而是与其他主体一样进入市场进行公平交易。在保护农民利益的同时，提高政府的用地成本，增强利益约束。

（四）探索建立防止地方政府投资冲动的长效机制

地方政府的投资冲动在改革以来的多轮投资热潮中均表现得十分明显。在片面政绩观的支配下，各级政府必然会通过各式各样的土地、税收、基础设施等方面的优惠政策招商引资，以扩大本地的经济总量；由于地方政府的投资活动缺少必要的约束机制，地方政府主导的投资往往成为超越当地经济发展需要、恶性透支未来的无限制扩张。正确处理中央与地方的关系，充分调动地方政府的积极性和创造性、尊重地方政府发展本地经济的要求是我国经济发展的重要体制基础。但是，如果地方发展经济的愿望不加节制、恶性膨胀则会妨碍整体经济的健康发展。如果各地均强调自己发展的特殊性和必要性，则经济与投资的降温将成为一句空话；如果对地方政府违规现象查处概率极低，又缺乏一种使大家合作来遵守和执行的制度，则重复建设、盲目投资、结构趋同和过度竞争就将层出不穷。对地方政府行为的节制可以是来自中央政府的纵向约束，也可以是来自本地区内部的横向监督。如果单纯依靠中央政府的宏观调控，而来自本地区的民主监督和制约机制没有建立起来，地方政府的投资冲动将会反复不断出现。因此，应在政府官员政绩考核中加入外部性及可持续发展、就业及社会事业进步等方面的内容；增强地方人大对地方政府投资项目及债务融资的民主监督与制约；提高社会公众对城市规划、建设的民主参与程度。

（五）扩大投资需求与扩大消费需求相配合

扩大内需的当务之急是正确处理好投资和消费的关系、内需和外需的关系。处理好这两个关系，最根本的是扩大国内消费需求。我国投资增长过快，消费相对不足。由于投资膨胀，而国内消费相对疲软，一些行业产能过剩，不得不在国际市场上寻找出路，更加大了贸易平衡的压力，国际收支失衡矛盾进一步加剧。消费是生产的最终目的，适当提高消费率，既可以减缓相对储蓄过剩，又可以提高人民生活水平和质量，促进经济良性循环。因此，实现国民经济又好又快发展，必须努力调整投资与消费的比例，把工作着力点放在调投资、促消费、减顺差上。要围绕扩大消费来调整投资结构。对那些有利于增加消费的基础设施建设要加大投资力度，这样既能提高消费需求，又能提升投资效益。要增强产品有效供给，根据居民消费的整体情况，兼顾地区差异和不同消费群体，全方位扩大生产，使产业结构的调整符合消费需求的发展趋势。要加快养老体制、医疗体制、教育体制改革，改善消费预期，降低储蓄率，提高消费率。改变住房政策导向，不断丰富住房市场体系。大力发展住房租赁市场，降低自有住房持有率，使更多城市居民可以通过租房方式逐步改善居住条件，避免住房投资挤出或抑制其他消费。

二、趋势展望

经历了改革以来 30 多年投资调控的实践，我国的投资调控经验不断丰富，方式、方法更加合理适用，应对复杂局面的调节和控制能力有所提高，未来的投资调控可能进入一个良性的发展轨道。

（一）法治化管理将为投资调控创造更好的体制基础

投资调控的法治化趋势包括三个方面的内容：其一，法律法规的完善将提高投资调控的合法性，投资将在相关法规约束下有序运行。未来将更加注重宏观调控的立法。制定一部“宏观调控基本法”刻不容缓，用以明确宏观调控的主体、职能、程序、责任等方面的基本规则。应加快推进“规划法”“政府投资法”等法律法规的制定，减少政府投资决策与管理的随意性，形成应有的法律监督框架。其二，要对投资调控加以正确定位，依法有效实施调控，确保其在法治框架内开展，以切实保障市场主体的相关权利。要使市场在资源配置中起决定性作用，加快转变政府职能，切实简政放权，坚决摒弃不当行政干预。要贯彻调控法定原则，不仅对各类调控主体及其具体调控权作出明确规定，而且对调控程序作出具体规定。①其三，法律制度应该得到切实的遵守和执行，不仅企业不能在经济活动中进行违法活动，地方政府和部门也不能为了自身的经济利益不执行相关法律，从而保证法律不会流于形式，使各类市场主体形成明确稳定的预期。

（二）货币和财政政策效果将有所提高

随着市场经济体制的逐步完善，价格、税率、利率等价格杠杆将更加灵敏、有效。各类投资主体在充分竞争所形成的真实的、合理的投资收益率引导下理性决策，由不合理的高收益引发的投资过热将大大减少，投资运行的平稳性显著增强。随着新发展理念的贯彻和落实，地方政府向公共服务型转型，财力与事权趋于对称，有关资源与环境的立法和执法进一步加强，地方政府和各类企业的行为将进一步规范，投资冲动将有所减弱。这种情况下，货币和财政政策能够通过利率、信贷、税率、财政支出等方式直接或间接传导到实体投资，调节产品和服务的供求，有效作用于房地产和股票市场，影响资

① 张守文：《在法治框架内加强和改善宏观调控》，《人民日报》，2016 年 9 月 13 日

产价格的变化和资源的配置。货币和财政政策对包括投资需求在内的总需求的调控效力会大大提高。随着全球经济一体化程度的加深，我国将逐步实施更加灵活的汇率制度，适当通过汇率等价格手段调节贸易不平衡和国际收支失衡，从而缓解外汇流入和储备积累过快的压力，实现经济更加平稳、可持续地发展及货币供给平稳有序地增长，增强货币政策的独立性。另外，汇率的灵活性也有助于改善货币政策对投资的传导机制。

（三）投资的结构调控政策将转变思路

政府通过产业政策干预某些产能过剩行业投资的实践表明，市场不能实现资源高效配置的事实，并不意味着政府的不断积极主动介入就可以使事情变得更好。市场信息纷繁复杂、千变万化，单凭国家部委少数司局的几个人就想准确把握和决定行业的进退，是不可能的，也是荒谬的。在本应由市场机制发挥作用，且相当程度上市场机制能够发挥一定作用的领域，产业政策的介入，也就意味着市场机制的萎缩。结构优化、升级是一个渐进的过程，在结构渐变中，市场比政府对结构的选择更有效率，这也正是我们放弃多年的计划管理的原因。转型期存在各种形式的垄断与禁入，资本在行业间流动不畅，因而，对非政府投资的行业结构，政府的主要任务是消除阻碍资本在行业间流动的体制性和机制性障碍，维护公平的市场竞争规则，充分发挥市场选择结构的功能。对政府投资的行业结构，则主要是提高政府投资规划、计划水准，项目决策的民主化、法治化和科学化水平。要在充分尊重市场机制的前提下，更多采用市场参数来调节，通过市场机制的“试错”来达到自动均衡，发挥市场“内在稳定器”功能。同时，通过依法管理，实现政府有限的结构调整目标。

（四）政府规划将对投资产生长期稳定约束

外国许多城市和村镇建设得整齐美观、特色鲜明，规划是其强有力的保证。这些规划十几年甚至几十年不变，无论是高官权贵还是普通百姓，都不能违反规划，都能自觉遵守规划。如果政府规划能够保持长期稳定，基础设施和新城建设就可以避开人口聚集地区，从而减少拆迁等不必要的经济和社会成本。对于基层地方政府的规划来讲，通常会直接落实到具体地块的用途，成为对社会公众行为最具约束力的规则。要加强民众、企业、利益相关者对于规划编制的参与，这既可以保证规划充分反映社会各界的需求，体现绝大多数群众的利益，也使各界能够充分了解规划并达成共识，使政府意图能够有效地转化为市场经济主体的内在意志。[①]对于转轨时期的中国来讲，随着政治和经济体制改革的深入，政府官员的权力得到严格制约，公共利益得到最大限度的保障，规划的严肃性和约束力也将不断增强。有了规划的日常管理，因为少数官员的政绩冲动产生的政绩工程、因为政府换届产生的盲目投资、因为特权阶层的私欲膨胀产生的非法项目将会大为减少，全社会投资增长将更加平稳有序。

（五）土地、环保政策仍将发挥重要调节作用

以土地政策参与宏观调控，是我国在特殊国情下的重大政策创新。调控好土地市场尤其是土地供应，就可能调控劳动力、资金、原材料、能源和其他资源的投入量及投入

---

① 申兵：《国外规划体制与规划政策的经验及启示》，《宏观经济管理》，2008 年第 11 期，第 72-74 页

方向，实现资源的综合优化配置，最终有效调控投资运行。土地政策的投资调节作用将长期存在。国家将加大征地补偿安置费用的比例，提高新增建设用地土地有偿使用费缴纳标准，严格土地管理法律法规的执行，严肃惩处土地违法违规行为，建立节约集约用地的激励机制、责任机制、考核机制、用地全程监管机制，实现土地利用由粗放型向集约型转变。近年出台的大部分节能环保政策，其政策意图是要加强政府对微观主体的外部性监管，提高资源、环保准入门槛，抑制投资的低成本扩张。从政策效果看，强化外部性监管确实起到了抑制投资局部过热的效果。从中长期看，这种强化监管力度的做法，不应依赖宏观调控的一时之势，不管投资过热还是不过热，都应该长期保持监管力度。因为依法监管微观主体、防止企业内部成本的外部化、维护公共利益无论在什么时候都是各级政府的重要职责。只要真正把住资源、环境日常的管理口子，许多过剩产业投资都将被自然淘汰。

本章小结

投资调控是需求与供给、短期与长期、总量与结构、政策与制度的统一，是要通过对投资的调节，实现经济的长期稳定发展。投资调控作为宏观调控体系的一个重要部分，其最终目标应当与宏观调控的最终目标相一致。投资调控工具主要包括财政政策、货币政策、发展规划、市场准入、土地政策等。我国不同时期的投资调控政策变化较大，是一个逐步探索与完善的过程。政府应对复杂局面的调节和控制能力有所提高，未来的投资调控将更加注重法制化、规范化，重视多种政策工具的协调运用。

☆关键术语☆

投资调控　财政政策　货币政策　发展规划　市场准入　土地政策

➢复习思考题

1. 简述投资调控与投资管理的区别。
2. 政府投资调控的工具有哪些？
3. 论述货币政策对投资的传导机制。
4. 简述五年规划的编制程序。
5. 土地参与调控的意义在哪里？
6. 政府投资调控的未来取向是什么？

第十二章

政府投资的效益

第一节　政府投资效益评价

政府投资效益评价是一个综合的范畴，涉及的内容比较广泛，主要表现为财务评价、国民经济评价、社会效益评价和可持续发展效益评价多个层次。全面完善的经济效益、社会效益和环境影响评价，是提高政府投资项目综合效益的有效途径。

一、效益评价方法

（一）经济评价

经济评价包含财务评价及国民经济评价。

1. 经济评价原则

（1）短期和长期相结合。既要重视当前的经济效果，也要重视长远的经济效果，当前利益服从于长远利益。既要分析它们在某一时点上的状况，也要分析它们的发展趋势。

（2）定性与定量相结合。由于经济评价的本质要求是通过效益和费用的计算，对项目建设和生产过程中的诸多经济问题给出明确、综合的数量回答，所以进行经济评价时，应定量分析与定性分析相结合，以定量分析为主。

（3）静态与动态相结合。由于政府投资项目建设周期长，投资与取得效益在时间上存在很大差距，计算经济效益时需考虑资金的时间因素，动态分析与静态分析相结合，以动态分析为主。

2. 财务评价

政府投资的财务评价是指在国家现行财税制度和价格体系下，从财务的角度分析测算项目直接发生的财务费用和收益，编制财务报表，计算评价指标，考察项目财务盈利能力和清偿能力等财务状况，对项目的财务可行性进行评价的一种活动。财务评价具有预测建设项目的盈利能力、清偿能力及抗风险能力；制订资金筹措方案，合理使用各项资金，提高投资效益；明确投资者的权益；安排盈利分配和资金运用等作用。财务评价包括盈利能力及清债能力分析。

1）盈利能力分析

A. 净现值（NPV）

净现值是反映项目技术方案在计算期内获利能力的动态评价指标。项目技术方案的净现值是指用一个预定的基准收益率，分别把整个计算期内各年所发生的净现值流量都折现到建设期初的现值之和。对每一个项目 m 而言，在时间 t 有一组收益 b_t^m 和成本 c_t^m 。如果我们把收益和成本都调整到同一时期（如初期），那么，不同时期的资产价值是可比的，这个过程就是贴现。

项目 m 的收益现值之和可以表示为

$$B^m = \sum_{t=0}^{n} b_t^m (1+i)^{-t}$$

其中，i 为利率（贴现率）；$(1+i)^{-t}$ 为贴现因子。

同样，项目 m 的成本现值之和可以表示为

$$C^m = \sum_{t=0}^{n} c_t^m (1+i)^{-t}$$

项目 m 的影响可以用其成本和收益的净现值来概括：

$$\mathrm{NPV}^m = B^m - C^m$$

净现值可以作为判断项目可取性的标准，在贴现率既定的情况下，净现值为正值的项目就是可行的项目；反之，则不可行。净现值指标的优点是考虑了资金的时间价值，并全面考虑了项目在整个计算期内的经济状况。

不过，这种标准显然不适合对项目进行排序，因为它没有考虑项目的规模，大型项目可能在绝对值上有很大净收益，但是，净收益占投入资本的比例可能比较小。为了把这种因素考虑在内，我们使绝对净现值正规化，得到相对净现值 NPV_r，等于净现值除以贴现后的成本：

$$\mathrm{NPV}_r^m = \frac{B^m - C^m}{C^m} = \frac{B^m}{C^m} - 1$$

然后，我们选择 NPV_r 最高的项目。

B. 内部收益率（IRR）

内部收益率是贴现后的收益之和与贴现后的成本之和相等时的贴现率。也就是说，内部收益率是净现值等于零时的贴现率。项目 m 的内部收益率是由下列公式隐含决定的贴现率 i。

$$\sum_{t=0}^{n} b_t^m (1+i)^{-t} = \sum_{t=0}^{n} c_t^m (1+i)^{-t}$$

内部收益率的判断准则是：设基准收益率为 i_c，若 $\mathrm{IRR} > i_c$，则项目在经济上可以接受，反之，则应予以拒绝。在对若干项目作出选择时，内部收益率最高的项目将被选中。

C. 总投资收益率（ROI）

总投资收益率又称投资报酬率（return on investment），是指达产期正常年份的年息税前利润或运营期年均息税前利润占项目总投资的百分比。计算公式是

$$ROI=\frac{EBIT}{TI}\times 100\%$$

其中，EBIT（息税前利润）=利润总额（所得税前利润）+（已经计入成本的利息支出；TI（项目总投资）指发生在各年的投资之和。

总投资收益率依据参数应当是一个合理区间。可以通过多种方法进行测算，将结果互相验证，经协调后确定。通常在统计的基础上，取各样本的平均值，再取两个边界值。只有总投资收益率指标大于或等于基准总投资收益率指标的投资项目才具有财务可行性。

D. 投资回收期（payback period）

投资回收期就是使累计的经济效益等于最初的投资费用所需的时间，是指通过资金回流量来回收投资的年限。标准投资回收期是国家根据行业或部门的技术、经济特点规定的平均先进的投资回收期。投资回收期包括静态投资回收期和动态投资回收期。

静态投资回收期是在不考虑资金时间价值的条件下，以方案的净收益回收项目全部投入资金所需要的时间。静态投资回收期可根据现金流量表计算。判别标准是：将求出的静态投资回收期与部门或行业的基准投资回收期进行比较，前者小于后者，项目的投资能在规定的时间内收回，则认为项目可行；反之则不可行。

动态投资回收期是把投资项目各年的净现金流量按基准收益率折成现值之后，再来推算投资回收期。动态投资回收期就是净现金流量累计现值等于零时的年份。判别标准是：若方案中的动态投资回收期小于基准动态投资回收期，项目可行；反之，则应予以拒绝。

2）清债能力分析

A. 流动比率

流动比率=流动资产/流动负债。流动负债是项目在一年内需要用现金偿还的负债，流动资产是现金及在一年内可以变现的资产，是项目变现能力的体现。

B. 借款偿还期

借款偿还期是指在国家财政规定和投资项目具体财政条件下，以项目投产后可用于还款的资金偿还固定资产投资国内借款本金和建设期利息所用的时间。

C. 利息备付率

利息备付率也称利息倍数，指项目在借款偿还期内各年可用于支付利息的息税前利润与当期应付利息费用的比值。利息备付率越高，表明利息偿付的保障程度越高。参考国际经验和国内行业的具体情况，一般情况下，利息备付率应大于 1，并满足债权人的要求。

D. 偿债备付率

偿债备付率是指项目在借款偿还期内，各年可用于还本付息的资金与当期应还本付息金额的比值。可用于还本付息的资金包括：可用于还款的折旧和摊销，成本中列支的

利息费用，可用于还款的所得税后利润等。偿债备付率高，表明可用于还本付息的资金保障程度高。正常情况下，偿债备付率应大于 1，并满足债权人的要求。

E. 资产负债率

资产负债率指各期末负债总额同资产总额的比率，是反映投资项目债权人各年所面临的财务风险程度及投资项目清债能力的指标。适当的资产负债率，表明企业经营安全、稳健，具有较强的筹资能力，也表明企业和债权人的风险较小。

3. 国民经济评价

在市场经济条件下，大部分工程项目财务评价可以满足投资决策要求，但对于财务现金流量不能全面、真实反映其经济价值的项目，还需要进行国民经济评价。这些项目包括具有垄断特征的项目、产出具有公共产品特征的项目、外部性显著的项目、资源开发项目、涉及国家经济安全的项目，这些项目大多属于政府投资范畴。

我国政府投资项目的取舍以国民经济评价结论为主，对那些国民经济评价好、财务评价不好但确实为国计民生所必需的建设项目，中央和地方政府可考虑给予优惠政策或进行补贴，使其在财务方面变成可行而加以实施①。分析国民经济盈利能力的指标主要有经济内部收益率、经济净现值和经济效益费用比。

A. 经济内部收益率（EIRR）

经济内部收益率是反映项目对国民经济净贡献的相对指标，它是项目在计算期内各年度经济净效益流量的现值累计等于零时的折现率。

$$\sum_{t=1}^{n}(B-C)_t(1+\text{EIRR})^{-t}=0$$

其中，B 为国民经济效益流量；C 为国民经济费用流量；$(B-C)_t$ 为第 t 年的国民经济净效益流量；n 为计算期。

经济内部收益率等于或大于社会折现率时，表明项目对国民经济的贡献达到或超过了要求水平，项目可以接受。

B. 经济净现值（ENPV）

经济净现值是反映项目对国民经济净贡献的绝对指标，它是指用社会折现率将项目计算期内各年度的净效益流量折算到建设期初的现值之和。

$$\text{ENPV}=\sum_{t=1}^{n}(B-C)_t(1+i_s)^{-t}$$

其中，i_s 为社会折现率。

当经济净现值等于或大于零时，表示政府对项目付出的代价可以得到符合社会折现率的社会盈余，或除了得到符合社会折现率的社会盈余外，还可以得到以现值计算的超额社会盈余，项目可以接受。

C. 经济效益费用比

经济效益费用比是项目在计算期内效益流量的现值与费用流量的现值的比率，是经

① 刘晓君：《建设项目投资决策理论与方法》，中国建筑工业出版社，2009 年，第 120 页

济费用效益分析的辅助评价指标。其计算公式为

$$R_{\mathrm{BC}}=\frac{\sum_{t=1}^{n}B_t(1+i_s)^{-t}}{\sum_{t=1}^{n}C_t(1+i_s)^{-t}}$$

其中，R_{BC}为经济效益费用比；B_t为第t期的经济效益；C_t为第t期的经济费用。

如果经济效益费用比大于1，表明项目资源配置的经济效益达到了可以被接受的水平。

（二）社会效益评价

政府投资项目评价不仅要考虑项目的经济效益与费用，还要考虑项目以外的社会效益与费用。时代变迁使人们已经认识到社会发展应是以人为核心、以可持续为原则的发展。项目评价也应着重强调项目与社会的相互适应性，即项目与自然、社会等之间的协调发展。而这些问题是经济评价所不能解决的，故需要从社会层面对项目进行评价，使之成为经济评价有益补充，这种评价就是项目的社会评价。即根据国家或地区的基本目标，把效益、公平、环境目标及加速贫困地区经济发展等影响社会发展的其他因素通盘考虑，对项目进行多因素、多目标的综合分析评价，从而选出并实施那些有助于实现国家或地区最终目标的项目。

投资项目的社会影响既有正面影响又有负面影响①。按照可持续发展的要求，政府投资的社会影响因素包括：第一，对项目所在地区居民收入的影响。主要分析居民收入增加或减少的范围、程度及其原因，收入分配是否公平。对于扶贫项目，要着重分析项目的实施是否减轻当地的贫困，能带动多少贫困人口脱贫。第二，对项目所在地区居民生活水平和质量的影响。主要分析居民居住水平、消费水平、消费结构、人均寿命的变化及产生这些变化的原因。第三，对项目所在地区居民就业的影响。主要分析项目建设和运营对当地居民就业结构和就业机会的影响。第四，对项目所在地区文化、教育、卫生事业的影响。主要分析项目的建设和运营期间可能引起的当地文化教育水平、卫生健康程度的变化和对当地自然景观、文物古迹的影响，以及对消除不良社会影响所发挥的作用。第五，对社会基础设施和公共服务的影响。主要分析项目建设和运营期间，在合理设计方案内可能增加或挤占原有的可供当地使用的公共基础设施，包括道路、桥梁、供电、给排水、供气及商业、餐饮等。

政府项目社会效益评价指标包括以下几方面。

（1）对国民经济或地区经济的影响。各类政府投资项目都能直接或间接地促进经济发展，实践中可用投资项目对 GDP 增长的贡献率来衡量。也可以采用定性指标评价，如对铁路项目的社会效益审计评价时，可以调查项目建设是否使沿线工业、农业、服务业得到拓展，沿线产业结构调整，以及外向型经济是否得到发展等。

（2）对就业的影响。我国就业问题比较突出，实现社会充分就业是我国社会经济发展致力于实现的重要目标之一，评价政府投资建设项目的就业效益对存在大量过剩劳动力的我国尤其具有重要意义。一般用项目单位投资带来的新增就业人数来评价就

---

① 牟涛、袁蕴：《政府投资的社会效益评价研究》，《财会月刊》，2007年第9期，第43-44页

业效益：

单位投资就业效果=新增总就业人数÷项目总投资（人/万元）

其中，总就业效果可分为直接投资所产生的直接就业效果和与该项目直接相关的其他项目的投资产生的间接就业效果。

直接就业效果=新增直接就业人数÷项目直接投资（人/万元）

间接就业效果=新增间接就业人数÷相关部门的附加投资（人/万元）

（3）收入分配效益。政府投资建设项目实质是国民经济再分配的一种手段，项目的收益在国家、地方、单位、个人间分配是否合理，可以通过收入分配效益指标检验。可以通过计算国家收入分配比例、地方收入分配比例、单位收入分配比例、恩格尔系数变化率、基尼系数变化率等指标来评价。

（4）人均收入增长率贡献度。政府投资公共项目如果能对区域内人均收入起到一定增长作用，可以更好地体现公平原则，提升社会公众满意度。人均收入增长率贡献度=[（评价年度的人均收入增长率–无公共项目时的人均收入增长率）÷无公共项目时的人均收入增长率]×100%。

（5）劳动生产率贡献度。用来评价公共项目的建设与运行对全社会范围内劳动生产率的影响：劳动生产率贡献度=[（评价年度的劳动生产率–无公共项目时的劳动生产率）÷无公共项目时的劳动生产率]×100%。

（6）项目所在地受教育程度变化率=[（评价年度所在地从业人员平均受教育程度–无项目时所在地从业人员平均受教育程度）÷无项目时所在地从业人员平均受教育程度]×100%；某地平均受教育程度=从业人员中大专及以上学历人数÷从业人员总数。

（三）可持续发展效益

可持续发展效益是基于可持续发展理念来评价政府项目对经济、社会持续发展产生的效益，主要包括政府项目自身的可持续发展和政府项目对所在地社会可持续发展的影响两部分。前者主要评价政府项目自身的各类目标的实现程度；后者用来评价政府项目对所在地生态环境、自然资源、技术进步、创新能力的影响。

社会可持续发展效益评价采用的定性指标包括：项目建设是否与社会互相适应；项目建设是否与国家、地区政策方针相符合；项目建设对生态环境的影响；项目建设与区域内原有景观是否协调；项目对所在地水、能源、土地等资源的影响；项目建设对所在地生物群体的影响；项目建设对所在地技术进步的影响。

采用的定量指标包括主要污染物排放量变化率、项目对所在地受教育程度变化率的贡献、创新能力贡献、研究与开发经费支出占GDP的比例。

主要污染物排放量变化率=[（评价年度污染物排放量–无项目年度污染物排放量）÷无项目年度污染物排放量]×100%。

（四）项目全生命周期造价管理

20世纪70年代末和80年代初，以英国皇家特许测量师为主的英美一些造价工程界的学者和实际工作者将项目竣工后的使用维护阶段也纳入造价管理范围，提出了以实现整个寿命周期总造价最小化为目标的全生命周期造价管理（life cycle cost management，LCCM）理论。

全生命周期造价管理是一种数学方法和工具，可以帮助人们从多个决策备选方案中筛选出最佳方案，其基本管理思想是将项目的建设期成本和营运期成本综合起来进行科学的分析和考虑，最大程度降低项目全生命周期成本。

全生命周期造价管理重视分析投资成本和效益，并进行评价。强调从工程项目的建设前期和建设期，以及使用期和翻新、拆除期等多阶段出发，综合考虑造价和成本问题。全生命周期造价管理的具体应用如下。

（1）投资决策阶段。在工程建设的投资决策阶段，应用全生命周期造价管理模式，工作人员要认真地对整个工程进行分析。然后编制出具体的项目建议书，并参与各种准备工作，认真分析研究项目涉及的各种技术、经济等问题。并对拟定的各种项目问题进行科学的分析和论证，然后进行估算，得出详细的投资估算结果，为投资决策提供有力的参考。

（2）工程设计阶段。对设计阶段的造价管理对整个工程来说至关重要。应用全生命周期造价管理模式，工作人员要在综合分析工程的实际情况之后，初步设计出总概算控制和施工图，制订详细的方案。然后利用价值工程分析法对不同的方案的成本等进行科学的分析，并最终得出最佳的方案。

（3）工程施工。施工阶段需要大量的资金投入，所以会对整个工程的造价产生十分重要的影响。所以，在施工过程中，工作人员要积极地利用全生命周期造价管理模式，管理施工阶段，尤其对出现变更的设计问题，要严格予以审核，合理控制造价成本。

（4）工程验收。到了工程的验收阶段，涉及的造价问题是竣工决算，是控制工程造价的最后一道工序。竣工决算关系到双方的经济利益，所以，利用全生命周期造价管理模式，验收方严格认真地进行验收，保证工程质量。尤其对发现的问题，要及时提出质疑，避免出现决算价格悬殊的情况。

（5）运营维护。全生命周期造价管理过程中，要积极地将运营维护成本纳入对整个工程的造价管理之中。对运营、维护阶段进行造价管理是在保证工程目标的前提下，通过实施各种运营、维护方案，实现运营和维护成本的尽可能降低，实现造价的最小化。具体来讲，在运营、维护阶段，工作人员要依据具体的工程施工质量及其他实际情况，以生命周期成本最低为目标，制订出最科学的运营和维护方案。

二、重要公共部门投资效益

（一）教育投资效益

教育提高了受教育者的科学文化水平和劳动技能，提高了劳动生产率和资源使用率；教育的普及给普通人提供了机会，改变了国民收入的分配，有利于社会成员社会地位的平等化；教育可以提高劳动者的能力和素质，提高了人口的质量；教育的发展也有利于促进国家和地区科技水平的提高。教育投资的效益评价需要在个人与社会、不同等级学校及不同收入水平国家（地区）等多个层面进行综合考察。

根据希腊学者乔治·萨卡罗波路斯（George Psacharopoulos）在《国际货币基金组织和世界银行季刊》1982年3月号上发表的文章，“无论社会还是个人，都可以从教育投资中得到很大的报偿。但是，要衡量所有这些报偿却很不容易，有很多收益，例如使社会有更好的选民，或是更有见识的消费者，虽然也很明确，但是难以计算”。

用于评价教育项目的一套方法是一个很有争议的问题。多年来，世界银行一直采用“人力需要”的办法，以确定某一国家要实现部门发展目标所需的技术人才的数量。因为人力需要是直接以部门对符合条件的人员的需要为依据的，而这些部门又往往是经济中的现代化部门，所以这种方法常常导致对高等教育和技术课程的大量投资。不过，世界银行也越来越多地利用有关不同等级的教育所需“成本和效益”的资料作为投资决策的依据。这种方法一般有利于初等教育和一般性课程，因为它们所需的成本较低。要计算出成本，相对来说是很简单的，但无论是从经验或是从理论上来说，要算出对个人和对社会的收益率，特别是后者，并不是很容易。

估计教育投资的收益率，可以采用与测算其他任何经济活动收益率相同的方法。一定的费用是在数年内支出的，表现为教师的薪水，使用大楼和各种设施的投资，设备和材料的费用，以及学生在校期间不能从事的生产劳动的价值。收益的形式则是提高了文化程度和技术水平的人在一生中所增加的生产。

由于直接衡量文化程度不同的劳动力的边际劳动产品，或是某人在校学习而不从事生产的机会成本很困难，可用工资收入来代表生产力。通常估算的是私人和社会这两种收益率。私人收益率可用以解释并预测私人对在某种学校求学的需求；社会收益率可用作将公共投资分配给教育的指南。

在计算私人收益率过程中，受教育的个人获得的效益表现为某人纳税后的一生收入中由教育所给予的额外价值；个人的开支——学费等各种费用，以及与受到的额外教育密切相关的其他必要的杂费，均为成本。举例说，计算一个大学学位的私人收益率时，奖学金应列入负的支出项目。在完全靠补贴的公立学校里接受初等教育的私人直接费用，在大多数国家中几乎等于零。相反，在计算社会收益率中，就要包括教育的全部社会费用，不管学校是否收费。所计算的收益（或工资收入）应为纳税前的数额，因为从社会的观点来看，税收代表一种转移。

从表12-1可以看出，第一，在发展中国家，对任何等级的教育的投资收益率一般都超过10%，超过了世界银行对其他经济部门投资通常要求达到的标准。个人和社会都能获益，受教育的个人按其受教育程度挣得工资，而个人对于国民收入的贡献超过用于其教育的那部分公共资金，这就是社会的收益。第二，随着教育程度的提高，投资的收益率逐步下降。这就是说，小学应该是投资的重点（这也符合投资收益递减这一经济的基本命题）。第三，人们观察到，在发展程度各不相同的国家都表现出这种递减形式：在比较贫困的国家中，对学校投资的绝对收益在各种等级的教育中都是最高的。这个经验性的发现对教育项目的贷款具有重要意义。最贫困的国家在为它们的教育系统提供资金方面最需要帮助，因为花在这方面的钱能够得到最高的经济报偿。

表 12-1　不同收入水平国家教育投资收益率

国家	人均收入/美元	社会收益率/%			私人收益率/%		
		小学	中学	高等教育	小学	中学	高等教育
低收入国家	299	23.4	15.2	10.6	35.2	19.3	23.5
中低收入国家	1 402	18.2	13.4	11.4	29.9	18.7	18.9
中高收入国家	4 184	14.3	10.6	9.5	21.3	12.7	14.8
高收入国家	13 100	—	10.3	8.2	—	12.8	7.7
世界平均	2 020	20.0	13.5	10.7	30.7	17.7	19.0

资料来源：乔治·萨卡罗波路斯，《教育投资》，《国际货币基金组织和世界银行季刊》，1982 年 3 月号

因此，教育支出是一项社会收益很高的投资，这一全球性的论断得到了多年来积累起来的证据的有力支持。我们也可以很有把握地作出这一结论：教育，特别是较低等的教育，有助于减轻贫困，使收入的分配更加平等，以及改善社会环境。

（二）铁路投资效益

1. 经济效益

根据原铁道部经济规划研究院的研究结果，实施“十一五”铁路网规划需要上万亿元的投资，这么大的投入将产生巨大的效益①。铁路建设经济效益的特点是外部效益远远高于企业效益。将“十一五”规划当作一个大项目，采用项目评价方法作经济评价，评价方式及主要参数取值如下。

（1）评价基本前提。采用项目评价方法对“十一五”规划作经济评价。基础设施投入 12 500 亿元，机车车辆投入 2500 亿元。为使项目评价方法适用于对规划的评价，需要作一些基本假设，满足计算模型的要求。计算年度由 2006 年至 2030 年，按照有无对比原则，因原有铁路能力基本饱和，把规划运量增量的 85%看作由新投资项目所产生。

（2）运输收入计算。运输收入包括客运收入、货运收入和其他收入。采用全路平均运价率水平，其他收入率取 10%。

（3）成本和支出计算。运营成本包括客运有关成本、货运有关成本和无关成本。固定资产年基本折旧率为 4%，机车车辆年基本折旧率为 6%，税金及附加取运输收入的 3.2%。

（4）费用增量分析。直接费用增量主要包括铁路工程投资、机车车辆购置和运营成本及支出。目前铁路项目将相关的环保、土地占用费都已列入投资，没有其他间接费用。

（5）间接效益增量分析。在间接效益增量分析中，主要考虑运输费用节约效益。

（6）评价结果。“十一五”规划的财务内部收益率高于 6%的铁路基准财务收益率。在度过建设高潮期以后，铁路的企业效益还将不断提高。“十一五”规划的国民经济效果十分显著，经济内部收益率在 20%以上。

2. 社会效益

根据中国铁道科学研究院科学技术信息研究所的研究结果，铁路与社会经济各部门

① 铁道部经济规划研究院：《对铁路“十一五”规划若干问题的思考》，《铁道经济研究》，2006 年第 1 期，第 20-37 页

密切联系，对经济发展作用显著[①]。

有利于城市圈的形成和集群效应的扩大。我国铁路经过近十年的发展，逐渐在经济发达地区形成了高速铁路网，使得环渤海地区、长江三角洲、珠江三角洲三大经济圈的时空距离大大缩短。城际列车是铁路提速后性价比较高的客运产品，成为城市化和区域经济一体化的加速器，是城市群经济发展的交通保障。铁路第六次大面积提速，开行总计 212 对时速 200 千米及以上的城际动车组快速列车，缓解了各城市之间的高密度客流，更有助于推进各大城市群的经济发展。发达的城际交通弱化了城市间距对企业布点的影响，城市之间的商务、文化交流更加紧密，分工协作和个性化发展成为区域经济发展的新模式。

有利于区域协调发展。“十一五”期间，铁道部加快建设客运专线的同时，重点加强了中西部的铁路建设。到 2010 年，西部铁路网规模将达到 35 000 千米，中、西部铁路网规模将分别增长 25%和 27%。铁路作为重要的基础设施，对促进区域协调发展和社会主义新农村建设，将发挥巨大作用。青藏铁路通车和安全畅通，有力地拉动了西部特别是青藏两省区经济社会的发展：运输成本有望降低一半以上；旅游业、高原特色产业面临新的机遇；创造更多的就业机会。据估计，青藏铁路的建设，给西藏自治区带来直接和间接经济收入达 40 亿元。西藏自治区“十一五”发展规划，制定了农牧民人均收入年均递增 13%的高目标，青藏铁路起到很大作用。

铁路发展引致产业链延伸。铁路客运的持续提速、路网规模的扩大和客货运输的高速发展，为国内铁路运输装备制造业的发展提供了广阔的市场空间。我国开行具有世界先进水平的“和谐号”动车组，主要由“中国北车”和“中国南车”生产，但也涉及众多其他生产企业，已形成相当规模的产业链。高速动车组所需零部件大约 12 000 件，分类成子系统大概 145 个，仅国内就有 12 个省份的 120 多个企业直接参与动车组列车生产。铁路大发展给铁路产业链中上下游企业，如车辆及线路配件、车辆材料制造等企业，带来巨大收益。铁路建设为钢材产业，主要包括基建用钢、线上用钢、轨枕用钢、机车车辆用钢、铁路货车用钢、电气化铁路用钢，以及与铁路建设相关的装卸车、推土机、叉车、建筑机械、凿岩机械、挖掘机械等工程机械装备的发展带来机遇。

物流业从中获益。铁路提速加快了物流速度，并使物流成本降低，物流企业也越来越重视铁路便捷性带来的区位优势。总投资 1.2 亿元的福建旷远物流仓储项目，最终落户莆田秀屿区，主要原因是向莆铁路（南昌—莆田）莆田站设在秀屿区。莆田站是福（州）厦（门）铁路、向莆铁路、湄洲湾港口铁路支线的连接点，加上莆田高速公路、通港大道，极大地提升了区位优势，物流业将成为区域优势产业。铁路建设和运输发展，带动了大量人员的外流，也带动了公路客运的发展。铁路提速主要集中在大城市之间的干线，而处于交通末端的中小城市和支线所在地区受益较少。为了确保高速列车快速直达，大量中小城市沿途站点不再停靠，这给短途公路运输产生大量客流。

（三）大型体育场馆投资效益

近年来，国外学者对于政府投资大型体育场馆效益问题的研究十分重视。绝大多数专家学者认为，投资大型体育场馆所带来的经济上的收益相对于巨额的财政投资不是十

---

① 吴迪、肖增斌：《铁路大发展的社会经济效益分析》，《中国铁路》，2009 年第 3 期，第 15-17 页

分显著。美国得克萨斯 A&M 大学的科洛普顿教授甚至认为，城市大型体育场馆的修建与城市或地区经济的发展没有必然的联系。但同时，国外学者在对大型体育场馆的兴建促进地区经济发展持消极态度的同时，对于其所能引起的社会效益却表示了肯定。①

1. 经济效益

承办高水平体育赛事是大型体育场馆发挥其经济效益最为重要的途径。高水平的体育赛事不仅能够为一个地区带来更多的投资，而且可以刺激消费，为地方经济带来活力。除了这些大型体育赛事能为城市带来直接的经济效益以外，作为投资主体的地方政府更加关注的是这些大型体育场馆所能够为城市或地区带来的正外部经济效应，它们包括以下内容。

（1）提高城市知名度，树立城市形象，吸引外来投资。体育竞赛表演业是体育产业中的主体产业，这一主体产业也被称为注意力产业，即通过体育赛事这一媒介，高效地传播各种信息。依托体育竞赛表演，把城市作为一种品牌来推广，建立良好的知名度和美誉度，会吸引大量的外来投资，为城市的发展作出贡献。例如，上海市 2004 年正式启用的国际赛车场成功地承办了当年的 F1 汽车锦标赛，得到了全球的注目，在国际上树立了良好的城市形象。

（2）吸引外来游客，带动旅游产业及其他相关产业的发展。知名度的建立会吸引外来游客来赛事举办地参观游览，这种效应一般能持续很长一段时间。游客可能是因为赛事本身而来，也可能是赛事引起的宣传效应而为其他目的而来。外来游客的增长会带动旅游产业及其他如运输业、餐饮业、通信业等相关产业的发展，为地区经济带来活力。奥运会的举办就是最明显的例证。

（3）增加就业机会，刺激本地经济发展。体育赛事的承办需要进行大量的准备工作，因此在许多行业部门都有增加员工数量的要求，从而创造了就业机会，这其中最为典型的就是建筑业。例如，亚特兰大奥运会在 1991～1997 年就为该城市带来了 7.7 万人的就业增加人数。2008 年的北京奥运会给北京市增加接近 10 万个就业机会。但是，由于一些赛会制的高水平体育比赛所带来的就业机会是短期的，并不能长期为一个地区解决就业压力问题。

（4）承办赛事所带来的“赛事遗产”，能提高城市的文化品位。承办大型赛事不仅可以为城市发展带来一笔可观的有形资产，为城市所带来的无形资产也是巨大的。体育场馆是城市的特殊建筑，具有其他建筑不可替代的特殊性，精心设计和建造的体育场馆是一个城市的标志性建筑，反映了一个城市的文化内涵，体现了一个城市的活力，预示着一个城市的发展方向。一些大型的、有特点的体育场馆已经成为城市的标志性建筑之一。

（5）税收收入是政府从这些大型体育场馆中获取直接经济收益的最主要的渠道之一。美国 St. Louis Cardinals 在其 2000 年的研究中指出，一个新建的体育场馆会为圣路易斯和密苏里州带来巨额税收收入：1990 年为 1450 万美元，2005 年将会达到 2320 万美元，而到 2035 年则可以达到 7700 万美元。

2. 社会效益

作为准公共产品的大型体育场馆应时刻着眼于回报社会，为社会造福，因此，政府

① 赵轶龙、杨枭：《政府投资大型体育场馆的效益研究》，《中国体育科技》，2005 年第 6 期，第 22-25 页

投资兴建大型体育场馆的另一个目的就是服务于城市或地区的广大居民。投资大型体育场馆的社会效益是多方面的。

（1）增加居民的荣誉感和对城市的认同感。一些中小型城市和一些发展中国家如果拥有能够承办大型体育赛事的现代化的大型体育场馆，便可从中产生一种“一流城市”或先进国家的感觉，这种认同感会带来进一步的优越感，促进了居民的自信心和荣誉感。更为重要的是，有时这种荣誉感和认同感甚至能够影响到居民对地方或国家政府能力的评价。因此，各国和各地方政府都十分重视大型体育场馆的修建并努力承办各种大型体育赛事。

（2）能够维护社会的稳定，促进社会的团结。通过承办体育比赛，人们的焦点便都聚集在了体育赛事上，这种注意力的转移会减少许多社会不稳定因素，能对社会的稳定产生积极的影响。此外，大型体育场馆通过举办体育比赛能够加强社会的团结尤其是各民族和种族的团结。如 1998 年世界杯足球赛，法国队夺冠之后，存在于该国的种族冲突问题得到了极大的缓解，法国社会较之以前更为团结。

（3）提高居民的健身意识，促进人的全面发展。通过投资兴建大型体育场馆，承办高水平体育赛事，可以满足城市或地区居民观赏高水平体育赛事的需求，丰富居民的文化娱乐活动。此外，通过这些高水平体育赛事还可以提高居民的健身意识，帮助居民培养和树立正确的健身观念。

三、投资效益综合评价

在政府投资效益中，社会效益是第一位的，这与其必须认真履行公共服务职能密切相关。对于政府投资来讲，就是要为经济社会发展创造优良的外部环境和基础条件。外部环境不断优化、基础设施不断改善，政府投资的效益就提高；反之，则下降。但是，政府投资使用的毕竟是纳税人的钱，不讲经济效益容易导致公共资金的滥用。

要合理评价政府经济活动，成本—效益分析是重要的方法。所谓成本—效益分析法，就是针对政府确定的建设目标，提出若干实现建设目标的方案，详细列举各种方案的全部预期成本和全部预期效益，通过分析比较，选出最优的政府投资项目。选择最优的投资项目的依据就是计算该项目的净社会效益。净社会效益等于效益减去成本后的余额。在计算政府投资的成本收益时，经常会遇到这样的问题，即许多公共产品或服务的成本和收益没有市场价格，是无形的或非市场化的。另外，由于市场失效和不完善，虽然某些公共产品和服务有确定的市场价格，但是，这些价格却不能完全反映它们可能给社会带来的边际社会成本或收益。因此，在政府投资项目评价中，引入了影子价格的分析工具，即社会处于某种最优状态下，能够反映社会劳动消耗、资源稀缺程度和最终产品需求状况的替代价格。

这一分析所涉及的成本、效益和最佳的标准与私人部门的分析有着明显不同的含义。总的区别有三：其一，私人投资只考虑自身的内在成本和内在效益，政府投资还要考虑影响整个社会的外在成本和外在效益，因此，是否考虑投资的外溢性是二者的第一个区别。其二，私人投资的取舍标准是货币收益，实现这种收益的最大化是其追求的唯一目标。政府投资的取舍标准则不限于货币收益，还有社会的标准，其所追求的目标是社会福利的最大化。其三，私人投资是纯市场行为，决策依据是市场价格。政府投资则要通过政治程序，决策依据也不完全是市场价格，采用更多的是影子价格。

在政府投资效益评价中，还要运用机会成本进行对比分析。机会成本是指将一种具有多种用途的有限资源置于特定用途时所放弃的收益。当一种有限的资源具有多种用途时，可能有许多个投入这种资源获取相应收益的机会，如果将这种资源置于某种特定用途，必然要放弃其他的资源投入机会，同时也放弃了相应的收益。在政府投资活动中，为获得一定的效益所耗用的资源代价，不能简单地以购买时的实际支出来计算，还应考虑决策时所放弃的收益。进行某项政府投资时，是以另一项或另几项政府投资可能获得的收益为代价，这种代价就是这项政府投资的机会成本。经过同机会成本的比较，如果该项政府投资备选方案的收益小于它的机会成本，那么，即使是一项有盈利的投资，也是不可取的。

第二节 政府投资项目绩效审计

政府投资项目成功与否，直接关系到老百姓的切身利益和财政资金的使用效益。政府投资项目的绩效审计有助于评价投资项目的现状，降低项目建设成本，提高工程质量，并促使政府改善管理。

一、政府项目绩效评价理论

（一）绩效评价的目标

1986 年 4 月，最高审计机关国际组织（International Organisation of Supreme Audit Institutions，INTOSAI）在悉尼召开的第十二届国际会议上发布了《关于绩效审计、公营企业审计和审计质量的总声明》，明确了“绩效审计”表述：最高审计机关的传统任务是进行合规性审计，包括遵守法律和规章及财务责任的所有方面；除了合规性审计，还有另一种类型的审计，它涉及对公营部门的经济性、效率性和效果性的评价，这就是绩效审计。大多数国家都把“3E”作为绩效审计的标准，即经济性、效率性和效果性，随着绩效审计理论研究与实践的深入又拓展为“5E”标准，即增加了环境性和公平性。

经济性就是在适当考虑质量的前提下尽量减少获得或使用资源的成本。效率性是指商品、服务和其他结果及其所用资源之间的关系，即一定的投入所能得到的最大产出，或一定的产出所需的最少投入。效益性是指项目、计划或其他活动的预期结果和实际结果之间的关系。商品、服务或其结果在多大程度上达到政策目标、经营目标及其他预期效果。1989 年，加拿大的丹尼斯·普瑞斯波尔提出，在实施综合审计的过程中应在“3E”原则下，审查对自然资源的有效利用和对生态环境的维护情况，还应审查政府项目及政府活动所产生的利润分配与再分配的不公平及对社会秩序稳定的影响，即增加环境性和公平性标准。

（二）绩效评价的内容

绩效评价的内容归纳为以下五个方面内容①。

① 花拥军等：《公共工程社会评价指标体系分析》，《重庆大学学报》，2005 年第 7 期，第 145-147 页

（1）管理绩效，是政府项目绩效评价的基础和重要组成部分，主要是指对项目管理工作情况的动态检查、监督和评价，其评价时点应覆盖项目的从事前到事后的完整生命周期。按照评价内容的不同，又可分为资金、进度、质量、安全、组织、沟通管理等。

（2）经济绩效，主要是对政府项目在社会经济资源使用和配置等方面效益情况的分析与评价，可分为宏观经济效益、投入产出效益等。

（3）社会绩效，主要是分析政府项目对社会事业、公共服务、就业、社会保障因素的影响与贡献。

（4）生态环境绩效，主要是分析和评价政府项目对生态环境质量、自然资源利用的影响。

（5）可持续绩效，主要是参照项目预期目标，以项目实际结果或预测情况为依据，对项目在经济、社会、环境等方面的可持续发展因素进行分析，找出差距，指导和完善新的项目决策与建设。

（三）绩效审计方法

政府投资绩效审计方法是多种审计方法的综合运用，包括财务收支审计法、基本建设预决算审计法、计算机审计法、网络安全审计法等①。下面是几种在政府投资绩效审计中常用的审计方法。

1. 跟踪审计法

所谓跟踪审计，其实质是实时审计，又称同步审计。跟踪审计的基本线路是项目的建设程序。顺着建设程序这条主线，审计人员依次开展政府工程开工前工作的审计、在建期工作的审计和竣工后工作的审计等相关工作，并实现从以资金为主线转移到以项目建设为主线的审计重心转移。通过跟踪审计，更加重视对前期决策执行情况、资金筹集与使用情况、项目建设与管理情况及项目建设效益情况等相关内容的审计工作，更加注重项目全过程审计质量与审计效率的提高。

2. 制度基础审计法

由于政府工程建设具有参加单位多、建设管理过程复杂、内部控制边界不清及内部控制制度不健全等特点，制度基础审计方法一直没有在公共工程投资绩效审计中得到很好的使用和推广。审计机构通过对政府投资项目内部控制制度的描述、测试和评价，确认其内部控制制度是否健全和有效，并通过这种审计方式，寻找投资管理中的薄弱环节，以此为基础，明确审计重点，从而丰富了政府工程绩效审计的内容，并体现了高层次监督作用。

3. 多部门协作审计法

多部门协作审计是指国家审计机关、社会审计组织和内部审计机构之间的协作性审计。实施协作审计，体现在审计范围方面的协作及在具体审计内容上的协作。协作要充分考虑国家审计机关、社会审计组织和内部审计机构各自的专业优势和工作方式。在近几年的政府投资审计工作中，国家审计机关逐步加大了与社会审计组织和内部审

---

① 经黎静，李建敏：《公共工程投资绩效审计方法分析》，《郑州轻工业学院学报（社会科学版）》，2006 年第 5 期，第 76-78 页

计人员协作的力度，许多省份、市的审计机关把政府工程造价审计内容委托给社会审计组织完成。

二、我国政府项目绩效审计状况

（一）评价体系的形成

我国政府投资项目绩效评估工作随着改革的深入而逐步建立完善，目前基本形成包括财务评估、经济评估、环境影响评估及社会评估在内的评估体系。

1. 审计署政府投资项目绩效审计

根据《中华人民共和国宪法》和《中华人民共和国审计法》，我国绩效审计的范围就包括财政性资金（财政拨款或财政融资）投资的各种建设项目。有些项目并不全部是由国有资金投入的,但只要是属于政府审计管辖范围内的投资项目都可以进行绩效审计。从2003年开始，审计署的规划都对后续五年的工作任务和目标进行安排，效益审计都作为重点之一，而且主要针对财政资金进行。审计署开展政府投资项目绩效审计，尽管时间不长，还是取得了较好效果。

2. 财政部的财政投资项目绩效评价

2005年，财政部出台了《中央部门预算支出绩效评价管理办法（试行）》，为全国财政资金绩效评价工作提供了统一的指导性文件。2009年财政部制定了《财政支出绩效评价管理暂行办法》，标志着我国财政资金绩效评价工作迈上了新台阶。但从总体上看，这项工作尚处于起步阶段，各方面仍在探索过程中。中央本级预算项目支出绩效评价工作仍处于试点阶段，地方层面的项目支出评价工作只是针对重点项目支出类，制度建设、实际运行等都存在较大完善空间。

3. 国家发展和改革委员会的投资项目绩效评估

国家发展和改革委员会对政府投资项目的绩效评估主要包括两个部分：重大项目稽察和投资项目后评价。1998年，为加强投资项目特别是国家重大投资项目建设过程中的政府监督管理，我国建立了国家重大项目稽察特派员制度，于当年开始了对国家重大项目的稽察工作。2000年，《国家重大建设项目稽察办法》由国务院颁布实施，重大项目稽察制度正式形成。稽察的目的就是保证工程质量和资金安全，提高投资效益。2008年，国家发展和改革委员会颁布了《中央政府投资项目后评价管理办法（试行）》，标志着我国政府投资项目后评价制度正式形成。自2009年开始，国家发展和改革委员会开始了国家重大项目的后评价工作，分别对水利、轨道交通等行业的若干重大项目进行了后评价。

（二）项目审计情况

我们选择了国债投资和汶川地震灾后重建两大类项目，分析政府投资绩效审计中发现的问题。

1. 国债投资

2003年，审计署组织对山西、河南、辽宁等28个省份的526个利用国债资金建设的城市基础设施项目建设效果情况进行了审计，重点检查了项目建设进展和建成后的运营情况[①]。主要问题表现在以下几方面。

第一，1/4 项目没能按建设责任书或计划建成。项目逾期未建成的直接原因：一是前期工作薄弱，“三边”问题比较突出；二是配套资金不落实，一些地方政府没有完全落实建设责任，未及时足额落实配套资金；三是部分利用外资项目，因对外谈判、招标程序复杂等影响了建设工期；四是因城市改造、拆迁等影响管网建设。

第二，部分已建成项目运营效果较差。在已建成的 320 个项目中，有 32 个基本未投入运营，18 个长期处于试运营或开开停停状态，另有 69 个运营项目未达到当年设计生产能力。造成项目不能正常运营和未达到设计能力的直接原因是：配套管网建设滞后；运营经费不足；工艺和设备设计不合理；设备质量存在严重问题；少数项目建设规模过大，超过了实际需要。

第三，部分污水、垃圾项目处理指标不达标。其直接原因是，项目设计不合理，擅自减少建设内容，降低建设标准，使项目功能和质量受到较大影响。合肥市南淝河治理项目建设过程中，一方面大幅度增加沿河两岸景观改造等建设内容，其中绿化与景观用地多征了 80 万平方米，超概算达 1.72 亿元；另一方面又大幅削减污水管网、河道清淤等必要的建设内容。

第四，部分项目损失浪费严重。审计发现，有 34 个项目由于管理不善、设备不合格以及工程质量缺陷等原因，存在较为严重的损失浪费问题。例如，广西壮族自治区北海市白水塘垃圾处理项目在设备采购过程中把关不严，对代理商未进行资格审查，在签订合同时，多处违反国际通用惯例，付款方式、期限、索赔等条款明显不合理，已给国家造成直接经济损失约 1900 万元，还使价值近 9200 万元的设备和厂房闲置。

2. 汶川地震灾后重建

2009 年 6 月至 11 月，审计署和地方审计机关先后对 72 个重点项目、753 所学校和 22 个县城乡居民住房重建项目进行了审计和审计调查[②]。出现的问题主要有以下几个方面。

（1）由于地址选择、产权关系等因素，截至 2009 年 10 月底，审计调查的 3 个受灾省 22 个重灾县中，有 9 个县城镇居民住房恢复重建达不到计划要求，其中一部分城镇居民住房尚未按计划开工建设，多数城镇居民重建户主要通过投亲靠友、租房或在板房居住的方式临时安置。

（2）在 72 个重点恢复重建项目中，有 3 个项目超规划建设规模 6.9 万平方米，超规划投资 1.5 亿元。其中，甘肃省文县城关初级中学新校舍和体育场馆项目实际建筑面积 4.3 万平方米，是规划建筑面积的 1.8 倍。陕西省略阳县批复卫生系统重建医疗机构建筑面积 6.8 万平方米，投资 1.8 亿元，分别是省政府批复规划的 3.6 倍和 4.6 倍。

（3）违规安排使用灾后恢复重建资金 2.3 亿元。72 个重点项目中，四川省绵阳市投资控股有限公司违规将永安大道 1.4 亿元灾后恢复重建资金，安排用于规划外的城南新区建设；甘肃省陇南通途公路工程处等单位将 704.7 万元灾后恢复重建资金，用于归还

---

① 审计署：《部分城市基础设施国债项目建设效果的审计结果》，http://news.esnai.com/2004/0730/18111.shtml，2004 年 7 月 30 日

② 审计署：《汶川地震灾后恢复重建跟踪审计结果（第 2 号）——72 个重点项目、753 所学校和 22 个县城乡居民住房恢复重建跟踪审计结果》，http://www.gov.cn/zwgk/2010-01/27content_1520439.htm，2010 年 1 月 27 日

灾前工程银行贷款和日常经费支出等。

（4）重复申请灾后恢复重建资金 2.4 亿元。72 个重点项目中，四川省广元市疾病控制中心、陕西省宝鸡市陈仓区宝虢路供水管网项目和排污管网项目、甘肃省成县城区生活垃圾处理工程和城关初级中学 2 号教学楼等 5 个项目，用灾前已落实资金的项目和设备重复申请灾后恢复重建资金 7483.7 万元。

（5）在 72 个重点项目和 753 所学校恢复重建工程中，有 14 个项目存在违规转分包，151 个项目存在工程管理技术人员未按合同要求到位，145 个项目管理不符合国家规范，126 个项目存在屋面渗水等问题，37 个项目存在天棚吊顶安装不牢或脱落、室内护栏缺失、扶手松动等问题，5 个项目存在钢筋间距不符合设计要求等施工缺陷。

（三）政府项目建设监管

上述政府投资项目的绩效审计发现的问题只是我国政府投资及运行效益的一个缩影。这些严重问题年年出，年年审，但是，却很少有什么人对此负责。而广大民众对政府资金的来龙去脉却一无所知或知之甚少，更没有任何的决策权和监督权。可以预见，如果没有自下而上、公开透明的监督和制约，政府投资质量和效益的提高是非常困难的。

（1）完善政府投资项目监管体系。目前对政府投资项目的监管部门较多，职责难分，工作难协调，容易留下“灰色地带”。应由各地纪检监察部门牵头，明确相关监管部门的职责范围，建立必要的问责制度，在哪个环节出现问题，追究相关部门的责任。同时对政府投资的重大项目，要成立临时综合监管机构，不定期召开相关会议，研究政府投资重大项目监管过程中出现的新情况、新问题，对政府投资重大项目的资金来源、论证、立项、招投标、工程发包、验收、合同执行及概算、决算等环节的真实性、合规合法性进行绩效评价，达到深化投资管理改革、规范政府投资行为、提高投资质量、遏制投资腐败的目的。

（2）扩大社会监督管理的范围。一是政府投资的重大项目实行公示制。在立项以前，广泛征求社会各界的意见，扩大群众的知情权和参与意识。二是发挥咨询、设计、总承包、监理等中介服务机构和行业协会在政府投资项目管理中的作用，引导他们按照自身特点参与政府投资项目的建设和管理。三是对政府投资项目的规划、用地、立项、招投标、施工单位、工程进度、竣工验收、预算决算等实行全面公开，扩大群众监督、专家监督、舆论监督、人大代表和政协委员监督的范围。四是对在政府投资项目建设中发生的陪标、串标、送礼行贿等违法违纪的单位和个人在媒体公布，实行严格的市场禁入。

（3）健全项目管理的规章制度。一是落实项目建设责任制。项目法人必须对项目建设的质量、安全、工期和投资负全面责任，并将管理责任分解落实到责任部门和责任人。二是严格执行招投标制度。充分发挥工程建设项目招标投标的治本功能，建立项目竣工验收后的报备制度，完善评标办法，减少人为因素对招投标工作带来的影响。三是建立内控和审计制度。对政府投资项目进行严格的事前、事中、事后审计，确保资金使用效果。四是改革现行的政府投资项目财务结算制度，减少中间环节，又提高了财政资金的效益，并在一定程度上防止建设单位“吃拿卡要”等违纪现象的发生。

第三节 国有企业的投资效益

国有企业是指一个国家的中央政府或地方政府投资或参与控制的企业。国有企业的投资和运营效益是政府投资效益的重要反映。国有企业在性质、目的等方面与私有企业存在差异，因此，不能仅仅追求利润这一简单目标，而是要注重实现其他各项目标，从而更好地服务国家和社会大众。衡量国有企业的效益，也不能只根据某些财务指标进行分析，还必须看到国有企业的多重目标。

一、国有企业效益争论

20 世纪 90 年代以来，学者们围绕国有企业效率进行了大量的理论与实证研究。一些学者认为国有企业效率优良。例如，吴宣恭认为，国有企业经过多年发展，效率明显提升，其生产经营效率和价值增殖率也逐步提高[①]。张宇认为，国有企业通过战略调整和制度创新，经营绩效明显提高，很多国有企业的科技创新和发展速度等技术指标不仅在国内一流，在国际上也处于领先地位[②]。李钢认为，国有企业在某些方面效率的低下是由于国有企业过高的退出壁垒以及历史原因造成的。如果消除国有企业退出壁垒，国有企业的效率至少不低于非国有企业。如果不考虑历史因素，仅考虑当期投入，目前国有企业效率高于非国有企业。[③]

但是，也有大量对国企的效益评价的截然相反的看法，包括国有企业“低效率论”“挤压民营经济发展空间论”“垄断来源论”“政府利益输送论”等。

如吴敬琏认为，国有企业的效率是否高于民营企业，已经有中外研究机构所作的实证分析，对它作出了有翔实数据支持的否定性结论。近年来国有企业的逆势扩张和地位加强，对于中国经济的长期发展究竟是祸还是福，并不能由它们获得的短期盈利多少来评判，而要从这对于市场制度完善和经济长远发展的影响来判断。国有经济的布局调整停步不前，后来还发生了一些领域“国进民退”的开倒车现象。一些国有企业不但继续保持行政垄断的地位，而且得到国有银行的大量贷款支持，迅速扩张。[④]

张维迎认为，国有企业最多的问题，还不在它本身的效益，而是它带来的外部性，使得企业家不能有效地发挥作用，只要国有企业主导，不可能有公平竞争。国有企业一定是靠特权维持的，而这种特权，名企业家就不可能真正去创造，他们可能要花好多的精力，或者国家分配的资源，他们也没有安全感。[⑤]现在一些国有企业的利润很高，但是这些利润不是经济利润，而是会计利润。一旦政府取消了国有企业在市场准入方面的特权，允许所有的市场主体平等地获取资源，那么大部分国有企业私有化后都会破产。[⑥]

---

① 吴宣恭：《国有经济改革及其主要指导思想》，《理论视野》，2007 年第 3 期，第 21-23 页

② 张宇：《正确认识国有经济在社会主义市场经济中的地位和作用》，《毛泽东邓小平理论研究》，2010 年第 1 期，第 23-29 页

③ 李钢：《国有企业效率研究》，《经济管理》，2007 年第 1 期，第 10-15 页

④ 吴敬琏：《国有经济改革仍然任重道远》，《价格与市场》，2010 年第 2 期，第 8-10 页

⑤ 张维迎：《只要国有企业主导，就不可能有公平竞争》，http://finance.ifeng.com/news/special/caizhidao194/，2013 年 6 月 19 日

⑥ 张维迎：《国企私有化后大部分都会破产》，http://finance.sina.com.cn/china/20131205/123417540270.shtml，2013 年 12 月 5 日

天则经济研究所的研究报告《国有企业的性质、表现与改革》（第二版）中指出，对我国国有企业的经济绩效加以比较，2001～2013 年，国有企业的净资产收益率一直低于非国有企业。这意味着，将一单位资产从非国企转移到国企，就会产生一个机会损失。规模庞大的国有资产就意味着社会有着巨大的机会损失。对国有企业的名义收入加以还原，即扣除应交未交的土地租金、其他资源租金、利息优惠和补贴等，2001～2013 年，国有企业的平均净资产收益率为负。所以，尽管我们相信，会有若干优秀高效的国有企业，但从整体看，从企业财务角度看，国有企业在效率方面是一个负数。[①]

总的来讲，国有企业效益评价是复杂的。首先，企业效率是动态变化的，对国有企业效益的评价也需要动态考虑。其次，国有企业的地位和作用是多重的，需要以多目标分析框架考察国有企业的效率。最后，企业对经济的影响各异，既要关注国有企业对于经济增长“直接效应”，更要关注“间接效应”及其作用机制，关注国有企业对就业、公平等社会效应方面的影响。

二、国有经济总体状况

（一）经济规模持续扩张

从国有经济整体看，到 2013 年底，全国国有企业资产总额 104 万亿元，是 1978 年的 143.8 倍，年均增长 15.3%；营业收入 47.1 万亿元，是 1978 年的 71 倍，年均增长 13%；实现利润总额 2.6 万亿元，是 1978 年的 39 倍，年均增长 10.4%。在此期间，国有企业户数减少了 9%，到 2013 年下降到 15.5 万家；国有企业职工人数减少了 20%，到 2011 年下降到 3698.4 万人（表 12-2）。因此，改革以来，国有经济总体规模明显扩大，国有企业资产总额、营业收入、利润总额等指标都有大幅度提升，而国有企业数、职工人数则明显下降，国有经济综合实力增强。

表 12-2　国有企业总量变化情况

年份	企业户数/万家	职工人数/万人	营业收入/亿元	资产总额/亿元	利润总额/亿元
1978	17	4 636.2	6 629.2	7 233.9	665.4
1983	26.9	5 627.4	9 833.4	10 056.7	540.3
1988	23.2	6 165	17 924.9	21 035.2	805.5
1993	19.1	6 613.8	43 002.7	53 802.3	1 142
1998	23.8	6 565.2	64 685.1	148 650	213.7
2003	15	4 311.2	107 339.7	197 103.3	4 951.2
2008	11.4	3 530.7	229 363.5	425 472.8	13 307.4
2011	14.5	3 672.4	392 500	853 700	25 800
2013	15.5	3 698.4	471 000	1 040 000	26 000
2013 年/1978 年	0.9	0.8	71	143.8	39.1

资料来源：国务院国有资产监督管理委员会网站 http://www.sasac.gov.cn/n1180/index.html，《中国国有资产监督管理年鉴 2009》，《国务院关于国有企业改革与发展工作情况的报告》

① 天则经济研究所课题组：《国有企业的性质、表现与改革》，第 2 版

从工业企业情况看，2014 年，规模以上工业国有及国有控股企业资产总额约 37.1 万亿元，是 1998 年的 4.96 倍，年均增长 10.5%；主营业务收入约 26.3 万亿元，是 1998 年的 7.83 倍，年均增长 13.7%；实现利润总额约 1.5 万亿元，是 1998 年的 27.63 倍，年均增长 23.1%；税收约 2.2 万亿元，是 1998 年的 7.16 倍，年均增长 13.8%。与此同时，企业户数减少了 71%，到 2014 年下降到约 1.9 万家（表 12-3）。1998～2014 年，在规模以上工业中，国有企业主营业务收入、资产总额、利润和税收的平均贡献率分别达到 22%、35%、21%和 41.8%。可见，国有工业经济规模也呈现明显扩张趋势，近年来，国有企业的数量减少，但资产、产值、利润和税收都有较大幅度增长，整体实力大大增强，对国民经济的贡献较大。

表 12-3　规模以上工业国有及国有控股企业情况

年份	企业单位数/个	主营业务收入/亿元	资产总计/亿元	利润总额/亿元	税收合计/亿元
1998	64 737	33 621.0	74 916.3	525.1	2 845.9
1999	61 301	35 571.2	80 471.7	997.9	3 081.2
2000	53 489	40 554.4	84 014.9	2 408.3	3 470.6
2001	46 767	42 408.5	87 901.5	2 388.6	3 659.2
2002	41 125	45 179.0	89 094.6	2 632.9	3 982.3
2003	34 280	53 407.9	94 519.8	3 836.2	4 615.4
2004	35 597	70 229.0	109 708.3	5 453.1	5 436.6
2005	27 477	83 749.9	117 629.6	6 519.8	6 220.1
2006	24 961	98 910.5	135 153.4	8 485.5	7 543.0
2007	20 680	119 685.7	158 187.9	10 795.2	9 193.6
2008	21 313	143 950.0	188 811.4	9 063.6	10 651.4
2009	20 510	146 630.0	215 742.0	9 287.0	12 707.9
2010	20 253	185 861.0	247 759.9	14 737.7	16 378.3
2011	17 052	221 036.3	281 673.9	16 457.6	18 459.6
2012	17 851	245 076.0	312 094.4	15 176.0	20 372.1
2013	18 574	257 817.0	343 985.0	15 917.0	21 567.0
2014	18 808	262 692.0	371 308.0	14 508.0	22 421.0
2014 年/1998 年	0.29	7.81	4.96	27.63	7.88

资料来源：《中国统计年鉴 2015》

注：税收合计为主营业务税金及附加加上应交增值税

（二）经济比例显著下降

我国国有经济总体实力不断增强的同时，国有经济在国民经济中所占比例则趋于下降。根据有关数据，国有企业增加值占 GDP 的比例 1978 年为 56%，1997 年下降到 42%，2011 年又下降到 20%左右[①]。2011 年，全国国有企业资产总额、营业收入均约占全社会

① 2013 年 10 月 28 日中央电视台新闻频道《新闻联播》

工商企业的 35%。[①]国有经济占经济总量的比例比改革之初及国有经济战略性调整初期都有了非常明显的降低。1998～2014 年，国有及国有控股企业数占规模以上工业的比例由 39.2%下降到 5%，下降了 34.2 个百分点；主营业务收入比例由 52.3%下降到 23.7%，下降了 28.6 个百分点；资产总额比例由 68.8%下降到 38.8%，下降了 30 个百分点；利润总额比例由 36%下降到 21.3%，下降了 14.7 个百分点。上述情况表明 1998 年以来，国有经济的战线正在不断收缩。

三、国有经济投资状况

增量投资的分布在很大程度上决定了资产分布和产出分布的变动。在我国全社会投资中，国有投资比例趋于下降。1980～2015 年，国有投资占全社会投资的比例由 81.9%持续下降到 24.9%，下降了 57 个百分点，降幅非常明显。1992 年以前，国有投资比例变化不大，保持在 65%左右。1990～1992 年，国有投资比例有所回升，这一时期正好是国家实施治理整顿的经济下行阶段；1998 年和 2009 年，国有投资比例也略有回升，这两年恰逢亚洲金融危机和国际金融危机。可见，在经济的下行期，国有投资的作用有所提升，除此之外，我国国有投资的相对规模是持续收缩的，这也直接导致国有资产相对规模的收缩（图 12-1）。

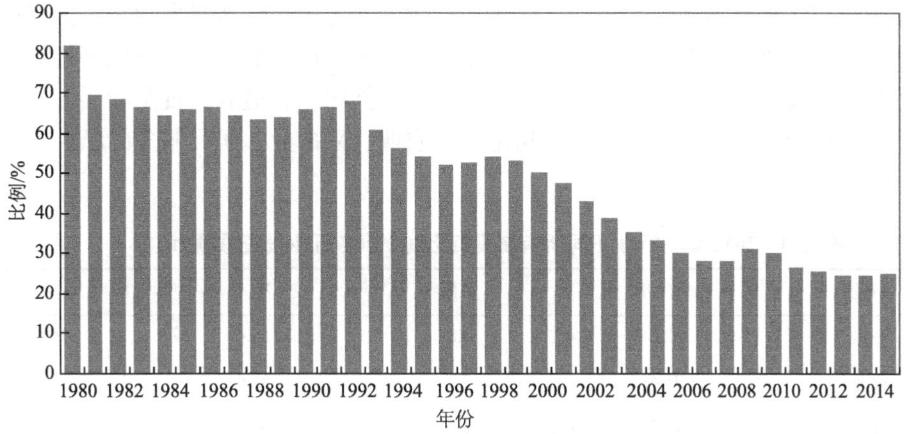

图 12-1 国有投资在全社会投资中的比例

资料来源：《中国统计年鉴 2015》，国家统计局网站

再看国有投资在不同行业的分布。2014 年，在全部国有控股投资中，交通占 20.1%，公用事业占 21.5%，电力占 9.4%，上述三个行业投资合计就占国有投资的 51%。另外，房地产投资占国有投资的 17.3%，制造业占 8.6%，采矿业占 4.1%，公共管理占 3.3%，教育占 3%。而卫生、文化、科技、居民服务投资占国有投资的比例均低于 2%。总体来看，国有投资的行业分布较为集中，主要集中在交通、公用事业电力等经济基础设施方面，而文化、卫生等社会事业的投资比例较低（图 12-2）。

① 温源：《国有企业：在攻坚克难中创造辉煌》，《光明日报》2012 年 10 月 16 日，第 10 版

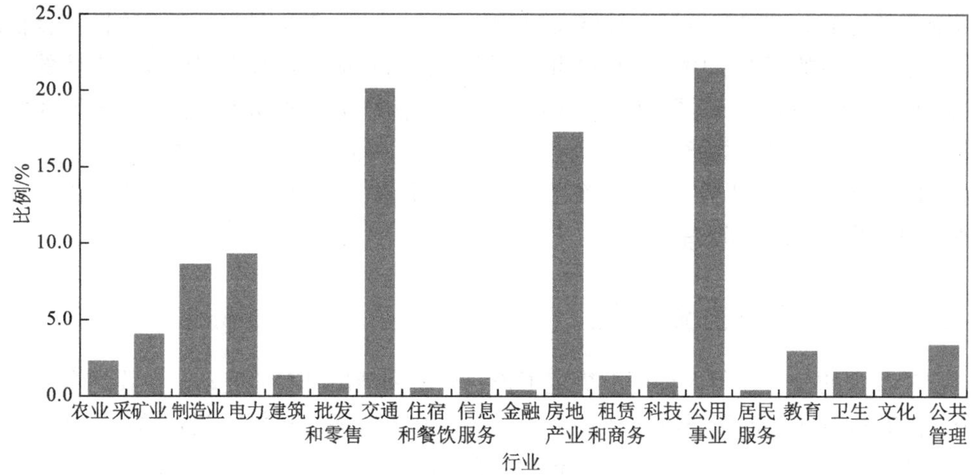

图 12-2　2014 年全部国有控股投资的行业分布

资料来源：《中国统计年鉴 2015》，国家统计局网站

在不同行业中，国有投资的比例存在较大差异。2014 年，国有控股投资占行业投资比例超过 70%的有交通、公用事业、教育和公共管理；投资比例在 50%～70%的有电力、建筑和卫生；投资比例在 30%～50%的有采矿业、信息服务、金融、科技和文化；投资比例在 30%以下的有农业、制造业、房地产、批发和零售、住宿和餐饮等。国有投资比例较高的行业主要集中在基础设施和公共服务，竞争性行业的国有投资比例相对较低，而其他所有制投资成为这些行业的重要投资主体。例如，制造业、批发和零售、住宿和餐饮的私人投资比例都超过了 60%，房地产、农业、采矿业、居民服务的私人投资比例也不低（表 12-4）。

表 12-4　2014 年各行业不同所有制投资比例（以各行业投资总额为 100）　单位：%

行业	国有控股	集体	私人	三资
全国	32.2	4.8	50.4	4.6
农业	25.4	7.2	55.6	1.0
采矿业	45.3	3.7	43.8	1.2
制造业	8.3	2.3	76.5	6.2
电力	66.1	3.4	23.6	3.3
建筑	53.7	7.9	27.6	0.5
批发和零售	9.1	6.2	72.9	2.8
交通	75.7	2.6	16.3	1.7
住宿和餐饮	12.9	4.7	69.8	4.1
信息服务	49.8	2.2	29.8	11.2
金融	49.9	8.7	30.9	3.3
房地产业	22.6	6.7	50.8	7.1
租赁和商务	27.2	10.1	48.8	3.4

续表

行业	国有控股	集体	私人	三资
科技	35.2	7.3	45.7	3.0
公用事业	75.2	6.8	11.8	0.4
居民服务	25.8	14.7	45.3	0.6
教育	72.1	6.3	14.2	0.9
卫生	66.3	7.2	19.1	0.5
文化	42.9	8.3	38.5	2.6
公共管理	75.1	13.0	4.7	0.1

资料来源：《中国统计年鉴 2015》

四、国有经济运行效率

中华人民共和国成立以后，我国国有经济获得了巨大的发展，但是，和其他经济成分相比，国有经济长期以来的投资与经济效益相对较差，这与国有经济治理结构存在明显缺陷，激励约束机制不健全，企业缺乏创新动力，管理人员和工人缺乏积极性密切相关。不过，另一方面的原因同样重要，即国有经济具有多重目标。对应利润目标，它为所有者提供利润，对应非利润目标，它提供社会产品，包括充分就业、社会保障和稳定、社会公平、产业发展等。这就使我们无法仅仅根据某些数量指标，衡量国有经济的投资效益，我们需要历史的、辩证地看待国有经济的作用。正如休·史卓顿和莱昂内尔·奥查德所说，"公共企业往往有多重目标，因此，应从全部目标而不是一个目标的效率来进行判断。判断其总体效率则取决于对不同目标的相对重要性的社会判断"①。

近年来，国有经济运行效率有所提升。1998～2007 年，国有及国有控股工业企业工业增加值率基本保持在 33%～35%。总资产贡献率是指反映企业全部资产的获利能力、评价和考核企业盈利能力的核心指标。1998～2014 年，国有企业总资产贡献率由 6.5%提升到 11.3%，上升趋势明显，上升幅度较大。企业资产负债率趋于下降，由 1998 年的 64.3%下降到 2007 年的 56.5%，这一时期企业债务负担减轻。2008 年以后，为应对国际金融危机，国有企业债务规模扩张较为迅速，负债率有所上升，到 2014 年达到 62%。流动资产周转率是评价企业资产利用率的一个重要指标，国有企业这一指标由 1998 年的 0.9 次/年提高到 2014 年的 2 次/年。国有工业成本费用利润率也有较大幅度的提高，由 1998 年的 1.6%提高到 2012 年的 6.5%，2007 年还曾接近 10%，之后有所下降。另外，国有企业劳动生产率保持增长势头，产品销售率在高位保持稳定。

在国有经济经济效益提升的同时，其对经济和社会发展作出的重大贡献也不容忽视。在关系国家安全和国民经济命脉的重要行业和关键领域，大型国企承担了我国几乎全部的原油、天然气和乙烯生产，提供了全部的基础电信服务，发电量占全国 60%以上，生产了全国 60%的高附加值钢材。国有企业是建设创新型国家的排头兵，在国家技术创新体系中承担着重要任务，发挥着举足轻重的作用。《国家中长期科学和技术发展规划

① 休·史卓顿、莱昂内尔·奥查德：《公共产品、公共企业和公共选择》，经济科学出版社，2000 年，第 105 页

纲要》确定的我国需要突破的 11 个重点领域，中央企业都有涉及。16 个国家科技重大专项，中央企业参与了 15 个。载人航天、绕月探测事业的突破，高铁速度，三峡工程、青藏铁路、西气东输、西电东送、南水北调，C919 大型客机成功首飞，国家各项标志性重大工程、重大科技项目的背后，都有着国有企业的重要贡献。国有企业积极参与定点扶贫、援疆援藏和各类社会公益事业，92 家中央企业定点帮扶 189 个国家扶贫工作重点县，44 家企业在新疆、40 家在西藏开展了各类援助帮扶工作。

五、国有经济存在的问题

改革以来，我国国有经济调整取得了积极的进展，但是，无论是从宏观效益还是微观效益上讲，仍然存在一些明显的问题。

（一）国有经济涉及产业领域过多

我国国有经济行业分布面过宽、过散、过杂的特征十分明显。除必须由国有控制的涉及国家安全和国民经济命脉的重要行业和关键领域外，国有经济还广泛分布在其他行业和领域，在一些市场化程度比较高、竞争比较激烈的加工工业和一般竞争性服务行业，国有经济的比例仍然偏高，国有企业的战略性特征仍显不足。在全部 14 个大门类，以及 40 个细分工业行业中，国有经济都有不同程度的分布。2012 年，在规模以上工业行业中，纺织、木材、家具、农副产品加工、食品、饮料等纯粹竞争性行业的国有资产占该行业全部资产比例分别达到 4.9%、4.7%、2.3%、8.4%、9.4%和 28.9%。属于一般竞争性行业的黑色金属冶炼、有色金属冶炼、通用设备、专用设备、汽车、铁路船舶航空设备的国有资产占比更高达 51.2%、42.9%、23.4%、30.9%、47.8%和 56.8%。

（二）公共服务部门的进入程度不足

在全国国有企业资产总额中，2003～2011 年，卫生体育福利、教育文化广播和科学技术三大公共服务行业国有资产的占比分别为 0.06%、0.63%和 0.6%，合计只有 1.29%，还不及煤炭、石化、冶金、机械、化学工业单一工业行业国有资产的比例，也远低于商贸、房地产等传统服务业。在 2012 年全国国有及国有控股固定资产投资中，科技、教育、卫生、文化等四大部门投资合计只占 7%，还不及电力一个行业的投资份额。国有经济重经济建设、轻公共服务，重经济基础设施、轻社会事业发展的情况长期存在。在公共服务、基础研究、义务教育等一些该由国有经济和国有资本充分发挥作用的领域，国有资本却投入不足。

（三）国有垄断限制了经济的活力与竞争力

电力、石油、石化、电信、铁路、金融、民航、航运等行业长期由国有经济高度垄断控制。国有企业利用与行政部门的密切联系，通过各种手段限制民营经济的进入。以能源领域为例，中石油、中石化长期控制着进口油气的数量和定价权，不对民间资本开放，民间资本在国外投资获得的石油，也须按国有大石油企业的定价卖给国企。民企不仅不能独立进行石油勘探开采，生产的成品油也须全部交由中石油、中石化集团的批发企业经营。电力领域的发电环节一直对民间资本开放，但电网建设与运营却禁止民间资本进入，发电企业只能将电出售给电网公司。电力外输的数量、及时性和价格等上网问题难以解决，民间资本进入的投资收益缺乏保障。国有经济的垄断在很大程度上限制了最具活力的民营经济的发展，导致了相关行业的高收益和低效率，降低了行业的国际竞争力，由此造成的社会分配不公平和腐败猖獗也引起了社会公众的普遍不满。

（四）更多依赖资源和政策支持

国企的比较优势主要来源于三个方面的因素：第一，对自然资源的依赖，国有企业历史上就掌握了大量的自然资源，近年来，又大量圈占地方资源，形成对资源的垄断占有。包括土地资源，还有石油、煤炭、有色金属等资源价格不断上涨，给国有企业带来了资源红利。第二，对行政力量支持的依赖，政府的大项目基本上都交给了国企，对于国企，各级政府在税收、审批、用地、人才引进等方面都给予了大力支持。近些年，国有及国有控股企业少缴纳的利息、地租、资源租及获得财政补贴超过 7 万亿元。[①]第三，对金融资源的依赖。国企占有了更大规模的信贷和上市资源，同时，资金成本相对较低。根据全国工商联 2012 年在浙江的调研，小额贷款平均利率是 20%，大型民企拿到 10%的利率就很不错了，而央企的贷款利率只有 5.3%。[②]如世行报告所述，与所消耗的资本、原材料和中间投入品相比，国有企业所创造的产出和附加值仍然偏低，国有企业的高回报率往往与能够获得相对廉价的资本、土地和自然资源等投入要素及竞争不足有关。[③]

（五）“国进民退”趋势比较明显

近年来，我国政府投资的力度明显加强，规模不断扩大，领域不断扩张。2013～2016 年，国家预算内投资年均增长 19.4%，政府主导的基础设施投资增长 17.6%，均大幅领先于全部投资增长。与此同时，民间投资增速却由 2013 年的 23.1%跌落到 2016 年的 3.2%，2013～2016 年年均增速只有 13.6%。全社会投资增长越来越多地依赖于政府投资的扩张，政府部门、国有企业支撑投资的整体格局正在逐步增强。政府及其融资平台主导的投资，更能得到银行的信用支持，这对民间投资产生一定的挤出效应。PPP 项目的大规模推出为民企参与基础设施、公用服务投资提供一个机会；但是，从签约项目的主体类型看，中央企业、地方国企却占了绝大部分，真正的民企参与程度很低。在教育、文化、医疗等公共领域，政府管制非常多，国企业居于垄断地位，民企很难取得与国有企业一样的公平待遇，民间投资者空有满腔热情，却难有更大施展空间。

（六）企业运营效率仍然较低

与其他所有制工业企业相比，国有企业的运营效率没有优势，近年来有些指标还明显落后。最能反映企业盈利能力的指标是总资产贡献率，2006～2014 年，国有及控股企

---

① 和军：《论国有经济合理进退的标准》，《现代经济探讨》，2012 年第 3 期，第 5-9 页

② “浙江中小民营企业发展研究”课题组：《浙江中小民企融资难题》，http://finance.ifeng.com/a/20140529/12441524_0.shtml，2014 年 5 月 29 日

③ 世界银行和国务院发展研究中心联合课题组：《2030 年的中国：建设现代、和谐、有创造力的社会》，中国财政经济出版社，2012 年，第 28-29 页

业平均为 12.6%，低于全部工业的 14.4%，也远低于私营企业的 19.2%和外资企业的 13.4%。国有及控股企业资产负债率平均为 59.9%，高于全部的 57.7%，也高于私营企业的 55.4%和外资企业的 56.2%。2006 年，国有企业负债率还低于私营和外资企业，而到 2014 年，国有企业负债率已经高于私营和外资企业 6～10 个百分点，近年来，地方国企债务的膨胀速度更快。国有及控股企业流动资产周转次数平均为 2.2 次/年，慢于全部工业的 2.6 次/年，也低于私营企业的 3.4 次/年和外资企业的 2.3 次/年（表 12-5）。尽管国有企业利润额不断增加，但是，盈利主要集中于煤炭、石油等资源型行业，仍有相当多的行业盈利水平较低甚至亏损。

表 12-5　2006～2014 年不同所有制工业企业的平均效率情况

项目	总资产贡献率/%	资产负债率/%	流动资产周转次数/（次/年）	工业成本费用利润率/%	产品销售率/%
全部工业	14.4	57.7	2.6	7.1	98.0
国有及控股	12.6	59.9	2.2	7.5	98.6
私营	19.2	55.4	3.4	6.9	97.5
外资	13.4	56.2	2.3	6.9	98.1

资料来源：各年中国统计年鉴

六、促进国有经济投资效益提高

提高国有经济的投资效益要从以下几方面入手。

第一，按照市场经济的客观要求，重新划分和规范政府与市场的职能与分工，国有经济要从“越位”领域退出和填补“缺位”领域。国有投资要限定在战略资源、高技术、社会事业、公共服务等部门，同时逐步退出竞争性较强的私人产品的生产，也就是说，国有经济职能和范围的界定必须有进有退，即一方面要逐步退出一般竞争性、营利性的投资范围，另一方面需切实强化公共性领域的投资。

第二，国有经济不应再将投资过多集中在机械工业、电子工业、汽车工业和房地产业等支柱产业。国际和国内经验表明，频繁的财政支持不利于这些具有成长性的产业市场竞争力的提高，政府投资也容易造成信息不充分带来的配置错误。国有经济也应逐步减少对电力、供水、供气、电信等可收费行业的投人，通过合资、合作、独资等方式吸引社会资本的进入，将置换出来的政府资金用于急需的基本公共服务领域。

第三，国有投资范围不是一成不变的。随着经济的发展，国有投资的规模和领域还可能有扩大的趋势。例如，城市化水平的提高对交通设施提出了更高的要求，加上地方流动人口的增加使居民增加了对公共交通、公共安全、消防、环境保护等公共品的需求。政府的宏观经济政策也影响着国有经济投资规模与结构。在扩张性财政政策下，扩大国有投资规模和领域是实现宏观经济政策的一个重要组成。

第四，就国有经济提供公共产品和服务而言，也可以分成政府直接生产与政府利用市场来生产两种模式。只要解决好外部性问题，私人生产公共品往往比政府生产更有效率。因此，越来越多的政府将不同性质的公共基础设施产品以经营特许、补助、签约外包等方式授权给私人企业，在公共设施领域引入市场机制。而教育、卫生、社会福利和社会救济等部门则更多地依赖非营利组织及其社会志愿机制提供服务。

第五，从改革进程看，国有经济效益难以根本性提高的一个重要的原因就是国有经济具有多重非利润目标，而政府对国有企业的利润目标和社会服务目标的调整总是逐步的、局部的和不到位的。因此，要从根本上提高国有的效益就必须实现企业目标的单一化。一部分国有企业专门提供公共产品与服务，隶属于政府，成为政府管理社会的工具；另一部分国有企业以利润为目标，实现国有资产的保值增值。

第六，绝大多数国有企业特别是中央企业分布在关系全局的关键行业和基础性部门，在自然灾害来临和突发事件发生时，国有企业需要牺牲甚至放弃企业自身的利益，维护公共利益和社会稳定与秩序。国有企业还必须承担引领技术进步和拉动所在产业升级的社会责任，特别是在国防、航天等领域发挥重要的带动作用。面对经济危机等严峻情况时，国有企业也不能像私人企业那样大幅裁员，必须承担起保障职工基本工作权利的社会责任。

第七，把国企发展置于全球经济环境中，积极破除各种障碍，培育一批国际一流跨国公司，使其成为目标商业化、股权多元化、治理法治化的全球市场主体。有效整合全球人才、技术、管理、金融等高端生产要素及自然资源，形成全球化运作架构和全球化经营布局，最终确立全球价值链和供应链体系。①建立起国有大企业海外行为的协调机制，避免同类企业在海外的恶性竞争。

本章小结

在政府投资效益中，社会效益是第一位的，这与其必须认真履行公共服务职能密切相关。外部环境不断优化、基础设施不断改善，政府投资的效益就比较高；反之，则较低。审计署对国家预算内投资、国债项目投资、地方政府投资项目的审计结果，暴露出我国政府投资浪费严重、资金使用效率低下、中间损耗和贪污腐败等问题。判定国有经济投资效益非常困难，不能笼统地认为国家所有和经营就一定效率低下。近年来，国有垄断企业效益不断提高，但是，仍然存在不少问题。国有经济职能和范围必须有进有退，要提高自身的国际竞争力，承担必要的社会责任。

☆关键术语☆

政府投资效益　财务评价　国民经济评价　社会效益评价　可持续发展效益评价　社会收益率　私人收益率　国有企业效率

➢复习思考题

1. 政府投资效益评价的主要内容有哪些？
2. 政府投资社会效益评价需要考虑什么因素？
3. 教育的私人和社会收益率如何衡量？
4. 如何完善政府投资项目建设监管？
5. 如何促进国有企业投资效益提高？

① 袁东明：《提升国有大企业国际竞争力》，《经济日报》，2016年9月29日，第14版

第十三章

政府债务风险和危机

政府债务风险是指政府大量负债，但无能力按期还本付息的可能性；政府债务危机则是指政府的大量负债超过了自身的清偿能力，造成无力还债或必须延期还债的现象。正确评价政府债务风险和危机状况，并制定有效的防范措施，对经济稳定健康发展具有重要意义。

第一节　国债风险及其可持续性

国债是建立在公共信用基础上的公共政策措施或工具，国债对经济的影响是长远的、复杂的、多方面的。国债政策的实施既有利于熨平经济波动，促进经济长期增长，也可能形成债务负担和风险。国债政策实施的空间并不是无限的，国债规模的扩张是受限制的。

一、国债风险综合评价

在一国每一特定时期的特定条件下，必然客观地存在某种适度债务规模。现实生活中，决定或影响适度债务规模的因素是多方面的，如经济发展水平和金融深化程度、政府管理水平和市场健全程度、国债的结构状态、筹资成本等。[①]而且，由于上述因素的不断变化，所谓适度的国债债务规模标准也必然会产生变化。从这个意义上讲，并不存在唯一的、指导一切时期和一切国家的国债适度规模。但是，不同国家财政赤字及国债规模的发展趋势及规律仍然对赤字及国债规模合理性的判断具有一定的参考价值。

国际上通用的衡量赤字及国债规模的指标主要有：

①赤字率＝赤字额/年度 GDP；

②国债负担率＝当年国债余额/年度 GDP；

③居民应债率＝当年国债余额/居民储蓄余额；

④借债率＝当年国债发行额/GDP；

⑤偿债率＝还本付息额/财政收入；

⑥国债依存度＝当年国债发行额/财政支出。

前四项指标反映了国债的应债能力，后两项指标反映了国债的偿债能力。

---

① 贾康：《国债适度规模、债种结构与利率匹配》，《财经问题研究》，1996 年第 10 期，第 3-6 页

（一）国债的应债能力

（1）从赤字率来看，改革开放之初，我国的赤字率较高，1979 年曾达到 3.4%；但是，随后一直到 1990 年初，我国赤字率基本维持在 1%以下；1998 年实施积极财政政策以后，赤字率迅速上升，由 1998 年的–1.1%上升到 2002 年的–2.6%。之后，赤字率趋于下降，直到 2009 年才又提高到–2.3%。2010～2014 年，赤字率都在–2%以下，2015 年提高到–3.4%。虽然某些时段我国的赤字率与欧盟 3%的规定警戒标准接近，2015 年甚至超过警戒线，但是，基本还是安全的。

改革以来，我国平均赤字率只有–1.2%，超过–2%的年份只有 7 年。而 1990～2010 年，日本、法国、英国、意大利、印度和巴西的赤字率平均分别达到–2.8%、–3.7%、–3.2%、–5.1%、–3.2%和–2.6%。日本 1995～1997 年赤字率达–3%～–4%，在 2009～2010 年分别达到–7.6%和–6.7%；法国在 1993～1996 年赤字率超过–5%，2009～2010 年超过–7%；英国 1992～1996 年赤字率超过–5%，2009～2010 年超过–10%；意大利 1992～1994 年赤字率超过–10%，2008～2009 年超过了–5%；印度 2008～2009 年赤字率超过了–5%（表 13-1）。其他欧洲及亚洲国家大都出现过赤字率较高的时期。

表 13-1　各国赤字率　　单位：%

年份	日本	法国	英国	意大利	印度	巴西
1990	–1.6	–2.1	0.7	–10.3	–3.3	–3.4
1991	1.7	–1.2	–1.0	–9.8	–2.2	1.5
1992	0.3	–3.9	–5.0	–10.9	–2.3	–2.1
1993	–1.5	–5.7	–6.5	–10.3	–3.8	–6.9
1994	–2.3	–5.6	–5.2	–10.5	–2.4	–2.7
1995	–3.6	–6.6	–5.3	–7.6	–2.1	—
1996	–4.2	–5.3	–5.3	–7.0	–2.0	—
1997	–3.4	–3.5	–2.0	–3.1	–2.7	—
1998	—	–2.8	0.2	–2.7	–3.3	–3.7
1999	—	–2.0	1.1	–1.4	–3.2	–2.5
2000	—	–1.6	3.9	–0.8	–3.8	–1.8
2001	—	–1.7	0.8	–2.9	–4.3	–2.1
2002	—	–3.4	–2.0	–2.4	–4.6	–1.2
2003	—	–4.1	–3.5	–3.2	–3.4	–4.3
2004	—	–3.5	–3.2	–2.6	–3.2	–1.9
2005	–4.1	–2.8	–3.1	–3.7	–3.2	–3.6
2006	–0.9	–2.2	–2.8	–2.4	–2.2	–2.9
2007	–2.4	–2.3	–2.7	–1.4	–0.5	–1.9
2008	–3.0	–2.9	–4.7	–4.9	–4.9	–1.2
2009	–7.6	–7.3	–11.0	–5.2	–5.2	–3.5
2010	–6.7	–7.0	–10.1	–3.8	–3.8	–1.7

资料来源：新浪财经全球宏观经济数据库

相比之下，我国目前的赤字水平并不可怕，第一，我国赤字平均水平较低；第二，我国近年的较高赤字水平仍明显低于其他国家高赤字时期；第三，我国近年的赤字率总体趋于下降。当然，也有学者对我国财政赤字的严重性进行了比较充分的估计。他们认为，应该采用合并政府赤字（consolidated government deficit）作为判断标准，也就是必须包括政府财政赤字及中国人民银行借给金融体系去支付中央政府要求的国有企业的开销。如此计算，我国的财政赤字率将大大提高，并超过国际警戒线。

（2）从国债负担率来看，1990 年中期以前，我国国债负担率基本在 5%～6%波动。亚洲金融危机期间，随着国债规模的不断扩大，我国国债负担率出现了较快增长的趋势，国债负担率提高到 10%以上。到 2007 年底达到 19.4%的最高值，之后趋于下降，到 2015 年，国债负担率为 15.8%。1979～2015 年，我国国债负担率平均为 10.2%。

日本 20 世纪 70 年代初国债负担率只有 5%，到 80 年代初的 10 年中迅速上升到 67%，90 年代末超过 100%，到 2005 年提高到 145.1%，2012 年则超过了 200%，在发达国家中最高；法国 20 世纪 70 年代初国债负担率只有 8%，80 年代上升到 40%以上，90 年代末上升到 65%左右，2008 年国际金融危机期间超过了 80%；意大利 20 世纪 70 年代初期国债负担率明显低于英国 20 个百分点，但到 80 年代初已高于英国 20 个百分点，到 2012 年，意大利国债负担率高达 134.9%。在新兴经济体中，印度的国债负担率 2005 年接近 60%，之后有所下降；巴西在 2008 年达到了 60%（表 13-2）。与这些国家相比，我国国债负担率处于较低水平。

表 13-2 各国国债负担率 单位：%

年份	日本	法国	英国	意大利	印度	巴西
2005	145.1	68.5	46.2	109.1	59.1	55.7
2006	144.1	67.4	47.2	104.2	56.5	57.4
2007	153.1	73.3	57.6	107.1	56.1	56.6
2008	167.2	84.3	73.4	118.8	54.4	60
2009	174.9	88.4	82.2	117.3	47.3	52.2
2010	189.4	79.5	97.5	108.3	45.1	—
2011	195.5	88.9	102	127	50.5	—
2012	201.6	88.6	98.3	134.9	—	—

资料来源：世界银行数据库

根据官方的提法，我国国债负担率“远远低于欧盟规定的 60%的警戒线，目前中国不存在财政风险”①。还有一种经验性的判断，即国债余额最多不能超过当年 GDP 的 45%，国际上将这一比例作为国债负担率的最高警戒线②。2015 年，我国国债负担率刚刚超过 15%，中央政府还有一定的发债空间。当然，如果加上政府的隐性及或有债务，我国的国债负担率也会迅速攀升，接近并超过国际公认的警戒标准。

（3）从居民的应债率看，居民应债率越低，则应债能力越强；居民应债率趋于下降，则应债能力增强。在我国，多年来居民是认购国债的重要主体。尽管近年居民可选择的

① 项怀诚：《中国目前不存在财政风险》，《扬子晚报》，2001 年 9 月 7 日

② 詹余引：《中外国债规模比较》，《经济界》，1998 年第 6 期，第 55-59 页

金融资产增加了，但部分居民还是把国债作为安全性、收益性较好的金融产品。这些年我国居民储蓄存款的快速增长，为国债发行提供了巨大的资金来源。1979～2015 年，我国居民储蓄余额年均增长 23.4%，分别高于国债发行额和国债余额增长率 4 个和 1 个百分点。20 世纪 80 年代初期，我国居民应债率曾高达 43.6%，之后逐年下降，到 1996 年下降到 12.8%；随后又上升到 2007 年的 29%。未来，居民储蓄仍将呈较快增长势头，居民应债率将呈下降趋势，居民应债能力将会增强。

（4）借债率反映了当年 GDP 对国债增量的负担能力。改革开放初期，我国的借债率低于 1%，到 20 世纪 80 年代末期上升到 2%以上，90 年代以来，我国的借债率上升速度较快，上升幅度较大，由 1991 年的 2.1%上升到 2001 年的 4.2%，之后趋于下降，2015 年，借债率为 3.1%。发达国家的借债率一般在 3%～10%，我国目前的借债率水平低于发达国家，即使与借债率较低的法国、英国和加拿大等相比，借债率水平也不高，这说明从国民经济全局来看，我国的年度国债发行规模还是存在一定的空间的。

（二）国债的偿债能力

（1）从国债偿债率看，国债偿债率是指一年的国债还本付息额与财政收入的比例关系。债务收入的有偿性，决定了国债规模必然要受到财政收入状况的制约。财政的偿还能力要求每年国债还本付息额要保持在一定限度之内。整个 20 世纪 80 年代，我国国债偿债率很低，基本维持在 3%～4%。90 年代以来，我国国债偿债率明显上升，特别是 1992～1996 年高通货膨胀时期发行的高利率国债的逐步到期，偿债率在 1998 年达到高峰值 23.8%。之后，国债偿债率趋于下降，到 2005 年曾经下降到 12.3%。我国学者一般主张将国债偿债率控制在 8%～10%的国际水平以内。可见，进入 20 世纪 90 年代以后，我国国债偿债率均在国际水平以上。依此指标判断，我国国债扩大规模的余地已不大。

（2）从国债依存度看，国债依存度是财政支出依靠债务收入来安排的程度。改革以来，我国国债依存度逐年上升，由 1979 年的 2.8%上升到 1998 年的 30.7%，之后有所下降，到 2015 年，国债依存度下降到 12%，年均国债依存度为 13.4%。目前，我国的国债依存度在国际上公认的 25%～30%的安全线以下。但是，由于我国公共支出基本由国家财政承担，国债发行也是由中央财政掌握，中央财政债务依存度直接反映国家财政依赖国债的程度。1992～2002 年，我国中央财政债务依存度都超过了 50%，1998 年超过了 100%，2011 年再次超过 100%，2011～2015 年均保持在 80%以上。中央财政债务依存度仍然较高（表 13-3）。

表 13-3　我国历年国债债务负担及偿债能力　　单位：%

年份	赤字率	国债负担率	居民应债率	国债依存度	借债率	偿债率
1979	–3.3	1.7	25.1	2.8	0.9	0
1980	–1.5	2.7	30.8	3.5	0.9	2.5
1981	0.8	4.7	43.6	10.7	2.5	5.3
1982	–0.3	5.1	40.3	6.8	1.6	4.6
1983	–0.7	5.7	37.8	5.6	1.3	3.1
1984	–0.8	5.5	32.8	4.5	1.1	1.8
1985	0.0	5.1	28.5	4.5	1.0	2.0

续表

年份	赤字率	国债负担率	居民应债率	国债依存度	借债率	偿债率
1986	–0.8	5.1	23.4	6.3	1.3	2.4
1987	–0.5	5.3	20.7	9.9	1.8	3.6
1988	–0.9	5.1	20.1	10.9	1.8	3.3
1989	–0.9	6.2	20.5	14.4	2.4	2.7
1990	–0.8	6.4	17.0	12.2	2.0	6.5
1991	–1.1	6.1	14.5	13.6	2.1	7.8
1992	–1.0	5.7	13.1	17.9	2.5	12.6
1993	–0.8	5.2	12.1	15.9	2.1	7.7
1994	–1.2	5.8	13.2	20.3	2.4	9.6
1995	–1.0	6.3	12.9	22.7	2.5	14.1
1996	–0.7	6.9	12.8	24.8	2.7	18.3
1997	–0.7	7.6	13.1	26.8	3.1	22.2
1998	–1.1	9.3	14.7	30.7	3.9	23.8
1999	–1.9	11.5	17.5	28.2	4.1	16.7
2000	–2.5	13.1	20.3	26.3	4.2	16.4
2001	–2.3	14.2	21.2	24.4	4.2	11.7
2002	–2.6	16.1	22.4	15.7	2.9	13.1
2003	–2.1	16.6	21.9	14.3	2.6	13.2
2004	–1.3	16.1	21.6	11.0	1.9	13.4
2005	–1.2	17.5	23.1	8.8	1.6	12.3
2006	–0.8	16.1	21.7	6.6	1.2	
2007	0.6	19.4	29.0	3.6	0.7	
2008	–0.4	16.8	23.6	1.6	0.3	24.0
2009	–2.3	17.4	22.4	10.7	2.4	
2010	–1.7	16.5	21.6	10.8	2.4	15.6
2011	–1.1	14.9	20.5	15.7	3.5	
2012	–1.6	14.5	18.9	12.8	3.0	
2013	–1.9	14.8	18.6	14.4	3.4	
2014	–1.8	15.0	18.9	13.9	3.3	
2015	–3.4	15.8	19.3	12.0	3.1	

资料来源：各年《中国统计年鉴》，《中央和地方预算报告》

（三）国债应债能力与偿债能力的综合

总的来看，对我国国债规模的判断存在着相互矛盾的结论，即应债能力强，偿债能力弱[①]。这主要因为应债能力指标是以经济与金融总量为基础进行衡量的，而偿债能力指标则是以财政收支为基础衡量的。从经济总量角度考虑，我国国债规模不大，而从财

① 尽管近年来我国中央财政债务依存度有所改善，但是，中央财政支出仍需大量依靠发行国债，潜在风险仍然很大。所以，我国总体偿债能力仍然较弱

政收支角度分析，我国国债规模又显得过大。那么，到底应该依据哪类标准对国债规模进行考察呢？偿债率和债务依存度对于分析一国财政本身的状况是有意义的，对于约束政府财政收支行为，合理安排债务期限结构均是重要依据。但是，用以判断一国债务规模及考察债务对整个宏观经济运行的影响，则不能作为主要依据。[①]原因在于，对一个国家债务规模的评价，应以其经济基础和经济实力为依据，而不应局限于财政收支能力。只要这个国家经济基础足够雄厚，能够使人相信在未来它有能力偿还债务，它就可以通过不断发新债还旧债的方式扩大债务规模。当然，这必须有一个前提，即这个国家的经济增长水平较高，且具有充足的发展潜力，民众对政府的信心指数高。这些条件我国都具备，并将长期具备。所以，我们可以更多地运用经济总量指标考察国债负担能力。

如前所述，分析我国国债经济负担时，还须考虑银行不良资产等隐性及或有因素的影响。我国国有商业银行不良资产的形成很大程度上受到政策性和体制性因素影响，银行实际承担了财政的部分职能。因此，银行不良资产化解的最终责任者只能是政府，也就是说很大程度上要依赖政府出资为银行弥补资产损失，补充资本金。这些银行不良资产已经成为政府的负担，在紧急情况下，政府只能通过发债的形式筹措资金，以缓解可能出现的金融危机。因此，对国债规模的判断必须充分考虑庞大的银行不良资产的因素。可以说银行不良资产的规模制约和削弱了财政为其他公共消费和投资支出继续扩大债务规模的可能性。国际经验表明，银行不良资产占总贷款的比例在10%以内，银行体系是比较稳健的。如果加入银行不良资产因素，我国扩大的国债负担率就将超过实际国债负担率，并呈现快速上升的趋势。另外，完善社会保障制度、补充社会保险基金的历史欠账也在一定程度上需要财政出资解决，尽管这部分基金可以通过增加税收或是出售国有资产的方式筹资，但最终仍将存在一定的资金缺口，需要通过财政发债解决。如果再加上这部分债务负担，则扩大的国债负担率将接近甚至超过60%的国际警戒标准。

总之，我国未来的国债规模要与我国的经济发展与金融发展实际相结合，要在经济发展的基础上适当扩大国债发行。同时还要考虑到国债发行作为金融保险制度和其他社会保险制度重要组成部分的重要性和制约性，所以，中央政府为消费性或投资性用途扩大债务规模必须有所限制。从后一种意义讲，国债发行具有极为重要的金融稳定和社会稳定的作用。我国债务规模的形成过程中，债务规模＝财政赤字＋应付本息。本息支付是刚性的，必须支付的。对债务规模影响最大的是财政赤字，所以，控制债务规模的最主要的方式是限制财政赤字的过快增长；同时，还要不断优化国债结构，提高国债使用效益，谨防债务危机的发生。一是调整国债的期限结构，适当增加短期和长期国债的比例，从而为中央银行公开市场业务提供调节货币流动、稳定通货的工具，为公共事业发展筹措长期资金。二是进一步优化国债品种结构，增加建设债券、可转换债券、储蓄债券等债券品种，以适应居民不同的投资需求。三是优化国债使用结构，提高债务支出用于经济建设方面的投资比例，减少用于弥补非生产性赤字的比例。

二、国债可持续性的基本模式

国债的经济负担是评价国债政策可能性与衡量财政风险状况的重要方面。上文分析

① 程选：《某些债务“控制指标”适用性分析》，《宏观经济研究》，1999年第6期，第53-55页

表明，国债的经济负担很难由赤字率、国债负担率、国债依存度、国债偿债率等指标的大小决定，设立警戒线的方法也不太准确。因此，我们只有换一种思维方式，即以国债政策可持续性为目标考察国债的经济负担，寻求国债相对规模的稳定发展模式及其实现这一模式的基本条件。这一问题包含两个层面的内容：其一，国债的可支付性研究。即要保持当前政府资产净值大于零，就要求未来各年的赤字率必须达到某一目标。以实际值与目标值相比较，可以看出目前国债实际运行模式与可持续性运行模式的差距，并根据这种差距确定财政调整的方向与幅度。其二，国债的负担率研究。主要分析国债负担率的合理、适度标准，用实际情况与合理标准相对照，确定现有国债政策的可持续性。

（一）国债可支付性

1. 从资产净值角度分析国债可支付性

在企业融资理论中，如果企业的净值（资产减去负债）为负数则表明该企业无支付能力。与企业部门一样，政府资产净值提供了一个衡量政府债务支付能力（可持续性）的尺度，我们也就可以运用这一尺度判定国债的可持续性及财政风险状况。当政府资产净值为负数时，意味着政府出现了净负债，此时政府失去了债务支付能力，如果不增加其资产，政府将不能满足偿还当前的契约债务的责任。但是，与企业部门不同的是，政府还拥有一项独特的资产项目或者资产获得能力，也就是各年政府的基本预算余额（不包括利息支付的经常性收支差额），这是政府为实现其公共职能而获得的一种强制性资产权力。因此，各年的基本预算余额的贴现值也应该纳入政府的资产负债表。当贴现值为正数时，表现为政府资产增加，贴现值为负数时，表现为政府资产减少。对于政府部门来讲，债务的可支付性也就意味着基本预算余额的贴现值之和至少能够抵补当前政府净负债，而使政府资产净值（不包括基本收支的贴现值）大于零。期初政府资产净值可以表示为

$$B_0=\frac{S_1}{1+r}+\frac{S_2}{(1+r)^2}+\frac{S_3}{(1+r)^3}+\cdots+\frac{S_n}{(1+r)^n} \tag{13-1}$$

其中，B_0 为期初政府资产净值，当净值为负数时则为净负债。对于大多数政府来讲，B_0 表现为净负债；S_n 为第 n 期预算基本余额（不包括利息支付）；r 为国债贴现率。若将式（13-1）两边分别除以 Y_0（Y_0 为期初的 GDP），且假设各期盈余（赤字）率相等，则期初政府净值率或净债务负担率可以表示为

$$\frac{B_0}{Y_0}=\frac{s(1+g)}{1+r}+\frac{s(1+g)^2}{(1+r)^2}+\frac{s(1+g)^3}{(1+r)^3}+\cdots+\frac{s(1+g)^n}{(1+r)^n}$$
$$=\sum_{n=1}^{\infty}\frac{s(1+g)^n}{(1+r)^n}$$
$$\therefore\quad s=\frac{B_0}{Y_0}\times\left(1/\sum_{n=1}^{\infty}\frac{(1+g)^n}{(1+r)^n}\right) \tag{13-2}$$

式（13-2）中存在一个等比无穷级数，根据相关公式[①]，赤字（盈余）率的目标值 s^*

① 当$|x|<1$时，无穷级数 $PV=a(1+x+x^2+\cdots)=a/(1-x)$，假设其中，$a=1/(1+r)$，$x=(1+g)/(1+r)$，则 $PV=1/(r-g)$

可以表示为式（13-3）：

$$s^* = \frac{B_0}{Y_0} \times \frac{(r-g)}{(1+g)} \tag{13-3}$$

式中，s^*就是政府部门债务可支付性目标。当政府净值为正数时，只要实际赤字率小于可支付性目标 s^*，则政府具有债务支付能力，公共部门没有风险；当政府出现净债务时，如果实际盈余率大于可支付性目标 s^*，则政府债务也可以实现持续发展，财政风险也处于可控制范围之内。例如，如果期初政府净债务负担率为 0.2，利率与 GDP 增长率的差额为 0.03，GDP 增长率为 0.05，则公共部门可支付性指数 s^*就等于 0.006，也就是说，只要未来各年预算盈余率达到 0.6%以上，就可以保持国债的可支付性，也就可以保持国债的可持续性发展。

从理论模式上讲，运用资产–负债方法判定政府国债的可持续性及财政风险状况有其合理性和科学性，但是由于此种方法需要大量的信息资料和定性分析，实践中较难操作。张春霖①依据国际货币基金组织的基本方法，确定了政府的资产负债表的主要项目，如表 13-4 所示。可以看出，表中所列的许多项目都缺乏准确的计算标准和方法，例如，政府资产中的国有非生产性资产的市场价值、国有土地使用权的市场价值及国有部门对非国有部门的其他索取权，政府负债中的养老金债务等隐性及或有债务的评估都非常困难。第一，某些资产项目数量究竟有多少，不仅取决于人们对其范围的界定，还受到统计数据来源不一致的影响，不同的人可能得出不同的结果。市场供求关系的变化也会影响资产价值的评价。第二，隐性及或有债务与财政直接举借的债务有着本质的不同，它不是财政自身运行造成的，而是经济生活中各种矛盾的综合反映。隐性及或有债务既不是必须由财政来负担，也不是全部由财政来偿还，更不是马上要求由财政来支付，究竟有多少可能转化为政府的现实负担难以确定。这就决定了从资产净值角度分析国债可支付性方法的局限性。

表 13-4　公共部门资产负债表

资产	负债和政府净值
（1）非债务收入的筹资能力（税收等未来收入流折现）	（1）非债务支出义务（包括未来年份为解决失业、环境等问题所需要的开支）
（2）国有企业净值	（2）国有金融机构不良资产市价与面值的差额
（3）国有金融机构净值	（3）养老金债务
（4）国有非生产性资产的市场价值	（4）国债余额
（5）国有土地使用权的市场价值	（5）外债余额
（6）国有部门对非国有部门的其他索取权	（6）非国有部门对国有部门的其他索取权
（7）外汇储备存量	（7）政府净值

资料来源：张春霖，《如何评估我国政府债务的可持续性？》，《经济研究》，2000 年第 2 期，第 66-71 页

世界上有少数国家编制并公开发布政府的资产负债情况，新西兰是其中之一。新西兰 1994 年通过的财政责任法鼓励谨慎的财政政策。责任法规定的财政政策责任包括

① 张春霖：《如何评估我国政府债务的可持续性？》，《经济研究》，2000 年第 2 期，第 66-71 页

通过实现操作预算盈余，使政府债务达到“谨慎水平”；在合理期限内，一旦预算平衡达到了这个目标，则应争取并保持适当水平的政府净财富，以抵御未来可能出现的不利情况。政府已经制定了短期债务水平低于 GDP 30%和长期债务低于 GDP 20%的公共债务目标。允许政府临时偏离这些目标，但是要解释原因及制定如何及时扭转偏差的计划。财政责任法保证了政府的财政状况的任何变化都能迅速传达给公众，包括金融市场，增强了新西兰政府决策的财政透明度。因而，形成了较为充分有效的财政外部监督机制，为政府债务的可持续发展创造了条件。（表 13-5）是新西兰的国家平衡表。可以看出，当时，新西兰政府的资产远远大于其负债，且净值还将不断增加，政府债务的可持续性较强。

表 13-5 新西兰的国家平衡表 单位：百万新西兰元

项目	2001 年	2002 年	2003 年
资产			
现金	1 187	1 136	1 088
证券、存款及不动产投资	16 616	18 134	19 156
贷款	4 326	5 066	5 778
应收票据	7 629	8 723	8 855
存货	671	844	821
其他投资	281	306	397
产权、厂房、设备	45 875	48 494	49 544
森林	380	380	380
无形资产	168	752	679
其他	—	—	220
总资产	77 133	83 835	86 918
负债			
应付和坏账准备	9 359	9 855	9 831
主权借款	29 090	30 476	31 348
非主权借款	5 562	7 147	6 811
其他负债	7 141	7 500	7 806
养老金负债	11 979	11 702	11 659
货币发行	2 539	2 937	2 937
总负债	65 670	69 617	70 392
净值	11 463	14 218	16 526

资料来源：New Zealand,The Treasury,Economic and Fiscal Update

注：2002 年、2003 年为预计数

2. 从基本融资方式分析国债的可支付性

国债增加所依赖的融资方式主要有国内债务、国外债务及货币化融资，因此，国债政策可支付性的判定也可以从上述三方面加以讨论。财政预算约束模型①可以用式(13-4)表示：

$$\text{Pb}+iD+Ei\cdot D^{*}=\Delta D+E\Delta D+\Delta M \tag{13-4}$$

其中，Pb 为财政基本赤字余额；i 为国内债务名义利率；D 为公共部门国内债务；E 为名义汇率；i^{*}为国外债务名义利率；D^{*}为公共部门国外债务；ΔD 和 $E\Delta D$ 分别为国内外债务增加量；ΔM 为基础货币增加量。

将式（13-4）两边分别除以价格 P，从而将各指标转换为实际量，分别用小写字母表示。定义 $d=D/P$，$d^{*}=ED^{*}/P$，则有 $\Delta D/P=\Delta d+dp$ 和 $E\Delta D^{*}/P=\Delta d^{*}-d^{*}(e-p^{*})$，其中，$e-p^{*}$是实际汇率变动。则式（13-4）可以表示为

$$\text{pb}+rd+d^{*}(r^{*}+e)=\Delta d+\Delta d^{*}+m(p+g)$$

其中，$r=i-p$；g 为经济增长率；e 为汇率变动。

将上式除以 y（实际收入），则有

$$\text{pb}/y+rd/y+(d^{*}/y)(r^{*}+e)=\Delta d/y+\Delta d^{*}/y+(m/y)(p+g)$$

定义 $\beta=d/y$，$\beta^{*}=d^{*}/x$ ，则有

$$\text{pb}/y+r\beta+(x/y)\ \beta^{*}(r^{*}+e)=\Delta\ \beta+\beta g+\beta^{*}+\beta^{*}x'+(m/y)(p+g)$$

其中，x'为出口增长率。

根据货币数量论：$Mv=Py$ ，则有

$$\text{pb}/y=(d/y)(g-r)+(x/y)(d^{*}/x)(x'-r^{*}-e)+1/v(p+g) \tag{13-5}$$

式（13-5）显示的是政府预算约束的基本即时变动状态（snapshot），这一约束条件取决于以下因素：国内及国外债务负担率 d/y 和 d^{*}/x，实际利率及实际经济增长率 r 和 g，出口比率 x/y，出口增长率 x'，实际国际市场利率 r^{*}，实际汇率变动 e，货币流动速度的倒数为 $1/v$，通货膨胀率为 p。

如果定义 $s^{**}=-\text{pb}/y$ 为实现国债可持续性所要求的基本赤字（盈余）率目标，则有

$$s^{**}=(d/y)(r-g)+(x/y)(d^{*}/x)(r^{*}+e-x')-1/v(p+g) \tag{13-6}$$

式（13-6）表明：政府部门的赤字（盈余）率取决于以下几方面的因素：经济增长率与国债利率的差额，出口增长与国际真实利率和变动之间的比较，货币的经济和通货膨胀发行，内债及外债余额基数。以可持续方式弥补基本赤字的三种条件是，收入增长率大于内债利率，出口增长率大于国际市场利率与货币贬值之和，以及保持一定的基础货币融资规模。实际赤字率只要不高于可支付性指数 s^{**}，则国债的可支付性就可以保证。在考虑赤字货币化融资的情况下，国债可支付性指数可能会放大，这是由货币流动速度下降及通

① 根据世界银行专家 Hinh T. Dinh 的财政可持续性模型构造，见 Fiscal Solvency and Sustainability in Economic Management，10-12，Policy Research Working Paper 2213，The World Bank，October 1999

货膨胀加剧带来的影响，这两种情况都可能带来基础货币发行，从而使政府可以通过一定数量的铸币税收入为赤字融资。政府最多可以得到多少铸币税收入呢？经济学家指出，从历史记录来看，工业化国家平均在 GDP 的 1%，发展中经济在 GDP 的 2.5%以下。由于存在基础货币融资的可能性，为赤字融资存在债务化和货币化两种方式，赤字增加不一定反映为政府债务增加，政府可以实施更加积极的赤字政策，而不会影响国债的可支付性。

（二）国债的负担率

国债负担率是指国债余额占 GDP 的比例，该指标反映了国家债务的相对规模，是衡量国债风险情况的基本指标。到目前为止，国内外经济理论及实践经验并未对国债规模的合理界线作出明确和科学的解释。即使是欧盟国家签署的《马斯特里赫特条约》中规定的国债负担率 60%、赤字率 3%的国债规模安全线也只是考虑欧盟国家具体情况后的一个可能达到的标准。如果其他国家国债规模合理性的判定只是比照这一标准，则有生搬硬套之嫌。但是，我们仍然可以运用国债负担率指标对国债规模的合理性及国债政策的风险性进行分析。方法之一是以国债负担率的稳定甚至下降为基本目标，探讨实现这一目标的基本条件；方法之二是结合国际经验，寻求国债负担率的合理变动轨迹。

1. 合理国债负担率的形成条件

各年国债余额公式可以通过以下公式推导：

当年国债余额 = 上年国债余额 + 新增国债 – 当年国债还本额

因为，新增国债 = 基本赤字 + 国债还本额 + 国债付息额

所以，当年国债余额 = 上年国债余额 + 基本赤字 + 国债付息额

= 上年国债余额 + 基本赤字 + 上年国债余额 × 利息率

= 基本赤字 + 上年国债余额 ×（1 + 利息率）

假设国债余额为 D，国民收入为 Y，实际经济增长率为 g，实际利率为 r，赤字率为 a。经济增长率、利率及赤字率保持不变，则各期国债余额可以表示为

$$D_0=aY_0$$

$$D_1=aY_1+D_0(1+r)=aY_0(1+g)+aY_0(1+r)=aY_0[(1+g)+(1+r)]$$

$$D_2=aY_2+D_1(1+r)=aY_0(1+g)^2+aY_0(1+r)[(1+g)+(1+r)]$$

$$=aY_0[(1+g)^2+(1+r)(1+g)+(1+r)^2]$$

$$D_3=aY_3+D_2(1+r)$$

$$=aY_0(1+g)^3+aY_0[(1+g)^2(1+r)+(1+r)^2(1+g)+(1+r)^3]$$

$$=aY_0[(1+g)^3+(1+g)^2(1+r)+(1+r)^2(1+g)+(1+r)^3]$$

……

∴当 $r\neq g$ 时：

$$\begin{aligned}D_n &= aY_n + D_{n-1}(1+r) = aY_0\sum_{i=0}^{n}(1+g)^i(1+r)^{n-i}\\ &= aY_0 \times \frac{(1+r)^{n+1}-(1+g)^{n+1}}{r-g}\end{aligned} \quad (13\text{-}7)$$

∴当 $r=g$ 时：

$$D_n = aY_0 \times (n+1)(1+g)^n \qquad (13\text{-}8)$$

由式（13-7）及式（13-8）可以得出以下结论：

当 $r \neq g$ 时，若 $n \to +\infty$，则 $D_n \to +\infty$；当 $r=g$ 时，若 $n \to +\infty$，则亦有 $D_n \to +\infty$。

这说明只要保持一定的赤字水平，赤字及利息的滚动增加必然导致国债总规模的不断增加，而且，随着时间的增加，国债规模趋于无穷大。此时，国债规模的扩大趋势与经济增长及利率变化没有关系。

再来分析国债余额增量的变化趋势。国债余额增量可以写为式（13-9）：

$$\Delta D_n = D_n - D_{n-1} = aY_0 \times \frac{(1+r)^{n+1} - (1+g)^{n+1} - (1+r)^n + (1+g)^n}{r-g} \qquad (13\text{-}9)$$

在式（13-9）中，当 $r \neq g$ 时，

$$\Delta D_n = aY_0 \times \frac{r(1+r)^n - g(1+g)^n}{r-g} \qquad \text{若 } n \to +\infty,\ D_n \to +\infty$$

当 $r=g$ 时，

$$\Delta D_n = aY_0 \times \frac{ng(1+g)^n}{1+g} + aY_0(1+g)^n \qquad \text{若 } n \to +\infty,\ D_n \to +\infty$$

这说明，当保持一定的赤字水平时，各期国债余额的增加量不会收敛于特定数值，且当时期足够长时，国债余额的增加量也会趋于无穷大。

现在我们进一步考察国债负担率（国债余额占 GDP 的比例）的变化规律。第 n 期的国债负担率如下所示：

$$\begin{aligned}\frac{D_n}{Y_n} &= aY_0 \times \frac{(1+r)^{n+1} - (1+g)^{n+1}}{(r-g) \times Y_0(1+g)^n} = a \times \frac{(1+r)^{n+1} - (1+g)^{n+1}}{(r-g)(1+g)^n} \\ &= a \times \frac{(1+r)[(1+r)/(1+g)]^n - (1+g)}{r-g}\end{aligned} \qquad (13\text{-}10)$$

在式（13-10）中，当 $r>g$ 时，若 $n \to +\infty$，$D_n/Y_n \to +\infty$；当 $r=g$ 时，根据式（13-8），若 $n \to +\infty$，有 $D_n/Y_n = a(n+1) \to +\infty$；当 $r<g$ 时，$D_n/Y_n \to [a(1+g)]/(g-r)$。

由此可见，第一，如果国债利率水平长期高于或等于经济增长率时，国债负担率都会趋向于无穷大；第二，当国债利率超过经济增长率，国债增长将快于经济增长，除非政府有基本盈余出现。利率与经济增长率之间的差距越大，则需要越多的基本盈余来稳定国债负担率；第三，只有当经济增长率大于国债利率水平的情况下，国债负担率才会逐步收敛，趋近于一个特定的值 $[a(1+g)]/(g-r)$。如果经济增长率大于国债利率水平的程度越大，则国债负担率收敛越快，反之，则越慢；第四，在经济增长率大于国债利率水平的情况下，赤字率越高，则国债负担率的极限值越大，反之，则越小；第五，在经济增长率大于利率水平的情况下，如果经济增长率与利率的差距越大，则国债负担率的极限值越小，反之，则越大。我们可以用图 13-1 表示当经济增长率大于利率时，国债负担率的变化状况。

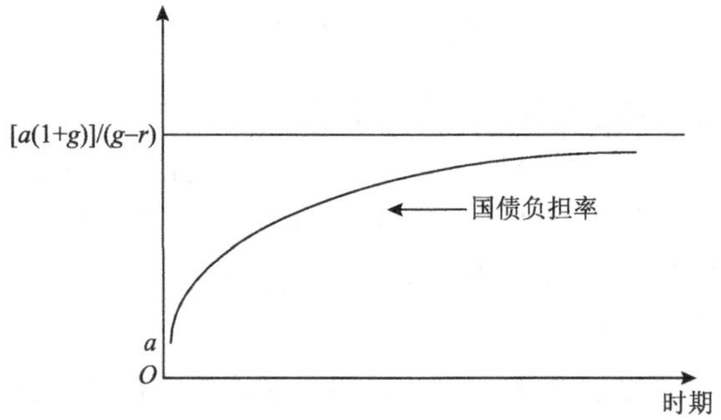

图 13-1 经济增长率大于利率时，国债负担率的变化状况

我们还可以测算当经济增长率大于利率时，国债负担率的极限值。若设赤字率 a 处于 0.01～0.05，经济增长率 g=0.08，$g-r$ 处于 0.01～0.05，则相关条件下国债负担率如表 13-6 所示。

表 13-6 相关条件下的国债负担率

$g-r$	a				
	0.05	0.04	0.03	0.02	0.01
0.05	1.08	0.86	0.65	0.43	0.22
0.04	1.35	1.08	0.81	0.54	0.27
0.03	1.80	1.44	1.08	0.72	0.36
0.02	2.70	2.16	1.62	1.08	0.54
0.01	5.40	4.32	3.24	2.16	1.08

由表 13-6 可以看出，当赤字率较低，而经济增长率与利率的差额较大时，国债负担率的极限值较小，反之，则较大。在赤字率为 0.01，经济增长率与利率的差额为 0.05 时，国债负担率极限值只有 0.22，而当经济增长率与利率的差额缩小为 0.01 时，国债负担率极限值则迅速上升为 1.08。上述分析表明，在遵循相关约束条件的情况下，国债相对规模是可控制的。也就是说，只要尽量选择表 13-6 中矩形对角线的右上方的政策组合——较高的经济增长率与利率的差额及较低的赤字率，国债相对规模的发展就会局限在一个相对较低的水平上。但是，必须注意的是：经济增长率长期高于利率水平是较难达到的，在某些发展中国家出现的在较长时期内增长率高于利率的情况则可能是金融压抑的结果，并不符合资金配置的效率原则，因而不应该成为一个长久现象。所以，尽管我们可以寄希望于尽可能提高经济增长率和降低市场利率的政策调整，但是，当经济高速增长的动因削弱而利率逐步趋向于市场化，则会迅速放大目前已经形成的债务负担。因此，虽然降低利率和加快经济增长会降低国债负担率，但是大多数的调整只是出现在更大的基本盈余的情况下。

2. 保证国债合理负担率的政策调整

本部分主要探讨在已知债务动态变化的前提下，要保持本期国债比率与上期国债比率不变时，需要进行多大的财政调整才能保障国债负担的合理性，继续探讨国债政策可持续性的基本条件和相关特征，并对国债规模与经济增长率、利率等变量的相互关系进行多种政策模拟。假设 d 是债务负担率，Δd 是指与前期的变化，g 为实际经济增长率，r 为实际利率，a 为赤字率。则债务动态增加由公式 $\Delta d=[(r-g)/(1+g)]\times d_{-1}+a$ 表示，推导过程如下：

$$
\begin{aligned}
\Delta d &= \frac{D_{n+1}}{Y_{n+1}} - \frac{D_n}{Y_n} = \frac{D_n + rD_n + aY_n(1+g)}{Y_n(1+g)} - \frac{D_n}{Y_n} \\
&= \frac{D_n + rD_n + aY_n + aY_n g - D_n - gD_n}{Y_n(1+g)} = \frac{(r-g)D_n + aY_n(1+g)}{Y_n(1+g)} \\
&= d_n \times [(r-g)/(1+g)] + a
\end{aligned}
$$

$$\therefore \Delta d=[(r-g)/(1+g)]\times d_{-1}+a \tag{13-11}$$

$$\therefore d=d_{-1}+ d_{-1}\times[(r-g)/(1+g)]+a \tag{13-12}$$

国债政策可持续性的简单分析，要求国债负担率保持不变，则有 $d=d_{-1}$，

$$\therefore a = -d_{-1}\times[(r-g)/(1+g)] \tag{13-13}$$

根据式（13-13），如果期初国债负担率为 0.6，折扣率[①]为 0.05，经济增长率为 0.05，则国债可持续性指数 a 等于–0.028。也就是说预算盈余率必须保持在 0.028 以上才可能保证国债负担率稳定甚至下降。

根据式（13-11）或式（13-12）还可以得出以下结论。

第一，在没有基本赤字（$a=0$）的情况下，如果折扣率越高，即利率 r 高于 GDP 增长率 g，则国债负担率就会提高；但是，如果有基本盈余（$a<0$），则利率高于 GDP 增长率时，国债负担率也可能出现下降；折扣率越高，就需要越多的预算盈余来保持国债负担率的稳定。

第二，同理，在没有基本赤字（$a=0$）的情况下，如果 GDP 增长率高于利率，那么国债负担率就将降低；但是，如果有基本赤字（$a>0$），则即使 GDP 增长率高于利率时，国债负担率也可能出现上升；GDP 增长率高于利率越多，即使有较大规模的预算赤字也可以保持国债负担率的稳定。

第三，由此，长期维持基本赤字会导致国债负担迅速增加。如果此时经济增长水平高于利率水平，将使国债负担率增加的幅度放缓，经济增长率高于利率水平越多，国债负担率增加的幅度越小。经济增长率高于利率水平是评价国债可持续性和降低财政风险的重要标准。

第四，通过式（13-12）可以计算在特定利率和经济增长率条件下，国债负担率的发展趋势。例如，若设期初国债负担率为 0.2，赤字率为 0.03，利率为 0.04，GDP 增长率为 0.08，则第 5 年国债负担率为 0.212，第 10 年为 0.220，第 50 年达到 0.717。如表 13-7 所示。

---

① 折扣率等于长期利率减去经济增长率

表 13-7 国债负担率变化值

年份	国债负担率	年份	国债负担率
期初	0.200	第 10 年	0.392
第 1 年	0.223	第 15 年	0.463
第 2 年	0.244	第 20 年	0.523
第 3 年	0.265	第 30 年	0.613
第 4 年	0.285	第 40 年	0.675
第 5 年	0.305	第 50 年	0.717

第五，可以用式（13-12）计算要保持某一国债负担率水平时，所要求的赤字（盈余）水平。因为，赤字水平 $a= d_{n+1}-d_n- d_n\times[(r-g)/(1+g)]$，所以，若设期初国债负担率为 0.3，赤字率为 0.03，利率为 0.04，GDP 增长率为 0.08，如果要求第 5 年国债负担率平均下降到 0.20，则各年平均盈余率为 0.01，如果要求第 5 年国债负担率平均上升到 0.35，则各年平均赤字率为 0.022。具体结果如表 13-8 所示。

表 13-8 根据国债负担率的调整目标所需要达到的赤字（盈余）水平

5 年之后	国债负担率	平均赤字率
平均降到	0.10	0.032
平均降到	0.15	0.021
平均降到	0.20	0.010
平均升到	0.35	–0.022
平均升到	0.40	–0.033
平均升到	0.50	–0.054

注：表中赤字为–，盈余为 +

第六，运用式（13-12）还可以计算在保持一定财政盈余率的前提下，把目前的国债负担率降低到某一目标值所需要的时间。若期初国债负担率为 0.5，财政盈余率为 0.01，利率为 0.04，GDP 增长率为 0.08，则要把国债负担率降到 0.2 需要 13 年。

第七，国债的增加（国债负担率上升）是否存在一个危险的标志呢？从式（13-11）可以看出，如果利率 r 达到较高水平，那么国债负担率的增加将是非常迅速的。例如，若设期初国债负担率为 0.2，赤字率为 0.03，GDP 增长率为 0.08，当利率为 0.02，国债负担率要达到 0.40 需要 16 年，而当利率上升到 0.04 和 0.06 时，国债负担率要达到 0.40 只需要 11 年和 8 年了。而利率的增加表明债务风险加大，如果以较高的利率代价仍然无法融资的话，债务的延期、拖欠甚至财政破产就会产生。

三、控制国债风险

尽管经济发展是减轻国债经济负担、实现国债可持续发展的最佳方式；但是，赤字与国债规模控制仍然具有重要的意义。这是因为，第一，国债不具有无限扩张的能力，要与经济发展水平相一致，经济保持长期、稳定增长的可能性较小，经济的波动及经济增长的趋势性下降，都会使原有国债规模迅速膨胀；第二，一切经济风险（危机）最终都将表现为财政风险（危机），而财政风险（危机）最终又将表现为债务风险（危机）。财政是一切经济（金融）风险的最后屏障，而国债是防范经济（金融）风险最有效的政策工具。因此，国债规模必须得到有效控制，为未来经济的稳定发展提供保障。

（一）加强对国债风险的监测与管理

决定国债规模及其增长的几个主要因素是：赤字率、经济增长率、利率和通货膨胀率。赤字率越高、经济增长率越低、利率水平和通货膨胀水平越高，越容易导致国债规模膨胀及债务风险发生。因此，首先要有效控制预算赤字，使国债规模得到有效控制。赤字率不宜长期保持高水平，政府主动性、扩张性的赤字政策应当适可而止，不应产生对这一政策的长期依赖性。当经济出现好转时，就应及时调整财政政策方向，实现预算平衡或盈余。在赤字率保持稳定的情况下，如果利率高于经济增长率，利息负担的增长速度就会超过 GDP 的增长速度，债务率就不能得到有效控制。因此，实现经济增长率尽量多地高于利率水平是控制国债规模不合理扩张的重要途径。通货膨胀水平提高会造成利率上升，从而增加国债的筹资成本，增加国家债务负担，所以，也应保持较高经济增长率与较低通货膨胀率的差距。有学者[①]以《马斯特里赫特条约》关于欧盟国家经济增长对通货膨胀的目标比（2%∶3%）为参照，认为我国未来经济增长对通货膨胀的比有条件达到 7%∶3%，我国的目标值是欧盟国家的 3.5 倍，因此，更有条件维持国债规模的合理性，实现可持续性的财政政策。

除去对国债风险进行统计监测以外，我们还需要加强对国债的债务监管。目前，我国仍然没有一个统一的、权威的政府债务统计部门，也未建立一个完整的政府债务统计指标体系。因此，只能依靠民间的研究力量对政府债务状况进行分析判断。由于没有一个权威机构能够发布准确的信息，决策者和民众不了解我国的债务负担状况，从而造成了信息上的混乱和盲目，不利于管理部门及时预警和应对潜在的债务风险。应建立统一、规范的监督管理机构，并在法律上明确相关机构的职能和法律地位，对以下部门和机构的债务实施监管，即财政部门代表国家所借的债，政府其他部门所借的债，政府部门下属的公共事业单位借债，全资国有企业借债。应在中央及一些省市设专门的、全口径的债务监控机构，定期公布政府负债的状况和债务类别、还款基金筹集及还款进度情况、借款所建工程进度和效益的状况、借债责任人承担的责任等，中央也应当有相应的指标考核。

（二）加强国债发行与市场管理

长期以来，我国国债基本上是以 3～5 年期的中期国债为主，缺乏期限超过 10 年的长期国债和期限在 1 年以内的短期国债，中期国债的期限结构又比较单一，使得国债期限结构缺乏均衡合理的分布。这种单一的期限结构，使国债严重缺乏选择性，很难满足投资者对金融资产期限多样化的需求，从而大大缩小了国债的发行范围，同时还造成国债发行规模增加过快。不仅如此，由于国债期限不稳定，多年来又呈逐年下降趋势，再

① 刘迎秋：《论中国现阶段的赤字率和债务率及其警戒线》，《经济研究》，2001 年第 8 期，第 3-14 页

加上付息方式过于单调，债务偿付年度不均，导致国债集中到期，形成偿债高峰，加重还本付息的负担和压力。目前，应当增加短期国债的发行，并逐步实现发行制度化、周期化。同时，为了满足重点建设资金的需要，也为了满足部分投资者获取稳定投资收益的需要，长期国债的比例需适当提高。尤其是在目前银行利率水平很低的情况下，发行长期国债可以降低国债筹资总成本，分散债务还本付息的压力，避免形成过于集中的偿债高峰。

国债的所有者结构对国债的发行和交易市场发展影响很大。个人投资者追求的是国债票面直接利息收入，往往希望票面利率越高越好，客观上加大了国家的筹资成本。而机构投资者注重在国债市场上的买入和卖出，追求的是资本收益。机构投资者持有国债，减少了国债销售环节，有助于降低发行成本。在国债市场较发达的国家，国债持有者通常以专业结构、政府部门为主，个人持有国债的比例较低。美国个人持有的国债比例仅为10%左右，日本也不超过30%。长期以来，我国国债持有者主要是个人投资者，个人投资者持有国债比例在60%以上，近年来，金融机构和基金持有比例才有所上升。这种国债持有者结构，在相当长时期制约了我国国债市场的规范和发展。因此，要大力培育机构投资者，允许国外投资者购买一定比例的国债，促进国债基金的发展，使之成为国债市场上的主力，成为稳定债市、调节供求的重要投资主体之一。

（三）完善财政支出政策

财政支出政策是国家宏观调控的一个重要手段，实施有效和合理的支出政策，无疑也是控制赤字和债务的重要一环。首先，要合理确定财政支出占 GDP 的比例，使财政支出增长与经济增长大致同步，或者财政支出增长略快于经济增长，以防止财政支出增长过分超前于经济增长。其次，要按照公共财政的要求，合理确定财政支出范围，把财政支出限制在能够提供公共服务和公用设施的领域与事务中来，以维持国家政权的正常运转，保持社会与经济的稳定发展。财政应尽快、尽早从一般竞争性领域中退出，政府投资资金主要应用于公益事业和公共基础设施建设，支持不发达地区的经济发展，以及政府需要支持的技术进步和高技术产业化领域。再次，随着市场经济的推进和经济的发展，财政需要着力强化那些代表社会共同利益和长远利益的社会公共性开支，保证科技、教育、卫生经费的增长高于财政经常性收入增长。最后，无论是从宏观经济管理角度，还是从体制改革方面，财政支出都应更大幅度地转向建立与完善社会保障制度方面来。要保证国有企业下岗职工基本生活费和离退休人员基本养老金的按时足额发放。提高养老保险和其他社会保障制度的覆盖面，弥补养老金社会统筹基金的缺口。

在明确政府职能的前提下，继续大力推进政府机构改革，大幅度压缩行政事业机构，精简行政机关人员，削减集团消费性支出。截至2015年底，全国共有公务员716.7万人。根据财政部《2009年地方财政统计资料》的数据，到2009年底，全国不包括中央的地方财政供养人口为5392.6万人。除此之外，我国还存在大量准财政供养人员，全部加起来保守数据是7000万人，到2015年底，财政供养人数至少有8000万人。[①]财政供养规模的快速增长也令人担忧，由于在职和离退休人员的迅速增加，1998～2009年，我国财

---

① 蔡慎坤：《真实财政供养人数是多少？》，http://help.3g.163.com/16/0624/14，2016年6月24日

政供养规模增加了1550万人，年均增加141万人。[①]财政供养人口规模庞大带来了高昂的行政成本和管理费用，加大了财政负担，扩大了收支缺口。因此，要继续推进地方政府的机构改革，加快推进事业单位体制改革。

深化"收支两条线"管理改革，是构建公共财政框架的重要内容，是整顿和规范财经秩序、推进廉政建设的重大措施。要稳步推进预算改革，部门的预算外收入应全部纳入预算管理，收支不挂钩，支出要透明。要合理核定各部门支出标准，财政部门按标准及时足额供给经费。为此，要严格按照《预算法》的规定和各级人代会批准的预算办事。经过法定程序审批的政府预算，具有法律效力，是规范支出管理的最重要的法律依据，各级政府和财政部门必须严格按预算程序办事，预算一旦通过，任何人都不能追加和变更预算，损害预算的权威性和严肃性。要加强财政执法检查力度，对违反财政法规、浪费国家资财的行为必须从严惩处，维护法律和法规的尊严。按照国际通行标准建立政府采购制度，通过公开招标将市场交易机制引入政府行为活动中，为所有投标者提供公平竞争的机会，从而使政府机构利用购买量大的优势取得优惠价格，节约公共支出，减少由制度不透明造成的腐败现象发生，提高政府部门及人员的廉洁性。

第二节　地方政府债务风险

地方政府的建设性资本支出一般通过自有资金、上级政府拨款和举债三种方式融通资金，举债是非常重要的融资形式。但是，如果地方政府举债规模超出了当地财力可承受的范围，就会由此产生债务风险问题。

一、债务规模

（一）历史情况

我国地方政府债务有多少是一个很难讲清楚的问题。这一方面是由于长期以来法律规定地方政府不允许发债或向银行借款，只能通过一些变通的、非正规渠道和方式融资，在地方政府预算中反映不出来，使人们无法客观、真实地了解地方政府债务规模；另一方面是由于地方政府自身不愿意上级政府或公众了解相关债务情况，财政信息不公开、不透明，使人们很难获得准确、可靠的背景资料。

2003年，国务院发展中心对我国各级地方政府债务进行测算，估计债务至少在1万亿元以上。其中，地方政府出面担保或提供变相担保的债务2000亿元，绕开预算法成立国有公司，向银行贷款形成的债务1000亿元，拖欠工程款1000亿元，也就是说到2003年为止，与地方政府建设性支出相关的债务共4000亿元。[②]财政部经济建设司的报告也显示，按照平均数推测，2004年，全国地级及以上城市的负债总额为10 800亿～12 000亿元，如果按建设性债务占债务总规模的60%计算，建设性债务规模在6480亿～7200

① 陈剑：《中国有多少人在吃财政饭 2014年数量达6400万》，http://finance.sina.com.cn/china/20150918/101023285641.shtml，2015年9月18日

② 李振华：《万亿债务成经济安全头号杀手　国研中心盘点地方政府发债难题》，《21世纪经济报道》，2004年2月26日，第19版

亿元。根据财政部科研所的估计，2008 年，地方债务总余额在 4 万亿元以上，约相当于当年 GDP 的 16.5%，财政收入的 80.2%，地方财政收入的 174.6%，其中，直接债务超过 3 万亿元，约相当于 GDP 的 12.9%，财政收入的 62.7%，地方财政收入的 136.4%。[①] 如果也按建设性债务占比 60%计算，2008 年，我国地方政府建设性债务规模在 2.4 万亿元左右，与财政部 2004 年的数据相比，年均增长 36%，明显高于同期地方财政收入 24%的年均增幅。据此，2008 年，地方政府建设性债务规模占 GDP 的 8%，比 2004 年提高了 3.7 个百分点。地方政府建设性债务占地方本级收入的 84%。地方政府建设资本支出对债务的依赖性大幅度提高。

从主要债务来源也可以对地方政府债务情况进行判断。国家开发银行是地方政府贷款的主力行，根据国家开发银行的报告，2008 年底，该行"两基一支"贷款余额为 27 803 亿元，其中，与地方政府有关的贷款主要包括：公路 5687 亿元，农林水利 571 亿元，公共基础设施 8082 亿元，"三农"和新农村建设 3225 亿元，环保节能 988 亿元。根据我们对相关行业中央和地方投资比例关系，可以估算地方政府在相关行业中的贷款余额。相加结果是：2008 年，国家开发银行的地方政府背景贷款共计 1.3 万亿元。以国家开发银行地方政府背景贷款占全国的 40%计，则全国地方政府贷款余额为 3.2 万亿元。再从城投债来看，2008 年，全国企业债余额为 5000 亿元左右，如果以城投债占企业债 20%计算，城投债余额为 1000 亿元。这样，2008 年，我国地方政府建设性债务余额合计约为 3.3 万亿元，负债率（债务余额占当年 GDP 的比例）为 11%，债务率（债务余额占本级财政收入的比例）为 115%。如果以当年还本付息额占债务余额的 10%计算，偿债率（还本付息额占本级财政收入的比例）为 11.5%。

从各地政府建设性债务情况看，负担或风险则各不相同。以湖北荆州市为例，为了加快城市基础设施建设步伐，支持城市公用事业发展，该市采取多渠道方式筹集建设资金，其中一个重要渠道就是政府举债。[②]2007 年底，市直政府债务总额达 30.6 亿元，相当于市直财政一般预算收入的 7 倍，而全国同期只有 1.05 倍。而这些债务又主要以建设性债务为主，包括外国政府贷款 6.3 亿元，世界银行贷款 4.1 亿元，国债转贷 5.2 亿元，国家开发银行贷款城投公司项目 14.5 亿元，农业综合开发项目 1190 万元。2007 年，荆州市当年到期的各项政府债务达 2 亿元，占市直财政一般预算收入的 50%，政府债务的还款压力已严重影响国库资金调度，影响财政预算支付和财政正常运转。再以全国百强县之一的浙江东阳市为例。[③]截至 2006 年底，该市政府性负债达到了 24.1 亿元，其中，市本级负债 21.6 亿元，10.7 亿元 1 年期的短期贷款，拖欠工程款 4 亿元，拖欠农民土地征用补偿款 2638 万元等，债务率达 310%。中部地区的河南省 2007 年底债务总额为 2171 亿元，占 GDP 的 14.5%，其中直接债务 1805 亿元，占债务总额的 83%，担保债务 158.2 亿元，占债务总额的 7.3%，政策性挂账 208 亿元，占债务总额的 9.6%。[①]可见，有些地区的地方政府面临着较为严峻的债务负担和财政风险问题。

2008 年三季度以后，国际金融危机对我国的不利影响明显加重，中央政府迅速推出两年 4 万亿元投资扩张计划。之后，地方政府争先恐后地向上申请项目，公布的投资计

① 韩洁、闻暄：《聚焦地方政府"债务风险"》，http://politics.people.com.cn/GB/30178/9096287.html，2009 年 4 月 8 日

② 丁辉；袁友田：《从荆州看地方政府债务的生成机理及化解路径》，《财政与发展》，2008 年第 11 期，第 28-30 页

③ 邱林：《地方政府债务率升高当以法制约束》，《中华工商时报》，2009 年 7 月 20 日，第 7 版

划总额高达 18 万亿元。即使在 4 万亿元投资中，也有 1.2 万亿元需要地方政府配套，每年资金需求 6000 亿元。如果按照地方的投资计划估算，其资金需求将更大。2009 年，西安市政府安排了 571 亿元的重点项目投资计划，比 2008 年猛增了 206 亿元，增幅超过 50%。但是，西安市 2008 年地方财政一般预算收入只有 145 亿元，高峰时的政府土地出让毛收入只有 90 多亿元。2009 年，西安高新区计划完成的基础设施投资达到 200 多亿元。其中，财政直接投资约 60 亿元。而在 2008 年，这一数字只有不到 20 亿元，西安高新区管委会的全部财政收入也只有约 27 亿元。[①]由于经济周期下行，地方财力中可用于建设的资金没有明显增长，地方配套能力下降，对银行债务的依赖性明显增加。

（二）规模与结构

审计署分别在 2011 年和 2013 年对地方政府债务进行了两次大规模的审计。根据这两次审计结果，我们对地方政府债务变动情况进行分析。

地方政府债务规模不断膨胀。1996 年，我国地方政府债务为 2404 亿元，到 2013 的上半年，地方政府债务规模已经扩张到 178 909 亿元。地方政府债务余额从 1996 年的 2000 多亿元到 2001 年的上万亿元，用了 5 年时间；从 2001 年的上万亿元到 2008 年的 5 万多亿元，用了 8 年时间；而从 2008 年的 5 万多亿元到 2010 年的 10 万多亿元只用了 2 年时间；从 2010 年的 10 万多亿元到 2012 年的 15.1 万亿元，也只用了 2 年时间（图 13-2）。1996～2012 年，地方政府债务余额年均增速达到 29.5%，明显高于同期全社会投资 19.3% 和地方财政收入 19.2%的年均增速。根据国务院提请全国人大常委会审议的相关议案，截至 2014 年末，地方政府一类债务余额 15.4 万亿元，政府负有担保责任的债务和可能承担一定救助责任的债务 8.6 万亿元，三类债务共计 24 万亿元。

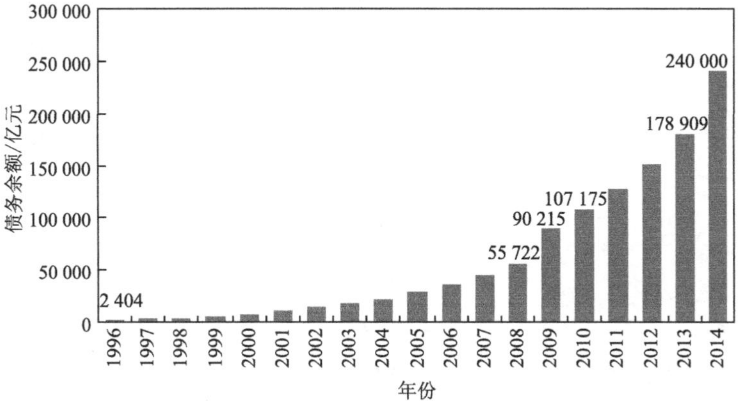

图 13-2 地方政府债务余额

资料来源：审计署 2011 年和 2013 年全国地方政府性债务审计结果，《国务院关于提请审议批准 2015 年地方政府债务限额的议案》

地方政府债务结构出现变化。截至 2013 年 6 月底，我国地方政府负有偿还责任的债务 10.9 亿元，负有担保责任的债务 2.7 万亿元，可能承担一定救助责任的债务 4.3 万亿元，合计 17.9 万亿元。三类债务分别年均增长了 19.8%、3.2%和 50.3%，可能承担一

① 韦黎兵：《四万亿：地方的政银逻辑》，http://www.sina.com.cn/g/20090212/10345847274.shtml，2009 年 2 月 12 日

定救助责任的债务增长明显较快。2010 年底，三类债务占全部债务的比例分别为 62.6%、21.8%和 15.6%，而到 2013 年 6 月，上述比例变为 60.8%、14.9%和 24.3%。

从政府层级看，到 2013 年 6 月底，省级、市级、县级、乡镇政府债务分别为 5.2 万亿元、7.2 万亿元、5 万亿元和 3647 亿元，省（自治区、直辖市）、市、县级政府分别比 2010 年增长 61.7%、56.3%和 77.3%，县级政府债务增长更快。从举借主体看，融资平台公司、政府部门和机构、经费补助事业单位、国有独资或控股企业是政府债务的主要举借主体，分别举借 6.9 万亿元、4 万亿元、1.7 万亿元和 3.1 万亿元，融资平台公司、政府部门和机构、经费补助事业单位债务余额分别比 2010 年底增长 40.2%、62.6%和 39.3%。

从债务资金来源看，银行贷款、BT、发行债券、信托融资是政府债务的主要来源，分别为 101 187.4 亿元、14 763.5 亿元、18 456.9 亿元和 14 252.3 亿元，占全部债务余额的比例分别达到 56.6%、8.3%、10.3%和 8%（表 13-9）。另外，应付未付款和其他单位和个人借款也是地方政府债务的重要资金来源。与 2010 年底相比，银行贷款比例大幅下降了 22.4 个百分点，其他单位借款比例下降了 5 个百分点。与此同时，债券比例提高了 2.7 个百分点，信托、金融机构融资、融资租赁等新型融资方式成为地方政府债务的重要依托。

表 13-9　2013 年 6 月底地方政府性债务资金来源情况表

项目	债务余额/亿元	比例/%
银行贷款	101 187.4	56.6
BT	14 763.5	8.3
发行债券	18 456.9	10.3
其中：地方政府债券	6 636.0	3.7
企业债券	8 827.4	4.9
中期票据	1 940.1	1.1
短期融资券	355.3	0.2
应付未付款项	8 574.8	4.8
信托融资	14 252.3	8.0
其他单位和个人借款	8 391.6	4.7
垫资施工、延期付款	3 758.6	2.1
证券、保险业和其他金融机构融资	3 366.1	1.9
国债、外债等财政转贷	3 033.7	1.7
融资租赁	2 318.9	1.3
集资	804.8	0.4
合计	178 908.6	100.0

资料来源：审计署 2011 年和 2013 年全国地方政府性债务审计结果，《国务院关于提请审议批准 2015 年地方政府债务限额的议案》

从债务资金投向看，主要用于基础设施建设和公益性项目，不仅较好地保障了地方经济社会发展的资金需要，推动了民生改善和社会事业发展，而且形成了大量优质资产。

在 2013 年 6 月底的债务余额中，用于市政建设的占 34.6%，用于土地收储的占 11.2%，用于交通运输设施建设的占 24.4%，用于保障性住房的占 6.5%，用于教科文卫的占 5.8%（表 13-10）。其中，用于土地收储债务形成大量土地储备资产，审计抽查的 34 个重点城市本级截至 2013 年 6 月底储备土地 16 万公顷；用于城市轨道交通、水热电气等市政建设和高速公路、铁路、机场等交通运输设施建设的债务，大多有经营性收入；用于公租房、廉租房、经济适用房等保障性住房的债务，也有相应的资产、租金和售房收入。

表 13-10　2013 年 6 月底地方政府性债务余额支出投向情况

项目	合计/亿元	比例/%
市政建设	58 030.6	34.6
土地收储	18 792.0	11.2
交通运输设施建设	40 927.3	24.4
保障性住房	10 947.8	6.5
教科文卫	9 725.5	5.8
农林水利建设	5 434.3	3.2
生态建设和环境保护	4 539.9	2.7
工业和能源	2 292.5	1.4
其他	16 818.1	10.0
合计	167 508	100.0

资料来源：审计署 2011 年和 2013 年全国地方政府性债务审计结果，《国务院关于提请审议批准 2015 年地方政府债务限额的议案》

二、债务风险评价

（一）风险评价指标

对于地方政府债务风险和债务控制管理，国际上一般采用的是负债率、债务率、债务依存度、新增债务率、偿债率、利息支出率等几个指标。

负债率主要反映地方经济总规模对政府债务的承载能力及地方政府的风险程度，或地方经济增长对政府举债的依赖程度。指标值越大，说明风险越高；反之亦然。对一国政府的外债，国际公认的负债率警戒线为 20%，高于此值就被认为进入了风险区。但对地方政府举借的债务，各国基于其特定的国情，指标口径不同，警戒线数值迥异。如美国规定负债率（州政府债务余额/州内生产总值）警戒线在 13%～16%；加拿大规定负债率不得超过 25%。

债务率反映地方政府通过动用当期财政收入满足偿债需求的能力，该指标是对地方政府债务总余额的控制。目前国际上对各国地方政府债务率没有统一标准，但从各国实践看，该指标大多在 100%左右。例如，美国规定债务率（州或地方政府债务余额/州或地方政府年度总收入）为 90%～120%；新西兰要求地方政府债务率小于 150%；巴西规定借款额不得超过资本性预算的规模，州政府债务率（债务余额/州政府净收入）小于

200%，市政府债务率（债务余额/市政府净收入）小于120%；俄罗斯规定地方政府借款额不得超过“俄联邦体制下各自预算体系的收入总额”；哥伦比亚规定债务率（债务余额/经常性收入）按要求不得超过80%。

新增债务率反映地方政府当期财政收入增量对新增债务的保障能力，这是对地方政府债务增量的控制指标。巴西规定新增债务率（新增债务额/政府净收入）小于18%；日本规定新增债务率不得超过9%，同时，对当年地方税的征收比率不足90%或赛马收入较多的地方政府，限制新增债务。

担保债务比例反映地方政府的担保风险。哥伦比亚规定地方政府用作借款担保的收入额占担保借款总额的比例为150%；巴西规定担保债务比例（政府担保余额/经常性净收入）必须低于22%。

偿债率反映地方政府当期财政收入中用于偿还债务本息的比例；利息支出率反映地方政府通过动用当期财政收入支付债务利息的程度。将地方政府借款需求同偿债能力挂钩，可以有效遏制其扩大债务规模的冲动。美国马萨诸塞州规定，州政府一般责任债券的还本付息支出不得超过其财政支出的10%；新西兰规定利息支出率1（净利息支出/财政收入）要小于15%和利息支出率2（净利息支出/地方税收收入）要小于20%；哥伦比亚规定利息支出率（债务利息支出/经常性盈余）在40%以内，同时债务率在80%以内，政府方可举债；韩国地方政府规定偿债率（前4年平均还本付息额/前4年平均财政收入）必须低于20%；波兰规定年度偿债额加担保债务额不得超过当年税收收入的15%。

资产负债率反映地方政府的资产负债结构及其总体风险状况。该指标有两个影响因素：地方政府债务余额和地方政府的资产总额。但从目前各国的实际情况看，受政府会计核算体系制约，相当一部分国家真实、完整地核算地方政府资产额还有较大困难，只有实行了权责发生制的国家控制地方政府债务规模时选用这一指标。例如，美国北卡罗莱那州的法律规定，该州地方政府的资产负债率不得高于8%；新西兰规定资产负债率不得超过10%。

债务依存度反映当年地方政府财政支出对借款的依赖程度。日本规定债务依存度（公债/一般财政支出）在20%以上的地方政府，不得发行基础设施建设债券，20%～30%的地方政府不得发行一般事业债券；俄罗斯规定该项指标（年地方借款/预算支出）不得高于15%（表13-11）。

表13-11 主要的地方政府债务风险预警指标

指标名称	计算公式	说明	国际公认或一些国家规定的警戒线
负债率	政府债务余额/当年GDP	反映地方经济总规模对政府债务的承载能力及风险程度	美国州：<13%～16% 加拿大：<25%
债务率	年末政府债务余额/当年财政收入	反映地方政府通过动用当期财政收入满足偿债需求的能力	美国州：<90%～120% 新西兰：<150%
资产负债率	债务余额/当年可动用资产价值	反映地方政府资产的偿债能力	美国州：<8% 新西兰：<10%
债务依存度	当年举债额/当年全部财政支出	度量财政支出对债务的依赖程度	日本：<20% 俄罗斯：<15%

续表

指标名称	计算公式	说明	国际公认或一些国家规定的警戒线
新增债务率	当年新增债务额/当年财政收入增量	反映地方政府当期财政收入增量对新增债务的保障能力	日本：<9% 巴西：<18%
偿债率	当年债务还本付息额/当年财政收入	反映财政收入的应债能力	美国：<10% 韩国：<20%
利息支出率	当年利息支出额/当年财政收入	反映地方政府通过动用当期财政收入支付债务利息的能力	美国：<10% 新西兰：<15%
担保债务比例	年末担保债务余额/当年财政收入	反映地方政府的担保风险	巴西：<22%

资料来源：财政部预算司《国外地方政府债务的规模控制与风险预警》，《经济研究参考》，2008 年第 22 期

（二）我国地方政府债务风险

1. 显性直接债务风险

我们以负债率、债务率、利息支出率三个指标对目前我国地方政府的显性直接债务风险进行分析。

1）负债率

负债率为政府债务余额/当年 GDP，反映地方经济总规模对政府债务的承载能力及风险程度。从地方政府负债率看，1996 年仅为 3.4%，2000 年为 8%，之后趋于上升，到 2008 年上升到 17.7%。2009 年，地方政府负债率迅速上升为 26.5%，一年就提高了近 10 个百分点。2012 年，地方政府负债率达到 30.6%，2014 年又上升到 37.7%。具体见图 13-3。

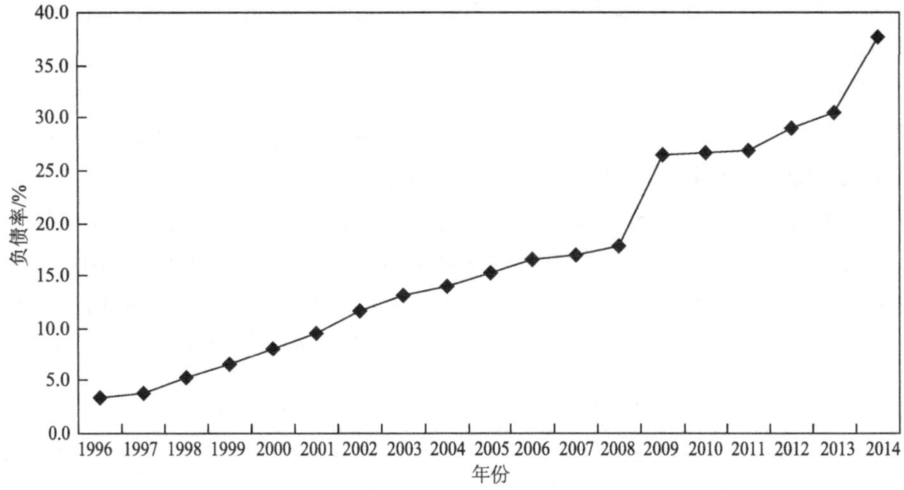

图 13-3　地方政府负债率

资料来源：根据审计署 2011 年和 2013 年全国地方政府性债务审计结果及《国务院关于提请审议批准 2015 年地方政府债务限额的议案》数据计算

但是，上述地方政府债务统计中除包括政府负有偿还责任的债务外，还包括政府负有担保责任和可能承担一定救助责任的债务，对于后两者，2013 年审计署的审计结果显

示，各年度全国政府负有担保责任的债务和可能承担一定救助责任的债务当年偿还本金中，由财政资金实际偿还的比率最高分别为 19.1%和 14.6%。按比例扣除后，地方政府债务规模及负债率都有所降低。

2014 年 8 月新《预算法》颁布实施后，我国地方政府债务进入了规范化的发展阶段，部分政府融资平台的或有债务被剥离，地方政府相对债务水平有所下降。根据财政部的统计，2014～2016 年，地方政府一般债务余额分别为 94 272.4 亿元、99 272.4 亿元和 107 072.4 亿元，专项债务余额分别为 59 801.9 亿元、60 801.9 亿元和 64 801.9 亿元。各年全部债务占 GDP 的比例分别为 24.2%、23.7%和 23.1%（表 13-12）。我国地方政府债务风险趋于下降。

表 13-12 2014～2016 年地方政府负债水平

项目	2014 年	2015 年	2016 年
一般债务余额/亿元	94 272.4	99 272.4	107 072.4
专项债务余额/亿元	59 801.9	60 801.9	64 801.9
全部地方债务余额/亿元	154 074.3	160 074.3	171 874.3
GDP/亿元	635 910	676 708	744 127
负债率/%	24.2	23.7	23.1

资料来源：财政部网站

相对主要发达国家，我国目前地方政府总体的负债率还处于较低水平。1996 财年，英国地方政府负债率为 43%，2001 财年末降到 30%，为近年来的低谷，2006 财年末回升至 37%。2007 年，德国地方政府债务近 1 万亿美元，负债率为 30%；日本为 1.69 万亿美元，负债率为 39%。2010 年，日本地方政府负债率已达 42%。而我国目前真实负债率只有 24%左右。与发达国家较低的经济增长和财税增长相比，中国地方政府债务的可持续性较强。

2）债务率

债务率为年末政府债务余额/当年财政收入，反映地方政府通过动用当期财政收入满足偿债需求的能力。从各国实践看，大多都将该指标标准设定为 100%左右。如果仅从地方政府债务余额与地方财政总收入（包括地方本级收入与中央对地方转移支付收入）之比计算的债务率 I 来看，近年来中国地方政府的债务率均超过 100%，2014～2016 年分别达到 120.9%、115.9%和 117.2%。如果加上土地收益，则由地方政府债务余额与地方综合财力计算的债务率 II 则要明显低于债务率 I，到 2016 年还未超过 100%（表 13-13）。

表 13-13 2014～2016 年地方政府债务率变化情况

年份	地方政府债务余额/亿元	地方财政总收入/亿元	债务率 I/%	地方综合财力/亿元	债务率 II/%
2014	154 074.3	127 464	120.9	170 070	90.6
2015	160 074.3	138 163	115.9	176 481	90.7
2016	171 874.3	146 681	117.2	184 137	93.3

资料来源：各年中央和地方预算执行情况报告

注：地方财政总收入=地方本级收入+中央对地方转移支付收入；地方综合财力=地方财政总收入+土地收益

3）利息支出率

利息支出率为当年利息支出额/当年财政收入，反映地方政府通过动用当期财政收入支付债务利息的能力。2016年末，在地方政府债务余额中，地方政府债券的比例已达68%左右，银行贷款、BT等应付款、信托、企业债券、中期票据和短期融资券等占32%。假设：地方政府债券平均利率为3%，银行贷款等的平均利率为6%，则2016年利息支出额约为6806亿元。以2016年地方财政总收入计算的利息支出率为4.6%，以2016年地方综合财力计算的利息支出率为3.7%，两种方式计算的利息支出率都较低，明显低于一些国家规定的风险警戒线。

2. 或有隐性债务风险

上述分析只是基于直接和显性债务水平，如果把有政府背景的或有和隐性债务加上，对我国地方政府债务风险的判断会出现明显的不同。随着新《预算法》出台，地方政府举债行为得到一定规范，但为满足不断增加的融资需求，一些地方政府采取了“保底承诺”、“回购安排”、“明股实债”、利用基金进行“优先劣后”分配等方式推动PPP的发展，实质上是假借PPP的方式违规举债、变相举债。

“明股实债”也叫“假股真债”，这种交易表面上是股权融资，交易的背后却常有股权回购条款，或带有特定时间、特定触发条件的强制性股权交易条款。这种不合理的交易使债务风险增加。例如，要修建一条高速公路，地方融资平台可以寻找一家社会企业，各出资一部分成立项目公司，由该项目公司作为PPP的主体建设高速公路。平台公司会私下和这家企业签订一个回购股份的协议，承诺在未来高速公路项目建成后以一定价格回购其全部股份。表面上看，这是一个好的PPP股权投资项目，但是，实际上仍然是类似于BT的债务融资项目，与传统融资方式如出一辙。

“优先劣后”是指在PPP产业基金中，政府部门或其指定机构成为劣后级，金融机构作为优先级，金融机构只是财务投资人，享受固定回报。以PPP基金投资城市综合体项目为例，在基金中，信托或理财资金为优先级，当地融资平台为劣后级。地方政府承诺将土地出让收入优先偿还金融机构本息，若土地出让收入无法覆盖开发成本，则由财政预算补足。这种PPP形式也不是真正的股权合作，而是典型的固定回报的债务融资方式，最终形成地方政府的直接债务。

当前，地方融资平台短期内清理和转型面临较大困难，融资平台的转型各显神通。一些融资平台开始以政府购买服务的方式，继续为政府提供融资。政府购买服务通常是由当地政府与融资平台签订采购服务合同，由融资平台向金融机构融资并实施项目，政府根据合同约定分期向平台支付采购资金，用于项目资本金投入及偿还贷款本息。虽然政策已经明文规定融资平台不能替政府举债，但是，平台可以将政府需支付给平台公司的采购款作为质押，向金融机构借款。这不过是政府债务融资的变种。

PPP中政府债务隐性化也是一个值得关注的问题。国际货币基金组织曾指出：作为一种创新型政企合作模式，传统的政府会计准则难以对其进行清晰准确的统计处理，导致PPP项目相关的债务可以从政府的表内剥离到表外，转化为隐性债务。PPP项目具有债务隐性化的特点，容易被过度使用，造成财政风险。欧盟统计局研究表明，东欧国家为加入欧盟，曾经较大规模利用PPP来修正财政状况指标，以满足《马斯特里赫特条约》关于加入欧盟的财政状况条件，这些隐患对于欧债危机在东欧的持续蔓延有不可忽视的影响。[①]

根据财政部 PPP 综合信息平台统计，截至 2016 年底，按照三种回报机制统计，使用者付费项目分别占入库项目总数和总投资的 42%和 34%，政府付费项目分别占 32%和 25%，可行性缺口补助项目分别占 26%和 41%，后两类项目数和投资比例均提高到了 60%左右，这意味着大部分的 PPP 项目，都将涉及政府在合同期内的未来固定支付义务。

按照目前 PPP 近 14 万亿元的投资额计算，光政府付费项目的部分就将高达 4 万亿元，如果加上缺口补助项目（按政府补助一半计），政府需要负担的投资本息和利润支出可能增加到近 7 万亿元，占 2016 年地方政府债务余额（17 万多亿元）的 40%。这些政府付费或补助不过是一种政府债务的延期支付。随着 PPP 项目激增和财政收入增速下降，以往可以给补贴的项目，今后地方政府很可能就拿不出钱来补了，由此引发的债务问题可能成为地方政府的未来风险隐患。

三、国外地方政府债务管理比较

（一）举债的形式

根据财政部预算司的统计，世界 53 个主要国家中，有 37 个允许地方政府举债。各国地方政府举债方式主要有两种：一是发行地方政府债券；二是向金融机构借款。[②]

美国州及州以下地方政府融资几乎全部采用发行市政债券方式，市政债券分为一般责任债券和收益债券两类：一般责任债券主要以地方税收收入作担保，安全性较高；收益债券主要以融资项目收益偿还，依赖的是项目的盈利能力。近年来，美国收益债券占市政债券的比例达 60%左右。但由于收益债券通常不计入地方政府债务规模，除非有较为严格的市场约束，发行收益债券不利于总体控制地方政府债务风险。

1982 年政治体制改革以前，法国地方政府举债主要形式是银行借款，只有在中央政府特许的情况下，才允许发行政府债券；1982 年后，地方政府自主权扩大，省级政府不需中央政府批准即可自主决策发行地方政府债券。法国地方政府在对外举债时，一般都以政府资产作为抵押或担保。其中，向银行借款，通常以市镇政府财产作为质押，借款期限为 10～15 年，利率与市场利率相同；发行地方债券，通常以地方政府财政作担保，利率水平高于国债利率，但低于企业债券利率。

加拿大地方政府更倾向于直接向银行借款，尽管银行借款成本可能高于发行债券，但程序较为简单，同时对信息披露要求也不如发行债券严格，便于政府相机抉择，因而，省及地方政府既发行地方政府债券，也向银行直接借款。

英国地方政府融资主要来自公共工程贷款委员会和商业银行的贷款。截至 2006 财年末，英国地方政府债务余额达 486 亿英镑，其中，78%为公共工程贷款委员会贷款，20%来自银行和其他长期融资渠道，2%为短期借款。公共工程贷款委员会成立于 1817 年，其主要职责是将来自国债资金中的国家贷款基金转贷给地方政府，在贷款发放以后负责收回本金，并且规定所有地方政府借款只能用于资本性项目。

① 财政部政策研究室：《从 PPP 的三个特点看治理地方政府债务》，《预算管理与会计》，2015 年第 5 期，第 34-35 页

② 财政部预算司：《地方政府债务规模控制与风险预警国际研讨会会议综述》，《经济研究参考》，2008 年第 62 期，第 2-8 页

日本地方政府采取借款和发行债券的方式融资。借款来源主要为中央政府资金、公营企业金融公库、银行和其他来源。债券发行根据募集对象的数量和是否公开招投标选择公募或私募方式发行。实力较强的地方政府通常有能力以公募方式融资，公募债券的发行条件随行就市，以 10 年期为主。

德国州政府主要用发债方式融资，市政府主要通过银行贷款融资，银行贷款占其债务余额的比例超过 90%。

印度邦政府（印度地方政府为 28 个邦与 6 个联合属地）市政债券占邦政府债务余额的比例逾 50%；地方政府只要得到邦政府许可，无论邦政府是否提供担保，均可发行债券，但市政债券要经过信用评级，确定法律责任及是否免税。

（二）举债的管理

日本对地方政府债务发行实行计划管理[①]。中央政府（主要由大藏省和自治省）每年都编制地方政府债务计划，主要内容包括地方政府债务发行总额、用途、各种发行方式的发债额。地方政府债务计划只作为参考资料提交国会，不属于国会审决议对象，因而没有法律依据，无强制执行的效力。审批具体程序为：地方政府要求发行债券时，要事先向自治省申报，提出所要发展的建设项目、资金来源和需要发债的额度。自治省审查后，将各地的发债计划进行汇总，在同大藏省协商后，统一下达分地区的发债额度。自治大臣与大藏大臣审批地方政府借债的重点是确定当年不批准发债或限制发债的地方政府名单。

英国在地方政府债务管理方面起步较早[②]。在英国，有征税权的政府具有举债权，中央政府、苏格兰、威尔士和英格兰等有征税权的地方政府可以举债；北爱尔兰政府因其权力有限，不借款，无负债。为加强对地方政府举债管理，1998 年，英国财政部正式成立专门的债务管理局。2000 年 4 月，债务管理局接替英格兰银行，开始全面履行中央国库现金管理的各项职能。2004 年 4 月，英国开始构建地方政府资本融资的谨慎性监管框架。要求地方政府必须遵守专业化的谨慎性准则，同时，根据特许公共财政与会计协会确立的谨慎性指标，将地方政府债务规模控制在财政允许、又能满足资本投资需要的范围内。当地方政府违法或其借款计划超出承受能力时，中央政府将保留对地方政府谨慎性约束的权力。

法国的政府债务完全纳入了公共预算管理，地方政府负债的形成、偿还和变更等事项必须遵守预算编制程序与原则[③]。中央政府对各级地方政府的负债和财政运行情况的监控，主要有以下方面：第一，议会的监控。议会通过对财政预算草案的审查批准进行法律性和事前性的监控。预算法案通过后，议会的专门委员会和议会委托的审计法院对政府部门和事业单位的支出进行审计监督。第二，审计法院严格的司法监督。审计法院的司法监督使得各级地方政府部门在对外举债决策时均比较慎重，很少出现对外负债失控和滥发债券的情况。第三，财政部的严格监控和管理。隶属于国库司的“债务管理中心”的主要职责是对各级政府的资产和负债情况进行日常监督和管理，提出和实施政府债券具体运作的政策和措施等。第四，财政部派驻各省、市镇的财政监督机构的监控。

---

① 张志华、周娅、尹李峰等：《日本的地方政府债务管理》，《经济研究参考》，2008 年第 22 期，第 14-16 页

② 财政部国际司：《英国公共财政管理》，http://www.mof.gov.cn/mofhome/guojisi/pindaoliebiao/cjgj/201406/t20140625_1104296.html，2014 年 6 月 25 日

③ 《法国的地方政府债务管理》，《经济研究参考》，2008 年第 22 期，第 32-33 页

澳大利亚联邦政府设有借款委员会，其成员包括联邦、州和自治区的财政部长共九人，联邦财政部长担任主席。该委员会负责协调、监督和管理公共部门（包括地方政府）债务[①]。借款委员会为限制地方政府债务规模，采取了以下措施：首先，规定各地呈报借款申请。借款申请必须包括一般政府、非金融公共部门的现金赤字（盈余）、为政策目的进行的金融资产投资净现金流量等内容。其次，设立规模控制线。由借款委员会分配的借款额度与预算报告中的借款额度之间的差额，以及本年度借款实际发生额与预算报告中的借款额之间的差额，均不得超过本级政府非金融公共部门收入的 2%，若突破此限制，地方政府需向借款委员会作出必要解释，并将其公开。

（三）债务风险控制

1. 信息披露制度

新西兰建立了较为完整的地方政府债务报告制度，保证了地方政府举债的透明性，有效控制了地方政府债务风险。政府预算平衡表、政府综合财务报表（包括资产负债表、利润表和现金流量表）、年度计划报告、财政状况报告及融资效果报告都从不同角度反映地方政府债务情况。新西兰地方政府债务在政府财政状况报告中的债务项目包括：应付账款、地方政府借款、对政府养老基金的支付等。其中，现金赤字是反映新西兰地方政府债务的主要指标，这一指标会在上述几个报告中得到详细报告和说明。

澳大利亚建立了较为完整的地方政府债务报告制度，地方政府必须将借款委员会批准的借款分配及其调整情况真实、完整地反映在地方政府预算报告中。澳大利亚州政府要求地方政府除了报告直接债务外，还需要披露或有负债。各州政府还需定期向借款委员会提交筹资战略与平衡规划，并由借款委员会进行审查和综合平衡，如果需要进行调整，州政府将与借款委员会进行谈判协调，在取得原则一致的基础上，并在各方可接受的限度内，允许各州拥有一定的灵活性。

2. 偿债准备金制度

设立偿债准备金的目的是当地方政府不能偿还到期债务时，可先行从偿债准备金中支付，以减少债务风险对地方正常财政运行的冲击。偿债准备金制度可以缓解地方政府偿债压力，防止债券违约，避免地方政府偿债资金不足的问题。

美国政府规定，偿债准备金数额可以为还本付息总额的 100%～120%，也可以是发行价值的 10%。偿债准备金来源有以下几种：发行溢价收入，发债人提供的资本贡献及投资项目收益；收益或信用证收益。偿债准备金仅限于投资低风险的联邦政府支持债券，投资债券期限不能长于剩余偿债期限。

英国中央政府规定地方政府偿债准备金为债务本金 4%的水平。在 2007～2008 财年，英国偿债准备金制度更为灵活，地方政府不再设定统一的偿债准备金数额，而是根据不同的债务项目、性质和组成作出不同的规定，以帮助地方政府针对自身项目特点并结合谨慎性制度确定债务偿还计划。

印度 14 个邦政府建立了统一的偿债基金，中央银行是该基金的管理人，基金筹集方案根据中央政府和印度储备银行的计划制定。通过投资，该基金余额从 2004 年的不足

① 卢真、肖鹏：《澳大利亚政府债务管理经验及启示》，《财政科学》，2016 年第 3 期，第 14-21 页

10亿美元上升到2008年3月的40亿美元。

3. 风险预警制度

从各国的实践看，在风险预警方面，美国俄亥俄州模式和哥伦比亚的“红绿灯”预警系统比较典型[①]。

俄亥俄州模式是指通过地方财政监测系统改善对地方财政安全状况，以防止债务危机的发生。州审计局负责实施财政监测计划，并对地方政府是否接近财政紧急状态作出判断，然后向地方政府提交关于财政监测状况的书面通报。如果进入财政监测计划后，地方政府的财政状况还在继续恶化，那就可能进入财政紧急状态。如果某个地方政府被宣布处于紧急状态，俄亥俄州将建立一个“财务筹划与监督委员会”来接管地方当局的财政管理权。在该委员会举行第1次会议后的120天内，地方当局首席执行官将提交一份财务计划，及时化解危机。“财务筹划与监督委员会”要求政府举债行为与上述财务计划一致，并协助市政官员进行债务重组。

哥伦比亚“红绿灯”预警系统是指对地方债务风险进行预警的信息系统，它将每个地方政府的债务与其偿付能力挂钩，规定两个限制指标：一是地方政府利息支出率，该指标代表地方政府的资金流动性。二是债务率，该指标用来评估中长期债务的可持续性。如果债务利息支出率小于40%且债务率小于80%，则意味着地方政府处于绿灯区，允许地方政府借款；否则，就意味着地方政府处于红灯区，此时禁止地方政府借债。

四、我国地方政府债务管理

（一）债务管理存在的问题

我国地方政府债务管理与发达国家有明显区别，在债务管理的法律、程度及具体操作上都存在差异，因此也产生了一系列的问题。

偏重风险的即时处理，缺少稳定的制度性设计。我国地方政府债务管理体系不健全，机制不完善，缺少全局性的、制度性的风险防控设计。对于中央政府来讲，只有出现明显债务风险隐患时，才会真正关注这一问题，并出台相应处理办法，但是，危机过去，一切照旧。长期以来，中央政府没有对地方政府举债的条件、程序、形式、用途、信息披露、债务偿还等作出明确规定，没有对地方政府债务规模的控制标准和方法，没有地方政府债务评估和预警系统。对于地方政府来讲，尽管也有一些地方出台了债务的管理性法规，对债务的规模有所限制，但是，这些法规简单而粗糙，没有约束力。由于对地方政府债务需要缺乏法制化规定，对地方政府的融资行为缺乏有效约束，每一次地方政府债务规模膨胀过后，都会导致金融机构大量呆坏账需要核销，对金融体系造成严重损害。

地方债务透明度很低，潜在风险不容忽视。长期以来，地方政府建设性债务游离于现行财政体系之外，其使用和管理信息透明度严重缺失，利益相关各方都无法准确地掌握政府的所有投融资活动，往往是只有政府部门中的少数几个高层领导了解债务的真实情况。这导致中央政府无法获悉地方政府负债的准确情况，地方人大也没有对这部分债务融资履行监管职能。财政部门没有将这部分融资纳入预算管理，甚至审计部门也没有

① 财政部预算司：《国外地方政府债务的规模控制与风险预警》，《经济研究参考》，2008年第22期，第8-10页

对这部分融资实施审计监督。由于负债形式除了银行贷款，还有各种资金信托、往来款拖欠等，负债总量难以控制，就连地方财政部门对自身的负债情况也未必完全了解。因而，地方政府债务作为公共投资的重要资金来源却处于公共资金监督体系之外，信息不透明使得债务的风险控制与管理无法深入。

地方举债缺少硬约束，中央政府成为安全网。长期以来，我国在处理地方政府债务风险甚至危机方面，缺少完善的法律制度框架，地方政府产生的所有问题都可以通过“一事一议”的行政化方式处理。就像中央银行成为商业银行的“最后借款人”①一样，中央政府也成为地方政府的最后的“财政安全网”。地方政府经常以财权、事权不对等为由，在债务危机问题处理上与中央政府进行讨价还价，又常常以“中央为地方增加转移支付和提供再贷款”作为解决危机的方式。这种体制本身就意味着中央政府为地方政府各种财政活动或非财政活动提供了隐性担保，导致了很坏的示范效应，间接地鼓励了地方政府通过提供担保和过度举债来进行经济建设，容易产生严重的道德风险和逆向选择问题。

（二）债务管理与风险防范

作为单一制的中央集权国家，我国中央政府对地方政府债务风险或危机承担着更大的责任和义务，因此，必须有效约束地方政府的债务融资行为。

强化地方政府债务的硬约束。所谓强化地方政府债务的内部硬约束，首先，要针对有些地方政府严重资不抵债、不能有效清偿的情况，适时探索建立地方政府财政破产制度，并追究主要领导人的责任。其次，要通过立法形式，硬化地方政府的债务约束，避免地方政府过度举债并转嫁下届政府，防止地方政府将其债务风险向上级部门转嫁。最后，要将地方政府债务纳入同级预算管理。将各级政府的建设预算和经常性预算分离，各级政府单独编制本级建设项目预算，报同级人大审查和批准。与财政经常性预算中设置付息科目相对应，一个阶段的借债建设规模，受这一阶段财政付息能力的制约。将地方政府债务纳入预算管理的实质是明确地方政府债务对其资产负债状况与风险的影响，据此统筹考虑政府的公共资源配置。

增强地方政府债务的透明度。透明度要求是指地方政府需公开包括债务在内的政府财政状况，对债务进行确认、记录、报告，从而提高政府债务控制能力，防止债务恶性膨胀。提高透明度要求必须对会计制度予以改革，使财政信息能更为真实有效地反映政府各项经济活动，建立一套完善的与债务预算制度相适应的包括政府会计和预算基础、政府资产负债表框架、政府财务报告框架等内容的地方政府债务统计与报告制度。在提高透明度方面，澳大利亚等国的经验很值得借鉴。例如，澳大利亚州政府要求地方政府运用权责发生制原则，除了报告直接债务外，还需要披露或有负债。各州政府还需定期向举债委员会提交筹资战略与平衡规划，并由举债委员会进行审查和综合平衡。此外，各州还要将借款融资及其使用情况，按照举债委员会确定的统一框架要求，严格进行季度报告和年度报告等。

---

① 最后贷款人制度是要保证银行支付系统的有效运作，避免挤兑波及众多银行并导致银行系统性的危机，以及防止单个银行流动性危机引起不必要的破产。中央银行可以通过直接贷款、设立特别机构和专项基金间接提供财务援助、临时组织大银行集资、宣布由大银行兼并或接管中小银行以及由中央银行出面担保等一系列手段对有问题银行实施抢救行动，帮助有问题的银行应付挤提和清偿的难关

第三节 债务危机及其处置

一、我国地方政府债务危机

改革开放以来，我国曾经出现过若干次地方政府债务危机事件，也经历了相应的债务危机处置过程，例如，“普九”债务的处置、农村基金会债务清理及“广国投”的破产清算。这些债务危机都在中央政府的主导下得到了化解。

（一）“普九”债务的处置

1. 债务风险的形成原因

所谓“普九债务”，是指在普及九年制义务教育过程中学校和基层政府欠下的债务。20 世纪 90 年代，我国提出要在 20 世纪末普及九年制义务教育，并制订了从校舍到图书室在内的“普九”验收标准和计划，逐县检查验收。由于长期实行“农村教育农民办”，各级财政对农村义务教育投入很少；加之受上级“普九达标”压力驱使，基层领导和乡村学校不得不举债搞建设，于是形成规模巨大的“普九债务”。

“普九债务”形成的主要原因在于：一是建设资金投入不足。“分级办学、分级管理”的体制将本应由政府、社会共同承担义务教育的义务过多地“下移”到基层，由于县、乡、村等地方自筹配套资金缺少保障，为了完成“普九”任务而被迫举债。尤其是在农村税费改革取消农村教育附加和教育集资政策后，新的义务教育经费保障机制并没有完全考虑到偿还债务问题。二是学校布局的调整与撤并。随着集中办学的有序实施，在降低管理成本与提高教学质量的同时，相当多学校被撤并，部分教学设施闲置，由此也增加了农村义务教育的债务负担。三是债务的长期积压与积累。从“普九”教育开始到全面清理债务，时间跨度很长，乡村学校的债务经过逐年积累和长期积压，就成为历史遗留问题，加之撤乡并校等因素，债务问题更加难以解决。

“普九”债务给农村地区及教育部门带来的负面影响不容忽视。因为学校欠债，开学时，债权人锁校门、威胁（绑架）校长的现象时有发生，严重影响了农村中小学校正常的教育教学秩序。为了偿还“普九”债务，不少学校高息向银行或个人借款，仅利息的支付就压得学校喘不过气来，形成新的债务，造成恶性循环。

2. 债务处置的做法与成效

对于数额庞大的农村“普九”债务，最关键的是偿债资金来源。过去，由于担心地方夸大债务规模，中央财政一直未承诺为“普九”债务担责。2007 年底，国务院发布了《关于开展清理化解农村义务教育“普九”债务试点工作的意见》（以下简称《意见》），首次提出了选择 14 个省份进行试点，总额达 500 多亿元的义务教育“普九”债务清偿方案。中央财政首次承诺，对已经化解“普九”债务的地方给予补助，重点支持中西部地区，适当兼顾东部地区。未在规定期限内化解相应债务的不予补助。2007 年中央财政安排了专项补助资金 60 亿元，2008 年、2009 年中央财政又继续增加投入，并根据各地债务化解的进度，对地方政府给予补助。

为了避免各地虚报负债规模，中央财政对地方的补助“根据义务教育阶段学生数、学校数、办学成本和财政困难程度等客观因素分配确定，不与实际发生的债务额挂钩”，也即“债多不多补、债少不少补、早还不少补、晚还不多补”。具体执行中，“中央财政按照农村义务教育阶段在校学生人数、地方财政状况等客观因素，并综合考虑试点省（区）‘普九’债务负担及化债试点完成情况给予适当补助”。这被称为“偿债激励机制”。对于“普九”债务的范围，《意见》指出：“普九”债务是指各地以县为单位推进“普九”工作，至通过省级“普九”验收合格期间发生的债务。主要包括教学及辅助用房、学生生活用房、校园维修建设、教学仪器设备购置等与学校建设直接相关的债务。债务计算时间截止到2005年12月31日。《意见》还详细列出了偿债资金的具体来源。除了中央财政专项补助，一是从“地方一般预算收入、上级财力性转移支付资金”统筹安排；二是城市教育费附加、地方教育附加及其他基金中安排一定比例；三是整合地方现有教育专项资金；四是盘活闲置校产筹集资金；五是统筹有关非税收入筹集资金；六是社会和民间自愿捐资赞助的偿债资金等。

到2009年底，首批14个省份的“普九”债化解试点已完成。根据国务院农村综合改革工作小组批复各试点省份的函，这14个试点省份“普九”债总计为493.1亿元。各试点省份锁定的“普九”债数额，多数为30亿元左右，其中四川省最高，为80.9亿元，宁夏最少，约为9亿元。在14个省份试点的基础上，国家又将化解农村“普九”债的地域扩大到全国，并将清理化解债务的范围，从“普九”债扩大到全国农村义务教育其他债务。若加上其他17个省份，全国化解农村“普九”债务超过1000亿元。

3. 几点启示

第一，“普九”债务是政府直接债务。义务教育具有正的外部性以及再分配效应，实施义务教育所需经费就应该由政府部门来提供。由于政府逃避应承担的责任，将义务教育经费转嫁给学校和社会，由此所产生的债务，只能被视为政府的直接债务，由政府来偿还。

第二，政府是实施义务教育的责任人。1986年颁布的《中华人民共和国义务教育法》第12条明确规定：“实施义务教育所需事业费和基本建设投资，由国务院和地方各级人民政府负责筹措，予以保证。”按照当时的分级办学体制，农村义务教育经费主要应有县、乡两级政府负责筹措，并予以保证。那么，各地“普九”的债务应由两级政府来负责偿还。

第三，从国际经验看，在中央集权的单一制国家，义务教育阶段支出的主要责任在高层政府，在法国，教师工资是由中央政府全额负责。在我国，义务教育阶段的经费支出责任大头在县、乡政府，而这一级政府又缺乏稳定的财源，由此形成的债务风险就很难由这一级政府负责。由中央政府牵头处置债务，并相应建立义务教育经费保障机制就是理所当然的事情。

（二）农村基金会债务清理

1. 债务风险的形成原因

农村合作基金会是一种农村金融合作组织。它是在乡（镇）、村政府组织参与下兴办起来的，其建立的初衷是管好用活农村体制改革过程中无法分割的集体资金，并在基金会内部成员之间相互融通资金，是一种非正规的金融组织。从20世纪80年代的中期开始，四大国有商业银行从中西部县域地区大规模撤退，导致县域金融组织体系的严重萎缩。为了解决农村金融严重不足，1987 年，根据广东、四川等地创造的经验，国家允许民间资本创建农村合作基金会。农村合作基金会是改革开放历史大潮中所产生的一个客观事物，也是基层政府在投融资体制发生变化的条件下，为推动地方经济建设与社会事业发展所作出的积极探索。然而，当时我们对于在市场经济条件下如何推进金融体制改革尚处在探索之中，特别是农村合作基金会在运作过程中出现了很多问题，导致基金会后来越来越严重地偏离了主观上所希望的发展方向。

农村基金会风险形成的原因主要有以下几个方面：一是行政干预严重。地方政府（尤其是乡镇政府）为追求政绩而违背资金营运的基本规律，强行要求合作基金会为修路、办学、建医院等公益事业借款，甚至将资金直接划拨财政，以缓解财政资金短缺的矛盾，这部分资金基本不能偿还，使合作基金会不堪重负。二是内部监督机制缺乏。虽然合作基金会无一例外地成立了会员代表大会，但其作用却名不副实，特别是对合作基金会运行监督作用微乎其微。会员代表大会的流于形式，使合作基金会不能形成内部监督和制衡功能，无法建立有效的自我约束机制。三是管理水平低下。表现为贷款随意性强，相关手续不全，超比例放贷问题始终不能解决；内部审计、稽核制度不健全，资金投放中的违规现象屡禁不绝；对风险损失责任无准确界定，缺乏有效的激励和约束机制。

到中央正式提出整顿关闭之前的 1996 年底，全国已有 2.1 万个乡级和 2.4 万个村级农村合作基金会，融资规模大约为 1500 亿元。由于 1998 年各地普遍出现农村合作基金会的挤兑，四川、河北等地甚至出现了较大规模的挤兑风波，并且酿成了危及农村社会稳定的事件，1999 年 1 月，国务院发布 3 号文件，正式宣布全国统一取缔农村合作基金会。该文件强调，“为有效防范和化解金融风险，保持农村经济和社会的稳定，党中央、国务院决定对农村合作基金会进行全面清理整顿。清理整顿的目标任务是：停止新设农村合作基金会；现有的农村合作基金会一律停止以任何名义吸收存款和办理贷款，同时进行清产核资，冲销实际形成的呆账，对符合条件的并入农村信用社，对资不抵债又不能支付到期债务的予以清盘、关闭”。

2. 清理整顿的做法与成效

从各地的实践来看，农村合作基金会清理整顿工作基本上分为清产核资、分类处理、清收欠款和存款兑付几个阶段。清产核资、分类处理阶段，由地方政府组成工作小组对所辖区基金会进行资产债务核算。对资产本身大于负债或本身资不抵债，但经过财政注资后资产大于负债的农村合作基金会，并入当地农村信用社；对于资不抵债，地方财政无力注入资金的农村合作基金会，予以清盘关闭，由当地政府处理债权债务。清收欠款阶段，运用法律手段加大对呆滞账的收欠力度；用行政与纪律的手段加大对党员、干部贷款和担保贷款的清收力度；明确基金会是清收贷款的第一责任人，加大对股东贷款的清收力度。存款兑付阶段，各地的做法一般是由地方政府筹措现金首期兑付基金会的农户存款，对于因现实条件制约而不能马上兑付的农户存款，政府承诺在几年内逐步解决。

尽管存在巨大困难和矛盾，但依靠政治压力和以行政手段控制的优势，全国农村合作基金会的清理整顿工作基本上完成了上级的任务。但是，上级以行政命令关闭本来是地方政府控制的基金会，必然造成政府信用丧失，带来的资产损失较为严重。在农村合作基金会的清理过程中，地方政府注入了大量资金。如温州市 191 家农村合作基金会，

148家归并农村信用社，43家实施强制清盘关闭或自行清盘关闭。温州有关县（市、区）政府注入资金2.6亿元，存入承诺担保金约1.6亿元，共计4.26亿元，其中向省财政专项贷款3.29亿元。

3. 几点启示

对于地方政府来说，农村合作基金会引起的债务属于政府或有隐性负债的范围。主要原因如下。

第一，地方政府行为不规范间接导致了农村合作基金会的经营不善及破产关闭。农村合作基金会的产生、发展和衰退很大程度上受我国经济转轨过程中体制机制不完善的影响，其债务的形成受地方政府行政干预的影响也比较大，表现为信贷资金的财政化运用。为了维护农村金融市场的稳定，地方政府必须出面解决农村合作基金会面临的各种债务危机。

第二，地方政府为农村合作基金会"买单"很大程度上出于维护社会稳定、农民利益和政府威信的目的。农村合作基金会运营过程中形成的巨额债务隐含着巨大的金融危机，它的清理关闭甚至会引发社会各种不稳定因素，地方政府必须解决这些问题，进而缓解公众对政府逐渐形成的不信任情绪。所以，地方政府在农村合作基金会清理整顿过程中承担了几乎所有的债务偿还任务。

（三）"广国投"的破产清算

1. 债务风险形成的原因

1998年10月，中国广东省国际信托投资公司（以下简称"广国投"）发生债务危机，最终导致公司破产清算。消息传出，立即引起轩然大波，中外瞩目。"广国投"的前身是1980年7月经广东省人民政府批准成立的"广东信托投资公司"。1983年10月，经中国人民银行批准，成为一家国有非银行的地方金融机构。20世纪80年代末期，"广国投"从单一经营信托业务发展成为以金融和实业投资为主的企业集团，经营规模不断扩大，凭借其"窗口公司信用"在世界范围融资，十多年间通过在国际上发行债券、贷款、担保、参股、投资租赁等方式，举办和支持了一批广东省重点建设项目，为地方的经济和社会发展发挥了积极作用，

但是，地方政府办金融的同时也产生了诸多问题，一旦金融机构成为政府的融资工具，其投融资行为就受到政府的控制与支配。作为广东省对外筹资窗口和投资主体，"广国投"实际上扮演着省政府"小钱柜"的角色，省政府也一直是用行政的方法来管理"广国投"，尤其是当政府的意图与企业本身的利益发生冲突时，后者一定要给前者让步。由于企业的主要负责人是由政府任命，而且多从政府官员里选拔，所以，他们习惯于按照政府的办事程序来处理企业的事务，服从政府的安排，难以切实地维护企业自身的利益。

地方政府对"广国投"经营活动的干预体现在许多方面，最重要的体现在贷款安排上。根据中国人民银行关闭清算组的清产核资报告，原"广国投"本部截至1998年10月6日的中长期贷款总额为59.4亿元，其中，政府担保部分为54.8亿元，占92.3%。按户数看，在159项政府项目中，仅有22户经营正常，约占14%。从金额算，在54.8亿元政府担保贷款中，仅有8.7亿元运转良好，约占15.9%。其余大部分是政府担保贷款，

不是半停产，就是情况不明，或是已停产，按金额比例算高达 61.6%。

2. 破产处置的过程

大约从 1996 年开始，“广国投”就从表面上的盛极一时逐步走向衰落。为了应付 1998 年这一还债高峰年，“广国投”在 1997 年下半年到 1998 年仍然在海外金融市场奔走，筹划新一轮发债或银团贷款，然而，由于长期经营不善，再加上持续的亚洲金融危机，“广国投”终因无法支付巨额内外债务而于 1998 年 10 月 6 日被实施行政性关闭。

1998 年 10 月 4 日，中国人民银行决定关闭“广国投”，并组织关闭清算组对其进行关闭清算。关闭清算期间，“广国投”的金融业务和相关的债权债务由中国银行托管，“广国投”属下的证券交易营业部由广发证券有限责任公司托管，其业务经营活动照常进行。清算的初步结果是：“广国投”总资产为 214.1 亿元，负债 361.1 亿元，资产负债率 168.7%，资不抵债 147 亿元。其中，境外债务高达 159 亿元，涉及境外银行和机构 130 多家。为此，决定由不能支付到期巨额债务、严重资不抵债的“广国投”向法院提出破产申请。

广东省高级人民法院于 1999 年 1 月 16 日裁定，“广国投”破产还债，指定清算组接管“广国投”。裁定宣布后，“广国投”的破产清算工作依法按以下步骤进行：第一，债权的申报、审核和确认。广东省高级人民法院最终确认，“广国投”破产案的债权人共计 200 家，债权金额总计 202 亿元。第二，破产财产的审核、确认和处理。第三，破产财产分配与终结破产程序。

3. 几点启示

对不能清偿债务的“广国投”依法实施破产，这样做的好处如下。

第一，符合国际惯例，有利于与国际接轨。

第二，符合市场经济发展的规律。市场的优胜劣汰是一种规律，对那些严重资不抵债的企业依法实施破产，正是按照市场经济规律办事的体现。

第三，坚持了政企分开的原则。正像时任总理朱镕基所说的那样：“广国投”申请破产这件事情是中国金融改革过程中的一个个别事件，中国政府不会为一个金融企业还债，如果这个债务不是由各级政府所担保的话。

第四，体现了依法办事的原则。《中华人民共和国企业破产法》已经颁布多年，但真正实施起来却困难重重。这次，“广国投”向法院提出破产申请，法院决定立案受理，并严格依照法定程序办理案件，按照法律规定处理破产财产，公平保护各方当事人的利益。这是一大突破，也是我国建设社会主义法治国家的表现。

二、国外地方政府债务危机处置

地方政府破产机制是防范地方政府过度举债的必要威慑，是化解地方政府债务危机的有效手段。明晰的破产规则有助于投资者进行精确的风险定价和信用评级，使债权人能够准确判断所面临的风险状况。正是基于以上原因，很多国家都确立了一定的地方政府破产机制。

在《美国破产法》中，市政部门可根据第九章的规定申请破产保护。市政部门不仅包括市、县、镇等地方政府，还包括学校校区和公共区域，甚至包括一些由使用者付费维持运营的主体，如桥梁、高速公路等。①自 1937 年以来，美国共有 619 个地方政府机构，大多数是小型公用事业机构或者区域申请破产。金融危机爆发以来，到 2011 年，美国约有 15 个城市申请破产。2012 年，美国加利福尼亚州斯托克顿市等三座城市也相继宣布破产。2013 年 7 月，曾经是全美第五大城市、“汽车之城”底特律向州法院递交了破产保护申请。

亚拉巴马州杰斐逊县破产案是美国最大的县级地方政府破产案件。1996 年，杰斐逊县向区域内河流排放未经处理的污水，联邦最高法院裁定，该县必须重新修建荒废的污水管道系统。1997 年，初次评估后，4.68 亿美元的建设投入已无法从当地局促的公共财政中支付，杰弗逊县只能靠自己发行债券募集经费。初次募集了 5.55 亿美元。但是，排水系统的改造升级最终大大超出预算，到 2000 年，负债已经超过 30 亿美元。由于项目现金流逐渐耗尽，而县政府与债权人最终也未能达成协议。2011 年 11 月，杰斐逊县政府宣布破产，最终破产规模达到 41 亿美元。②

美国地方政府破产制度实际是一种“政府重组破产保护”制度，偏重于维护地方政府权利。通过允许无力偿还债务的地方政府申请破产保护程序，在保护破产地方政府的资产基础上制定债务调整计划，提供扭转财政困境和财政恢复重建的时间，使地方政府可以合法地延期偿债，甚至减免债务，避免债务违约风险进一步扩大而陷入债务恶性循环，最终得以度过危机，政府财政获得健康重生。近 70 年来，这一保护制度已经挽救了 600 多个美国地方政府。

在日本，负债过高的市长宣布放弃自力更生再建财政的计划，经过一系列程序，该市就将被置于国家严格管理之下，成为“财政再建团体”。依照《财政再建促进特别措施法》，成为财政重建团体的话，就无法进行自主的地方自治，等于剥夺了地方自治权。地方政府制作预算、紧急预算不得不与国家商量，实施政策时基本没有自主性。国家协助重建的典型案例包括：2006 年夏，北海道夕张市由于财政赤字巨大，自主重建困难，于 2007 年 3 月 6 日正式成为财政重建适用团体。

由于国家能源政策转换，夕张市煤炭产业崩溃，市政府出资购买了相关设施，此后又跟随着国家、道厅推进观光事业的发展，利用城市投资公司推行观光产业开发以求地域再生，但是，观光旅游开发给夕张市财政增添了过大的负担。2007 年 3 月 6 日，夕张市政府破产，接受中央政府与北海道厅的监督，制订了 18 年返还 353 亿日元的财政重建计划。③夕张市终止了除最小限度的公共事业以外的一切其他事业，保持全国最低水准的公共服务。并且，市税税率和公共服务费增长，政府向市民增税，并导入新型税。夕张市财政重建计划方案是在北海道道厅的指导下进行的，同时，一切控制支出的措施都贯彻了总务省的基本方针。夕张市政府破产后，信用评级降低，融资难度加大，因此，中央政府给予了借贷担保。

在欧盟国家，一旦地方政府发生债务危机，往往需要中央政府采取有效措施，以防

① 徐阳光、周亮：《美国地方政府破产制度及其对中国的启示》，https://wenku.baidu.com/view/43d3a7b9bd64783e08122b04，2013 年 4 月 26 日

② 刘胜军：《底特律破产 中国敢不敢让地方政府破产》，http://opinion.hexun.com/2013-07-19/156316431_2.html，2013 年 7 月 19 日

③ 孙悦：《地方政府破产与财政重建研究——以日本北海道夕张市为个案》，《公共行政评论》，2011 年第 1 期，第 122-136 页

危机蔓延与扩大。比如，通过债务重组的方式减轻地方政府的财政困难。为保证地方债务的可持续性，常常还需要地方政府采取适当的财政调整计划，或实施上级政府的行政干预甚至实施政府破产的司法程序等配套措施。[①]例如，比利时在1996年债务重组计划制订过程中，中央与地方政府对财政调整计划达成一致，即削减地方债务，增加地方税收，降低工薪开支；同时，中央政府对于地方政府新发债务制定了更为严格的规定，并对发生债务危机的地方政府实行托管。此外，比利时中央政府还委托地方政府对部分国有企业进行了私有化改造，将私有化收入用于削减地方债务。

在法国，一旦出现地方政府不能到期偿还、政府运转不灵的情况，则由法国总统的代表——各省省长直接执政，原有的地方政府和地方议会宣告解散，其债务先由中央政府代为偿还，待新的地方议会和政府经选举成立后，通过制订新的增税计划，逐步偿还原有债务和中央政府先行代偿的垫付资金。

在匈牙利，1996年制定了地方政府破产法，在地方政府发生债务危机时，由法院协调债权人、债务人、社会公众及审计人员，进而决定是否对该地方政府实施破产程序。债权人与债务人就债务偿还条件及债务重组进行谈判。

三、建立我国的地方政府破产制度

（一）建立地方政府破产制度的意义

美国是联邦制国家，除了国防、外交等职能归属中央政府外，中央、州和地方政府各有各的法律、各管各的事、各征各的税、各发各的债。这种情况下，地方政府能否破产是其内部的事情，与中央政府没有太大的关联，中央政府也没有义务为其债务兜底。中国是中央集权型单一制国家，地方政府在中央政权的严格控制下行使职权，由中央委派官员或由地方选出的官员代表中央管理地方行政事务，税收和发债的权力高度集中于中央政府，省以下政府没有税收的立法权，地方政府发行债券受到严格限制。既然地方政府没有征税的权力，也就不可能要求地方政府为其债务负责；既然长期以来地方政府预算不能列赤字、不能发行债券，也就不承认地方政府真正拥有债务，地方政府也就无所谓破产之说。

企业破产意味着企业清盘与不复存在，而地方政府破产只是财政的破产，不是政府职能的破产，政府破产旨在通过财政平衡、债务重组等方式实现政府公共职能的重建，而不是让政府消失。但尽管如此，政府破产对防范地方政府债务风险仍然具有非常积极的作用。地方政府破产具有风险隔离作用，由于地方政府可以申请破产，地方政府的债务风险是隔离的，一个城市的问题不会带来整个国家的系统性风险；地方政府破产还具有止损作用，可以把债权人的损失控制在一定限度之内，在一定程度上保护了债权人的权益；地方政府破产也具有惩戒作用，破产城市的公共支出将大幅缩减，百姓要承担更高的税负，对破产负有责任的官员，其仕途将受到影响；地方政府破产更具有警示作用，提醒人们反思地方经济和财政发展模式存在的弊端，并及时转变发展方式。相比之下，中国的地方政府不能破产，导致其债务风险是扩散的、不断积累的与不可控的，中央政

---

① 马洪范：《地方政府债务管理：欧盟成员国的经验与启示》，《西部财会》，2007年第4期，第7-9页

府成为最后的兜底者，地方官员不需要为借债行为承担责任，借债扩张投资的冲动难以遏制，传统经济与财政发展模式则难以改变。

我国原有政府债务处置方式难以为继。由于地方政府无破产之忧，一旦下级政府出现债务危机情况，中央政府势必要出手相救，在这种情况下，牺牲的是全体纳税人的利益。1999 年，国家成立四大金融资产管理公司，负责收购、管理、处置国有银行剥离的不良资产。1999～2000 年，四家资产管理公司先后收购四家国有商业银行不良资产 1.4 万亿元。这些不良资产的产生有些是政府行政干预的结果，有些借款主体本身就是政府下属部门和企业，剥离的不良资产实质上就是无法清偿的中央和地方政府债务。资产管理公司的注册资本由财政部核拨，金融资产管理公司收购不良贷款的资金来源包括划转中国人民银行发放给国有独资商业银行的部分再贷款和发行金融债券，实际上是中央政府通过直接出资、发债及隐性货币化方式对债务进行了处置，部分风险的最终承担者是全体国民。

2014 年 10 月，《国务院关于加强地方政府性债务管理的意见》提出：要硬化预算约束，防范道德风险，地方政府对其举借的债务负有偿还责任，中央政府实行不救助原则。地方政府出现偿债困难时，要通过控制项目规模、压缩公用经费、处置存量资产等方式，多渠道筹集资金偿还债务。地方政府难以自行偿还债务时，要及时上报，本级和上级政府要启动债务风险应急处置预案和责任追究机制，切实化解债务风险，并追究相关人员责任。2016 年 11 月，国务院办公厅发布了《地方政府性债务风险应急处置预案》，预案明确，地方政府对其举借的债务负有偿还责任，中央实行不救助原则，省级政府对本地区政府性债务风险应急处置负总责，省以下地方各级政府按照属地原则各负其责。这向地方政府和潜在债权人发出了强烈的警示，也向公众和市场发生了警示，地方政府债务失控将被严厉问责，而债权人则要自担风险。但是，中央政府的不救助原则并非彻底的不兜底。因为从其他国家的情况看，中央政府不可能放任地方政府债务危机的发生，即使不采取直接救助措施，也会通过间接方式帮助地方政府实现财政重建。但是，无论采取什么样的方式，都需要建立明确的地方政府破产机制。

（二）建立规范的地方政府破产制度

根据国际经验，判定是否破产的标准不是资不抵债，而是是否能够偿还到期债务。在德国破产法中，不能清偿到期债务是一般的破产原因。法国破产法以“不能清偿”为破产的标准，而不是以“资不抵债”。日本破产法规定，法人不能以其财产清偿其债务时，可对其宣告破产。这表明即使法人的资产总额大于负债总额，只要其无法清偿到期债务即可破产。按照这一界定，中国的某些市县政府确实已经达到破产的标准，尽管这些地方政府宣称自己有很多优质资产。[①]应该说，除了《美国破产法》在第九章规定了“市政府债务的调整”，其他国家大多并没有将地方政府破产写入破产法。但是，有关地方政府破产的案例仍然在日本、意大利、法国等单一制国家发生过，只是这些国家不是以破产的名义对地方政府进行处置。可见，单一制国家的政治体制并不是地方政府不能破产的借口或障碍，完全可以建立一种“类破产”的制度框架。我国在增加地方政府的自治权力，规范中央与地方的事权范围，特别是明确地方政府的征税和发债权力的基础

① 破产的界线不在于资不抵债，而且，即便政府有那么多的资产，能否出售变现也是一个问题

上，也是可以实现地方政府破产的。

逐步探索建立适应发展需要的地方政府破产制度。首先，我国的破产法并不包括企业之外的债务人，因此，可先按现有破产法的程序处理，将市、县、镇等地方政府，以及提供公益设施的公共派出机构（如政府融资平台）纳入申请破产保护范围，并推动破产法的修改完善。其次，我国地方政府债务风险的根本问题在于中央政府的信用背书，因此，中央政府需要明确向地方政府发出不完全救助的信号。同时，由省级政府负责市县政府的债务重组，申请破产的地方政府的财政预算要由省级政府监管，同时，中央政府有条件地给予资助，帮助地方政府偿还原有债务，并在之后的转移支付中扣减。再次，应尽量简化破产程序，要在有利于地方政府摆脱财政危机的同时，兼顾到大多数债权人的利益，破产后果应由地方政府与债权人共同承担。与此同时，重要的是要保证地方政府基本行政职能的正常运作。最后，要健全政府破产的制度环境。建立健全地方政府债务管理的法律体系，修改完善《预算法》《担保法》等相关法律，同时，制定《地方政府债务法》，规范地方政府负债的范围、审核权限、资金投向、偿债责任、危机处理等。

本章小结

国债规模扩张要与经济发展实际相结合，要在经济发展的基础上适当扩大国债发行。可以以国债政策可持续性为目标，寻求国债相对规模的稳定发展模式。近年来，我国地方政府债务规模迅速扩张，地方政府负债率迅速上升。我们在关注地方政府显性债务负担的同时，更需要关注或有和隐性债务风险问题。我国地方政府债务管理与发达国家有明显区别，在债务管理的法律、程度及具体操作上都存在差异，因此也产生了一系列的问题。作为单一制的中央集权国家，中央政府对地方政府债务风险或危机承担着更大的责任和义务。政府破产机制是防范地方政府过度举债和化解地方政府债务危机的有效手段，我国需要建立完善的地方政府财政重建机制。

☆关键术语☆

政府债务风险　债务危机　赤字率国债负担率　国债的可支付性　地方政府债务　地方政府破产

➢复习思考题

1. 如何运用多种指标综合评价国债风险？
2. 如何分析和评价国债的可支付性？
3. 控制国债风险的措施有哪些？
4. 试论国外地方政府债务管理的经验。
5. 为什么说建立地方政府破产制度的意义重大？

参考文献

阿克塞拉 N. 2001. 经济政策原理: 价值与技术. 北京: 中国人民大学出版社.

安筱鹏. 2003. 利益主体多元化背景下的区域经济一体化. 人文地理, (18): 61-64.

白景明. 2015. 统筹考虑事权、支出责任和收入划分. http://www.qstheory.cn[2015-04-03].

北京大学中国经济研究中心发展战略研究组. 1995. 地方政府的职能和融资渠道——广信事件案例分析. 管理世界, (5): 10-17.

布坎南 J M, 瓦格纳 A. 1988. 赤字中的民主. 刘廷安译. 北京: 北京经济学院出版社.

常红晓. 2007. 中央财政首次出资偿还"普九"债务. http://news.hexun.com/2007-12-25/102478303.html[2007-12-25].

陈琳, 谭建辉. 2009. 建设项目社会评价研究. 北京: 中国建筑工业出版社.

陈玲. 2004. 投资学. 北京: 经济科学出版社.

陈志勇, 陈思霞. 2014. 制度环境、地方政府投资冲动与财政预算软约束. 经济研究, (3): 76-87.

大公国际资信评估有限公司课题组. 2014. 地方政府融资平台的发展阶段与矛盾特征及转型模式. 债券, (11): 15-20.

邓红国. 2011. 我国信托业现状及未来发展思考. http://www. sina. com. cn/roll/20110217/14079390336-shtml [2011-02-17].

邓敏贞. 2013. 公用事业公私合作制实施的问题与对策——以"汇津污水处理案"为实证分析对象. 行政与法, (6): 34-40.

董志强. 2007. 身边的博弈. 北京: 机械工业出版社.

樊丽明. 2006. 中国地方政府债务管理研究. 北京: 经济科学出版社.

福山 F. 2014. 历史的终结与最后的人. 陈高华译. 桂林: 广西师范大学出版社.

高培勇, 崔军. 2001. 公共部门经济学. 北京: 中国人民大学出版社.

戈德史密斯 R. 1994. 金融结构与金融发展. 周翔译. 上海: 上海三联书店.

管清友. 2016. 中国式 PPP 的十大痛点. http://finance.sina.com.cn[2016-06-13].

郭小聪. 2011. 政府经济学. 北京: 中国人民大学出版社.

郭永清. 2000. 地方财政风险防范对策. 中国财政, (5): 51-53.

国家发展和改革委员会经济研究所课题组. 2014. 深化财税体制改革研究. 国家发展和改革委员会宏观经济研究院 2014 年重点课题.

韩文秀, 刘成. 2000. 积极财政政策的潜力和可持续性. 北京: 经济科学出版社.

郝伟亚, 陈宏能. 2015. 北京地铁 14 号线: 风险处置范本. 中国投资, (3): 62-64.

何利辉. 2015. 日本、法国财税体制比较及其经验. http://study.ccln.gov.cn[2015-03-31].

何文君. 2005. 政府的基本职能: 代理与服务——国家起源的政治学与经济学再解读. 思想战线, (6): 131-135.

贺竹蘑. 2012. 日本道路公团改革对我国高速公路管理模式的启示. http://www.franbbs.com[2012-10-23].

胡海峰, 罗惠良. 2009. 对金融创新经济效应的若干思考. 教学与研究, (6): 41-47.

胡书东. 2001. 经济发展中的中央与地方关系——中国财政制度变迁研究. 上海: 上海三联出版社.

胡伟娟. 2013. 区域间政府合作机制的建构. 中国管理信息化, (16): 42-43.

胡勇. 2006. 转轨时期我国中央、地方政府的经济博弈分析. 南京审计学院学报, 3(1): 43-47.

黄佩华, 迪帕克. 2003. 中国: 国家发展与地方财政. 北京: 中信出版社.

霍布斯 J. 2011. 利维坦——论国家. 张妍, 赵闻道译. 长沙: 湖南文艺出版社.
贾康. 2008-06-27. 财力与事权如何匹配. 人民日报,
贾康, 孙洁. 2009. 公私伙伴关系(PPP)的概念、起源、特征与功能. 财政研究, (10): 2-10
贾康, 刘微. 2012. “土地财政”: 分析及出路. 财政研究, (1): 2-9.
金永祥. 2014. 中国 PPP 发展的五大阶段. http://www.cin.cn[2014-08-11].
库珀 R W. 2001. 协调博弈. 张军, 李池译. 北京: 中国人民大学出版社.
黎沛, 郑联群. 2014. 对政府间事权和财权匹配问题的思考. http://www.xgcz.gov.cn[2014-09-30].
李超. 2013. 准经营性基础设施 PPP 项目资本结构研究. 天津大学硕士学位论文.
李发昇. 2011. 政府支出与经济增长效应研究. 西安电子科技大学学报(社会科学版), 21(1): 56-63.
李静. 2002. 关于农村合作基金会的研究综述. 中国农村观察, (6): 69-77.
李俊生. 2015-02-03. 对政府间事权划分“症结”的剖析. 中国财经报.
李俊生, 乔宝云, 刘乐峥. 2014. 明晰政府间事权划分 构建现代化政府治理体系. 中央财经大学学报, (3): 3-10.
李齐云. 2003. 分级财政体制研究. 北京: 经济科学出版社.
李齐云, 刘小勇. 2009. 我国事权与财力相匹配的财政体制选择. 山东社会科学, (3): 74-77.
李文兴. 2004. 地方政府间跨区域经济合作研究. 四川大学经济学院博士学位论文.
李增刚. 2006. 全球公共产品: 定义、分类及其供给. 经济评论, (1): 131-140.
利维 J M. 2003. 现代城市规划. 张景秋译. 北京: 中国人民大学出版社.
梁双陆, 程小军. 2007. 国际区域经济一体化理论综述. 经济问题探索. (1):40-46.
廖泽芳. 2007. 论我国地方政府之间的竞合博弈. 经济与社会发展, (1): 23-26.
林家彬. 2008 日本的特殊法人改革——日本道路公团的案例解析. 经济社会体制比较, (3): 97-102.
刘立峰. 2003. 国债政策可持续性与财政风险问题研究. 北京: 中国计划出版社.
刘立峰. 2011. 政府投资理论与政策. 太原: 山西经济出版社.
刘立峰. 2015. 地方政府投融资及其可持续性. 北京: 中国发展出版社.
刘溶沧, 赵志耘. 2000. 中国财政理论前沿. 北京: 社会科学文献出版社.
刘晓军, 陈晓枫. 2008. 我国公开市场业务的发展与完善. 发展研究, (5): 32-34.
刘晓君. 2009. 建设项目投资决策理论与方法. 北京: 中国建筑工业出版社.
刘新凤. 2011. 合理划分我国政府间事权与支出责任问题研究. 云南金融与经济大学学报, (1): 58-60.
刘迎秋. 2001. 论中国现阶段的赤字率和债务率及其警戒线. 经济研究, (8): 3-14.
刘莹. 2009. 试论土地政策参与宏观调控. 管理观察, (13): 28-29.
楼继伟. 2014a. 深化财税体制改革 建立现代财政制度. http://www.qstheory.cn[2014-10-13].
楼继伟. 2014b. 推进各级政府事权规范化法律化. http://www.mof.gov.cn/zhengwuxinxi[2014-12-02].
鲁照旺. 2002. 政府经济学. 郑州: 河南人民出版社.
陆大道. 2003. 中国区域发展的理论与实践. 北京: 科学出版社.
骆志芳. 2010. 我国中央银行公开市场业务的发展历程及趋势分析. 理论与现代化, (4): 67-70.
麦克康耐尔 C R, 布鲁伊 S L. 2000. 经济学——原理、问题和政策. 陈晓译. 北京: 北京大学出版社.
曼昆 N G. 1999. 经济学原理. 梁小氏译. 北京: 北京大学出版社.
孟庆红. 2003. 区域经济合作研究. 成都: 西南交通大学出版社.
聂元贞. 2005. 区域经济一体化的路径选择理论评介. 经济学动态, (8): 98-103.
潘奇. 2008. 论教育的外部性. 湖南师范大学教育科学学报, (2): 40-42.
潘小娟. 2015. 加强我国地方政府合作的对策建议. 行政管理改革, (3): 38-42.
平狄克 R S, 鲁宾费尔德 D L. 1997. 微观经济学. 张军译. 北京: 中国人民大学出版社.
平新乔. 2000. 道德风险与政府的或然负债. 财贸经济, (11): 5-11.
钱康宁, 陆媛媛. 2015. 中国私募股权基金的现状、问题及发展建议. 银行家, (3): 97-101.
乔磊. 2010. 美国为何要征收房地产税. http://blog.sina.com.cn[2010-11-03].
萨缪尔森 P A, 诺德豪斯 W D. 2000. 经济学. 萧深译. 16 版. 北京: 华夏出版社.

萨瓦斯 E S. 2002. 民营化与公私部门的伙伴关系. 周志忍译. 北京: 中国人民大学出版社.
沙安文, 沈春丽 2005. 地方政府与地方财政建设. 北京: 中信出版社.
施青军. 2000. 我国当前财政风险分析. 财政研究, (8): 29-31.
史永东. 1999. 中国转轨时期财政政策效应的实证分析. 经济研究, (2): 34-38.
世界银行. 1994. 1994 年世界发展报告. 北京: 中国财政经济出版社.
世界银行. 1997. 1997 年世界发展报告. 北京: 中国财政经济出版社.
斯蒂格利茨 J E. 2013. 公共部门经济学. 郭庆旺, 等译. 北京: 中国人民大学出版社.
孙久文. 2002. 区域经济学教程. 北京: 中国人民大学出版社.
孙开. 2001. 政府间财政关系的理论及对中国的体制改革评析. 北京: 社会科学文献出版社.
孙祥杰. 2005. 长江经济带区域经济合作研究. 西南财经大学博士学位论文.
孙悦. 2011. 地方政府破产与财政重建研究——以日本北海道夕张市为个案. 公共行政评论, (1): 112-136.
唐建荣. 2003. 区域经济合作与西部大开发//孟庆红, 张伟. 区域经济合作研究. 成都: 西南交通大学出版社: 259-267.
唐在富. 2010. 我国政府事权划分的历史演进与改革建议. 中国农业会计, (5): 8-11.
唐在富. 2012. 中国土地财政基本理论研究——土地财政的起源、本质、风险与未来. 经济经纬, (2): 140-145.
田江海, 张昌彩. 1998. 投资体制改革的突破. 南京: 江苏人民出版社.
投中研究院. 2016. 2015 年政府引导基金专题研究报告. http://www.chinaventure.com.cn/cmsmodel/report/detail/1122. shtml[2016-05-24].
涂德志, 林莹. 2004. 论我国公开市场业务的拓展. 湖北社会科学, (11): 71-73.
汪海波. 2001. 新中国工业经济史(1979—2000). 北京: 经济管理出版社.
汪海波. 2010. 中国现代产业经济史(1949—2009). 太原: 山西出版集团.
汪洪, 雷虹. 2003. 财政政策挤出效应的若干理论研究——挤出效应大小的度量和影响因素分析. 华东经济管理, 17(6): 100-103.
王金龙. 2015-04-04. 兰州水污染事件周年考: 业内质疑官方偏袒威立雅. 中国经营报.
王浦劬, 张志超. 2015. 德国央地事权划分及其启示上. 国家行政学院学报, (11): 41-49.
王维平. 2006. 经济政策创新与区域经济协调发展. 北京: 中国社会科学出版社.
王秀宏, 杨姗姗. 2012. 城投债的探索之旅. 2012 年度三省一区律师论坛.
王由礼. 2003. 论经济的区域联动和良性互动. 江海学刊, (6): 59-64.
王长勇. 2010. 全国农村"普九"债务可能超 1000 亿元. http://China.caixin.com/2010-02-10/100117125.html [2010-02-11].
魏敏, 李国平. 2005. 基于区域经济差异的梯度推移粘性研究. 经济地理, 25(1): 33-37.
魏晓琴. 2008. 新汇率体制下我国汇率政策与货币政策的协调运用. 海南金融, (12): 9-11.
温铁军. 2017. 农村合作基金会的兴衰: 1984—1999. http://www.sohu.com[2017-06-21].
夏祖军. 2014. "事权与支出责任相适应"的三个关键节点. http://finance.China.com.cn[2014-03-06].
徐林. 2015. 国家规划是怎样编制的. http://www.360doc.com[2015-10-15].
许敏. 2010. 我国地方政府在公私合作项目中的风险管理研究. 云南大学硕士学位论文.
杨爱平. 2007. 论区域一体化下的区域间政府合作——动因、模式及展望. 政治学研究, (3): 77-86.
杨灿明, 李景友. 2003. 公共部门经济学. 北京: 经济科学出版社.
杨小云. 2002. 近期中国中央与地方关系研究的若干理论问题. 湖南师范大学社会科学学报, 31(1): 38-45.
于树一. 2014. 对财政体制"事权与支出责任相适应"原则的几点思考. 财政监督, (21): 8-10.
于长革. 2014-05-29. 国外政府明确事权的经验与启示. 中国财经报.
余晖, 秦虹. 2005. 公私合作制的中国试验. 上海: 世纪出版集团, 上海人民出版社.
袁东. 2000. 公共债务与经济增长. 北京: 中国发展出版社.

曾令华. 2000. 近年来的财政扩张是否有挤出效应. 经济研究, (3): 65-70.
张长春. 2006. 投资调控的若干问题研究. 北京: 中国计划出版社.
张成福, 党秀云. 2001. 公共管理学. 北京: 中国人民大学出版社.
张春霖. 2000. 如何评估我国政府债务的可持续性？. 经济研究, (2): 66-71.
张立君, 睢国余, 蓝一. 2005. 中国国有经济效益分析. 北京: 中国经济出版社.
张清玉. 2013. 政府投资公共项目社会效益审计评价. 财会通讯, (31): 88-89.
赵福军, 汪海. 2015. 中国 PPP 理论与实践研究. 北京: 中国财政经济出版社.
赵先立, 李子君. 2012. 地铁经济中的公私合作——北京地铁 4 号线项目的运营、经验和意义. 城市观察, (5): 77-85.
赵早早. 2005. 地方政府或有隐性负债问题研究——以农村合作基金会为例. 公共管理学报, 2(4): 59-65.
郑培. 2012. 新时期完善我国政府间事权划分的基本构想及对策建议. 地方财政研究, (5): 32-40.
中国国际经济交流中心财税改革课题组. 2014. 深化财税体制改革基本思路与政策建议. 财政研究, (7): 2-10.
中国人民银行金融稳定分析小组. 2011. 中国金融稳定报告 2011. 北京: 中国金融出版社.
中国人民银行金融稳定分析小组. 2012. 中国金融稳定报告 2012. 北京: 中国金融出版社.
中国人民银行金融稳定分析小组. 2013. 中国金融稳定报告 2013. 北京: 中国金融出版社.
中国人民银行金融稳定分析小组. 2014. 中国金融稳定报告 2014. 北京: 中国金融出版社.
中华人民共和国国土资源部. 2008. 全国土地利用总体规划纲要(2006—2020 年). www.mlr.gov.cn/xwdt/jrxw/200810/t2008/024-111040.htm[2016-06-22].
最高人民法院. 2003. 广东国际信托投资公司破产案. 最高人民法院公报, (3): 27.

后　记

从2005年开始，我为中国社会科学院研究生院投资系开设了“政府投资学”课程。但是，一直苦于找不到规范的教材。相关研究成果多是从公共部门经济学或财政学的角度进行研究，与政府投资的范畴还有较大的差距。通过十多年的教学实践和积累素材，我对政府投资的理论体系、发展过程、运行模式有了更深的理解。总体来讲，政府投资涉及的学术领域较为宽泛，是从投资主体角度研究政府投资的规模、结构、分工、决策、方式、调控、效益的一门综合性的学科，很难用单一的学科体系进行描述。由于中国转轨时期经济体制的特殊性，政府投资领域的许多方面都是新的，探索的任务很艰巨，意义很大。

多年来，随着政府投资在基础设施建设和公共服务提供方面的作用不断提升，有关政府投资的研究越来越受到决策层的关注与重视。我先后承担了国家发展和改革委员会投资司、财政金融司和社会司，以及国家开发银行、国家发展和改革委员会宏观经济研究院等部门数十项相关课题的研究任务，涵盖了政府投资的规模与结构、政府投资管理体制、地方政府融资、社会事业投融资、财政资金与信贷资金的配合使用、主体功能区基本公共服务均等化政策、国债政策的可持续性、投资调控的方法与手段等诸多领域。这些课题成果直接服务于中央政府部门的投资决策，其中的一些内容成为本书的重要支撑。

2004年9月，我作为中共中央组织部、团中央博士服务团的一名成员，到西部边远地区的一个地级市挂职近两年时间。在那里我接触到了中国经济发展与投资建设中的一些最基础、最本质的东西，完成了一系列的研究报告，内容涉及以工代赈和扶贫开发、小额贷款公司和村镇银行发展、欠发达地区的区域协作、统筹城乡的义务教育投入等方面的问题。同时，我也部分参与了项目策划和筹集资金的工作，深深体会到了地方同志工作的艰辛和不易，使我对中央和地方政府投融资活动的一般规律有了更深的认识。

“八五”到“十三五”时期，我先后参与了多个地区、企业的五年计划或规划的前期研究和编制工作,深刻体会到政府投资在地方经济社会发展中的重要地位与积极作用；同时，也感受到地方政府的投资冲动导致的政府投资行为扭曲，政绩工程层出不穷，重复建设屡禁不止，投资过热难以抑制等问题。政府投资已进入了速度变化、结构优化、动力转换的新时期，政府需要认真思考的是：其投资是否有利于发挥对社会资本的引导作用，有利于营造更加良好的发展环境，有利于保障和改善民生。

感谢我的父母把我领上了学术研究的道路，鼓励与支持我坚持到现在。他们使我明白了这样的道理：只有认认真真地走好眼前的路，扎实做好当前的研究工作，才有可能最终真正实现人生的价值。感谢国家发展和改革委员会宏观经济研究院、投资研究所及中国社会科学院研究生院投资系的领导和同事，是他们给了我参与和主持课题研究及为学生授课的机会，并为我提供了非常宽松的研究环境和较好的条件，使我有了现在的知识积累。感谢在地方挂职时关心我的各级领导和朋友们，使我对政府及其投资活动有现在这样直观和清晰的认识。本书的出版得到了科学出版社的大力支持，在此表示衷心的感谢！

刘立峰

2017年11月10日